KB175813

Honoré de **BALZAC**, poète
né à Tours en 1799, mort à Paris en 1850
Oeuvres : Cathérine de Médicis, la Comédie Hu-
maine, Eugène Grandet, Béatrix, Pamela Giraud,
Honorine, etc.

발자크(1799~1850) 초상

▲콩코르드 광장
카넬라. 1829.
카르나발레 미술관

1814년 발자크네 가족은 파리로 이사했다. 젊은 발자크는 법률을 공부했기에 아버지의 권유로 코퀴에르 거리의 변호사 멜빌의 사무소에 서기로 일하게 된다.

◀카스틸리오네 거리 카넬라. 1829.
카르나발레 미술관

발자크가 6년 동안(1807~13) 다녔던 방돔기숙학교   오라토리오 교단의 학교

**발자크 박물관**   파리 16지구 레이누아길. 발자크가 7년 동안(1840~47) 세들어 살았던 집을 박물관으로 꾸몄다.

▲발자크가 머물렀던
사셰성

낭비벽 때문에 빚쟁이
에게 쫓기느라 파리에
있을 수 없게 된 발자
크는 고향인 투렌 지
방으로 몰래 돌아왔
다. 그는 그의 이복동
생의 아버지인 귀족
마르곤느가 소유한 사
셰성에 머물면서 글을
썼다. 《골짜기의 백합》
《고리오 영감》 등 많
은 걸작들이 이곳에서
탄생했다. 오늘날은
'발자크 박물관'이다.

▶전설적인 커피 메이커
가 전시되어 있는 발자
크의 작업 테이블 발
자크의 커피 사랑은
남달랐다. 사셰성 발
자크 박물관

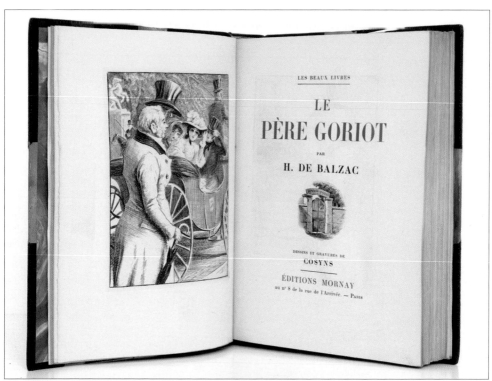

▲《고리오 영감》 권두화와 속표지(초판발행, 1835)

◀보케르 하숙집 식당

▼고리오 영감

《고리오 영감》삽화   임종 직전 딸을 끌어안는 고리오

HONORÉ DE BALZAC

*ÉTUDES PHILOSOPHIQUES*

## LA RECHERCHE DE L'ABSOLU

LE CHEF-D'ŒUVRE INCONNU

*DESSINS DE PIERRE ROUSSEAU*

GRAVÉS SUR BOIS EN COULEURS PAR
MICHEL KOZYR

ÉDITIONS ALBERT GUILLOT
61, AVENUE DE LA BOURDONNAIS
PARIS

▲《절대의 탐구》권두화와 속표지(초판발행, 1834)

▲《절대의 탐구》삽화 에드리앙 모로. 판화

《절대의 탐구》권두화(1834·1839·1845)  에두아르 투두즈. 1834.

**로르드 베르니 부인**  빚쟁이에게 쫓겨다니며 글을 써야 했던 발자크에게 힘이 되어 준 사람은 베르니 부인이었다. 그에게는 연인이자 어머니 역할을 하면서 자신이 죽을 때까지 발자크를 후원한다.

**한스카 부인**  발자크와 한스카 부인은 1832년부터 사귀기 시작하여 발자크가 세상을 떠나기 반년 전인 1850년 3월에  결혼했다.

조르주 상드(1804~1876) "작품이 완성에 가까워지면 가장 먼저 읽어주는 친구는 상드였습니다." 발자크

**발자크 기념상**   로댕. 파리, 파블로 피카소 미술관

발자크 무덤  파리, 페르 라셰즈 묘지

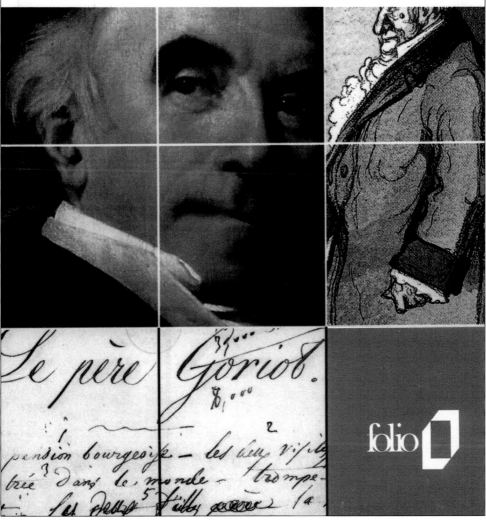

JEANNINE GUICHARDET
commente

# Le père Goriot
## d'HONORÉ DE BALZAC

FOLIOTHÈQUE

folio

《고리오 영감》(초판발행, 1835) 표지   이 책은 당대의 자연과학자인 조프루아 생틸레르에게 헌정됐다.

# Balzac
# La Recherche de l'absolu
## suivi de La Messe de l'athée

Préface de Raymond Abellio

folio
classique

《절대의 탐구》(초판발행, 1834) 표지   이 책은 들라누아 조세핀 부인에게 헌정되었다.

World Book 182

Honoré de Balzac
LE PÈRE GORIOT/LA RECHERCHE DE L'ABSOLU
# 고리오 영감/절대의 탐구
발자크/조홍식 옮김

동서문화사

디자인 : 동서랑 미술팀

# 고리오 영감/절대의 탐구
## 차례

## 고리오 영감

## 절대의 탐구

## 알려지지 않은 걸작

## 발자크의 생애와 문학에 대하여

Lé Pére Goriot

# 고리오 영감

위대하고 이름 높으신
조프루아 생틸레르*에게 바친다
그의 업적과 천재성에 대한 감탄의 표시로

오노레 드 발자크

---

\* 프랑스의 박물학자(1772~1844). 모든 생물은 하나의 기본틀에서 만들어졌다는 그의 학설
은 발자크에게 큰 영향을 주었다. 1835년 이후 발자크와 개인적인 교우를 맺었다.

## 주요인물

**장 조아생 고리오** '고리오 영감'이라 불리는 이 소설의 주인공. 젊어서는 남편으로서, 두 딸의 아버지로서 제면업자로서 평탄한 삶을 누리나, 아내의 죽음과 함께 비극과 불행의 구렁텅이로 빠지게 된다. 두 딸을 귀부인으로 만들기 위해 모든 재산을 다 바치고, 보케르 집의 하숙인이 된다. 귀부인이 된 두 딸의 불행을 눈치챈 그는, 가난 때문에 얻은 병과 정신적 고통에 괴로워하는 맹목적인 부성애의 소유자.

**외젠 드 라스티냐크** 농촌에서 소년 시절을 보내고 보케르 집에서 하숙하면서 공부하고 있는 콜레주 드 프랑스의 학생. 출세하기 위해 파리 사교계에 뛰어든다. 보잘것없는 것 같던 고리오 영감의 참모습과 그 부성애에 감복하여 그의 두 딸과 만나면서 허영과 허위투성이의 파리 사교계를 눈여겨본다.

**보케르 부인** 불행한 여인의 초상이라 할 수 있는 하숙집 보케르 집의 여주인. 황금만능주의의 인생관을 가지고 하숙인들의 돈을 우려내기 위해 바쁘게 살아간다.

**빅토린 타유페르** 외젠 드 라스티냐크를 은근히 연모하는 처녀. 부모의 불화와 어머니의 죽음을 겪은 아름다우나 불행한 여인이다. 어머니의 친구 쿠튀르 부인의 보호를 받으면서 자신을 버린 아버지와 무성의한 오빠를 위해 하느님께 기도한다.

**레스토 부인과 뉘싱겐 부인** 고리오 영감의 딸들. 아버지의 피나는 노력 끝에 귀부인이 되었으나 결국 배신과 멸시를 받고 실망한다.

# 1 하숙집

보케르 부인의 결혼하기 전 성(姓)은 드 콩플랑이며, 40년 전부터 파리의 라탱 지구(<sup>센 강 왼쪽 소르본</sup><br><sub>대학 주변의 학생거리</sub>)와 생마르셀 지구(<sup>라탱 지구 동쪽</sup><br><sub>일대의 빈민가</sub>) 사이에 있는 뇌브생트즈 느비에브 거리(<sup>지금의 투르느</sup><br><sub>포르 거리</sub>)에서 하숙집을 하고 있다. '보케르 집'으로 알려진 이 하숙집은 남녀노소를 가리지 않고 누구에게나 방을 빌려 주었는데, 그러 한 것이 문제된 적은 한 번도 없었다. 그러나 지난 30년 동안 이 하숙집에 젊은 여자가 머물렀던 적이 없었다는 것과, 만약 젊은 남자가 이곳에 머물 때는 그것은 집에서 부쳐오는 송금액이 아주 적은 경우라는 것을 아울러 말 해 두어야겠다. 하지만 이 드라마가 시작되는 1819년에는, 그곳에 한 가난 한 소녀가 살고 있었다.

감상적인 문학이 유행하는 요즈음에 드라마라는 말이 너무 함부로 왜곡되 어 쓰이는 바람에 본디의 뜻을 잃어버리고 말았지만, 여기서는 또한 그 낱말 을 쓰지 않을 수가 없다. 이 이야기가 그 낱말의 참뜻대로 극적(dramatic)이 어서가 아니라, 이 이야기를 읽으면서 사람들이 '성벽 안과 바깥에서' (<sup>'파리 안팎에서'</sup><br><sub>라는 뜻</sub>) 어느 정도 눈물을 흘릴지도 모르기 때문이다. 이 이야기가 파리 가 아닌 다른 고장에서도 이해될 수가 있을지 조금 의심스럽긴 하다. 구체적 인 관찰과 지역적 특색으로 가득 찬 이 소설의 독특한 맛은, 몽마르트르 언 덕과 몽루즈 사이에 있는, 금방이라도 허물어질 것만 같은 석회벽과 거무튀 튀한 개골창(<sup>지금은 아니지만, 19세기 중반까지는</sup><br><sub>곳에 따라 도로 위로 하수가 흘렀다</sub>)으로 유명한 이 골짜기 안에서나 제대로 음 미할 수 있을 것이다.

진정한 괴로움과 때로는 거짓 즐거움에 가득 차 있는 이 골짜기는 무시무 시한 웅성거림 속에서 움직이고 있으므로, 그 골짜기에 조금이나마 오래 이 어지는 감동을 불러일으키려면 무언가 엄청난 짓을 저지르는 수밖에 없다. 그런데도 이 골짜기에서는 악덕과 미덕이 쌓이고 쌓여서 위대하고 장엄한 성격을 띠게 된 고뇌를 여기저기서 볼 수 있다. 그런 고뇌를 보게 되면 이기

주의나 이해 타산에만 사로잡혀 있는 사람들조차도 때로는 걸음을 멈추고 연민의 정을 느낀다. 그러나 그들이 받은 인상은 순식간에 먹어치우는 맛있는 과일과 같은 것이다. 문명은 자가나타의 우상을 실은 수레(인도의 뱅골 만에 위치한 도시로, 매년 축제 때 신상을 싣고 가는 수레의 바퀴 밑으로 신의 은총을 얻으려고 신자들이 뛰어든다고 한다)와 같아서 때때로 다른 사람들보다 굳은 마음을 가진 사람이 수레바퀴의 움직임을 막더라도 수레는 지체없이 그 마음을 깔아 뭉개고 영광의 전진을 계속한다. 그것은 이 책을 손에 들고 푹신한 안락의자에 깊숙이 몸을 묻고, "재미있을 것 같은 책이군" 중얼거리는 독자 여러분들과 같을지도 모른다.

고리오 영감의 남모르는 불행한 이야기를 읽고 난 뒤에도 당신은 자신이 감동을 느낄 수 없는 것을 작자 탓으로 돌리고, 과장이 심하다거나 너무 시적으로 표현했다고 작자를 비난하면서 왕성한 식욕으로 저녁을 먹을 것이다. 그렇지만 이것만은 알아주기 바란다. 이 드라마는 꾸며낸 얘기가 아니며 소설도 아니다.

모든 것이 진실이다. 너무도 진실하므로 누구든지 자기 집에서, 어쩌면 자기 마음속에서 이 비극의 요소들을 찾아낼 수 있을 것이다.

하숙집은 보케르 부인의 소유였다. 이 집은 뇌브생트즈느비에브 거리 아래쪽 끄트머리에 자리잡고 있었다. 돌투성이의 가파른 길이 라르발레트 거리 쪽으로 급경사를 이루고 있었으므로 마차도 좀처럼 오르내리지 않는 곳이었다.

이런 지형이 발드그라스(17세기에 수도원으로 세워졌지만 지금은 육군 병원으로 쓰인다)와 팡테옹(18세기에는 성당이었으나 지금은 국립묘지)의 둥근 지붕 사이에 끼여 있는 이 적막한 거리를 더욱 고요하게 만들었다. 이 두 유명한 공공건물은 주위 풍경에 누르무레한 색조를 던지고 둥근 지붕의 우중충한 빛깔로 지역 모두를 어두운 분위기에 잠기게 했다.

이 지역의 포장도로는 말라 있었고, 도랑에는 진흙도 물도 없었으며, 담을 따라 잡초가 자라 있었다. 아무리 태평스런 사람이라도 그곳을 지날 때에는 다른 통행인들과 마찬가지로 마음이 울적해지고, 마차가 지나는 소리만 나도 큰 사건으로 여겨지는 곳이었다. 집들은 모두 음산하고 돌담은 마치 감옥과도 같았다. 어쩌다가 길을 잘못 든 파리 사람의 눈에는 하숙집과 학교, 빈곤과 권태, 죽어가는 노인과, 억지로 공부를 강요당하는 천진스런 젊은이의 모습밖에 비치지 않을 것이다. 그곳은 파리에서 가장 추한 곳이며 가장 알려지지 않은 곳이었다. 더욱이 뇌브생트즈느비에브 거리는 이 이야기를 끼워 넣을 수 있는 유일한 청동 액자와 같은 곳이다. 독자가 음침한 색조와 진지한 사색으로 머리를 아무리 단단히 무장하더라도 결코 지나치다고 할 순 없을 테니까. 마치 관광객이 지하 묘지에 내려갈 때 계단을 한 단씩 내려갈수록 햇빛이 점점 사라지고 안내인의 목소리가 한층 더 울려퍼지는 것과 같다. 훌륭한 비교이다. 말라비틀어진 마음과 속이 텅 빈 두개골 가운데 어느 쪽이 더 보기에 무서울지 누가 결정할 수 있으랴.

하숙집 바로 앞에는 작은 뜰이 있어서 뇌브생트즈느비에브 거리와는 직각을 이루고 있으므로 한길에서 보면 집 옆쪽만 보인다. 집 정면에는 집과 뜰 사이에 빗물을 받기 위해 6피트쯤 작은 돌멩이들이 깔려 있고, 그 앞의 자갈을 깐 오솔길 양 옆에는 푸른색과 흰색의 커다란 사기 화분에 제라늄과 유도화(柳桃花)와 석류나무가 심어져 있다. 이 오솔길로 들어서려면 간판이 가로걸린 문을 지나야 하는데, 그 간판에는 '보케르 집', 그 아래 작은 글자로 '남녀노소 모두 받음'이라고 씌어 있었다. 시끄러운 초인종이 달린 격자문 너머로 낮에 안을 들여다보면, 자갈이 깔린 좁은 길 끝 쪽에 담장이 보인다. 담장에는 이웃 화가가 그려 넣은 녹색 대리석 아치가 있고, 그 아치 밑에 사랑의 신 큐피드 동상이 서 있다. 상징성을 부여하기 좋아하는 사람들이라면, 이 동상의 칠이 군데군데 벗겨져 있는 것을 보고 파리의 사랑의 신화를 찾아낼 것이다. 그 근처에 파리의 사랑을 치료하는 병원(성병 전문인 카퓌생 병원을 가리킴)이 있기 때문이다. 받침돌 밑에는 반쯤 지워진 다음과 같은 문구가 1777년에 파리로 돌아온 볼테르[1]에 대한 열광적인 감격을 나타내고 있으므로 이 장식품이 만들어진 시대를 떠올리게 한다.

"그대가 누구이건 여기 그대의 주인이 있다. 과거, 현재 그리고 미래 영원히 그대의 주인이니라."

해가 지면 격자문짝은 판자문짝으로 바뀐다. 건물 앞 가득히 옆으로 자리 잡고 있는 작은 뜰은 한길 쪽에 있는 담과 옆집과 경계를 이루는 담으로 완전히 둘러싸여 있고, 망토처럼 늘어진 담쟁이가 그 담들을 완전히 감춰 버려

---

*1 볼테르는 1778년 2월(1777년이라고 한 것은 발자크의 실수이다) 스위스 국경 근처에 있는 베르네에서 그의 비극 《이렌》을 상연하기 위해 파리로 돌아와 파리 시민들의 열광적인 환영을 받았다.

파리에서는 보기 드문 회화적인 광경으로 지나가는 이의 눈길을 빼앗는다. 이 담들은 모두 과실나무와 포도덩굴로 뒤덮다시피 하였는데, 그 나무들의 빈약하고 먼지가 앉은 열매는 보케르 부인의 걱정거리이기도 하고, 하숙인을 상대로 수다를 떨 수 있는 좋은 이야깃거리이기도 했다. 담을 따라 보리수나무 숲으로 이어지는 좁은 오솔길이 뻗어 있는데, 이 '보리수'라는 말을 보케르 부인은 명색이 드 콩플랑 집안 출신인데다 하숙인이 여러 번 주의를 줬음에도 여전히 보이수라고 발음했다. 양쪽 담 사이의 중간 부분에는 네모난 양엉겅퀴 밭이 있고, 밭 둘레에 원추형의 과일나무들이 줄지어 서 있으며, 그 가장자리에 수영·상추·파슬리가 심겨져 있다. 또 보리수 나무 밑에는 초록색으로 칠한 둥근 탁자가 놓여 있고, 의자 몇 개가 그것을 둘러싸고 있었다.

여름철이 되면, 커피 한 잔쯤은 마실 여유 있는 하숙인들이 이곳에 와서, 알도 부화될 성싶은 더위 속에서 커피를 마신다. 거친 석조건물은 정면에서 보면 4층이지만 그 위에 고미다락방이 있으며, 석재는 파리에 있는 거의 모든 집들에 추악한 인상을 주는 누런색으로 칠해져 있다. 층마다 창문 다섯 개가 있는데 모두 덧문이 붙어 있으며 저마다 높이가 달랐으므로 선이 들쭉날쭉했다. 건물 측면에 층마다 창문이 두 개씩 붙어 있고 아래층에는 장식으로 쇠창살이 붙어 있다. 건물 뒤에는 폭이 20피트쯤 되는 뜰이 있어서 돼지와 닭, 토끼가 사이좋게 놀고 있고 이 뜰의 막다른 곳에는 땔감을 넣어 두는 벽이 없는 헛간이 있었다. 이 헛간과 부엌 창문 사이에 식품 저장용 찬장이 매달렸으며 그 밑으로 수채물이 흐르게 되어 있다.

뒤뜰에도 뇌브생트즈느비에브 거리로 통하는 좁은 문이 있었다. 그 문을 통해 모든 오물들을 치우므로 전염병이 발생할 우려가 있어 하녀가 자주자주 물로 씻어낸다.

이곳은 애초부터 하숙집 경영을 목적으로 지어진 집이다. 1층에는 한길쪽으로 난 두 창문을 통해 햇볕이 들어오는 방이 있는데, 유리만으로 되어 있는 창문 겸 문으로 드나들게 되어 있다. 이 응접실은 식당으로 이어지고 식당과 부엌은 계단으로 구분되어 있다. 그 계단은 어느 곳은 목재로, 어느 곳은 빛깔 있는 타일로 되어 있다. 윤나는 줄무늬와 윤이 나지 않는 줄무늬가 엇갈려 있는 천을 댄 안락의자와 보통 의자들이 놓여 있는 이 응접실만큼 초라하게 느껴지는 것은 아마 없을 것이다. 방 한가운데 하얀 점이 박힌 검은 대리석으로 상판을 깐 둥근 탁자가 놓여 있고, 지금은 어디서나 볼 수 있는 반쯤 지워진 금박을 두른 백색 도자기 커피 세트가 놓여 있다. 방 바닥은 매우 낡았고 벽은 팔꿈치 높이까지 판자가 둘러져 있었다. 그 위의 벽 부분에는 《텔레마크의 모험》(17세기의 프랑스 작가인 페늘롱이 루이 14세의 손자 부르고뉴 공의 교육을 위해 호메로스 서사시에서 제재를 따서 쓴 이야기)의 중요한 장면이 그려져 있는 바니시 칠을 한 벽지를 붙였다. 그 가운데 고전적인 인물들은 채색되어 있었다.

쇠창살이 있는 두 창문 사이의 벽면에는 율리시스의 아들 텔레마크를 위해 칼립소가 베푼 향연 그림이 그려져 있었다. 40년 전부터 이 그림은 젊은 하숙인들에게 농담을 자아내게 했었다. 그들은 가난 때문에 어쩔 수 없이 참고 먹는 하숙집의 맛없는 저녁을 빈정거렸는데, 자기들이 처해 있는 상황보다 훨씬 상류에 속한다고 믿고 싶었기 때문이다. 깨끗한 벽난로는 특별한 경우가 아니면 불을 피우지 않는다는 증거였다.

돌로 된 벽난로 앞에는 오래된 조화를 가득 담은 꽃병이 두 개 장식되어 있고, 푸른빛이 도는 대리석으로 만들어진 요상망측한 괘종시계가 걸려 있었다. 이 들머리 방은 프랑스어로는 적절하게 나타낼 말이 없는 냄새, 굳이 말하자면 '하숙집 냄새'라고 할 수 있는 냄새를 풍기고 있었다. 밀폐된 방 냄새, 곰팡내, 음식물이 쉴 때 나는 것 같은 눅눅한 시큼한 냄새가 코끝을 찌르고 옷에까지 배어 들어 여러 사람이 식사를 끝낸 방, 조리실, 식당, 양로원의 악취와 같은 견디기 어려운 냄새를 풍기는 것이다. 젊고 늙은 하숙인들이 그곳에서 내뿜는 독특한, 카타르성염에 걸린 듯한 구역질나는 냄새를 측정하는 방법이 발명된다면, 어쩌면 이 냄새도 글로 옮길 수 있을지 모르겠다. 하지만 이런 지독한 불쾌감에도 불구하고 이웃 식당과 비교해 본다면 독자는 이 응접실이 마치 귀부인의 방처럼 우아하고 향기롭게 느껴질 것이다.

그 식당은 온통 널빤지로 벽을 둘렀는데 한때는 페인트 칠을 했었던 모양이지만 지금은 무슨 색이었는지 알아볼 수 없다. 게다가 사라진 바탕색 그 위로 여러 겹의 땟국이 야릇한 무늬를 만들어 내고 있었다. 끈적끈적한 찬장 위에는 병들과 물결 무늬가 그려져 있는 더럽고 이지러진 금속 식기들과 투렌 산(産)인 가장자리가 푸른 두꺼운 도자기 접시들이 높게 쌓여 있었다.

한쪽 귀퉁이에는 번호에 따라 칸이 나뉘어 있는 상자가 있는데, 때가 묻거나 포도주의 얼룩이 져 있는 하숙인 각자의 냅킨을 넣어두게끔 되어 있다. 다른 곳에서는 내다 버렸을 만한 것들이지만, 쉽사리 부서지지도 않는 가구들이 마치 문명의 패잔병이 양로원에 수용되어 있는 것처럼 여기에 겨우 머물러 있었다.

비가 오면 성 프란체스코파의 수도사 모습이 나타나게끔 되어 있는 청우계(晴雨計)라든가 금줄이 있는 나무 액자에 들어 있는 보기만 해도 밥맛이 떨어지는 지저분한 판화, 구리로 세공을 한 거북 등껍데기 같은 괘종시계, 녹색 도자기 난로, 먼지와 기름이 한덩어리가 되어 있는 아르강식(式) 램프,*2 식사만 하러 오는 익살맞은 하숙인이 엄지손톱으로 자기 이름을 쓸 수 있을 만큼 기름에 절어 있는 밀초칠을 한 식탁보에 덮여 있는 기다란 식탁, 절름발이 의자, 에스파르토 지유로 만들어져서 찢어지지 않고 잘 늘어나는 보잘것없는 신발닦개, 나무 부분은 까맣게 타버리고 접합 부분에는 구멍이 뚫린 빈약한 각로(脚爐 : 이불 안에 넣는 화로) 따위를 볼 수 있었다. 이러한 가구들이 얼마나 낡고 갈라지고 썩었으며 건들거리고 벌레먹었나를, 그리고 절름발이 애꾸눈에 반신불수여서 금방이라도 숨이 넘어가기 직전임을 설명하려면 좀더 자세히 묘사를 해야겠지만, 그렇게 하면 이야기의 진행이 너무나도 더뎌질 것이므로 성급한 독자들이 그것을 용서치 않을 것이다. 바닥에 깔린 붉은 타일은 닳고 여러 번 덧칠을 해서 울퉁불퉁해져 있었다. 요컨대 이곳은 시적인 아름다움이라곤 없는 가난과, 옷이 다 해져도 묵묵히 입어야 하는 절약과 가난에 지배당하고 있었다. 아직은 진흙탕에 범벅이 되진 않았지만 얼룩투성이였다. 구멍도 나지 않았고 넝마가 된 것도 아니지만 언제 썩어 문드러질지 모르는 것이다.

이 방에 빛이 가장 잘 들 때는 아침 7시쯤으로, 보케르 부인이 기르는 고양이가 주인보다 먼저 찬장 위로 뛰어올라, 뚜껑 대신 접시로 덮은 몇 개의 사발 속에 들어 있는 우유 냄새를 맡고는 가르랑거리는 소리를 내며 아침 인사를 한 때다. 그러면 머지않아 뒤채에서 보케르 부인이 자기 딴에는 모양을 낸 엷은 명주 망사로 만든 모자 아래로 흐트러진 머리를 늘어뜨린 채 모습을

---

*2 이중 통기장치로 되어 있는 등유 램프로, 스위스의 물리학자 아르강이 1782년에 발명했다.

나타낸다. 그녀는 모양이 찌그러진 낡은 슬리퍼를 끌면서 걷는다. 얼굴 한가운데에는 앵무새의 부리같이 생긴 코가 솟아 있다. 개기름이 흐르는 통통한 늙은 얼굴, 우둥퉁하고 조그마한 손, 몸은 성당의 쥐처럼 뚱뚱한 그녀의 정돈되지 않고 늘어진 모습은 불행이 배어 있는 이 방과 참으로 잘 어울린다. 부인은 구역질나는 이 방의 후텁지근한 공기를 들이마셔도 그다지 속이 메슥거리는 일이 없는 모양이다. 가을의 첫서리처럼 싸늘한 얼굴, 무용수의 겉웃음에서 어음 할인꾼의 불쾌한 찡그린 얼굴에 이르기까지 재빨리 표정이 바뀌는 주름투성이의 눈매, 요컨대 그녀의 풍모는 이 하숙집의 특징을 그대로 설명해 주고, 하숙집은 그녀의 풍모를 대변한다. 간수 없는 감옥이 없듯이 독자들은 그 둘 가운데 하나를 빼버리고 다른 한쪽을 상상할 수는 없을 것이다. 이 땅딸막한 여자가 허여멀겋게 살이 쪄 있는 것은, 이런 생활의 결과로서 그것은 티푸스가 병원에서 나오는 나쁜 공기의 결과인 것과 같다.

터진 틈으로 속이 훤히 드러나 보이는 낡은 천으로 만든 겉치마 밑으로 털실로 짠 그녀의 속치마가 보이는데, 그것은 이 하숙집의 응접실, 식당, 작은 뜰을 요약하여 나타내고, 주방이 어떠한가를 미리 알려주고, 하숙인들이 어떤 사람인가를 말해 준다. 그녀의 모습이 그곳에 있음으로써 비로소 이 광경이 완전해지는 것이다.

나이가 쉰쯤 되어 보이는 보케르 부인은 '온갖 불행을 다 겪은 여자들'과 닮았다. 봉사료를 조금이라도 더 받으려고 일부러 더 화를 내는 능구렁이 할미의 흐리멍덩한 표정을 짓고, 죄없는 것처럼 가장하고 있지만, 자기의 환경을 편하게 하기 위해서라면 무슨 짓이라도 할 여자였다. 피슈그뤼나 조르주(둘이 함께 나폴레옹을 처단할 음모를 꾸밈)라도 경찰에 팔아 버릴 것이다. 그래도 하숙인들은 그녀가 '본성은 좋은 사람'이라고 말하는데, 그것은 그녀가 자기들과 마찬가지로 불평을 늘어놓고, 기침 때문에 고통받는 것을 보며 그녀를 가난하다고 생각하기 때문이다. 남편은 대체 어떤 인물이었을까? 부인은 한 번도 죽은 남편에 대해 얘기한 적이 없었다. 그는 어쩌다가 모든 재산을 잃었는가? "여러 가지 불행한 일을 당했기 때문이죠." 그녀는 늘 이렇게 대답했다. 남편은 그녀를 실컷 괴롭히기만 하다가 그녀에게 남겨 준 것이라고는 눈물을 흘리기 위한 두 눈과 먹고 살 수 있는 이 집과 다른 사람의 불행을 동정하지 않아도 되는 권리뿐이었다. 자기가 세상에서 겪을 수 있는 고생이라고는 죄다 겪어

봤기 때문이라고 그녀는 말했다. 여주인이 잰 걸음으로 걸어 다니는 발자국 소리가 들리면 뚱뚱한 하녀인 실비는 서둘러 하숙인들의 아침식사 준비를 시작한다.

잠은 자지 않고 밥만 먹는 하숙인들은 대개 저녁만 계약하므로 한 달에 30프랑을 낸다. 이 이야기가 시작되는 무렵 숙박하는 하숙인의 수는 7명이었다. 2층에는 이 집에서 가장 좋은 방이 두 개 있었다. 보케르 부인이 그 가운데 작은 방을 차지하고 있었고, 나머지 하나에는 프랑스 공화국 육군 출납지불관의 미망인 쿠튀르 부인이 살고 있었다.

이 미망인은 그녀가 딸처럼 돌봐 주는 빅토린 타유페르*3라는 젊은 처녀와 살고 있었다. 이 두 여성의 1년 하숙비는 천 8백 프랑이었다. 3층에도 방이 두 개 있는데, 한쪽에는 푸아레라는 이름의 노인이, 다른 한쪽에는 검은 머리 가발을 쓰고 구레나룻을 염색하고, 상인 출신이라는 마흔 줄의 보트랭 씨가 살고 있었다. 4층에는 네 개의 방이 있었는데, 그 가운데 하나는 미쇼노라는 이름의 노처녀가, 다른 하나는 이탈리아 국수라든가 마카로니 종류의 제면업자 출신으로, 고리오 영감이라고 불리는 인물이 살고 있었다. 나머지 두 방은 일정한 거주지도 없이, 고리오 영감이나 미쇼노 양처럼 식비와 방값으로 월 45프랑밖에 쓸 수 없는 가난한 학생들이 차지하고 있었다. 하지만 보케르 부인은 그들의 존재를 그다지 달가워하지 않았으므로 달리 하숙인이 없을 경우에만 그들에게 방을 빌려 주었다. 그들은 빵을 너무 많이 먹기 때문이었다. 그 무렵 두 방 가운데 하나는 앙굴렘 가까운 곳에서 파리로 법률 공부를 하러 온 청년이 차지하고 있었는데, 식구도 많은 그의 가족은 그에게 매년 천 2백 프랑을 부치느라 말할 수 없이 궁핍한 생활을 하고 있었다. 외젠 드 라스티냐크가 그의 이름인데, 처지가 어렵다보니 고생을 참고 노력하는 데 익숙해진 청년들, 젊은 나이에도 부모가 그들에게 거는 기대를 이해하므로, 이미 학업의 효력을 계산하고, 또 무엇보다도 맨 먼저 사회에서 이익

---

*3 빅토린 타유페르의 아버지 장 프레데릭 타유페르는 군의관으로 부임하던 도중 같은 여관에 묵은 독일 상인을 살해하고 막대한 부를 손에 넣는다. 이 이야기는 《붉은 여관》에 나와 있다. 《고리오 영감》의 이야기가 시작되는 1819년 무렵에 그는 타유페르 상회를 경영하는 성공한 자산가였다. 한편 타유페르는 첫 번째 아내에게 간통 누명을 씌워 1815년에 딸과 함께 내쫓아 버렸다. 여기 나오는 빅토린이 그때 어머니와 함께 쫓겨난 딸이며, 아버지 타유페르는 그 어머니가 죽고 난 뒤에도 빅토린을 딸로 인정하지 않는다.

을 짜내는 인간이 되기 위해 미리 자기 학업을 앞으로의 사회 활동에 적응시킴으로써 멋있는 성공과 출세를 준비하고 있는 청년들 가운데 하나였다. 그의 호기심어린 관찰이라든가, 파리 사교계에 교묘하게 끼어들 수 있었던 그 수완이 없었던들, 이 이야기도 진실미가 넘치는 색조로 채색될 수는 없었을 것이다. 그 진실미는 오로지 그의 총명한 정신과 어떤 엄청난 상황의 비밀을 캐내려고 하는 그의 욕망 덕분이라고 할 수 있다. 애당초 그 상황이란 그것을 만들어 낸 당사자와 그 희생자들에 의해 한결같이 신중하게 감춰져 있기 때문이다.

4층 위에는 세탁물을 말리는 작은 방과, 다락방이 두 개 있는데, 심부름꾼인 크리스토프와 뚱뚱한 하녀 실비가 쓰고 있었다.

이 7명의 하숙인 말고도, 보케르 부인은 나이가 다양한 8명의 법과와 의과 학생들과 가까이 살고 있는 두서너 단골 손님에게 저녁을 대주고 있었다. 식당에는 18명분의 좌석이 있었지만 때에 따라 스무 명까지 앉을 수 있었다. 그러나 아침에는 7명밖에 없으므로 가족 식사라는 느낌을 주었다. 저마다 슬리퍼를 끌고 내려와, 외부에서 식사하러 다니는 사람들의 옷이나 태도에 대해서, 혹은 간밤에 일어났던 일에 대해서 아무 거리낌없이 비평하며 한 집안 식구 같은 스스럼없이 얘기를 나누었다. 이 7명의 하숙인이 보케르 부인의 소중한 가족인 셈이다.

부인은 천문학자처럼 정확하게, 하숙비의 액수에 맞춰 친절과 존경을 표시했다. 그들이 이곳에 모이게 된 것은 우연이지만, 그 속에는 공통된 동기가 있었다. 3층의 두 사람은 한 달에 72프랑밖에 내지 않았다.

이렇게 싼 값은 생마르셀 거리의 라 부르브<sup>(모자시료원)</sup>와 살페트리에르<sup>(부인양로원)</sup> 두 곳에서밖에 찾아볼 수 없었다. 쿠튀르 부인만은 예외였지만, 이들 하숙인들은 많든 적든 뚜렷이 드러나는 불행의 무게에 허덕이고 있는 듯한 느낌을 주고 있었다. 때문에 이 하숙집 안의 참담한 상태는 하숙인들의 형편없는 복장에서도 마찬가지로 나타나 있었다. 남자들은 색이 이상하게 바래 버린 프록코트를 입고, 부자 동네에서라면 길바닥에 내다 버렸을 것 같은 구두를 신고, 닳아 떨어진 속옷과 겨우 형태만 유지하고 있는 옷가지를 몸에 걸치고 있었다. 여자들은 유행에 뒤떨어진, 다시 한번 염색했는데도 또 다시 색이 바랜 드레스를 입고, 누덕누덕한 레이스, 너무 오래 써서 볼품없이 늘어진 장갑과, 언제 보아도 붉은 갈색인 옷깃, 가장자리가 풀려서 너덜너덜해진 숄을 지니고 있었다. 복장은 그러했지만 그들은 거의 모두가 인생의 풍상을 견뎌 온 건장한 체격을 지니고 있었다. 얼굴은 차갑고 딱딱하고, 유통이 정지된 못쓰는 화폐의 표면처럼 특징이 없었다. 말라빠진 입언저리는 탐욕스러운 이로 무장되어 있었다. 이들 하숙인들은 이미 끝나 버렸거나 현재 진행중인 연극을 떠올렸다. 발밑에서 조명을 받으며 화려하게 채색된 무대 배경 앞에서 상연되는 드라마가 아니라 살아 있는 드라마, 말없는 드라마, 보는 이의 마음을 뜨겁게 적셔 주는 얼어붙은 드라마, 끝나지 않는 인생극이었다.

노처녀 미쇼노는 시력이 약해진 눈 위로 때묻은 녹색 비단 차양을 쓰고 있다. 차양 가장자리의 놋쇠 테는 자비로운 천사도 놀라 자빠질 만큼 흉측했다. 술장식이 떨어져 없어져서 너덜너덜 해진 숄이 마치 해골을 싸고 있는 듯이 보일 만큼 그 숄을 두른 몸뚱이는 바싹 말라 있었다. 도대체 어떤 산성(酸性) 물질이 이 여자로부터 여성적인 용모를 모조리 부식시켜 버렸을까? 그녀도 옛날에는 아름다웠을 것이고 몸매도 날씬했었을 것이다. 악덕·슬픔·탐욕 탓이었을까? 너무 지나치게 사랑에 빠졌기 때문일까? 화장 도구나 장신구를 파는 행상인이었을까? 아니면 단순한 창부였을까? 가만히 있어도 쾌락이 먼저 찾아왔던 뻔뻔스런 청춘 시절의 개선가를, 지금은 지나는 사람들도 외면하는 노쇠한 모습으로 보상하고 있는 것일까? 퀭한 눈은 한기를 내뿜고 이지러진 얼굴은 보는 사람에게 두려움을 주었다. 그녀의 목소리는, 겨울이 가까워질 무렵 숲속에서 우는 매미 울음소리처럼 기운이 없었다. 그녀는 자식들로부터 버림받은 방광염에 걸린 한 가난뱅이 노신사를 돌봐 준 적이 있다고 했다. 그런데 그 노신사는 죽기 전에 그녀에게 천 프랑의 종신 연금을 물려 주었다고 한다. 그녀는 그 돈 때문에 노신사의 상속인들과 정기적으로 다투어야 했고 상속인들의 중상의 표적이 되었다. 애욕의 장난이 그녀의 얼굴을 완전히 못쓰게 만들지만, 그래도 아직은 살결이 하얗고 섬세한 모습의 흔적이 조금 남아 있어서 지금도 그녀의 몸이 아름다움을 조금이나마 간직하고 있으리라고 추측하게 한다.

푸아레 씨는 마치 자동인형 같은 인물이었다. 낡은 차양이 달린 우글쭈글한 모자를 쓰고, 상아로 된 자루가 누렇게 변한 지팡이를 금방이라도 떨어뜨릴 듯이 손에 쥐고, 속이 텅 빈 게 아닌가 생각될 만큼 헐렁한 반바지를 입고, 푸른 양말을 신은 다리는 술에 취한 사람처럼 휘청거린다. 프록코트의 빛바랜 앞자락을 펄럭거리면서, 칠면조 같은 그의 목에 두른 끄나풀처럼 배 배꼬인 넥타이를 매고 더러운 흰색 조끼를 입고, 구김투성이의 조잡한 모슬린 셔츠의 가슴 장식을 자랑스레 드러내보이면서, 동식물원의 오솔길을 회색 그림자처럼 기어가는 그의 모습을 보면, 이 그림자 같은 사나이도 역시 이 탈리앙 거리를 활보하는 대담한 야벳(《창세기》에 나오는 노아의 셋째 아들)의 자손에 속하는 것일까 하는 의문이 자연스럽게 생긴다.

무슨 노동이 이 사나이를 이렇게 주름투성이로 만들었을까? 어떤 정열이, 그대로 만화로 그리면 실물 묘사라고는 전혀 생각되지 않을 그의 동그란 얼굴을 거무튀튀한 갈색으로 변하게 했을까? 그는 전에 무엇을 했을까? 어쩌면 사법부 사무원으로, 사형집행인들의 지출 견적서라든가, 부모 살해범에게 씌우는 검은 두건, 단두대의 목 받는 광주리에 까는 톱밥, 단두대 칼날을 올렸다 내렸다 하는 끈 따위를 납품하는 계산서를 보내는 과에 근무했는지도 모른다. 아니면 도살장 접수원이나 위생국의 부검 사관이었는지도 모른다. 아무튼 이 사나이는 사회라는 커다란 연자방아의 맷돌을 움직이는 당나귀 가운데 한 마리이고, 원숭이 베르트랑의 얼굴을 몰랐던 파리에 사는 고양이 라통(라퐁텐의 우화에 나오는 순진한 고양이. 베르트랑의 악당. 라통은 희생자를 가리킨다)과 같은 사람으로 불행과 더러움에 의해 돌아가는 이 사회의 굴대와 같은 존재이다. 요컨대 그 몰골을 보고 "이런 인간도 필요하긴 하구나" 하고 말하는 그런 사람들 가운데 하나였다. 그러나 화려한 파리는 정신적·육체적 고통으로 창백해진 이러한 얼굴들을 모른다.

파리는 말 그대로 큰 바다와 같다. 수심을 재어 보려고 해도 결코 그 깊이를 알 수 없다. 이 바다를 답사하고 묘사해 보고 싶은가? 두루 살펴보고 묘사하기 위해 제아무리 수고를 한다 해도, 또 이 바다를 탐험하는 사람의 수가 아무리 많고 아무리 열심이라 해도, 여전히 가 보지 못한 땅, 알려지지 않은 동굴, 꽃·진주·괴물 같은 문학의 잠수부로부터 잊힌 전대미문의 무언가가 남아 있을 것이다. 보케르 부인의 하숙집도 그러한 진귀하고 기괴한 것들 가운데 하나이다.

이 하숙집에서는 두 인물이, 다른 하숙인들과 두드러진 대조를 이루고 있었다. 빅토린 타유페르 양은 빈혈에 걸린 소녀들처럼 병적으로 피부가 흰 여자로, 침울하고 근심스런 표정, 가난하고 병약한 생김새로 보자면 이 작품

전체의 기조를 이루는 일반적 고뇌와 결부되어 있었지만 그녀의 얼굴은 늙지 않았고, 동작이나 목소리는 날래고 활발했다. 이 불행한 여자는 성질이 맞지 않는 토지에 옮겨 심어져 잎이 누렇게 뜬 관목 같았다. 검붉은 색으로 물들기 시작한 그녀의 낯빛, 황갈색 머리카락, 너무나도 가냘픈 몸매는 당대 시인들이 중세기 동상들에서 찾아내는 우아함을 지니고 있었다. 검은 색이 섞인 그녀의 회색 눈은 그리스도교적인 상냥함과 체념의 빛을 띠고 있었다. 그다지 돈을 들이지 않은 검소한 옷도, 젊음에 넘치는 그녀의 싱싱한 모습을 드러내 주고 있었다. 주위 사람과 비교하면 그녀는 미인이었다. 행복했었다면 그녀는 눈부실 만큼 아름다웠을 것이다. 화장이 여성의 겉모습을 꾸미는 것처럼, 행복은 여성의 시(詩)다. 무도회의 기쁨이 이 창백한 얼굴을 장밋빛으로 밝혔다면, 우아한 생활의 즐거움이 벌써 살짝 쪼그라들기 시작한 그녀의 볼을 부풀게 하고 붉은색으로 물들였다면, 연애가 슬픔에 잠긴 두 눈동자에 생기를 불어넣었다면, 빅토린은 가장 아름다운 처녀들과도 미모를 견줄 수 있었을 것이다. 그녀에게는 여자를 다시 태어나게 하는 것, 즉 옷과 연애 편지가 없었던 것이다. 그녀가 살아 온 이야기만으로도 책 한 권은 넉넉히 쓸 수 있을 것이다. 그녀의 아버지는, 그녀를 자식으로 인정하지 않을 정당한 이유가 있다고 믿고, 그녀를 자기 곁에 두길 거부했다. 그녀에게는 한 해 6백 프랑만 보내 주고 재산은 전부 아들에게 물려주었다고 한다.

쿠튀르 부인은 빅토린 어머니의 먼 친척이다. 그녀의 어머니는 일찍이 부인의 집에서 살다가 절망 끝에 죽었으며, 쿠튀르 부인은 고아가 된 빅토린을 자기 자식처럼 여기며 뒷바라지해 왔다. 불행하게도 공화국 육군 출납지불관의 미망인인 그녀에겐 자기의 과부 재산과 유족연금밖에 없었다. 그녀도 언젠가는, 경험도 재산도 없는 이 불쌍한 처녀를 세상의 거친 파도에 내맡겨야 할 날이 올 것이라고 생각하고 있었다. 친절한 미망인은 빅토린을 데리고 일요일마다 빠짐없이 미사에 나가고, 두 주일에 한 번은 고해성사를 하러 다녔다. 앞으로 무슨 일이 생길지는 모르지만 어떻게 해서든지 그녀를 신앙심이 깊은 여자로 만들려고 했기 때문이었다. 부인의 생각은 옳았다. 종교적 감정이, 아버지에게 인정받지 못한 이 처녀에게도 미래에 대한 희망을 주었다. 그녀는 아버지를 사랑했으므로 해마다 어머니를 용서해 달라고 아버지를 찾아갔지만, 그때마다 어떠한 인정이나 용서도 받지 못한 채 굳게 닫힌 아버지 집 문에 몸을 부딪힐 뿐이었다. 조정자 역할을 해야 할 유일한 사람인 그녀의 오빠도 4년 동안 단 한 번도 그녀를 만나러 온 적이 없었고, 아무런 도움도 주지 않았다. 그녀는 아버지의 오해를 풀고 오빠의 마음을 가라앉혀 달라고 신께 애원했다. 비난하는 말은 전혀 하지 않고 오로지 그들을 위하여 빌었다. 쿠튀르 부인과 보케르 부인은 그들의 잔인한 처사를 나타내는 말은 악담이나 욕설 사전에도 나와 있지 않을 것이라고 생각했다. 그녀들이 이 몰염치한 백만장자를 저주하면, 빅토린은 고통스러운 울음 속에도 여전히 사랑이 깃들어 있는 상처입은 산비둘기의 노래 같은 상냥한 말로 변호했다.

외젠 드 라스티냐크는 하얀 피부, 새까만 머리, 푸른 눈을 가진 남국인다운 풍모를 지니고 있었다. 그의 풍모와 태도, 거동, 평소의 몸가짐은 그가 귀족 출신이며, 어린 시절에 고상하고 예의바른 가정 교육을 받았다는 것을 보여 주었다. 그는 의복을 소중히 여겨 보통 때는 지난해의 옷을 닳아 떨어질 때까지 입었지만, 때로는 멋쟁이 청년답게 차려입고 외출하기도 했다. 평소의 그는 낡은 프록코트와 허름한 조끼를 입고, 학생다운 빛바랜 싸구려 검정색 넥타이를 아무렇게나 매고, 그저 그런 헌바지를 입고, 창을 간 낡은 구두를 신고 다녔다.

이 두 젊은 남녀와 다른 사람들의 가운데에 있는 인물이 보트랭이었다. 그는 구레나룻을 염색하고 다니는 마흔쯤의 사나이였다. 그는 사람들이 흔히, '저 친구는 대단한 사내야'라고 할 만한 인물이었다. 어깨가 넓고, 잘 발달된 상체와 훌륭한 근육을 가졌으며, 두툼하고 네모난 손 마디마디에는 붉은 털이 북슬북슬 나 있었다. 나이에 비해 얼굴에 주름이 많아 냉혹한 인상을 주었지만, 부드럽고 상냥한 태도가 그것을 완화시켜 주었다. 나직한 목소리도 거친 명랑성과 잘 어울렸으므로 결코 불쾌한 느낌을 주지 않았다. 그는 친절하고 쾌활했다. 어느 방의 자물쇠가 고장 나면, 곧 분해하고 수리하고 기름을 쳐서 원래대로 돌려놓고는 "이런 것쯤은 아무것도 아닙니다" 하고 말하는 것이었다. 게다가 그는 배·바다·프랑스·외국·장사·인간·사건·법률·호텔·감옥 등 어느 것도 모르는 게 없었다. 누군가가 끈질기게 불평을 늘어놓으면, 그는 곧 도와주겠다고 말했다. 보케르 부인과 몇몇 하숙인에게 돈을 꾸어 준 일도 여러 번 있었다. 그러나 돈을 꾼 사람은 그에게 돈을 갚지 못할 바에야 차라리 죽는 게 낫겠다고 생각했다. 그는 사람이 좋아 보이는 인상과는 달리, 심오하고 결단력 넘치는 눈빛으로 상대편에게 두려움을 느끼게 했다.

그가 침을 탁 뱉는 태도에서는 애매한 상황에서 벗어나기 위해서는 범죄도 망설이지 않을 게 틀림없다는 태연한 침착성이 느껴졌다. 준엄한 재판관처럼 그의 눈은 온갖 문제, 모든 사람들의 양심, 모든 감정의 깊숙한 부분까지 꿰뚫어 보는 듯했다. 그의 일상 생활은 아침식사를 마치고 외출했다가 저녁을 먹으러 하숙집으로 돌아오며, 저녁을 먹은 뒤에는 내내 집을 비웠다가, 보케르 부인이 준 여벌 열쇠로 문을 따고 한밤중에 돌아오는 것이었다.

이 하숙에서 열쇠를 지니는 특권을 누리고 있는 사람은 오직 보트랭뿐이었다. 그는 보케르 부인과 아주 친숙한 사이여서 그녀의 허리를 끌어안으며 "엄마"라고 불렀는데, 그것은 별 뜻 없는 선의의 아첨이었다. 그녀도 그런 정도는 대수롭지 않게 생각했는데, 사실 그 절구통 같은 허리를 꼭 끌어안을 수 있을 만큼 긴 팔을 가진 사람은 보트랭뿐이었다. 디저트로 마시는 브랜디가 섞인 커피 값으로 매달 15프랑을 치르는 것에서도 그의 독특한 일면이 잘 나타난다. 파리의 소용돌이와 같은 생활에 말려든 청년들이나, 자기와 상관 없는 일에는 무관심한 노인들처럼 무심한 인간이 아니라면, 보트랭이 주는 수상한 인상을 그대로 보아넘기지는 않을 것이다. 보트랭은 자기 주위에 있는 사람들의 속사정을 잘 알거나 짐작하고 있었지만, 그가 무슨 생각을 하고, 어떤 일을 하는지를 아는 사람은 아무도 없었다. 표면적인 호인 기질과 언제나 변함없는 상냥함, 명랑함이 그와 남들 사이를 장벽처럼 가로막고 있었지만, 때때로 그는 그 성격의 끝 모를 깊이를 내보이기도 했다. 가끔 유베날리스(제정 로마 시대의 유명한 풍자 시인)처럼 신랄한 경구로 법률을 비웃고 상류사회를 공격하며 사회의 모순을 지적했는데, 그러한 행동으로 미루어 그가 사회에 원한을 품고 있고, 그의 생활 밑바닥에 조심스럽게 감추어진 비밀이 있다는 것을 짐작할 수 있었다.

본인은 깨닫지 못했지만, 타유페르 양은 한 쪽의 믿음직스러움과 다른 한 쪽의 미모에 이끌려서 조심스런 눈길로 몰래 훔쳐보며 이 40대 사나이와 젊은 학생에게 남모르는 마음을 품고 있었다. 그러나 언젠가는 우연히 그녀의 처지가 바뀌어 돈 많은 신부 후보가 될 수도 있건만 두 사람 다 그녀에게는 조금도 관심이 없어 보였다.

게다가 여기 있는 그 누구도 하숙인들이 저마다 떠들어 대는 불행이 사실인지 거짓인지를 일부러 조사해 보려는 생각 같은 건 절대 하지 않았다. 모두가 서로에 대해서, 제 나름의 처지에서 비롯한 불신 섞인 무관심을 보이고 있었다. 남의 고생을 덜어 줄 만한 힘이 없다는 것을 이미 잘 알고 있었고, 서로의 고충을 털어놓으면서 받을 수 있는 동정도 이미 다 받은 상태였다. 나이 먹은 부부처럼 서로 주고받을 얘깃거리도 이미 떨어졌으므로 그들 사이에는 기계적인 생활과, 기름 떨어진 톱니바퀴의 회전밖에 남은 것이 없었다. 그들은 길거리에서 맹인을 만나도 곧장 앞만 보며 지나쳐 버렸고, 불쌍한 사람의 이야기를 들어도 감정의 동요를 일으키지 않으며, 그들을 꽁꽁 얼어붙게 만드는 극한 상황에 처한다 해도 죽고 나서야 그 문제들이 해결되리라 생각해 버렸다.

이 비참한 인간들 가운데서 제일 행복한 사람은 이 사설 양로원의 주인인 보케르 부인이었다. 정적과 냉기, 건조함과 습기가 시베리아 초원과 같은 황량한 느낌을 주는 작은 뜰도 그녀에게는 즐겁고 아늑한 휴식처였다. 그녀에게는 계산대의 곰팡내가 나는 이 음산하고 누케한 집도 매력적인 장소였다. 형무소 감방 같은 방들은 그녀의 것이었다. 그녀는 무기징역을 선고받은 죄수 같은 하숙인들을 돌보면서 절대적인 권위를 휘두르며 그들한테서 존경을 받았다. 이 불쌍한 친구들이 파리의 어느 곳에서 그녀가 받는 만큼의 금액을 가지고 깨끗하고 충분한 식사와, 비록 아름답고 쾌적하지는 못하지만 적어도 그들이 마음먹기에 따라서 충분히 청결하고 위생적으로 살 수 있는 방들을 찾아낼 수가 있겠는가? 그녀가 눈에 띄게 불공평한 행동을 했다 하더라도, 희생자들은 불평 한 마디 없이 그것을 참아냈을 것이다.

이와 같은 인간 집단은 사회의 모든 요소를 소규모로 반영하기 마련이며 실제로 반영하고 있었다. 여기서 밥을 먹는 18명 가운데에도, 학교나 사회에서와 마찬가지로 사람들로부터 손가락질을 받고, 우박이나 비를 맞듯이 놀림을 흠뻑 뒤집어쓰는 불쌍한 사람이 있었다. 외젠 드 라스티냐크의 하숙 생활이 2년째에 접어들 무렵, 그 인물은 앞으로 2년은 더 함께 살아야만 하는 사람들 가운데에서 가장 이색적인 인물로 비쳤다. 그 천덕꾸러기는 제면업자였던 고리오 영감인데, 역사가도 그렇게 했겠지만 화가라면 화면의 모든 빛을 그의 머리에 집중시켰을 것이다.

　무슨 이유에서 사람들은, 미움이 반쯤 섞인 경멸과 연민어린 박해와 멸시를, 그들 가운데 가장 나이가 많은 사람에게 퍼붓는 것일까? 악덕보다도 용서를 받기 힘든 그의 괴상한 행동과 어리석음 때문일까? 이 문제는 사회적인 불행과 밀접한 관계를 가지고 있다. 어쩌면 진정한 겸허함이라든가 무기력, 또는 무관심 때문에 모든 것을 참고 견디는 인간을 못살게 구는 것이 인간의 본성인지도 모른다. 우리는 다른 사람이나 어떤 대상을 희생시킴으로써 자기 힘을 자랑하고 싶은 게 아닐까? 가장 연약한 존재인 파리의 부랑아까지도 얼음이 어는 추운 날에는 집집마다 돌아다니며 초인종을 누르거나, 갓 지은 기념 건물에 굳이 기어올라가 자기 이름을 적어 놓는다.

　고리오 영감은 예순아홉 살 되는 노인으로, 1813년 사업에서 손을 떼고 보케르 부인의 하숙집에 들어앉았다. 그는 처음에는 지금 쿠튀르 부인이 쓰고 있는 방을 빌렸는데 5루이$\left(\begin{smallmatrix}1루이는\\20프랑\end{smallmatrix}\right)$쯤 더 내거나 덜 내는 것은 문제로도 삼지 않는 정도였으며, 해마다 천 2백 프랑의 하숙비를 지불했었다. 보케르 부인은 그가 낸 선금으로 방 세 개를 다시 꾸몄는데 노란색 무명 커튼과, 위트레흐트산(産) 벨벳으로 싸고 니스칠을 한 나무팔걸이 의자, 형편없는 그림 몇 장, 시골 선술집에서도 쓰지 않을 성싶은 벽지를 바른 보잘것없는 방이었다. 그 무렵에는 존경을 담아 고리오 선생이라고 불리던 고리오 영감이 보여주는 무심하고 너그러운 마음씨 때문에 그녀는 그를 금전 문제에 어두운 바보라고 생각했다. 고리오는 훌륭한 옷을 많이 가지고 왔는데, 그것은 그가 사업을 그만두고도 돈을 아낄 필요가 없는 상인이 입을 만한 것이었다. 보케르 부인은 얇은 고급 리넨으로 만든 18벌의 셔츠에 감탄했는데, 그 셔츠들의 풍성한 가슴 장식 위에는 한 쌍의 장식 핀이 가는 고리로 연결되어 있었고 거기에는 커다란 다이아몬드가 박혀 있었다. 적당히 살집이 있는 그는 평상시는 담청색 옷을 입었으며, 깨끗한 하얀 조끼를 매일 갈아입었고, 조끼 밑에는 금시계줄을 늘어뜨리고 있었다. 역시 금으로 된 담뱃갑에는 머리카락을 잔뜩 넣어 둔 작은 통이 들어 있었는데, 이것 때문에 그 노인은 여자나 울리고 다니는 바람둥이로 보였다.

　보케르 부인이 바람둥이라고 비난할 때면, 그는 자만심이 그득한 상인처럼 빙긋이 웃었다. 그의 방에 있는 오르무아르(찬장――아르무아르라고 해야 옳지만 그는 서민들처럼 그렇게 발음했다)에는 그의 집에서 가져온 값진 은식기들이 가득 들어 있었다. 짐을 풀고 그것들을 찬장에 챙겨 넣는 것을 보케르 부인이 도와주었는데, 그녀는 눈이 휘둥그레졌다. 테이블 스푼, 국자, 세트로 갖추어진 나이프와 포크, 소스 그릇, 큰 접시들, 금으로 도금된 아침용 식기 세트 등 모두 다 훌륭했고, 무게로만 보더라도 꽤 값이 나가는 식기류들이었다. 그녀는 어떻게 해서든지 그것들을 지니고 싶었다. 그것들은 모두 선물받은 것들로, 풍족한 가정 생활을 떠올리게 했다.

"이건 우리 부부의 첫 번째 결혼 기념일에 집사람이 나에게 선물한 것이라오……"

그는 뚜껑 위에 서로 입맞추는 산비둘기 두 마리가 그려져 있는 조그마한 은그릇을 정리하면서 보케르 부인에게 말했다.

"불쌍하게도…… 집사람은 이걸 사느라 처녀 때의 저금을 몽땅 털어 버렸단 말씀이야. 아시겠소? 이것을 내다 파느니 차라리 손톱으로 땅을 파겠소. 천만다행으로, 나도 명이 붙어 있는 동안은 매일 아침 이것으로 커피를 마실 수 있거든. 동정을 받을 형편은 아니란 말이야. 일하지 않아도 이대로 먹고 사는 데는 문제가 없을 테니까."

게다가 보케르 부인은 까치처럼 날카로운 눈으로 여러 장의 국채증서를 보았는데, 대충 합산해 보아도, 이 근사한 고리오에게 약 8천 프랑에서 1만 프랑의 연수입을 줄 만한 액수였다. 그날부터 드 콩플랑 집안 출신의 보케르 부인, 사실은 마흔여덟 살인데도 서른아홉이라고 우기던 보케르 부인은 어떤 생각을 품게 되었다. 고리오 영감의 눈가는 붓고 뒤집혀 있어서 자주 눈을 닦곤 했는데, 그녀는 그런 동작이 매우 멋지고 품위 있다고 생각했다. 게다가 알맞게 불룩한 그의 종아리는 모가 난 기다란 콧대와 함께 이 미망인이 특별히 존중하는 그의 도덕적 품성을 예상케 했다. 영감의 순진하고 우직해 보이는 둥그런 얼굴이 그것을 뒷받침하고 있었다. 이 사람은 정신적인 모든 에너지를 감정의 형태로 소비할 수가 있는, 체격이 탄탄한 사내임에 틀림이 없었다.

이공대학(공병장교나 기사를 양성하는 프랑스 굴지의 명문교)의 이발사가 찾아와서 매일 아침 머리에 기름을 발라 주곤 했는데 '비둘기 날개' 모양으로 가른 그의 머리는 좁은 이마 위에 다섯 가닥의 날카로운 선을 그어, 그의 얼굴을 돋보이게 했다. 약간 촌스럽기는 했지만 멋쟁이였고, 담배통에 언제든지 마쿠바(마르티니크 섬에서 나는 담배)산 코담배를 가득 넣어 두는 사람처럼 당당하게 담배를 피웠다. 그래서 고리오 영감이 그녀의 집으로 이사온 날, 보케르 부인은, 죽은 남편을 기리는 상복을 벗어 버리고 고리오 부인으로서 다시 태어나고 싶은 욕망에 사로잡혀, 베이컨을 말아 굽는 자고새 고기처럼 마음을 지글지글 태우면서 잠자리에 들곤 했다. 고리오와 결혼해 하숙을 팔아 버리고, 이 서민 계급의 꽃이라고 할 만한 인물과 팔짱을 끼고 거리를 활보하며, 이 지역에서 으뜸가는 명사의 부인이 되어, 빈민구제를 위해 모금하고, 일요일에는 슈와지, 스와시, 장틸리 등지에 가서 즐긴다. 마음이 내키면 극장 구경을 가는데, 하숙인이 7월이면 이따금 갖다주는 작자 초대권 같은 것을 기다리지 않고 특별좌석을 예약하는 것이다.

그녀는 파리 소시민의 이상향을 꿈꾸었다.

그녀는 푼푼이 모은 4만 프랑의 재산을 가지고 있다는 말을 누구에게도 한 적이 없었으므로, 재산상으로도 자기가 고리오에게 걸맞은 혼인 상대라고 굳게 믿고 있었다.

"다른 점에 대해서도 나는 영감님에게 지지 않아!"

그녀는 스스로에게 자기의 육체적 매력을 입증하기라도 하려는 듯이, 뚱뚱보 실비가 매일 아침 칭찬하는 그 매력 있는 몸뚱이를 침대 속에서 뒤챘다.

그날부터 약 석 달 동안 보케르 미망인은 고리오 영감에게 오는 이발사에게 부탁하여 몸치장에 적지 않은 돈을 들였다. 그 명분은 이 하숙을 이용해 주시는 훌륭한 양반들과 균형을 맞추는 게 예의라는 것이었다. 그녀는 여러 모로 궁리해서 하숙인의 면모를 바꾸려 했고, 이제부터는 모든 면에서 나무랄 데 없는 사람이 아니면 받지 않겠다는 뜻을 내비쳤다. 낯선 사람이 나타나면, 파리에서 가장 저명하고 존경할 만한 실업가인 고리오 씨가 직접 선택하신 하숙집이라고 자화자찬했다. 그녀는 우선 '보케르 집'이라고 인쇄한 안내서를 뿌렸다. 안내서에는 '보케르 집은 라탱 지구에서 가장 오래 되고 가장 믿을 수 있는 하숙집. 고블랭 골짜기를 바라볼 수 있어—틀림없이 4층에서는 보였다——전망이 좋고, 보리수가 늘어서 있는 아름다운 뜰이 있음'이라고 쓰여 있었다.

부인은 그 안내서에, 공기가 좋고 거리가 한적한 점도 언급했다. 이 안내서에 낚여 서른여섯 살의 랑베르메닐 백작부인이라는 여자가 찾아왔는데, 그녀는 전장의 이슬로 사라진 장군의 미망인으로서, 죽은 남편의 재산 정리가 끝나 그녀가 수령할 수 있는 유족 연금이 나오기를 기다리는 중이라고 했다. 보케르 부인은 그녀의 식사에 특히 신경을 쓰고, 약 6개월 동안 응접실에 불을 넣는 등 오히려 손해를 보면서도 안내서에서 약속한 것을 그대로 지켰다. 그러자 백작부인은 보케르 부인을 "사랑하는 친구"이라고 허물없이 부르면서, 자기 친구인 보메를랑 남작부인과 육군대령인 피쿠아지 백작의 미망인을 이리로 데려오겠다고 말했다. 두 부인은 마레 지구에 있는, 보케르 집보다 더 비싼 하숙집에 살고 있는데 마침 계약 기간이 거의 끝나간다고 했다. 그 두 친구들은 보훈처에서 일을 끝내기만 하면 매우 유복해질 여자들이었다. "하지만 관청에서는 도무지 일을 처리할 생각조차 없다니까요." 백작부인이 말했다. 두 미망인은 저녁을 먹고 난 뒤 보케르 부인 방으로 올라가서, 딸기주를 마시거나, 여주인 전용으로 따로 마련해 둔 과자를 먹으며 수다들을 떨곤 하였다. 랑베르메닐 부인은 고리오 영감에 대한 여주인의 계획에 대찬성이었고, 첫날부터 그 근사한 계획을 눈치채고 있었다고 말했다. 그녀는 고리오를 나무랄 데 없는 남자라고 했다.

"그럼요, 부인. 그분은 내 눈동자처럼 건강한 분이지요. 아직 정정해서 여자를 얼마든지 즐겁게 해 줄 수 있을 거예요." 백작 부인이 말했다.

백작부인은 보케르 부인의 복장이 그런 의도와는 어울리지 않는다며 자상하게 여러 가지 충고를 해 주었다.

"댁도 전투 태세를 갖춰야 해요." 백작 부인이 말했다.

여러 모로 궁리한 끝에, 두 미망인은 팔레 루아얄에 가서, 갈르리 드 부아(팔레 루아얄에 있던 상점가)에서 깃장식이 있는 모자와 보닛을 샀다. 백작부인은 친구들을 라 프티트 자네트 양품점으로 끌고 가서 드레스 한 벌과 스카프를 골랐다. 보케르 미망인이 무장을 마치자, 그녀는 완전히 뵈프 아 라 모드의 간판(소가 모자를 쓰고 숄을 걸친 그림)과 똑같은 모습이었다. 그렇지만 그녀, 자기가 아주 매력적인 여자가 되었다고 생각했으므로 백작부인에게 감사하며, 지금까지는 남에게 물건을 선물한 적이 전혀 없었음에도 20프랑이나 하는 모자를 아무쪼록 받아 달라고 간청했다. 사실은 고리오의 속을 떠보고, 자기를 그에게 잘 말해 주는 역할을 백작부인에게 부탁할 작정이었다. 랑베르메닐 부인은 그녀의 책략에 기꺼이 힘을 빌려 주었다. 그리고 늙은 제면업자(製麵業者)에게 접근하여 이제는 서로 깊은 이야기도 나누게 되었다. 그녀는 고리오를 보케르 부인에게서 빼앗아 제 마음대로 농락할 생각이었다. 그러나 고리오는 유혹을 완전히 물리치지는 않아도 시종일관 조심스런 태도만 취했으므로 부인은 그의 무례함에 화를 내며 밖으로 나와 버렸다.

"이봐요." 그녀는 친애하는 벗에게 말했다. "저런 남자한테서는 아무것도 얻을 수가 없을 거예요. 가소로울 정도로 의심이 많고 형편없는 얼간이라, 당신에게 불쾌감만 줄 거예요."

고리오 씨와 랑베르메닐 부인과의 사이에는 어떤 일이 있었을까? 아무튼 백작부인은 더는 그와 함께 있는 것조차 싫다고 말했다. 다음날 그녀는 6개월치 하숙비를 내는 것도 잊어버린 채, 5프랑짜리 헌옷 하나만 남겨 놓고 모습을 감추었다. 보케르 부인이 아무리 기를 쓰고 행방을 찾아보아도, 파리 시내에서는 랑베르메닐 백작부인에 대한 어떠한 소문도 들을 수가 없었다. 보케르 부인은 이따금 이 어처구니없는 사건을 얘기하며 자기가 사람을 너무 믿어 탈이라고 넋두리를 했지만, 사실 그녀는 암고양이보다 의심이 많았다. 다만 그녀도 가까이 있는 사람은 무조건 의심하면서, 어디 사는 누군지도 모르는 상대에게는 함부로 마음을 주는 대부분의 사람과 다를 바 없었던 것이다. 이런 심리는 이상하긴 해도 실제로 존재하므로, 그 원인은 사람의 마음속에서 쉽사리 발견할 수가 있다. 아마도 이런 사람들은, 함께 사는 사람들로부터는 아무것도 얻지 못하는 것이다. 그들에게 자기의 텅 빈 머릿속을 보여 주고 말았으므로, 당연히 자기가 그들로부터 이미 어떤 평가나 심판을 받았다고 혼자 생각한다. 그러면서도 아무도 해주지 않는 듣기 좋은 소리를 듣고 싶은 욕구를 어쩌지 못해, 혹은 자기가 가지고 있지 않은 미덕을 가지고 있는 듯이 보이고 싶다는 욕망에 사로잡혀, 언젠가는 신용을 잃게 될 줄 뻔히 알면서도, 전혀 알지 못하는 사람들의 존경과 애정을 얻고 싶어한다. 게다가 날 때부터 타산적인 사람도 있다. 그들은 친구나 가까운 친척에게는 해 줘 봐야 당연한 의무로 받아들이므로 조금도 친절을 베풀 생각이 없다. 하지만 모르는 사람들에게 친절하게 해주면 거기에서 자존심의 만족을 얻을 수 있다. 이러한 사람들은 애정 범위가 좁을수록 오히려 냉담해진다.

그리고 그 범위가 넓어질수록 남에게 봉사하려 한다. 보케르 부인은 본질적으로 찌들어서, 기만적이고 밉살맞은 그러한 두 가지 성격을 모두 갖추고 있었음에 틀림없다.

"그때 내가 여기에 있었더라면 당신이 그런 재난을 겪진 않았을 텐데 말이야. 내가 있었더라면 그런 못된 여자의 정체를 속속들이 까발려 주었을 거야. 나는 그런 것들이 어떤 얼굴을 하고 있는지 잘 알거든." 그 애기를 들은 보트랭은 말했다.

소견이 좁은 사람이 모두 그러하듯이, 보케르 부인도 눈앞에 벌어진 사건의 테두리에서 벗어나 그 원인을 규명할 줄 모르는 여자였다. 그녀는 자신의 잘못이나 실수를 걸핏하면 남의 탓으로 돌렸다. 그 일이 있었을 때도 그녀는 죄없는 제면업자가 자기 불운의 원인이라고 단정하고, 그에 대한 마음의 미혹으로부터 깨어났다는 것이었다. 자기가 아무리 교태를 부리고, 옷치장을 위해 돈을 썼는데도 효력이 없다는 것을 깨닫자, 그녀는 이내 그 이유를 짐작했다. 보케르 부인은 이 하숙인이, 그녀의 말을 빌리자면, 이미 '뜻이 딴데 있다'는 것을 눈치챈 것이다. 어쨌든 그처럼 소중하게 키워오던 그녀의 꿈이 덧없는 환상에 지나지 않았다는 것, 그 방면에는 전문가인 듯한 백작부인의 통렬한 말씨는 아니더라도, 그런 남자한테서는 절대로 아무것도 빼낼 수 없을 것이라는 사실을 그녀는 깨달았다. 그러자 그녀는 처음 고리오에 대해서 느꼈던 호감보다도 훨씬 맹렬한 미움을 품게 되었다. 그녀의 증오는 애정이 아니라 좌절된 희망에 비례했다. 인간의 마음은 사랑의 고지에 오를 때는 쉬엄쉬엄 가지만, 미움의 벼랑길을 내려올 때에는 결코 멎는 일이 없다. 그러나 고리오 씨는 그녀의 하숙인이었으므로 보케르 부인은 상처받은 자존심의 폭발을 억누르고, 실망스런 한숨을 참으며, 마치 수도원장으로부터 학대를 받은 수도사처럼 말없이 복수의 욕망을 씹어 삼켜야 했다. 옹졸한 사람은 좋은 쪽으로건 나쁜 쪽으로건 끊임없이 비루한 짓을 해서 자기 마음을 만족시킨다. 보케르 부인은 여성 특유의 나쁜 근성을 발휘해 고리오에게 음험한 박해를 가했다. 그녀는 먼저 식탁에 올렸던 호화스런 요리를 없앴다. "오이나 멸치는 이제 내지 말도록 해. 손해만 보니까 말이야." 그런 방식으로 돌아간 날 아침, 보케르 부인은 실비에게 말했다. 자기 힘으로 재산을 쌓아올린 사람에게서 볼 수 있는 절약정신이 고리오 씨에게도 습관이 되어 있었다. 그는 검소하게 식사하는 사람이었다. 수프와 삶은 고기와 채소는 그가 좋아하는 것이었고, 그 점은 언제까지나 바뀌지 않았다.

따라서 보케르 부인은 아무리 해도 이 하숙인의 입맛을 떨어뜨릴 수 없었고, 그를 괴롭히는 일이 그리 쉽지가 않았다. 공격할 틈이 없는 사나이를 만났다는 사실에 절망하고 그녀는 그의 평판을 떨어뜨려 고리오 씨에 대한 자기의 혐오를 다른 하숙인들에게도 전염시켰다. 하숙인들은 하숙인들대로 장난삼아 그녀의 복수를 도와 줬다. 그로부터 1년쯤 지나자 보케르 부인의 불신은 점점 더 커졌다. 칠팔천 프랑의 연수입이 있고, 굉장한 은식기와 마치 첩들이 가지고 있을 법한 훌륭한 보석들을 가지고 있는 이 상인이, 그가 가진 재산에 비하면 푼돈밖에 안 되는 하숙비를 내면서, 어찌하여 그녀의 하숙집 같은 데서 살고 있는 것인지 이상하게 여길 정도였다. 처음 1년 동안, 고리오 씨는 일주일에 한두 번은 밖에서 저녁을 먹었다. 그런데 언제부턴가, 한 달에 두어 번 정도밖에 외식을 하지 않았다. 아무래도 어느 여자와 밥을 먹는 것 같은 고리오 씨의 그 외식은, 보케르 부인의 이익과도 잘 들어맞았다. 그러나 이 하숙인이 점차로 그녀의 집에서만 식사를 하게 되자, 그녀에게는 참을 수 없는 불만으로 쌓여 갔다. 이런 변화는 재산이 서서히 줄어들고 있을 뿐 아니라 여주인인 자기를 괴롭히려는 것이라고 생각했다. 소인배 근성을 가진 사람들의 가장 나쁜 습관 가운데 하나는, 자기의 옹졸한 마음을 타인에게도 적용시키는 것이다.

불행하게도 두 번째 해 막바지에, 고리오 씨는 보케르 부인에게 3층으로 옮기고 하숙비를 9백 프랑으로 줄여 달라고 말함으로써 스스로 소문이 사실임을 증명하게 되었다. 그는 돈을 아껴야 했으므로 방 안에 불도 피우지 않았다. 보케르 부인은 하숙비를 선불로 내라고 요구했다. 고리오 씨가 그 요구에 따르자, 그때부터 그녀는 그를 고리오 영감이라고 불렀다. 모두 다투어 고리오 영감이 몰락한 원인을 살피려고 했으나 그것은 어려운 일이었다. 가짜 백작부인도 말했듯이 고리오 영감은 음흉하고 입이 무거운 사나이였기 때문이다. 머릿속이 텅 빈 족속들은 별 볼일 없는 얘기밖에 할 말이 없기 때문에 무슨 말이든 함부로 지껄이는데, 그들의 논리에 따르면, 자신에 대한 얘기를 하지 않는 인간은 무언가 나쁜 일을 하고 있기 때문이라는 것이다. 그리하여 일류 실업가라고 불리던 고리오는 졸지에 사기꾼이 되고 늙어빠진 색골 영감이 되고 말았다.

그 무렵 보케르 집에 살게 된 보트랭에 따르면, 고리오 영감은 주식거래소에 출입하다가 빈털터리가 되어, 지금은 국채를 사고파는 데서 차액을 노리고, 주식쟁이들의 표현을 빌리면, 쩨쩨한 상장에서 빈대처럼 붙어먹는 사나이가 되어 버렸다고 한다. 어떤 이는 매일 밤 10프랑쯤의 돈을 걸어 몇 푼씩 버는 소심한 노름꾼이 틀림없다고도 했다. 그런가 하면 고등 경찰에 고용되어 있는 스파이라고 말하는 이도 있었다. 그러나 보트랭은 고리오가 그런 일을 할 수 있을 만큼 교활하지는 않다고 주장했다.

또한 고리오 영감은 단기(短期)로 고리를 놓아 먹는 수전노나, 늘 똑같은 번호를 사는 복권광이라고 불리기도 했다. 모두가 그를 악덕과 치욕과 무능력이 만들어 내는 더없이 수상쩍은 인간으로 만들어 버렸다. 다만 그의 행동과 악덕이 아무리 꺼림칙하더라도, 그에 대한 혐오감이 하숙집으로부터 그를 쫓아내지는 못했다. 왜냐하면 그는 하숙비를 꼬박꼬박 냈기 때문이다. 게다가 그는 제법 쓸 만했다. 사람들은 기분이 좋거나 나쁠 때마다, 고리오 영감에게 농담이나 화풀이를 하며 마음을 달랬다. 여러 사람에게 가장 그럴듯하게 받아들여진 것은 보케르 부인의 의견이었다. 그녀는, 나이에 비해 정정한 이 영감이 여자를 충분히 즐겁게 해 줄 수 있는 변태 취미를 가진 도락자라고 말했다.

보케르 미망인이 무엇을 근거로 그런 중상을 했는지는 다음과 같다. 가짜 백작부인이 보케르 부인을 감쪽같이 속이고 공짜로 6개월쯤 살다 달아난 뒤로 몇 달이 지난 어느 아침의 일이었다. 아직 이불 속에 있던 부인은, 몸이 가벼운 젊은 여성이 비단 드레스를 사락거리며 계단을 올라와서, 미리 연통을 해두었던 모양인지 열려 있는 문을 거쳐, 고리오 영감 방으로 잠입하는 기색을 알아차렸다. 곧 뚱뚱보 실비가 여주인 있는 곳으로 와서, 여신처럼 아름답게 차리고, 흙먼지 하나 묻지 않은 고급 모직 구두를 신은, 여염집 여자 치고는 너무 아름다운 여자가 미끄러지듯이 부엌으로 들어와서 고리오 씨 방이 어디냐고 물었다고 했다. 보케르 부인과 하녀는 귀를 기울이고 엿들었는데, 한참 이야기하는 동안에 다정하게 주고받은 몇 마디 말을 엿들을 수 있었다. 고리오 영감이 여자를 배웅하러 나오자, 뚱뚱보 실비는 곧 시장바구니를 들고 시장에 가는 척하고, 연인인 듯한 두 사람의 뒤를 따랐다.

"아주머니!" 집에 돌아오자마자 그녀는 여주인에게 말했다. "여자에게 저렇게 사치스런 치장을 시키는 것으로 보아 고리오 씨는 역시 보통 부자가 아닌 게 틀림없어요. 아, 글쎄, 에스트라파드 광장 모퉁이에 호화로운 마차가 기다리고 있다가 여자를 태우고 가지 뭐예요."

저녁 식사 자리에서 보케르 부인은, 햇빛이 고리오의 눈에 비쳐 그가 눈부셔하자, 일부러 일어나서 커튼을 처리갔다.

"당신은 미인에게 환영받는 분인가 봐요, 고리오 씨. 햇빛까지도 당신을 뒤쫓고 있네요." 부인은 아까 찾아왔던 여인을 암시하면서 말했다. "눈이 참 높으세요. 그분 기막히게 아름다웠어요!"

"그 애는 내 딸이오." 그는 좀 자랑스러운 듯한 표정으로 대답했는데, 다른 하숙인들 눈에는 그 태도가 아니꼽게 뽐내는 것으로 보였다.

그 방문이 있은 지 한 달쯤 지나 고리오 씨는 또 다른 방문을 받았다. 먼젓번에는 가벼운 옷차림으로 아침에 왔던 그의 딸이 이번에는 저녁 식사 뒤에 왔는데, 마치 사교계 파티에라도 가는 것처럼 차려입고 있었다.

응접실에서 이야기꽃을 피우고 있던 하숙인들은, 그녀가 날씬한 몸매의 요염한 금발미인이어서 고리오 영감의 딸 치고는 너무나 고상하다고 생각했다.

"두 사람째로군." 같은 여자라는 것을 눈치 못챈 뚱뚱보 실비가 말했다.

며칠 뒤, 키가 크고 날씬한 몸매에, 피부가 약간 가무스름하고 검은 머리에 눈이 반짝반짝 빛나는 또 다른 젊은 여자가 고리오 씨를 찾아왔다.

"이것 봐, 세 사람째다." 실비가 말했다.

이 두 번째 여자도 처음에는 역시 아침에 아버지를 만나러 왔지만, 며칠 지나자 무도회 옷차림을 하고, 저녁 늦게 마차로 찾아왔다.

"어머, 네 사람째라니." 보케르 부인과 뚱뚱보 실비는 이 당당한 귀부인에게서, 지난 번 아침에 찾아왔던 간소한 차림을 한 여자의 모습을 찾아내지 못하고 말했다.

고리오는 그 무렵 하숙비로 1천 2백 프랑을 내고 있었다. 보케르 부인은, 돈 있는 남자라면 정부를 네댓 명 두는 것쯤 당연한 일이라고 생각했으므로, 그녀들을 자기 딸로 여기게 만든다는 것은 매우 교묘한 수법이라고 생각했다. 여자들을 보케르 집에 불러들이는 문제로 화를 내거나 하지는 않았다.

다만 이러한 방문으로 고리오가 자기에게 무관심한 까닭을 알았으므로 2년째로 접어들면서부터 부인은 그를 '엉큼한' 영감이라고 불렀다. 드디어 고리오의 하숙비가 9백 프랑대로 곤두박질치자, 어느 날 그 여자들 가운데 하나가 고리오의 방에서 내려오는 것을 보고는 그에게 심히 무례한 투로 "도대체 우리 집을 무엇으로 아느냐?"고 따졌다. 고리오 영감은 그 여자는 자기의 큰딸이라고 대답했다.

"그럼 당신한테는 딸이 한 서너 다스쯤 된단 말예요?" 보케르 부인이 매섭게 쏘아붙였다.

"둘밖에 없는데요." 하숙인은 가난 때문에 모든 일에 유순해져 버린 파산한 인간의 부드러운 투로 말했다.

3년이 지나자, 고리오 영감은 한층 더 허리띠를 졸라매고 4층으로 옮겨가서, 한 달 하숙비로 45프랑을 지불하는 신세가 되었다. 담배를 끊고, 이발사를 거절해 머리 손질도 못하게 됐다. 고리오 영감이 처음으로 머리 손질을 안 하고 나타났을 때, 여주인은 그의 머리색깔을 보고 놀라 소리를 질렀다. 지저분한 푸른빛이 도는 잿빛이었던 것이다. 남모를 고뇌 때문에 표정은 날이 갈수록 더욱 침통해졌고, 그의 몰골은 식탁을 둘러싼 하숙인들 가운데서 가장 누렇게 떠 보였다. 그러자 더는 의심할 여지도 없었다. 고리오 영감은 늙어빠진 난봉꾼이라 나쁜 병에 걸려 여러 가지 약을 복용하고 있는 게 틀림없으며, 부작용으로 눈이 멀지 않는 것은 의사의 의술이 좋았기 때문이라는 것이었다. 머리색깔이 망측한 것은 도를 넘은 방탕과, 그것을 잇기 위해서 복용한 약이 원인이라는 것이다. 노인의 육체적인 또는 정신적인 상태가 이런 헛소문들을 더욱더 그럴싸하게 만들었다. 가지고 있던 옷가지들이 다 떨어지고 나자, 그는 그때까지 입었던 값비싼 속옷 대신, 1오느($\frac{1 오느는}{1.68미터}$)에 14수짜리 싸구려 옥양목을 사서 입었다.

수많은 다이아몬드, 금제 담배통, 시곗줄, 보석들이 하나씩 하나씩 자취를 감추었다. 담청색 연미복 같은 호화스런 차림은 깡그리 내던지고, 여름이나 겨울이나 두꺼운 밤색 모직 프록코트, 산양털로 짠 조끼, 쥐색 능직 바지를 입은 남루한 옷차림이 되었다. 그는 점점 비쩍 말라져 갔다. 통통하던 종아리도 홀쭉해졌다. 소시민적인 행복한 생활에 만족하며 부풀어 있던 얼굴도 볼품없는 주름투성이가 되었다. 이마에는 줄이 그어지고, 턱선이 드러났다.

뇌브생트즈느비에브 거리에서 하숙을 시작한 지 4년 만에 그는 형편없이 변해 버렸다. 마흔 살도 안돼 보이던 예순두 살의 인상 좋은 제면업자, 뚱뚱하게 살이 찌고 반드르르 윤기가 흐르며, 생기가 넘치는 건강한 모습은 지나가는 사람의 눈을 즐겁게 했으며, 웃으면 더 젊어 보이던 사람이, 이제는 얼이 빠져 발걸음까지 휘청거리는 일흔 살 노인으로 보였다.

그처럼 생생하던 푸른 눈도 윤기 없는 철회색을 띠며 빛을 잃었고, 불그레한 눈가에는 피 눈물이 어려 있는 듯하였다. 그의 모습은 어떤 사람에게는 혐오감을 주고, 또 어떤 사람에게는 연민의 정을 느끼게 했다. 의학을 공부하는 젊은 학생은 그의 아랫입술이 늘어져 있는 것을 보고 얼굴 각도를 측정하며 귀찮을 정도로 문진을 해댔다. 그러나 아무런 반응이 없는 것을 보자, 그는 치매에 걸려 있다고 선언했다. 어느 날 저녁 식사를 마치자, 보케르 부인이 놀리는 투로 "따님들이 요새는 통 만나러 오지를 않는군요." 그가 아버지라고 한 것을 의심하는 말투였다. 그러자 고리오 영감은 마치 하숙집 여주인한테 아픈 데를 찔린 것처럼 몸을 흠칫 떨면서 흥분한 목소리로 대답했다.

"때때로 옵니다."

"핫하하! 아직도 만나기는 하시는군요! 재주 좋으시네요, 고리오 영감님." 학생들은 소리쳤다.

그러나 노인은 자기의 대답이 불러일으킨 조롱의 말은 들은 척도 않고 다시 깊은 생각에 잠겼다. 그를 피상적으로 살펴보던 사람들은 그가 명상 상태에 빠져 있는 것을 보고 기능상실로 인한 '노인성 치매'라고 착각했다. 그들이 고리오를 더욱 잘 알고 있었다면, 그런 육체적·정신적인 상태가 나타내는 문제에 큰 흥미를 느꼈을는지도 모른다. 그러나 그를 아는 일만큼 어려운 일은 없었다. 그가 정말 제면업자였으며 그의 재산이 어느 정도였던지는 알기 쉬웠지만, 그에게 호기심을 갖는 노인들은 이 구역 밖으로 나가는 일 없이, 굴이 바위에 들러붙어 서식하듯이 하숙집에 들러붙어서 살고 있는 족속이었다. 다른 한 패들의 경우는 뇌브생트즈느비에브 거리를 나오기만 하면 파리 특유의 어수선함 때문에, 그들이 조롱거리로 삼는 불쌍한 노인에 대해선 금방 잊어버리고 만다. 그러한 시야가 좁은 족속들이나 무관심한 청년들은 고리오 영감의 쓸쓸한 빈곤과 멍청한 모양이 부유하고 재능 있는 사람과는 전혀 어울리지 않는다고 생각한다. 그가 딸이라고 부르는 여자들에 대해서는 모두가 보케르 부인의 의견에 동의했다. 매일 밤 잡담을 즐기는 늙은 부인들은 어떤 문제에든 나름의 추론을 내세우는 데에 익숙해 있다. 그들 특유의 엄격한 논법에 따라 보케르 부인은 이렇게 말했다.

"고리오 영감을 만나러 온 여자들은 모두 잘사는 여인 같았는데, 정말 그렇게 잘사는 딸이 있다면 그 사람이 우리 집 같은 데 있겠어요? 한 달에 45 프랑짜리 4층에 살면서, 가난뱅이 같은 옷차림은 하고 있겠느냐 말예요." 그런 추측을 부정할 수 있는 것은 사실 아무것도 없었다. 그래서 1819년 11월 말쯤, 이 드라마의 막이 오를 무렵에는 모든 하숙인이, 이 불쌍한 노인에 대해 어떤 결정적인 의견들을 가지고 있었다. 그는 아내도 딸도 가져 본 적이 없다. 나쁜 도락에 빠져서 달팽이처럼 형태도 제대로 갖추지 못한 연체동물이 되어 버렸다고 말했다. 식사만 하러 오는 단골손님 가운데 하나인 박물관에서 일하고 있는 사람은, 그를 분류한다면 착모류(着帽類)라고 말했다. 푸아레 노인도 고리오에 비하면 어엿한 신사였다. 푸아레는 지껄이고 이론을 따지고 대답을 했다. 그러나 사실은 비록 지껄이고 이론을 따지고 대답하는 일은 잘해도, 체계적인 말은 한 마디도 할 줄 몰랐다. 그는 다른 사람이 말한 것을 그대로 되풀이하는 버릇이 있었기 때문이다.

그러나 그래도 그는 대화에 끼어들었고 제법 활기도 있어서 별로 둔해 보이지도 않았다. 그러나 고리오 영감으로 말하면, 박물관 직원의 말대로, 언제 어떤 경우에도 열씨눈금(18세기 프랑스의 과학자 레오뮈르가 고안한 온도 단위로 물의 어느 점은 0도 끓는점은 80도라고 보았다)의 빙점인 0℃ 상태에 있다는 것이다.

외젠 드 라스티냐크는 뛰어난 청년이나, 또는 역경으로 인해 순간적으로 뛰어난 인물의 수준에 이른 청년이라면 누구나 겪었을 것 같은 심경에 빠져 있었다. 그는 이제 막 방학이 끝나 고향에서 되돌아온 참이었다. 파리에 머문 처음 1년 동안은 대학에서 예비적인 시험을 치르기 위해 약간만 공부하면 되었으므로, 파리 생활의 환락을 마음껏 구경할 수 있는 여유가 있었다. 학생 신분으로 여러 극장의 상연 목록에 빠삭하고, 미로와도 같은 파리의 출입구를 찾아내고, 관습을 배우고, 말을 익히고, 수도 특유의 쾌락에 익숙하여져서 좋은 곳과 나쁜 곳을 죄다 들여다보고, 재미있을 성싶은 강의를 듣고, 미술관이나 박물관을 두루 섭렵하려고 생각한다면, 아무리 시간이 있어도 모자란다. 그러한 때 학생은 쓸데없는 일에 열중해서, 그것을 위대하고 중요한 일이라고 잘못 판단하고 만다. 비유컨대 그는 청중의 수준에까지 강의 정도를 낮춰 봉급을 받는 콜레주 드 프랑스(소르본 대학과 같은 최고 학부지만 강의는 일반에게 공개되었다)의 교수를 존경하게 된다. 또 오페라 극장 2층 맨 앞줄에 있는 여성의 마음을 끌려고 넥타이를 고치고 뽐내는 자세를 취한다. 그런 과정을 거쳐, 그는 미숙함을 버리고 시야를 넓혀 사회를 구성하는 여러 인물상의 중첩 상태를 이해하게 된다. 처음에는 밝게 갠 날 샹젤리제를 누비고 다니는 마차 행렬을 보며 감탄만 하다가 곧 그 마차의 임자들을 질투어린 눈빛으로 바라보게 된다.

외젠은 문학부와 법학부의 예비시험에 합격하고 나서 방학을 맞아 고향집으로 돌아갈 무렵에는 이미 저도 모르는 사이에 그런 수업을 쌓고 있었던 것이다. 소년 시절의 환상과 촌뜨기 같은 사고방식은 깡그리 없어져 버렸다. 변모한 지성과 점점 더 커진 야심 덕택에, 그는 대대로 살아온 집에서 가족들에게 둘러싸여도 사물을 바르게 볼 수가 있었다.

그의 부모, 두 남동생, 두 여동생, 연금밖에 가진 것이 없다는 큰어머니가 라스티냐크의 조그마한 영지에서 나오는 수입에 기대 살고 있었다.

연수익이 대략 3천 프랑밖에 안 되는 이 영지의 수익은, 포도재배 수익금을 좌우하는 가격변동을 피할 수가 없었지만, 그래도 매년 거기에서 그를 위해 1천 2백 프랑을 떼내어야 했다. 그런 끊임없는 궁핍을 그에게는 감추어져 있었지만, 외젠은 그것을 보았을 소년 시절에는 그토록 아름답게 보였던 누이동생들과, 꿈속에서 그린 미녀가 그대로 튀어나온 듯한 파리의 여자들을 좋든 싫든 비교하지 않을 수 없었다. 그의 어깨에 달려 있는 이 대가족의 불안정한 장래라든가, 아무리 하찮은 산물이라도 인색할 만큼 소중하게 간직하는 절약성, 집에서 마시기 위해 포도를 짜고 난 찌꺼기로 만드는 술을 보았다. 요컨대 여기에 기술할 필요도 없는 무수한 사정이 그의 출세욕을 더욱 불러일으켰고, 높은 명예와 지위를 갈망하게 했다. 위대한 정신에 흔히 나타나기 마련인데, 그는 자기의 재능 말고는 그 무엇에도 의지하고 싶지 않았다. 그러나 그의 정신은 더없이 남국적이었다. 막상 실행의 단계가 되니까, 그의 결심도 대양 한가운데서 어느 쪽을 향해 저어가야 할지, 어떤 각도로 돛을 올려야 하는지 알지 못하는 청년들을 사로잡는, 망설임이라는 것의 공격을 받게 되었다.

처음에는 무작정 공부만 하자고 생각했지만, 곧 앞날을 위해 연고를 만들어 두자는 생각이 들었다. 사회생활에서 여성이 얼마나 큰 영향력을 가지는지를 깨닫고, 문득 후원자가 될 여성을 구하기 위해 사교계에 뛰어들어야겠다고 생각했다. 격정적이고 재능이 넘치며, 우아한 몸놀림과 더불어 여성이 스스로 포로가 되겠다고 나설 만큼 단정한 미모를 갖춘 이 청년에게 후원자가 될 만한 여성이 어찌 없겠는가. 이런 생각은 여동생들과 즐겁게 들길을 거니는 동안에도 그를 엄습했고, 여동생들은 오빠가 변했다고 생각했다. 큰어머니인 마르시약 부인은 옛날 궁정에 출입하던 사람이라 최상층 귀족들과도 안면이 있었다. 별안간 이 야심적인 청년은 어렸을 때 큰어머니가 곧잘 들려주던 옛이야기 속에, 적어도 그가 법학부에서 얻을 수 있는 것 못지않게 중요한 여러 가지 사회를 정복하기 위한 단서가 숨어 있음을 깨달았다.

그는 교제를 회복시킬 수 있을 만한 친척 관계에 대해 큰어머니에게 자세히 물었다. 가계도의 줄기를 여러 면으로 따져본 뒤 노부인은, 이기적인 부자 친척들 가운데 조카에게 도움이 될 만한 사람들 가운데서는 보즈앙 자작 부인이 가장 다루기가 쉽겠다고 판단했다. 그녀는 자작부인에게 예스러운 문체로 편지를 써서, 만일 자작부인의 마음에 든다면 다른 친척에게도 소개해 줄 것이라고 말하면서 외젠에게 건네주었다. 파리에 도착해서 며칠이 지나자 라스티냐크는 큰어머니의 편지를 보즈앙 부인에게 부쳤다. 자작부인은 답장으로서 다음날 있을 무도회 초대장을 보내 왔다. 이것이 1819년 11월 말, 보케르 집의 대체적인 상황이었다.

며칠 뒤(무도회는 다음날이라고 되어 있으므로 로 기껏해야 서른 몇 시간 뒤가 된다), 보즈앙 부인의 무도회에 갔다가 외젠은 밤 2시쯤 하숙집으로 돌아왔다. 쓸데없이 허비한 시간을 채우기 위하여 오늘은 밤새워 공부하자고 이 갸륵한 학생은 춤을 추면서도 마음속으로 결심했다. 그는 이 쥐죽은 듯이 조용한 지역에서 처음으로 밤샘하는 것이었는데, 사교계의 화려함을 보고 갑자기 원기가 솟아난 것 같은 착각에 사로잡혔기 때문이었다. 그날 밤 그는 보케르 집에서 저녁을 먹지 않았다. 그래서 하숙인들은 지금까지 몇 번인가 긴 비단 양말을 흙투성이로 만들고 무도화를 이지러뜨린 채 프라도나 오데옹 무도장(둘 다 학생들이 곧 잘 다니던 무도장)에 다녀왔을 때와 같이, 다음날 새벽녘이나 되어야 돌아올 것이라고 생각했다.

현관문에 빗장을 지르기 전에 크리스토프가 거리를 한번 내다보려고 문을 열었는데, 그때 라스티냐크가 모습을 나타냈다. 외젠은 뒤에서 따라오는 크리스토프의 발자국 소리가 요란했던 탓에 조용히 방으로 들어갈 수 있었다. 외젠은 옷을 벗고, 슬리퍼로 바꾸어 신고, 허름한 긴 저고리를 걸치고, 화롯불을 피우는 등 재빨리 공부할 준비를 끝냈다. 여전히 크리스토프가 커다란 구두를 끌며 시끄러운 발소리를 내고 있었으므로 청년의 소란스럽지 않은 옷 갈아입는 소리는 전혀 들리지 않았다. 외젠은 법률책을 펼치기 전에 한동안 생각에 잠겼다. 그는 보즈앙 자작부인이 지금 한창 사교계를 떠들썩하게 하는 인기 있는 여성의 한 사람이며, 부인의 저택은 생제르망 지구(그 무렵 귀족들이 살던 저택가)에서도 가장 훌륭한 저택이라고 인정받는 집 가운데 하나라는 것을 두 눈으로 똑똑히 보고 온 참이었다. 게다가 그녀는 가문과 재산으로 봐도 귀족 사회의 가장 높은 곳에 있는 사람이었다. 큰어머니인 마르시약 덕분에 가난뱅이 학생인 그도 그 저택에서 정중한 환영을 받았지만, 그는 그런 호의가 어느 정도의 가치를 가지는지 알지 못했다. 그런 금빛 찬연한 살롱에 들어갈 수 있다는 것은 곧 상류 귀족 자격증을 손에 넣은 것과 다름없다.

사교계에서 가장 배타적인 이 저택에 얼굴을 나타냈다는 것만으로도 그는 어디든지 얼굴을 내밀 수 있는 권리를 얻은 것이었다. 그 화려한 모임에 눈이 부셨던 외젠은 자작부인과는 겨우 두서너 마디 말을 주고받은 것이 고작이었지만, 이 대야회에 모인 파리의 여신들 속에서 무릇 청년이라면 곧바로 연정을 품을 만한 여성을 발견한 것만으로 만족했다.

키가 크고 몸매가 아름다운 아나스타지 드 레스토 백작부인은, 파리에서도 몸매가 아름답기로 소문난 여성이었다. 크고 검은 눈, 아름다운 손, 모양 좋은 발, 활기찬 동작, 요컨대 롱크롤 후작이 '순종 말'이라고 부를 만한 여성을 상상해 주기 바란다. 그런 시원시원한 동작도 그녀의 아름다움을 조금도 손상시키지는 않았다. 그녀는 통통하여 둥근 느낌을 주었지만 뚱뚱하다는 비난을 받을 정도는 아니었다. '순종 말'이라든가 '좋은 가문의 여자'라는 식의 표현이 '창공의 천사'니 하는 오시앙(3세기 아일랜드 시인)식 언어 대신 쓰이기 시작했듯이, 해묵은 사랑 신화는 그대로 멋스런 취미에 밀려나 버린 시대였던 것이다. 그러나 라스티냐크에게 레스토 부인은 욕망을 불러일으키는 여자였다. 그는 그녀의 부채에 적는 춤 파트너 명단에 두 번이나 자기 이름을 적었고, 처음 카드리유(마주서서 추는 프랑스 사교 춤의 하나)를 출 때는 말을 주고받을 수 있었다.

"어디로 가면 부인을 다시 만나뵐 수 있습니까?" 그는 여자들에게 큰 기

뺨을 주는 열렬한 투로 느닷없이 말했다.

"불로뉴 숲이든, 부퐁 극장이든, 우리집이든, 어디라도 좋아요." 그녀가 말했다. 모험심 강한 이 남국의 청년은 그 아름다운 백작부인과 함께 카트리유와 왈츠를 추는 사이에, 이 여성과 친해질 수 있는 데까지 친해지고자 안간힘을 썼다.

그는 보즈앙 부인의 친척이라고 했으므로 일류 귀부인이라고 생각했던 이 여성으로부터 초대를 받아 그녀 집에 드나들어도 되게 되었다. 헤어질 무렵에 그녀가 미소를 던지자 라스티냐크는 어떻게 해서든 방문해야겠다고 마음에 다졌다. 우연치 않게도 만일 이때 그가 그의 무지를 비웃지 않는 한 사나이를 만나는 행운을 누리지 못했다면, 몰랭쿠르·롱크롤·막심 드 트라이유·드 마르세이·아쥐다 핀토·방드네스 같은 당대 명사급의 오만불손한 사람들이, 브랑동 부인·랑제 공작부인·케르가루에 백작부인·세리지 부인·카릴리아노 공작부인·페로 백작부인·랑티 부인·데글르몽 후작부인·피르미아니 부인·리스 토메르 후작부인·데스파르 후작부인·모프리뇌즈 공작부인, 거기에 그랑리외 집안의 부인들 같은 가장 우아한 부인들 틈에 섞여서 득의양양한 얼굴의 그들 사이에서 라스티냐크의 그런 무지는 결정적으로 치명적인 결함이 되었을 것이다.

그러나 다행히 이 순진한 학생은, 랑제 백작부인의 연인이며 어린애처럼 단순한 데가 있는 몽리보 후작을 알게 되었고, 이 인물이 그에게 레스토 백작부인은 엘데르 거리에 살고 있다고 말해 주었다.

사교계를 동경하고, 여성을 갈망하는 한 젊은이 앞에 두 저택의 문이 열린 것이다. 생제르망 지구에서는 보즈앙 자작부인의 저택에 발을 들여놓고, 쇼세 당탱 거리(센 강 오른쪽에 있는 부르주아적인 저택가)에 있는 레스토 백작부인 저택에서는 무릎을 꿇는다. 파리에 있는 수많은 살롱들을 한눈으로 훑어보고, 그곳 여성의 마음속에 후원과 보호를 불러일으킬 수 있는 정도의 미남 청년이라고 자부하면서. 마치 발을 헛디뎌 떨어지는 실수를 저지르지 않는 줄타기꾼처럼, 자신감을 가지고 줄을 딛고 걸어가야 하는 팽팽한 줄 위에서, 대담무쌍하게 껑충 뛰어오를 정도로 야심만만한 자신을 느끼고 매혹적인 여성에게서 질 좋은 받침 막대를 발견한 것이다.

외젠 드 라스티냐크는 법전과 가난 사이에서, 난롯불 옆에 우아하게 서 있는 그 여성의 숭고한 자태를 바라다보면서 그런 생각에 잠겨 있었다. 어느 누가 외젠처럼 명상으로 장래를 추측하지 않을 수 있을까. 어느 누가 가슴 두근거리며 앞으로의 여러 가지 성공을 설계하지 않았을까. 걷잡을 수 없는 그의 생각은 미래의 기쁨을 너무도 강렬하게 그려냈으므로, 그는 레스토 부인의 곁에 있는 뜻한 착각이 들었다. 그때 힘든 일을 하는 성 요셉(예수 그리스도의 아버지이자 목수)의 신음과도 같은, '끙' 하는 한숨 소리가 밤의 정적을 깨뜨렸다.

죽어가는 병자의 단말마가 아닌가 하고 생각될 만큼 그의 가슴은 세차게 고동쳤다. 그는 조용히 문을 열었다. 복도로 나오자, 고리오 영감의 방 문 아래쪽에서 한줄기의 불빛이 새어나오고 있는 것이 보였다. 외젠은 이 옆방 사람이 몸이라도 아픈 게 아닌가 걱정이 되어 열쇠 구멍에 눈을 갖다 대고 방 안을 들여다보았다. 그런데 노인은 너무나 수상쩍은 작업에 열중하고 있었다. 그는 제면업자 출신이라고 하는 이 인물이 한밤중에 남몰래 무슨 짓을 꾸미고 있는가를 분명히 알아봄으로써 사회에 기여할 수 있을지도 모른다고 생각했다. 고리오 영감은 뒤집어 놓은 탁자 가로대에 금 도금한 은제 접시와 수프 그릇 같은 것을 붙들어 매 놓고, 사치스럽게 조각해 넣은 그 은식기들을 밧줄 같은 것으로 꽉꽉 죄고 있었다. 말 그대로 그것들을 은덩어리로 만들려는 듯이 보였다. '제기랄, 뭐 저런 사람이 있어!' 라스티냐크는 밧줄로 도금한 은그릇을 반죽이라도 하려는 듯이 소리 없이 짓이기고 있는 노인의 억세 보이는 팔을 보면서 생각했다. '저 사람은 장사를 안전하게 하려고 우둔하고 무능한 척하며 일부러 거지 생활을 하고 있는 도둑이나 장물아비가 아닐까?' 외젠은 몸을 조금 일으키다가 다시 열쇠 구멍으로 안을 들여다보았다. 밧줄을 끄른 고리오 영감은 은덩어리를 집어서 테이블 위에 펴놓은 모포에 놓고, 몽둥이 모양으로 둥글게 말아 버렸는데, 그 작업을 놀랄 만큼 쉽게 해치웠다. "폴란드의 오귀스트 왕(프리드리히 아우구스트 1세. 엄청난 괴력을 가졌었다고 함) 못지않은 장사로군." 외젠은 은제 몽둥이가 다 만들어졌을 때 혼자 중얼거렸다. 고리오 영감은 슬픈 듯이 자기가 만들어 낸 물건을 바라다보면서 눈물을 흘렸다. 그는 은식기를 구부러뜨리기 위해서 켜놓았던 촛불을 불어껐다. 그리고 그가 한숨을 지으면서 자리에 눕는 소리를 외젠은 들었다. '머리가 좀 이상해진 모양이야' 학생은 생각했다.

"불쌍한 것들!" 고리오 영감이 큰 소리로 말했다.

그 한 마디를 듣고 라스티냐크는 이 사건을 아무에게도 말하지 않고, 영감을 가볍게 범죄자 취급을 하지 않는 것이 현명하겠다고 판단했다. 그는 방으로 돌아가려고 했는데 그때 갑자기 무슨 소리가 들렸다. 말로 나타내기 어려웠으나, 헝겊으로 만든 덧신을 신고 계단을 올라오는 남자들이 내는 소리인 것 같았다. 외젠이 귀를 기울이니, 과연 두 남자가 번갈아 가며 숨을 내쉬는 소리가 들려 왔다. 문이 열리는 소리도, 남자들의 발소리도 들리지 않았는데, 갑자기 3층 보트랭 씨 방에서 희미한 불빛이 보였다. '평범한 하숙집 치고는 이런저런 수수께끼 같은 일이 많이도 생긴단 말이야.' 그는 중얼거렸다. 외젠은 몇 계단 내려가서 귀를 기울였는데, 금화가 부딪는 소리가 절걱절걱 들려 왔다. 얼마 지나지 않아 불빛이 사라지고 문이 삐걱거리지도 않았는데 또다시 두 사람의 숨소리가 들려 왔다. 그리고 두 남자가 계단을 내려감에 따라 소리는 차츰 멀어져 갔다.

"누구야?" 보케르 부인이 침실 창문을 열고 소리쳤다.

"내가 돌아왔어요. 보케르 아줌마." 보트랭이 타고난 굵은 목소리로 말했다.

'이상하군. 크리스토프가 빗장을 질러 놓았을 텐데' 자기 침실로 되돌아가면서 외젠은 중얼거렸다. '파리에선 자기 주위에서 일어나는 일을 알려면 불침번을 서야 되겠군!' 그런 자질구레한 일 때문에 사랑과 야심에 대한 묵상으로부터 깨어난 그는 공부를 하기 시작했다. 고리오 영감에 관해서 우연히 머리에 떠오른 의혹에 정신이 팔려, 게다가 그보다 더 찬란한 운명의 사자처럼 끊임없이 눈앞에 나타나는 레스토 부인의 환영에 정신이 팔려, 그는 결국 자리에 들어가 깊은 잠에 빠져 버리고 말았다. 젊은이들이란 밤새워 공부하리라고 맹세를 해도 열흘에 이레는 자버리고 만다. 스무 살 이상이 아니면 철야를 할 수가 없다.

이튿날 아침 파리에는, 거리를 온통 뒤덮어 시야를 몽롱하게 해버리므로, 아무리 착실한 친구라도 시간을 착각하고 마는 그 짙은 안개가 자욱이 끼어 있었다. 이런 날은 사업 약속도 거의 지켜지지 않는다. 정오를 알리는 종이 울리는데도 다들 아직 8시라고 잘못 판단한다. 9시 반이 되었지만, 보케르 부인은 아직 침실에서 나오지 않았다. 크리스토프와 뚱뚱보 실비도 역시 늦게 일어나서 하숙인용 우유 위에 뜬 크림을 걷어서 넣은 커피를 태평스레 마시고 있었다. 실비는 하숙인의 우유를 불법으로 쓰는 것을, 보케르 부인에게 들키지 않도록 늘 오랫동안 끓인다.

"이봐, 실비" 첫 장째의 토스트를 커피에 적시면서 크리스토프가 말했다. "보트랭 씨 말이야, 누가 봐도 좋은 사람이긴 한데, 어제도 또 손님이 둘이나 있었어. 주인아주머니가 걱정을 해도 아무 말도 안하는 게 좋을 거야."

"입막음 값이라도 받았니?"

"이달 팁이라고 하면서 5프랑 주었단 말이야, 아무 소리 말라는 뜻이지."

"그 사람과 쿠튀르 부인만은 인색하지 않지만, 다른 사람들은 설날 선물까지 오른손으로 주고 왼손으로 다시 뺏으려 한단 말이야." 실비가 말했다.

"그것도 쩨쩨하게 잔돈푼이지." 크리스토프가 말했다. "치사하게 5프랑짜리 한 닢이 뭐야! 고리오 영감은 지난 2년 동안 구두도 제 손으로 닦고 있단 말야. 구두쇠 푸아레는 구두약도 없어. 그런 것을 구두에 칠하느니 차라리 그 돈으로 술이나 마시고 싶겠지. 말라깽이 학생은 2프랑밖에 주지를 않아. 2프랑이면 브러시 값도 안 돼. 게다가 헌 옷가지는 팔아 버린단 말야. 망할 놈의 집구석 같으니!"

"할 수 없지 뭐." 커피를 조금씩 마시면서 실비가 말했다. "그래도 이 근처에선 우리가 제일 나은 편이야. 먹고 살 수는 있으니까 말야. 그런데 저 보트랭 씨 일로 누가 뭘 묻거나 하진 않았어?"

"그러고 보니 며칠 전에 거리에서 만난 신사가 '구레나룻을 염색한 뚱뚱한 사람이 살고 있는 집이 네가 일하는 집이냐?' 하고 묻더군. 나는 이렇게 말해 줬지. '아니오, 천만에요. 그 사람은 염색 같은 건 하지 않았어요. 그렇게 바쁜 사람이 염색 같은 거 할 짬이 있겠어요?' 그러고 나서 그런 일이 있었다는 걸 보트랭 씨에게 말 했더니, '정말 잘했어! 늘 그런 식으로 대답해. 남에게 약점이 드러나는 것만큼 기분 나쁜 일은 없으니까 말야. 그랬다간 혼담도 깨지기 십상이거든'이라고 하더군."

"그래, 나도 시장에서 이런 말을 들었어. 그 사람이 셔츠를 갈아입는 것을 본 적이 있느냐고 말야. 사람을 바보취급하다니. 아이구머니! 발 드 그라스 성당에서 10시 15분 전을 알리는 종을 치고 있네. 그런데 아무도 일어나지 않잖아."

"그럴 수밖에, 모두 다 나갔어. 쿠튀르 부인은 아가씨와 함께 8시에 생 테티엔 성당의 미사에 갔고, 고리오 영감은 무언지 둘둘 만 것을 가지고 나가 셨어. 학생은 10시에 강의가 끝나야 돌아올 거고. 계단을 청소하면서 그들 이 나가는 것을 봤거든. 고리오 영감이 들고 있던 꾸러미에 부딪쳤는데 쇳덩 어리처럼 단단하더군. 그 영감은 도대체 무엇을 하고 있는 거야? 다들 영감 을 업신여기고 놀리지만 얼마나 좋은 사람이라구. 난 다른 녀석들보다 그가 훨씬 좋아. 그야 물론 별 것을 주지는 않지만 영감님 심부름 가면 그쪽 부인 들은 팁을 꽤 많이 주거든. 엄청 으리으리한 차림이란 말야."

"영감이 딸이라고 말하는 여자들 말이지? 한 열 명은 넘는다니까."

"내가 찾아간 사람은 둘뿐인데, 둘 다 여기 왔던 여자들이야."

"아, 주인아주머니가 일어났나 봐. 또 한바탕 떠들어 대겠군. 가봐야지. 우유 좀 봐 줘, 크리스토프. 고양이가 노리고 있거든."

실비는 여주인한테 올라갔다.

"어떻게 된 거야, 실비. 벌써 10시 15분 전이잖아. 왜 나를 깨우지 않고 늘어지도록 자게 내버려뒀어? 이런 일은 지금까지 한 번도 없었는데."

"안개 때문이에요. 식칼로 자를 수 있을 만큼 짙은 안개가 끼었어요."

"그래, 아침은 어떻게 했니?"

"그게 말입니다! 다들 어떻게 된 모양이에요. 아침 댓바람부터 죄다 어디 로 나가 버렸어요."

"말을 제대로 해야지, 실비." 보케르 부인이 나무랐다. "꼭두새벽이라고 하는 거야!"*4

"네, 아주머니. 뭐라시든 말씀대로 하겠어요. 아무튼 10시에는 식사하실 수 있어요. 미쇼네트(미쇼노를 말함)와 푸아레는 아직 일어나지 않았어요. 집에는 그 두 사람밖에 없는데 둘 다 세상 모르고 자고 있어요."

"잠깐! 실비, 두 사람을 함께 취급하다니…… 그렇게 말하면 마치……"

"마치, 뭐요?" 실비는 상스러운 웃음소리를 내면서 말을 이었다. "둘이 잘 어울리지 않아요?"

"이상하지 뭐야, 실비, 어젯밤 크리스토프가 빗장을 질렀을 텐데 보트랭

---

*4 '첫새벽'을 뜻하는 속어 potron-minet, potron-jacquet를, 실비가 patron-jaquette라고 말하자 보케르 부인이 patron-minette라고 고쳐준다. 둘 다 발음이 틀렸을 뿐더러, 그러한 속어를 쓰는 것 자체로 보케르 부인의 교양 없음이 드러난다.

씨가 어떻게 들어왔는지 모르겠어."

"이상할 것 없어요, 아주머니. 보트랭 씨가 돌아오는 소리를 듣고 크리스토프가 내려가서 현관문을 열어 주었거든요. 아주머니가 잘못 아신 거겠지요……"

"내 저고리 좀 줘. 그리고 어서 식사 준비를 하도록 해. 양고기 남은 거에다 감자를 넣어 끓이고 배를 구워서 곁들여 줘. 한 알에 2리야르(프랑스의 옛 은화. 4분의 1수)짜리 말이야."

한참 만에 보케르 부인이 내려와 보니, 마침 고양이가 우유 그릇을 덮어놓은 접시를 앞발로 뒤집어엎고 부랴부랴 우유를 핥아먹는 중이었다.

"이놈의 고양이!" 그녀는 소리쳤다.

고양이는 달아났지만 곧 다시 돌아와서 그녀의 발에 몸을 비볐다.

"아, 그래! 아양을 부리는구나, 요 얌체!" 그녀는 말했다. "실비! 실비!"

"네, 부르셨어요, 아주머니?"

"이걸 봐. 고양이가 우유를 핥아먹었잖니."

"크리스토프가 나빠요. 잘 감시하라고 했는데 어딜 가버렸는지 모르겠네요. 걱정 마세요, 아주머니. 고리오 씨 몫으로 하면 될 테니까요. 물을 좀 타면 모를 거예요. 그 사람은 자기 입에 들어가는 것조차 제대로 주의를 하지 않으니까요."

"도대체 그 늙은이는 어디를 갔을까?" 보케르 부인은 식탁에 접시들을 내려놓으면서 말했다.

"누가 알겠어요? 영문도 모를 이상한 짓거리나 하고 다니겠지요."

"내가 너무 늦잠을 자버렸어." 보케르 부인이 말했다.

"하지만 그래서 더 아주머니는 장미꽃송이처럼 혈색이……"

이때 초인종이 울리고 보트랭이 언제나의 그 굵은 목소리로 노래를 부르며 식당으로 들어왔다.


　　'나는 오랫동안 세상을 돌아다녔지
　　　가는 곳마다 내 모습을 보이면서……'

"안녕히 주무셨어요, 보케르 아줌마?" 그는 여주인의 모습을 보자 그녀를 끌어안고 말했다.

"원 그러지 말라는데도."

"버르장머리 없는 놈이라고 말해 봐요!" 그는 말을 이었다. "자아 자, 말해 보세요. 어때요, 안 하시겠어요? 그럼 식탁 차리는 걸 거들어 드릴까? 제가 이래봬도 꽤 친절하지 않아요. 안 그래요?"

> '갈색머리 여인과 금발머리 여인들
> 닥치는 대로 반하고……'

"좀 전에 이상한 광경을 보았어요."

> '……사랑하고 애를 태웠지.'

"무엇을요?" 미망인이 물었다.

"고리오 영감이 8시 반에 도핀 거리의 금세공집에 있지 뭐예요. 고물 식기나 금몰을 사들이는 가게예요. 영감님이 꽤 큰 액수로, 무경험자 치고는 제법 그럴듯하게 우그러뜨린 은식기를 팔고 있더군요."

"그게, 정말이에요?"

"정말이다마다요, 국영 역마차편으로 외국으로 떠나는 친구를 전송하고 집으로 돌아오는 길이었어요. 장난삼아 영감이 나오는 것을 기다리고 있었지요. 그런데 영감은 이 근처까지 잘 오다가 그레 거리에서 곱세크라는 이름의 고리대금업자 집으로 들어가 버리지 않겠어요. 그 곱세크라는 놈은 죽은 제 아버지 뼈를 가지고 마작패를 만들고도 남을 놈이에요. 유대인이지만 아랍인 같은 수전노, 그리스인이나 집시와도 같은 사기꾼으로, 웬만한 재간으론 돈을 빼앗아 낼 수 없는 사람이지요. 뭣보다 돈은 은행에 맡겨두고 있으니까."

"고리오 영감은 대체 무얼 하고 있는 걸까?"

"아무것도 하지 않아요. 딸 같은 여자한테 빠져서 스스로 신세를 말아먹고 있는 중이지요." 보트랭은 말했다.

"돌아오네요!" 실비가 말했다.

"크리스토프, 함께 위에 좀 올라가 주지 않겠나?" 고리오 영감은 큰 소리로 말했다.

크리스토프는 고리오 영감 뒤를 따라갔다가 얼마 뒤에 내려왔다.

"어디 가는 거야?" 보케르 부인이 그에게 물었다.

"고리오 씨 심부름을 가는데요."

"그건 뭐야?" 보트랭은 크리스토프의 손에서 편지를 낚아채며 말했다. 겉봉에는 '아나스타지 드 레스토 백작부인 귀하'라고 씌어 있었다.

"그래, 지금 가는 곳은?" 편지를 크리스토프에게 다시 돌려 주면서 보트랭이 물었다.

"엘데르 거리예요. 백작부인에게 직접 건네 드리라고 하시던데요."

"안에 뭐가 들어 있을까?" 편지를 햇빛에 비추어 보면서 보트랭이 말했다. "지폔가? 아닌데." 그는 봉투 안을 살짝 들여다보았다. "아니 이건 지불이 끝난 약속어음이잖아." 하고 그는 소리쳤다. "맙소사! 대단한 위인인데그래, 늙은이 주제에 여자에겐 아주 친절하군. 자, 그럼 다녀 와, 약삭빠른 녀석." 그는 큰 손으로 크리스토프의 머리를 잡고 주사위 방향을 획 돌렸다. "팁을 톡톡히 받을 수 있을 거야."

식탁이 다 차려졌다. 실비는 우유를 끓이고 있었다. 보케르 부인은 난로에 불을 붙였고, 보트랭이 계속 콧노래를 부르며 그것을 도왔다.

'나는 오랫동안 세상을 돌아다녔지
가는 곳마다 내 모습을 보이면서……'

식사 준비가 다 끝났을 때 쿠튀르 부인과 타유페르 양이 돌아왔다.

"이른 아침부터 어딜 다녀오세요?" 보케르 부인이 쿠튀르 부인에게 물었다.

"생 테티엔 성당에 다녀오는 길이에요. 오늘은 타유페르 댁에 가는 날이거든. 가엾게도 이 애는 사시나무 떨듯 떨고 있어요." 쿠튀르 부인이 난로 앞에 앉으며 말했다. 난로에 구두를 쬐자 그녀의 구두에서는 김이 피어올랐다.

"자, 자, 이리 와서 불을 쬐요, 빅토린." 보케르 부인이 타유페르 양에게 말했다.

"아버지의 마음을 누그러뜨리기 위해 하느님께 기도하는 건 좋은 일이지." 고아인 타유페르 양에게 의자를 권하면서 보트랭이 말했다. "그러나 그것만으론 모자라. 아가씨에겐 그 돌고래 같은 작자에게 추근추근하게 말해 줄 수 있는 사람의 도움이 필요하단 말야. 들리는 얘기론 3백만이나 되는 돈을 가지고 있다는데 아가씨한테는 지참금도 내놓지 않겠다는 야만스런 사나이니까 말이야. 요즘에는 아무리 미인이라도 결혼하려면 지참금이 있어야 하는데……."

"가엾어라. 그렇지만 빅토린, 사람 같지 않은 그 아버지도 그래 봤자 좋은 일은 없을 거야. 스스로 불행을 불러들이는 꼴이나 다름없다니까."

이 말을 듣고 빅토린의 눈에 눈물이 어렸다. 쿠튀르 부인이 눈짓을 해 보이는 바람에 미망인은 입을 다물었다.

"최소한 우리를 만나 주기라도 한다면 다행이지. 그 사람과 얘길 나누고, 죽은 이 아이 어머니의 마지막 편지를 건넬 수만 있다면 좋을 텐데." 육군 출납 지불관의 미망인이 말했다. "나는 그 편지를 절대로 우편으로 부칠 수는 없다고 생각해요. 저쪽에서도 내 필적은 알고 있고……."

"'오, 죄없이 학대받는 불행한 여인들이여'(1811년에 파리에서 상연된 멜로드라마의 패러디) 보트랭이 옆에서 불쑥 끼어들었다. "이런 것이 지금의 당신들 입장이지요. 며칠 안에 내가 한번 힘써 보지요. 모든 게 잘될 겁니다."

"감사합니다." 빅토린은 눈물을 흘리면서도 타는 듯한 시선을 보트랭에게 보내면서 말했다. 그러나 보트랭은 그런 시선을 보고도 마음이 전혀 흔들리지 않는 표정이었다.

"아버지를 만나뵐 수만 있다면 아무쪼록 말씀해 주세요. 아버지의 애정과 어머니의 명예가 저에게는 이 세상의 어떤 부귀영화보다도 소중하다고요. 아버지의 얼어붙은 마음을 조금이라도 녹일 수만 있다면, 아저씨를 위해 하느님께 기도드리겠어요. 은혜는 절대 잊지 않겠어요……."

'나는 오랫동안 세상을 돌아다녔지……'

보트랭은 야유하는 투로 노래했다.

그때 고리오 영감과 미쇼노 양과 푸아레가, 남은 양고기 위에 뿌리기 위해 실비가 만들고 있던 양념 냄새에 이끌려 내려왔다. 일곱 하숙인이 아침 인사를 주고받으면서 식탁에 앉았을 때, 10시를 알리는 종이 쳤고 길거리에서 학생 발소리가 났다.

"어머, 외젠 씨, 오늘은 여러분과 함께 식사를 할 수 있겠네요." 실비가 말했다.

학생은 하숙인들에게 인사를 하고 고리오 영감 옆자리에 앉았다.

"실은 아까 기묘한 사건이 일어났어요." 그는 양고기를 접시에 잔뜩 올려 담고 빵을 한 조각 자르면서 말했다. 보케르 부인은 그 빵의 크기를 눈으로 재고 있었다.

"연애 사건이라고?" 푸아레가 말했다.

"그렇게 놀랄 것까지야 없잖아, 이 양반아! 외젠 군은 미남이라 인기가 많을 텐데." 보트랭이 푸아레에게 말했다.

타유페르 양이 젊은 학생 쪽으로 조심스럽게 눈길을 보냈다.

"그 사건인가 뭔가 하는 걸 좀 얘기해 봐요." 보케르 부인이 말했다.

"어제 나는 보즈앙 자작부인이라는 내 친척집에서 열린 무도회에 갔었는데 말입니다. 그 집은 아주 호화로운 저택이에요. 방이란 방은 모두 비단으로 꾸며져 있죠. 요컨대 굉장히 멋진 야회였어요. 그래서 나는 마음껏 즐거운 생각을 했습니다. 마치 르와(王의 뜻)……"

"트레" 보트랭이 그의 말을 가로 막았다.

"무슨 뜻입니까?" 외젠이 정색하고 물었다.

"트레라고 했지. 르와트레(굴뚝새)쪽이 르와(王)보다 훨씬 더 재밌으니까 말야."

"그렇군요. 나 같으면 왕이 되느니 근심걱정이 없는 그 작은 새가 되겠어요. 왜냐하면……" 남의 말을 되풀이하는 재주밖에 없는 푸아레가 말했다.

"아무튼" 푸아레의 말을 가로막으며 학생이 말을 이었다. "나는 그 무도회에서 가장 아름답고 매혹적인 백작부인, 내가 지금까지 본 여인 가운데서 제일 매력 있는 여성과 춤추었어요. 머리에 복사꽃을 꽂고 가슴에는 좋은 향기가 풍기는 생화로 만든 아름다운 꽃다발을 꽂고 있었어요. 아아, 직접 보지 않으면 몰라요. 댄스로 불그레하게 달아오른 여성의 아름다움을 묘사한다는 것은 불가능하니까요. 그런데 말입니다. 오늘 아침 나는 그 신성할 만큼 아름다운 백작부인이 9시 무렵 그레 거리를 걷고 있는 걸 보았단 말입니다. 심장이 두근두근 뛰었어요. 저는 영락없이……"

"이리로 오고 있는 줄 알았단 말이지." 보트랭이 의미심장한 눈초리로 학생을 보면서 말했다. "그녀는 틀림없이 고리대금업자 곱세크 영감 집에 가는 길이었을 거야. 자네도 파리 여자의 마음속을 들여다본다면 연인보다 먼저 고리대금업자를 찾을 수 있을 걸세. 자네의 그 백작부인이라는 여자 이름은 아나스타지 드 레스토, 주소는 엘데르 거리일걸."

그 이름을 듣고 학생은 보트랭을 찬찬히 바라보았다. 그때 고리오 영감이 고개를 번쩍 들고, 불안해서 어쩔 줄을 모르는 눈빛으로 이야기하는 두 사람을 바라보자 하숙인들은 깜짝 놀랐다.

"크리스토프가 시간에 대지 못하겠구먼. 그 애가 그럼 거기를 갔단 말인가." 고리오가 괴로운 듯이 소리쳤다.

"생각했던 대로예요." 보트랭은 보케르 부인의 귓가에 입을 대고 속삭였다.

고리오 영감은 무엇을 먹고 있는지도 모른 채 기계적으로 입을 움직이고 있었다. 이때처럼 그가 우둔하고 멍청하게 보인 적은 없었다.

"보트랭 씨, 대체 누가 그녀 이름을 당신에게 가르쳐 주었습니까?" 외젠이 물었다.

"핫하하, 그렇게 나올 줄 알았어." 보트랭은 대답했다. "고리오 영감도 그 여자를 알고 있는데 난들 왜 모르겠나."

"고리오 씨!" 학생이 소리쳤다.

"왜 그래?" 가없은 노인이 말했다.

"그 애는 그럼 어제는 예뻤더란 말인가?"

"누구말입니까?"

"레스토 부인 말이오."

"저 병신같은 영감 좀 봐요." 보케르 부인이 보트랭에게 말했다 "번들번들하는 저 눈."

"그럼 저분은 정말로 첩을 두고 있는 걸까요?" 미쇼노 양이 작은 소리로 학생에게 말했다.

"그, 정말 말할 수 없이 아름다웠어요." 외젠이 말을 이었다. 고리오 영감은 그 얼굴을 뚫어지게 바라보고만 있었다. "보즈앙 부인만 없었더라면, 나의 여신 같은 백작부인은 무도회의 여왕이었을 겁니다. 젊은 남자들은 그 부인밖에 눈을 돌리지 않을 정도였고, 파트너 신청만 해도 제가 열두 번째였으니까요. 그녀는 카드리유를 한 곡도 빠짐없이 춰야 했어요. 다른 여자들은 질투를 했죠. 어젯밤에 행복한 여자가 있었다면 틀림없이 그녀였습니다. 돛을 단 쾌속 범선, 달리는 말, 춤추는 여자보다 아름다운 것은 없다는 말은 과연 멋진 표현입니다."

"어제는 공작부인의 살롱에서 기쁨을 만끽하고, 오늘 아침에는 고리대금업자 집에서 실의에 빠져 풀이 죽어 있다. 그게 파리 여자야. 남편이 대주는 돈으로 그런 호사스런 생활을 유지하지 못하게 되면 그녀들은 몸을 팔지. 몸도 팔리지 않으면 제 어미의 배를 가르고서라도 돈이 되는 물건을 찾는단 말야. 요컨대 그 여자들이 못하는 짓은 없어. 그게 뭐 어제 오늘 시작된 건 줄 알아?" 보트랭이 말했다.

학생 이야기를 듣고 맑은 날의 태양처럼 찬란하게 빛나던 고리오 영감의 얼굴이, 보트랭의 날카로운 한 마디에 음울한 표정으로 바뀌어 버렸다.

"그래서 어떻게 됐다는 거예요?" 보케르 부인이 말했다. "도대체 뭐가 연애 사건이란 거야? 그래, 그 부인에게 말을 걸어 봤어요? 법률 공부라도 하지 않겠느냐고 물어봤나요?"

"그녀는 나를 보지 못했어요." 외젠이 말했다. "그렇지만 파리에서 손꼽히는 미녀를 아침 9시에 그레 거리에서 만나다니, 더구나 새벽 2시에 무도회에서 집으로 돌아갔을 여성을 말입니다. 이상하지 않나요? 이런 일이 일어나는 곳은 파리밖에 없어요."

"뭘 그래 그 정도 가지구, 그보다 더 괴상한 일도 얼마든지 있다네." 보트랭이 소리쳤다.

타유페르 양은 전혀 듣고 있지 않았다. 이제부터 하고자 하는 일을 계획하는 데 정신을 쏟고 있었던 것이다. 쿠튀르 부인이 그녀에게 자리에서 일어나 옷을 갈아입으러 갈 시간이라고 눈짓했다. 두 사람이 나가 버리자 고리오 영감도 뒤따라 나갔다.

"어때요, 다들 보셨지요?" 보케르 부인이 보트랭과 다른 하숙인들에게 말했다. "영감은 그런 여자들 때문에 신세를 망친 게 틀림없어요."

"도저히 믿을 수가 없어요" 학생이 소리쳤다. "그처럼 아름다운 레스토 백작부인이 고리오 영감의 여자라니……"

"자네한테 꼭 믿으라고 하는 건 아니야." 외젠의 말을 막으면서 보트랭이 말했다. "자네는 아직 젊어서 파리라는 곳을 잘 몰라. 차차 알게 되겠지만, 파리에는 '정열가'(이 말은 창부 세계에서 변태성욕자를 말한다)라고 부르는 특수한 인종이 있거든." 그 말을 듣고 미쇼노 양이 잘 안다는 듯이 보트랭의 얼굴을 빤히 쳐다보았다. 마치 나팔 소리를 들은 군마와 같은 모습이었다.*5 보트랭은 이야기를 잠깐 끊고 의미심장한 눈길을 그녀에게 보내면서 웃었다. "우리들만 하더라도 모두 바람기가 조금씩은 있지 않아, 응 안 그래?" 그러자 노처녀는 성모상을 본 수녀처럼 눈을 내리깔았다.

"그런데 말야!" 보트랭은 말을 이었다. "그런 족속들은 어떤 생각에 집착하면 그걸 꽉 붙잡고 절대로 놓지 않는단 말야. 그들은 특정한 샘에서 떠 온 특정한 물밖에 마시려 하지 않아. 그리고 그 물은 대체로 썩어 있지. 그 물을 마시기 위해서라면 여편네든 자식새끼든 상관 않고 내다 팔아 버리지. 자기 영혼까지도 악마에게 팔아 버릴 거야. 어떤 작자에게는 그 샘은 도박이나 주식이야. 아니면 그림이나 곤충 수집, 음악이지. 다른 누구한테는 맛이 있는 쾌락을 요리해 주는 여자야. 그런 족속들에겐 지상의 어떤 여성을 안겨준들 거들떠보지도 않아. 자기의 정열을 만족시켜 주는 여자밖엔 원하지 않거든. 대체로 그런 여자들은 그들을 전혀 사랑하지도 않아. 그래서 그들을 매정하게 다루고 아주 적은 즐거움도 매우 비싸게 판단 말이야. 그런데도 그들은 지칠 줄을 몰라. 여자에게 있는 대로 돈을 죄다 바치고도 모자라 마지막 남은 담요 한 장까지도 전당포에 잡힌다구. 고리오 영감이 그런 족속의 하나지. 백작부인은 영감이 입이 무거운 것을 기화로 있는 대로 쥐어 짜내고 있는 거지. 그게 상류 사회의 실체야. 불쌍한 영감은 그녀밖에 눈에 뵈는 게 없어. 그 정열을 빼놓고서는, 보시는 바와 같이 그저 넋 나간 노인네지. 그런데 이야기가 그 쪽으로 흐르기만 하면 영감 얼굴은 다이아몬드처럼 빛난

─────────

*5 이 독특한 반응으로 그녀의 과거를 짐작할 수 있다.

단 말야. 그런 비밀을 알아내는 것은 어렵지 않은 일이지. 오늘 아침 그는 은식기를 팔려고 가지고 나갔고, 나는 영감이 그레 거리에 있는 곱세크 영감 집에 들어가는 것을 봤어. 여기서부터가 중요한 대목이야. 영감은 하숙집으로 돌아오자마자 레스토 백작부인에게, 저 머저리 같은 크리스토프를 심부름 보냈다구. 크리스토프가 우리에게 편지를 보여 줬는데 지불이 끝난 약속 어음이 들어 있었어. 그래서 알지. 백작부인도 어음할인꾼 영감집에 갔다니까, 사태가 아주 급박하다는 얘기지. 고리오 영감은 그녀를 위해서 사나이답게 돈을 마련해 준 거야. 그런 사실을 알아내려고 이것저것 생각할 것도 없어. 그 이유는 말야, 라스티냐크 군, 자네의 그 백작부인이 웃고, 춤추고, 교태를 부리고, 복숭아꽃을 흔들고, 드레스 자락을 집어들고 있던 사이에도, 자기앞 어음인지 애인이 발행한 어음인지가 부도날지도 모른다는 생각에, 속된 말로 '발등에 불이 떨어진' 상태였다는 거야."*6

"당신 말을 들으니까 무슨 일이 있어도 진상을 캐보고 싶어지는군요. 내일 레스토 부인 댁에 가봐야겠어요." 외젠이 말했다.

"그래요. 내일 레스토 부인 댁에 가보는 게 좋겠어요." 푸와레가 말했다.

"그러면, 거기서 호의의 대가를 받으러 간 고리오 영감을 만날 수도 있겠군."

"그렇다면…… 당신들의 파리라는 게 완전 진흙수렁이 아닙니까?" 외젠이 싸늘한 표정으로 말했다.

"아주 괴상망측한 진흙수렁이지." 보트랭이 말을 받았다. "마차를 타고 그 진창에 빠지는 족속은 신사고, 도보로 진창에 빠지는 인간은 악인이라고 정해져 있거든. 자네가 재수 없게 그 진흙수렁에서 뭔가 하찮은 것을 훔쳤다고 해 보게. 곧바로 재판소 앞 광장에 끌려나가 구경거리가 될걸세. 그런데 백만 프랑을 훔치면 말야, 자네는 인격자로서 모든 살롱의 주목을 받게 되지. 그런 도덕이나 지키자고 여럿이서 헌병대나 재판소에 3천만 프랑이나 바치고 있으니, 참 재미있는 이야기가 아닌가."

"고리오 영감이 은그릇을 부쉈다는 게 정말이야?" 보케르 부인이 소리쳤다.

---

*6 실제로 레스토 부인의 애인인 막심 드 트라이유가 발행한 어음이 나돌고 있었다.

"뚜껑에 비둘기 두 마리가 조각되어 있지 않았던가요?" 외젠이 물었다.

"있었지."

"영감이 매우 아끼던 물건이었어요. 은그릇과 접시를 망가뜨릴 때는 눈물을 흘리고 있었어요. 우연히 그 모습을 보았지만……." 외젠이 말했다.

"목숨 다음으로 소중하게 여기고 있었지." 미망인이 대답했다.

"알겠지요, 영감님이 얼마나 홀딱 빠져 있는지를?" 보트랭이 소리쳤다. "그 여자는 영감의 마음을 자극하는 방법을 알고 있는 거야."

학생은 자기 방으로 올라가 버렸고, 보트랭은 외출했다. 얼마 있다가 쿠튀르 부인과 빅토린은 실비가 불러온 마차를 타고 나갔다. 푸아레는 미쇼노 양과 팔짱을 끼고, 둘이서 하루 중에 해가 가장 좋은 2시간을 거닐기 위해서 동식물원으로 갔다.

"어머나! 저 정도면 부부나 다름없지 뭐예요." 뚱뚱보 실비가 말했다. "둘이서 함께 외출하는 건 오늘이 처음이에요. 둘 다 바짝 메말라 있으니까 부딪치면 부싯돌처럼 불이 붙겠지요?"

"미쇼노 양 솔에 조심하세요. 부싯깃처럼 불이 붙겠어요." 보케르 부인이 웃으면서 말했다.

오후 4시에 고리오 영감이 돌아왔을 때, 그는 그을음을 내고 있는 두 램프의 희미한 불빛 사이로 빅토린이 울어서 통통 부은 눈을 하고 앉아 있는 것을 보았다. 보케르 부인이, 오전에 타유페르 씨를 방문했지만 아무 소용이 없었다는 쿠튀르 부인의 이야기를 듣고 있었다. 타유페르는 처녀와 노부인이 계속 찾아오자 넌더리가 나 담판을 짓기 위해서 두 사람을 방으로 불러들였다.

"아, 글쎄, 아주머니, 내 얘기 좀 들어 보세요." 쿠튀르 부인이 보케르 부인에게 말했다. "그 사람이 빅토린에게 앉으라고도 하지 않아 빅토린은 내내 서 있었다고요. 나한테는 화를 내지 않았지만 아주 냉랭하게, 더는 찾아올 필요가 없다고 말하더군요. 이 아가씨—딸이라고 부르지도 않았어요—가 너무 지나치게 자기를 귀찮게 하므로(그래봐야 1년에 한 번인데, 아무튼 사람도 아니야!) 자기가 정신적으로 피해를 받고 있다는 거예요. 빅토린 어머니는 결혼할 때 재산이 없었으니까 이 아가씨는 아무것도 요구할 권리가 없다나요. 아무튼 너무나 매정한 말만 해서 가엾게도 애가 울음을 터뜨리고 말았어요. 애는 아버지 발아래 몸을 던지고 기특하게도 이렇게 말했어요. '이렇게 계속 폐를 끼치는 것은 오로지 어머니를 생각하기 때문이며, 자기는 불평 한마디 않고 아버님 말씀에 따르겠지만, 아무쪼록 불쌍한 어머니의 유서만은 읽어 보라'고 말예요. 애는 편지를 꺼내 들고 세상에 다시없을 아름답고 진심어린 말을 늘어놓으면서, 그 사람에게 편지를 내밀었습니다.

애가 어디서 그런 훌륭한 말을 배웠는지, 틀림없이 하느님이 가르쳐 주신 것이겠지만, 그야말로 거침없이 기가 막히는 말들을 좔좔 쏟아 내는 바람에 듣고 있던 나도 울음이 나와서 견딜 수가 없었어요. 그런데 그 무지막지한 남자는 그동안 무엇을 하고 있었는지 아세요? 손톱을 깎고 있었어요. 그 불쌍한 타유페르 부인의 눈물 젖은 편지를 받더니, '알았어!' 하고 내뱉고는 난로 선반 위로 휙 내던지지 않겠어요. 그 사람이 애를 일으키려고 했을 때, 애가 그 손을 잡고 입을 맞추려고 하자, 그 사람은 손을 뿌리쳐 버렸어요. 너무 가혹하지 않아요? 그때 멍텅구리 같은 아들이 들어왔는데, 제 동생에게 아는 척도 안 하지 뭐예요."

"그 애비에 그 자식에 인간도 아니로군!" 고리오 영감이 말했다.

"그리고 말입니다." 영감의 탄식에는 관심도 보이지 않고 쿠튀르 부인은 말했다. "애 아버지와 그 아들녀석은, 나에게 '실례한다'고 한 마디 하고는 나가 버렸답니다. 바쁜 일이 있다면서, 이것이 우리가 찾아갔던 전말이에요. 어쨌든 그 사람이 딸을 만난 것만은 사실이에요. 어째서 자기 딸을 인정하지 않으려드는지 그 속을 모르겠다니까요. 이 애는 아버지를 꼭 닮았던데 말이에요."

숙식하는 하숙인들과 식사만 하러 오는 사람들이 하나 둘씩 모여들어 서로 인사를 나누고 실없는 소리를 지껄이기 시작했는데, 이런 쓸데없는 말들이 파리의 어느 한 계층에서는 유머와 위트로 통한다. 어리석고 바보스럽기 짝이 없는 시시한 얘기들이 이런 농담의 주된 요소이며, 특히 동작이나 발음을 통해 그 진가가 발휘된다. 이런 종류의 은어는 끊임없이 바뀐다. 농담거리는 한 달 넘게 이어진 예가 없다. 정치적 사건, 중죄재판소의 소송 사건, 유행가, 배우들의 익살 등 온갖 것이 농담의 소재가 되지만, 이 놀이는 특히 배드민턴이라도 하듯이 떠오른 생각이나 말을 라켓으로 쳐서 보내고 받는 형식으로 성립된다. 최근에 발명된, 파노라마보다도 더 고도로 눈의 착각을 이용한 디오라마(화면에 조명을 비춰 어두운 곳에서 보이는 장치) 덕에 몇몇 화실에서 말끝에 '라마'를 붙여서 지껄이는 말장난이 생겨났는데, 식사하러 오는 젊은 화가들이 보케르 집에도 그것을 들여온 것이다.

"여어, 푸아레 양반" 박물관 직원이 말했다. "상테라마(santé(상테), 건강)는 어떻습니까?" 그리곤 대답도 기다리지 않고 쿠튀르 부인과 빅토린을 향해서 말했다. "부인들께서는 무슨 걱정거리라도 있으신가요?"

"저녁이나 먹읍시다." 의학도이며 라스티냐크의 친구인 오라스 비앙숑*7이 말했다. "나의 귀여운 위주머니가 '발 뒤꿈치까지' 내려가 버렸단 말야."

"야아, 굉장한 프루아토라마(froid(프루아), 추위)군그래." 보트랭이 말했다. "좀 비켜 주시오. 고리오 영감. 당신 발이 난로 아궁이를 혼자서 차지하고 있잖아요."

"저명하신 보트랭 선생님!" 비앙숑이 말했다. "어째서 프루아토라마라고 하십니까? 그건 틀린 말입니다. 프루아도라마입니다."

"아니지요. 발음 규칙으로 볼 때 프루아토라마지요. 발이 시리다고 말하니까요(Froid의 어미 d는 뒤에 모음이 와도 t가 되지 않지만 다음 어두의 모음과 연음할 때는 t 발음이 된다)." 박물관 직원이 말했다.

"아, 그런가요."

"법학 및 불법학(不法學) 박사, 라스티냐크 후작께서 오시는군!"

외젠의 목덜미를 붙잡고 숨이 막힐 정도로 껴안으면서 비앙숑이 소리쳤다. "여러분들, 모두 집합!"

미쇼노 양이 조용히 들어오더니, 아무 말도 않고 모두에게 눈인사를 하고 세 여자들 옆에 걸터앉았다.

"저 박쥐 같은 여자를 보면 언제나 등골이 오싹해진단 말입니다." 미쇼노 양을 가리키면서 비앙숑이 작은 소리로 보트랭에게 소곤거렸다. "나는 갈(1758~1828, 골상학을 주장한 독일 의사로 발자크에게 큰 영향을 주었다)의 학설을 연구하고 있습니다만, 그녀 머리에는 유다의 융기가 있어요."

"유다를 만나본 적이 있으시오?" 보트랭이 물었다.

---

*7 라스티냐크와 마찬가지로 《인간 희극》의 중요한 등장인물이다. 1796년, 상세르에서 의사 아들로 태어났으며, 파리로 나와 유명한 파리 대학 의학부 교수로 데플랑의 애제자가 된다. 나중에는 그도 파리 대학 의학부 교수 및 과학학사원 회원이 된다. 그 무렵 으뜸 명의로 알려졌으며, 발자크는 죽기 전에 "비앙숑을 부르라"고 말했다고 전해진다.

"유다를 못 만나본 사람도 있습니까?" 비앙숑은 대답했다. "정말이지 저 창백한 노처녀는 어쩐지 기다란 벌레 같아요. 나중에는 대들보까지 먹어치워 버리지 않을까 하는 생각이 들어요."

"즉 이런 말이야 이 사람아." 40대의 사나이는 구레나룻을 쓰다듬으며 말했다.

'장미 같은 여자는 장미 같은 일생을
보내야 한다.
하루 아침의 짧은 그 생명'

"이야, 기다리던 수포라마($_{은 수프라고도 풀이할 수 있다}^{발음만 가지고 보면 '라마를 넣'}$)가 나왔군." 푸아레가 수프를 조심스럽게 들고 들어오는 크리스토프를 보며 말했다.

"미안하지만, 푸아레 씨, 양배추 수프예요." 보케르 부인이 말했다.

청년들은 와아 하고 폭소를 터뜨렸다.

"한 방 먹었군, 푸아레!"

"푸아르르르레트의 참패야!"

"보케르 아줌마에게 두 점!" 보트랭이 말했다.

"누구 오늘 아침 안개를 관심 있게 본 사람 있나?" 박물관 직원이 말했다.

"전에 없이 지독한 안개였지. 음산하고 울적하고 푸르뎅뎅한 천식성의 안개, 고리오적인 안개였단 말야."

"고리오라마야. 아무것도 보이지 않으니까 말야." 화가가 말했다.

"이봐요, 고리오트($_{국적인 발음}^{고리오의  외}$) 선생! 선생 얘기가 화제에 올랐어요."

식탁 맨 끝자리, 요리가 들어오는 문 바로 옆에 앉아 있던 고리오 영감이 얼굴을 들더니 냅킨 아래 있던 빵조각을 집어들고 냄새를 맡았다. 옛날 사업을 하던 시절의 습관이 이따금 튀어나오는 것이다.

"왜 그러세요?" 보케르 부인이 그릇 부딪치는 소리라든가 일동의 말소리를 압도할 만큼 큰 소리로 매섭게 그를 윽박질렀다. "빵이 맛이 없기라도 하단 말씀이에요?"

"천만에요. 최고급 에탕프 가루로 만든 빵인데요." 고리오 영감이 대답했다.

"그걸 어떻게 아십니까?" 외젠이 물었다.

"흰 빛깔과 맛으로 알지요."

"코로 맛을 알아요? 냄새를 맡고 있었잖아요." 보케르 부인이 말했다. "영감님은 대단한 절약가시니까, 머지않아 음식 냄새만 맡아도 배가 부르게 되시겠네요."

"그렇다면 특허를 내셔야지요. 한밑천 잡으시겠는데요?" 박물관원이 말했다.

"내버려두라구, 자기가 제면업자였다는 걸 자랑하고 싶어서 저러는 거니까." 화가가 말했다.

"당신의 코는 코르뉘(증류장치)로 되어 있습니까?" 박물관원이 또다시 물었다.

"코르 뭐라고요?" 비앙숑이 물었다.

"코르느이유(산수유 열매)란 말야."

"코르느뮈즈(나팔)."

"코르날린(홍마노)."

"코르니시(차양)."

"코르니숑(오이)."

"코르보(까마귀)."

"코르낙(코끼리 조련사)."

"코르노라마(뿔)."

여덟 개의 대답이 속사포처럼 빠르게 식당 안 곳곳에서 날아오자, 가엾은 고리오 영감은 외국어를 알아들으려고 애쓰는 사람처럼 멍청한 표정으로 모두의 얼굴을 둘러보았으므로 더욱더 사람들의 폭소를 자아냈다.

"코르 뭐라고요?" 그는 옆에 앉아 있는 보트랭에게 물었다.

"코르 오 피에(발의 티눈)요, 영감님." 보트랭이 대답하면서, 고리오 영감의 머리를 확 누르자, 모자가 찌그러지면서 그의 눈두덩이까지 덮였다.

불쌍한 영감은 이 갑작스런 장난에 깜짝 놀라서 얼마 동안은 몸도 움직이지 못했다. 크리스토프는 영감이 수프를 다 마신 줄 알고 그 접시를 가져가 버렸다. 그래서 고리오는 모자를 밀어올리고 나서 스푼으로 수프를 뜬다는 것이 그만 식탁을 치고 말았다. 모두 와아 하고 웃음보를 터뜨렸다.

"당신은 고약한 장난만 치는구면." 영감이 말했다. "앞으로 또 이렇게 모자를 짓누르면……"

"그리하면 어쩌겠다는 거요, 영감님?" 그의 말을 막으면서 보트랭이 말했다.

"언젠가는 된통 경을 치게 될 거요."

"지옥에서 말이오?" 화가가 말했다. "말 안 듣는 아이들을 잡아 가두는 그 좁고 어두운 곳 말이죠!"

"왜 그래요, 아가씨?" 보트랭이 빅토린에게 말했다. "통 음식을 들지 않네요. 아버지가 계속 고집을 부리셨나 보죠?"

"무서운 사람이더군요." 쿠튀르 부인이 말했다.

"한바탕 치도곤을 안겨 줘야겠군그래." 보트랭이 말했다.

"아가씨는 부양료 소송을 내보는 게 어때요? 식사를 전혀 못하잖아요. 이것 봐요. 고리오 영감님이 빅토린 양을 뚫어지게 보고 있어요!" 비앙송 곁에 있던 라스티냐크가 말했다.

가엾은 처녀의 얼굴에는 진실한 슬픔이, 아버지를 사랑하는 데도 인정받지 못하는 자식의 고뇌가 뚜렷하게 나타나 있었으므로, 고리오 영감은 먹는 것도 잊어버리고 그녀를 보고 있었던 것이다.

"이보게." 외젠이 작은 소리로 말했다. "우린 고리오 영감을 오해하고 있었던 것 같아. 저 사람은 바보도 아니고 무신경한 사람도 아니야. 자네가 잘 아는 갈의 골상학을 적용해서 그가 어떻게 보이는지 말을 좀 해 주게나. 나는 어젯밤 영감이 은제 접시를 마치 밀납처럼 눌러 쭈그러뜨리는 것을 보았어. 그리고 지금도 영감은 심상치 않은 감정을 나타내고 있어. 그의 생활은 너무도 수수께끼에 차 있으므로 충분히 연구해 볼 가치가 있어. 그렇고말고, 비앙송, 웃지 말게. 나는 농담을 하고 있는 게 아니란 말야."

"저 영감은 의학적으로 보아도 재미가 있어. 영감이 허락한다면 해부를 해도 좋아."

"아니야, 머리를 만져 봐야지."[8]

"알겠네만, 저 우둔함은 전염성인지도 몰라."

---

[8] 갈의 골상학에 따르면, 두개골 형태로 성격과 운명을 알 수 있다고 한다.

다음날 라스티냐크는 한껏 멋을 부리고 오후 3시 무렵 레스토 부인 집으로 갔다. 가는 도중 그는 청년들의 생활을 감동적으로 아름답게 하는, 철딱서니 없을 정도의 열광적인 희망으로 가슴이 풍선처럼 부풀어 있었다. 그럴 때면 청년들은 장애도 위험도 따져보지 않고, 오직 상상력만 가지고 곳곳에서 성공을 보고, 자기들의 생활을 시화(詩化)한다. 그리고 방자한 욕망 속에 깃들어 있는 하찮은 계획이 무너지면 불행하다고 단정하든가 비관하든가 한다.

그들이 무지한 겁쟁이가 아니라면 아마도 사회는 존재할 수 없을 것이다. 외젠은 구두를 더럽히지 않으려고 세심하게 주의하며 걸었다. 또한 걸으면서 레스토 부인에게 뭐라고 말할까를 생각하고, 기지 넘치는 말을 머릿속에 새겨 넣고, 예상되는 대화 속에서 마음에 드는 절묘하고 즉흥적인 대답을 모색했다. 자신의 장래가 걸려 있는 애정 고백에 어울리는 자잘구레한 상황을 제 마음대로 상상해서 결정해 놓고는, 멋들어진 말솜씨, 탈레랑<sup>(1754~1838, 프랑스)</sup><sub>(의 정치가·외교관)</sub> 식의 경구를 여러모로 준비했다. 그러나 그는 무심코 흙탕물을 밟는 바람에 팔레 루아얄에서 구두를 닦고, 바지에 솔질을 해야 했다.

"돈만 넉넉했다면 마차로 갔을 텐데, 천천히 생각하면서 말야." 비상금으로 가지고 온 30수짜리 은전을 헐면서 그는 중얼거렸다. 겨우 엘데르 거리에 이르러 그는 레스토 백작부인에게 면회를 청했다. 하인들은 현관에서 마차 소리를 듣지 못했을 뿐더러 그가 안뜰을 터벅터벅 걸어서 지나는 것을 보고는 차갑고 경멸적인 눈길을 보냈다. 외젠은 언젠가는 꼭 승리하고 말겠다는 확신에 찬 사나이에게서 볼 수 있는 싸늘한 분노로 그 눈길을 받아넘겼다. 안뜰에 들어서자마자 이미 주눅이 들어버렸으므로 하인들의 눈길 하나하나가 따갑기 그지없었다. 안뜰에서는 훌륭한 준마가 앞발로 땅을 박차고 있었다. 호사스러운 소비수준을 자랑하고, 주인이 파리의 모든 환락에 익숙함을 증명하는 것처럼, 그 말은 우아한 이륜마차의 아름답고 사치스러운 마구(馬具)에 매어 있었다. 외젠은 저도 모르게 기분이 나빠졌다. 머릿속의 서랍에는 기지가 잔뜩 들어 있을 터였는데, 방금 전까지 열려 있던 그 서랍도 죄닫혀서 머리 회전이 느려졌을 터였다. 하인이 내객의 이름을 말하러 갔으므로 백작부인의 대답을 기다리는 동안, 외젠은 대기실 창가에 기대 몸의 중심을 한쪽 발에 둔 채 창문 걸쇠에 팔꿈치를 대고 멍하니 안뜰을 내려다보았다.

꽤 오랜 시간이 흐른 것 같았다. 외곬으로 돌진할 때는 놀랄 만한 결과를 빚어내는 남부 사람 특유의 강한 집념의 혜택이 없었던들 그는 벌써 자리에서 일어나 되돌아갔을지도 모른다.

"손님." 하인이 말했다. "마님께선 방에 계십니다만, 매우 바쁘시기 때문에 대답을 해 주시지 않으셨습니다. 그러니 응접실에서 기다리시겠다면 먼저 오신 손님도 계시니 그리로 가시지요."

대수롭지 않은 한 마디로 주인을 비난하든가 시비의 판단을 곧잘 내리는 고용인들의 놀랄만한 위력에 감탄하면서 라스티냐크는 의젓하게 하인이 나간 문을 열었다. 이 집 주인과 잘 아는 사이이라는 것을 그 불손한 하인들에게 떠벌리기 위해서였다. 그런데 어처구니없게도 그가 들어간 곳은 램프나 식기를 넣어 두는 찬장, 목욕 타월을 데우는 기구 같은 것들을 넣어 두는 방이었던 것이다. 한쪽에는 어두운 복도, 다른 한쪽에는 뒷문으로 통하는 계단이 있었다. 옆방에서 들리는 나지막이 숨죽여 웃는 소리가 그를 더욱더 곤혹스럽게 했다.

"손님, 응접실은 이쪽입니다." 하인은 형식적으로 공손한 태도를 보이며 말했으므로, 그것은 형태를 바꾼 놀림처럼 느껴졌다.

외젠은 당황해서 돌아서다가 욕조에 발이 걸렸지만, 그래도 다행스럽게 모자를 붙들었으므로, 그것을 탕 속에 떨어뜨리는 실수만은 면했다. 이때 조그마한 램프를 밝힌 긴 복도 끝 문이 열리며, 레스토 부인의 목소리와 고리오 영감의 목소리, 그리고 키스하는 소리가 라스티냐크의 귀에 함께 들려 왔다. 그는 식당으로 되돌아와서 그 방을 지나 하인의 뒤를 따라 응접실로 들어갔다. 그 방의 창문도 안뜰 쪽으로 나 있는 것을 깨닫고, 그는 응접실 창문 앞에 가서 섰다.

아까의 고리오 영감이 정말 그가 알고 있는 고리오 영감이 맞는지 확인해 보고 싶었기 때문이다. 심장이 이상하게 쿵쾅거렸다. 보트랭의 무시무시한 말이 떠올랐기 때문이었다. 하인이 응접실 입구에서 외젠을 기다리고 있었는데, 그 문으로 갑자기 말쑥한 옷차림의 한 청년이 나오더니 화가 난 목소리로 말했다.

"난 가겠어, 모리스. 반 시간이 넘도록 기다렸다고 전해 주게." 이 거만한 사나이는 그렇게 행동할 권리가 있다는 듯이 이탈리아 가곡인지 뭔지를 흥얼대면서, 안뜰을 내다보고, 또 이 학생의 얼굴도 볼 겸 외젠이 서 있는 창가 쪽으로 걸어 나왔다.

"백작님, 조금만 더 기다리시는 게 좋겠습니다. 마님의 일이 거의 끝나셨습니다." 응접실로 되돌아가면서 모리스가 말했다. 마침 그때 고리오 영감이 뒷문 계단에서 앞문이 있는 곳으로 나왔다. 노인은 우산을 꺼내 들고 펼치려다가, 마침 훈장을 단 젊은 남자가 몰고 오는 이륜마차를 들여보내기 위해서 앞문이 열려 있는 것을 미처 보지 못했다. 고리오 영감은 급히 뒤로 물러나 겨우 마차에 치이는 것을 면했다. 태피터천으로 만든 박쥐우산에 놀랐던지 말이 옆으로 방향을 틀면서 현관 돌계단 쪽으로 돌진했다. 그 젊은 사나이는 화가 난 표정으로 뒤돌아보다 고리오 영감이라는 것을 알고, 그가 문을 나서기 전에 가볍게 인사를 했다. 하지만 그것은 손 내밀지 않을 수 없는 고리대금업자에게 할 수 없이 던지는 마음에도 없는 경의라고 할까, 질 나쁜 인간에게 강요된 어쩔 수 없이 맞춰주기는 하지만 돌아서면서 치욕으로 생각하는 존경이 명백한 인사였다.

고리오 영감은 친절히도 그 인사에 답했다. 이러한 일들은 번개처럼 빠른 순간에 일어났다. 누가 옆에 있는 것도 모를 만큼 홀딱 정신이 팔려 있던 외젠의 귀에 별안간 백작부인의 소리가 들렸다.

"어머, 막심, 돌아가시는 거예요?" 그녀는 조금 원망하듯이 말했다.

백작부인은 이륜마차가 들어온 것을 모르고 있었다. 라스티냐크는 급히 돌아보았다. 백작부인이 장미색 리본이 달린 고상하고 아름다운 흰 캐시미어 실내복을 입고, 파리 여자들이 아침에 그렇게 하듯 머리를 아무렇게나 묶고 서 있었다.

그녀의 몸에서는 좋은 향내가 풍기고 있었다. 틀림없이 목욕을 하고 난 뒤일 것이다. 부드러운 느낌을 더한 그녀의 아름다움은 한층 더 관능적으로 보였다. 눈은 촉촉이 윤기가 돌았다. 젊은 남자의 눈은 모든 것을 한눈에 파악하는 법이다. 식물이 공기 속에서 자기에게 알맞은 요소를 흡수하듯이 그들의 정기는 여성의 찬란한 빛과 결합한다. 그러므로 외젠이 굳이 만져 보지 않아도 그녀의 손에 어린 성숙함과 신선함을 느낄 수 있었다. 외젠은 살짝 벌어진 실내복 사이로 이따금 드러나 보이는 가슴 언저리에 눈길을 고정시키고, 캐시미어 너머로 장미색 피부를 보았다. 코르셋 같은 인공적인 수단은 백작부인에게 전혀 필요하지 않았다. 허리띠만으로도 그녀의 날씬한 허리선이 한층 더 살아났으며, 목덜미는 사랑의 마음을 불러일으키고, 발은 슬리퍼를 신고 있어서 매우 귀엽게 보였다. 막심이 그녀의 손을 잡고 입을 맞추었을 때 외젠은 비로소 막심의 존재를 깨달았고, 백작부인은 외젠이 거기 있다는 것을 알았다.

"어머 라스티냐크 씨, 당신이었군요. 와 주셔서 기뻐요." 눈치 빠른 사람이라면 그 참뜻을 깨닫고 물러날 수밖에 없는 투로 백작부인이 말했다.

막심은 이 뜻밖의 침입자를 쫓아내려고 의미심장한 표정으로 외젠과 백작부인을 번갈아 보았다.

'부인, 이 괴상한 애송이를 어서 내쫓아 주시오.' 이것이 아나스타지 백작부인이 막심이라고 부른, 이 무례하고 거만한 젊은이의 눈초리에 노골적으로 드러난다. 부인은, 뜻밖에 여자의 모든 비밀이 드러나 버리는, 그런 기죽은 표정으로 청년의 얼굴을 보고 있었다. 라스티냐크는 그 청년에 대해 불타오르는 증오를 느꼈다. 무엇보다 막심의 보기 좋게 구불구불한 아름다운 금발이, 자기 머리가 얼마나 보기 흉한지를 가르쳐 주었다. 뿐만 아니라 막심은 조금도 더럽혀 지지 않은 최고급 구두를 신고 있었는데, 자기 구두에는 걸으면서 그토록 조심했음에도 흙이 조금 묻어 있었다. 끝으로 막심은 우아하게 몸통을 죄어 아름다운 여자 못지않은 몸매를 드러내 주는 프록코트를 입고 있는 반면, 외젠은 낮 2시 반인데도 검은 연미복을 입고 있다.

샤랑트 지방 출신의 총명한 청년은, 날씬하고 키가 크고 눈빛이 밝으며 얼굴색은 허여멀쑥한, 부모 없는 아가씨들을 파산케 하고도 남을 이 멋쟁이 미남을 보고, 옷이 주는 우월성을 통감했다. 외젠의 대답도 기다리지 않고 레스토 부인은 재빨리 옆방으로 달아나 버렸는데, 팔랑팔랑 나부끼는 그녀의 실내복 자락이 몸에 감기고 너풀거리면서 그녀를 나비처럼 보이게 했다. 막심이 그 뒤를 따라갔다. 화가 난 외젠은 막심과 백작부인의 뒤를 따랐다. 이리하여 세 사람은 큰 홀 한가운데 난로 옆에서 마주 서게 되었다. 학생은 자기가 이 거만한 막심의 훼방꾼이라는 것은 충분히 알고 있었다. 그러나 설령 레스토 부인의 심기를 거스르는 한이 있더라도 이 멋쟁이를 방해하고 싶었다. 문득 보즈앙 부인의 무도회에서 이 청년을 본 기억이 되살아나, 막심이 레스토 부인에게 어떤 존재인가를 알았다. 그래서 '도 아니면 모'라는 대담하고 저돌적인 태도로 생각했다. '이 자식이 내 연적인가, 어떻게 해서든지 때려눕히고 말겠어.'

무모한 젊은이 같으니! 그는 막심 드 트라이유 백작이 일부러 상대로 하여금 모욕하게 하고 결투로 자기가 먼저 발표해 상대를 죽여 버리는 남자라는 것을 몰랐던 것이다.

외젠은 사냥 실력은 좋았지만 사격장에서 22개의 인형 가운데 20개를 맞춰 떨어뜨린 적은 아직 한 번도 없었다. 젊은 백작은 난로 옆에 있는 안락의자에 거만한 동작으로 걸터앉더니 부지깽이를 쥐고 매우 난폭하고 거칠게 난로 속을 휘저었다. 그러자 아나스타지의 아름다운 얼굴이 갑자기 슬픔으로 흐려졌다. 부인은 외젠을 돌아보며 '왜 돌아가지 않죠?'라고 하는 듯이, 차갑게 캐묻는 듯한 눈길을 던졌다. 제대로 교육받고 자란 사람이라면 그 눈빛을 보고 곧바로 '퇴거 명령'이라는 말을 생각해 냈을 것이었다.

외젠은 붙임성 있는 태도를 보이면서 말했다. "제가 서둘러 부인을 만나 뵙고자 한 까닭은……"

그는 갑자기 말을 멈추었다. 문이 열리며 이륜마차를 몰고 온 신사가 느닷없이 나타났기 때문이다. 그는 모자도 안 썼을 뿐더러 백작부인에게 인사도 하지 않았다. 마땅치 않은 듯이 외젠을 바라보더니 막심에게 악수를 청하면서 "안녕하시오"라고 인사했는데, 그 친숙한 태도에 외젠은 적잖이 놀랐다. 시골 출신의 젊은이들은 삼각 관계의 생활이 얼마나 즐거운지 모르는 것이다.

"주인인 레스토예요." 백작부인이 남편을 가리키면서 학생에게 말했다.

외젠은 공손하게 머리를 숙였다.

"이분은 라스티냐크 씨인데, 마르시약 집안 쪽으로, 보즈앙 자작부인의 친척 되는 분이세요. 지난번 자작부인 댁 무도회에서 만났답니다." 그녀는 외젠을 레스토 백작에게 소개했다.

'마르시약 집안 쪽, 보즈앙 자작부인의 친척 되는 분!'

백작부인은 이렇게 힘주어 말했다. 자기 집에는 선택된 사람만 올 수 있다는 것을 증명하고자 하는 여주인의 긍지를 엿볼 수 있었다. 그 말들은 마술적인 효과를 발휘했다. 백작은 냉정하고 의례적인 태도를 버리고 학생에게 인사했다.

"만나게 돼서 영광입니다. 라스티냐크 씨."

막심 드 트라이유 백작도 침착성을 잃은 눈길을 던지더니 느닷없이 그 거만한 태도를 고쳤다. 가문의 힘이 강하게 작용한 이 마술지팡이의 일격은, 남부 젊은이의 머릿속에 있는 서른 개의 작은 서랍을 열고 그가 준비해 두었던 재치를 회복시켜 주었다. 갑자기 쏟아진 한 줄기 빛이 그에게는 아직 어둠에 싸여 있던 파리 상류사회의 분위기를 확실히 꿰뚫어 볼 수 있게 해 주었다. 보케르 집도, 고리오 영감도, 이때만은 그의 의식에서 까맣게 먼 곳에 있었다.

"마르시약 집안은 대가 끊긴 것으로 알고 있었습니다만?" 레스토 백작이 외젠에게 물었다.

"그렇습니다." 그는 대답했다. "저희 종조부께서 마르시약 집안의 뒤를 이은 따님과 결혼하셨습니다. 그분에게는 딸이 하나밖에 없었고, 그 따님이 보즈앙 부인의 외조부인 클라랭볼 원수와 결혼하셨습니다. 저희는 분가(分家)인데다 해군 중장이었던 백부께서 국왕에게 충성을 다하다가 전재산을 모두 날려 버렸으므로 더욱더 가난을 겪었습니다. 혁명 정부가 동인도 회사를 청산하면서 저희들 채권을 인정해 주지 않았던 것입니다."

"댁의 종조부님은 대혁명 전에 방죄르 호의 함장을 지내지 않았던가요?"

"바로 그렇습니다."

"그럼, 와르위크 호의 함장이셨던 내 조부와 서로 아는 사이셨군요."

막심은 레스토 부인 쪽을 보고 약간 어깨를 움찔하며 '백작이 저자식하고 해군 이야기 따위를 지껄이기 시작했으니 잘됐지 뭐야' 하는 표정을 지어 보였다. 아나스타지는 트라이유의 눈짓에 숨은 뜻을 이내 알아차렸다.

그리하여 여자들 특유의 그 감탄스러운 재치를 발휘하여 그녀는 미소를 띠고 말했다.

"잠깐 와 주세요, 막심 씨. 당신에게 부탁할 말이 있어요. 두 분께서는 와르위크 호와 방죄르 호를 타고 사이좋게 항해나 하고 계세요." 그녀는 일어나서 막심 쪽으로 반은 조롱하고 반은 공모하는 것 같은 눈짓을 보냈다. 막심도 그녀의 뒤를 따라 부인의 방으로 향했다. 귀천상혼적*⁹인 두 사람이——이 '귀천상혼적'이란 말은 대응할 프랑스어가 없는 독일적인 표현인데——

출입문까지 채 가기도 전에 백작은 외젠과의 대화를 멈추고 말했다.

"아나스타지! 여기 있어요. 당신도 알다시피⋯⋯." 그는 불쾌한 듯이 소리쳤다.

"곧 돌아올게요." 그녀는 그의 말허리를 끊으면서 대답했다. "막심에게 부탁할 말이 있으니 잠깐이면 돼요."

그녀는 곧 돌아왔다. 이런 종류의 여자들이 대게 그러하듯이, 자유분방하게 행동하기 위해서는, 남편의 성격에 신경을 쓰지 않을 수 없으므로, 남편의 귀중한 신뢰를 잃어버리지 않기 위해서는 어느 정도까지 제멋대로 할 수 있느냐를 판단할 줄 알고 있었고, 그래서 하찮은 일로는 절대로 남편의 비위를 거스르지 않는다. 백작부인은 백작의 말투로 미루어 자기 방에 오래 있는 것은 매우 위험하다고 판단했던 것이다. 이런 난처한 처지는 모두 외젠 때문이었다. 그래서 백작부인은 정말 원망스러운 눈초리로 막심에게 학생을 가리켜 보였다. 막심은 아주 신랄한 투로 백작과 백작부인과 학생을 향해서 말했다. "여러분은 매우 중요한 용무가 있으신 듯하니 방해하지 않고 이만 돌아가겠습니다. 안녕히 계십시오." 그는 빠른 걸음으로 나갔다.

"천천히 놀다 가지 그래, 막심 군." 백작이 말했다.

"저녁 식사하러 오세요." 백작부인은 이렇게 말하면서 또 다시 외젠과 백작을 그 자리에 남겨둔 채, 막심을 따라 응접실로 갔다.

레스토 씨가 외젠을 곧 쫓아 보낼 것이라고 생각한 두 사람은, 꽤 오랫동안 그곳에 머무르고 있었다.

외젠의 귀에, 그들이 서로 시시덕거리고, 소곤소곤 이야기하든가, 침묵을 지키든가 하는 것이 모조리 감지되었다. 그러나 심술궂은 학생은 다시 한 번 백작부인과 고리오 영감이 어떤 사이인지를 알아내려고 마음먹고, 레스토 씨를 상대로 기지를 발휘해서 그를 여러 방향으로 유인해 보았다. 틀림없이 막심에게 반해 있는 이 여자, 남편을 깔고 앉아서 남몰래 늙은 제면업자와도 관계를 맺고 있는 이 여자는 풀리지 않는 수수께끼라고 생각되었다. 그는 이

---

*9 貴賤相婚(mariage morganatique). 이것은 독일 풍습으로 귀족과 평민 여성의 결혼은 합법이긴 하지만, 그 아내와 자식은 어느 정도의 생활만 보장받을 뿐 작위나 재산을 남편 또는 아버지로부터 물려받을 수 없다. 따라서 완전한 합법 결혼이라고는 할 수 없으며 내연 관계의 색채가 짙다. 여기서는 레스토 부인과 막심 드 트라이유의 불륜 관계를 암시한다.

비밀을 밝혀내기로 마음먹고, 그렇게 하면 이 전형적인 파리 여자를 찍소리도 못하게 지배할 수 있지 않겠는가 하고 생각했다.

"아나스타지!" 백작은 또 한 번 아내를 불렀다.

"그럼 막심, 이쯤에서 체념해야겠네요. 오늘밤에…… 네?" 그녀는 청년에게 말했다.

"나지(아나스타 지의 애칭)!" 막심은 그녀의 귀에 대고 속삭였다.

"다음엔 저 풋내기를 문간에서 쫓아버려 주시겠지요? 당신의 실내복이 벌어질 때마다 그 자식의 눈이 숯불처럼 번들거렸단 말야. 틀림없이 당신에게 접근해서 당신을 위태롭게 할 것이고, 그리되면 나는 당신을 위해 그 자식을 죽여 버려야 할 거요."

"무슨 소리예요, 막심!" 그녀는 말했다. "오히려 저런 젊은 학생이 훌륭한 피뢰침이 될 거예요. 무슨 일이 있어도 레스토가 그를 질투하도록 만들어 놓겠어요."

막심은 소리내어 웃고, 백작부인에게 전송을 받으며 나가 버렸다. 백작부인은 창가에 서서 그가 마차에 올라타 말에게 제자리걸음을 시키고 채찍을 휘두르는 것을 보았다. 그녀는 대문이 닫힌 뒤에야 돌아왔다.

"아, 여보." 그녀가 들어오자 백작이 큰 소리로 말했다. "이분 가족이 살고 계시는 곳은 샤랑트 강가의 베르퇴유에서 멀지 않다는군. 이분의 종조부님과 내 조부님은 친구셨어."

"옛 친지라니 영광이에요." 백작부인이 건성으로 말했다.

"부인께서 생각하시는 것보다 더 인연이 깊죠." 외젠이 작은 소리로 말했다.

"뭐라고요?" 그녀는 다잡아 물었다.

"같은 하숙에서 제 옆방에 있는 분이 아까 댁에서 나가는 것을 보았어요. 고리오 영감님 말입니다." 학생은 말을 이었다.

'영감님'이라는 말까지 붙은 그 이름을 듣고 난롯불을 쑤시고 있던 백작이, 마치 손이라도 덴 것처럼 불집게를 던지고 일어났다.

"이봐요. 고리오 씨라고 불러 주면 좋겠소!" 백작이 소리쳤다.

백작부인은 처음엔 남편의 흥분한 태도를 보고 파랗게 질렸으나, 이내 빨갛게 달아올라, 곤혹스런 표정으로 바뀌었다. 그녀는 억지로 자연스러운 목소리를 내고서, 아무렇지도 않은 듯한 태도를 가장하면서 말했다.

"우리가 그분 이상으로 사랑하는 분은 없답니다……" 그러다가 갑자기 말을 끊고 피아노를 본 그녀는 어떤 심심풀이라도 발견한 듯 이렇게 물었다. "음악을 좋아하세요, 라스티냐크 씨?"

"매우 좋아합니다." 뭔가 뚱딴지같은 실수를 저질렀다는 것을 막연하게 깨달으며 외젠은 얼굴을 붉히고 정신없이 대답했다.

"노래도 잘 하세요?" 그녀는 소리치듯이 물으면서 피아노가 놓인 곳으로 가서 낮은 도에서부터 높은 파까지 차례로 누르다가, 꽝 하고 건반을 두들겼다.

"아니요, 그건 못합니다."

레스토 백작은 방 안을 걷고 있었다.

"안됐군요. 인기 있는 사람이 되는 귀중한 수단을 못 가지셨다니…… 사랑스런, 사랑스런, 사랑스런 그대여, 망설이지 말아요." 백작부인이 노래했다.

'고리오 영감'이란 이름을 말했을 때, 외젠은 마술지팡이를 한 번 휘두른 셈이었지만 그 효과는 '보즈앙 부인의 친척'이라는 말이 발휘한 것과 전혀 반대였다. 그는 마치 특별한 호의를 입어 골동품 수집가의 집으로 초대된 사나이가 석고상이 가득 들어 있는 진열장에 잘못 부딪혀서 연결 부분이 튼튼하지 못한 석고상의 목을 서너 개 부러뜨린 것과도 같은 처지에 놓았다. 차라리 연못에라도 뛰어들고 싶은 기분이었다. 레스토 부인의 얼굴은 무표정하고 냉담한 표정이었고, 이미 서먹서먹해진 그녀의 눈은 돌아갈 줄 모르는 학생의 눈길을 피하고 있었다.

"부인, 바깥어른과 말씀이 있으신 것 같으니, 저는 이만 돌아가 보도록……" 외젠이 말했다.

"언제든지 다시 와주시면 남편도 저도 매우 기쁠 거예요." 백작부인은 외젠의 손을 잡으면서 빠른 투로 말했다.

외젠은 공손하게 부부에게 인사를 하고 레스토 씨의 전송을 받으면서 방을 나왔다. 레스토 씨는 그가 사양하는데도 옆방까지 따라왔다.

"저분이 또 오시면 마님도 나도 외출 중이라고 해!" 백작은 모리스에게 말했다.

돌층계를 내려오다가 외젠은 비가 오고 있다는 것을 알았다. "나 원." 그는 중얼거렸다. "무슨 영문인지 모르겠지만, 일부러 실수나 하려고 여기까지 온 것 같군. 게다가 옷이며 모자까지 엉망진창이 되겠어. 나 같은 놈은 책상 앞에 달라붙어서 법률을 공부해 무뚝뚝한 법률가가 되는 것만 생각했으면 좋았을걸. 사교계에서 창피를 당하지 않으려면 이륜마차라든가, 번들거리는 장화라든가, 꼭 필요한 장신구, 금시곗줄, 아침에는 6프랑이나 하는 흰색 사슴가죽 장갑, 밤에는 노란 장갑이 필요하다는데 나 같은 놈이 어떻게 사교계에 나갈 수 있겠어? 빌어먹을 고리오 영감! 제기랄!"

그가 한길 쪽으로 대문 앞에 나왔을 때, 아마도 신혼부부를 태워다 주고 돌아오는 길인 듯한데 주인에겐 비밀로 하고 손님이나 태워 갈 양으로 길가에 서 있던 전세 마차의 마부가, 연미복에 흰 조끼, 노란 장갑에 번쩍이는 장화까지 근사하게 차려 입었음에도 우산을 들고 있지 않은 외젠을 보고 눈짓을 던져왔다.

외젠은 한번 나락(奈落)에 발이 빠지고 나면 마치 그 밑바닥에서 행운의 출구를 발견할 수 있다고 기대하고 있는 것처럼, 더욱더 그 깊은 곳으로 빠져들어가는 청년들을 부추기는, 저 숨죽인 우울한 분노에 사로잡혀 있었다. 그는 고개를 끄덕이고 마부의 권유에 응했다. 주머니에는 20수밖에 없었지만 그는 마차를 탔다. 마차 속에는 오렌지 꽃잎 몇 조각과 은실들이 흩어져 있어서, 좀 전에 신랑 신부가 탔다는 흔적이 남아 있었다.

"손님, 어디까지 모실까요?" 흰 장갑을 벗고 있는 마부가 물었다.

'제기랄, 이왕 깊은 데로 빠져 들 바에는 무슨 이득이라도 봐야 할 게 아닌가.' 외젠은 생각했다. "보즈앙 저택으로 가세." 그는 큰 소리로 마부에게 말했다.

"어느 보즈앙 댁 말입니까?" 마부가 말했다.

그 한 마디가 외젠을 당황케 했다. 이 풋내기 한량은 보즈앙 저택이 둘 있다는 것을 미처 알지 못했으며, 그에 대해서 관심도 갖지 않는 친척들이 얼마나 있는지도 모르고 있었던 것이다.

"보즈앙 자작 말야, 장소는……"

"그르넬 거리말씀입죠." 마부는 고개를 끄덕여 보이며, 그의 말을 막으면서 말했다.

"아시겠지만, 생 도미니크 거리에도 보즈앙 백작과 후작의 저택이 있어서 말입지요." 승강대를 접으면서 그는 말했다.

"알고 있어." 외젠은 태연하게 대답했다. '오늘은 만나는 사람마다 나를 바보취급 하는구나.' 그는 앞자리에 모자를 휙 던지면서 중얼거렸다.

'이렇게 막 써대다간 임금님 몸값 만큼의 돈이 있어도 모자라겠어. 그러나 적어도 나의 친척이라는 여성을 온전히 귀족적인 방법으로 방문할 수 있겠군. 빌어먹을 고리오 영감 때문에 이미 10프랑은 써 버리고 말았다. 옳지, 내가 당한 사건을 보즈앙 부인에게 말해 주자. 틀림없이 배꼽을 잡고 웃겠지. 하지만 그녀라면, 어지간해선 꼬리를 드러내지 않는 늙은 쥐새끼와 저 미인과의 수상한 관계를 알고 있을지도 몰라. 그 바람둥이 같은 여자는 꽤 많은 돈이 들 성싶으니 그런 여자에게 정면으로 부딪치는 것보다는 아름다운 보즈앙 부인의 마음에 드는 편이 낫겠어. 자작부인의 이름만으로도 그렇게 효력이 있었으니, 그 장본인과 친해지면 얼마나 마음 든든하겠는가? 최고를 노려라. 이왕 천국으로 쳐들어갈 바에는 하느님을 상대로 담판을 지어야지!'

그의 머릿속에 떠도는 무수한 생각을 간단히 요약한 표현이다. 보슬보슬 내리는 비를 바라보며 그는 어느 정도 침착성과 자신을 되찾았다. 마지막 남은 귀중한 5프랑 금화 두 닢을 다 써 버리더라도 연미복과 장화와 모자를 더럽히지 않기 위해 유효하게 쓰는 것이라고 그는 속으로 중얼거렸다.

"문을 열어 주십시오!" 마부가 소리치는 것을 듣고 외젠은 끓어오르는 기쁨을 억누를 수 없었다. 빨간 제복에 금몰을 단 문지기가 저택 대문의 빗장을 뺐다. 외젠은 흐뭇한 만족감을 느끼면서 자기가 타고 있는 마차가 현관을 지나고 안뜰을 돌아 정면 돌층계의 차양 아래 멈추는 것을 보았다. 가장자리에 빨간선을 두른 두툼한 푸른 외투를 입은 마부가 내려와서 승강대를 폈다.

마차에서 내리던 외젠은 현관 기둥 옆에서 킥킥 대는 웃음 소리를 들었다. 하인 서너 명이 벌써 이 천박한 혼례 마차에 대해서 농담을 주고받고 있었던 것이다. 학생은 자기가 타고 온 마차를, 그곳에 있는 파리에서도 손꼽히는 우아한 4륜마차와 비교해 본 때였으므로 그들의 웃음소리는 그의 망상을 깨우쳐 주었다. 귀에 장미꽃을 장식한 포동포동한 말 두 필이 재갈을 꼭 물고 있었고, 머리에 기름을 바르고 단정하게 깃장식을 단 마부가 마치 달아나려는 말을 제지하는 것처럼 고삐를 꽉 움켜쥐고 있었다.

쇼세 당탱 지구에 있는 레스토 부인의 안뜰에는 스물여섯 살 난 멋쟁이가 모는 이륜마차가 대기하고 있었는데, 이곳 생제르망 지구에서는 3만 프랑을 줘도 살 수 없을 것 같은 대귀족의 호화찬란한 사륜마차가 서 있었던 것이다.

"도대체 누가 와 있을까?" 외젠은 혼자 중얼거리면서, 파리에는 애인이 없는 여자가 거의 없으며, 이런 여왕 같은 여자를 정복하기 위해서는 피보다도 비싼 대가를 치러야 한다는 것을 외젠도 느지막하게나마 깨달았다. "제기랄, 내 친척 부인에게도 막심 같은 사내가 붙어 있는 모양이군."

그는 암담한 기분으로 돌층계를 올라갔다. 그의 모습이 나타나자 입구 유리문이 열렸다. 거기엔 털을 빗질할 때의 당나귀처럼 온순한 표정을 한 하인들이 있었다. 그가 지난번에 참석했던 무도회는 보즈앙 저택의 아래층에 있는 몇 개의 넓은 접객용 홀에서 열렸었다. 무도회에 초대받았던 뒤로 부인을 방문할 짬이 없었으므로 그는, 아직 보즈앙 부인의 방엔 들어가 본 적이 없었다. 그날 외젠은 고귀한 여성의 정신과 생활 습관을 고스란히 보여 주는 저 신변의 놀랄 만한 우아한 가구 집기들을 생전 처음 보았다. 게다가 레스토 부인의 응접실이 비교 대상이 되었으므로 더욱 흥미로운 연구였다. 4시 반이 되면 자작부인은 손님을 만난다. 5분만 빨랐어도 그녀는 이 친척 청년을 쫓아보냈을 것이다. 파리의 여러 가지 예의범절에 대해 아무것도 모르는 외젠은, 꽃으로 가득 꾸며진 난간에 빨간 융단이 깔린 넓고 흰 계단을 올라가서 보즈앙 부인의 방에 안내되었다. 그는 항간에 떠도는 부인의 내력, 파리의 이 살롱 저 살롱에서 매일 밤 귀에서 귀로 전해지는 이야기를 전혀 모르고 있었던 것이다.

자작부인은 3년 전부터 아쥐다 핀토 후작이라는, 포르투갈에서도 특히 고명한 부자 귀족과 관계를 맺고 있었다. 순수한 관계였지만, 그렇게 해서 맺어지는 관계로선 너무나도 매력적인 것이었으므로 도저히 제삼자의 동석이 용납되지 않았다. 그래서 보즈앙 자작은 어쩔 수 없어서였는지 아니면 자기가 좋아서 그랬는지는 모르지만, 이 귀천상혼적인 결합을 존중함으로써, 뭇사람에게 모범을 보였다. 이 교제가 시작된 초기 무렵, 2시에 자작부인을 만나러 온 사람들은 언제나 거기서 아쥐다 핀토 후작의 모습을 보았던 것이다.

보즈앙 부인은 예의에 어긋나므로 감히 면회를 사절할 수 없었지만 너무 냉랭하게 손님 접대를 하는데다 벽만 바라보고 있었으므로, 결국에는 손님들도 그녀의 괴로움을 눈치채게 되었다. 2시부터 4시 사이에 보즈앙 부인을 만나러 가면 그녀가 싫어한다는 소문이 파리 시내에 퍼지자, 그녀는 완벽하게 혼자 있을 수 있었다. 그녀는 남편 보즈앙 씨와 아쥐다 핀토 씨를 동반하고 부퐁 극장이나 오페라 극장에 자주 다녔다. 그러나 처세에 매우 능란한 보즈앙 씨는 아내와 포르투갈 후작을 자리에 앉혀 놓곤 언제나 그들 옆자리를 떠나 버렸다. 아쥐다 씨는 결혼할 예정이었다. 상대는 로슈피드 집안의 아가씨였다. 상류사회를 통틀어 단 한 사람만이 이 혼담을 모르고 있었는데, 다름 아닌 보즈앙 부인이었다.

부인의 몇몇 친구들이 막연하게 그 소식을 귀띔하기는 했다. 그러나 그녀는 친구들이 자기를 질투해 일부러 그러는 것이라고 여기고 그냥 웃어넘겼다.

그래도 이제는 결혼을 공표해야 할 단계까지 와 있었다. 미남자인 포르투갈 사람은 자작부인에게 자기의 결혼 소식을 알리러 찾아왔으면서도, 그녀를 배신하는 말을 좀처럼 꺼내지 못하고 있었다. 무엇 때문인가? 확실히 여성에게 그러한 최후통첩을 들이대는 것만큼 어려운 일은 없다. 어떤 사나이들은 심장에 칼을 들이대고 협박해 오는 사내를 상대하는 편이, 몇 시간에 걸친 하소연 끝에 쓰러져서 진정제를 사다 줘야 하는 여자를 상대하는 것보다 훨씬 쉽다고 생각한다. 그래서 이때도 아쥐다 핀토 씨는 가시방석에 앉은 기분으로, 언젠가는 보즈앙 부인 귀에도 이 소식이 들어갈 테니까 편지를 쓰는 게 낫겠다고 생각하고 물러갈 기회를 찾고 있었다. 부인에게 치명상을 주게 되더라도 입으로 직접 얘기하는 것보다는 편지를 쓰는 쪽이 더 간편하겠다고 생각한 것이다.

자작부인의 하인이 외젠 드 라스티냐크 씨의 내방을 알렸을 때, 아쥐다 핀토 씨는 기쁨으로 몸을 떨었다. 사랑을 하는 여자는 쾌락을 여러 가지로 바꾸는 재주도 뛰어나지만, 의혹을 품는 재주는 더욱 뛰어나다. 여자는 버림받게 될 것 같으면, 베르길리우스의 준마*10가, 사랑을 예고하는 먼저 쪽의 미

---

*10 로마 시인 베르길리우스(BC70~19)의 《농경시》 제3권 250~251행. "바람결에 자기가 알고 있는 암말의 냄새만 실려와도/온몸을 부르르 떠는 수말을 보지 못한 사람이 있을까"

립자의 냄새를 맡는 것보다도 더 재빨리 사내의 대수롭지 않은 움직임의 뜻까지 꿰뚫어 본다. 따라서 보즈앙 부인이 그의 무의식적인 약한 떨림, 정직하고 꾸밈없으므로 더욱 끔찍한 그의 기쁜 듯한 표정을 눈치채지 못할 리 없었다.

외젠은 파리에서는 누구의 집을 방문하더라도 미리 그 집 사정을 알고 있는 사람들로부터 남편의 신상 이야기, 아내와 자식들의 신상 이야기를 반드시 들어 두어야 한다는 점을 몰랐다. 그 이유는 방문한 집에서 실례를 저지르지 않기 위해서이다. 폴란드에는 "마차에 소 다섯 마리를 매라"는 아주 재치 있는 속담이 있는데, 이것은 말실수 때문에 빠진 궁지에서 어떻게든 빠져 나온다는 뜻이다. 프랑스에 말 실수를 지적하는 속담이 하나도 없는 것은, 프랑스에서는 뒷공론이 무서운 전파력을 가지기 때문이며, 따라서 그런 실수는 불가능하다고 여겨지기 때문임에 틀림없다. 외젠은 레스토 부인의 저택에서 터무니없는 말 실수를 하고서도 마차에 소 다섯 마리를 맬 여유도 없이 보즈앙 부인의 저택에 찾아와 다시 소 치는 일을 시작했는데, 이런 일을 할 수 있는 사람은 오로지 외젠뿐이었다. 그러나 그는 레스토 부인과 트라이유 씨를 아주 계면쩍게 만들었지만, 아쥐다 씨만은 곤경에서 구출해 주었다.

"안녕" 하고 포르투갈 사람은, 사치라는 말도 우아의 다른 이름에 지나지 않는 것처럼 보이는 회색과 장미색의 멋들어진 작은 응접실에 외젠이 들어왔을 때, 얼른 문 쪽으로 돌아서며 말했다.

"그렇지만, 오늘밤 다시 만날 거잖아요?" 보즈앙 부인은 후작을 바라보면서 말했다. "부퐁 극장에 같이 가실 테니까요?"

"실은 갈 수가 없게 되었습니다." 문 손잡이를 잡으면서 그가 말했다.

보즈앙 부인은 일어나서, 외젠에게는 눈길도 주지 않고 아쥐다를 자기 곁으로 다시 불러들였다. 외젠은 휘황찬란한 호화로움에 눈이 휘둥그레져서 《아라비안 나이트》의 이야기가 현실로 튀어나온 듯한 착각에 사로잡혀, 자기 존재를 전혀 깨닫지 못하는 이 여성 앞에서 어떻게 처신해야 좋을지를 몰랐다. 자작부인은 오른쪽 집게손가락을 들더니, 아름다운 동작으로 후작에게 자기 앞에 있는 의자를 가리켰다. 그 동작에는 사랑에서 솟아나온 맹렬한 횡포가 들어 있었으므로, 후작도 문 손잡이를 놓고 되돌아왔다. 외젠은 조금

부러움을 느끼며 후작을 바라보았다.

'이 사람이 사륜마차 임자로구나! 그럼 역시 파리 여자들이 쳐다봐 주기를 바라려면, 튼튼한 말과 하인과 산더미만 한 황금이 있어야 한단 말인가?' 그는 생각했다. 호화와 사치의 악마가 그의 심장을 물어뜯고, 돈을 벌어야겠다는 열망이 그를 사로잡고, 황금에 대한 목마름이 그의 목을 바짝바짝 말렸다. 그는 이번 학기 생활비로 1백 30프랑밖에 가지고 있지 않았다. 그의 아버지·어머니·남동생·여동생들·큰어머니는 모두가 한 달에 2백 프랑밖에 쓰지 못한다. 그가 지금 놓여 있는 입장과, 그가 이르러야 할 목표와의 단순한 비교는 더욱더 그를 아연하게 했다.

"어째서 이탈리아 극장($\binom{부퐁 \; 극장의}{또 \; 다른 \; 이름}$)에 못 가신다는 거죠?" 자작부인은 웃으면서 말했다.

"볼일이 좀 생겼어요. 영국 대사 댁에서 식사하기로 약속되어 있어요."

"그 볼일은 취소하면 안 되나요?"

남자가 여자를 속이려고 할 때는 싫건 좋건 거짓말에다 거짓말을 보태기 마련이다. "꼭 그렇게 해야 합니까?" 아쥐다 씨는 웃으면서 말했다.

"물론이에요."

"실은 그렇게 말해 주길 기다렸어요." 다른 여자라면 누구든 안심했음에 틀림없을 상냥한 눈길을 보내면서 그는 대답했다. 그는 자작부인의 손에 입을 맞추고 나서 나갔다.

외젠은 머리를 매만지며, 보즈앙 부인이 드디어 자기를 떠올려 주리라 믿고 인사를 하기 위해 자세를 가다듬었다. 그런데 그녀는 느닷없이 몸을 일으켜 복도로 뛰어나가더니 창가로 달려가서 아쥐다 씨가 마차에 탈 때까지 그 모습을 바라다보았다. 그리고 그가 하인에게 어디로 가자고 명령하는지를 듣기 위해 온 신경을 기울였다. 하인이 마부에게 "로슈피드 저택으로" 가자고 하는 소리가 들렸다. 이 말과, 아쥐다가 마차의 좌석에 몸을 기대는 모습은 이 여성에게 마른하늘에 날벼락 같은 충격을 주었다. 그녀는 숨이 넘어갈 정도로 불안에 사로잡혀서 되돌아왔다. 상류 사회에서는 아무리 무서운 파국도 그런 형태로밖에 나타나지 않는 법이다. 자작부인은 침실로 돌아가서 책상 앞에 앉아 깨끗한 편지지를 꺼냈다. 그녀는 이렇게 편지를 썼다.

'당신은 영국 대사관이 아니라 로슈피드 저택에서 식사를 드신다면, 그 이유를 설명해 주셔야 할 것입니다. 기다리고 있겠습니다.'

손이 부들부들 떨려서 글자가 이지러졌으므로, 이지러진 글자를 고치고 난 다음, 부인은 '클레르 드 부르고뉴' 뜻으로 C라고 서명하고 초인종을 울렸다.

"자크." 그녀는 곧 달려온 하인에게 말했다. "7시 반에 로슈피드 씨 저택에 찾아가서 아쥐다 후작님이 와 계시는지 여쭤 봐. 후작님이 계시거든 답장은 필요 없다고 말하고 이 편지를 드려. 안 계시거든 편지는 다시 가지고 돌아와."

"마님, 응접실에서 손님이 기다리고는 계십니다만."

"아, 참 그랬지." 부인은 그제야 생각난 듯 문을 밀어 열면서 말했다.

외젠이 매우 거북함을 느끼기 시작할 무렵에야 겨우 자작부인이 나타났다. 곰곰이 무엇을 생각하는 듯한 착 가라앉은 그녀의 말투가 그의 마음을 뒤흔들어 놓았다. "미안해요. 라스티냐크 씨, 잠깐 편지를 써야 했거든요. 하지만 이제 끝났으니 얼마든지 말 상대를 해 드릴 수 있어요." 그녀는 자기가 무슨 말을 하고 있는지 스스로도 모르고 있었다. 부인의 머릿속에는 이런 생각밖에 없었기 때문이다. "아, 그 사람은 로슈피드 댁 아가씨와 결혼할 작정인 거야. 자기가 자유로운 몸이라고 생각하고 있는 모양이지. 오늘 이 혼담을 깨 버릴까. 그렇지 않으면 내가…… 하지만 내일이 되면 어떻게 할 수가 없어."

"누님……" 외젠이 말했다.

"뭐라고요?" 자작부인이 그를 쏘아보며 말했는데, 그 눈초리의 매정함이 학생을 꽁꽁 얼어붙게 했다.

외젠은 이 "뭐라고요?"의 뜻을 알아차렸다. 3시간 전부터 그는 너무나도 많은 것을 배웠으므로 경계를 게을리하지 않았던 것이다.

"부인." 그는 빨개지면서 말을 고쳤다. 그리고 잠시 머뭇거리다가 말을 이었다.

"용서하십시오. 저는 아무래도 보호가 필요한 입장이므로 아주 먼 친척 관계라도 보다 가깝게 느껴져서……" 보즈앙 부인이 방긋 미소지었지만 어딘가 쓸쓸함이 묻어 나왔다. 이미 그녀는 주변 공기 속에서 울려퍼지는 불행의 소리를 듣고 있었던 것이다.

"만일 저의 가족이 놓여 있는 처지를 아시게 된다면, 자기 대자(代子)들을 둘러싼 장애물을 기꺼이 없애 주는, 옛이야기에 나오는 선녀와 같은 역할을 부인께서 꼭 해 주시리라 믿습니다." 외젠이 말을 이었다.

"그럼 말예요, 외젠 씨." 웃으면서 그녀는 말했다. "친척인 당신에게 무슨 도움을 드리면 될까요?"

"저도 모르겠습니다. 당장이라도 사라져 버릴 듯한 실낱 같은 인연이라도, 부인께서 제 친척이라는 사실은 저에게 큰 재산입니다. 이렇게 뵙게 되니까 얼떨떨해서 무엇을 말씀드리러 왔는지도 모르게 되어 버렸습니다. 부인은 제가 파리에서 아는 유일한 분이십니다. 저, 실은 저를 부인의 치맛자락에 매달리며, 부인을 위해서라면 목숨을 버리는 일도 마다 않을 불쌍한 어린아이로서 받아들여 주시기를 바라며, 의논드릴 말씀이 있어 찾아왔습니다."

"나를 위해서라면 누군가를 죽일 수도 있단 말이에요?"

"한 사람이 아니라 두 사람이라도 죽일 수 있습니다." 외젠이 말했다.

"어머나! 어린애군요. 그래요, 당신은 어린애예요." 눈물을 조금 삼키면서 그녀는 말했다. "당신은 진심으로 사람을 사랑할 수도 있겠군요."

"물론입니다." 고개를 끄덕이면서 그는 말했다.

자작부인은 그런 야심가다운 대답을 듣고, 이 학생에게 큰 관심이 생겼다. 이 남부 출신 청년은 태어나서 처음으로 계산하며 행동하고 있었다. 레스토 부인의 푸른 거실에서 보즈앙 부인의 장밋빛 응접실로 오는 사이에 외젠은, 아무도 입에 올리지는 않지만 실은 고등사회법학을 구성하고 있으며, 그것을 착실하게 배우고 적절하게 운용하면 이루지 못할 일이 없는 파리 법학이라는 학문을 3년 치나 공부해 버리고 만 것이다.

"아, 생각났습니다." 외젠이 말했다.

"실은 댁의 무도회에서 레스토 부인을 알게 됐는데, 오늘 아침 그 댁에 갔다 오는 길입니다."

"그럼, 그 사람 무척 귀찮아했겠네요." 보즈앙 부인은 웃으면서 말했다.

"그렇습니다. 저는 아는 것이 없으니까요. 부인께서 도와주시지 않으면 모든 이를 적으로 돌리게 될 것 같습니다. 파리에서는 젊고, 아름답고, 부자고, 고상하고, 게다가 연인이 없는 여성을 만나는 것은 아무래도 대단히 어려운 일인 듯합니다만, 저에게는 그런 분이 꼭 필요합니다. 부인같이 인생에 대해 가르쳐 주실 수 있는 사람이 말씀이죠. 저는 어딜 가더라도 트라이유 씨 같은 인물과 마주치게 되겠지요. 그래서 실은 부인께 진상을 물어보고, 제가 저지른 잘못이 어떤 성질의 것인지를 알기 위해 이렇게 찾아온 것입니다. 제가 어떤 영감의 이야기를 했더니만⋯⋯"

"랑제 공작부인께서 오셨습니다." 그때 마침 이야기의 허리를 꺾듯이 자크가 말했기 때문에 학생은 매우 불쾌하다는 태도를 보였다.

"만일 출세하고 싶으시다면⋯⋯" 자작부인이 작은 소리로 말했다. "첫째 자기 감정을 그렇게 드러내 보이는 게 아니에요."

"어머, 잘 오셨어요!" 이렇게 말하면서 부인은 일어나 공작부인을 맞아들였다. 그녀는 마치 동생을 대하는 것처럼 다정한 호의를 보이며 공작부인의 손을 잡았다. 공작부인도 사랑스럽게 응석을 부리는 듯한 태도로 응했다.

'이 두 사람은 아주 친한 사이구나' 외젠은 생각했다. '그렇다면 나는 보호자가 둘이 생기는 셈이다. 이 두 사람은 틀림없이 똑같은 감정을 갖고 있을 테니까, 이쪽 분도 나에게 관심을 가져 주겠지.'

"무슨 기쁜 일이 있어서 날 찾아 오셨나요, 앙트와네트?" 보즈앙 부인이 물었다.

"실은 아쥐다 핀토 씨가 로슈피드 댁으로 들어가는 것을 보았어요. 그래서 당신이 혼자 있을 거라고 생각했지요."

보즈앙 부인은 입술을 깨물거나 얼굴을 붉히지 않았다. 눈빛도 전혀 달라지지 않았다. 공작부인이 그런 치명적인 말을 하는데도, 그녀의 얼굴은 오히려 밝아진 것처럼 보이기까지 했다.

"손님이 계시는 줄 알았다면⋯⋯" 외젠 쪽으로 고개를 돌리면서 공작부인이 덧붙였다.

"이쪽은 외젠 드 라스티냐크 씨인데 우리 친척이에요." 자작부인이 말했다. "그 뒤로 몽리보 장군(랑제 공작 부인의 연인)으로부터 소식이 왔어요? 어제 세리지 부인에게 들은 말로는 요샌 전혀 뵙지 못한다던데 오늘은 댁에 오셨던가요?"

그녀가 무척 열을 올렸던 몽리보 씨에게 버림을 받았다는 소문이 돌고 있었으므로, 공작부인은 이 질문에 심장을 찔린 것처럼 빨갛게 달아오른 얼굴로 대답했다. "어젠 엘리제 궁에 있었어요."

"일이 있으셨군요." 보즈앙 부인이 말했다.

"이봐요, 클레르. 당신도 아시겠지만 내일 아쥐다 핀토 씨와 로슈피드 아가씨가 결혼 발표를 한다는군요." 공작부인은 눈에 짓궂은 빛을 가득 담고 말했다.

이 일격은 너무나도 통렬했으므로 자작부인은 순간 창백해졌으나 웃으면서 이렇게 대답했다. "보나마나 머저리 같은 사람들이 장난삼아 만들어 낸 풍문이겠지요. 아쥐다 씨는 포르투갈에서도 손꼽히는 유서 깊은 명문가인데 어째서 로슈피드 집안과 합치겠어요? 로슈피드 댁은 최근에 겨우 귀족이 된 집안인걸요."

"그렇지만 베르타 씨에게는 잘은 몰라도 20만 프랑의 연금이 있다는 이야기던데요."

"아쥐다 씨는 부자예요. 그런 타산으로 행동하지는 않아요."

"그렇지만 말예요, 로슈피드 댁 아가씬 이만저만한 미인이 아니거든요."

"글쎄요."

"어쨌든 아쥐다 씨는 오늘 그 댁의 저녁 식사에 초대받았어요. 결혼 절차도 끝났다죠, 아마. 당신이 아무것도 모르고 있다니 정말 이상하네요."

"그런데 당신은 무슨 실수를 범했다는 거죠?" 보즈앙 부인이 라스티냐크에게 물었다. "글쎄 앙트와네트, 이 도련님은 딱하게도 사교계에 나온 지 얼마 되지 않아 우리가 하는 얘기는 뭐가 뭔지 전혀 모르거든요. 이 사람을 봐서 그 이야긴 내일 합시다. 내일이면 아마 모든 게 다 밝혀질 테고, 그리 되면 당신도 확실한 정보를 들을 수 있을 게 아니겠어요?"

공작부인은 머리 꼭대기서부터 발끝까지 훑어봄으로써 상대편을 형편없는 존재로 만들어 버리는 불손한 눈초리로 외젠을 보았다.

"부인, 저는 모르고 레스토 부인의 심장에 비수를 찌르고 말았습니다. 모르고 그랬다는 것이 저의 실수였습니다." 타고난 재능의 도움으로 이 두 여인 사이에 오가는 애정 넘치는 말 속에 감추어진 통렬한 야유를 알아챈 학생은 말했다. "여러분은 사정을 알면서도 일부러 상처 입히는 사람과는 교제를 끊지 않으며, 또 어쩌면 그런 인간들을 두려워할는지 모르겠습니다. 그러나 자기가 준 상처의 깊이를 모르면서 상처를 입히는 인간은 바보와 같은 자식, 요령 없고 무능한 자로 여기며 경멸하지요."

보즈앙 부인은 찬찬히 살피는 듯한 눈빛을 학생에게 던졌는데, 훌륭한 정신의 소유자라면 그 눈빛에 담긴 감사와 위엄을 동시에 느낄 수 있을 것이다. 이 눈빛은 향유와도 같이, 좀전에 그의 가치를 평가하는 경매인 같은 공작부인의 눈초리가 주었던 상처의 아픔을 가라앉혀 주었다.

외젠은 이어서 말했다. "저는 레스토 백작의 호의를 막 수중에 넣은 참이었습니다. 이런 말을 하는 까닭은" 하면서 그는 겸허하면서도 장난스러운 동작으로 공작부인 쪽을 바라보면서 말했다. "확실히 말씀드리지 않으면 안 되겠습니다만, 부인, 저는 아직 고독하고 가난한 한낱 학생에 지나지 않으므로……"

"그런 말은 하는 게 아녜요, 라스티냐크 씨. 누구도 바라지 않는 것은 우리 여자들도 결코 바라지 않으니까요."

"어쩔 수 없습니다." 외젠은 말했다. "저는 아직 스물두 살이고,*11 제 나이로 인한 불행을 참아내야만 합니다. 게다가 저는 참회를 하러 왔습니다. 이곳보다 더 적합한 참회실에 무릎 꿇는 일은 없을 테니까요. 여기라면 또 죄를 범하고 다른 참회실에서 참회해야 할 정돕니다."

공작부인은 그런 반종교적인 얘기를 듣자 냉랭한 표정을 짓고, 외젠의 고약한 발언을 비난하는 뜻에서 자작부인에게 말했다. "정말로 상경한 지 며칠 안 되는가보군요."

보즈앙 부인은 외젠과 공작부인을 모두 놀리는 듯이 기분 좋게 소리내 웃었다.

"그래요, 막 상경한걸요. 그래서 고상한 취미를 가르쳐 줄 만한 여선생을 찾고 계셔요."

"공작부인." 외젠은 말을 이었다.

"우리를 매혹하는 것의 비밀을 배우고 싶어하는 것은 자연스러운 소망이 아니겠습니까?" '제길' 하고 그는 속으로 중얼거렸다. '진부한 이발사투로 지껄이고 있군.'

---

*11 여기서 외젠은 일부러 한 살 더 올려 말한 것 같다. 다른 곳에는 21살로 나와 있다.

"그렇지만 레스토 부인은 트라이유 씨의 학생인 걸요!" 공작부인이 말했다.

"저는 그것을 전혀 몰랐습니다, 부인." 학생은 말을 이었다. "그래서 경솔하게도 그 두 분 사이로 뛰어들었던 것입니다. 어쨌든 그 남편 되는 분과는 꽤 얘기도 통했고, 그래서 그 부인께서도 한동안은 너그럽게 보아 주셨습니다. 바로 그때 제가 경솔하게도 얼마 전에 뒷계단을 통해 밖으로 나가는 사람을 우연찮게 보았는데, 그와 아는 사이라고 말해 버린 것입니다. 게다가 그는 막다른 복도에서 백작부인과 키스까지 하고 있었지요."

"누군데요?" 두 여인이 물었다.

"가난뱅이 학생인 저처럼 생 마르셀 거리 한모퉁이에 한 달에 40프랑으로 살아가는 영감입니다. 여러 사람한테서 바보 취급을 받는 불쌍한 분인데, 우리는 그를 고리오 영감이라고 부르지요."

"어머나, 당신 정말 어린애로군요." 자작부인이 소리쳤다. "레스토 부인은 고리오 씨 딸이에요."

"제면업자 딸이죠." 공작부인이 말을 이었다. "궁정에 처음 얼굴을 내밀었을 때는 어느 과자집 딸과 같이 있었지요. 기억 안 나요, 클레르? 국왕 폐하께서 라틴어로 밀가루에 대해서 농담을 하셨잖아요. 뭐라고 했더라…… 하여간 그들은……"

"가루는 가루를 부른다." 외젠이 말했다.

"맞았어, 그거예요." 공작부인이 말했다.

"하, 그 사람이 아버지라고요." 너무나 불쾌하다는 표정을 지으며 학생은 입을 다물었다.

"그래요. 그 영감님에게는 딸이 둘 있는데, 둘다 아버지를 거의 외면하는데도, 영감님 쪽은 마치 미친 사람처럼 딸들을 귀여워했지요."

랑제 부인을 빤히 보면서 자작부인이 말했다. "작은 딸은 뉘싱겐 남작인가 하는 독일 이름의 은행가와 결혼했다는 말을 들었어요. 그 여자 이름이 델핀이라고 했든가, 확실한 기억이 안 나네요. 오페라 극장에 자기 좌석을 가지고 있고, 부퐁 극장에도 때때로 나타나서 사람들 이목을 끌려고 큰 소리로 웃는 금발 미인이에요."

공작부인은 웃으며 말했다. "어머, 정말 대단해요. 도대체 어떻게 그런 사람들의 일에까지 그처럼 흥미를 가질 수 있나요? 레스토 씨처럼 밀가루집 딸 아나스타지와 함께 산다는 건 어지간히 반하지 않고는 못할 노릇이죠. 그 래봐야 아무 이득도 없는데. 그녀는 트라이유 씨가 하라는 대로 하니까, 언 젠가는 그 사람 때문에 몸을 망치고 말 거예요."

"그 여자들이 아버지를 버렸다는 겁니까?" 외젠이 다시 한 번 물었다.

"그럼요. 자기를 낳아 준 친아버지를 말이에요." 자작부인이 말을 이었다. "들리는 말로는 딸들에게 각각 훌륭한 상대와 결혼을 시켜 행복하게 살 수 있도록 하기 위해서 50만인가 60만 프랑씩 주고, 자기 몫으로는 8천인가 1 만 프랑의 연금밖에 남겨 놓지 않았다는 마음 착한 아버지를 말이에요. 딸들 의 마음이 언제까지고 변하지 않을 것이라고 믿고, 그녀들 집에 이중의 생활 환경, 자기가 사랑을 받고 극진한 대접을 받을 안식처를 두 곳 마련해 놓았 다고 생각했던 모양이에요. 그런데 두 해도 되기 전에 사위들이 그를 마치 비렁뱅이처럼 자기네 집에서 내쫓아 버렸죠."

외젠의 눈에서 눈물이 굴러 떨어졌다. 그는 얼마 전까지도 고향집의 깨끗 하고 신성한 감동에 가슴속을 말끔히 씻어내고, 아직도 젊디젊은 신념의 마 력에 지배되고 있었던 것이다. 그는 파리 문명이라는 전쟁터에서 겨우 첫날 을 맞이했을 뿐이었다. 참된 감동은 전염되기 쉬운 것이다 보니 이들 세 남 녀는 한참 동안 아무 소리 없이 서로 얼굴을 바라보고만 있었다.

"딱하게 됐어요." 랑제 부인이 말했다. "끔찍한 일이긴 하지만, 그런 일은 매일같이 일어나죠. 거기에는 어떤 원인이 있을 거예요. 이봐요, 클레르, 사 위가 어떤 존재인지 당신 생각해 본 적이 있어요? 당신이나 나나, 우리들이 그 사람을 위해서 귀여운 딸을 키워서 바치는 사람이 바로 사위예요. 딸은 우리와 무수한 인연으로 맺어져 있고, 17년간이나 한 집의 즐거움이자, 라 마르틴($\begin{smallmatrix}1790\sim1869.\\ 프랑스\ 시인\end{smallmatrix}$) 식으로 말하면 한 가정의 순수한 영혼이었어요. 그런데 그 딸이 나중에는 집안의 화근이 돼 버리죠. 사위는 우리들로부터 그 딸을 빼앗 아 버리고는, 딸의 애정을 도끼처럼 잡고 휘둘러서 그 천사의 마음에 들어 있는 가족에 대한 모든 감정을 끊어 버리고 말아요. 어제까지는 그 딸이 우 리의 전부였고, 딸에게도 우리가 전부였는데 말예요.

그런데 하룻밤 자고 나니까 그 딸이 우리의 적이 되어 있더란 거죠. 그런 비극이 매일같이 일어나는 것을 우리는 늘 보고 있잖아요? 한쪽에서는 아들을 위해 모든 것을 희생한 시부모에게 며느리가 더없이 불손한 태도를 취하는가 하면, 다른 한쪽에서는 딸과 사위가 부모를 쫓아내 버리죠. 요즘 세상에 비극이 있느냐고 묻는 사람이 있는데, 사위 때문에 생기는 가정 비극은 말할 수 없이 끔찍하죠. 우리들의 결혼이 매우 턱없는 것이 되어 버리고 말았지만 그 문제는 젖혀 놓더라도, 나는 저 제면업자 영감님에게 일어난 일을 잘 알 수 있어요. 내가 기억하기로 저 포리오 씨는……"

"고리오라고 합니다, 부인."

"그래요, 그 모리오(틀린 발음, 계속해서 틀리게 발음한다)라고 하는 사람은 대혁명 때 지구위원장을 하고 있었어요. 그리고 저 유명한 식량 부족이 일어날 것을 미리 알고 있었으므로 그 무렵 사들였던 가격의 열배로 밀가루를 팔아 재산을 쌓기 시작했어요. 그 사람은 밀가루를 얼마든지 구할 수 있었거든요. 우리 할머니의 재산관리인은 그에게 막대한 액수의 밀가루를 팔았어요. 그런 족속들은 누구나 다 그렇지만, 저 고리오 씨도 틀림없이 공안위원회(프랑스 혁명기였던 1793년 4월에 성립한 행정부)와 한패였을 거예요. 지금도 뚜렷하게 기억나는데, 재산관리인이 할머니에게, 우리집 밀가루가 무엇보다도 훌륭한 공민증 대신이니 그랑빌리에에 머물러 계셔도 전혀 걱정없다고 말하곤 했거든요. 그런데 망나니들에게 밀가루를 팔고 있던 그 로리오는 오로지 한 가지 일에만 열성을 보였어요. 그건 딸들을 맹목적으로 사랑했던 거예요. 큰 딸은 레스토 집에 시집 보내고, 작은 딸은 뉘싱겐 남작인가 하는, 왕당파가 된 부유한 은행가와 맺어 주었지요. 아시겠지만, 나폴레옹 제정 시대에는 그 두 사위도 1793년(1793년부터 94년까지, 즉 프랑스 혁명의 공포 정치 시대를 가리킴)의 그 일에서 살아남은 사람이 자기집에 출입하는 것을 그다지 싫어하지 않았지요. 보나파르트 시대에는 또 그래도 지장이 없었지요. 그랬는데 부르봉 왕가가 부활하자, 그 영감은 레스토 씨에게 방해가 되었고 은행가에게는 말할 것도 없었죠. 딸들은 그래도 아버지를 사랑했으니까 아버지와 남편 양쪽 모두에게 그럴듯한 말을 해서 두 사람의 입장을 세워 주려고 했어요. 딸들은 집에 사람이 없을 때 아버지를 집으로 부르곤 했어요. '아빠, 잠깐 와 주세요. 우리 둘뿐이니까 오히려 더 편하게 얘기할 수 있어요'라고 듣기 좋은 구실까지 달아서 말이에요. 클레르, 나는 진정한 애정에는 눈도 있고 지혜도 있다고 생각해요. 그래서 그 불쌍한 혁명당 노인은 가슴이 쓰리기 시작했죠. 그는 딸들이 아버지인 자기를 부끄러워하고 있으며, 딸들이 남편을 사랑하는 한 자신은 사위들에게 민폐만 끼치는 존재라는 사실을 알아차렸어요. 그렇다면 자기가 희생하는 수밖에 없었죠. 그는 자신을 희생했어요. 아버지니까요. 그가 먼저 발길을 끊었죠. 딸들이 만족해 하는 것을 보고 그는 자기가 옳은 일을 했다고 생각했어요. 아버지와 딸이 공모해서 이 작은 범죄를 저지른 거죠. 이런 일은 어디에나 흔히 있는 일이에요. 그 도리오 영감이라는 사람은 딸네 집 살롱에서는 더러운 기름 얼룩이나 마찬가지였을 거예요. 영감님에게도 딸네 집은 거북하고 답답했겠죠. 그 영감님에게 일어난 일은, 둘도 없는 아름다운 여성과 그녀가 가장 사랑하는 남성과의 사이에서도 얼마든지 일어날 수 있는 일이에요. 그 여성이 너무 지나치게 사랑해서 남성을 넌더리나게 하면 상대는 뒤도 안 돌아보고 달아나 버려요. 비열한 짓까지 서슴지 않으며 그녀를 피하려 하죠. 사람 감정이란 게 다 그런 것 아니겠어요? 우리 마음은 소중한 보물 창고예요. 그것을 한꺼번에 비우면 파산해 버리고 말지요. 나만 하더라도 고린전 한 푼 없는 사람을 용서하지 않는 것처럼, 감정이란 완전히 드러내어 표시하는 것을 용납하지 않게끔 되어 있는 거예요. 그 아버지는 모든 것을 주어 버리고 말았죠. 20년이란 긴 세월 동안 애정을 쏟아 붓고도 모자라, 하루 아침에 재산까지 몽땅 털어 주고 말았어요. 딸들은 레몬 짜듯 그 단물을 다 짜내고 나자, 남은 찌꺼기를 길바닥에 내버렸다는 얘기예요."

"세상이란 참 가혹한 것이로군요." 숄의 술장식을 만지작거리면서 자작부인은 고개도 들지 않고 말했다. 랑제 부인이 고리오 씨 이야기를 하면서 자신을 염두에 두고 한 말들이 가슴을 아프게 찔렀기 때문이었다.

"가혹하다고요? 그렇지 않아요." 공작부인은 말을 이었다. "세상은 그저 자기 길을 가고 있을 뿐이에요. 이런 이야기를 하는 것은, 제가 세상에 속으면서 살진 않는다는 것을 알아 주셨으면 하기 때문이에요. 실은 저도 당신과 같은 생각이랍니다." 자작부인의 손을 잡으면서 그녀는 말을 이었다. "세상은 오욕의 진구렁이에요. 하지만 우리는 높직한 곳에서 내려다볼 수 있도록 힘내요." 그녀는 일어나서 보즈앙 부인의 이마에 입을 맞추고 말했다. "오늘의 당신은 정말 아름답군요. 지금까지 이렇게 얼굴빛이 좋았던 때는 본 적이 없네요." 그러고 나서 외젠 쪽으로 가볍게 머리를 숙이고 나가 버렸다.

"고리오 영감은 정말 훌륭한 분이시군요." 그는 밤중에 영감이 은그릇을 우그러뜨리고 있던 모습을 떠올리며 말했다.

보즈앙 부인은 생각에 잠겨 있느라 그 말이 귀에 들어오지 않았다. 얼마 동안 침묵이 이어졌다. 학생은 무안한 기분으로 가만히 앉아 있었다. 그 자리를 떠나지도 못하고 그대로 머물러 있기도 거북하여 어쩔 줄을 몰랐다.

"세상은 비열하고 심술궂어요." 자작부인이 겨우 입을 열었다. "무슨 불행한 일만 생기면 곧바로 친구가 그 소식을 알려주려 찾아오죠. 그리고 근사한 단도자루를 자랑하면서 날카로운 칼날로 사람 마음을 쿡쿡 쑤셔놓고 가지요. 벌써 이런 비난과 조소를 받게 되다니! 하지만 나도 지고 있을 수만은 없지." 그녀는 귀한 집 태생의 귀부인답게 얼굴을 들고 긍지에 가득 찬 그 눈에서 번개 같은 빛을 뿜어내고 있었다. "어머! 아직 안 가셨어요?" 외젠이 거기에 있는 것을 보고 그녀는 깜짝 놀랐다.

"네. 아직……" 그는 처량한 소리로 대답했다.

"그럼, 이렇게 됐으니 얘기하지요. 라스티냐크 씨, 세상은 있는 그대로 다루어야 해요. 출세하고 싶으시다면, 내가 도와 드리지요. 여자의 타락이 얼마나 깊고, 남자의 꼴사나운 허영심이 얼마나 큰지 당신도 차차 알게 될 거예요. 나는 이 세상이라는 책을 꽤나 많이 읽었다고 자부하고 있었는데, 그래도 아직 읽지 못한 페이지가 남아 있었던 거예요. 하지만 지금은 모든 것을 다 알고 있어요. 당신은 냉정하게 계산하면 할수록 출세할 수 있어요. 인정사정없이 공격하세요. 그러면 당신은 사람들에게 두려운 존재가 될 거예요. 남자든 여자든, 역마다 새로 갈아타는 역말처럼 쓰고 버려야 해요. 그렇게 하면 당신이 원하는 행복의 절정에 이를 수 있을 거예요.

아시겠지만, 당신에게 관심을 가지는 여성이 없으면 사교계에서 당신은 사람 축에도 들지 못해요. 당신에게는 젊고 돈 많고 고상한 여성이 필요해요. 하지만 당신이 진짜 애정을 느끼더라도 그것은 보물처럼 감춰 둬야 해요. 그 마음을 조금이라도 들켰다간 당신은 파멸할 겁니다. 당신은 더는 사형집행인이 아니라 희생자가 되어 버리고 마니까요. 어쩌다 사랑을 하게 되면, 그 비밀을 꼭 지키세요. 마음을 주려는 상대가 어떤 사람인지 알기 전까지는 절대로 마음을 열어 보이지 마세요. 아직 존재하지 않는 당신의 사랑을 지금부터 지키기 위해서는 아무에게도 마음을 주지 않도록 훈련을 쌓는 겁니다. 미겔 씨……(그녀는 자기도 모르게 이름을 잘못 불렀다.) 〔미겔은 아줘나 핀토 후작의 이름〕

1 하숙집  85

그 두 딸은 자기 아버지를 버리고 그가 죽어 주면 좋겠다고 생각하지만, 세상에는 그보다 더 무시무시한 일이 있어요. 바로 자매끼리의 경쟁심이지요. 레스토 씨는 명문 출신이므로 그 부인도 사교계에 들어가게 됐고, 궁정에도 출입할 수 있어요. 하지만 그분의 작은 딸인 미모에다 부유한 델핀 드 뉘싱겐 부인은 백만장자의 부인임에도, 말할 수 없이 속을 끓이고 있어요. 질투 때문에 죽을 지경인 거지요. 언니에게서 마음이 천리나 멀어져서, 언니는 이미 언니가 아녜요. 이 두 여성은 아버지를 아버지로 여기지 않는 것처럼, 서로가 서로를 자매라고 생각하지 않아요.

그래서 뉘싱겐 부인은 우리 집 살롱에 출입할 수만 있다면, 생라자르 거리에서 그르넬 거리까지의 흙탕물을 기꺼이 핥을 거예요. 그녀는 드 마르세라면 자기 소원을 이뤄 줄 수 있으리라고 생각했어요. 그래서 드 마르세의 노예가 되어서 끈질기게 쫓아다니고 있지만, 드 마르세는 그녀에게 눈곱만큼도 관심이 없어요. 만일 당신이 그녀를 나에게 소개한다면, 그녀는 당신이 좋아서 정신을 차리지 못할 거예요. 그럴 마음이 생기면 그 뒤에 그녀를 사랑하면 되는 거예요. 그렇지 않으면 그녀를 이용하는 거지요. 손님이 많은 큰 야회에 그녀를 두세 번쯤 초대해도 좋아요. 그렇지만 오전 중엔 절대로 만나지 않을 것이니 그리 알아요. 인사 정도는 하지요. 그것으로 충분하죠? 당신은 고리오 영감 이름을 함부로 입에 올려서 스스로 백작부인 집 문을 닫아 버리고 말았어요. 안 그래요? 레스토 부인 집을 스무 번을 찾아가도 스무 번 다 외출 중이라고 할 게 뻔해요. 당신은 출입 금지 선언을 받은 거예요.

그러니까 고리오 영감에게 부탁해서 델핀 드 뉘싱겐 부인을 소개받도록 해요. 아름다운 뉘싱겐 부인은 당신에게 좋은 간판이 될 거예요. 그녀가 특별히 눈을 주는 사람이 되면, 다른 여자들도 당신에게 정신없이 달려들 거예요. 그녀의 경쟁 상대, 친구, 가장 절친한 사람들까지 당신을 가로채려고 애쓸 거예요. 부르주아 부인들 가운데는 우리와 같은 모자를 쓰기만 하면, 우리들의 품위가 자기들에게도 그대로 나타난다고 착각하는 사람이 있는 것처럼, 다른 여성이 선택한 남자를 좋아하는 여성도 있거든요. 당신은 여성들의 인기를 한 몸에 받겠지요. 파리에서는 여성들의 인기를 얻는 게 가장 중요해요. 그게 권력을 쥐는 열쇠입니다. 여자들이 당신을 보고 재치와 재능이 있는 사람이라고 말하면, 남자들도 당신이 그들을 실망시키지만 않는다면 그 말을 곧이들을 거예요. 그렇게 되면 당신은 뭐든지 손에 넣을 수가 있고 어디라도 출입할 수 있어요. 그러면 당신도 세상이 멍청한 호인들과 사기꾼의 집합이라는 것을 알게 될 테지요. 당신은 어느 쪽도 되어서는 안 됩니다. 세상이라는 이 미로에 들어가기 위한 '아리아드네의 실'로서 내 이름을 당신에게 빌려 드리겠어요. 그러니 이 이름을 욕되지 않게 해 주어야 해요. 알겠어요?" 그녀는 고개를 들고 여왕처럼 위엄 있는 눈으로 학생을 바라보며 말했다.

"더럽히지 말고 그대로 돌려주세요. 자 그럼, 이제 돌아가세요. 우리 여자들에겐 여자들의 싸움이 있으니까요."

"당신을 위해 물불을 가리지 않을 사람이 필요하시다면……" 외젠은 그녀의 다음 말을 가로막으며 말했다.

"필요하다면?" 그녀가 물었다.

외젠은 자기 가슴을 두드려 보이고 부인의 미소에 미소로 답하고 나갔다. 5시였다. 외젠은 허기를 느끼고 저녁 시간에 맞춰 하숙집으로 돌아갈 수 있을지 걱정했다. 걱정스러운 만큼 파리 시내를 마차로 순식간에 달려 나가는 기쁨을 마음속 깊이 느꼈다. 그처럼 순수한 기계적인 쾌감 덕분에 그는 가슴속을 오락가락하는 여러 생각에 완전히 빠져들 수가 있었다. 그 나이 때의 청년은 누구에게 경멸을 받거나 상처를 입으면 순간적으로 격분해서 사회전체에 주먹을 휘두르고 복수하려고 하지만, 동시에 자신의 힘을 의심한다. 라스티냐크는 지금 '스스로 백작부인 집 문을 닫아 버렸다'고 한 말에 먹먹해져 있었다.

"밀고 들어가겠다!" 그는 마음속으로 중얼거렸다. '만일 보즈앙 부인이 말한 대로 내가 정말 출입을 거절당한 상태라면…… 그렇지, 레스토 부인을 어느 살롱에 가더라도 나와 맞닥뜨리게 할 테다. 검술을 배우고, 총 쏘는 법을 익혀서 그녀의 애인인 막심을 죽이고 말겠다! 그런데 문제는 돈이로군!' 그때 양심이 그에게 소리쳤다. '도대체 어디서 그 돈을 마련할 작정이냐?'

그때 느닷없이 레스토 부인 저택에 널려 있던 재보가 그의 눈앞에서 찬연하게 번쩍거렸다. 그는 거기서 고리오의 딸이라면 정말로 좋아할 성싶은 사치품, 금으로 번쩍거리고, 유난히 눈에 띄는 값비싼 물건, 벼락부자의 생각

없는 호화와 사치, 첩의 어리석은 낭비를 보았다. 그런 현란한 환상은 장엄하고 웅대한 보즈앙 저택을 본 뒤 갑자기 사라졌다. 외젠의 상상력은 파리 사회의 상층부로 올라가자, 그의 두뇌와 의식을 넓히는 동시에 마음속에 여러 잡다한 사심을 불어넣었다. 그는 세상을 있는 그대로 보았다. 부자들 세계에서는 법률도 도덕도 무력하다는 것, 그리고 입신출세 속에서 이 세상의 대원칙을 보았다. "보트랭이 말한 그대로다. 성공이 미덕이다!" 그는 중얼거렸다.

뇌브생트즈느비에브 거리에 있는 하숙집에 닿자, 그는 서둘러 자기 방으로 올라갔다가 다시 내려와서 마부에게 10프랑을 주었다. 그가 가슴이 답답해지는 식당으로 들어가자, 거기에는 18명의 하숙인들이 마치 여물통 앞에 쭈그리고 가축처럼 열심히 먹이를 씹고 있었다. 그 비참한 광경과 식당의 을씨년스러운 모습에 소름이 돋았다. 변화가 너무나 급작스러웠고 대조가 너무나 뚜렷했으므로 마음속에 품은 야망이 한층 더 자극받았다. 한쪽에는 둘도 없이 우아한 사교계의 신선하고 매력적인 모습, 멋들어진 예술품과 수많은 사치품에 둘러싸인 젊은 활기찬 사람들, 시정이 넘치는 정열적인 사람들의 얼굴이 있었다.

그러나 다른 한쪽에는 더러운 진흙탕으로 언저리가 거무스름해진 음산한 정경과, 정열도 꺼지고 심줄과 껍데기만 남은 사람들의 얼굴들이 있었다.

외젠은 버림받은 여인의 노여움에 타오르며, 보즈앙 부인이 말한 교훈과, 그야말로 유혹적인 원조 제의를 떠올렸다. 눈앞에 펼쳐진 비참한 광경이 그 말에 더 없이 적절한 주석을 달았다. 라스티냐크는 출세를 하기 위해서 두 가지 참호를 함께 파기로 결심했다. 학문과 연애라는 무기를 양손에 쥐고, 학식 있는 박사이면서 사교계의 총아가 되리라 다짐했다. 그는 아직도 철부지 어린애였던 것이다. 그 두 선은 절대로 엇갈리지 않는 점근선(漸近線)이기 때문이다.

"안색이 좋지 않네요, 후작 나리." 보트랭이 그를 흘깃 보며 말했다. 그의 눈초리는 외젠의 마음속에 깊이 감추어진 비밀이라도 꿰뚫어 보려는 듯했다.

"후작 나리라는 농담을 들어 줄 기분이 아닙니다." 외젠은 대답했다. "파리에서 진짜 백작이나 후작이 되려면 연수입이 10만 프랑은 돼야 한다는데,

보케르 집에 살고 있는 이 꼬락서니로는 그런 재복과 인연이 없다는 뜻이니까요."

보트랭은, 아버지가 자식을 보는 듯한, 경멸 섞인 눈초리로 라스티냐크를 쳐다보았다. 마치 '네깐 놈은 마음만 먹으면 한주먹감이야'라고 말하는 듯했다. 그리고 이렇게 대답했다. "보아하니, 아름다운 레스토 백작부인의 마음에 들지 못해 심기가 삐딱하신 게로군."

"그녀의 아버지가 우리들과 한 식탁에서 식사한다고 말했다는 이유로, 나에게 출입 금지를 선고해 버렸단 말입니다" 라스티냐크가 소리쳤다.

사람들은 모두 서로 얼굴을 마주 쳐다보았다. 고리오 영감은 고개를 숙이고 눈을 닦기 위해 옆을 보았다.

"코담배가 눈에 들어가서 그래요." 고리오 영감은 옆자리 사람에게 말했다.

"고리오 영감님을 못살게 구는 사람은 앞으로 내가 상대할 테요." 외젠이 늙은 제면업자 옆에 있는 사나이를 보면서 말했다. "영감님은 우리들 가운데 누구보다도 훌륭하신 분이에요. 아가씨와 부인네들은 빼고 말입니다." 그는 타유페르 양 쪽을 향해서 말했다.

이 한 마디가 사태를 매듭지었다. 외젠이 으르대며 말하자, 모두 입을 다물어 버렸기 때문이다. 보트랭만이 놀리는 투로 그에게 말했다.

"고리오 영감을 감싸고 그의 신원보증인이 되겠다고 나서려면 칼이나 총 정도는 다룰 줄 알아야 할 거야."

"그럴 생각입니다." 외젠은 말했다.

"그렇다면 오늘부터 전투 개시란 말이군그래."

"그렇다고 할 수 있지요." 라스티냐크는 대답했다. "하지만 나는 누구에게도 내 일을 간섭받고 싶지 않습니다. 나 역시 다른 사람이 한밤중에 무슨 짓을 하건 간에 알고 싶은 생각이 없으니까요." 보트랭은 곁눈으로 라스티냐크를 노려보았다.

"이사람 자네, 인형극에 속아 넘어가지 않으려면 아주 분장실까지 찾아들어가야 한다구. 막에 뚫린 구멍으로 들여다보는 것만으로 끝낼 것이 아니란 말이야. 오늘은 이쯤 해 두세." 외젠이 화를 내며 벌떡 일어설 것 같아 그는 덧붙여 말했다. "다음에 자네가 그럴 기분이 되면 다시 얘기하도록 하지."

저녁 식사 자리는 음울하고 서먹해지고 말았다. 학생의 말에 크게 상심한 고리오 영감은 그에 대한 사람들의 마음가짐이 달라진 것도, 또 박해를 물리칠 만한 힘을 가진 청년이 그의 편이 되었다는 것도 모르고 있었다.

"그럼, 고리오 씨는 정말로 백작부인의 아버지인가요?" 보케르 부인이 자그만 소리로 말했다.

"그리고 남작부인의 아버지이시기도 합니다." 라스티냐크가 대답했다.

"그것밖에 내세울 게 없어." 비앙숑이 라스티냐크에게 말했다. "그의 두개골을 조사해 보았더니 융기가 하나밖에 없더군. 그건 틀림없이 '영원한 아버지'야."

외젠은 너무나 정색해 있었으므로' 비앙숑의 농담에도 웃을 수가 없었다. 그는 보즈앙 부인의 충고를 살리기 위해 어디서 어떻게 해서 돈을 끌어 댈까를 궁리하고 있었다. 그는 눈앞에 펼쳐진 공허하면서도 무한한 가능성을 가진 세상이라는 대초원을 보며 생각에 잠겼다. 식사를 마치자, 사람들은 그를 혼자 식당에 남겨 두고 나갔다.

"그럼 당신은 내 딸을 만나신 겁니까?" 고리오 영감이 감동적인 목소리로 말했다.

영감의 말에 명상에서 깨어난 외젠은, 그의 손을 잡고 측은한 표정으로 그 얼굴을 한참 동안 들여다보았다.

"당신은 성실하고 훌륭한 사람입니다." 그는 대답했다. "기회를 봐서 또 따님들에 대한 이야기를 합시다." 그는 고리오 영감에게 이야기할 짬도 주지 않고 일어났다. 그리고 자기 방으로 들어가 어머니에게 다음과 같은 편지를 썼다.

'어머니, 또다시 어머니의 자애를 구해야 하겠습니다만, 괜찮으실는지요. 저는 지금 당장 출세할 수 있을 것 같은 상황에 있습니다만, 그러려면 천 2백 프랑이 필요합니다. 꼭 필요한 돈입니다. 아버지께는 아무 말씀도 말아 주십시오. 틀림없이 반대하실 테니까요. 그 돈이 없으면, 저는 절망의 포로가 되어 권총으로 머리를 쏴 버리는지도 모르겠습니다. 제가 이렇게 간청하는 까닭은 다음에 내려가서 설명하겠습니다. 제가 지금 처한 입장을 말씀드리려면 편지를 수백 장은 써야 하기 때문입니다. 도박에 빠지지도 않았고 사채를 빌린 것도 아닙니다. 그렇지만 어머니께서 저에게 주신 이 목숨을 구해 주시려면 돈을 꼭 마련해 주시기 바랍니다. 어머니, 저는 보즈앙 자작부인 집에 찾아갔고, 부인이 제 보호자가 되어 주시겠다고 약속해 주셨습니다. 그래서 사교계에 나가야 하겠는데, 변변찮은 장갑 한 짝 살 돈도 없습니다. 빵만 먹고, 물만 마시고 살아도 좋으며, 필요하다면 단식이라도 하겠습니다. 그러나 이곳에서 포도밭을 일구는 데 필요한 도구만은 꼭 있어야 하겠습니다. 저는 지금 앞날을 개척하느냐, 흙탕 속에 머무르느냐의 갈림길에 있습니다. 어머님과 가족들이 저에게 얼마나 많은 기대를 걸고 있는지 알고 있으므로, 어서 빨리 그 기대를 실현하고 싶은 것입니다. 어머니, 어머니의 귀중한 보석을 몇 개만 팔아 주십시오. 곧 다른 것을 사서 드리겠습니다. 집안 형편도 잘 알고 있으므로 그런 희생을 부탁드리는 게 어떤 뜻인지 잘 알고 있습니다. 쓸데없는 희생을 요구하는 게 아님을 믿어 주십시오. 그렇다면 저는 사람도 아닙니다. 이 간청은 어쩔 수 없는 필요에 의한 것이라고 생각해 주십시오. 우리 집안의 미래는 모두 이 군자금에 걸려 있습니다.

　그것만 마련해 주시면, 저는 곧 전투 준비를 시작할 것입니다. 이 파리에서의 생활은 끊임없는 싸움이기 때문입니다. 돈을 마련하기 위해 큰어머니의 레이스를 팔 수밖에 없다면, 이다음에 꼭 더 좋은 것을 사서 보내 드리겠다고 큰어머니께 잘 전해 주십시오. ……'
(이하 생략)


　외젠은 여동생들에게도 각각 편지를 써서 저금한 돈을 보내달라고 요구했다. 그리고 여동생들이 기꺼이 응해 줄 게 틀림없는 그 희생을 집에는 말하지 말도록, 젊디젊은 마음속에 팽팽하게 당겨져 있어 소리 높게 울리는 명예심이라는 심금을 울려 그녀들의 섬세한 마음을 자극하려고 했다. 그 편지들을 다 썼을 때 그는 자기도 모르게 몸을 떨었다. 가슴이 방망이질하고, 손발이 후들거렸다. 이 야심 많은 청년은, 고독 속에 파묻혀 있는 그녀들의 고귀한 영혼을 잘 알고 있었다. 자기 때문에 두 여동생이 얼마나 마음 아파하고 얼마나 기뻐할지를 알고 있었던 것이다. 그녀들은 포도밭 한 모퉁이에서 얼마나 기뻐하면서, 이 사랑하는 오빠의 이야기를 남몰래 주고받을 것인가 그의 양심의 빛은 환하게 타오르며 그녀들이 얼마 저금을 남몰래 헤아리고 있는 모습을 비춰 주었다. 젊은 처녀답게 빈틈없는 재치를 발휘하여 그 돈을 비밀스럽게 부치려고 하는 모습, 숭고한 정신을 지닌 탓에 태어나서 처음으로 기만을 저지르려고 하는 여동생들의 모습이 눈앞에 떠올랐다.

"여동생의 마음이란 순수한 다이아몬드, 다정한 애정의 심연이다!" 그는 중얼거렸다. 외젠은 편지를 쓴 것을 부끄럽게 생각했다. 그녀들의 소원은 얼마나 힘차고, 저 푸른 하늘을 나는 그녀들의 영혼은 얼마나 깨끗한가. 얼마나 큰 기쁨을 가지고 그녀들은 자기 몸을 희생으로 바칠 것인가. 필요한 만큼의 돈을 보낼 수 없게 되면 어머니는 얼마나 슬퍼하실 것인가. 이러한 아름다운 감정과 엄청난 자기 희생이, 델핀 드 뉘싱겐에게 도달하기 위한 발판 구실을 해주려 하고 있었다. 가족이라는 신성한 제단에 올려진 마지막 제향(祭香)으로서 눈물이 몇 방울 떨어졌다. 그는 절망과 동요를 억누르지 못하고 방 안을 서성거렸다. 고리오 영감이 반쯤 열린 문 너머로 그런 그의 모습을 보고 들어왔다.

"왜 그러시오, 라스티냐크 씨?"

"아, 고리오 영감님이시군요. 영감님이 아버지인 것처럼 저도 자식이고 오라비입니다. 영감님이 아나스타지 백작부인 일을 염려하시는 것도 당연합니다. 그녀는 막심 드 트라이유 씨라나 뭐라나 하는 남자에게 빠져 있습니다. 그 사람 때문에 몸을 망치게 될지도 모릅니다."

고리오 영감은 무언가 중얼중얼하면서 물러갔지만, 외젠은 그 뜻을 알아들을 수 없었다. 다음날 라스티냐크는 편지를 부치러 갔다. 그는 마지막 순간까지 머뭇거렸지만, "출세하고 말테다!"라고 속으로 말하면서 편지를 우체통에 넣었다. 이 말은 도박꾼이나 위대한 장군의 말로서, 구원을 얻기보다는 몸을 망치는 경우가 많은 불길한 말이다. 며칠 뒤 외젠은 레스토 부인을 찾아갔으나 부인은 만나주지 않았다.

막심 드 트라이유 백작이 와 있지 않은 시간에 얼굴을 내밀었지만 그 때마다 문간에서 쫓겨나고 말았다. 자작부인이 말한 그대로였다. 학생은 더는 공부를 하지 않았다. 강의에는 나갔지만 출석부에 이름만 적고는 바로 교실을 빠져나왔다.

많은 학생이 그러듯이, 그도 억지 논리를 내세워 자기에 대한 핑계로 삼았다. 시험이 다가오기 전까지는 공부를 미루기로 한 것이다. 그는 2학년과 3 학년 수업을 등록만 해 두었다가 막판에 한꺼번에 몰아서 열심히 법률을 공부하리라고 다짐했다.

그렇게 하니 파리라는 바다로 나가 여자를 만나고 몸값을 올릴 수 있는 시간이 다섯 달이나 생겼다. 2주 동안 그는 보즈앙 부인을 두 번 만났다. 그는 아쥐다 후작의 마차가 돌아가는 시간을 가늠해서 부인을 방문했다. 그리고 생제르망 지구에서 가장 시적인 여성인 이 유명한 부인은 며칠 더 승리를 자랑할 수 있었다. 로슈피드 양과 아쥐다 핀토 후작의 결혼을 늦춘 것이다. 그러나 행복을 잃지 않을까 하는 불안이 마지막 며칠을 더욱 뜨겁게 불태웠지만, 동시에 파국을 앞당기는 꼴이 되었다. 로슈피드 집안과 한통속인 아쥐다 후작은 보즈앙 부인과 화해한 것이 도리어 잘된 상황이라고 여겼다. 보즈앙 부인이 그의 결혼에 점차로 익숙해져서, 남자의 일생에서 마땅히 예상할 수 있는 그 결혼을 위해 오후의 데이트를 희생해 줄 것이라고 기대했기 때문이다. 매일 신성한 약속을 되풀이했지만 아쥐다 씨는 단지 연극을 하고 있었고, 자작부인도 속는 것을 싫어하지 않았다.

"저분은 긍지 있게 창문으로 몸을 던지지 않고 계단을 굴러 떨어지고 있어요."

그녀의 친구인 랑제 공작부인은 말했다. 그렇지만 이 마지막 불빛이 꽤 오랫동안 빛나고 있었으므로, 자작부인은 파리에 남아서 그녀의 젊은 친척의 뒤를 돌봐 줄 수가 있었다. 부인은 그에게 집착에 가까운 애정을 보여 주었고, 외젠은 이제는 어떤 인간의 눈 속에서도 진정한 연민과 위로를 찾을 수 없는 부인에게 헌신과 동정을 아끼지 않았다. 이런 상황에서 사내들에게 상냥하게 말을 건넬 때는 대개 따로 생각이 있어서 그러는 경우가 보통이다.

뉘싱겐 집안에 접근하기 전에 먼저 장기판 위의 국면을 충분히 봐두고 싶다는 생각에서 라스티냐크는 고리오 영감의 과거 생활을 조사했는데, 확실한 정보를 요약하면 다음과 같다.

장 조아생 고리오는 대혁명 전에는 한낱 제면 기술자였다. 수완이 좋고 절약가이며, 진취적 기상도 풍부했으므로 마침 1789년의 첫 봉기 때 희생된 주인의 가게를 사들였다. 그는 소맥 시장이 가까운 쥐시엔 거리에 가게를 열고, 이 위험한 시기에 힘 있는 사람들의 보호를 받으려고 거리위원장직까지 맡는 빈틈없는 계획성을 보였다. 그 무렵의 식량부족이 사실이었는지 단지 소문에 지나지 않았는지는 알 수 없지만, 어쨌든 그 결과 파리에서는 양곡 값이 하늘 높은 줄 모르고 치솟았으므로, 그는 그 지혜 덕분에 재산을 불릴 수 있었다. 민중이 빵집 앞으로 몰려들었고, 또 어떤 사람들은 몰래 식료품 상에 가서 스파게티나 마카로니를 사들였기 때문이다. 그 한 해 동안 시민 고리오는 착실하게 자본을 쌓았고, 나중에는 자본을 가짐으로써 생기는 여러 이점을 마음껏 활용해서 장사를 넓힐 수 있었다.

어느 정도의 능력밖에 없는 사람에게 일어나는 일이 그에게도 일어났다. 중용이 그를 구해 주었던 것이다. 게다가 부자였어도 더는 위험하지 않은 시기가 되어서야 비로소 그가 자산가라는 사실을 사람들이 알게 되었으므로, 누구의 질투나 모략을 받는 일도 없었다. 곡물 거래가 그의 지능을 모두 흡수해 버린 것 같았다. 밀과 밀가루와 낱알에 대한 것, 그것들의 품질과 산지를 분간하고, 보존법을 알고, 시세 변동과 수확량을 예상하고, 싼 값으로 곡물을 사들이거나 시칠리아 섬이나 우크라이나에서 매입하는 문제에서 고리오를 젖힐 사람이 없었다. 그가 장사의 지휘를 하고, 곡물 수출입에 관한 법률을 설명하고, 법의 정신을 연구해 그 맹점을 꼬집어 내는 것을 보면, 사람들은 그가 장관이라도 해낼 만한 인물로 알았을 것이다. 끈기가 있고, 활동적이고 정력적이며, 건실해서 무슨 일이든 재빠르게 해내는 고리오는 솔개의 날카로운 눈을 지니고 있었다. 모든 일의 앞을 내다보고 예견하고, 무엇이든 알고 있으며, 그러면서도 그 모든 것을 감추고 있었다. 책략을 쓸 때는 외교관이었고, 행동을 할 때는 병사였다.

그러나 일단 장사에서 손을 놓고 조그마하고 어두컴컴한 가게 밖으로 나와 입구의 마루턱에 기댄 채 몇 시간이고 문지방 위에 우두커니 서 있을 때는 또 원래의 우둔하고 상스러운 기술자로 되돌아간다. 대수롭지 않은 이치도 이해 못하고 정신의 온갖 환희에도 무감각하며, 극장에서는 코를 골고, 머리가 나쁘기로는 따를 자가 없는 파리의 돌리봉(1790년에 초연된 슈나르 데포르주의 희극 《귀머거리》의 주인공. 얼간이의 대명사)의 한 사람으로 전락하는 것이다. 이런 성격의 사람들은 거의 모두가 비슷하다.

이런 사람들의 마음속에서는 대부분 숭고한 감정이 깃들어 있다. 강렬한 두 감정이 제면업자의 마음을 가득 채우고, 마치 곡물 거래가 뇌 속의 지능을 거의 다 써 버리고 만 것처럼 그의 마음의 윤기를 흡수해 버리고 말았다.

브리 지방(파리분지의 센강과 마른강 사이에 있으며 밀 산지) 호농의 외동딸이던 그의 아내는 그에게 종교적인 찬탄과 끝없는 애정의 대상이었다. 고리오는 그녀에게서 자기의 성격과는 정반대인, 가냘프면서도 심지가 강하고 민감하면서도 사랑스러운 성격을 발견하고 감탄했다. 사나이 마음에 나면서부터 가지고 있는 감정이 있다. 그것은 연약한 존재를 언제 어떤 상황에서도 보호한다는 긍지가 아닐까. 게다가 그 긍지에 사랑이라는, 진실하고 솔직한 영혼의 소유자라면 스스로의 기쁨의 원천이 되는 것에 반드시 느끼는 그 강렬한 감정이 더해진다면, 사람 마음의 여러 신비로운 현상도 이해할 수 있을 것이다. 구름 그늘 한 점 없던 행복한 세월이 7년 동안 이어진 뒤, 고리오는 불행하게도 아내를 잃었다. 마침 감정의 영역 밖에서도 아내가 그에게 영향력을 미치기 시작하던 무렵이었다. 그녀가 조금만 더 오래 살았더라면 그녀는 이 둔한 사나이의 성질을 갈고 닦아 세상과 인생의 온갖 일에 대한 이해를 키워 주었을 것이다.

상황이 이렇다 보니 고리오의 부성애는 비정상에 가까울 만큼 커졌다.

그는 아내 몫의 애정까지도 두 딸에게 쏟고, 딸들도 처음에는 그의 마음을 마음껏 만족시켜 주었다. 부유한 상인과 호농들은 어떻게 해서든 자기 딸을 고리오의 후처로 삼으려고 끊임없이 혼담을 넣었지만 그는 홀아비로 살 것을 고집했다. 그가 어느 정도 호의를 가지고 있는 유일한 사람인 장인은, 고리오가 비록 죽었다고 해도 아내에게 불성실한 짓은 하지 않기로 맹세했다고 단언했다. 시장 사람들은 그런 숭고한 광기를 이해할 수 없었으므로 그것을 농담거리로 삼으며 고리오에게 천한 별명을 지어 주었다. 그 가운데 하나는, 거래가 끝난 뒤 술잔을 나누면서 그 별명을 불렀다가, 제면업자로부터 어깨에 주먹을 한 대 얻어맞고 저만큼 나가떨어져 오블랭 거리의 갓돌에 머리를 찧었다. 고리오가 딸들에게 보이는 무분별한 헌신과 소심하고 섬세한 애정은 모르는 사람이 없을 만큼 너무나 유명했다.

어느 날 그의 장사 라이벌의 한 사람이 그를 파리 시장에서 쫓아 버리고 자기가 독점하려고 델핀이 마차에 치었다고 고리오에게 말했다. 제면업자는 새하얗게 질려서 헐레벌떡 시장에서 달려 나갔다.

이 거짓 정보 때문에 고리오는 엇갈린 두 감정의 충격으로 며칠 동안 앓아누웠다. 그자의 어깨에 살인적인 주먹을 날리진 않았지만, 뒷날 경제공황 때 그자가 파산하도록 손을 써서 시장에서 완전히 쫓아내 버렸다.

두 딸의 교육은 당연히 상식을 뛰어넘었다. 6만 프랑이 넘는 연수입이 있는데도 자신을 위해서는 천 2백 프랑도 쓰지 않던 고리오의 행복은 오로지 딸들이 하자는 대로 해 주는 일이었다. 가장 우수한 교사들을 불러들여 그녀들에게 훌륭한 교육의 증거인 온갖 기예를 가르쳤다. 그녀들에겐 시중드는 부인까지도 붙여 주었다. 딸들에게 다행스럽게도 그 부인들은 재치도 있고 취미도 고상했다. 그녀들은 말을 타고 마차도 가졌으며, 마치 부유한 늙은 귀족의 애첩과도 같은 생활을 했다. 아무리 돈이 많이 드는 일이라도 그녀들이 입만 떼면 아버지는 서둘러 그 소망을 이루어 주었다. 그는 그런 선물의 보상으로서 조금의 애무밖에 요구하지 않았다. 고리오는 딸들을 천사처럼 받들고, 필연적으로 자기를 딸들의 아랫사람으로 여겼다. 가엾게도 고리오는 딸들이 주는 고통조차도 사랑했다. 결혼 적령기가 되자 그녀들은 자기 입맛대로 남편을 선택할 수 있었다. 두 딸은 저마다 아버지 재산의 절반을 지참금으로 받도록 되어 있었기 때문이다.

미모 덕분에 레스토 백작의 청혼을 받은 아나스타지는 귀족 계급을 동경하고 있었으므로 처음부터 아버지의 집을 떠나서 상류 사회에 진출하기를 바라고 있었다. 델핀은 돈을 사랑하고 있었다. 그녀는 신성로마제국의 남작이 된 독일 출신의 은행가 뉘싱겐과 결혼했다.

고리오는 제면업을 계속했다. 사업이 그의 생활의 전부였지만, 그의 딸과 사위들은 그가 장사를 계속하는 것을 좋아하지 않았다. 5년 동안 그들로부터 잔소리를 들은 끝에 그는 가게를 판 돈과 최근 몇 년 동안의 이익을 가지고 은퇴하기로 했다. 그가 사는 하숙집 여주인 보케르 부인이 8천에서 1만 프랑의 연수입을 얻을 수 있다고 보았던 그 퇴직금이었다. 그는 딸들이 그 남편의 뜻에 따라 아버지를 돌보기를 거절했을 뿐만 아니라 공개적으로 드나드는 일조차 꺼리는 것을 보고 절망하여 이 하숙으로 들어와 버린 것이다.

이러한 것들이 고리오 영감의 가게를 매수한 뮈레 씨라는 인물이 영감에 대해 알고 있는 전부였다. 라스티냐크가 들었던 랑제 공작부인의 추측은 이렇게 해서 확인된 셈이었다.

남의 눈에는 잘 띄지 않지만 무시무시한 파리 비극의 도입부는 여기서 막을 내린다.

# 2 사교계 입문

12월 첫 번째 주가 끝날 무렵, 라스티냐크는 두 통의 편지를 받았다. 어머니와 큰 여동생에게서 온 것이었다. 낯익은 글씨를 보자 기쁨에 마음이 들뜨는 동시에 불안에 온 몸이 떨렸다. 이 얄팍한 종이 두 장에 그의 희망이 죽느냐 사느냐가 걸려 있는 것이다. 부모의 궁핍한 상태를 생각하면 두려움이 몰려왔지만, 또 그들의 뜨거운 사랑을 익히 알고 있기에, 그들의 피를 마지막 한 방울까지 빨아낸 것이 아닌지 무척 걱정스러웠다. 어머니의 편지에는 다음과 같이 적혀 있었다.

'사랑하는 아들아, 네가 부탁했던 것을 보내마. 이 돈을 제발 잘 써 주기를 바란다. 네 목숨을 살리기 위해서라 할지라도 두 번 다시 이처럼 큰 돈을 아버지께 알리지 않고 마련할 수는 없을 것이다. 아버지가 아시면 집안의 화목에 금이 갈 테니까 말이다. 이만 한 돈을 마련하려면 토지를 담보로 넣어야 하기 때문이란다. 알지도 못하는 계획에 대해 내가 이러쿵저러쿵 말할 수는 없지만, 걱정스러워서 어미한테도 말하지 못하겠다는 그계획이란 게 도대체 무엇이냐? 설명하느라 몇 백 장씩 쓸 것도 없단다. 원래 어미들은 한 마디만 해 주면 다 알 수 있거든. 그 한 마디만 해 주면 이런 불안과 괴로움에서 벗어날 수 있을 것 같구나. 나는 네 편지를 읽고 정말 가슴이 아팠단다. 나의 귀여운 아들, 내 마음도 그토록 먹먹했는데 네 심정은 어땠겠니. 편지를 쓰면서 너도 무척 괴로운 것 같더구나. 네 글을 읽으면서 어미 마음도 찢어지는 듯했으니 충분히 알 수 있단다. 너는 어떤 길로 나아갈 작정이냐? 네 삶과 행복은 남에게 너의 참모습과는 다른 모습을 보여 주어야만 얻을 수 있는 것이니? 그것이 네가 이겨 낼 수 없을 만큼의 돈을 쓰고 공부에 힘써야 할 소중한 시간을 허비하지 않고는 들어갈 수 없는 세계에 걸려 있단 말이니?

착한 외젠, 네 어머니의 마음을 믿어 다오. 꾸불꾸불한 길은 절대 위대한 것으로 이끌어가 주지 않는단다. 인내와 체념만이 너와 같은 처지에 놓인 젊은이가 지녀야 할 미덕이란다. 너에게 잔소리를 하고 있는 것이 아니야. 나도 일껏 돈을 보내면서 너를 쓸쓸하게 만들고 싶지는 않아. 내 말은 너를 믿으면서 세상 물정에도 밝은 어미의 말이란다. 너는 네 의무를 잘 알고 있을 테고, 나도 네 마음이 얼마나 순수하며 네 뜻이 얼마나 훌륭한가를 잘 알고 있단다. 그래서 이런 말도 안심하고 할 수가 있는 거야. "가거라, 내 아들아, 앞으로 나가거라!"라고. 내가 걱정하는 것은 내가 어미이기 때문이야. 그렇지만 너의 한 걸음 한 걸음에는 우리들의 기도와 축복이 함께할 거야. 아들아, 부디 조심하거라. 너는 어엿한 사내답게 현명해야 한다. 너의 소중한 다섯 사람의 운명이 네 어깨에 걸려 있으니까. 아무렴, 그렇고말고, 우리의 모든 운명은 네 손 안에 있단다. 네 행복이 곧 우리의 행복인 것처럼 말이다. 우리는 모두 네 계획이 잘 이루어지도록 하느님께 기도하고 있단다. 큰어머니 마르시약도 이번 일에 엄청난 친절을 보여 주셨단다. 네가 말한 장갑 얘기도 바로 이해해 주셨어. "난 큰애가 정말 귀여워" 하시면서 즐거운 듯이 말씀하셨지. 외젠, 큰어머니를 사랑해 드리렴. 큰어머니께서 어떤 일을 해 주셨는지는 네가 출세한 뒤에 말해 주마. 그렇지 않으면 큰어머니의 돈이 네 손가락에 화상을 입을 테니까. 너는 아직 젊어서 모르겠지만 추억 속의 물건을 포기하는 것은 보통 가슴 아픈 일이 아니란다. 그렇지만 널 위해서라면 우리가 희생하지 못할 것이 무에 있겠니. 큰어머니께서 네 이마에 입을 맞추며, 그 입맞춤으로 꼭 행복해질 수 있는 힘을 너에게 주고 싶다고 말씀하셨단다. 그 친절하고 상냥하신 분께서 통풍으로 손가락이 아프지 않았던들 틀림없이 당신께서 직접 편지를 쓰셨을 거야. 네 아버지도 건강하시단다. 1819년의 수확은 우리가 기대했던 것보다 좋았어. 잘 있으렴, 내 아들아. 네 여동생들에 대한 얘기는 하지 않으마. 로르가 편지를 쓰는 모양이니까. 집안의 자질구레한 일에 대해 수다를 떠는 즐거움은 로르를 위해서 남겨둬야지. 아무쪼록 네가 성공하기를! 암, 그래야지. 외젠, 꼭 성공해 다오. 너는 나에게 너무도 큰 아픔을 주었고, 나는 이런 고통을 또다시 견딜 수 있을 것 같지 않단다. 내 자식에게 줄 수 있는 재산을 구하느라 혈안이 되다 보니 가난이 무엇인지 사무치게 알겠더구나. 그럼 잘 있으렴. 자주 편지 보내다오. 그리고 엄마가 보내는 키스를 받아 주기 바란다.'

편지를 읽고 났을 때, 외젠의 눈은 눈물에 젖어 있었다. 그는 딸의 약속어음을 갚아주기 위해 은식기를 우그러뜨려서 팔러갔던 고리오 영감을 생각했다. "네 어머니도 보석을 망가뜨린 것이다!" 그는 중얼거렸다.

"네 큰어머니는 유품을 팔면서 틀림없이 눈물을 흘렸을 것이다. 너에게 아나스타지를 비난할 자격이 있는가? 너도 네 미래를 위해서라는 이기주의에 빠져 아나스타지가 애인을 위해 한 짓과 똑같은 짓을 하지 않았느냐? 그녀와 너와 어느 쪽이 낫다는 것이냐?" 학생은 참을 수 없이 뜨거운 불덩이가 오장육부로 파고드는 듯한 아픔을 느꼈다. 그는 사교계에 나가고 싶지도 않았고, 그 돈을 받기는 더욱 싫었다. 그는 고상하고도 아름다운 조용한 가책, 인간들이 서로를 재판할 때는 그 가치가 인정되지 않지만, 지상의 재판관들이 엄중히 단죄된 범죄자들까지도 천사들의 용서를 받을 수 있는 그 양심의 가책을 느꼈다.

라스티냐크는 여동생의 편지를 들었다. 그 순진하고 마음씨 고운 글은 그의 마음을 상쾌하게 해 주었다.

'오빠, 오빠 편지는 아주 적절한 때에 왔지 뭐예요. 아가트와 저는 우리가 번 돈을 어떻게 쓰면 좋을지 너무 여러 갈래로 생각한 나머지 오히려 무엇을 사야 할지 고르지 못하고 있었거든요. 오빠는 주인의 시계를 몽땅 엎어버린 에스파냐 임금의 종처럼 우리의 뜻을 하나로 모으게 해 주었어요. 정말이지, 우리는 바라는 게 너무 많다보니 무얼 먼저 해야 좋을지 몰라 늘 싸움만 하고 있었는데, 그 모든 소원을 다 이뤄 주는 사용처가 있다는 걸 생각도 못했지 뭐예요. 아가트는 깡충깡충 뛰면서 좋아했어요. 우리들은 온종일 미친 사람처럼 들떠 있었죠. 해도해도 너무하니까(큰어머니의 입버릇이죠) 어머니가 정색하며 "너희들 도대체 왜 그러니?" 하고 말씀하셨을 정도였으니까요. 차라리 조금 혼이라도 내셨더라면 우리는 더 기뻤을 거예요. 여자는 사랑하는 사람을 위해 고생하는 일에 큰 기쁨을 느끼니까요! 하지만 기쁘면서도 나는 속으로 조금 우울했어요. 나는 아마

커서 좋은 아내는 될 수 없을 거예요. 돈을 너무 낭비하니까요. 허리띠를 두 개나 사고, 코르셋에 끈 구멍을 뚫는 자그마한 송곳 같은 쓸데없는 것을 사 버렸으므로, 마치 까치처럼 열심히 돈을 모으는 뚱뚱이 아가트만큼 돈이 많지 않아요. 그 애는 2백 프랑이나 가지고 있어요. 하지만 나는 150프랑밖에 없거든요. 돈을 낭비한 벌을 받은 거예요. 허리띠를 우물 속에 던져 버리고 싶은 심정이에요. 앞으로도 그걸 허리에 두를 때마다 마음이 무거울 거예요. 그건 오빠한테서 훔친 것이나 마찬가지니까요. 아가트는 기특해요. "둘이서 350프랑 보내는 걸로 하자"고 말하지 않겠어요? 하지만 사실대로 털어놓지 않으면 내 마음이 편치 않아요. 오빠의 지시에 따르기 위해 우리가 어떻게 했는지 아시겠어요? 우리는 그 자랑스러운 돈을 꺼내 들고 둘이서 산책을 하러 나갔어요. 그리고 큰 거리에 이르자마자 뤼펙(사랑트 현 앙굴렘 북쪽의 소도시)으로 쏜살같이 달려갔어요. 가서 국립운수회사 사무실을 차리고 있는 그랑베르 씨에게 그 돈을 모두 건넸습니다. 일을 마치고 돌아오는 우리는 제비처럼 몸이 가벼웠어요. "기쁘면 몸무게가 줄어드나봐." 아가트가 말했어요. 우리는 많은 이야기를 나누었지만 그 내용은 오빠한텐 비밀이에요. 파리에 있는 오빠, 온통 오빠에 대한 얘기뿐이었거든요. 그리운 오빠, 우리는 오빠가 정말 좋다는 게 얘기의 전부였어요. 비밀이라는 건, 큰어머니가 늘 말씀하시듯이 우리 같은 악녀는 못하는 일이 없으니 침묵을 지키는 것쯤은 문제도 아니지요. 어머니는 큰어머니와 함께 앙굴렘에 살그머니 다녀오셨는데 두 분 다 그 여행의 정치적 목적에 대해서는 침묵을 지키고 계세요. 여행에 앞서 긴 회의가 열렸던 모양이지만 우리와 아버지는 참석할 수 없었어요. 라스티냐크 왕국에서는 온갖 억측이 떠돌고 있답니다. 왕녀들이 어마마마를 위해 수를 놓고 있는 투명한 꽃무늬의 모슬린 드레스는 아주 비밀스럽게 진행되고 있습니다. 인제 두 폭 남았어요.

베르퇴유 쪽은 돌담을 쌓지 않기로 결정했어요. 산울타리를 만들 거래요. 그로써 국민들은 과일이나 과일시렁을 놓을 자리를 잃어버리겠지만 외국 손님들에겐 아름다운 전망을 선보이겠죠. 혹시 황태자 전하께서 손수건을 소망하신다면, 마르시약 황태후 전하께서 폼페이와 헤르클라네움(나폴리 근교에 있던, 베수비오 화산 분화로 매몰된 고대 로마 도시)이라고 말씀하시는, 귀중품 상자와 트렁크를 발굴할 때 황태후 전하께서 기억하지 못하시는 네덜란드 천 한 필을 발견했다는 것을 알려 드리옵니다. 왕녀 아가트와 로르는 하명하시는 즉시 실과 바늘, 그리고 언제나 조금 지나치게 불그레한 손을 제공할 것이옵니다. 어린 두 왕자, 동 앙리와 동 가브리엘은 아직도 잼을 포식하고 누님들의 화를 돋우며, 공부는 뒷전으로 미뤄두고 새둥지를 망가뜨리며 마구잡이로 소란을 피워 국법을 어기고 버들가지를 꺾어 지팡이를 만드는 등 좋지 않은 습관을 조금도 고치려 하지 않습니다. 세속적으로 신부님이라고 불리는 로마 교황의 특사께서는 그 둘이 문법의 성스러운 법규를 무시하고, 말오줌나무를 꺾어 만든 대포로 전쟁놀이만 계속한다면 그들을 파문에 처하겠다고 위협하고 계십니다. 안녕히 계세요, 오빠. 오빠의 행복을 위해 이처럼 간곡한 기도와 이도록 넘치는 애정을 담은 편지는 일찍이 없었다고 생각합니다. 오빠가 집으로 돌아오시면 여러 이야기를 해 주시겠지요. 맏딸인 저에겐 숨김없이 죄다 이야기해 줘야 해요! 큰어머니는 오빠가 사교계에서 성공했다는 말씀을 흘리셨어요.

　　고귀한 부인의 이름을 듣고 나머지는 침묵했도다.[1]

　물론 우리 자매에게만이라는 뜻이에요. 외젠 오빠, 혹시 손수건 대신 셔츠를 만들어드리는 게 나을까요? 이 일에 대해서는 서둘러 답장을 주세요. 솜씨 있게 만든 깨끗한 셔츠가 급히 필요하다면 곧바로 시작해야 하니까요. 만일 파리에 우리가 모르는 디자인이 있거든 견본을 보내 주세요. 특히 소매를 다는 어깨 부분이 중요해요. 그럼 안녕, 안녕. 오빠의 이마 왼쪽, 오직 나만의 것인 관자놀이에 입을 맞춥니다. 이 편지의 뒷면은 아가트의 몫으로 남겨 둡니다. 내가 쓴 내용을 읽지 않겠다고 약속했지만, 혹시 모르니 아가트가 편지를 쓰는 내내 옆에 붙어 있을 거예요.

오빠를 사랑하는 여동생<br>로르 드 라스티냐크

"아무렴." 외젠은 중얼거렸다. "무슨 수를 써서라도 출세해야 해. 보석을

---

[1] "티베르의 이름만 듣고 나머지는 침묵했다"고 하는 코르네유의 《신나》라는 작품에서 인용한 것.

산처럼 쌓아올려도 이 같은 헌신에 보답할 수는 없을 거야. 온갖 행복을 가족들에게 안겨 주고 싶어. 1천 5백50프랑!" 잠깐 뜸을 두고 나서 그는 또 중얼거렸다. "한 닢 한 닢의 금화가 효과를 올리지 않으면 안 돼! 로르 말이 맞아. 과연 여자야! 나에게는 올이 성긴 셔츠밖에 없어. 남의 행복을 위해서라면 여자는 도둑과도 같이 교활해지는 모양이구나. 자기 자신의 문제에는 순진하도록 무관심하면서, 나에 관한 것은 앞까지 내다보고 있어. 그녀는 마치 지상의 모든 과오를 하나도 이해하지 못하면서 그것을 용서해 주는 천사다!"

사교는 그의 것이었다! 곧 양복점 재단사를 불러와 그의 속을 떠보고는 길들여 버렸다. 트라이유 씨의 모습을 보고, 외젠은 양복점이 청년들의 인생에 얼마나 큰 영향력을 미치는지 깨달았다. 양복점은 불구대천의 원수가 되든가, 아니면 계산서로 맺어진 친구가 되든가 둘 가운데 하나일 뿐 중간은 없다. 외젠이 만난 양복장이는 자기 사업의 아버지와 같은 역할을 이해하고 있으며, 자기를 청년들의 현재와 미래를 이어주는 연결고리라고 생각하는 사내였다. 그에게 은혜와 의리를 느낀 라스티냐크는—그는 나중에 경구를 잘 쓰게 되었다—다음과 같은 경구를 말해 그 사나이에게 한밑천 만들어 주었다.

"그가 만든 바지 덕분에 연수입 2만 프랑의 지참금을 내세운 혼담이 두 건이나 이루어졌다."

천 5백 프랑이나 돈이 있으니까 원하는 만큼 양복을 만들 수 있었다. 그래서 이 가난한 남부 청년은 아무런 망설임없이 조금이라도 돈이 들어온 젊은이 특유의 그 말로 나타내기 어려운 표정을 지으며 아침을 먹으러 아래층으로 내려갔다. 돈이 학생의 주머니로 들어가는 순간 그의 마음속에는 엄청난 기둥이 세워졌고, 그는 그 기둥에 기댔다.

그는 전보다 더 경쾌하게 걸었고, 자기의 지렛대에 굄돌이 생긴 것을 느꼈다. 눈초리는 자신에 찼고, 똑바로 앞을 보고, 동작은 민첩해졌다. 며칠 전이었다면 겸허하고 소심한 그는 남에게 얻어맞아도 찍소리 못하고 가만 있었을 것이다. 그런데 오늘은 국무총리도 때려눕힐 것 같은 기세다. 그의 내부에서 어처구니없는 현상이 일어난 것이다. 그는 모든 것을 바랐고, 모든 것을 이룰 수 있었다. 그는 닥치는대로 무엇이든 하고자 했고, 명랑하고, 남자답고, 개방적인 성격이 되었다. 요컨대 얼마 전까지만 해도 날개가 뜯기고 없던 새가 다시 기운 찬 두 날개를 얻은 것이다. 돈이 없는 학생은 헤아릴 수 없는 위험을 무릅쓰고 뼛조각을 훔치는 개처럼 아주 작은 쾌락도 덥석 물고, 그 뼈를 분지르고 골수를 씹고 다시 달려간다. 그러나 조끼 주머니에서 금화 몇 닢을 주물럭거리고 있는 청년은, 그 쾌락을 맛보고 하나하나 자세하게 감상하고, 기분 좋게 얼근히 취한 상태가 되어 구름 위를 걷듯 한가하게 거닌다. 그는 벌써 '가난'이라는 단어가 무엇을 뜻하는지조차 몰랐다. 파리 전체가 그의 것이다. 모든 것이 빛나고 반짝거린다. 불처럼 타오르는 나이! 기쁨과 힘이 넘치는 나이지만 남자도 여자도 그것을 활용할 줄 모른다. 빛과 격렬한 불안으로 모든 쾌락이 열 배로 커지는 나이이다. 센 강 왼쪽 기슭의 생자크 거리와 생페르 거리 사이<sup>(라탱지구)</sup>에서 청춘을 보내지 않은 자는 인생을 말할 자격이 없다.

"아아, 파리 여자들이 알고 있다면" 라스티냐크는 보케르 부인이 내놓은 한 개 1리야르짜리 구운 배(梨)를 먹으면서 중얼거렸다. "그러면 사랑해 달라고 달려 올 텐데."

이때 국립운수회사 배달부가 창살문의 초인종을 울리더니 식당으로 들어왔다. 그는 외젠 드 라스티냐크 씨가 계시느냐고 묻고는 그에게 자루 두 개와 서명 장부를 내밀었다. 라스티냐크는 그때 보트랭이 던진 날카로운 눈길에 마치 매질이라도 한 차례 당한 듯한 기분이었다.

"검술 수업료와 사격 연습비는 해결되었군요." 외젠은 말했다.

"보물선이 입항했군요." 보케르 부인도 자루를 보면서 말했다.

미쇼노 양은 부러워하는 마음이 얼굴에 드러날까 봐 걱정스러워 돈에 눈길도 주지 않았다.

"좋은 어머니를 모시고 있군요." 쿠튀르 부인이 말했다.

"당신은 정말 좋은 어머니를 모시고 있군요." 푸아레가 되풀이했다.

"그럼요, 어머니는 엄청난 고심을 했을 거요." 보트랭이 말했다. "이제 자네도 하고 싶은 짓을 맘껏 할 수 있겠다는 건가? 사교계에 들락거리며, 지참금을 낚아 올리고, 머리에 복사꽃을 꽂은 백작부인과 춤을 출 수 있겠군. 그렇지만 잘 되라는 충고이니 사격장에는 다녀두게."

보트랭은 권총으로 상대를 겨누는 동작을 해 보였다. 라스티냐크는 배달원에게 팁을 주려고 했지만 주머니를 뒤져도 한 푼도 없었다. 보트랭이 자기 주머니를 뒤져서 배달원에게 20수를 던져 주었다.

"자네에게는 얼마든지 빌려 주지." 그는 학생의 얼굴을 보고 덧붙였다.

라스티냐크는 보즈앙 부인 저택에서 돌아온 날, 보트랭과 가시돋친 말을 주고받은 뒤로 이자가 미워서 죽을 지경이었지만, 그래도 인사를 하지 않을 수 없었다.

이 한 주일 동안 외젠과 보트랭은 서로 얼굴이 마주쳐도 말없이 서로 상대를 살피기만 했다. 왜 그랬을까 하고 학생은 생각해 보았지만 까닭을 알 수가 없었다. 감정은 그것이 포용될 때의 힘에 비례해서 밖으로 투사되고, 대포에서 발사된 대포알을 지배하는 법칙과 같은 어떤 수학적 법칙에 따라서 두뇌가 겨눈 그 장소에 떨어진다.

그 효과는 여러 가지다. 관념이 그 속에 머물러 회전하는 부드러운 성격이 있는가 하면, 또 단단히 무장한 성격, 청동 성벽을 두른 머리뼈도 있다. 후자의 경우, 타인의 의지는 벽에 부딪친 총알처럼 납작해져서 바닥으로 떨어진다. 그런가 하면, 두리뭉실해서 종잡을 수 없는 성격도 있다. 그런 성격에 부딪히면 타인의 관념은 요새의 흙바닥에 박혀 기세가 꺾인 총알처럼 힘을 잃고 만다. 라스티냐크의 머리에는 아주 작은 충격에도 폭발하는 화약이 잔뜩 들어 있는 머리의 소유자였다. 관념의 투사, 즉 감정 전파에 관한 많고 기묘한 현상은 알지 못하는 사이에 우리에게 영향을 미치기 마련인데, 라스티냐크는 그런 것에 흔들리지 않기에는 너무 젊고 활기찼다. 그의 정신적 눈은 살쾡이처럼 날카로운 그 눈과 마찬가지로 명민했다. 그의 정신적·신체적 감각은 이상할 정도로 멀리까지 미치며, 뛰어난 인물이 다 그렇듯 치고 빠질 때를 잘 알고 상대 갑옷의 빈틈을 절묘하게 알아채는 검술사와 같았다. 게다가 한 달 전부터 외젠의 내부에서는 여러 장점과 결점이 함께 자라고 있었다. 그의 결점은 사교계에 입문한 것과 끝없이 커지기만 하는 욕망의 달성이 눈앞에 다가옴으로써 생긴 것이었다. 그의 장점 가운데 하나는, 남부 사람 특유의 활기이다. 어려움을 해결하기 위해 똑바로 돌진하며, 루아르 강 이남 사람답게 어중간한 상태에 머무는 것을 용납하지 않는다. 장점이지만, 북방 사람들은 이것을 결점이라고 한다.

그들이 볼 때 그것은 뮈라(나폴레옹의 처남으로 1808~1815<br>년에 걸쳐 나폴리 왕이었다)가 출세한 바탕이기도 하지만 동시에 그의 목숨을 앗아간 원인이기 때문이다. 결론적으로, 남부 사람이 루아르 강 이남의 대담성에 북방의 교활한 지혜를 두루 갖춘다면, 그는 완벽한 인물이 되어 스웨덴 국왕의 지위에 오래 머물 수도 있을 것이다. *² 라스티냐크는 그래서 보트랭이 적인지 아군인지를 모른 채 그자가 퍼붓는 포화를 오래 참을 수 없었던 것이다. 때때로 라스티냐크는 이 불가사의한 인물이 그의 감정과 상념을 꿰뚫어 보고, 그의 심중을 읽어 버리는 듯한 느낌이 들었다. 그러나 자기에게 보트랭은 완전히 닫혀 있었다. 모든 것을 알고 꿰뚫어 보고 있으면서도 아무 말도 하지 않는 스핑크스처럼 그는 흔들리지 않는 깊이를 지니고 있는 것처럼 보였다. 주머니가 넉넉한 것을 자각하자 외젠은 반발심이 생겼다.

"잠깐 기다려 주세요." 그는 남은 커피 몇 모금을 털어 넣고 나서 외출하려고 일어나는 보트랭에게 말했다.

"왜 그래야 하지?" 40대 사나이는 챙 넓은 모자를 쓰고 철제 지팡이를 집어들면서 말했다. 때때로 그가 도둑 넷쯤은 덤벼 들어도 눈 하나 깜짝 안한다는 태도로 휙휙 돌려보이던 그 지팡이다.

"돈을 돌려 드리겠습니다." 라스티냐크는 말을 이으면서 재빨리 한쪽 자루를 열어 보케르 부인에게 150프랑을 건네 주었다.

"'셈이 정확해야 진짜 친구'라고 하니까요." 그는 미망인에게 말했다. "이것으로 섣달 그믐까지의 하숙비는 치렀지요. 그리고 100수는 잔돈으로 좀 바꿔 주시겠어요?*³

"'셈이 정확해야 진짜 친구'지요." 푸아레가 보트랭을 보면서 말했다.

"여기 20수 받으세요." 라스티냐크는 가발을 쓴 스핑크스에게 은화를 내밀면서 말했다.

"내게 빚을 지는 게 영 탐탁지 않은 모양새로군그래." 청년의 마음속 깊은 곳까지 꿰뚫어 보는 눈초리를 보내면서 보트랭이 말했다. 그리고 외젠이 가장 싫어하는 비꼬는 듯한 웃음을 지었다.

---

＊2 나폴레옹에 의해 스웨덴 국왕으로 임명되었지만, 나폴레옹이 몰락한 뒤에도 왕좌를 지켜낸 베르나도트(샤를 14세, 1763~1844)를 가리킨다. 베르나도트는 남프랑스 출신.
＊3 한 달치 하숙비가 45프랑이므로 라스티냐크는 석 달치를 미리 낸 것이다. 석 달치 하숙비 135프랑을 내면 5프랑, 즉 100수가 남는다. 그 가운데 20수를 보트랭에게 돌려주었다.

"당연히······ 그렇지요." 두 자루를 손에 들고 방으로 올라가려고 일어서며 학생이 대답했다.

보트랭은 응접실로 이어진 문으로 나가려고 했고, 학생은 계단 밑 홀로 이어진 문으로 나가려 했다.

"라스티냐크라마 후작 선생. 자네가 지금 한 말은 예의바르다곤 할 수 없는데, 일부러 그런 건가?" 보트랭은 응접실 쪽 문을 쾅 닫고 학생 있는 데로 되돌아오면서 말했다. 학생은 그의 얼굴을 싸늘한 눈초리로 쏘아보았다.

라스티냐크는 계단 아래 식당과 주방 사이에 있는 홀로 보트랭을 데리고 가 식당 문을 닫았다. 이 홀에는 뜰 쪽으로 난 두꺼운 문이 있는데, 위쪽은 쇠창살이 끼어 있으며 세로의 긴 유리창으로 되어 있었다. 마침 그때 주방에서 나온 실비가 보는 앞에서 학생이 말했다.

"보트랭 씨, 나는 후작이 아닙니다. 또 이름도 라스티냐크라마가 아니에요."

"저 사람들 싸우겠군요." 미쇼노 양이 무심한 표정으로 말했다.

"싸우게 되겠는걸." 푸아레가 되풀이했다.

"설마 그럴라구요." 보케르 부인은 쌓아올린 은화를 어루만지며 말했다.

"그렇지만 저분들 보리수 밑으로 가는데요." 뜰 쪽을 내다보려고 일어나면서 빅토린 양이 소리쳤다. "가엾어라, 라스티냐크 씨 말이 옳은데."

"자, 방으로 올라가자." 쿠튀르 부인이 말했다. "이런 문제는 우리와 관계없는 일이니까."

쿠튀르 부인과 빅토린이 일어나 나가다가 문 앞에서 뚱뚱보 실비와 맞닥뜨렸다.

"도대체 무슨 일이 있었던 거예요?" 실비가 말했다. 보트랭 씨가 외젠 씨에게 '결판을 내자!'고 말하면서 외젠 씨의 팔을 잡고 갔어요······ 봐요, 둘이서 엉겅퀴를 짓밟고 있네요."

이때 보트랭이 모습을 나타냈다.

"보케르 아줌마." 미소를 지으면서 그가 말했다. "무서워하진 말아요. 이제부터 보리수 밑에서 권총 쏘는 연습을 할 거예요."

"아, 보트랭 씨." 두 손을 마주잡으면서 빅토린이 말했다. "어째서 외젠 씨를 죽이려는 거죠?"

보트랭은 두어 걸음 뒤로 물러서서 빅토린을 유심히 바라보았다.

"이거 또 뜬금없는 얘기로군." 그가 놀리는 듯한 목소리로 말했으므로 가엾은 아가씨는 그만 얼굴이 새빨개졌다. "외젠 군은 매우 좋은 청년이에요." 그는 말을 이었다. "덕분에 좋은 생각이 떠올랐어. 이제 내가 당신들 둘을 행복하게 해드리지요. 귀여운 아가씨!"

쿠튀르 부인이 아가씨의 팔을 붙들고 귓가에 대고 이렇게 속삭이면서 그녀를 끌고 갔다. "애 빅토린, 오늘 아침 너는 좀 이상하구나."

"내 집에서 총 쏘는 일은 없었으면 좋겠네요." 보케르 부인이 말했다.

"이웃 사람들이 놀라서 아침부터 경찰을 부를 거예요."

"진정하세요. 보케르 아줌마." 보트랭은 대답했다. "그렇게 화내지 마세요. 우린 사격장으로 갈 테니까요." 그는 라스티냐크가 있는 곳으로 다시 와서 친근하게 그의 팔을 잡았다.

"내가 서른다섯 발짝 떨어진 곳에서 다섯 번 연속으로 스페이드 에이스를 맞힐 수 있다는 것을 증명해 보여도, 자네의 용기는 꺾이지 않겠지. 자네는 내게 화난 것 같은데, 병신처럼 죽는다는 걸 알아야 한단 말야."

"이제 와서 겁이 나십니까?" 외젠이 말했다.

"내 비위를 긁지 말게." 보트랭은 대답했다. "오늘 아침은 그렇게 춥지 않으니까 저쪽으로 가 앉지." 그는 녹색 페인트를 칠한 의자를 가리키면서 말했다. "저기라면 아무에게도 말소리가 들리지 않거든. 자네에게 할 얘기가 있어. 자네는 아주 기분 좋은 친구니까, 나도 별로 짓궂게 굴고 싶진 않아. 나는 자네가 좋단 말일세. 이 불사신…… 이런, 말이 헛나왔네. 이 보트랭이 톡 터놓고 얘기하겠어. 어째서 좋아하는지 그 까닭을 말해 주지. 하지만 그 전에 내가 자네를 속속들이 다 알고 있다는 점을 증명해 보이지. 자루를 그쪽에 놓게." 둥근 탁자를 가리키면서 그는 말했다.

라스티냐크는 돈 자루를 탁자 위에 놓고 자리에 앉았다. 아까는 죽여 버리겠다고 말했으면서, 이제는 보호자 같은 태도로 나오는 이자의 갑작스런 변화에, 라스티냐크의 호기심은 극도로 높아졌다.

"자네는 내가 뭐하는 놈인지 궁금하겠지. 내가 이제까지 뭘 해 왔으며, 지금 무슨 일을 하고 있는지 말이야. 자네는 호기심이 너무 강해. 아무튼 진정하게. 자네에게 들려 줄 이야기가 많으니 말이야. 나는 불행한 일을 많이 당했어. 우선 끝까지 들어 주게. 대답은 그 뒤에 해도 되니까. 내 과거를 한 마디로 요약하면 이래. 나는 누구냐? 보트랭이다. 나는 무슨 일을 하느냐? 좋아하는 일을. 자, 그렇다면, 자네는 내 성격을 알고 싶은가? 나는 나에게 잘해 주거나 나와 뜻이 맞는 녀석들에게는 친절한 사람이야. 그런 친구들에겐 무슨 일을 당하더라도 용서하지. 그 친구가 내 정강이를 걸어차더라도 조심하라는 말조차 하지 않아. 하지만 말이야, 내 일을 가로막거나 내 맘에 들지 않는 놈들한테는 악마처럼 잔인해지지. 그리고 이건 자네에게도 말해 두는 게 좋겠는데, 나는 사람을 죽이는 일쯤은 길거리에 침 뱉는 정도로밖에 생각하지 않아."

보트랭은 침을 탁 뱉으면서 말했다.

"하지만 꼭 죽여야 할 때는 되도록 깔끔하게 죽이려고 노력하지. 나는 말하자면 예술가야. 내가 이래 뵈도 벤베누토 첼리니(이탈리아의 조각가 (1500~71))의 자서전을 읽어본 적이 있거든. 그것도 이탈리아어로 말이야. 첼리니는 참 대단한 사람이었어. 나는 그 사나이로부터 신의 섭리에 따라 닥치는대로 사람들을 죽이고, 아름다운 것은 어디 있든 사랑한다는 두 가지를 배웠어. 게다가 혼자서 모든 사람들을 적으로 돌렸는데 승산이 내 쪽에 있다는 건 썩 재미있는 승부가 아니겠는가? 나는 말이야, 지금의 무질서한 사회적 구조라는 것을 곰곰이 생각해 보았지. 이봐, 결투는 유치하고 어리석은 짓이야. 살아 있는 두 사람 가운데 어느 한쪽이 사라져야 하는 상황을 우연에 맡기다니 보통 멍청한 짓이 아니지. 결투가 뭔가? 동전 던지기나 다름없어. 나는 스페이드 에이스에다가 다섯 발 연속으로, 먼젓번 총알이 지나간 위에다가 다음 총알을 박아 넣을 수 있는 명사수야. 서른다섯 걸음 떨어진 곳에서 말이지. 이런 재능을 가지고 있다면 상대방 사나이를 확실하게 쓰러뜨릴 수 있다고 믿어도 좋을 거야. 그런데 말이야! 나는 어떤 사나이를 스무 걸음 되는 곳에서 쏘았는데도 빗맞힌 적이 있어. 그 자식은 지금까지 한 번도 권총을 쥐어 본 적이 없는 놈이었어. 이걸 봐."

이 별난 사나이는 조끼를 풀어헤치고 곰 등짝처럼 털이 부숭부숭한 가슴을 보였는데, 그 황갈색 가슴 털은 보는 사람에게 공포가 서린 혐오의 감정을 불러 일으켰다.

"그 풋내기가 이 가슴 털을 그슬렸단 말이야." 그는 가슴에 난 총알구멍에라스티냐크의 손가락을 가져다대게 하면서 덧붙였다. "하지만 그때는 나도 어린애였어. 자네 나이쯤 됐었지. 스물하나였으니까. 아직도 많은 것들을 믿고 있던 때였어. 여자의 사랑이라든가, 자네가 이제부터 혈기를 앞세워 하려는 온갖 바보스러운 짓 같은 것 말이야. 우리는 결투를 하기로 했었지? 자네가 나를 죽일 수도 있었을 거야. 내가 지금 땅속에서 잠자고 있다고 생각해 봐. 자네는 어디에 있을까? 곧장 스위스 같은 곳으로 달아나서 몸을 숨겨야 해. 몇 푼 되지도 않는 아버지 돈이나 축내며 살아야 하지.

이 보트랭이, 지금 자네가 놓인 처지를 뚜렷하게 가르쳐 주지. 세상의 모든 일을 두루 살펴본 끝에 얼간이처럼 복종하든가 반항하든가, 두 가지 길밖에 없다는 것을 깨달은 인간의 뛰어난 견지에서 가르쳐 주겠다는 거야. 나는 어떤 것에도 복종하지 않아. 알겠어? 자네가 지금 같은 생활을 계속해 나가려면 돈이 얼마나 드는지 알고 있나? 백만 프랑이야. 그것도 지금 당장. 백만 프랑이 없다면 그 조그만 머리에서 지혜를 아무리 쥐어짜 본들, 하늘에 정말로 하느님이 계시는지 보기 위해 센 강 강바닥을 거닐다가 끝내는 생클루에서 그물에 걸리는 게 고작이야.*4 그 백만 프랑을 내가 자네에게 주지."

보트랭은 외젠의 얼굴을 보면서 잠깐 말을 멈추었다.

"핫하하! 이제야 이 보트랭 아저씨에게도 제법 좋은 얼굴을 보여 주게 되었구먼. 백만 프랑이라는 말을 들었을 때의 자네 표정은 꼭 오늘 밤 만나자는 말을 들은 아가씨 같았어. 고양이가 우유를 핥는 것처럼 입맛을 다시면서 정성껏 화장을 하는 처녀애 말이야. 어쨌든 그건 아무래도 좋아. 그럼 본론으로 들어가지. 자네 집 구성원은 이렇지. 고향에 아버지와 어머니와 큰어머니, 두 여동생(열여덟 살과 열일곱 살)과 두 남동생(열다섯 살과 열 살). 이상이 자네 집의 선원 명부야. 큰어머니께서 여동생들을 가르치고, 신부님이 동생들에게 라틴어를 가르치시지. 식구들은 흰 빵보다는 도토리죽을 더 많이 먹고, 아버지는 바지가 망가질까봐 조심스럽게 입으시고, 어머니는 여름과 겨울 드레스도 제대로 못 사 입는 실정이지. 여동생들은 자기들이 벌어서 겨우 지내고 있고, 나는 무엇이든 알고 있어. 남쪽에 살아본 적이 있거든. 척박한 자네 집 땅에서 나는 수익은 일 년에 3천 프랑, 거기서 천 2백

---

*4 익사체가 걸려들도록 파리 서쪽 끝에 있는 생클루에는 센 강에 그물이 쳐져 있었다.

프랑을 자네에게 보내고 있으니, 자네 집 생활 형편이야 안 봐도 뻔하지. 게다가 하녀와 일꾼도 두고 있어. 아버지가 남작이므로 체통을 차려야 하거든.

자네는 어떤가 하면, 야심이 있지. 보즈앙 일가가 친척이지만 마차도 없이 제 발로 걸어다녀야 하지. 재산이 필요한데 한 푼도 없고. 보케르 아줌마의 꿀꿀이죽 같은 걸 먹고는 있지만, 생제르망 지구의 훌륭한 만찬을 잊을 수가 없어. 허름한 침대에서 자면서도 으리으리한 저택을 갖고자 하지. 그런 욕망을 비난하는 건 아냐. 야심을 갖는 것도 아무나 할 수 있는 일이 아니거든. 여자들이 어떤 남자를 바라는지 물어보게. 야심가야. 야심가는 다른 사내들보다 다리와 허리가 억세고, 피 속에 철분도 많고, 심장이 뜨겁거든. 그리고 여자는 상대가 자기보다 강하다고 생각할 때 행복하고 아름다워지는 법이야. 그래서 누구보다도 뛰어나고 힘 있는 사내를 선택하지. 비록 자기가 그 사내에게 두들겨 맞을 위험이 있더라도 말이야.

사실 나는 자네에게 물어볼 것이 있어서 자네 욕망의 일람표를 만들어 보인 걸세. 그 물음이란 건 이런 거야. 자네는 이리처럼 굶주려서 이를 드러내고 있어. 그런데 식재료를 어떻게 손에 넣을 작정인가? 자네는 먼저 법률을 익혀야 해. 법률은 재밌지도 않을 뿐더러 아무것도 가르쳐 주지 않아. 하지만 그래도 해야 되는 일이야. 그래도 좋아. 자네는 변호사가 되고, 머지않아 중죄재판소 재판장이 돼서 자네보다 열 배는 더 훌륭한 사람들 어깨에 강제 노동 낙인을 찍어 형장으로 보내지. 돈 많은 놈들에게 안심하고 자도 된다는 것을 증명해 보이려는 이유에서 말이야. 이런 것은 재미도 없고 시간도 오래 걸려. 우선은 2년 동안 파리에서 고생하면서 기다려야 해. 먹고 싶어서 애가 타지만 진수성찬에는 손도 못 대고 가만히 보고만 있어야 하지.

한 번도 만족해 보지 못하고 언제까지나 욕구에 차 있을 뿐이라니 얼마나 지긋지긋한가. 자네가 희멀겋고 연체동물처럼 물러터진 남자였다면 무슨 걱정이 있겠나. 하지만 자네에게는 사자 같은 뜨거운 피가 흐르고, 하루에 스무 번이라도 바보짓을 하고도 남을 강한 욕망을 품고 있어. 그래서 자네는 그 괴로움에 굴복해 버리는 거야. 하기야 그건 하느님이 만든 지옥 가운데 가장 무시무시한 고문이니까.

자네가 얌전하게 우유나 홀짝이며 비가(悲歌) 따위나 끼적이는 놈이라고 가정해 봐. 개라도 미쳐버릴 만큼의 지루함과 가난을 견딘 뒤, 자네 같은 고매한 사람이 처음엔 어느 시골구석에서 시시껄렁한 검사 대리나 하면서, 푸줏간 개한테 빵조각 던져 주듯 정부가 자네에게 던져 주는 연봉 천 프랑을 감지덕지하며 받아야 하지. 도둑놈들을 향해 짖어대고, 돈 있는 놈들을 변호하고, 용감한 사람을 단두대에 세울 거야. 참 잘 하는 짓이지. 만약 자네 뒤를 봐 주는 사람이 없으면 평생 그 시골 재판소에서 썩어야 해. 나이 서른이 되어도 법복을 벗지 않았다면 연봉 1천 2백 프랑의 판사님이 되겠지. 사십을 바라볼 때쯤이면 연금 6천 프랑의 지참금을 가지고 오는 밀가루집 딸 정도와 결혼하게 될 거야. 고마운 일이지. 뒤를 보살펴 주는 사람이 있다면 나이 서른에 연봉 3천 프랑을 받는 초심재판소 검사가 되어 시장 딸과 결혼하겠지. 투표용지에 마뉘엘(국회의원이었으나 수상인 빌레르와 대립하여 의회에서 제명됨)이라고 쓰여져 있는 것을 일부러 빌데르(과격 왕당파)라고 잘못 읽더라도 어미가 똑같으므로 양심의 가책을 느끼지 못할 거야. 그런 정치상의 좀스럽고 비열한 짓을 해치우면서, 마흔에 검사장이 되고 나중에는 국회의원도 될 수 있지.

이 점에 주의해 주길 바라네만, 이보게, 그렇게 하면 자네는 소중한 양심에 몇 개의 오점을 남기고, 말할 수 없는 고생을 하며 20년 동안 지긋지긋한 가난에 시달리며, 그 사이 여동생들은 결혼도 못하고 노처녀로 늙을 걸세. 한 마디 더 하자면, 검사장은 프랑스에 스무 명밖에 없는데, 그 지위를 목표로 하는 사람은 2만 명이나 된다구. 그 가운데는 한 계단 올라서기 위해 가족까지 팔아치우는 쓸개 빠진 족속도 있단 말이야. 이 방법이 마음에 들지 않는다면 다른 직업을 생각해 보자구. 라스티냐크 남작께서는 변호사가 될 생각이 있으신가? 아주 쏠쏠한 장사거든. 먼저 10년쯤은 몸이 가루가 되게 고생해야 해. 해마다 천 프랑씩 돈을 써서 도서실과 집무실을 가지고, 사교계에 얼굴을 내밀고, 사건을 맡기 위해서 사무변호사의 옷자락에 입을 맞추고, 혀로 재판소 마룻바닥을 핥고 돌아다녀야 하지. 만일 이 직업으로 자네가 성공할 수 있다면 내가 무슨 말을 더 하겠나. 그러나 쉰 살에 연수입이 5만 프랑이 넘는 변호사가 파리에 다섯이라도 있다면 어디 말해 보게. 바보짓이야! 그런 식으로 영혼을 깎아먹을 정도라면 나는 차라리 해적이 되겠어. 무엇보다 밑천을 어디서 마련할 텐가? 어쨌든 밑지는 장사야.

여자의 지참금을 노리는 방법도 있지. 그런데 결혼하고 싶은가? 그건 마치 목에다가 돌덩이를 부여 매는 짓이야. 게다가 돈을 노리고 결혼해 버리면 자네의 명예심과 고결한 정신은 어떻게 되지? 그러느니 곧바로 세상의 인습에 반항을 시작하는 게 낫지. 뱀처럼 여자의 발밑을 기어다니고, 장모의 발을 핥고, 돼지조차 어이없어 할 만큼 비겁한 흉내를 내더라도 행복해진다는 보장만 있다면 그래도 괜찮지. 그렇지만 자네는 돈 때문에 결혼한 여자와 같이 살아봐야 하수구 바닥에 깔린 돌멩이처럼 평생 불행하기만 할 거야. 여편네와 싸우느니 차라리 남자를 상대로 전쟁을 하는 편이 낫단 말이야.

인생의 갈림길에서 자네가 고를 수 있는 길은 일단 이쯤이야. 그러니, 자, 선택을 하게! 아니지, 자네는 이미 선택을 했어. 친척인 보즈앙 부인의 집에 가서 사치의 냄새를 맡고 왔으니까. 또 고리오 영감의 딸인 레스토 부인 집에도 가서 파리 여자의 냄새를 맡고 왔네. 그날 돌아온 자네 이마에는 어떤 말이 단단히 새겨져 있었어. 나는 그 말을 '출세하자!'라고 읽었지. 무슨 일이 있어도 출세하자고 말이야. 브라보! 그야말로 내 마음에 쏙 드는 놈이라고 생각했지. 자네는 돈이 필요했네. 어디에서 마련할까? 자네는 여동생들의 생피를 짜냈어. 남자 형제는 언제나 많든 적든 누이의 돈을 우려내는 법이지. 5프랑짜리 은화 개수보다 밤나무 수가 더 많을 것 같은 고향에서 어떻게 마련해 보냈는지는 아무도 모르겠지만 자네가 후려낸 그 1천 5백 프랑도 약탈하러 나간 군사처럼 순식간에 없어져 버리고 말거야.

그 뒤에는 어쩔 셈인가? 일을 할 건가? 자네가 지금 생각하고 있는 일 같은 것은 나이 든 푸아레 같은 사나이가 보케르 아줌마의 하숙방에 들 수 있는 정도가 고작이야. 손쉽게 출세하려는 생각은, 지금 자네와 같은 처지에 있는 5만 명이 넘는 청년이 어떻게 해서든 해결해 보려고 애쓰고 있는 문제란 말이야. 자네도 그 5만 명 가운데 하나일 뿐이야! 어떤 노력을 해야 하고, 싸움이 얼마나 치열한지 생각을 좀 해 보게. 5만 명이 근사한 지위를 나눠 가질 수 없는 이상 자네들은 단지 속의 거미처럼 서로가 서로를 뜯어 먹을 수밖에 없어.

이 파리에 다들 어떻게 길을 열고 헤쳐 나가는지, 자네는 아는가? 천재의 광채에 기대든가, 아니면 교묘하게 타락하든가 둘 가운데 하나야. 대포알처럼 쾅하고 한가운데로 뛰어들든가, 그렇지 않으면 페스트균처럼 몰래 숨어들어야 해. 정직함 따위는 아무 짝에도 쓸모없네. 세상은 천재의 힘 앞에서는 굴복하지만, 천재는 빼앗기만 하고 나누어 주지 않으므로 모두 천재를 미워하고 비방한다네. 그러나 천재가 끝까지 노력하면 세상은 굴복하고 말지. 한마디로 말해, 흙탕 속에 파묻어 버릴 수 없다는 것을 알면 결국 무릎을 꿇고 숭배한다는 말이야. 부패는 셀 수 없이 많지만 재능은 웬만해선 없어. 그래서 매수가 차고 넘치는 얼간이들의 무기가 되지. 자네도 곳곳에서 그 칼끝을 느낄 수 있을 거야.

가장이 아무리 긁어모아도 1년에 6천 프랑의 봉급밖에 들어오는 돈이 없는데도 여편네는 입는 것에만 1만 프랑 넘게 쓰는 경우가 있어. 그런가 하면, 1천 2백 프랑의 봉급밖에 없는 말단공무원이 택지를 사들이기도 하지. 롱샹(불로뉴 숲<br>의 산책로)의 중앙 차도를 지나갈 자격이 있는 상원의원의 마차에 타고 싶어서 몸을 파는 여자들도 있어. 자네도 보았듯이, 가엾게도 바보 같은 고리오 영감은 딸이 이서한 어음을 자기가 갚았지만, 그 남편이라는 작자는 연수입이 5만 프랑이나 된단 말일세. 지옥과 같은 음모와 맞닥뜨리지 않고 파리를 단 두 발짝이라도 걸을 수 있는지 어디 한번 시험해 보게.

어느 여자든 상관없으니 자네 마음에 드는 여자와 사귀어 보게. 그녀가 아무리 돈이 많고 젊은 미인이라 하더라도, 자네는 생각지도 못했던 올가미에 걸려 옴짝달싹도 못할 걸세. 믿지 못하겠다면, 저 샐러드 채소 뿌리와 교환하는 조건으로 내 목이라도 걸 수 있네. 세상 여자들은 어느 누구 할 것 없이 법률이라는 칼을 쓰고 남편과 싸우고 있어. 연인 때문에, 옷 때문에, 애들 때문에, 가정 때문에나 허영 때문에. 하지만 절대 미덕 때문에 그런 일은 없어. 내 장담하지. 얼마나 추잡한 거래가 이루어지고 있는지를 하나하나 설명하려면 끝이 없어. 그래서 정직한 사람은 공공의 적이 되는 거야. 그런데 정직한 사람이란 게 대체 어떤 사람이라고 생각하나? 파리에서는 정직한 사람이란 입을 꽉 다물고, 몫을 나누기 싫어하는 인간을 말해. 결코 곳곳에서 하찮은 일이나 하면서 그 노동이 절대로 보상받지 못하는, 내가 신의 헌신짝 동맹이라고 부르는 저 가엾은 천민들을 말하는 것이 아닐세. 확실히 그 친구들 속에는 우둔함이라는 꽃으로 장식한 미덕이 있지. 하지만 거기에는 가난도 있어. 만일 신이 최후의 심판날에 결석을 한다든가 하는 못된 장난이라도 친다면, 그 사람 좋은 친구들이 얼마나 울상을 지을지 눈에 선하구먼. 따라서 자네가 짧은 기간 안에 출세하려면 이미 부자든가 아니면 부자처럼 보여야 한다는 거야. 돈 많은 부자가 되려면, 이 땅에선 상상을 뛰어넘는 연극을 해야 하지. 그게 싫으면 비루하게 사는 수밖에. 고생길이지. 자네가 선택할 수 있는 백 가지 직업 가운데서 바로 성공하는 사람이 열 명쯤 된다면 세상은 그들을 도둑놈이라고 부르지. 여기서 결론을 내게.

인생이란 게 다 그런 거야. 그놈은 부엌보다 깨끗하다곤 할 수 없어. 고약한 냄새가 나거든. 맛난 음식을 먹으려면 손을 더럽힐 수밖에 없어. 다만 나중에 그 손을 깨끗이 잘 씻어야 한다는 건 알아 둬. 그게 요즘 세상의 도덕이라는 거야. 내가 세상사를 이렇게 말하는 것은 세상이 나에게 그럴 권리를 주었기 때문에, 다시 말해 내가 세상을 알고 있기 때문이야. 내가 세상을 비관한다고 생각하는가? 천만에. 세상은 옛날부터 이랬어. 도덕군자 나리들은 세상을 바꾸지 못해. 인간은 불완전하거든. 사람은 때에 맞춰 많든 적든 위선을 떨게 되어 있어. 그걸 보고 머저리 녀석들은 그가 성실하다느니, 불성실하다느니 하면서 주접을 떨지. 그렇다고 해서 내가 부자들을 비난하고 가난한 사람들을 동정하는 건 아니야. 사람은 윗놈이나 아랫놈이나 그 중간놈이나 다 거기서 거기거든. 이 고등한 가축 집단에는 백만 명 가운데 열 사람쯤의 비율로 뛰어난 사람이 있어. 즉 법률 위에까지 올라서는 뻔뻔스럽고 대담한 놈이 있다 이거야. 나도 그 한패야. 자네가 혹시 우수한 인간이라고 생각한다면 고개를 들고 똑바로 나아가 보게. 그러나 시기와 비방과 우둔함과 싸우며 온 세상과 맞서야 할 걸세. 나폴레옹도 오브리라는 육군대신과 맞닥뜨린 탓에 하마터면 식민지로 좌천을 당할 뻔했지.

가슴에 손을 대고 생각해 보게. 매일 아침 그 전날보다도 강한 의지를 가지고 일어날 수 있겠나? 그럴 수 있다면 자네한테 누구도 거절할 수 없음직한 제안을 하나 하려고 하네. 잘 듣게. 나한테 좋은 생각이 있어. 그게 뭐냐면, 예를 들어 아메리카 남부에 가서 10만 에이커쯤 되는 드넓은 토지에서 족장과도 같은 생활을 하자는 계획이야. 거기서 농장을 경영하고, 노예를 부리고, 소와 담배와 재목을 팔아서 수백만 프랑의 돈을 벌면서 왕처럼 떵떵거리며, 하고 싶은 일을 마음껏 하는 거야. 석회동굴 속에서 웅크리고 있는 것 같은 이곳에서는 꿈도 꿀 수 없는 생활을 누리고 싶은 걸세. 나는 위대한 시인이야. 다만 나는 종이에 시를 쓰는 게 아니라 행동과 감정으로 나타내지. 지금 나에게는 5만 프랑이 있는데, 그 돈으로는 기껏해야 검둥이를 10명밖에 살 수가 없어. 내 족장 생활의 꿈을 이루려면 검둥이가 2백 명은 필요하니까 20만 프랑은 있어야 해. 검둥이라는 건 말이야, 다 자란 어린애 같은 거야. 맘대로 부릴 수 있고, 참견쟁이 검사에게 일일이 해명을 요구받을 걱정도 없지. 이만한 검둥이 자본이 있으면 10년 뒤에는 3백만, 4백만 프랑쯤은 만들 수 있을 거야. 내가 성공하면 아무도 '너는 누구냐?' 하고 묻지 않아. 나는 아메리카 시민 4백만 프랑 씨니까. 그때는 쉰 살쯤 되겠지만, 아직 기운도 좋고 맘껏 즐길 수 있는 나이야.

쉽게 말해서, 내가 자네에게 백만 프랑의 지참금을 얻을 수 있게 해 준다면 그 대가로 20만 프랑을 줄 수 있겠나? 수수료 20퍼센트야. 어때? 너무 많은가? 자네는 귀여운 색시가 자네에게 반하도록 만들어서 일단 결혼한 뒤에 뭔가 걱정스럽고 양심의 가책을 받는 듯한 척을 하는 거야. 한 보름쯤 우울하게 인상을 쓰고 침묵을 지키는 거지. 그러다가 어느 날 밤 짧게 사랑을 나누고 나서 '당신이 제일 좋아!' 어쩌고 하면서 키스를 하다가 20만 프랑의 빚이 있다고 아내에게 털어놓는 거야. 이런 속이 뻔히 들여다보이는 연극을 상류층 젊은이들은 매일같이 연출하고 있단 말이야. 젊은 새댁은 자기 마음을 훔친 남자에겐 지갑도 아무 망설임 없이 내주기 마련이거든. 그렇게 하면 자네가 손해 보는 것 같나? 천만의 말씀. 뭐든 사업을 하면 20만 프랑쯤 곧바로 벌 수 있어. 돈과 자네의 그 머리가 있다면 얼마든지 원하는 대로 재산을 긁어모을 수 있고말고. 이렇게 하면 반 년 안에 자네는 자네와 귀여운 아내와 이 보트랭 아저씨의 행복을 모두 이룰 수 있어. 당연히 겨울 땔감이 없어서 입김을 불어 곱은 손가락을 녹이는 자네 가족의 행복까지도. 내 제안이나 요구에 놀랄 것 없어. 파리에서 이루어지는 예순 번의 성대한 결혼 가운데 마흔 일곱쯤은 이런 거래를 통해 이루어지거든. 공증인회가 억지로⋯⋯"

"저는 무얼 하면 됩니까?" 라스티냐크가 보트랭의 말을 가로막으면서 물었다.

"거의 아무것도⋯⋯" 이 사나이는 낚싯줄 끝에 고기가 걸린 것을 안 낚시꾼처럼, 애써 감추려고 하면서도 자기도 모르게 그만 기쁜 표정을 보이면서 대답했다.

"이 사람아, 잘 들어 보게나. 불행하고 가난한 여자의 마음은 애정에 목말라 있는 스펀지라네. 감정의 물방울이라도 떨어지면 금방 부풀어오르는 바짝 마른 스펀지야. 고독하고 절망스럽고 가난한 처지에 있으면서도 자기 손에 재산이 굴러들어오리라고는 꿈에도 생각지 않는 젊은 처녀를 설득한다는 것은, 이 사람아, 카드놀이로 말하면 스트레이트 플러시일세. 복권으로 말한다면 당첨번호를 미리 알고 산 것이고, 아무도 모르는 정보를 혼자 쥐고서 주식에 투자하는 것과도 같아. 자네는 튼튼한 말뚝 위에다가 흔들림이 없는 결혼을 이룰 수 있지. 그 처녀에게 수백만 프랑이 굴러들어간다고 해 봐. 그녀는 마치 돌멩이 던지듯 자네 발아래 그 돈을 선뜻 내던질 것이네. '여보, 이걸 받아 주세요, 내 사랑! 가져요! 아돌프! 알프렛! 가지세요! 외젠!' 하면서. 만일 그 아돌프든 알프렛이든, 외젠이든, 누구든 그녀를 위해서 자기를 희생한다는 기개만 보인다면 그녀는 그렇게 할 거야. 내가 말하는 자기희생은 헌옷을 판 돈으로 카드랑 블뢰*5에 가서 버섯요리를 같이 먹는다든가, 밤에는 앙비귀 코미크 극장*6에 간다든가 하는 정도일 뿐이야. 아니면 그녀에게 예쁜 숄을 사주기 위해 시계를 전당포에 잡히는 수준이지. 연애편지를 자주 쓴다든가 여자들이 좋아하는 잔재주, 예를 들면 그녀들과 멀리 떨어져 있을 때 편지지 위에 물방울을 떨어뜨려 눈물처럼 보이게 한다든가 하는 일은 일일이 말할 필요도 없겠지. 자네는 어쩐지 사랑의 기술에는 완전히 정통해 있는 것 같으니 말이야. 파리는 신대륙의 밀림과 같아서, 일리노이족이나 휴론족 같은 수십 종의 야만스러운 종족들이 우글거리며, 온갖 사회적인 수렵을 통해 얻은 산물로 저마다 살고 있어. 자네는 백만 프랑이라는 짐승을 뒤쫓고 있는 사냥꾼이야. 그 짐승을 잡기 위해 함정을 파고 끈끈이를 칠한 장대라든가 미끼를 쓴다. 사냥도 가지가지야. 어떤 이는 지참금을 뒤쫓고 다른 이는 일부러 도산해서 돈을 벌지. 그런가 하면 어떤 놈들은 양심을 돈으로 낚고, 잡지 예약 구독자를 그대로 뭉뚱그려서 팔아넘기는 때도 있어. 망태기에다 짐승을 가득 잡아서 메고 오는 놈은 경례를 받고 환영받으며 상류사회에 들어간다구. 이 땅이 환대받기 좋은 곳이라는 점은 인정해야지. 자

---

*5 파리 탕플 거리에 실제로 있었던 요리점. 가격은 비쌌지만 상류층 사람들이 오는 일은 거의 없었다.
*6 이 극장에서는 멜로드라마가 상연되어 서민 관객이 많았다. 보트랭이 카즈랑 블뢰 식당이나 앙비귀 코미크 극장을 예로 든 것은 통속적인 즐거움만 안겨 주면 여자를 충분히 만족시킬 수 있다는 뜻이다.

네가 상대할 사회는 세계에서도 가장 친절한 사회야. 유럽의 모든 수도의 고귀하신 귀족 사회는 파렴치한 백만장자를 한패로 받아들이기를 거부하는데, 파리에서는 그에게 손을 내밀고, 그의 축연에 참석하며, 그가 차린 만찬을 먹고, 그 파렴치한 행동을 위해서 건배하거든."

"그렇지만 그런 아가씨가 어디 있습니까?" 외젠이 말했다.

"자네 눈앞에 있고, 이미 자네 것이나 마찬가지야."

"빅토린 양 말씀입니까?"

"맞았어!"

"어째서요?"

"그 아가씬 벌써 자네에게 열을 올리고 있어. 자네의 귀여운 라스티냐크 남작부인은 말이야!"

"그녀가 무슨 돈이 있어요?" 외젠은 어리둥절해서 물었다.

"바로 그 점이야. 좀더 자세히 말해 주지" 보트랭이 말했다. "그러면 다 알 수 있을 거야. 그녀의 아버지 타유페르는 대혁명 때 친구를 죽였다는 풍문이 있어.*7 아무튼 아주 수상쩍은 영감이지. 그는 사람들의 의견이나 평판 같은 것은 발가락의 때만큼도 여기지 않아. 이만저만한 악질이 아니란 말이야. 그는 은행가인데, 프레데릭 타유페르 은행의 대표일세. 아들이 하나 있는데, 빅토린을 제쳐놓고 그 자식에게 전 재산을 물려 줄 작정이야. 나는 그런 불공평이 싫단 말이지. 나는 돈키호테 같은 놈이라 강자를 혼내주고 약자를 돕는 걸 좋아하거든. 하느님의 뜻에 따라 아들이 없어져 버리면, 타유페르는 딸을 불러들일 것이네. 누구든 좋으니 상속인이 있어야 하거든. 이건 인간의 우둔한 본능이지. 게다가 나는 알고 있는데, 그놈은 이미 자식을 만들 수 없어. 빅토린은 상냥하고 귀여우니까 곧 아버지 눈에 들어서 애정의 채찍으로 아버지를 신나게 회전시킬 거야. 그 애는 자네 애정에 얽매여서 자네를 잊지 못하고 결혼까지 이어지는 거지. 신의 섭리 부분은 내가 맡겠어. 내 손으로 신의 뜻을 움직여 보지. 내가 옛날에 도움을 준 친구 가운데 루아르군*8의 대령이었다가 최근 근위 사단에 채용된 사내가 하나 있어. 옛날에 나한테 빚을 좀 졌지. 그는 내 의견을 듣고 과격 왕당파로 전향했어. 즉, 자

---

*7 이 이야기는 발자크의 《붉은 여관》의 주제이다.

*8 워털루에서 나폴레옹군이 패배한 뒤 루아르 지방에 모여 연합군에 맞섰다.

기 의견을 무조건 고집하는 바보가 아니란 말이야.

또 한 가지 자네에게 충고를 해 주고 싶은 건 말이야, 자기 말이나 의견에 절대 사로잡히지 말라는 거야. 달라는 놈이 있으면 그런 건 냉큼 팔아 버려. 절대로 생각을 굽히지 않는다고 큰 소리로 떠들어 대는 놈은, 똑바로 나아가는 것만이 자기 의무라고 생각하고, 자기는 절대로 실수하지 않는다고 믿는 병신자식이란 말이야. 원칙 같은 건 없어. 사건이 있을 뿐이야. 법칙이란 것도 없어. 오직 상황만이 있지. 우수한 사람은 사건이나 상황에 곧바로 적응해 그것을 이끌어 간다구. 만일 고정된 원칙이라든가 법칙이 있다고 한다면, 마치 셔츠를 갈아입듯이 국민들이 그것을 쉽사리 바꿔치울 리가 없지. 개인이 국민보다 얌전하게 있을 필요는 없어. 프랑스에 눈곱만큼도 기여한 적이 없는 놈이 줄곧 공화주의자였다는 이유로 우상처럼 숭배를 받지만, 그런 자식은 라파예트*⁹라는 이름딱지를 붙여서 기계 따위와 함께 박물관에나 처박아 놓으면 되는 거야. 그런데 인간들을 경멸하므로 그들이 요구하는 대로 얼마든지 맹세의 말을 남발했던 탈레랑 공작은 빈 회의에서 프랑스 분할을 저지하는 공훈을 세웠어. 그런데도 사람들은 그에게 돌을 던졌지. 영광의 관을 씌워 주어야 할 사람에게 흙탕물을 끼얹었다고. 여보게, 나는 이래뵈도 여러 가지 사정에 꽤 정통해 있어. 많은 사람들의 비밀을 쥐고 있지. 이만하면 충분히 알겠지? 어느 원칙을 적용하는 데 뜻이 통하는 사람이 셋만 있으면 나도 흔들림 없는 견해를 가질 수 있으련만, 그러려면 시간이 꽤나 걸리겠지. 재판소만 하더라도, 하나의 조문에 대해 같은 의견을 가지고 있는 판사가 셋도 안 되니까.

내 친구 얘기로 돌아가지. 그 녀석은 내가 부탁하면 그리스도를 십자가에 한 번 더 매달 놈이야. 이 보트랭 아저씨가 한 마디만 하면, 가엾은 여동생에게 단돈 100수도 부치지 않는 그 후레자식한테 싸우자고 달려들 거라구. 그리고는……" 보트랭은 벌떡 일어나서 검을 쥔 자세를 하고 검술사범이 찌르기를 하는 동작을 해 보였다. "이렇게 없애 버리는 거야!" 그는 덧붙였다.

"무슨 그런 말씀을 다 하십니까?" 외젠이 말했다. "농담이시죠, 보트랭

---

*9 마리 조제프 라파예트 후작(1757~1834). 프랑스 장군·정치가. 미국 독립 전쟁에 참가했고, 프랑스에서는 1789년과 1830년의 혁명 때 활약했다.

씨?"

"어허, 이 사람아, 진정하게!" 보트랭이 말을 이었다. "그런 어린애 같은 소린 하는 게 아냐. 하지만 그래서 화가 가라앉는다면 얼마든지 화를 내보게! 내게 철면피다. 악당이다, 불한당이다. 산적이다 하고 마음대로 말해봐! 그러나 사기꾼이나 스파이라고는 절대로 하지 말게. 내 다 이해해 주지. 자네만한 나이에는 다 그러니까. 나도 옛날에는 그랬지. 다만 잘 생각해 보게. 언젠가는 자네도 더 지독한 일을 저질러야 할 거야. 어느 미인에게 가서 아첨을 떨고 돈을 받을 거야. 아니, 자넨 벌써 그렇게 하기로 마음먹었지." 보트랭이 말했다.

"사랑이라도 팔지 않으면 자네가 어떻게 출세하겠나? 이보게, 도덕은 끊어서 팔 수 없는 거야. 덕이 있느냐 없느냐, 둘 가운데 하나지. 죗값을 치른다고 곧잘 떠들어 대는데, 그런 편리한 장치가 어디 있겠나? 뉘우치면 죄가 사라진다니 어처구니없는 말이지. 사회라는 계단 꼭대기까지 기어오르고 싶어서 남의 아내를 유혹하고, 형제 사이를 이간시키며, 요컨대 쾌락과 개인의 이익을 위해 남몰래, 또는 공공연하게 이루어지는 온갖 파렴치한 행위를 자네는 신앙심·희망·자애의 표현이라고 생각하는가? 어째서 하룻밤 만에 순진한 어린애한테서 재산을 절반이나 가로챈 멋쟁이 사내는 2개월의 금고형을 받고, 천 프랑짜리 지폐 한 장 훔친 죄로 가중 처벌을 받은 불쌍한 사나이는 도형장으로 끌려가느냔 말이야. 이게 자네들의 법률이란 거야. 어떤 법률 조항이든 따지고 들면 부조리가 아닌 게 없어. 장갑을 끼고 달콤한 목소리로 지껄이는 신사가 살인을 저지르지. 신사가 직접 손을 더럽히진 않아도 상대가 피를 흘리도록 일을 꾸몄으니 결국 그게 그거야. 살인범은 쇠지렛대로 금고 문을 비틀어 열지. 양쪽 다 남몰래 어둠을 틈타 이루어지는 범죄야. 내가 지금 제안하는 것과 자네가 앞으로 저지르게 될 일의 차이는 피가 흐르느냐 아니냐의 차이일 뿐이야. 자네는 이 세상에 무언가 변하지 않는 것이 있다고 생각하지? 인간들을 경멸하게! 그리고 법망을 뚫을 수 있는가를 조사하는 거야. 뚜렷한 이유도 없이 만들어진 재산의 비밀은 솜씨 좋게 해치웠기 때문에 잊히고 만 범죄란 말이야."

"그만하세요. 더는 듣고 싶지 않습니다. 당신 이야기를 듣고 있으니까 나 자신까지 의심하게 되는군요. 지금은 내 감정이 제일 소중합니다."

"좋을 대로 하게! 자네가 좀더 강한 사람일 줄 알았는데." 보트랭이 말했다. "더는 말하지 않겠네만, 마지막으로 한 마디만 하지." 그는 학생을 조용히 바라보면서 말했다. "자네는 내 비밀을 알았단 말야!"

"당신 제안을 거절할 만큼의 젊은이라면, 충분히 잊어버릴 수 있을 겁니다."

"꽤 그럴 듯하게 말을 하는군. 그런 말을 들으면 기분이 나쁘지 않아. 다른 사람 같으면 그렇게 양심적이지 않을 테니까 말이야. 자네를 위해서 내가 해 주려고 한 것을 기억해 두게. 두 주일의 말미를 주지. 어떻게 할 건지 확실히 정하여 주게."

'어쩌면 저렇게 뻔뻔스러울 수 있을까.' 라스티냐크는 지팡이를 겨드랑이에 끼고 유유히 사라지는 보트랭을 바라보면서 생각했다. '그가 서슴없이 말한 것은 보즈앙 부인이 점잖게 말한 것과 같은 얘기야. 강철 손톱으로 내 심장을 찢어발겼어. 어째서 내가 뉘싱겐 부인 집에 가고 싶어하는지, 저 인간은 순식간에 내 계획을 알아챘어. 한 마디로 저 악당은 미덕에 대해 사람들이나 책이 가르쳐 준 것보다 더 많은 것을 가르쳐 주었어. 미덕이 타협을 허락하지 않는 것이라면, 나는 여동생들의 돈을 훔친 것일까?' 탁자 위에 돈 자루를 내던지면서 그는 중얼거렸다. 그는 앉아서 끝이 보이지 않는 깊은 명상에 잠겼다. '미덕에 충실한 것은 숭고한 순교다. 그러나 모든 사람이 미덕을 믿고 있는데도 참된 미덕을 갖춘 사람은 어디에도 없다. 어느 나라 국민이든 자유를 숭배하지만 지상 어디에 자유로운 국민이 있느냐 말이다. 내 청춘은 아직 구름 한 점 없는 하늘처럼 푸르게 개어 있다. 출세하고 부자가 되려는 것은 거짓말을 하고, 굽실거리고, 납죽 엎드리는 한편 거드럭거리고, 아첨을 하고, 본심을 감출 각오를 하는 게 아닌가. 거짓말을 하고, 굽실거리고, 납죽 기어다니는 족속들의 노예가 되겠다고 나서는 게 아닌가. 그놈들의 공모자가 되려면 먼저 그놈들의 환심부터 사야 한다. 아아, 싫다, 싫어. 나는 숭고하고 청렴하게 살고 싶다. 밤낮없이 공부해 나 자신의 피나는 노력만으로 출세하자.

아마도 시간이 가장 오래 걸리는 방법이겠지만 그래도 나는 매일 밤 아무런 사념도 없이 베개에 머리를 대고 편히 잠잘 수 있겠지. 자신의 삶을 뒤돌아보고 백합처럼 깨끗하다고 생각할 수 있는 것처럼 아름다운 일이 어디 있겠는가. 나와 내 삶은 말하자면 청년과 그 약혼자의 관계다. 보트랭은 결혼하고 10년이 지나면 어떤 일이 일어나는지 보여 주었다. 제기랄! 머리가 어지럽다. 아무것도 생각하고 싶지 않다. 마음이 가장 확실한 안내자다.'

외젠은 뚱뚱보 실비가 양복점 사람이 왔다고 전하는 말을 듣고서야 몽상에서 깨어났다. 그는 돈 자루를 손에 든 채 양복쟁이 앞에 모습을 나타냈지만, 일이 그렇게 된 것이 별로 싫지는 않았다. 야회복 가봉을 마치고 나서 새로 맞춘 외출복을 입은 외젠의 모습은 완전히 달라져 있었다. "이만하면 트라이유 씨에게 밀리지 않겠어. 제법 신사다워졌군." 그는 중얼거렸다.

"라스티냐크 씨." 고리오 영감이 외젠 방으로 들어와서 말했다. "전에 나한테 뉘싱겐 부인이 방문하는 집을 알고 있느냐고 물었지요?"

"네."

"그래서 말인데, 그애는 오는 월요일에 카릴리아노 원수(元帥) 댁 무도회에 간다오. 당신이 그곳에 가거든 내 딸들이 얼마나 즐거워했는지, 옷은 무얼 입었는지 돌아와서 죄다 이야기 좀 해 주겠소?"

"그 소식은 어떻게 알았습니까, 고리오 씨?" 외젠은 그를 불 옆에 앉히면서 물었다.

"딸의 몸종이 가르쳐 주었어요. 딸애들에 관한 일은 죄다 테레즈와 콩스탕스로부터 듣고 있어요." 그는 기쁜 듯이 말을 이었다. 그 노인의 모습은 상대가 눈치채지 못하도록 몰래 계략을 짜서 연인의 모습을 살피는 데 성공하고 좋아하는 아직 새파랗게 젊은 남자 같았다.

"당신은 딸애들을 만날 수 있겠군요." 그는 부러워하는 표정을 솔직히 드러내면서 말했다.

"글쎄요, 어떻게 될지." 외젠은 대답했다. "보즈앙 부인한테 가서 원수부인을 소개받을 수 있는지부터 알아봐야죠."

외젠은 앞으로는 쭉 이런 복장으로 자작부인 집에 갈 수 있다고 생각하니 기쁘기 그지없었다. 도학자들이 인간의 마음을 심연이라고 이름 붙인 것도 결국은 겉치레일 뿐이며, 개인적인 이기심이 불러일으키는 무의식적인 충동에 지나지 않는다.

곧잘 비난의 대상이 되는 변심이나 갑작스런 전향은 쾌락을 위한 타산이다. 훌륭한 옷을 입고, 장갑을 끼고, 구두를 신은 자신의 모습을 본 순간 외젠은 조금 전의 도덕적인 결심을 잊어버렸다. 젊은이는 부정한 쪽으로 기울 때는 자기 모습을 양심의 거울에 비추어 볼 생각을 하지 못하지만, 장년은 이미 거울 속의 자기 모습을 알고 있다.

인생의 두 시기의 차이가 바로 그것이다.

단순한 이웃으로 지내던 외젠과 고리오 영감은 며칠 전부터 아주 친한 친구가 되었다. 두 사람의 남모르는 우정은 보트랭과 학생 사이를 멀어지게 만든 것과 같은 심리적 이유에서 기인했다. 인간의 감정이 물리적 세계에 미치는 영향을 확인하고자 하는 대담한 철학자라면, 감정이 인간과 동물 사이에서 만들어 내는 관계 속에서 그것이 구체적이고 물질적이라는 증거를 여러 차례 발견할 것이다. 개는 자기가 좋아하는 것과 싫어하는 것을 곧바로 구분한다. 어떤 관상학자가 개보다 빨리 다른 사람의 성격을 알아차릴 수 있겠는가?

'갈고리 모양의 원자'*10라는 말은 사람들이 그저 관용구처럼 쓰는 표현이다. 옛말의 찌꺼기를 걸러내길 좋아하는 녀석들이 어디에나 있는데, 이것은 그런 놈들의 철학적인 잠꼬대의 어리석음을 증명하기 위해서 아직도 말에 남아 있는 실례의 하나이다. 사람은 사랑받고 있을 때는 그것을 자연스럽게 느낀다. 감정은 모든 사물에 새겨지고 공간을 주름잡는다.

편지는 영혼이며, 말하는 이의 목소리에서 울리는 진정한 메아리이다. 따라서 섬세한 마음을 가진 이들은 편지를 사랑이 가장 풍부하게 담긴 보물 가운데 하나로 여긴다. 그 무분별한 감정으로 인해 개의 성질을 숭고하리만큼 지니고 있던 고리오 영감은, 학생의 마음속에서 자기에 대한 공감, 감탄이 섞인 호의, 젊고 생기 있는 동정의 냄새를 맡았다. 그렇지만 이제 갓 생긴 이 우정은 아직 속내를 속속들이 털어놓을 정도는 아니었다. 외젠은 뉘싱겐 부인을 만나고 싶다는 바람을 드러내긴 했지만, 부인을 소개받기 위해 고리오 영감의 힘을 빌릴 생각은 없었다. 다만 노인이 생각 없이 말하는 것이 언젠가는 자기에게 도움이 되는지도 모른다고 생각했을 뿐이다. 고리오 영감도 외젠이 두 집을 들렀던 날 여러 사람 앞에서 무심코 지껄인 것에 대한 것 말고는 딸들에 대한 말을 하지 않았다.

---

*10 데모크리토스와 에피쿠로스 등 그리스 철학자들에 따르면, 원자는 서로 결합하기 위해 갈고리 모양을 하고 있다고 한다.

"이봐요, 라스티냐크 씨." 그 이튿날 고리오 영감은 학생에게 말했다. "레스토 부인이 내 이름을 입에 올렸다는 이유만으로 당신을 원망한다니, 어째서 그렇게 생각하시오? 딸애들은 나를 사랑해요. 나는 행복한 아버지라오. 다만 두 사위가 나에게 괘씸한 짓을 했지요. 나는 사위들과 옥신각신하느라 딸애들을 괴롭히고 싶지 않았으므로 숨어서 만나기로 한 것뿐입니다. 이렇게 살짝살짝 만나면, 언제든지 딸을 볼 수 있는 다른 아버지들은 절대 알 수 없는 온갖 기쁨을 맛보게 되지요. 나는 내가 보고 싶다고 딸애들을 만나볼 수가 없어요. 알겠소? 그래서 날씨가 좋으면 딸애들이 외출을 하는지 하녀에게 물어보고 샹젤리제 거리*[11]에 가는 거라오. 딸들이 지나가는 것을 기다리고 있다가 마차가 다가오면 가슴이 뛰기 시작해요. 예쁘게 차려 입은 딸들을 보고 있으면 그 애들도 지나는 길에 나를 보고 활짝 웃어 주지요. 그러면 어디선가 햇빛이 환하게 비치는 것처럼 갑자기 주변 경치까지 황금색으로 물들지요. 그러면 나는 꼼짝 않고 그 자리에서 기다립니다. 딸들은 돌아갈 때도 같은 길을 지날 테니까요. 나는 한 번 더 그 애들을 봅니다. 바깥 공기를 쐬어서 생기가 가득 차 보이고, 볼은 장미색으로 물들어 있지요. 내 주위에서는 '야, 저 여자 미인인데!' 하는 소리가 들리곤 해요. 그 말을 들으면 얼마나 기쁜지 몰라요. 내 피를 이어받은 딸들이니까요. 그 애들을 데리고 가는 말까지도 좋아져요. 차라리 그 애들이 무릎 위에 안고 있는 강아지가 되고 싶은 심정이라오. 딸애들의 기쁨이 내 사는 보람이니까요. 사랑하는 방법은 사람마다 다 다른 겁니다. 내가 사랑하는 방식은 아무에게도 해를 입히지 않는데 어째서 세상 사람들은 내 일에 간섭을 하는지 모르겠구려. 나는 내 나름대로 행복하단 말입니다. 저녁에 그 애들이 무도회에 가는 모습을 한 번이라도 더 보려고 내가 딸들 집을 찾아가는 게 법률에 위배되기라도 한단 말이오? 늦게 가는 바람에 '마님은 벌써 외출하셨어요'하는 말이라도 들으면 어찌나 서운해지는지. 어느 날 밤에는, 이틀이나 만나지 못했으므로 나지의 얼굴이나마 보려고 새벽 3시까지 기다렸다오. 딸이 나타났을 때, 나는 너무 기뻐서 하마터면 심장이 멈추는 줄 알았지요. 부탁하겠는데 내 얘기를 수군거리거든 딸들이 얼마나 상냥한지 그들에게 말해 주지 않겠소? 딸들은 나에

---

*11 그 무렵 상류층 사람들은 맑게 갠 오후에 마차나 말을 타고 샹젤리제 거리를 지나 불로뉴 숲에 산책하러 갔다.

게 무엇이든 선물하려고 하지만 나는 딱 잘라 거절하면서 이렇게 말해 주지요. '괜찮으니까 돈을 아끼거라! 내가 그런 것을 받아서 무얼 하겠니? 나는 아무것도 필요 없단다'하고 말이오. 말이야 바른 말이지, 라스티냐크 씨, 내가 뭐라도 됩니까? 나는 비참한 산송장이라오. 왜냐하면 영혼은 언제나 딸들이 있는 곳에 있으니까. 당신이 뉘싱겐 부인을 만나면 두 애들 가운데 어느 쪽이 더 좋은지 내게 말해 주겠소?" 외젠이 외출하려는 것을 보고 고리오 영감은 잠깐 침묵한 뒤에 말했다.

외젠은 보즈앙 부인 집에 가기 전까지 튈르리 정원이라도 거닐 생각이었다.

이 산책이 학생에게 운명적인 것이 되었다. 몇몇 여성들이 그를 주목했다. 그는 그만큼 미남이었고, 젊고, 세련된 옷을 입고 있었다. 자기가 감탄에 가까운 관심을 받고 있다는 것을 깨달은 외젠은 빈털터리가 된 여동생들과 큰어머니에 대한 죄스런 마음도, 도덕적인 혐오감도 더는 생각하지 않게 되었다. 학생은 머리 위로 악마가 지나가는 것을 보았다. 사람들은 그 악마를 천사와 쉽게 혼동하지만, 그것은 루비를 흩뿌리며 궁전 정면에 황금 화살을 쏘고, 여인들에게 진홍빛 옷을 입히고, 원래는 매우 검소했던 옥좌를 어리석은 화려함으로 꾸민, 극채색 날개를 가진 악마이다. 그는 허영의 신의 야단스러운 목소리에 귀를 기울였다. 화려한 겉보기가 권력의 상징으로 보이는 일도 있는 것이다. 아무리 쌀쌀맞다 하더라도, 보트랭의 말은 그의 마음에 이미 뿌리를 내렸다. 마치 '돈도 사랑도 바라는 대로 얻을 수 있어!'라고 말하는 박물장이 노파의 교활한 옆얼굴이 소녀의 기억 속에 새겨져 있는 것과 같았다. 튈르리 정원을 한 바퀴 돌고 나서 5시쯤 외젠은 보즈앙 부인 집을 찾아갔는데, 거기서 그는 젊은이의 마음이 도저히 저항할 수 없는 끔찍한 타격을 받았다. 그때까지의 보즈앙 자작부인은 언제나 예의바르고 상냥했으며, 귀족 핏줄에서 생겨나 진심어린 마음과 어우러질 때 비로소 완벽해지는 그 감미로운 우아함을 지니고 있었다.

그런데 그가 들어가자 보즈앙 부인은 흥미 없다는 눈길을 보내며 무뚝뚝한 목소리로 말했다. "라스티냐크 씨, 지금은 당신을 만날 수 없어요. 선약이 있거든요."

관찰력이 있는 사람에게—라스티냐크도 순식간에 그런 사람이 되었는데

━이 말과 몸짓, 억양은 귀족 계급의 성격과 습관들을 고스란히 말해 주는 증거였다.

그는 벨벳 장갑 속에서 쇠처럼 차가운 손을 확인했다. 우아한 동작 밑에서 방자함과 이기주의를 보았다. 옻칠에 가려진 거친 생나무를 보았다. 요컨대 왕좌의 깃털장식 밑에서 시작하여 하급 귀족의 투구 끝에까지 이르는 '과인은'이라는 말소리를 들었던 것이다. 외젠은 그녀의 말을 그대로 받아들였으므로 이 여성의 고결함을 너무 쉽게 믿었던 것이다. 모든 불행한 인간이 다 그렇듯이, 그도 은혜를 베푸는 자와 은혜를 받는 자를 맺어주는 감미로운 협정에 진심으로 서명했다. 그 협정의 제1조는 고매한 마음을 가진 동지의 완전한 평등을 말하고 있었다. 두 사람을 하나로 묶는 자비는 참사랑과 마찬가지로 드물고 이해하기 어려운 신성한 정열이다. 자비와 진실한 애정은 아름다운 정신에서만 가능한 사치인 것이다. 라스티냐크는 어떻게 해서든 카릴리아노 공작부인의 무도회에 나가고 싶었으므로 그런 창피를 꾹 참기로 했다.

"부인." 그는 감격한 목소리로 말했다. "중대한 용건이 아니라면 이처럼 폐를 끼치지 않았을 것입니다. 그렇게 말씀하시지 마시고 나중에라도 좋으니 뵐 수 있게 해 주시지 않겠습니까? 기다리겠습니다."

"그럼 이따가 저녁 식사에 오세요." 조금 전의 자기 말투에 나타난 냉혹함을 어느 정도 부끄러워하면서 자작부인이 말했다. 이 여성은 정말 타고난 고귀함 못지않게 마음씨도 착한 사람이었다.

완전히 달라진 이 친절한 말에 감동하면서도 외젠은 이렇게 생각하면서 저택을 나왔다.

'치사하지만 참아야 한다! 여성 가운데 가장 상냥한 저 부인까지도 우정의 약속을 한순간에 배반하고 헌신짝처럼 너를 쫓아 버리는 것으로 미루어 보아 다른 여자들이 어떨지는 알고도 남음이 있다. 누구나 자기 자신이 제일이라는 거냐? 확실히 그녀의 집이 상점이 아니다. 내가 그녀에게 기대려 한 것이 잘못이었다. 대포알이 되어야 한다고 보트랭이 말했었지.'

하지만 학생의 이러한 쓰디쓴 반성은 자작부인 집에서 있을 저녁 식사를 기대하는 기쁨 때문에 곧 해소돼 버렸다.

이렇게 어떤 운명과 같은 힘에 의해서 그의 삶에 생긴 조그만 사건들이 그를 인생의 소용돌이 속으로 밀어 넣게 되었다. 보케르 집의 무서운 스핑크스가 말했듯이, 전쟁터에서처럼 인생길에서 죽지 않으려면 죽여야 했고, 속지 않으려면 먼저 속여야 했다. 양심과 진심은 한쪽으로 밀어 놓고, 가면을 쓰고 가차 없이 인간들을 가지고 놀며, 승리를 얻기 위해 스파르타가 그랬듯이 남모르게 행운을 잡아야 했다.

그가 다시 자작부인 집을 찾았을 때는 부인은 언제나처럼 상냥한 호의를 가득 보여 주었다. 두 사람은 자작이 부인을 기다리고 있는 식당으로 갔다. 알다시피 식도락은 왕정복고시대에 절정을 이루었는데, 그 식탁에는 사치스런 요리들이 눈부시게 빛나고 있었다. 보즈앙 씨는 향락에 질린 많은 사람들과 마찬가지로 이미 미식의 즐거움 말고는 거의 즐거움을 느끼지 못했다.

식도락에 있어서 그는 루이 18세와 그의 주방장이던 데스카르 공작 못지 않았다. 그의 식탁은 그릇과 요리라는 두 가지 사치를 두루 추구하고 있었다. 그런 광경은 지금까지 외젠의 눈에 비친 적은 없었다. 그는 이때 처음으로 대대로 사회적인 권세를 세습해 온 저택에서 식사를 한 것이다.

옛날 제정시대에는 군인들이 저택 안팎에서 그를 기다리고 있는 싸움에 대비해서 힘을 길러 둬야 했으므로 무도회 뒤에 야식을 먹는 관습이 있었는데, 요즘은 새로운 유행에 따라 그런 습관이 폐지된 뒤였다. 외젠은 무도회밖에 참석한 적이 없었다. 뒷날 그를 더욱 두드러지게 한 그 침착한 언동이 이때부터 이미 나타내기 시작했으므로, 바보처럼 깜짝 놀라는 일은 없었다. 그러나 조각을 한 은그릇과 호화로운 식탁을 눈앞에 두고, 아무 소리도 내지 않고 시중을 드는 급사를 처음 보면서 그는 감탄을 금할 수 없었다. 상상력과 열정이 풍부한 사내로서는, 오늘 아침 그가 지키고자 했던 인내하는 생활보다 온종일 우아한 이런 생활이 더 바람직하다는 생각을 멈출 수 없었다. 그는 순간 자기 하숙집을 생각했다. 그러자 참을 수 없는 혐오감이 들어 정월에는 다른 곳으로 옮기기로 마음먹었다. 그것은 깨끗한 집에 살기 위해서이며, 또한 커다란 손으로 자기 어깨를 움켜쥐고 있는 느낌이 드는 보트랭으로부터 벗어나기 위해서였다.

양식 있는 사람은, 파리에는 유형·무형의 온갖 타락이 다양한 양상을 띠고 있는데 어째서 국가는 이 땅에 학교를 세우고 젊은이들을 모아들이는지 의문을 품는다. 또한 미인들이 안심하고 살며, 환전상에 진열되어 있는 금화가 날개를 달고 날아오르지 않는 것을 이상하게 생각한다. 게다가 파리에는 경범죄를 비롯하여 젊은이들이 저지른 범죄가 매우 적다는 점을 생각할 때, 사람들은 자기 자신과 싸워 거의 언제나 승리를 거두는 그 인내심 강한 탄탈로스들에게 얼마간 존경을 보여야 하는 게 아닌가. 파리와 싸우는 가난한 학생들의 싸움을 솜씨 있게 묘사한다면, 그것은 현대문명의 가장 극적인 주제의 하나가 될 것이다. 보즈앙 부인은 외젠에게 말을 시키려고 여러 번 그의 얼굴을 보았지만 부질없는 노력이었다. 그는 자작 앞에서는 한 마디도 하고 싶지 않았던 것이다.

"오늘 밤 이탈리아 극장에 데려가 주시겠어요?" 자작부인이 남편에게 물었다.

"그럴 수만 있다면 나도 더 바랄 나위 없겠는데." 자작이 놀리는 투로 은근하게 대답했으므로 학생은 그의 말을 그대로 받아들였다. "실은 바리에테 극장에서 누굴 만나기로 했어."

'애인이로구나.' 그녀는 생각했다.

"오늘은 아쥐다는 오지 않나?" 자작이 물었다.

"네." 부인은 언짢은 듯이 대답했다.

"그렇군. 동행이 꼭 있어야 한다면 라스티냐크 씨에게 부탁하면 되지 않나."

자작부인은 미소지으면서 외젠을 보았다.

"당신 평판에 흠이 될 거예요." 그녀가 말했다.

"'프랑스인은 위험을 사랑한다. 거기에 영광이 있기 때문이다'라고 샤토브리앙이 말했지요." 라스티냐크는 공손하게 절을 하며 대답했다.

그리고 얼마 뒤에는 보즈앙 부인 옆에 앉아 질풍처럼 달리는 사륜마차를 타고, 그 무렵 유행하던 극장으로 달려갔다. 정면 특별좌석으로 들어가, 눈부시게 아름다운 자작부인과 함께 자기가 모든 오페라글라스(opera glass : 소형쌍안경)의 주시를 받고 있다는 것을 깨달았을 때, 마치 동화 속 나라에 온 기분이었다. 정말로 황홀하게 도취되어 꿈결 속을 걷고 있는 것 같았다.

"나한테 무슨 할 말이 있다고 그랬지요?" 보즈앙 부인이 말했다. "어머, 보세요. 여기서 세 번째 특별석에 뉘싱겐 부인이 있군요. 그 언니와 트라이유 씨는 반대쪽에 있고요."

그렇게 말하면서 자작부인은 로슈피드 양이 있는 특별석을 바라다보았다. 그리고 거기에 아쥐다 씨가 없는 것을 보고 나자, 얼굴에 이상스런 빛을 띠기 시작했다.

"아름다운 사람이군요." 외젠이 뉘싱겐 부인을 바라보며 말했다.

"속눈썹이 희군요."

"그렇군요. 그렇지만 몸매가 아주 날씬하고 멋진데요."

"손이 너무 커요."

"눈이 참 아름다워요."

"얼굴이 길쭉하네요."

"하지만 긴 얼굴은 품위가 있어요."

"품위가 있다면 저 사람도 기뻐하겠지만, 오페라글라스를 얼굴에 갖다 댔다가 뗐다가 하는 저 모습을 좀 보세요. 몸놀림 하나하나에 고리오 영감의 피가 나타나 있어요." 자작부인의 말을 듣고 외젠은 깜짝 놀랐다.

보즈앙 부인은 오페라글라스로 장내를 둘러보고 있을 뿐 뉘싱겐 부인을 거들떠보지도 않는 듯했는데, 실은 부인의 동작 하나까지도 놓치지 않고 보고 있었다. 객석은 말할 수 없이 아름다웠다. 델핀 드 뉘싱겐은, 젊고 잘생기고 우아한 보즈앙 부인 친척 청년의 눈길을 독점하고 있는 사실에 기분이 무척 좋았다. 그는 그녀만 바라보고 있었던 것이다.

"한 사람만 뚫어져라 보고 있으면 곧바로 소문이 나요. 라스티냐크 씨, 그렇게 사람 눈에 띄게 행동하면 무얼 하더라도 성공하지 못해요."

"당신은 이미 저를 충분히 이끌어 주었습니다만, 그 친절을 마무리해 주실 의향이 있으시다면 저는 오직 한 가지밖에 부탁드릴 게 없습니다. 당신에게는 매우 간단한 일이지만 제게는 아주 큰 도움이 되는 일입니다. 저는 완전히 반하고 말았습니다."

"벌써요?"

"네."

"저 사람에게?"

"달리 제 소망을 부탁할 수 있는 사람이 있는 것도 아니지 않습니까?" 그는 친척 여인에게 날카로운 눈길을 던지면서 말했다.

"카릴리아노 공작부인은 베리 공작부인과 가까운 사이니까" 잠깐 사이를 두고서 그는 말을 이었다. "당신도 카릴리아노 부인과 만났을 것으로 확신합니다. 아무쪼록 부인에게 저를 소개해 주시고 월요일에 그녀가 베푸는 무도회에 데리고 가 주실 수 없겠습니까? 거기서 뉘싱겐 부인을 만나서 한번 부딪쳐 볼 생각입니다."

"좋아요." 보즈앙 부인은 말했다. "벌써부터 저 여자에게 마음이 움직이고 있다면, 당신의 연애 수업은 가망이 있어요. 저것 봐요. 드 마르세가 갈라티온 공작부인의 특별석에 있잖아요. 뉘싱겐 부인은 샘이 나서 참을 수 없는 모양이에요. 여자에게 접근하려면, 특히 은행가 부인에게 접근하려면 이보다 좋은 기회가 없을 거예요. 쇼세 당탱의 부인들*12은 모두 복수를 좋아하니까요."

"당신이라면 그런 경우 어떻게 하시겠습니까?"

"나라면 조용히 괴로워하겠지요."

이때 아쥐다 공작이 보즈앙 부인의 특별석에 모습을 나타냈다.

"당신을 만나기 위해 일을 내팽개치고 왔어요. 이런 말을 한다고 해서 생색을 내는 건 아닙니다."

자작부인의 얼굴에 나타난 광채는 진실한 사랑의 표정이었으며, 그것이 파리식의 교태와는 다르다는 것을 외젠은 구별할 수 있게 되었다. 그는 친척 여인에게 감탄하며 말없이 일어나 한숨을 쉬면서 아쥐다 씨에게 자리를 양보했다.

'저런 식으로 사랑을 하는 여자는 얼마나 품위 있고 얼마나 숭고한가! 그런데 저자는 인형 같은 여자와 결혼하기 위해 그녀를 배반하려고 하다니! 어떻게 그녀를 배반할 수 있단 말인가!' 외젠은 생각했다.

그는 마음속에 어린애 같은 분노가 불끈 솟아오르는 것을 느꼈다. 그는 보즈앙 부인의 발밑에 몸을 내던지고 싶었다. 솔개가 땅 위로 내려와 아직 엄마 젖을 빨고 있는 새끼양을 자기 둥지로 채가듯이 부인을 자기 마음속으로 끌어들이기 위해 악마와 같은 힘을 갖고 싶다고 느꼈다. 그는 미인들이 전시된 이 박물관에 자기 그림이 없다는 것, 연인이 없다는 것을 부끄럽게 생각했다. '연인을 얻고 왕후와 같은 지위를 차지하는 것, 그것이 바로 권력의

---

*12 왕정복고시대에 격식 있는 귀족들은 센 강 왼쪽의 생제르망 지구에 살았지만, 신흥 부르주아 계급에 속하는 상류 인사들은 주로 센 강 오른쪽의 쇼세 당탱 거리 주변에 살았다.

표시다.' 외젠은 생각했다. 그리고 모욕 받은 사나이가 적을 노려보는 것처럼 꼼짝 않고 뉘싱겐 부인을 응시했다. 자작부인은 그가 있는 쪽으로 뒤돌아보고 눈치 있게 행동해 준 데 대해 끝없는 감사의 마음을 담아 눈을 깜박거려 보였다. 1막이 끝나가고 있었다.

"당신은 뉘싱겐 부인을 잘 알고 계시니까 라스티냐크 씨를 소개해 주지 않겠어요?" 부인은 아쥐다 후작에게 말했다.

"그러죠. 그분도 틀림없이 기뻐할 겁니다." 후작이 선뜻 대답했다.

멋쟁이 포르투갈인은 일어나 학생의 팔을 잡고 순식간에 뉘싱겐 부인 앞에 데려다 주었다.

"남작부인, 보즈앙 자작부인의 친척 되시는 기사 외젠 드 라스티냐크 씨를 소개드립니다. 부인께 깊은 감명을 받은 모양새라, 그 우상 옆으로 데리고 와 이분의 행복을 한층 더 완벽하게 해드리고 싶었습니다." 후작이 말했다.

그런데 농담 투로 말하니 내용이 조금 노골적인데도 그다지 무례하게 들리지 않았다. 이런 이야기는 근사하게만 말하면 결코 여자들에게 불쾌한 느낌을 주지 않는 것이다. 뉘싱겐 부인은 활짝 웃으며 외젠에게 방금 남편이 나간 자리를 권했다.

"쭉 이곳에 계서 달라고는 말씀드리지 않겠어요. 행복하게도 보즈앙 부인 곁에 앉아 계신 분이니 저쪽이 더 좋으실 테니까요." 그녀가 말했다.

"그렇지만, 부인, 제 친척의 마음에 들려면 아무래도 저는 당신 곁에 있는 게 더 좋을 성싶군요." 외젠은 작은 소리로 속삭이고는 다시 보통 말소리로 말했다. "후작이 오시기 전에 우리는 당신에 대해서, 당신의 눈부신 아름다움과 고상한 품위에 대해서 이야기하고 있었습니다."

아쥐다 씨가 나갔다.

"정말로 여기 계셔 주시겠어요?" 남작부인이 말했다. "그럼 가까이 지낼 수 있겠군요. 레스토 부인한테서 얘기를 듣고 꼭 만나 뵙고 싶다고 전부터 생각하고 있었어요."

"그럼 그분이 꽤나 훌륭한 거짓말쟁이라는 뜻이 되는군요. 그분께서는 저의 출입을 금지하셨거든요."

"어머, 왜요?"

"부인, 그 이유를 정직하게 말씀드리겠습니다. 그러나 이런 비밀까지 말씀드리니, 아무쪼록 너그러운 마음으로 들어 주셨으면 합니다. 저는 당신 아버님 옆방에 살고 있습니다. 저는 레스토 부인이 그분의 딸인 줄은 전혀 모르고 있었습니다. 그래서 무심코 아버님에 대한 얘기를 해 버리고 말았는데 그것이 당신 언니 되시는 분과 그 남편을 화나게 했던 것입니다. 랑제 공작 부인과 제 사촌인 보즈앙 부인이, 레스토 부인의 불효를 얼마나 지독하게 여겼는지 당신께서는 상상할 수도 없을 겁니다. 그 두 분께서는 제가 그때의 상황을 설명하자, 마치 미친 사람처럼 마구 웃으시더군요. 그때 보즈앙 부인이 당신과 당신 언니를 비교하시면서 당신을 매우 칭찬하시고는 당신이 저의 이웃인 고리오 씨에게 얼마나 잘 해주시는지를 말해 주셨습니다. 사실 어떻게 그분을 사랑하지 않을 수 있겠습니까? 그분은 정말 정열적으로 따님들을 사랑하고 계셔서, 오히려 제가 샘이 날 정도입니다. 오늘 아침에도 그분과 2시간쯤 부인 이야기를 했습니다. 그리고 아버님께 들은 이야기로 머리가 꽉 차서, 오늘 저녁 보즈앙 부인과 저녁을 먹을 때도, 그토록 마음씨가 고우신 분이 그에 못지않게 아름답기까지 하다니 그런 일은 있을 수 없다고 말했습니다. 그런 열렬한 감탄을 더욱 부채질할 생각이셨는지, 보즈앙 부인은 언제나처럼 매력적인 말투로 여기서 당신을 만날 수 있을 거라면서 저를 이곳에 데리고 와 주셨습니다."

"그러셨군요." 은행가의 아내는 말했다. "나도 당신한테 감사를 해야 되겠네요. 머지않아 우리는 아주 가까운 친구가 될 거예요."

"단순한 우정도 당신과 함께 나눈다면 결코 예사로운 것이 아니리라고 믿습니다만, 저는 당신의 친구가 되고 싶지는 않습니다." 라스티냐크는 말했다.

풋내기들이 쓰는 이런 틀에 박힌 시시한 문구도 여성에게는 언제나 매력적으로 들린다. 그 말이 시시하게 느껴지는 것은 시시한 기분으로 읽기 때문이다. 젊은이의 몸짓과 말투와 눈빛이 그 말에 가늠하기 어려운 가치를 부여하는 것이다. 뉘싱겐 부인은 라스티냐크를 매우 훌륭한 남자로 생각했다. 그리고 여자들이 다 그렇듯이, 학생이 노골적으로 꺼낸 문제에는 뭐라고 대답할 수 없었으므로 그녀는 다른 일에 대해서 대답했다.

"네, 그래요. 언니는 아버지를 대하는 태도가 틀렸어요. 아버지는 우리에게 하느님이나 다름없지요. 남편 뉘싱겐이 아버지와는 오전에만 만나라고 단단히 못을 박았으므로 그 점만은 나도 양보했지만, 그 때문에 오랫동안 정말 괴로웠어요. 울기도 많이 울었죠. 결혼한 뒤로 남편이 꽤나 난폭하게 군데다가 그런 무리한 요구까지 한 게 우리들 부부 사이를 냉랭하게 만든 첫째 원인이었어요. 남들 눈에는 내가 파리에서 가장 행복한 여자로 보이겠지만, 실은 가장 불행한 여자랍니다. 이런 얘기까지 하다니 머리가 돈 것 아니냐고 생각하시겠지요? 하지만 당신은 제 아버님을 잘 알고 계시니 그것만으로도 저는 당신이 아주 남 같지가 않아요."

"세상에서 저보다 더 당신 것이 되고 싶다는 강렬한 소망에 불타는 사람은 만난 적이 없으실 겁니다." 외젠은 말했다. "여성들이 원하시는 것은 무엇입니까? 행복입니다." 영혼에까지 스며들 듯한 목소리로 그는 말했다. "여성에게 행복이, 사랑과 열렬한 숭배를 받으며 자기 욕망과 변덕과 슬픔과 기쁨을 털어놓을 수 있는 친구를 가지는 것이라면, 사랑스런 결점이든 뛰어난 장점이든 영혼의 밑바닥까지 모든 것을 숨김없이 보여도 배신당할 걱정이 없는 친구를 두는 것이라면, 부디 제 말을 믿어 주십시오. 그처럼 헌신적이고 언제나 변함이 없는 열렬한 마음은, 젊고 아직 꿈에 부풀어 있는, 당신의 눈짓 하나로 목숨조차 버릴 수 있으며 세상에 대해서는 아직 아무것도 모르는, 당신이 곧 세계인지라 다른 세상은 알고 싶은 마음조차 없는 그런 젊은이에게서만 찾을 수 있습니다. 당신은 저의 이 철부지 같은 모습을 보고 아마도 비웃으시겠지요. 저는 촌구석에서 올라온 지 얼마 되지 않아 세상 물정을 모르는 데다 고결한 정신을 가진 사람들만 만나왔거든요. 게다가 저는 연애 같은 건 하지 않겠다고 다짐했었습니다. 하지만 친척인 보즈앙 부인을 만나 그분의 친절한 마음을 바로 옆에서 접하다보니, 저도 정열이라는 수많은 보배를 어렴풋이나마 알게 되었습니다. 저는 케루비노<sup>(보마르세의 작품 《피가로의 결혼》에 나오는 인물)</sup>처럼 모든 여성을 사랑하며, 머지않아 한 여성에게 이 몸을 바칠 날이 오기를 고대하고 있었습니다.

극장에 들어와서 당신의 모습을 보는 순간 저는 마치 물살에 실려 가듯 당신이 있는 곳으로 끌려가는 것을 느꼈습니다. 저는 전부터 당신에 대해서 매우 간절히 생각하고 있었습니다. 하지만 당신이 이토록 아름다운 분이리라고는 상상도 못했습니다. 보즈앙 부인은 당신만 그렇게 뚫어져라 보면 안 된다고 주의까지 주셨습니다. 당신의 새빨간 입술과 흰 살결 그리고 우아한 눈을 바라보면 얼마나 심장이 요동치는지 부인은 모르실 겁니다. 저는 미친 사람 같은 말을 하고 있습니다만, 제발 끝까지 말하게 해주십시오."

이런 달콤한 말로 속삭여 주는 일만큼 여성이 좋아하는 일은 어디에도 없다. 아무리 근엄하고 신앙심 깊은 여자라도, 비록 대답해서는 안 된다는 것을 알고 있다 하더라도 이런 말에는 귀를 기울이게 마련이다.

이렇게 이야기를 시작한 뒤, 라스티냐크는 애교 섞인 나직하고 달콤한 목소리로 생각하고 있던 것을 거침없이 말했다. 뉘싱겐 부인은 계속 말하라는 듯이 외젠을 보고 웃음지으면서, 갈라티온 공작부인의 특별석을 떠나지 않는 드 마르세 쪽으로 때때로 눈길을 던졌다. 라스티냐크는 그녀의 남편이 부인을 데리고 가기 위해 그녀를 찾으러 왔을 때까지 계속 뉘싱겐 부인 옆에 있었다.

"부인, 카릴리아노 공작부인의 무도회 전에 한번 찾아뵙겠습니다." 외젠이 뉘싱겐 부인에게 말했다.

"집사람이 초대한다면 당신은 얼마든지 환영받으실 겁니다." 부인의 남편이 말했다. 알자스 출신의 땅딸막한 남작은, 피둥피둥한 얼굴에 빈틈없는 교활함이 나타나 있었다.

'출발이 제법 순조롭군. "저를 사랑해 주시겠습니까?"하는 말을 듣고도 그녀는 기분 나쁜 표정을 짓지 않았으니까 말이야. 말에 재갈을 물린 셈이니 이제 올라타서 자유자재로 조종할 수 있겠어!' 외젠은 이렇게 생각하면서, 아쥐다 씨와 돌아가려고 일어서는 보즈앙 부인에게 인사를 하러 갔다.

가엾은 학생은, 뉘싱겐 남작부인이 건성으로 듣고 있었다는 것과 마음을 찢어놓을 결정적인 편지가 드 마르세로부터 당장이라도 날아오지 않을까 하며 마음 졸이고 있는 줄은 꿈에도 몰랐던 것이다. 표면적인 성공에 기분이 아주 좋아진 외젠은 자작부인을 전송하기 위해 정면 홀까지 나왔다. 그곳에서는 사람들이 저마다 제 마차가 오기를 기다리고 있었다.

"친척 되시는 그 청년은 아주 몰라보게 달라졌더군요." 외젠이 떠나간 뒤 포르투갈 사람이 웃으면서 자작부인에게 말했다. "은행을 뒤집어엎어 버릴지도 모르겠군요. 뱀장어처럼 민첩한 친구니까 꼭 출세할 겁니다. 그런데 그 많은 사람 가운데서도, 마침 위로를 필요로 하는 부인을 골라 주다니, 과연 당신답군요."

"하지만 저 부인이 자기를 버린 남자를 아직도 사랑하고 있는지, 그걸 모르겠단 말예요." 보즈앙 부인이 말했다.

학생은 이탈리아 극장에서 뇌브생트즈느비에브 거리까지 여러 즐거운 계획을 생각하면서 걸어서 돌아갔다. 그는 자기가 보즈앙 자작부인의 특별석에 있을 때나, 뉘싱겐 부인의 특별석에 있을 때 레스토 부인이 자기를 찬찬히 보고 있다는 것을 알고 있었다. 그는 백작부인 집 문이 이제는 더 이상 닫혀 있지 않을 것이라고 예상했다. 그는 카릴리아노 원수 부인에게도 접근할 생각이었으므로 이리하여 파리 상류사회 한가운데에서 이미 네 개의 강력한 연줄을 갖게 되었다. 어떤 수단을 써야 할 것인지는 본인도 아직 몰랐지만, 사회의 복잡한 이해관계 속에서는 기계 윗부분에 이르려면 어느 톱니바퀴에든 달라붙어야 한다는 것을 꿰뚫어 보고 있었던 것이다. 그리고 자기에게는 그 톱니바퀴를 제어할 수 있는 힘이 있다고 자부했다. '뉘싱겐 부인이 나에게 흥미를 보이면, 그녀에게 남편을 조종하는 법을 가르쳐 줘야지. 그녀 남편은 돈벌이를 아주 잘하는 것 같으니 내게 일확천금을 얻는 방법을 전수해 줄지도 몰라.'

그는 그렇게까지 노골적으로 생각한 것은 아니다. 그는 아직 상황을 정확하게 파악해서 평가하고 계산할 수 있을 만큼의 정치가는 아니었다. 이런 생각은 엷은 구름처럼 지평선 위에 떠있었을 뿐이다. 보트랭의 사상 같은 통렬함은 없었지만 양심이라는 도가니에 넣고 조사해 보면 순수한 것은 아무것도 나오지 않았을 것이다. 사람은 이런 종류의 타협을 거듭한 끝에 오늘날의 시대가 드러내는 그 해이한 도덕에 이르게 된다. 절대로 악에 굴복하지 않는 굳은 의지를 지니고, 정도(正道)에서 빗나가는 것을 죄라고 생각하는 강직한 사람이 오늘날만큼 드문 세상도 없다. 그런 사람들이야말로 성실함의 훌륭한 본보기이며, 몰리에르의 알세스트(인간 혐오자의 주인공)나, 최근의 월터 스콧의 작품에 나오는 제니 딘스(《에든버러 감옥》에나오는 인물)와 그 아버지를 만들어 냈다. 그러나 그것과 대조적인 작품에서, 사교계의 야심가가 체면을 지키면서 그 목적에 이르기 위해서 악과 종이 한 장 차이로 아슬아슬하게 걸어가면서 자기 양심을 속여 가는 과정을 묘사한다면, 그 역시 마찬가지로 아름답고 극적이지 않겠는가.

그의 하숙집 현관에 다다랐을 때 라스티냐크는 뉘싱겐 부인 생각에 완전히 빠져 버렸다. 그녀는 제비처럼 호리호리하고 부드러워 보였다. 보는 사람을 취하게 만드는 듯한 우아한 눈, 피가 흐르는 것까지 보일 듯한 그 부드럽고 매끈한 살결, 사람의 마음을 사로잡는 목소리의 매력적인 울림, 황금색 머리카락…… 그는 그 모든 것을 빠짐없이 기억하고 있었다. 어쩌면 걸어와서 혈액순환이 빨라지는 바람에 그런 환상에 사로잡혀 있는지도 몰랐다. 학생은 고리오 영감의 방문을 힘차게 두드렸다.

"고리오 영감님, 델핀 부인을 만났습니다." 외젠은 말했다.

"어디서요?"

"이탈리아 극장에서요."

"좋아 보이던가요? 자, 들어와요."

셔츠 바람으로 일어난 노인은 문을 열어 주고는 다시 이불 속으로 파고들었다.

"딸애 얘기 좀 들려 주시구려." 고리오 영감이 말했다.

고리오 영감 방에 처음 들어와 본 외젠은 그 딸의 화려한 의상을 보고 온 직후였던 만큼, 영감이 사는 더러운 방을 보고 할 말을 잃었다. 창에는 커튼조차 없었다. 벽지는 습기 때문에 군데군데 벗겨지고 일어나서, 그을음으로 누렇게 변한 회벽이 그대로 드러나 있었다. 영감은 허름한 침대에 누워서, 얄팍한 담요와 보케르 부인 헌옷에서 성한 부분을 잘라 솜을 넣어 만든 발덮개 이불만 달랑 덮고 있었다. 타일을 깐 바닥은 습하고 먼지투성이였다. 창문 맞은편에는 자단나무로 만든 배가 불룩한 옷장이 있고, 옷장에는 포도덩굴 모양으로 청동을 비틀어 꽃과 나뭇잎 따위로 꾸민 손잡이가 달려 있었다. 나무 선반이 달린 낡은 옷장 위에는 세숫대야 안에 주전자와 수염을 깎는 도구들이 놓여 있었다. 방 한구석에 구두가 놓여 있고 침대 머리맡에는 대리석 판은커녕 문짝도 없는 곁탁자가 있었다. 불을 땐 흔적도 없는 난로 옆에는 호두나무로 만든 네모난 탁자가 있었는데 그 탁자 가로대가 고리오 영감이 금도금한 은식기를 우그러뜨릴 때 썼던 것이다. 영감의 모자가 놓여 있는 볼품없는 책상과 짚북데기를 채운 팔걸이의자와 평범한 의자 두 개가 이 방에 있는 초라한 가구의 전부였다. 천장에 붙어 있는 침대 커튼걸이에는 빨강과 흰색으로 된 빛바랜 체크무늬 천이 늘어져 있었다. 아무리 가난하고 어린 심부름꾼 아이가 사는 다락방일지라도 보케르 집의 고리오 영감 방보다 더 형편없지는 않을 것이다. 이 방의 광경은 한기를 느끼게 하고 심장을 죄어댔다. 그 방은 가장 을씨년스러운 감방을 떠오르게 했다. 다행히 고리오 영감은 외젠이 곁탁자 위에 촛불을 놓았을 때 지었던 표정을 미처 보지 못했다. 영감은 턱까지 담요를 끌어 덮은 채 외젠 쪽으로 얼굴을 돌렸다.

"어떻던가요? 레스토 부인과 뉘싱겐 부인 가운데 누가 더 좋습디까?"

"뉘싱겐 부인이 더 좋습니다. 그 부인이 당신을 더 사랑하고 있으니까요." 학생은 대답했다.

진심이 담긴 이 말에 영감은 침대에서 팔을 빼 외젠의 손을 잡았다.

"고맙소, 고마워요." 노인은 감격해서 말했다. "그 애가 나에 대해 뭐라고 말하던가요?"

학생은 남작부인이 말한 것을 더 미화해서 들려 주었다. 노인은 마치 신의 목소리라도 듣는 것처럼 그 말에 귀를 기울였다.

"귀여운 내 딸! 아무렴 그렇지! 그 애는 나를 아주 사랑해요. 그렇지만 아나스타지에 대해서 그 애가 말한 것을 곧이들으면 안 돼요. 그 애들은 서로 질투를 하고 있으니까 말이오. 그것도 다 딸애들이 나를 사랑한다는 증거지만요. 레스토 부인도 나를 정말 사랑하고 있어요. 나는 잘 알 수 있어요. 아버지가 자식을 대하는 마음은 하느님이 우리들을 대하는 마음과 같으니까요. 마음속까지 훤히 들여다보여서 그 애가 무슨 생각을 하는지 다 알 수 있어요. 딸애들은 둘 다 정이 많은 성격이라오. 거기다 사위들만 착했더라면 나는 정말 행복했을 텐데. 세상엔 완전한 행복이란 없는가 보오. 딸애들하고 같이 살 수만 있다면 얼마나 좋겠소. 옛날 내 집에서 함께 살 때처럼, 그 애들의 목소리를 듣고, 그 애들이 바로 옆에 있는 것을 느끼고, 그 애들이 왔다갔다 하는 것을 볼 수 있다면 내 심장은 터질 거예요. 둘 다 예쁘게 차려입고 있던가요?"

"네." 외젠이 말했다. "그런데 고리오 영감님, 그렇게 잘 사는 따님들이 있는데, 영감님은 어째서 이렇게 누추한 방에 계시는 겁니까?"

"뭘요." 그는 무관심해 보이는 태도로 말했다. "더 좋은 곳에서 산들 무슨 소용이 있겠소? 나는 아무래도 그런 것을 잘 설명할 수가 없구려. 조리 있게 말하는 게 너무 어려워서 말이오. 모든 건 다 이 안에 있소." 고리오 영감은 가슴을 툭툭 치면서 말했다.

"이 내 생명은 두 딸의 마음속에 있소. 딸애들이 즐거워하고, 행복하고, 훌륭한 옷을 입고 양탄자 위를 걸을 수 있다면, 나야 무슨 옷을 입고 어디서 잠을 자든 무슨 상관이 있겠소? 그 애들이 따뜻하게 지내고 있으면 나도 춥지 않고, 그 애들이 웃으면 나도 괴로울 게 없어요. 내 슬픔은 그 애들의 슬픔뿐이라오. 당신도 나중에 아버지가 되어서 자식들이 재잘거리는 소리를 들으며 '이 애들은 내 속에서 나온 애들이다' 생각하면, 그 귀여운 것들이 당신의 피 한 방울 한 방울과 이어져 있다는 것을 느낄 수 있을 거요. 그들은 당신 피의 정수니까요. 그리고 당신은 그 애들의 피부와 단단히 이어져 있다는 것을 느끼고, 그 애들이 걸으면 자기도 걷고 있는 것처럼 느끼게 될 거요. 어디에 있든 아이들의 목소리가 귓가에 들려옵니다. 딸애들의 서글픈 눈을 보면 내 피는 얼어붙고 말아요. 언젠가 당신도 자기 자신의 행복보다 자식들의 행복이 훨씬 더 기쁘다는 걸 알게 될 거요. 잘 설명할 수는 없지만, 뭐랄까, 마음속이 느긋해져서 몸속 전체가 기분 좋고 편안해진다고나 할까요? 요컨대 나는 세 사람 몫을 살고 있는 거요.

이상한 소리 같겠지만, 나는 아버지가 되고 나서 처음으로 하느님이란 것을 알았소. 하느님은 어디에나 계신다오. 삼라만상이 모두 하느님으로부터 나온 것이니까요. 라스티냐크 씨. 나도 딸들에 대해서는 그와 마찬가지요. 다만 나는 하느님이 이 세상을 사랑하시는 것보다 더 내 딸들을, 사랑하고 있소. 왜냐하면 세상은 하느님만큼 아름답지 않지만, 내 딸들은 나보다 더 아름답기 때문이지요. 딸애들은 내 영혼에 이어져 있으므로, 나는 당신이 오늘 저녁 그 애들을 만나리라는 것도 이미 예감하고 있었소. 여자는 남자에게 사랑받을 때 참된 행복을 느끼는데, 정말이지 그 귀여운 델핀을 행복하게 해 주는 사내가 있다면, 나는 그의 장화를 닦아 주고 심부름도 마다하지 않을 거요. 딸애 몸종한테 듣고 알았는데, 그 마르셍지 뭔지 하는 인간은 아주 고약한 놈인 것 같더구려. 그 놈의 목을 비틀어 주고 싶은 마음도 여러 번 들었소. 꾀꼬리처럼 사랑스러운 목소리에, 모델같이 멋들어진 몸매를 가진 그런 보석 같은 여자를 사랑하지 않다니! 그 땅딸보 알자스 놈하고 결혼을 하다니, 도대체 그 애는 눈이 어디에 달려 있는지 모르겠단 말이야. 내 딸애들한테는 허우대도 좋고 됨됨이도 훌륭한 젊은 남자가 필요했는데. 그런데 그 애들은 제 마음대로 골라 결혼해 버렸다오."

고리오 영감은 숭고했다. 외젠은 그처럼 부성애에 불타는 모습을 본 적이 없었다. 여기서 주목할 것은, 감정이 가지는 강력한 침투력이다. 아무리 거칠고 보잘것없는 사람이라도 강력하고 진실한 감정을 나타낼 때는 그 사람으로부터 특수한 유동체가 발산되어 얼굴 표정이 달라지고 동작이 활발해지며 목소리에는 윤이 흐르게 된다. 때때로 둘도 없이 우둔한 인간이라도 정열의 힘에 의해 언어가 아니라 정신적인 면에서 가장 우수한 웅변의 영역에 이르게 된다. 그럴 때면 그는 찬란한 빛 속에서 움직이고 있는 것처럼 보인다. 바로 지금 영감의 목소리와 움직임 속에는 위대한 배우 못지않은 전달력이 있었다. 애당초 우리들의 아름다운 감정이란 의지의 시(詩)가 아니겠는가?

"그러면 따님이 드 마르세와 헤어질 것 같다고 말씀드려도 영감님은 언짢게 생각하지 않으시겠군요?" 외젠이 말했다. "그는 갈라티온 공작부인과 사귀기 위해 따님을 버렸습니다. 저는 오늘 밤 델핀 부인을 사랑하게 되고 말았습니다만."

"설마." 고리오 영감이 말했다.

"정말입니다. 따님도 싫진 않은 모양이었습니다. 우리는 한 시간이나 사랑에 대한 얘기를 나누었습니다. 그리고 모레 토요일엔 따님을 만나러 가기로 했습니다."

"아, 당신이 그 애의 마음에만 들어 준다면 나도 당신을 더없이 사랑하게 될 거요. 당신은 착하니까 그 아이를 괴롭히거나 하진 않겠지요. 딸애를 배반이라도 한다면 누구보다도 먼저 내가 당신 목을 자를 거요! 여자는 두 남자를 사랑할 수 없소. 알겠어요? 아니, 어쩌다 보니 바보 같은 소리를 지껄이고 있었구려. 당신한텐 이 방이 좀 춥지요? 그래, 당신은 그 애와 얘기를 했다고요. 나한테 전하는 말은 없던가요?"

'아무 말도 없었어요'하고 외젠은 생각했지만 큰 소리로 이렇게 말했다. "그분은 딸로서 진정한 사랑이 담긴 키스를 보낸다고 했습니다."

"그럼 잘 가시오, 이웃 학생. 잘 자고 멋진 꿈을 꾸어요. 나도 지금 그 한 마디로 좋은 꿈을 꿀 수 있을 것 같구려. 아무쪼록 하느님께서 당신의 소원을 모조리 이루어 주시길 바라오. 오늘밤 당신은 나에게 천사처럼 친절을 베풀어 주었소. 딸애 주변을 감싸고 있던 공기를 가져다 주었거든요."

'불쌍한 영감님이다.' 외젠은 잠자리에 들면서 생각했다. '마음이 아무리

대리석처럼 차가워도 감동하지 않고는 못 배길 거다. 저 양반 딸은 터키 황제에 대한 것만큼도 아버지를 생각하지 않는데.'

이 대화를 주고받은 뒤부터는 고리오 영감은 옆방 학생을 뜻하지 않았던 상담역 또는 친구처럼 대하게 되었다. 이윽고 두 사람 사이에는 이 노인을 다른 사람과 결합할 수 있는 유일한 관계인 교우관계가 만들어졌다. 정열은 결코 계산을 잘못하지 않는다. 고리오 영감은 외젠이 남작부인과 친밀한 관계가 되면 자기도 딸인 델핀과 좀더 가까워져서 전보다는 환영받을 수 있으리라고 기대했던 것이다. 게다가 영감은 자기 고민 한 가지를 외젠에게 털어놓았다. 그가 하루에도 몇 번씩 뉘싱겐 부인의 행복을 기도하고 있지만, 부인은 아직 사랑의 기쁨을 맛본 적이 없다는 것이었다. 영감님의 표현을 빌리면, 틀림없이 외젠은 그가 지금까지 만나본 사람 가운데 가장 훌륭한 젊은이이므로, 고리오는 지금까지 딸이 가질 수 없었던 모든 기쁨을 그가 줄 수 있으리라고 예감했다. 그래서 영감은 옆방 학생에게 날이 갈수록 더욱더 커지는 우정을 품기 시작했는데, 그런 교우관계가 없었다면 우리는 이 이야기의 결말도 알 수 없었을 것이다.

이튿날 아침식사 때 고리오 영감은 외젠 옆에 앉아서 보란 듯이 그의 얼굴을 빤히 쳐다보며 말을 걸었다. 게다가 평소에는 마치 석고상 같았던 그의 표정이 완전히 달라졌으므로 하숙인들을 깜짝 놀라게 했다. 앞서 있었던 대화 이후 처음으로 학생과 얼굴을 마주한 보트랭은 그의 속내를 읽어내려고 애쓰는 듯이 보였다. 외젠은 어젯밤 내내 자기 눈앞에 펼쳐진 드넓은 영역을 측정해 본 뒤였으므로, 이 사내의 계획을 떠올리자 타유페르 양의 지참금 문제를 생각하며 아주 도덕적인 청년이 부유한 상속녀를 보는 눈으로 빅토린을 보았다.

우연히 두 사람의 눈이 마주쳤다. 가엾은 처녀는, 새 옷을 입은 외젠을 매력적이라고 생각했다. 두 사람이 주고받은 눈길이 매우 의미심장했으므로, 외젠은 자기가 모든 아가씨들의 마음을 사로잡고, 그녀들을 처음 만난 유혹적인 사나이에게 빠져들게 만드는 막연한 욕망의 대상이 되었다는 것을 더는 의심하지 않았다. 한 목소리가 그에게 "80만 프랑!"이라고 소리치고 있었다. 그러나 외젠은 이내 전날의 기억으로 되돌아가서 뉘싱겐 부인에 대한 자기의 계획적인 정열은, 저도 모르게 일어나는 사념에 더없이 좋은 해독제가 된다고 생각했다.

"어젯밤에는 이탈리아 극장에서 로시니의 〈세비야의 이발사〉를 하고 있더 군요. 그런 훌륭한 음악은 지금까지 들어본 적이 없었어요." 라스티냐크는 말했다. "정말 이탈리아 극장에 특별석을 가질 수 있다면 얼마나 좋을까요."

고리오 영감은 마치 개가 주인의 움직임을 지켜보듯이 그의 말을 한 마디 도 놓치지 않고 가만히 듣고 있었다.

"당신들은 참 팔자도 좋수. 남자들은 뭐든 자기 하고 싶은 대로 할 수 있 으니 말이야." 보케르 부인이 말했다.

"집에는 어떻게 돌아왔나? 뭘 타구……" 보트랭이 물었다.

"걸어서 왔어요." 외젠이 대답했다.

"나 같으면 어중간한 즐거움은 질색이야! 내 마차를 타고 가서 내 특별석 에서 공연을 보고, 쾌적하게 돌아올 수 없다면 안 가는 게 낫지. 전부냐 아 니냐, 그것이 내 신조거든." 보트랭이 유혹하며 말했다.

"거 참 좋은 신조군요." 보케르 부인이 말했다.

"뉘싱겐 부인을 만나러 갈 생각이시지요?" 외젠은 작은 목소리로 고리오 영감에게 말했다. "틀림없이 부인은 두 팔을 벌려 환영할 거예요. 나에 대해 서 이것저것 묻고 싶은 게 많을 테니까요. 제가 들은 바에 따르면, 따님은 어떻게 해서든 제 친척인 보즈앙 자작부인 집에 초대받고 싶어하신다더군 요. 저는 그분이 좋기 때문에 어떻게든 그 소원을 이뤄 드리고 싶습니다. 그 점을 잊지 말고 전해 주십시오."

라스티냐크는 서둘러 법과대학 쪽으로 떠났다. 이 구역질나는 하숙집에 머무는 시간을 조금이라도 줄이고 싶었기 때문이다. 그는 너무 격렬한 희망 에 사로잡힌 청년들이 걸리는 열병을 앓으며 거의 온종일을 빈둥빈둥 돌아 다녔다. 보트랭의 설득에 재촉되어 사회생활에 대해 골똘히 생각하던 그는 뤽상부르 공원에서 우연히 친구인 비앙숑을 만났다.

"왜 그렇게 심각한 얼굴을 하고 있나?" 뤽상부르 궁전 앞을 산책하기 위 해 그의 팔을 잡아끌면서 의학도가 말했다.

"나는 좋지 않은 생각으로 고민하고 있어."

"어떤 종류의 생각인가? 생각은 고칠 수 있다네."

"어떻게?"

"생각한 대로 실행하는 거지."

"무슨 일인지 알지도 못하면서 놀리지 말게. 자네는 루소를 읽어 보았나?"

"읽어 보았지."

"파리에서 한 걸음도 움직이지 않은 채 자기 의지의 작용만 가지고 중국에 있는 늙은 고관을 죽일 수 있으며, 그로써 재산까지 손에 넣을 수 있다면 당신은 어떻게 하겠느냐고, 루소가 독자에게 묻는 대목을 기억하나?"

"기억하지."

"자네라면 어떡하겠나?"

"나는 지금 서른세 명째 중국 고관을 해치우고 있는 중일세."

"농담은 집어치우게! 그런 일이 정말 가능하고 자네는 그저 고개를 한번 끄덕이기만 하면 된다고 할 때, 자넨 어떡하겠나?"

"그 고관이란 사람은 나이가 많은가? 하지만 젊었든 늙었든, 병이 들었든 건강하든, 글쎄다…… 음, 역시 나는 싫네."

"자네는 훌륭한 사나이야, 비앙숑. 그런데 만약 자네가 한 여인에게 자네의 영혼까지 바칠 정도로 홀딱 반해서 몸치장이라든가 마차라든가 그녀의 온갖 허영을 채워 주기 위해 어마어마한 돈이 필요하다면?"

"이보게나, 친구, 그건 내 이성을 빼앗아 버리고 나서 내게 이성을 발휘하라는 소리가 아닌가?"

"바로 그거야. 비앙숑, 나는 미쳤어. 날 좀 고쳐 주게. 내게는 아름답고 순진한 천사와도 같은 여동생이 둘 있는데, 나는 그녀들을 행복하게 해 주고 싶어. 동생들의 지참금으로 필요한 20만 프랑을 앞으로 5년 안에 어떻게 마련해야 좋겠나? 살다보면 '도' 아니면 '모'의 승부를 걸어야 할 때도 있는 거야. 푼돈이나 벌면서 자기 행복을 깎아 버리고 싶지 않다면 말이야!"

"자네가 내놓은 그 문제는 인생의 출발점에 선 사람이면 누구나 부딪치는 문제야. 자네는 엉클어진 고르디아스의 매듭*13을 단칼에 끊을 생각을 하고 있어. 하지만 그런 일은 알렉산드로스 대왕쯤 돼야 할 수 있지, 실패하면 바로 교도소행이라고. 나는 시골로 돌아가서 아버지 대를 이어 조촐한 생활을

---

*13 풀기 어려운 문제. 고르디아스의 제우스 신전에 매듭을 푸는 자가 아시아의 지배자가 될 것이라는 신탁이 내려지자, 알렉산드로스 대왕이 매듭을 단칼에 잘라 버렸다.

하게 되겠지만, 그것으로 만족해. 인간의 감정은 아무리 조그마한 데서라도 드넓은 세계에서처럼 충분히 만족할 수 있는 것이란 말이야. 나폴레옹이라고 저녁을 두 번씩 먹지 않았고, 카퓌생 병원에서 인턴을 하고 있는 의학생보다 애인을 많이 거느렸던 것도 아니야. 사람의 행복이란 건 어디까지나 발바닥에서 뒤통수 사이에 들어 있는 거야. 1년에 백만 프랑을 쓰든 2천 프랑을 쓰든 내적 자각이란 점에서 보면 다 똑같거든. 그러니까 나는 중국인을 살려두겠어."

"고맙네, 비앙숑. 자네 말을 들으니 머리가 맑아지는군. 언제까지나 친구로 있어 주게나."

"그건 그렇고, 동식물원에서 강의를 듣고 나오다가 조금 전에 미쇼노와 푸아레를 우연히 보았는데, 벤치에 앉아서 어떤 남자와 지껄이고 있더군. 그 남자는 작년에 의사당 근처에서 소동이 일어났을 때*14 본 녀석인데, 아무래도 경찰의 끄나풀 같단 말이야. 연금으로 살아가는 건실한 시민으로 변장하고 있긴 했지만. 그 두 사람을 조심하게. 이유는 다음에 얘기하지. 자, 그럼 잘 가게. 나는 4시에 출석을 부르기 때문에 대답하러 가야 해." 비앙숑이 말했다. 외젠이 하숙집에 돌아와 보니 고리오 영감이 그를 기다리고 있었다.

"여기, 딸애가 보낸 편지요. 어때요, 글씨가 아주 예쁘지요?" 영감이 말했다.

외젠은 편지를 뜯었다.


'외젠 씨, 이탈리아 음악을 좋아하신다고 아버지께 들었습니다. 부디 저희 특별석에 와 주신다면 정말 기쁠 거예요. 토요일에는 포도르와 펠레그리니가 노래하니, 꼭 와 주시리라고 믿고 있겠습니다. 남편 뉘싱겐도 가벼운 기분으로 저녁식사에 와주십사고 말했습니다. 제 청을 들어 주신다면 저를 극장에 데리고 가야 하는 남편의 고역으로부터 벗어날 수 있기 때문에 틀림없이 기뻐할 거예요. 답장은 주지 않으셔도 좋으니 꼭 와 주시기 바랍니다.

D 드 N'

---

*14 1818년 10월, 하원선거가 있던 때 파리에서 소규모의 소동이 일어났다.

"내게도 좀 보여 주지 않겠소? 외젠이 편지를 다 읽고 나자 영감이 말했다.

"당연히 갈 거지요?" 영감은 편지지 냄새를 맡고 나서 덧붙였다. "좋은 냄새가 나네요! 그 애 손가락이 여기에 닿았었단 말이오."

'여자는 이런 식으로 남자에게 달려들지 않아. 드 마르세를 다시 돌아오게 하기 위해서 나를 이용하려는 거야. 여자가 이렇게까지 하다니 어지간히 분한 게 틀림없어.' 학생은 생각했다.

"왜 그러오? 무얼 그리 생각하시오?" 고리오 영감이 말했다.

외젠은 그 시절 일부 여자들이 사로잡혀 있는 허영심이 얼마나 엄청난지 전혀 몰랐고, 생제르망 지구의 살롱에 받아들여질 수만 있다면 은행가의 아내는 어떠한 희생도 마다하지 않는다는 점을 알지 못했다. 그 무렵은 생제르망 지구의 사교계에 출입하는 여자들을 다른 여자들보다 한 단계 높이 쳐주기 시작하던 시기로서, 그녀들을 '프티샤토(작은 왕궁)*15의 귀부인들'이라고 불렀다.

그 가운데에서도 보즈앙 부인과 그 친구인 랑제 공작부인, 모프리뇌즈 공작부인들이 으뜸으로 손꼽혔다. 쇼세 당탱 지구에 사는 여자들이 성좌처럼 찬란하게 빛나는 상류 사교계에 들어가기를 얼마나 열광적으로 바라는지를 모르는 사람은 라스티냐크뿐이었던 것이다. 그러나 다행히 그 시기심이 그에게 냉정함을 주었고, 저쪽에서 조건을 붙이는 대신 이쪽에서도 조건을 내미는 슬픈 힘을 외젠은 이미 지니고 있었다.

"당연히 가야죠." 그는 대답했다.

외젠은 강렬한 호기심에 이끌려 뉘싱겐 부인의 저택을 방문했는데, 만일 부인이 그를 업신여기고 있었더라면 아마 열정에 휩싸여 부인에게 달려갔을 것이다. 하지만 그는 역시 이튿날 떠날 시간을 목이 빠지게 기다렸다. 청년에게 최초의 정사(情事)는 첫사랑 못지않게 매력적인 것이다.

남자들은 그것을 입으로 말하지는 않지만, 반드시 성공한다는 확신은 셀 수 없이 많은 기쁨을 만들어 내며, 오직 그 이유 때문에 어떤 종류의 여자들에게 남자들이 이끌리는 것이다.

---

*15 궁정이 있던 튈르리 궁을 샤토(왕궁)라 불렀고, 귀족들의 사교계인 생제르망 지구는 프티샤토(작은 궁정)이라고 불렸다.

욕망은 승리의 어려움에서 생겨나지만 반대로 쉬움에서도 생겨난다. 남자의 모든 정열은 사랑의 왕국을 둘로 가르는 이 두 가지 원인 가운데 어느 한 쪽에 의해 자극되고 유지된다. 이 분할은 누가 뭐라던 사회를 지배하는 기질이라는 큰 문제의 귀결인지도 모른다. 우울한 남성에게는 여성의 교태 섞인 거절이라는 강장제가 필요하며, 신경질적이고 다혈질인 남성은 저항이 너무 길어지면 달아나 버리고 만다. 다시 말하면, 비가(悲歌)는 본질적으로 임파질적인 것이며, 바커스 찬가는 담즙질적인 것이다. 몸단장을 하면서 외젠은 놀림거리가 될까봐 청년들이 그다지 입에 올리지는 않지만, 그들의 자존심을 기분 좋게 자극하는 여러 가지 소소한 행복을 맛보았다. 머리에 빗질을 하면서도 그는 아름다운 여인의 눈길이 이 검은 곱슬머리 위로 쏟아질 것이라고 생각하고, 젊은 아가씨가 무도회에 갈 때 하는 것 같은 유치한 몸짓을 지어 보기도 했다. 외젠은 옷의 구김살을 펴면서 늘씬한 자기 몸매를 황홀하게 바라보았다. '세상에는 더 볼품없는 자식들이 얼마든지 있다.' 그는 생각했다. 그리고 아래층으로 내려갔는데 마침 하숙생들이 저녁을 먹으려고 모두 식탁에 모여 앉아 있었다. 그의 세련된 몸치장은 뜨거운 환호성을 불러일으켰고, 외젠은 그들의 찬탄을 기쁘게 받아들였다. 하숙집 특유의 두드러진 풍속 하나는 말끔하게 차려입은 복장에 찬사를 아끼지 않는다는 점이다. 하숙집에서는 누구든 새 옷을 입으면, 다른 모든 하숙생들로부터 반드시라고 할 만큼 한 마디씩 듣게 된다.

"쯧쯧쯧." 비앙송은 마치 말이라도 모는 듯이 혀를 찼다.

"상원의원이나 공작님 같은 모습이로군요." 보케르 부인이 말했다.

"여자를 낚으러 가시는 모양이죠?" 미쇼노 양이 지적했다.

"꼬끼오!" 화가가 소리쳤다.

"부인께 안부 전해 주게." 박물관 직원이 말했다.

"라스티냐크 씨에게 부인이 있나요?" 푸아레가 물었다.

"부인은 부인인데 방수가 되어 있어서 물 위로 떠오르지. 색이 바라지 않는다는 보증서도 있고, 가격은 25수에서 40수. 최신 유행의 체크무늬에 세탁도 할 수 있고, 입은 느낌도 최고야. 마(麻)와 면(綿)과 양모가 섞여 있고, 치통이나 다른 왕립의학아카데미에서 공인한 온갖 병에도 잘 듣지. 특히 애들한테 효력이 빨리 나타나고, 두통과 과식 및 식도염, 눈병, 귓병에 약효

가 좋아." 보트랭이 떠버리 약장사 같은 익살스런 능변으로 쉬지 않고 주워
섬겼다. "그러면 그 엄청난 만병통치약이 대관절 얼마냐고요? 2수? 아니,
아닙니다. 모두 공짜예요. 이것은 몽골 대제께 진상하고 남은 물건으로 바덴
대공을 비롯해서 유럽의 모든 군주·국왕·황제가 꼭 한번 보고 싶다고 한 대
단한 물건이지요! 자아 자, 이리들 오세요! 돈은 저쪽 창구에 내시고, 음악
을 틀어라! 부룽 랄라 뜨랑 랄라 붕 붕! 이봐, 거기 클라리넷, 음정이 틀렸
잖아." 그는 쉰 목소리로 계속했다. "이거 이거 안 되겠구먼, 한 번 혼쭐이
나야 정신을 차리지!"

"어머나, 저 양반은 참 어쩌면 저렇게도 재미있을까?" 보케르 부인이 쿠
튀르 부인에게 말했다. "저 양반하고 있으면 심심하지가 않다니까요."

보트랭의 익살스런 얘기에 이끌려 다들 와아 하고 웃음을 터뜨리며 농담
을 주고받았는데, 그 속에서 외젠은 타유페르 양의 훔쳐보는 듯한 눈길을 알
아챘다. 그녀는 쿠튀르 부인 쪽으로 몸을 기울여 귓전에 뭐라고 속삭이고 있
었다.

"마차가 왔어요." 실비가 말했다.

"저 친구, 어디로 저녁을 먹으러 가는 거야?" 비앙숑이 물었다.

"뉘싱겐 남작부인 댁이에요."

"고리오 영감님 따님 집이야." 학생이 대답했다.

그 이름을 듣고 모두의 눈길이 왕년의 제면업자에게 쏠렸지만, 노인은 부
러운 눈초리로 외젠을 바라보고 있었다.

라스티냐크는 생라자르 거리에 닿았다. 그 집은 가느다란 돌기둥이 늘어
선 빈약한 회랑으로 둘러진 경박한 저택이었다. 이것이 이른바 파리에서 아
름다운 저택이라고 칭찬하는 집으로, 부조 장식이라든가 석회와 찰흙을 섞
어 바른 솜씨, 모자이크 대리석을 깐 층계참 등 은행가의 집답게 돈을 아끼
지 않은 흔적이 그대로 드러나 있었다. 뉘싱겐 부인은 이탈리아 회화가 걸려
있는 작은 응접실에 있었는데 그 방은 꼭 카페 같이 꾸며져 있었다. 남작부
인은 우울해 보였다. 마음의 상처를 애써 감추려 하는 부인의 모습은 연기하
는 것 같은 어색한 점이 한군데도 없었기에 더욱더 외젠의 흥미를 끌었다.
자기가 와주기만 하면 여자가 기뻐할 것이라고 생각했는데, 부인이 절망에
빠져 있는 모습을 보자 자존심에 상처를 입었다.

"부인께는 제가 전혀 미덥지 못한 모양이군요." 그는 부인의 걱정스러운 표정을 놀리듯이 말했다.

"하지만 제가 방해가 된다면 솔직히 말씀해 주십시오. 부인은 거짓을 모르는 분이라고 믿고 있으니까요."

"여기 계셔 주세요. 당신께서 가버리시면 저는 외톨이가 되고 말아요. 남편은 밖에서 식사를 하고 오실 텐데, 저는 혼자 있고 싶지 않아요. 마음을 다른 데로 돌릴 필요가 있거든요."

"무슨 일이십니까?"

"다른 사람에겐 말해도 당신한테만은 말하고 싶지 않아요!" 그녀는 소리쳤다.

"저는 꼭 듣고 싶군요. 저하고도 관계가 있는 비밀입니까?"

"어쩌면 그럴지도 모르죠. 아녜요, 거짓말이에요! 마음 속 깊이 간직해 두어야 할 하찮은 부부싸움이에요. 그저께도 말씀드렸지요? 저는 조금도 행복하지 않다고요. 세상에서 제일 무거운 건 황금 족쇄예요."

한 여자가 젊은 남자에게 자기의 불행을 털어놓을 때, 그 젊은이가 총기 있고, 훌륭한 옷을 입었으며, 주머니에 1천 5백 프랑을 가지고 있다면, 그는 외젠이 생각한 것과 똑같은 생각을 하며 자만에 빠질 것이다.

"여기서 더 무엇을 바라십니까?" 그는 대답했다. "당신은 아름답고, 젊고, 사랑받고, 부자인데 말입니다."

"제 얘기는 이제 그만해요." 그녀는 서글프게 고개를 저으면서 말했다. "마주 앉아 식사해요. 그리고 더없이 아름다운 음악을 들으러 가요. 어때요? 마음에 드세요?" 부인은 일어서면서 말하고는 자신이 입고 있는 옷을 가리켜 보였다. 페르시아풍(風) 무늬가 있는 흰 캐시미어 드레스로, 말할 수 없이 호화롭고 사치스러워 보였다.

"당신의 모든 것이 제 것이라면 좋겠습니다. 당신은 참으로 아름다우세요."

"거추장스런 짐을 지게 될 거예요." 쓸쓸히 웃으면서 부인이 말했다. "여기에는 불행을 나타내는 것이라고는 전혀 없지만, 그런 겉모습과는 정반대로 저는 끔찍한 절망에 빠져 있어요. 괴로워서 밤에도 잠을 잘 수가 없어요. 머지않아 보기 흉한 여자가 되고 말 거예요."

"천만에요! 그런 일은 있을 수 없습니다." 학생이 말했다. "그러나 진실한 애정으로도 씻어 드릴 수 없는 그 걱정거리가 무엇인지 꼭 듣고 싶군요."

"말씀드리고 나면 당신은 제게서 달아나 버리실 거예요." 그녀는 말했다. "당신은 저를 사랑한다고 말씀하시지만, 듣기 좋은 말로 저를 추어올려주실 뿐이에요. 그런 건 남자들에게 유행복 같은 것과 다름없어요. 그렇지만 저를 진정으로 사랑해 주신다면 당신은 무서운 절망에 빠지게 되실 거예요. 그러므로 저는 침묵을 지킬 수밖에 없는 거예요. 제발 부탁이니 다른 얘길 해요. 제 방을 구경하시겠어요?"

"아닙니다. 여기 있도록 해요." 외젠은 난로 앞에 있는 긴의자에 앉아 있는 뉘싱겐 부인 옆에 자리를 잡으며 자신만만하게 부인의 손을 잡았다.

그녀는 그가 하는 대로 손을 맡겼을 뿐 아니라 깊은 감동을 받은 듯이 청년의 손을 꽉 쥐기까지 했다.

"아시겠어요?" 라스티냐크는 말했다. "걱정거리가 있으시면 저에게 털어 놓으세요. 저는 오직 당신에게 반해서 당신을 사랑하고 있다는 것을 증명할 수 있습니다. 당신이 이유를 말해서 사내를 여섯이나 죽여야 한다 하더라도 당신의 고민을 없애 버리고 싶습니다. 그러니 말씀을 해 주십시오. 그렇지 않으면 이대로 나가서 다시는 오지 않을 것입니다."

"그렇게까지 말씀하시면 어쩔 수 없군요." 그녀는 절망적인 기분에 사로잡혀 이마를 두드리며 소리쳤다. '그럼 곧바로 당신을 시험해 보겠어요. 그렇지, 이제 어쩔 수 없어.' 그녀는 속으로 이렇게 생각하며 초인종을 눌렀다.

"나리 마차에 말이 매어 있느냐?" 그녀는 하인에게 물었다.

"예, 마님."

"내가 그 마차를 쓸 테니 나리께는 내 마차와 말을 쓰시라고 해. 저녁식사는 7시 반에 하마."

"자, 이리 오세요." 부인은 외젠에게 말했다.

그는 뉘싱겐 씨의 사륜마차에 부인과 나란히 앉아 있으면서 꿈을 꾸고 있는 것이 아닌가 싶었다.

"팔레 루아얄로 가줘. 프랑세즈 극장 옆에 있는." 그녀는 마부에게 말했다.

도중에 그녀는 몹시 흥분해 있는 것 같아 보였고, 외젠의 온갖 질문에도 대답을 거절했기 때문에, 그는 도저히 파고들 틈이 없는 이 완고하고 조용한 저항을 어떻게 생각해야 좋을지 몰랐다.

"이 여자는 벌써 내게서 달아나려 하고 있구나." 그는 생각했다.

마차가 멈추자, 남작부인은 그의 정신 사나운 물음에 침묵을 강요하는 표정으로 학생을 보았다.

"정말로 저를 사랑하시나요?" 그녀가 물었다.

"그렇습니다." 솟구쳐오르는 불안을 감추면서 학생이 대답했다.

"제가 어떤 부탁을 하더라도 저를 나쁘다고 생각하지 않으시겠어요?"

"물론이지요."

"제가 말하는 대로 해 주실 수 있어요?"

"어떤 일이라도."

"도박장에 가 보신 일이 있으세요?" 그녀는 떨리는 소리로 물었다.

"아뇨, 한 번도 가보지 않았습니다."

"아아! 그 대답으로 안심했어요. 틀림없이 운이 따를 거예요. 여기, 제 지갑이에요. 이것을 가지세요. 백 프랑 들어 있는데, 그것이 이 행복한 여자가 가지고 있는 돈의 전부예요. 이걸 가지고 도박장으로 가세요. 어디 있는지는 모릅니다만 팔레 루아얄 안에 있다는 것만은 알고 있어요. 이 백 프랑을 룰렛인가 뭔가라는 도박에 걸어서 모조리 날리든가, 6천 프랑을 가지고 돌아오세요. 돌아오시면 제 괴로움을 말씀드리겠어요."

"얼떨떨해서 뭐가 뭔지 영 모르겠습니다만, 어쨌든 말씀하시는 대로 하지요." 그는 '이걸로 그녀는 나에게 약점을 잡혔으니 앞으로 무얼 요구해도 거절하지 못할 거야'라고 생각하고 속으로 기뻐하며 대답했다.

외젠은 예쁘장한 지갑을 받아 들고 헌옷 상인에게 가장 가까운 도박장이 어딘지 물어보고 9번지*16로 달려갔다. 그는 도박장에 도착하자 모자를 맡기고 안으로 들어가서 룰렛 장은 어디 있느냐고 물었다. 손님들이 어처구니없다는 표정으로 쳐다보는 가운데 사환이 그를 길쭉한 테이블 앞으로 데리고 갔다. 구경꾼들이 지켜보는 가운데 외젠은 주눅 든 기색도 없이 돈은 어디에 놓느냐고 물었다.

---

*16 당시 팔레 루아얄 9번지, 36번지, 113번지, 129번지, 154번지에 도박장이 있었다.

"이 36개의 숫자 중 하나에 1루이($\frac{금화\ 하나.}{20프랑}$)를 올려놓고, 만일 그 숫자가 나오면 36루이를 받을 수 있습니다." 점잖게 생긴 백발노인이 그에게 말했다.

외젠은 백 프랑을 자기 나이인 21이라는 숫자 위에 내던졌다. 그가 미처 제정신을 차릴 겨를도 없이 주위에서 감탄하는 소리가 들려왔다. 그는 이겼던 것이다.

"돈을 거둬들이세요. 이런 식으로 두 번 계속해서 이기는 일은 없습니다." 노신사가 그에게 말했다.

외젠은 노인이 내민 갈퀴를 받아들고 3천 6백 프랑을 자기 앞으로 끌어들였다. 그리고 여전히 도박에 대해서는 아무것도 모르는 채 그것을 빨간색 위에 놓았다. 구경꾼들은 그가 계속 거는 것을 보고 부러운 듯이 그를 바라보았다. 룰렛이 돌아갔고 그는 또 이겼다. 딜러는 그에게 또다시 3천 6백 프랑을 던져 주었다.

"당신 앞에 7천 2백 프랑이 있습니다." 노신사가 그의 귓가에 속삭였다. "제 충고를 받아들이시고, 이제 돌아가십시오. 빨강은 이미 여덟 번 나왔으니까요. 당신이 자비로우신 분이라면 친절한 충고에 대한 보답으로 가난에 허덕이는 나폴레옹 시대 지사(知事)였던 사람의 어려운 형편을 도와주시지 않으시겠습니까?"

멍하니 있던 외젠은 그 백발의 노신사가 10루이를 멋대로 가져가는 것을 내버려두었다. 그는 여전히 도박이 어떤 것인지 감도 잡지 못한 채 그저 자신의 행운에 얼이 빠져서 7천 프랑을 가지고 도박장에서 내려왔다.

"자, 이번엔 저를 어디로 데리고 가시겠습니까?" 외젠은 마차 문이 닫히자 뉘싱겐 부인에게 7천 프랑을 내보이며 말했다.

델핀은 미친 듯이 그를 꽉 껴안고 볼에 격렬한 키스를 했지만 정열은 없었다. "당신이 저를 살려 주셨어요!" 기쁨의 눈물이 그녀의 볼을 타고 끊임없이 흘러내렸다.

"그럼 친구인 당신에게 무슨 일이든 죄다 말씀드리겠어요. 제 친구가 되어 주실 거죠? 당신에게는 제가 돈 많고 행복하고 무엇 하나 아쉬운 것이 없는 여자, 무엇 하나 모자란 것 없는 여자처럼 보이지요? 그런데 실은 남편인 뉘싱겐은 제게 한 푼도 마음대로 쓰게 해 주지 않는답니다. 그 사람은 생활비부터 마차와 특별석 경비까지 모두 자기가 관리해요. 저한테는 옷값으로 몇 푼밖에 주지 않아요. 남편은 꿍꿍이가 있어서 일부러 아무도 모르게 저에게 비참한 생활을 강요하는 거예요. 저도 자존심이 있기 때문에 애원 같은 걸 하지는 않아요. 그 사람이 요구하는 대가를 치르면서까지 그의 돈을 받는다면 저는 가장 저급한 여자가 될 테니까요.

70만 프랑*17이라는 지참금을 가지고 온 제가 어째서 빈털터리가 되었느냐 하면, 제 자존심과 분노 때문이에요. 우리 여자들이 갓 결혼할 때는 정말 젊고 순진하던 시기잖아요? 나는 남편에게 돈을 달라고 할 때마다 입이 찢어질 것만 같았어요. 그래서 도저히 말을 꺼내지 못하고, 제가 저금한 돈과 아버지가 주시는 돈을 썼지요. 그러다가 빚이 생겼어요. 결혼 생활은 저에게 말할 수 없이 환멸스러웠지만, 자세한 속사정까지는 도저히 당신에게 말씀 드릴 수 없어요. 하지만 지금처럼 방을 따로 쓰지 않고 남편과 함께 지내야 했더라면 저는 창 밖으로 몸을 던졌을 거예요. 이 정도만 말씀드릴게요. 보석이나 온갖 장신구를 사느라 빚이 쌓이는 것은 젊은 여자에게 흔히 있는 일이지요. 게다가 불쌍한 아버지 덕택에, 우리는 갖고 싶은 것은 무조건 사는 습관이 들어 있었거든요.

그 빚을 남편에게 털어놓아야 할 때가 오자, 정말 죽고 싶을 만큼 괴로웠어요. 그렇지만 어쨌든 용기를 내서 털어놓았지요. 저에게도 재산이 있으니까요. 뉘싱겐은 불같이 화를 내며 나 때문에 파산하고 말거라는 등 온갖 지독한 말을 퍼부었습니다. 저는 쥐구멍에라도 들어가고 싶은 심정이었지요. 남편이 제 지참금을 가로챘으니 어쨌든 빚을 갚아 주기는 했어요. 하지만 그 뒤로 제 용돈을 한정해서 주었고, 저도 싸우고 싶지 않아서 그냥 참았지요.

그 뒤로 저는 당신도 알고 계시는 어느 분의 자존심을 채워 주었습니다. 결국 그 사람에게 속고 말았지만, 그가 훌륭한 사람이라는 점만큼은 인정해야 공평할 거예요. 하지만 결국 그 사람은 비열하게도 저를 버렸어요. 궁지에 빠졌을 때 여자가 큰돈을 내주었다면, 그 여자를 버리든가 해서는 안 되는 일 아닌가요? 언제까지라도 그 여자를 사랑해야 돼요. 아직 스물한 살인 당신은 젊고 순수하고 아름다운 마음씨를 가진 당신, 여자가 어떻게 남자로부터 돈을 받을 수 있는지 이해가 가지 않으시겠죠? 하지만 우리들을 행복

---

*17 앞에서는 5,60만 프랑이었고, 뒤에는 80만 프랑이라고 나온다.

하게 해주시는 분이시라면, 어떤 것이든 같이 나누는 게 당연하잖아요? 모든 것을 주고받은 다음에는 그 모든 것의 일부분에 얽매일 필요가 없잖아요? 돈이 문제가 되는 건 애정이 없어진 뒤부터예요. 생명이 있는 한가지라고 생각하고 결합한 것이 아닌가요? 자기가 사랑받고 있다고 믿고 있을 때 이 세상에 누가 헤어진다는 생각을 하겠어요? 당신네 남자들이 영원한 사랑을 맹세할 때 어떻게 두 사람의 이해관계를 나누어 생각할 수 있겠어요.

뉘싱겐이 오늘 저에게 6천 프랑 주는 것을 깨끗이 거절했을 때, 제가 얼마나 괴로웠는지 당신은 상상도 못하실 거예요. 그런데 그만큼의 돈을, 그 사람은 오페라극장 무용수인 정부에게 다달이 주고 있다고요. 저는 자살하려고 했어요. 온갖 터무니없는 생각이 머릿속에 떠올랐어요. 하녀나 심부름하는 애의 운명을 부러워한 때도 있었답니다. 아버지에게 돈을 부탁하러 가는 것은 생각만 해도 미친 짓이에요. 아나스타지와 제가 이미 아버지로부터 모두 짜내 버렸으니까요. 불쌍한 아버지는 6천 프랑을 만들 수만 있다면 틀림없이 몸이라도 팔았을 거예요. 찾아가 보았자 쓸데없이 아버지를 절망시킬 뿐이었겠죠. 당신은 나를 치욕과 죽음으로부터 구원해 주었습니다. 저는 너무 괴로워서 제정신이 아니었어요. 라스티냐크 씨, 이것이 당신에게 얘기하겠다고 약속한 제 속사정입니다. 당신한테 미친 사람처럼 쓸데없는 말을 늘어놓고 말았네요. 아까 당신이 저와 헤어져서 모습이 안 보이게 되었을 때는 걸어서 달아나야겠다고 생각했어요. 어디로 갈지는 생각하지 못했지만요. 파리에 사는 여자들 절반은 이렇게 살아간답니다. 겉으로 보기엔 화려하고 사치스럽지만 마음속은 비참한 고민으로 가득 차 있죠. 저는 저보다 훨씬 더 불행한 사람들도 알고 있어요. 상인에게 거짓 청구서를 써 달라고 하는 여자가 있는가 하면, 남편 돈을 훔칠 수밖에 없는 여자도 있답니다. 그래서 어떤 남편들은 2천 프랑짜리 캐시미어 숄을 5백 프랑이면 산다고 생각하고, 또 어떤 남편들은 5백 프랑짜리 숄이 2천 프랑이라고 믿기도 한답니다. 자식들에게 먹을 것도 주지 않고 돈을 모아서 드레스를 새로 맞추는 불쌍한 여자도 있어요. 하지만 저는 그런 치사한 짓은 하지 않아요. 이것이 제가 가장 괴로워하는 점이랍니다. 남편을 제 마음대로 휘두르려고 남편에게 몸을 파는 여자가 있다 하더라도 적어도 저는 자유의 몸이에요. 예컨대 뉘싱겐이 저의 몸을 금화로 덮었다고 하더라도, 저는 존경하는 남자의 가슴에 얼굴을 파묻고

우는 쪽을 택하겠어요. 그래요, 드 마르세 씨도 오늘 밤은 저를, 돈으로 산 여자로 여길 자격이 없어요."

그녀는 외젠에게 눈물을 보이지 않으려고 두 손으로 얼굴을 가렸다. 외젠은 그 손을 치우고 가만히 그녀의 얼굴을 들여다보았다. 그런 그녀의 모습은 숭고했다.

"감정과 금전문제를 한데 섞어놓다니 보기 흉하죠? 저에 대한 당신의 마음도 이제 식었을 거예요." 그녀는 덧붙였다.

여성을 그토록 위대하게 보이게 하는 아름다운 감정과 현대의 사회구조 때문에 어쩔 수 없이 저지르게 되는 과오와의 이러한 혼합이 외젠의 판단을 어지럽혔다. 고통스런 비명을 지르면서도 이토록 순진하고 경솔한 이 아름다운 여인에게 넋을 잃고 그는 상냥한 위로의 말을 건넸다.

"제 고백을 약점으로 저를 괴롭히시진 않으시겠죠? 그러지 않으시겠다고 약속해 주세요." 그녀가 말했다.

"아, 부인! 저는 절대로 그런 짓은 못합니다." 외젠은 말했다.

뉘싱겐 부인은 감사한 마음과 정감이 가득한 동작으로 그의 손을 잡고 자기 가슴에 꼭 갖다 댔다.

"당신 덕분에 저는 자유롭고 명랑한 여자로 되돌아올 수 있었어요. 전 지금까지 쇠처럼 무서운 손에 얽매여 살아왔어요. 이제부터는 낭비하지 않고 검소하게 살 생각이에요. 그래도 저를 귀엽다고 생각해 주실 거지요? 이것은 넣어 두세요." 그녀는 천 프랑짜리 지폐 6장만 쥐면서 말했다. "정확하게 말하면 당신한테서 3천 프랑을 꾼 셈이에요. 당신과는 무엇이든 반반씩 나눌 생각이었거든요."*18 외젠의 순수한 양심은 저항했다. 그러나 남작부인이 "공범이 되어 주시지 않는다면 저는 당신을 적으로 생각할 거예요."라고 말했기 때문에, 그는 그 돈을 받으면서 말했다. "만일의 경우에 우리의 밑천이 될 테니까요."

"그렇게 말씀하시지 않을까 두려워하고 있었어요." 그녀는 순간 파랗게 질

---

*18 뉘싱겐 부인은 드 마르세에게 빌린 6천 프랑을 돌려주기 위해 라스티냐크에게 6천 프랑을 벌어오라고 했다. 벌어온 돈을 반씩 나누면 라스티냐크에게도 3천 프랑의 몫이 생긴다. 뉘싱겐 부인은 라스티냐크가 더 벌어온 천 프랑과 처음에 주었던 백 프랑은 계산에 넣지 않았다.

리면서 소리 질렀다. "만일 제가 당신에게 의미 있는 여자가 되길 바라신다면, 앞으로 다시는 도박에 손을 대지 않겠다고 맹세해 주세요. 아, 제가 당신을 타락시키다니, 그런 결과를 가져온다면 전 괴로워서 죽어 버리고 말 거예요."

두 사람은 집에 도착했다. 그런 빈곤과 이 호사스런 저택과의 대조가 학생을 망연하게 했다. 그의 귓가에는 보트랭의 불길한 말이 울려 퍼지고 있었다.

"거기에 앉으세요." 남작부인은 자기 방에 들어가 난로 옆에 있는 긴의자를 가리키면서 말했다.

"이제부터 꽤 난처한 편지를 써야 해요. 좀 도와주세요."

"안 써도 됩니다." 외젠은 그녀에게 말했다. "돈을 봉투에 넣고, 받는 사람 이름을 적어서 심부름하는 애에게 돌려보내면 되는 겁니다."

"어머나, 당신 참 멋진 분이군요. 그것만으로 훌륭한 집안 분이시란 걸 잘 알겠어요. 그게 바로 보즈앙식이군요." 그녀는 환하게 웃으면서 말했다.

'정말 매력적인 여자다.' 외젠은 더욱더 사랑에 빠지며 중얼거렸다. 그는 유복한 창부의 관능적인 우아함이 감돌고 있는 그 방을 둘러보았다.

"이 방 마음에 드세요?" 그녀는 심부름꾼을 부르기 위해서 초인종을 누르면서 말했다.

"테레즈, 이것을 드 마르세 씨 집에 갖고 가서 직접 건네 드리고 오너라. 안 계시면 편지를 도로 가지고 와야 해."

테레즈는 나가는 길에 장난기어린 눈으로 외젠 쪽을 힐끗 보는 것을 잊지 않았다. 저녁 준비는 다 되어 있었다. 라스티냐크는 뉘싱겐 부인에게 팔을 내주었고, 부인은 그를 휘황찬란한 식당으로 안내했다. 친척인 보즈앙 집에서 보고 감탄했던 그 사치스러운 요리가 이곳 식탁 위에도 늘어서 있었다.

"이탈리아 극장에 가는 날은, 언제나 저희 집에 오셔서 저녁을 같이 하시고 저와 함께 극장에 가요."

"그런 즐거운 생활이 이어진다면, 저는 그 생활에 익숙해지고 말 겁니다. 하지만 저는 이제부터 출세해야 하는 가난한 학생입니다."

"출세하실 거예요." 그녀는 웃으면서 말했다. "아시다시피 세상일은 어떻게든 되게 마련이니까요. 저만 해도 이렇게 행복해지리라고는 생각지도 못했는걸요."

가능한 것으로 불가능한 것까지 증명하고, 예감으로 사실까지도 뒤집어엎는 것이 여성들의 특징이다. 뉘싱겐 부인과 라스티냐크가 부퐁 극장의 특별석에 들어갔을 때 부인의 기쁜 표정이 그녀의 아름다움을 한층 더 돋보이게 했으므로 사람들은 저마다 쓸데없는 험담을 쑤군거렸다. 그런 험담에는 여자가 막아 낼 방법이 없으므로, 여자의 행실에 대해 멋대로 만들어 낸 소문이 가끔 사실로 받아들여지곤 한다. 파리가 어떤 도시인지 아는 사람은, 그러한 소문을 믿지 않고 또 그런 말을 입에 올리지도 않는다. 외젠은 남작부인과 손을 꼭 잡고, 때때로 서로 상대의 손을 힘껏 움켜쥐면서 음악이 주는 감동을 주고받았다. 그들은 그렇게 기분 좋은 저녁을 보냈다. 두 사람은 함께 극장 밖으로 왔다. 뉘싱겐 부인은 외젠을 퐁네프 다리까지 바래다주겠다고 고집을 부렸다. 그러나 가는 내내 팔레 루아얄에서 그처럼 열렬하게 아낌없이 해주었던 키스를 한 번도 허락하지 않았다. 외젠은 그녀의 그러한 모순된 태도를 나무랐다.

"아까의 것은 뜻하지 않은 헌신을 보여 준 데에 대한 답례였어요. 하지만 이번에는 약속이 되어 버리고 마니까요." 그녀는 대답했다.

"그래서 배은망덕하게도 당신은 제게 아무것도 약속해 주지 않을 생각이시군요." 외젠은 기분이 언짢았다. 사랑에 빠진 남자의 마음을 더욱 자극하는 몸짓으로, 그녀는 그에게 키스를 받으려고 손을 내밀었다. 외젠이 무뚝뚝하게 그 손을 잡았는데 그 모양이 그녀를 한층 더 기쁘게 했다.

"그럼 월요일 무도회에서 뵙겠어요." 그녀가 말했다.

환한 달빛 아래를 걸어서 돌아오며 외젠은 깊은 생각에 잠겼다. 그는 행복하면서도 한편으로는 불만스러웠다. 전부터 바라던, 파리에서 가장 아름답고 우아한 여성을 손에 넣을 수 있다고 생각하니, 그는 이 연애사건이 행복하기만 했다. 그러나 한 재산 잡으려던 계획이 무너진 것을 생각하면 불만이 몰려왔다. 그제야 비로소 그는 엊그제 자기가 골똘히 생각했던 막연한 생각의 실체를 깨달았다.

실패는 언제든지, 우리 인간들의 과대망상을 일깨운다. 외젠은 파리 생활을 즐기면 즐길수록 더욱더 출세하지 못하고 가난하게 사는 것을 견디지 못하게 되었다. 그는 주머니 속의 천 프랑 지폐를 자기가 가져도 된다고 생각하기 위해 온갖 이론을 만들어 가며 지폐를 우글쭈글하게 구겨 버렸다. 겨우 그는 뇌브생트즈느비에브 거리의 하숙집에 닿았다. 계단을 다 올라가니 불빛이 보였다. 고리오 영감이 촛불을 켜고 방문을 활짝 열어젖힌 채 있었는데, 영감의 말을 빌리자면, 학생이 '딸 이야기를 하는' 것을 잊지 않도록 하기 위해서였다. 외젠은 고리오 영감에게 무엇 하나 감추지 않았다.

"그렇다면 그 애는 내가 한 푼도 없다고 생각한단 말이지." 고리오 영감은 질투 때문에 절망하며 소리쳤다. "내게는 아직 연리 1천 3백 프랑의 공채가 있는데. 아, 가엾은 내 딸! 어째서 그 애는 나한테 오지 않았을까! 공채를 팔아서 필요한 돈을 뺀 나머지로 또 종신연금을 설정해 두면 되는데. 당신은 어째서 그 애가 어려움을 겪고 있다는 것을 내게 알리지 않은 거요? 그런데 라스티냐크 씨, 용케도 궁한 그 애의 백 프랑을 가지고 도박 같은 걸 하러 갈 생각을 했군요. 내 가슴이 터질 것 같아요! 사위라는 게 다 그런 것이오. 그놈들을 붙잡을 수만 있다면 모가지를 비틀어 버렸을 텐데. 제기랄! 울다니, 그 애가 울었단 말이지요?"

"제 조끼에 얼굴을 파묻고서요." 외젠은 말했다.

"오! 그 조끼를 내게 주지 않겠소?" 고리오 영감은 말했다. "기가 막히는군. 내 딸아이가, 내 귀여운 델핀이 여기에 눈물을 흘렸다니. 어렸을 땐 한 번도 울지 않았던 애가! 아, 당신한텐 딴 것을 사 드릴 테니 그건 이젠 입지 말고 내게 주구려. 결혼 계약에 따르면 그 애는 자기 재산을 마음대로 할 수 있어요. 그렇구말구! 내일 곧 소송대리인 데르빌한테 가보아야겠어. 딸애의 재산 투자를 본인이름으로 하도록 요구하게 만들어야지. 나는 법률에는 훤하단 말씀이야. 이래봬도 늙은 늑대다. 옛날 솜씨를 다시 한 번 보여 줘야지."

"영감님, 이것이 도박으로 딴 돈에서 따님이 기어코 제가 가져야 한다며 준 천 프랑입니다. 따님을 위해서 조끼에 넣어 두십시오."

고리오는 외젠을 가만히 바라보더니, 손을 내밀어 그의 손을 잡고 그 위에 눈물을 한 방울 떨어뜨렸다.

"당신은 꼭 성공하실 겁니다." 노인이 그에게 말하였다. "하느님은 공평하시니까요. 나는 성실이 어떤 것인지 잘 알고 있어요. 그리고 당신 같은 양반은 좀처럼 없다고 단언할 수도 있어요. 그러면 당신도 내 귀여운 자식이 되어 주는 거죠? 자 어서 가서 쉬어요. 당신은 푹 잘 수 있을 거요. 아직 자식을 둔 아버지는 아니니까. 딸애가 울었다는 사실을 잘 알려 주었소. 그런 줄도 모르고 나는 그 애가 괴로워하고 있는 동안 바보처럼 느긋하게 식사나 하고 있었다니. 두 딸이 눈물을 흘리지 않을 수만 있다면 성부와 성자와 성신까지 팔아도 좋다고 생각하는 이 내가 말이외다."

'어쩌면 나는 평생을 정직한 남자로 살 것 같구나. 양심의 소리에 따르는 것은 기분 좋은 일이로군.' 외젠은 잠자리에 들면서 생각했다.

어쩌면 남몰래 선을 베푸는 일은 신을 믿는 사람만이 할 수 있는 것인지도 모른다. 외젠은 신을 믿고 있었다. 이튿날 무도회에 갈 시간이 되자, 라스티냐크는 보즈앙 저택을 찾아갔다. 부인은 그를 카릴리아노 공작부인에게 데리고 가서 소개해 주었다. 라스티냐크는 원수 부인으로부터 더없이 극진한 대우를 받았으며, 그 자리에는 뉘싱겐 부인도 와 있었다.

델핀은 여러 사람에게 잘 보이려고 정성껏 치장하고 왔으나, 그도 결국은 외젠의 환심을 사기 위해서였다. 그녀는 외젠이 한 번 봐주기를 초조히 기다리면서도 그 초조해 하는 표정을 드러내지 않으려고 애쓰고 있었다. 여자의 미묘한 감정을 꿰뚫어 볼 수 있는 사람에게는 이런 순간이 참으로 감미로운 것이다. 자기 생각을 바로 드러내지 않음으로써 상대의 애를 태우고, 기뻐도 그 마음을 감추고 상대를 불안하게 만들어 사랑 고백을 이끌어 내고, 나중에 웃음 한 번으로 날려버릴 수 있는 걱정을 짧게 즐기면서 기쁨을 느끼지 않은 사내가 과연 있을까? 그날 야회가 열리고 있는 동안 학생은 뜻하지 않게 자기 지위의 높이를 깨닫고, 자기가 보즈앙 부인이 공인한 친척으로서 사교계에 발판을 쌓았다는 것을 알아챘다. 뉘싱겐 남작부인을 이미 정복했다는 여러 사람의 믿음이 그를 더욱 돋보이는 존재로 만들었으므로 청년들은 누구나 그에게 부러운 눈길을 던졌다. 그런 눈길을 이따금 마주하면서 그는 허영의 첫 쾌감을 맛보았다.

이 방에서 저 방으로 사람들 사이를 누비고 다니면서 그는 사람들이 자기의 행복을 칭찬하는 소리를 들었다. 여자들은 그의 온갖 성공을 예언했다. 외젠을 잃게 될까 걱정스러운 델핀은, 전날에는 그토록 완강하게 거절했던 키스를 오늘 밤에는 거절하지 않겠다고 약속했다. 이 무도회에서 라스티냐크는 몇 사람한테 초대를 받았다. 그는 보즈앙 부인을 통해서 몇몇 여성들을 알게 되었는데, 그녀들은 모두 우아함을 자부하는 부인들이며, 그녀들의 저택은 쾌적한 사교장으로 유명했다. 외젠은 자기가 파리 사교계 최상류층에 뛰어든 것을 깨달았다, 따라서 이 야회는 그에게 영광스러운 첫 무대의 매력으로 넘쳐 있었으며, 마치 젊은 처녀가 대성공을 거둔 무도회를 잊지 못하는 것처럼, 그도 만년에 이르도록 이날의 기억을 곧잘 떠올리곤 했다. 다음날 아침 식탁에서 외젠은 하숙인들을 앞에 두고 고리오 영감에게 자기의 성공담을 들려주었다. 그러자 보트랭이 악마 같은 미소를 띠었다.

"그래 자네는 사교계의 총아가 뇌브생트즈느비에브 거리의 보케르 집에서 살 수 있다고 생각하나?" 잔인한 논리가가 입을 열었다. "모든 점으로 보아 매우 존경할 만한 하숙집이긴 하지만, 빈 말로도 사교계에 어울린다고는 할 수 없는 이 집에서 말이야. 쾌적하고 위엄 있는 집인데다 라스티냐크 씨 같은 분의 임시거처라는 영광을 누리고는 있지만, 어쨌든 뇌브생트즈느비에브 거리에 있기 때문에 어디까지나 검소하고 사치를 모른단 말이야. 안 그런가?"

보트랭은 아버지가 자식에게 말하는 것처럼 반쯤 놀리는 투로 말을 이었다.

"이 사람아, 파리에서 뽐내고 싶으면 말이 세 필에 낮에는 이륜마차, 밤에는 사륜마차가 한 대씩 있어야 해. 탈것에만 줄잡아 9천 프랑이 필요하지. 거기다 양복점에 3천 프랑, 향수 가게에 6천 프랑, 구둣방에 3천 프랑, 모자 가게에 3백 프랑은 쓰지 않으면 자네는 자기 명예를 더럽히는 꼴이 된다구. 세탁비만도 천 프랑은 들지. 유행의 첨단을 달리려면 속옷 하나 입는 데도 섬세한 식견을 갖춰야 해. 옷을 입을 때 가장 눈여겨보는 것이 바로 속옷이니까 말이야. 연애와 성당은 제단에 깨끗한 보를 요구하지. 이것만으로도 1만 4천 프랑이야. 도박과 투기와 선물로 자네가 낭비하는 돈은 계산에 넣지 않는다 해도 이만큼이라구. 또 용돈으로 2천 프랑을 따로 빼 둬야지. 나도 그런 생활을 해 본 적이 있으므로 비용이 얼마나 드는지 알고 있는 거야. 그런 꼭 필요한 기본 경비에다가 또 식비로 6천 프랑, 방값으로 천 프랑을 더 해 보게. 어때? 이 사람아. 대충 1년에 2만 5천 프랑은 주머니에서 비틀어 짜내야 한다구. 그렇지 않으면 진흙구덩이에 빠져서 웃음거리가 되고, 자네의 장래·성공·애인과는 영영 안녕이야! 그렇지. 하인과 마부를 잊고 있었네! 설마 크리스토프에게 연애편지를 들려 보낼 생각은 아니겠지? 그런 짓은 자살 행위나 마찬가지야. 게다가 연애편지를 자네가 지금 쓰고 있는 그 종이에 쓸 수 있겠어? 경험 많은 늙은이가 하는 말은 잘 새겨들어야 하는 법이야!" 언제나의 그 낮은 목소리에 점점 더 힘을 주면서 그는 말을 이었다. "그럴 수 없다면 청빈하게 다락방에 들어앉아 공부나 하면서 살든가, 아니면 다른 길을 선택해야 할걸세."

그러고 나서 보트랭은 타유페르 양 쪽을 곁눈으로 보면서 한쪽 눈을 찡긋해 보였다. 그 모양은 마치 학생을 타락시키기 위해 보트랭이 그의 마음에 심어 놓은 유혹적인 이론을 떠올리게 하여 자기의 목적을 이루려는 것이었다.

며칠이 지났다. 그동안 라스티냐크는 말할 수 없이 방탕한 생활을 했다. 그는 거의 매일 뉘싱겐 부인과 저녁을 먹고 그녀와 함께 사교계에 얼굴을 내밀었다. 새벽 3시나 4시에 집으로 돌아오고, 대낮에 일어나 몸치장을 한 뒤 날씨가 좋으면 델핀과 불로뉴 숲을 산책하며, 시간의 귀중함도 모르고 함부로 낭비했다. 마치 대추야자 암술이 수술의 화분을 기다리는 듯한 격렬한 열정을 가지고, 라스티냐크는 사치스런 생활이 주는 모든 가르침과 모든 유혹을 빨아들였다. 그는 판돈이 큰 도박을 해서 크게 잃든가 따든가 했고, 얼마 안 가서 파리 청년들의 터무니없는 생활에 젖어 버리고 말았다. 제일 처음 딴 돈에서 외젠은 어머니와 여동생들에 천 5백 프랑을 갚고, 아름다운 선물도 함께 보냈다. 벌써 오래 전에 그는 보케르 집을 나갈 생각이라고 밝혔지만, 그는 정월 말에도 여전히 거기서 살았고, 어떻게 하면 그곳에서 나올 수 있는지조차 모르고 있었다.

젊은이들은 누구나 일정한 법칙의 지배를 받으며 살아간다. 그 법칙은 얼핏 보면 설명이 불가능한 것 같지만, 실은 그들의 젊음 자체, 그들이 쾌락에 달려들 때의 광포함 같은 데서 오는 것이다. 부자든 가난뱅이든 젊은이들은 늘 생활비에 쪼들리면서도 흥청망청 쓸 돈은 언제든지 갖고 있다. 외상으로 살 수 있는 것에는 씀씀이가 커지지만, 그 자리에서 지불해야 하는 것에는 인색하게 군다. 마치 손에 넣을 수 있는 것을 낭비함으로써 가질 수 없는 것에 대한 복수를 하고 있는 것 같다.

문제를 확실히 하기 위해 예를 들자면, 학생은 옷보다 모자를 훨씬 소중히 어섰다. 양복점은 이익이 많으므로 선뜻 외상거래에 응하지만, 모자점은 액수가 적으므로 학생이 교섭해야 할 상대 가운데에서도 가장 만만치 않은 부류에 속하기 때문이다. 극장 정면 특별석에 진을 치고 있는 청년이 미녀들의 오페라글라스 앞에 근사한 조끼를 드러내 보이고 있다 하더라도 그가 양말을 신고 있는지는 의심스럽다. 양말가게 또한 청년의 지갑을 파먹는 바구미나 다름없기 때문이다. 라스티냐크도 그런 상태에 있었다. 보케르 부인에게는 언제나 텅 비어 있었지만 허영심의 요구 앞에서는 언제든지 가득히 부풀어 있었다. 그의 지갑은 실패와 성공을 미친 듯이 되풀이하고 있었으며, 게다가 그 주기는 마땅히 치러야 할 지불 기한과 일치하지도 않았다. 그의 자만심은 이 악취가 진동하는 더러운 하숙집 때문에 정기적으로 굴욕을 핥곤 했다. 그러나 이 집에서 나가려면 여주인에게 한 달 치 하숙비를 내고, 멋쟁이 사내의 방에 어울리는 가구를 새로 사서 갖추어야 하지 않겠는가? 그런 일은 언제나 불가능했다.

도박으로 돈을 땄을 때 보석상에서 비싼 값에 사 두었던 금시계나 금시곗줄을, 청년들의 음침하고 입 무거운 친구인 전당포에 가지고 갈 만한 재치는 있었지만, 식비와 방세를 치르고 우아한 생활을 누리기 위해 꼭 필요한 도구를 사야 할 단계에 이르면 아무런 생각도 떠오르지 않았을 뿐더러 결단성도 생기지 않았다. 흔히 있는 욕망, 허영심을 채우기 위해서 진 빚 같은 것은 아무런 지혜도 가르쳐 주지 않았다. 이런 하루살이 생활을 겪은 인간이 대개 그렇듯이, 선량한 시민에게는 신성한 빚 지불 기한을 외젠 역시 마지막 날 마지막 순간까지 늘이고 또 늘였다. 마치 미라보(1749~91. 프랑스의 정치가)가 환어음이라는 엄청난 형태로 청구하지 않는 한 빵 값을 절대 지불하지 않았던 것과 같다. 이 무렵 라스티냐크는 도박에 져서 돈을 잃고 빚을 지고 있었다. 학생은 고정수입 없이 그런 생활을 이어 가는 것은 불가능하다는 것을 겨우 이해하기 시작했다. 그러나 그 불안정한 처지로 인해 괴로워하면서도 그런 생활이 주는 큰 쾌락을 단념하지 못하고 어떻게 해서든지 그 생활을 이으려고 궁리했다. 일확천금을 노리며 그가 기대하고 있던 요행은 꿈으로 사라지고, 현실의 장애만이 자꾸만 늘어갔다.

뉘싱겐 부부의 집안 속사정을 알게 되면서 외젠은 연애를 출세 도구로 삼으려면 온갖 치욕을 감수하고, 청춘의 과오를 메워 주는 고매한 사상도 버려야 한다는 것을 깨달았다. 겉보기는 화려하지만 속으로는 양심의 가책이라는 기생충에 침식되어, 순간적인 기쁨을 위해 끝없는 고민이라는 값비싼 대가를 치러야 하는 이 생활을 그는 스스로 선택해, 마치 라 브뤼에르($\binom{\text{1645~96, 프}}{\text{랑스 문학자.}}$ $\binom{\text{성격론}}{\text{저술}}$)의 '멍청이'처럼 진흙구덩이를 잠자리로 삼고 그 속에서 몸부림치고 있었던 것이다. 그러나 '멍청이'처럼 그도 아직은 옷만 더럽힌 상태였다.

"그래, 전에 말했던 중국 고관은 죽였는가?" 어느 날 비앙숑이 식탁에서 일어나면서 그에게 물었다.

"아직 못했어. 하지만 벌레 목숨이나 다름없지." 외젠이 대답했다.

의학도는 이 말을 농담으로 받아들였지만 그것은 단순한 농담이 아니었다. 오랜만에 하숙집에서 저녁을 먹은 외젠은 식사하는 내내 깊은 생각에 잠겨 있었다. 디저트가 나온 뒤에도 그는 나가지 않고 식당에 남아서 타유페르 양 옆에 앉아 때때로 그녀에게 은근한 눈길을 보냈다. 몇몇 하숙인이 아직도 식탁에 남아서 호두를 먹고 있었고, 다른 몇 사람은 하던 얘기를 이으면서 주변을 어슬렁거리고 있었다. 거의 매일 밤 그렇게 하듯이 저마다 대화에 관심을 보이는 정도에 따라서, 혹은 위장의 소화 정도에 따라서 다들 멋대로 자리에서 일어나 나가거나 남아 있거나 했다. 겨울에는 8시 전에 식당이 완전히 비는 일이 드물었지만, 그래도 8시가 되면 여자 넷만 남아서, 그때까지 남자들 틈에서 어쩔 수 없이 지켜야 했던 침묵의 앙갚음을 하는 것이었다.

처음에는 서둘러 나갈 생각이었던 보트랭은, 외젠이 무슨 생각을 골똘히 하고 있는 모양을 보고 식당에 남았다. 게다가 외젠이 있는 곳에서는 보이지 않는 곳에 자리를 잡고 있었으므로 외젠은 그가 나갔다고 생각하고 있었다. 보트랭은 마지막으로 나가는 하숙인들을 따라 나가지도 않고 응접실에서 몰래 기다리고 있었다. 그는 학생의 속마음을 읽고 어떤 결정적인 징후를 예감했던 것이다.

라스티냐크는 사실 많은 젊은이들이 겪은 바 있는 복잡한 상황에 빠져 있었다. 애정 때문이든 상대를 놀릴 생각에서든, 어쨌든 뉘싱겐 부인은 그에게, 파리에서 쓰이는 여성외교의 비술을 모조리 이용하여 라스티냐크에게 참된 정열이 다다르는 온갖 고민을 맛보게 했다.

보즈앙 부인의 친척을 자기 옆에 붙들어 두기 위해 그녀는 일부러 여러 사람 앞에서 자기 평판을 떨어뜨리는 일도 마다하지 않았는데, 이제는 이미 그가 행사하고 있는 것처럼 보이는 권리를 실제로 그에게 주기를 망설이고 있었다. 한 달 전부터 그녀는 외젠의 관능을 계속 자극해 왔으므로 결국 그의 마음까지 사로잡기에 이르렀다. 그녀와 교제하기 시작했을 때 학생은 자기가 칼자루를 쥐고 있다고 생각했지만, 지금은 뉘싱겐 부인이 교묘한 솜씨를 부려 지배권을 가져가 버렸다. 파리 청년의 마음속에는 두서너 사내 몫의 감정이 깃들어 있는데, 그러한 온 감정들을 선악 양면으로 외젠의 가슴속에 불붙였던 것이다.

그것은 부인의 계산에서 나온 것일까? 아니, 그렇지는 않다. 여자는 아무리 극단적인 거짓말을 하고 있을 때에도 언제나 진실한 존재이다. 왜냐하면 그녀들은 어떤 자연스런 감정에 따라서만 움직이기 때문이다. 아마도 델핀은 뜻하지 않게 자기에 대한 커다란 권력을 그 청년에게 주고, 너무나 뚜렷한 애정을 보여 버린 뒤에야 자존심이라는 감정에 눈떠 자기가 한번 주었던 양보를 취소하거나 늦춘 것이다.

파리 여자가 뜨거운 정열에 불타면서도 굴러 떨어지는 도중에 걸음을 멈추고 자기 미래를 맡기려 한 남자의 마음을 시험해 보는 것은 아주 자연스러운 일이다. 첫 번째 연애에서 뉘싱겐 부인은 모든 희망을 배반당했고, 이기적인 젊은이에게 성의를 짓밟혔다. 그녀가 신중을 기하는 것도 당연했다. 어쩌면 부인은 갑작스런 성공에 우쭐해진 외젠의 태도 속에서, 두 사람의 변칙적인 입장 차이에서 유래한 그녀에 대한 경멸을 보았는지도 모른다. 부인은 외젠 또래의 젊은이에게는 위엄을 보이고 싶었고, 그녀를 버린 남자 앞에서 그토록 오랫동안 기를 펴지 못하고 있었던지라 하다못해 외젠 앞에서는 어엿한 부인답게 행동하고 싶었던 것이다. 특히 외젠이 그녀가 드 마르세의 여자였다는 사실을 알고 있으므로 더욱 그녀는 쉬운 여자라는 인상을 주고 싶지 않았던 것이다. 냉혹하고 무자비한 젊은 방탕아의 비천한 노리개로 지냈던 만큼, 그녀는 사랑의 꽃밭을 산책하는 것이 너무도 즐거웠다. 꽃밭의 아름다운 경치에 넋을 잃고, 나뭇잎이 살랑거리는 소리에 귀를 기울이며 순결한 산들바람의 애무를 받는 것은 부인에게는 아주 큰 매력이었으리라. 다시 말해 진정한 사랑이 잘못된 사랑을 보상하고 있었던 것이다. 젊은 여인의 영혼이 첫사랑에 배신당할 때 얼마나 많은 꽃들이 꺾여 나가는지를 남자들이 모르는 한, 불행하게도 이런 엇갈림은 언제까지나 이어질 것이다.

이유야 어쨌든 델핀은 라스티냐크를 농락했으며, 그를 농락함으로써 즐거움을 맛보았다. 자기가 틀림없이 사랑받고 있다는 것을 알고 있었고, 변덕스런 여심의 손짓 하나로 언제든지 연인의 번민에 종지부를 찍을 수 있다는 확신이 있었기 때문이었다.

외젠의 자존심은 첫사랑을 실패로 끝맺고 싶지 않았으므로, 성 위베르 축일(11월 3일, 성 위베르는 사냥의 수호성인)에 첫 사냥에서 어떻게든 자고새 한 마리라도 잡아보려는 사냥꾼처럼 추격의 손을 늦추지 않았다. 초조함이든 상처받은 자존심이든, 진짜든 가짜든, 절망의 발작이 더욱더 외젠을 뉘싱겐 부인에게 붙들어 맸다.

파리 사교계에서는 뉘싱겐 부인이 이미 그의 것이라는 소문이 퍼져 있었지만, 그와 부인의 관계는 처음 만났던 날에 비해 조금도 나아진 바가 없었다. 여자의 교태가, 때로는 사랑이 주는 쾌락보다 더 좋다는 점을 아직 알지 못하는 그는 어리석은 분노에 빠져 있었다. 확실히 라스티냐크는 여자가 애무를 거절하는 동안에는 햇과일 같은 신선함을 어느 정도 느낄 수 있었다. 그러나 그것이 아무리 달콤하더라도 아직은 푸르고 새큼하며 값이 비쌌다.

이따금 라스티냐크는 돈 한 푼 없고 장래성도 없는 자신의 모습을 되돌아보며, 양심의 소리에 귀를 막고 보트랭이 제안한 대로 타유페르 양과 결혼하여 재산을 얻는 방법에 대해 생각했다. 때마침 그는 가난의 구렁텅이에서 버둥거리며, 가끔 그 눈초리로 꼼짝 못하게 하는 무시무시한 스핑크스의 계략에 자기도 모르게 점점 말려들어 가고 있었던 것이다. 푸아레와 미쇼노 양이 방으로 올라가자 라스티냐크는 보케르 부인과 털실로 소매를 짜면서 난로 곁에서 졸고 있는 쿠튀르 부인만 남은 줄 알고, 타유페르 양이 눈을 내리깔아 버릴 만큼 정감이 깃든 눈으로 한참 동안 그녀의 얼굴을 보았다.

"외젠 씨, 무슨 고민거리라도 있으신가요?" 얼마 동안 침묵이 흐른 뒤 빅토린이 물었다.

"걱정 없는 사람이 어디 있습니까!" 라스티냐크는 대답했다. "우리 같은 젊은이들은, 이 한 몸 다 바쳐 기꺼이 희생하기를 조금도 마다하지 않습니다. 그리고 그러한 희생에 상대도 헌신적으로 보답해 주어서 정말로 사랑받고 있다는 믿음만 생긴다면 걱정거리는 모조리 사라지고 말겠지요."

타유페르 양은 대답 대신 조금도 애매한 기색이 없는 눈길을 그에게 던졌다.

"아가씨, 당신은 지금 자신의 마음에 확신을 가지고 계시지요? 그런데 그 마음이 앞으로도 절대 바뀌지 않는다고 장담하실 수 있습니까?"

마치 영혼에서 뿜어져 나오는 한 줄기 빛과 같은 미소가 가엾은 아가씨의 입 언저리에 번지며 그녀의 얼굴을 환하게 밝혔다. 외젠은 그런 격한 감정의 폭발을 이끌어 낸 것에 두려움을 느꼈다.

"어때요? 만일 내일이라도 당신이 풍족하고 행복해져서 엄청난 재산을 얻게 된다면, 그래도 당신은 가난하던 시절에 당신이 좋아하던 가난뱅이 청년을 계속 사랑할 수 있을까요?"

그녀는 사랑스러운 표정으로 고개를 끄덕였다.

"몹시 불행한 청년이라도 말입니까?"

그녀는 또다시 고개를 끄덕였다.

"무슨 그런 쓸데없는 소리를 하고 있어요?" 보케르 부인이 소리쳤다.

"내버려 두세요. 우리끼리 사이좋게 얘기하고 있잖아요." 외젠이 대답했다.

"그렇담 외젠 드 라스티냐크 기사 양반과 빅토린 타유페르 양 사이에 결혼 약속이 이루어졌다는 뜻인가요?" 보트랭이 굵직한 목소리로 말하면서 식당 입구에 모습을 나타냈다.

"아이구 깜짝이야." 쿠튀르 부인과 보케르 부인이 동시에 말했다.

"저한테는 제법 괜찮은 선택이잖아요?" 외젠은 웃으면서 대답했지만, 보트랭의 목소리를 듣고 지금까지 맛본 적 없는 가장 고통스런 불안을 느꼈다.

"말 같지 않은 농담은 집어치워요. 자, 빅토린, 방으로 올라가요." 쿠튀르 부인이 말했다.

보케르 부인도 초와 난롯불을 아끼기 위해 그녀들 방에서 같이 있으려고 둘의 뒤를 따라갔다. 외젠과 보트랭은 둘만 남아서 서로 얼굴을 마주 보고 있었다.

"자네가 이렇게 나올 줄 알고 있었네." 보트랭은 태연하게 말했다. "그러나 나도 남들처럼 어지간한 인정은 가지고 있어. 자네한테 곧바로 결심하라고는 하지 않겠어. 지금의 자네는 제정신이 아니거든. 자네한테는 빚이 있어. 정열과 절망에 쫓겨서가 아니라, 이성을 가지고 나와 손을 잡아 주었으면 하네. 자네는 지금 천 에퀴(1에퀴는 3프랑)쯤 필요하지? 어떤가, 원한다면 줄 수도 있네만?"

악마 같은 보트랭은 주머니에서 지갑을 꺼내더니 천 프랑짜리 지폐를 석 장 꺼내어 학생 눈앞에서 흔들어 보였다. 외젠은 그 무렵 말할 수 없이 괴로 운 처지에 몰려 있었다. 그는 아쥐다 후작과 트라이유 백작에게 구두 약속으 로 건 도박에 져서 2천 프랑씩 빚을 지고 있었다. 그것을 갚을 돈이 없었으 므로, 그날 밤은 초대를 받았음에도 레스토 부인 댁에 갈 용기가 나지 않아 그냥 있었던 것이다. 과자를 먹고 차를 마시는 정도의 대수롭지 않은 모임이 었지만, 카드놀이로 6천 프랑을 날릴 수도 있는 모임이었다.

"보트랭 씨." 외젠은 온몸이 떨리는 것을 겨우 숨기면서 말했다. "지난번 에 그런 이야기를 들은 이상, 당신한테 은혜를 입을 수 없다는 것을 당신도 잘 아실 텐데요."

"그건 그렇군. 자네가 그렇게 나오지 않았다면 오히려 내가 상처 입었을 걸세." 유혹자는 말을 이었다. "자네는 섬세하고, 사자처럼 긍지가 높고, 어 린 소녀처럼 상냥한 참으로 훌륭한 청년이야. 악마한테는 더없이 좋은 먹잇 감이지. 나는 젊은이들의 그런 성질이 좋아. 앞으로 고등정치학적인 사고를 좀더 쌓으면 자네도 세상을 있는 그대로 보게 될 것이네. 우수한 인간은 대 수롭지 않은 미덕의 연극을 두서너 번 보여주고, 그 뒤로는 땅바닥에 앉아 구경하는 얼빠진 족속들의 박수갈채를 받으면서 마음 내키는 대로 살면 되 는 거야. 조금만 더 있으면 자네도 내 쪽으로 돌아서게 될 걸세. 정말이지, 자네가 내 제자가 될 생각만 있다면 무슨 일이든 다 이뤄 줄 텐데. 명예든 재산이든 여자든 자네가 바라는 것은 무엇이든 소원대로 이뤄 줄 수 있단 말 일세. 현대의 문명사회를 그대로 맛있게 요리해서 자네 앞에 내 줄 수 있다 구. 자네가 우리의 철부지 어린애, 귀염둥이 막내가 된다면, 우리는 자네를 위해서 목숨까지도 바칠 걸세. 자네 앞을 가로막는 것은 무엇이든 짓이겨 주 겠어. 이렇게까지 말해도 여전히 의심스럽다면, 자네가 나를 악당이라고 생 각하기 때문이겠지. 하지만 잘 듣게. 튀렌 장군($^{1611\sim75,}_{프랑스의 군인}$)은 자네가 지금 가 지고 있는 만큼의 청렴결백함을 충분히 갖춘 인물이지만, 산적들과 거래를 좀 했다고 해서 자기에게 허물이 된다고는 생각지 않았단 말이야. 자네는 내 은혜 같은 건 입고 싶지 않다는 거지? 그렇다면 좋아!" 빙그레 웃으면서 보 트랭은 말을 이었다. "어쨌든 이 종잇조각은 받아 두고, 대신 이렇게 하지."

보트랭은 어음 용지를 꺼내면서 말했다.

"여기에다 '일금 3천 5백 프랑 정히 영수함. 변제 기간은 1년으로 함'이라고 한 자 적으면 되지 않겠나? 날짜도 빼먹지 말게. 자네가 쓸데없는 부담을 느끼지 않도록 이자는 높게 잡겠어. 나를 수전노라고 생각하면 감사하는 마음도 싹 사라질 테니까 말이야. 언젠가는 자네가 나를 좋아하게 될 게 뻔하니까 지금 당장은 경멸을 받더라도 너그럽게 봐주도록 하지. 나라는 인간 속에는 넓고 끝없는 심연이 있어. 얼간이들이 악덕이라고 부르는 그 강력한 감정 말이야. 하지만 나는 결코 비겁하거나 배은망덕한 놈은 아니야. 요컨대 장기짝으로 치자면 나는 졸이나 말이 아니라 포란 말씀이야."

"도대체 당신은 무얼 하는 사람입니까?" 외젠은 소리쳤다. "당신은 나를 괴롭히기 위해서 태어났습니까?"

"천만의 말씀. 나는 자네가 평생을 진흙탕 속에서 허우적거리지 않아도 되도록 대신 그 흙탕물을 뒤집어쓰려는 친절한 사람이야. 어째서 이렇게 잘해 주는지 이상하게 생각되겠지만 그 까닭은 언젠가 자네에게 살짝 귀띔해 주겠네. 사회질서라는 것은 두드리면 무슨 소리가 나는지, 그 구조가 어떻게 되어 있는지를 처음부터 다 가르쳐 주었으니 자네도 깜짝 놀랐을 걸세. 그러나 자네의 그 놀람은 처음 전쟁터에 나간 신병의 그것처럼 언젠가는 깨끗이 사라져 버리고 말거야. 자네도 곧 익숙해질 거야. 인간은, 스스로를 왕이라고 여기는 강자를 위해서 기꺼이 목숨까지 내던지는 병사와 같다는 생각에 말이야. 시대도 참 많이 달라졌지. 옛날에는 자객에게 '3백 프랑 줄 테니 아무개라는 사나이를 없애고 오너라!' 하고서 아주 하찮은 일로 사람 하나를 감쪽같이 암살하곤 태연하게 저녁 식사를 하곤 했지. 그런데 지금은 어떤가. 나는 자네가 고개를 한번 끄덕이기만 하면 엄청난 재산을 갖다 바치겠다고 말하고 있네. 그런다고 해서 자네 명예가 위태로워지는 것도 아닌데, 자네는 여전히 망설이고 있어. 요즘 세상엔 겁쟁이들만 남았다니까."

외젠은 어음에 서명하고 나서 지폐 석 장을 받아들었다.

"좋았어! 이제 진지한 얘기로 옮겨가지." 보트랭이 말을 이었다. "나는 몇 달 안에 미국으로 건너가서 담배 재배를 하려고 하네. 우정의 증표로 자네에게 시가를 보내 주지. 만일 부자가 된다면, 자네를 원조해 줄 생각이야. 그리고 자식새끼가 없다면—아마 없을 거야. 나는 접목을 해서 내 분신을 남기고 싶은 생각은 없으니까—내 재산은 자네에게 물려줌세. 평범한 우정으로 그럴 수 있을 것 같나? 천만에. 나는 자네가 좋단 말이야. 남을 위해 이 한 몸을 바치는 게 내 도락이거든. 전에도 그랬던 적이 있어. 어때, 이제 알겠나? 나는 다른 녀석들보다 한 단 높은 세계에 살고 있단 말이야. 나는 행동을 수단이라고 생각하고, 눈으로는 목적밖에 보지 않아. 나한테 인간이 란 고작해야 요만한 존재라구."

보트랭은 엄지손가락 손톱을 앞니에 대고 딱 소리를 냈다.

"인간이란 나에게 전부이거나 아무것도 아니야. 그 자식의 이름이 푸아레라면 그놈은 제로 이하지. 빈대처럼 납작하게 눌러 죽여도 전혀 상관없어. 평범하고 역겨운 놈이니까 말이야. 그러나 자네 같은 인간은 신이나 다름없지. 더는 인간 가죽을 뒤집어씌운 단순한 기계가 아니라, 더없이 아름다운 감정이 약동하는 무대라네. 나는 그 감정만으로 살아가는 인간이야. 감정이 란 사고화한 세계 그 자체가 아니겠는가? 고리오 영감을 봐. 영감한테는 두 딸이 우주의 전부고, 그녀들은 피조물의 세상을 살아가는 영감을 인도하는 실이란 말이야. 그런데 말이야, 인생을 깊이 파내려가다 보니 나한테는 진실한 감정이 딱 하나밖에 남지 않더라구. 바로 사나이와 사나이의 우정이야. 피에르와 자피에가 내 정열이란 말이야. 나는 《구원받은 베네치아》( 영국 극작가 오 트웨이의 비극 (1685년). 피에르와 자피에는 그 주인공으로 서로 친구이다 )를 전부 외고 있어. '시체를 묻으러 가세'라는 말에 군소리 한마디, 설교 한마디 없이 가만히 따라가는 담대한 사나이들이 어디 흔하겠나? 하지만 나는 그렇게 살아왔다구. 나도 이런 얘기를 아무나 붙잡고 떠들어 대진 않아. 그러나 자네는 보통 사람이 아니니까 무슨 말이든 할 수 있는 거야. 자네라면 다 알아줄 테니까 말이야. 자네는 아무 짝에도 쓸모없는 두꺼비들이 득시글거리는 평범한 늪에서 언제까지나 어정거리고 있을 사람이 아니야. 자, 이제 하고 싶은 말은 다했네. 그럼 이제 결혼하는 거네? 시작한 일은 끝까지 밀어붙여 보자구. 내 검 끝은 무쇠로 되어 있어서 도중에 휘는 일은 절대로 없단 말이야. 핫하하!"

보트랭은 학생의 기분을 편하게 해 주려고 그의 부정적인 답변을 듣지도 않고 나가 버렸다. 그는 인간이 체면을 차리거나 뒤가 켕기는 일을 정당화하기 위해 쓰는 하찮은 저항과 갈등의 비밀을 잘 알고 있는 듯했다.

"그놈은 그놈 좋을 대로 하라지. 나는 타유페르 양하고는 절대로 결혼하지 않을 테다!" 외젠은 중얼거렸다.

외젠은 보트랭에게 혐오를 느끼면서도, 그 사나이가 지닌 사상의 통렬함과 사회에 맞서는 그 대담성으로 말미암아 그의 눈에도 점차로 크게 보이기 시작했다. 그런 사나이와 협약을 맺는다고 생각하니, 벌써부터 몸속에서 극심한 불안이 파도쳤다. 라스티냐크는 옷을 갈아입고 마차를 불러서 레스토 부인 저택으로 갔다. 며칠 전부터 부인은, 그가 한 걸음 한 걸음 상류사교계의 한가운데로 진출하여 언젠가는 막대한 영향력을 휘두를 것이 틀림없다고 생각하고, 이 청년에게 지금까지보다 갑절의 호의를 보이게 되었다. 외젠은 트라이유 씨와 아쥐다 씨에게 빚을 갚고, 저녁 내내 카드놀이를 하여 먼저 잃었던 돈을 되찾았다. 자기 길을 스스로 헤쳐 나아가야 하는 모든 사내들이 그렇듯, 외젠도 운명론자이며 미신가였다. 따라서 그는 이 행운이, 어디까지나 올바른 길을 걷고자 하는 자신의 노력에 대한 하늘의 보상이라고 믿었다. 이튿날 아침 외젠은 서둘러 보트랭에게 어제의 어음을 아직 가지고 있느냐고 물었다. 가지고 있다고 대답하자, 그는 노골적으로 안도의 기쁨을 보이면서 3천 프랑을 보트랭에게 갚았다.

"모든 일이 순조롭게 되어 가고 있어." 보트랭이 말했다.

"나는 당신과 한패가 될 생각은 없습니다." 외젠이 말했다.

"알고 있어, 알고 있고말고." 그의 말을 막으면서 보트랭은 말했다. "아직도 그런 어린애 같은 소리를 하는가? 자네는 쓸데없는 일에만 신경을 쓰는군."

# 3 불사신

이틀 뒤, 푸아레와 미쇼노 양은 인적 드문 동식물원의 오솔길에 있는 양지바른 벤치에 앉아서, 전에 비앙숑이 수상하다고 말했던 사나이와 이야기하고 있었다.

"미쇼노 씨." 공뒤로 씨가 말했다. "당신이 왜 그런 걱정을 하시는지 모르겠군요. 왕국 경찰장관 각하께서는……."

"호오, 왕국 경찰장관 각하께서도……." 푸아레가 상대의 말을 되풀이했다.

"그렇습니다. 각하께서도 이 문제에 깊은 관심을 기울이고 계십니다." 공뒤로가 말했다.

머리는 텅 비긴 했지만 말단 공무원 출신이며 소시민적인 미덕을 충분히 갖춘 푸아레가 공뒤로의 말에 귀를 기울이는 모습은 누구에게나 이상하게 보였을 것이다. 왜냐하면 그 사나이는 스스로를 뷔퐁 거리의 연금 생활자라고 말하면서도, 나서서 경찰이라는 말을 입에 올리며 정직한 남자의 가면 밑으로 예루살렘 거리(그 시절 파리경찰청이 있던 곳)의 끄나풀 같은 얼굴을 드러내고 있었기 때문이다. 그러나 이보다 자연스러운 일은 없었다. 이미 몇몇 관찰자가 시도했지만 오늘까지 공표된 적이 없는 다음의 고찰을 읽으면, 바보들 무리 속에서 푸아레가 얼마나 특별한지 쉽게 이해할 수 있을 것이다.

이 세상에는 펜으로 먹고사는 족속들이 있다. 그들은 국가 예산으로 생활하며 북위 1도와 3도 사이에 서식한다. 연수입이 1천 2백 프랑쯤인 북위 1도의 지역은 행정상의 녹색지대이다. 북위 3도 지역은 3천 프랑에서 6천 프랑으로 주머니가 조금 더 따뜻해지고 특별수당을 받을 수 있으며, 재배가 어려움에도 때로는 꽃이 활짝 피는 온대 지역이다. 이런 말단 공무원의 정신이 얼마나 어리석고 편협한지를 가장 잘 나타내는 특징 가운데 하나는, 모든 부서의 거물, 지위가 낮은 공무원은 장관 각하라는 이름의 읽기 힘든 서명으로서만 알고 있는 그 거물에 대한 무의식적이고 기계적이고 본능적인 존경이다. 이 네 글자는 《바그다드의 통치자》(그 무렵 상연된 보엘디외의 가극)의 일본도 카니(이 가극에서 통치자가 잠행할 때 쓰는 이름)에게 필적하며, 이들 저속한 공무원들의 눈에는 흔들림 없는 신성한 권력을 구현하는 글자인 것이다. 그리스도 교도들에게 로마교황이 그렇게 보이는 것처럼, 말단 공무원의 눈에 각하는 행정상 잘못을 저지르지 않는 절대적 존재인 것이다. 각하가 뿜어내는 광휘는 그의 말과 행동, 그의 이름으로 명령되는 모든 일에까지 미치며, 모든 것을 장관복의 자수로 뒤덮는다. 장관 각하가 명령하는 모든 행위는 합법이다. 의도의 순수성과 의지의 신성성을 증명하는 각하라는 칭호가, 가장 받아들이기 어려운 관념의 통행권 구실을 한다.

이 불쌍한 공무원들은 자기 이익을 위해선 결코 하지 않는 일이라도, 일단 각하라는 칭호가 입에 오르기만 하면 곧바로 서둘러서 그것을 실천에 옮긴다. 관청에도 군대와 같이 나름의 맹목적인 복종제도가 있다. 그것이 양심을 목졸라 죽이고 인간성을 말살하여 끝내는 인간을 정부라는 기계를 이루는 수나사나 암나사로 만들어 버리는 제도이다. 이 기계의 구조를 잘 아는 공뒤로 씨는 재빠르게 푸아레의 어리석은 관료 근성을 알아보고, 자기의 계획을 털어 놓으며 푸아레를 현혹할 때 '각하'라는 말을 마치 주문처럼 비장의 무기로 내놓은 것이다. 그에게는 미쇼노도 성별만 다를 뿐, 푸아레와 똑같은 부류로 보였다.

"각하께서, 장관 각하께서…… 아, 이러면 얘기가 아주 달라지는데." 푸아레가 말했다.

"들으신 대롭니다. 당신도 이분의 판단은 믿으시는 것 같습니다만." 미쇼노 양에게 가짜 연금 생활자가 말했다. "각하께선 지금 보케르 집에 하숙하고 있는 보트랭이라는 사나이가 툴롱 교도소에서 탈주한 불사신(不死神)이라는 별명으로 알려진 죄수가 틀림없다고 굳게 믿고 계십니다."

"호오. 불사신이라." 푸아레는 말했다. "이름대로 정말 불사신이라면 운이 아주 좋은 사나이로군요."

"물론이죠" 형사가 말을 이었다. "그런 별명으로 불리게 된 것은, 그 자식이 몇 번씩이나 대담무쌍한 짓을 해치우면서도 언제나 운 좋게 목숨을 잃지 않았기 때문입니다. 그 자식은 아주 위험한 놈이에요. 여러 가지 특출한 능력을 타고 났을 뿐더러 배짱도 두둑하지요. 중죄를 선고받은 일 때문에 오히려 그 패들 속에서 엄청난 존경을 받게 된 모양입니다……."

"그럼 명예로운 사나이란 말인가요?" 푸아레가 물었다.

"그놈 나름의 명예지요. 한 이탈리아 젊은이 대신 문서위조죄를 스스로 떠맡았거든요. 노름에 빠진 젊은이였는데 그 뒤 군에 입대해서 제정신을 차린 모양이더군요."

"그런데 경찰장관 각하께서 보트랭 씨가 불사신이라고 확신하고 계시는데 어째서 우리 같은 사람들의 손을 빌리려 하시나요?" 미쇼노 양이 물었다.

"그렇지요." 푸아레가 말했다. "당신이 말씀하신 것처럼 장관 각하께서 확증을 갖고 계신다면……."

"확증이 있는 것은 아니고, 그냥 그렇지 않을까 하고 의심하고 계십니다. 문제는 이런 것이지요. 불사신이라고 불리는 자크 콜랭은 세 교도소에서 죄수들에게 전폭적인 지지를 받으며 그들의 대리인이자 회계담당으로 뽑혔습니다. 그런 일을 하려면 뛰어난 사나이가 필요하니까 그는 이 일을 하면서 꽤 많이 벌었지요."

"아하, 그렇군요. 미쇼노 양, 지금 한 말뜻을 알아들었어요? 이분이 그를 뛰어난 사나이라고 한 것은 그가 중죄인의 낙인이 찍힌 놈이기 때문이에요." 푸아레가 말했다.

"그 가짜 보트랭은 죄수들의 돈을 맡아서 사업에 투자하고 보관해 두었다가 탈옥해 오는 놈이 있으면 그들에게 건네줍니다. 죄수가 유서를 남기면 그 돈을 유족에게 전해 주고, 정부들에게 어음을 발행하면 그녀들에게 전해주지요." 형사는 말을 이었다.

"정부라고요? 그들의 마누라라는 뜻으로 말씀하시는 거지요?" 푸아레가 주를 달았다.

"아니, 그렇지 않아요. 죄수들의 아내는 보통 내연 관계예요. 우리는 그들을 첩이라고 부르지요."

"그럼 다들 내연 관계인 채로 산단 말입니까?"

"그렇지요."

"그것 참." 푸아레가 말했다. "그런 망측한 일을 장관 각하께서 보고만 계시다니. 당신은 각하를 뵐 수 있지요? 보아하니 당신은 인도적인 생각을 가지고 계신 것 같소만, 사회에 나쁜 전례를 남기는 그런 놈들의 부도덕한 행위에 대해 각하께 충고의 말씀을 올리는 게 당신의 의무가 아니겠습니까?"

"뭐, 정부가 그들을 미덕의 표본으로서 감옥에 넣는 것은 아니니까요."

"하긴 그렇군요. 그래도 제 생각으로는……."

"푸아레 씨, 이분이 말씀하시는 것을 들어 봅시다." 미쇼노 양이 말했다.

"미쇼노 양도 아시겠지만, 정부로서는, 그 비합법적인 엄청난 자금을 압류하는 일에 중대한 관심을 기울일 수밖에 없습니다. 불사신은 동료들의 돈뿐만이 아니라, 1만조합(一萬組合)에서 나오는 엄청난 액수의 돈을 숨겨두고 있거든요." 공뒤로가 말을 이었다.

"1만 명의 도둑조합이란 말입니까?" 푸아레가 깜짝 놀라 소리쳤다.

"아니요. 1만조합은 고급도둑집단으로, 벌이가 1만 프랑이 안 되는 일에는 손을 대지 않고 규모가 큰 도둑질만 전문으로 하는 놈들입니다. 이 조직은, 중죄재판소로 직행할 악당 가운데서도 특히 솜씨가 뛰어난 놈들로 구성되어 있어요. 놈들은 법률을 너무나 잘 알고 있으므로 붙들려서 사형을 선고받을 성싶은 위험한 짓은 절대로 안합니다. 콜랭은 그들의 믿음직한 대리인이자 상담역입니다. 그는 방대한 자금의 힘을 빌려 사설첩보조직을 만들었는데 조직망이 넓어 도저히 그 정체를 파악할 수가 없습니다. 우리는 1년 전부터 그놈 주위에 스파이를 심어두었지만 아직까지 그놈의 머릿속을 읽을 수가 없단 말이오. 그러다보니, 녀석의 자금과 재능은 끊임없이 악덕을 부추기고, 범죄의 자금원이 되어 사회와 교전 상태에 있는 악당들의 부대를 유지하고 있는 겁니다.

불사신을 붙잡아서 그놈의 금고를 압수하는 것은 악의 뿌리를 자르는 일입니다. 그러므로 이 수사는 국가적 문제, 고도의 정치 문제이며, 그 성공에 협력한 사람들에게도 커다란 명예가 될 것입니다. 푸아레 씨, 당신만 하더라도 다시금 관청에서 근무하시게 될지도 모르지요. 경찰서 서기쯤은 문제없을 겁니다. 그만한 직책이면 연금을 받는 데도 아무 지장이 없지요."

"그런데 불사신은 어째서 그 돈을 가지고 달아나지 않나요?" 미쇼노 양이 물었다.

"그야 죄수의 돈을 훔쳤다가는 어디에 숨더라도 그를 죽이라는 밀명을 받은 자들에게 뒤를 밟히게 되니까요. 게다가 그런 자금은 여염집 처녀 보쌈하듯 쉽게 가지고 달아날 수 있는 게 아니에요. 무엇보다 콜랭은 절대로 그런 짓은 하지 않을 놈입니다. 자기 명예가 더럽혀진다고 생각하거든요." 형사가 말했다.

"옳으신 말씀입니다. 정말로 불명예스러운 일이지요." 푸아레가 말했다.

"한데 아무리 말씀을 들어도, 왜 그자를 곧바로 체포하지 않는지 이해가 가지 않는군요." 미쇼노 양이 말했다.

"좋습니다, 미쇼노 양. 대답해 드리지요. 하지만 그 전에……" 그는 그녀의 귀에 대고 속삭이듯이 말했다. "이분이 제 말을 끊지 않게 해주셨으면 합니다. 그렇지 않으면 얘기가 끝이 없을 테니까요. 이 영감님 말상대를 하려니 여간 힘들지 않군요. 불사신 그놈은 이곳에 와서 건실한 인간의 탈을 쓰고 파리의 선량한 시민인 척하며 남의 눈에 띄지 않는 하숙집에 들었습니다. 빈틈없는 놈이라 절대로 꼬리를 드러내지도 않아요. 그리하여 보트랭 씨는 다방면에 걸쳐 장사를 하는 존경할 만한 인물이 된 것입니다."

"그렇지요." 푸아레는 혼자 끄덕거렸다.

"장관 각하께서는 실수로 진짜 보트랭 씨를 체포해서 파리 상인들과 여론의 공격을 받고 싶지는 않다는 거죠. 경찰청장의 자리는 위태롭고 이래저래 적이 많습니다. 무슨 실수라도 했다간 그의 지위를 노리는 사람들이 비방이나 자유주의자의 비난을 이용해서 그를 끌어내리려고 할 것입니다. 따라서 이번 일도 가짜 생텔렌 백작이었던 코냐르 사건*1 때와 똑같이 처리해야 합니다. 그가 진짜 생텔렌 백작이었다면 우리가 무사하지 못했을 테니까요. 그래서 틀림없는 증거를 잡아야 하는 겁니다."

"그렇다면 예쁜 여자부터 구해야 할 거예요." 미쇼노 양이 재빨리 말했다.

"불사신은 여자를 가까이 하지 않습니다." 형사가 말했다. "미쇼노 양, 비밀을 하나 가르쳐 드리자면, 그는 여자를 좋아하지 않아요."

"그럼 확증을 잡는 데 제가 무슨 도움이 될지 모르겠군요. 2천 프랑으로 그 일을 맡는다면 말이에요."

"아주 간단합니다." 낯선 사나이가 말했다. "당신에게 조그마한 약병을 하나 드리겠습니다. 그 안에는 뇌출혈과 비슷한 증세를 일으키지만 생명에는

---

*1 탈옥 죄수인 피에르 쿠아냐르(코냐르는 발자크의 착오)는 생텔렌 백작을 사칭하여 육군중령까지 됐으나 1818년에 유명한 형사 비도크에게 체포된 실재 인물이다.

전혀 위험이 없는 물약이 들어 있습니다. 그 약은 포도주나 커피에도 섞을 수 있지요. 곧바로 놈을 침대로 옮겨서 숨을 쉬는지 확인하는 척하면서 옷을 벗기는 겁니다. 옆에 아무도 없는 틈을 타서 손바닥으로 어깨를 철썩 치세요. 그렇게 하면 낙인찍힌 글자가 나타날 겁니다."

"정말로 식은 죽 먹기군요." 푸아레가 말했다.

"그럼 승낙해 주시겠습니까?" 공뒤로가 노처녀에게 말했다.

"그런데 글자가 나타나지 않아도 2천 프랑은 받을 수 있나요?" 미쇼노 양이 말했다.

"그건 안 됩니다."

"그럼 수고비로 얼마를 주실 건데요?"

"5백 프랑입니다."

"고작 그만한 푼돈 때문에 그런 엄청난 짓을 하라는 건가요? 결과가 어떻든 양심의 고통은 마찬가지인데, 제 양심의 고통을 치료해야 하지 않겠어요?"

"미쇼노 양은 아주 양심적이고 사리가 밝은 분이지요." 푸아레가 말했다.

"그럼 이렇게 해요." 미쇼노 양이 말을 이었다. "그가 정말 불사신이라면 3천 프랑을 주세요. 대신 평범한 사람이라면 한 푼도 받지 않겠어요."

"좋습니다. 단 내일 바로 실행한다는 조건으로." 공뒤로가 말했다.

"내일은 안 돼요. 고해신부님과도 의논을 해야 하니까요."

"철저하시군요!" 형사는 일어나면서 말했다. "그럼 내일 다시 만납시다. 제게 급한 볼일이 있으시면 생트샤펠 성당 안뜰에 있는 생탄 골목길로 오십시오. 아치 밑에는 입구가 하나밖에 없으니 공뒤로를 만나러 왔다고 하시면 됩니다."

퀴비에 교수의 강의를 듣고 돌아오는 길에 비앙숑은 불사신이라는 매우 이색적인 낱말이 들려오자 귀를 쫑긋 세웠다. 그리고 그 유명한 형사부장이 '좋습니다'하고 말하는 것을 들었다.

"어째서 바로 결론을 내리지 않았습니까? 3백 프랑의 종신 연금을 탈 수 있는 좋은 기회잖아요?" 푸아레가 미쇼노 양에게 물었다.

"어째서라뇨?" 그녀가 말했다. "잘 생각해 봐야 할 문제예요. 보트랭 씨가 정말 불사신이라면 그와 거래하는 쪽이 더 쏠쏠할 테니까요. 하지만 그에게 돈을 요구하면 일부러 알려주는 꼴이 되고, 그는 한 푼도 내놓지 않은 채 줄행랑을 놓겠죠. 그런 어처구니없는 실수가 어디 있겠어요?"

"눈치 채서 달아난다고 해도, 아까 그 사람 말로는 감시꾼이 붙어 있다고 하잖아요? 어찌되었든 당신한테는 한 푼도 돌아오지 않는단 말입니다." 푸아레가 말했다.

'게다가 저 사람은 도무지 마음에 들지 않아. 나에게 무례한 말만 하니까.' 미쇼노 양은 생각했다.

푸아레가 말을 이었다.

"그렇지만 형사 편을 드는 게 낫지 않겠습니까? 아까 그분은 옷차림도 말쑥하고 매우 훌륭한 분으로 보였어요. 그분도 말씀하셨듯이, 아무리 덕망이 높아도 범죄자를 사회에서 없애는 것은 법률에 복종하는 행위니까요. 제 버릇 개 못 준다고 하잖아요. 그가 우리를 죽일 마음이라도 먹으면 어떡해요? 하느님 맙소사, 우리는 살인을 방조한 셈이 될 뿐만 아니라 가장 먼저 그 살인자의 희생양이 될 거예요."

생각에 정신이 팔린 미쇼노 양은, 덜 잠긴 수도꼭지에서 물방울이 똑똑 떨어지듯 푸아레 입에서 굴러 떨어지는 말에는 귀를 기울일 여유가 없었다. 이 노인은 일단 말을 늘어놓기 시작하면, 미쇼노 양이 중단시키기 전까진 마치 태엽감긴 기계처럼 끝도 없이 지껄여 대는 것이었다. 처음에는 한 가지 화제에 대해 말하는 것 같다가도 중간에 탈선을 거듭하여 애기가 정반대 방향으로 나아가 도저히 결론에 이르지 못했다. 보케르 집에 닿을 무렵에는 끝없이 이어지는 예증과 인용의 바다에서 허우적거리며, 라굴로 씨와 모랭 부인 사건*2에서 그가 피고 측 증인으로 출두해 공술했던 내용까지 말하고 있었다. 하숙집에 들어서면서 미쇼노는 외젠 드 라스티냐크와 타유페르 양이 진지하게 얘기하고 있는 모습을 놓치지 않고 보았다. 얼마나 중요한 이야기를 하고 있는지, 두 젊은이는 나이든 두 하숙인이 식당을 가로지르는 것도 전혀 깨닫지 못했다.

"저렇게 될 줄 알았어요." 미쇼노 양이 푸아레에게 말했다. "일 주일 내내 둘이서 뚫어지게 얼굴만 바라보고 있더라니!"

---

*2 1812년, 모랭 부인은 라굴로 씨 살인미수로 징역형을 선고받았다.

"그래요." 푸아레가 대답했다. "그래서 유죄선고를 받았지요."

"누가요?"

"모랭 부인이요."

"저는 빅토린 양 애기를 하고 있는 거예요." 미쇼노 양은 자기도 모르게 푸아레의 방으로 들어가면서 말했다. "그런데 지금 말씀하신 모랭 부인은 대체 누구죠?"

"그럼 빅토린 양은 무슨 죄를 지었습니까?" 푸아레가 물었다.

"외젠 드 라스티냐크 씨에게 반한 죄지요. 어떻게 될지도 모르면서 깊이 빠져들고 있어요. 가엾어라!"

그날 아침 내내 외젠은 누싱겐 부인 때문에 절망의 구렁에 빠져 있었다. 속으로는 보트랭의 제안에 마음이 기울어 있어서, 이 사나이가 자기에게 보이는 우정의 동기가 무엇이며, 그 결합이 앞으로 어떤 결과를 가져오게 될지 생각해보려고도 하지 않았다. 외젠은 타유페르 양과 달콤한 약속을 주고받음으로써 이미 1시간 전부터 깊은 심연에 발을 담그고 있었다. 그를 심연에서 다시 끌어올리려면 기적을 바랄 수밖에 없었다. 빅토린은 천사의 목소리를 듣는 기분이어서, 자신을 위해 하늘이 열리고, 보케르 집이 극중에 나오는 궁전처럼 환상적인 색채로 물든 것처럼 보였다. 그녀는 사랑하고 있고, 사랑을 받고 있었다. 적어도 본인은 그렇게 믿었다. 다른 하숙인의 성가신 눈을 피해 1시간 동안 라스티냐크의 얼굴을 바라보고 목소리를 듣다 보면, 어떤 여자도 그렇게 믿었을 것이다. 라스티냐크는 자기 양심과 싸우면서 나쁜 짓인 줄 알면서도 기어코 그 일을 하려고 마음먹고, 한 여성을 행복하게 해줌으로써 그 작은 죄를 보상할 수 있다고 자신에게 변명하고 있었다. 그의 얼굴은 절망으로 더욱더 잘생겨 보였고, 가슴속에 타오르는 지옥불이 그의 미모를 더욱 환하게 비춰 주었다. 그때 그에게 다행스럽게도 기적이 일어났다. 보트랭이 즐거운 얼굴로 들어온 것이다. 그는 자기가 악마적인 재능으로 맺어 놓은 이 두 젊은이의 마음을 알아차리자, 조롱기 섞인 굵은 목소리로 노래를 부르며 그들의 기쁨에 찬물을 끼었었다.

귀여운 팡셰트
순진한 게 매력이라네……*3

빅토린은 지금까지의 생활이 불행했던 만큼 더욱 큰 행복을 가슴속에 품고 그 자리에서 달아났다. 불쌍한 처녀! 꽉 맞잡은 손, 볼에 스치는 라스티냐크의 머리카락, 뜨거운 입김이 느껴질 만큼 귀에 바짝 대고 속삭인 학생의 달콤한 말, 허리를 안은 떨리는 손, 목덜미에 받은 키스 같은 것들은, 그녀에게 사랑을 증명하는 약혼식이었다. 옆방에 있는 뚱뚱보 실비가 당장에라도 이 찬란한 식당에 들어올지도 몰랐으므로, 이 의식은, 유명한 사랑이야기에 나오는 가장 헌신적인 맹세보다도 더 격렬하고 뜨겁게 마음을 뒤흔들었다. 조상들의 아름다운 표현을 빌리면, 그런 평범한 사랑 노래도 두 주일마다 교회에 참회하러 가는 신앙심 깊은 처녀에게는 마치 범죄와도 같은 것이었다. 지금 빅토린이 아낌없이 내놓은 마음의 보석은, 뒷날 그녀가 부귀와 행복을 얻어 완전히 그에게 몸을 맡겼을 때 준 것보다 더 값진 것이었다.

"일이 제대로 됐어." 보트랭이 외젠에게 말했다. "전에 말했던 두 건달이 싸웠어. 모두 예정대로 잘 이루어졌지. 의견 충돌로 그 비둘기가 내 매를 모욕했단 말이야. 내일 클리냥쿠르 광장에서 결투를 벌일 거야. 8시 반, 타유페르 양은 한가하게 버터 바른 빵을 커피에 찍어 먹으면서 아버지의 애정과 재산을 상속받게 될 거야. 생각할수록 재미있어. 타유페르라는 애송이는 검술의 명수라서, 똑같은 카드를 석 장 쥐고 있는 승부사처럼 자신만만했거든. 그러나 그자식도 내가 발명한 찌르기 한 방에 쓰러지고 말거야. 칼끝으로 상대의 이마를 노리는 기술인데, 나중에 자네한테도 전수해 주지. 아주 쓸모 있는 기술이거든."

라스티냐크는 얼이 빠져서 보트랭의 말에 대답도 할 수가 없었다. 이때 고리오 영감과 비앙숑과 다른 몇몇 하숙인이 들어왔다.

"내가 기대한 대로 잘 따라와 주었네." 보트랭이 말했다. "자네는 지금 무슨 짓을 하고 있는지 잘 알고 있겠지? 바로 그거야. 젊은 친구. 자네는 사람들을 지배하게 될 거야. 자네는 강인하고 다부지고, 배짱이 있어. 나는 자네의 그런 점을 존경하지."

보트랭은 학생의 손을 잡으려 했다. 라스티냐크는 그 손을 뿌리치고 하얗게 질려서 의자에 주저앉았다. 눈앞에 피바다가 펼쳐진 듯했다.

---

＊3 1813년에 초연한 악극 〈질투하는 두 남자〉에 나오는 가사 일부.

"하하하, 자네는 아직도 미덕의 얼룩이 묻은 기저귀를 벗지 못하는 모양이군." 보트랭은 낮은 소리로 말했다. "돌리방 영감은 3백만 프랑의 재산을 가지고 있어. 내가 미리 다 조사했지. 그 지참금이 자네를 신부의 결혼의상처럼 새하얗게 씻어 줄 걸세. 자네 눈으로 봐도 새하얗게."

라스티냐크는 더 이상 망설이지 않았다. 그는 밤중에 타유페르 부자에게 알려 주러 가기로 결심했다. 이때 보트랭이 그의 곁을 떠나자 고리오 영감이 그의 귀에다 속삭거렸다.

"기운이 없어 보이는군요, 외젠 씨. 그럼 내가 즐거운 이야기를 하나 해 줄 테니 이리 오세요." 그렇게 말하면서 늙은 제면업자는 램프의 불을 자기 초에 붙였다. 외젠은 호기심이 생겨서 그의 뒤를 따라갔다.

"당신 방으로 갑시다." 영감은 실비에게서 학생 방 열쇠를 받아와서 말했다. "오늘 아침 당신은 딸애가 당신을 사랑하지 않는다고 생각하셨지요?" 그는 말을 이었다. "딸애한테 내쫓기자, 화가 나서 절망하고 돌아오셨지요? 참 바보 같은 짓이었소. 딸애는 나를 기다리고 있었던 거요. 알겠소? 사흘 뒤에는 당신이 살게 될 깨끗한 아파트 방에 장식을 마무리하러 같이 가기로 했거든요. 이건 비밀이에요. 델핀은 당신을 깜짝 놀라게 할 작정이니까. 하지만 나는 더 이상 숨기고 있을 수가 없구려. 당신은 생라자르 거리와 아주 가까운 아르투아 거리에서 살게 될 거요. 당신은 그곳에서 왕자님 같은 생활을 할 거란 말입니다. 신혼집 꾸미듯 멋진 가구들만 갖추었어요. 당신 모르게 딸애와 나는 한 달 전부터 꽤나 여러 가지 일을 해 왔어요. 내 소송대리인이 일을 시작했으니, 딸애는 지참금의 이자조로 해마다 3만6천 프랑씩 받게 될 겁니다. 또 나는 그 애의 80만 프랑을 확실한 부동산에 투자하도록 요구할 작정입니다."

외젠은 입을 다문 채 팔짱을 끼고 어질러진 그의 초라한 방 안을 왔다 갔다 했다. 고리오 영감은 외젠이 등을 돌리고 있는 틈을 노려 난로 선반 위에 빨간 모로코가죽 상자를 놓았는데, 뚜껑에는 금박으로 라스티냐크 집안의 문장(紋章)이 새겨져 있었다.

"외젠 씨, 나는 이번 일로 완전히 정신이 나가 버린 것 같소." 인정 많은 영감이 말했다. "그렇지만 나에게도 실은 속셈이 있다오. 당신이 이사하는 게 나에게도 도움이 되기 때문이라오. 부탁이 하나 있는데, 혹시 들어 주시겠소?"

"무슨 일이신데요?"

"당신 아파트 방 위 6층에 딸린 방이 하나 있는데, 거기서 내가 살아도 괜찮겠소? 나도 이제 나이를 먹었는데, 여긴 딸애들한테서 너무 멀어서요. 당신을 방해하진 않을 거요. 그냥 거기에 얌전히 있기만 하겠소. 매일 밤 딸애 이야기를 들려주기만 하면 돼요. 크게 어려울 것도 없지요? 당신이 집으로 돌아올 땐 나는 이미 침대에 누워서, 당신 발소리를 들으며 이렇게 생각할 거요. 저 사람은 내 귀여운 델핀을 만나고 왔구나, 무도회에도 함께 가고, 저 사람 덕분에 딸애는 행복하겠구나 하고 말이오. 병이 나더라도, 당신이 돌아와서 덜거덕거리고 왔다 갔다 하는 소리를 듣기만 하면 내 마음은 위로를 받을 거요. 당신 속에서 마음껏 내 딸을 느낄 수 있을 테니까. 딸애들이 매일 다니는 샹젤리제 거리도 조금만 걸어가면 되니까 언제든지 그 애들을 볼 수 있지요. 여기서는 가끔 늦을 때가 있거든요.

무엇보다 딸애가 당신을 만나러 올 것 아닙니까? 나는 그 애의 목소리를 듣고, 그 애가 아침용 외투를 걸치고 새끼고양이처럼 귀엽게 아장아장 걷는 모습도 볼 수 있을 겁니다. 한 달쯤 전부터 델핀은 처녀 때의 그 애로 돌아가서, 쾌활하고 사랑스럽게 변했어요. 마음의 상처도 다 나은 모양이고, 당신 덕분에 행복한 거라오. 나는 당신을 위해서라면 아무리 불가능한 일이라도 기꺼이 해드릴 겁니다. 아까도 그 애는 내가 돌아가려고 하니까 '아빠, 저 정말 행복해요'하고 말하지 않겠어요? 딸들이 나를 대할 때 새삼스럽게 예의를 차리며 '아버지'라고 부르면 섬뜩해져요. 그런데 아빠라고 불러 주면 어렸을 때의 모습이 눈앞에 떠오르면서 온갖 추억이 되살아난다오. 그럴 때 정말로 내가 그 애들의 아비라는 생각이 들어요. 딸애들이 아직 누구의 아내도 아닌 것 같거든요." 영감은 눈물을 훔쳤다. 울고 있었던 것이다.

"아빠라는 말을 들은 것도, 그 애의 팔을 잡은 것도 몇 년 만인지 몰라요. 그렇지, 그 애들하고 마지막으로 어깨를 나란히 하고 걸어본 것도 이미 십 년도 전이라우. 딸애의 치맛자락을 스치면서 걸음을 맞춰 걷다보면 딸애의 체온이 이쪽으로 전해지는데 그 기분은 이루 말할 수가 없어요. 아무튼 오늘 아침엔 델핀을 이곳저곳에 데리고 갔었어요. 그 애와 함께 여러 가게에도 들렀지요. 그리고 나서 집에까지 데려다 주었지요. 아아, 나를 당신 곁에 있게 해주지 않겠소? 때로는 당신도 일을 돌봐 줄 사람이 필요할 것 아니오? 그 땐 내가 있을 테니까요. 아, 그 머저리 같은 뚱보 알자스 놈이 죽어 준다면 얼마나 좋겠소. 그 자식의 신경통이 무릎에서 배로 올라와 주기만 한다면 딸애가 얼마나 행복해질까. 그럼 당신이 내 사위가 되고 떳떳하게 그 애의 남편이 될 텐데. 델핀은 이 세상의 쾌락을 한 번도 누려 보지 못한 불쌍한 애이기 때문에 나는 그 애의 모든 것을 용서해 주려고 해요. 하느님도 애정 깊은 이 아비의 편이 되어 주실 겁니다. 그 애는 당신을 아주 사랑하고 있으니까요.”

고리오 영감은 잠깐 쉬었다가 고개를 끄덕이면서 말을 이었다. “딸애는 종일 당신 이야기만 했어요. ‘아빠, 그이는 참 잘 생겼어요. 그렇지 않아요? 마음씨도 상냥하고. 그이가 제 얘기를 하진 않았나요?’ 하고 말이오. 아무튼 아르투아 거리에서 파노라마 골목길까지 가는 내내 많은 얘기를 했어요. 딸애가 속내를 내게 보여 준 겁니다. 어찌나 기쁘던지, 나는 내 나이도 잊고 몸뚱이까지 가벼워지는 기분이었어요. 당신이 내게 천 프랑을 준 얘기도 해 주었어요. 아! 귀여운 델핀은 눈물을 흘리며 감격하더군요. 그런데, 저기 난로 선반에 놓여 있는 게 뭐지요?” 라스티냐크가 꼼짝 않고 있는 것을 보고 속이 답답해진 고리오 영감이 먼저 얘기를 꺼냈다.

외젠은 지독하게 우울한 표정으로 고리오 영감을 보고만 있었다. 보트랭이 내일 있을 것이라고 예고한 결투가, 염원하던 소원의 실현과는 너무도 극심한 대조를 보여서, 마치 악몽을 꾸고 있는 듯했던 것이다. 그는 난로 있는 쪽을 돌아보고 네모난 작은 상자를 발견했다. 뚜껑을 여니 그 안에는 브레게 <sup>(당시 파리에서 이름을 떨치던 스위스인 시계 장인)</sup> 시계 위에 종이쪽지가 하나 놓여 있었다. 쪽지에는 이렇게 씌어 있었다.

‘언제나 저를 생각해 주세요. 왜냐하면…… 델핀’

‘왜냐하면’이라는 말은 틀림없이 두 사람 사이에 있었던 어떤 일을 암시하는 말이었다. 외젠은 크게 감동했다. 뚜껑 안쪽의 금바탕에도 그의 문장(紋章)이 에나멜로 새겨져 있었다. 전부터 줄곧 갖고 싶었던 이 시계는 그 시곗줄, 태엽 감는 열쇠, 무늬 등 모두 그가 바라던 모양과 조금도 어긋남이 없었다. 고리오 영감은 환한 얼굴로 기뻐하고 있었다.

틀림없이 딸에게 그녀의 선물을 받고 외젠이 얼마나 기뻐했는지를 낱낱이 보고하겠다고 약속했으리라. 고리오 영감은 제3자의 위치에서 두 젊은이의 감동을 두루 맛보며, 두 사람 못지않게 기쁜 듯 보였다. 그는 이미 라스티냐크를 딸의 애인으로서만이 아니라 사람 자체로서 사랑하고 있었다.

"오늘밤 그 애를 만나러 가줘요. 기다리고 있으니까. 머저리 뚱보 알자스 놈은 애인인 춤추는 계집애 집에서 식사를 한다더군요. 핫하하, 내 소송대리인이 아픈 곳을 쿡쿡 찔러 주면 그 놈도 아마 꽤 당황할 거요. 내 딸을 열렬히 사랑하고 있다는 둥 엉터리 수작을 늘어놓을지도 모르지. 그 자식이 내 딸에게 손이라도 댄다면 내가 죽여 버리고 말 테요. 귀여운 델핀이 그런 놈한테…… 생각만 해도 치가 떨려서 범죄에 손을 댈 것만 같소. 하지만 놈을 죽여도 살인자가 되진 않을 거요. 돼지 몸뚱이에다 송아지 대가리를 붙여 놓은 놈이니까. 당신은 나를 함께 살게 해 주겠지요?"

"물론이죠, 고리오 씨. 제가 당신을 좋아한다는 것은 잘 아시잖습니까?"

"암, 알고말고요. 당신은 나를 창피하게 생각하지 않지요! 한번 안아 봐도 되겠소?" 고리오는 학생을 품에 꼭 안았다. "델핀을 정말 행복하게 해 줘요. 약속했소이다? 오늘 밤 갈 거지요?"

"그야 물론이지요! 하지만 그 전에 급한 일로 꼭 나가봐야 해요."

"내가 도와 드릴 일은 없겠소?"

"참, 그렇지. 제가 누싱겐 부인 집에 가 있는 동안 타유페르 씨 댁에 가서, 매우 중대한 용건으로 만나고 싶으니까 오늘 밤 한 시간쯤 시간을 내줄 수 없겠느냐고 물어봐 주십시오."

"그럼, 그게 정말이었군요." 고리오 영감은 별안간 낯빛을 바꾸며 말했다. "아래층에 있는 바보들이 말하던 대로 당신은 타유페르 아가씨에게 구혼하고 있단 말이오? 제기랄! 당신은 고리오의 주먹맛이 어떤지 모르는 모양이오. 우리를 배반했다간 주먹으로 해결하게 될 거요. 아아, 그런 터무니없는 소리가 어디 있단 말이오!"

"맹세코 말씀입니다만, 저는 이 세상에서 오직 한 여성밖에 사랑하지 않습니다. 저도 조금 전에 깨달았습니다." 학생이 말했다.

"이렇게 기쁠 수가!" 고리오 영감이 소리쳤다.

학생이 말을 이었다.

"그런데 타유페르의 아들이 내일 결투를 한다는 겁니다. 틀림없이 죽을 것이라는 말을 들었습니다."

"그게 당신과 무슨 상관이오?" 고리오가 못마땅한 듯이 말했다.

"그 아들이 결투하러 가지 못하게 말리라고 아버지에게 말해 줘야……?" 외젠이 소리쳤다. 그때 방 입구 근처에서 보트랭이 노래 부르는 소리를 듣고 그는 입을 다물었다.

'오, 리처드, 오 나의 왕이여!
세상이 당신을 저버렸노라*4

부릉! 부릉! 부릉! 부릉! 부릉!

나는 오랫동안 세상을 돌아다녔네
곳곳마다 모습을 나타내며……

트랄랄라, 랄랄라……'

"여러분! 식사하십시오. 다들 기다리고 계십니다." 크리스토프가 소리쳤다.

"아참." 보트랭이 말했다. "내 보르도 술을 좀 갖다 주게나!"

"그 시계 참 예쁘지 않소? 딸애는 취향이 꽤 고상하지요?" 고리오 영감이 말했다.

보트랭과 고리오 영감과 라스티냐크는 함께 식당으로 내려갔다. 늦었기 때문에 세 사람은 나란히 앉아서 먹게 되었다. 외젠은 식사하는 내내 보트랭에게 더없이 싸늘한 태도를 보였다. 그러나 보케르 부인 같은 사람들에게는 정말로 붙임성 있는 인물로 통하는 보트랭은 그날 저녁도 종횡무진하며 재치를 부려 모여 앉은 사람들의 마음을 완전히 들뜨게 했다. 그 대담함과 침

---

*4 그레트리의 오페라 〈사자왕 리처드〉의 한 구절.

착함에 외젠을 혀를 내둘렀다.

"오늘은 또 무슨 좋은 일이 있었수? 평소보다 더 기분이 좋은 것 같구려." 보케르 부인이 보트랭에게 말했다.

"장사만 잘 되면 난 언제든지 명랑하죠."

"장사라고요?" 외젠이 말했다.

"암, 그렇구말구. 제법 수수료가 쏠쏠한 상품을 넘겨줬거든. 미쇼노 양!" 노처녀가 자기를 뚫어져라 보고 있는 것을 눈치 채고 보트랭이 말했다. "아까부터 내 얼굴만 빤히 보고 계시는데, 무슨 마땅찮은 점이라도 있소이까? 있다면 말해 보시오. 당신이 좋아하도록 고칠 테니까요."

"푸아레, 이런 일로 화내지 않겠지, 응?" 보트랭은 공무원 출신 영감을 곁눈으로 보면서 말했다.

"훌륭해! 당신은 어릿광대 헤라클레스의 모델로 안성맞춤이에요." 젊은 화가가 보트랭에게 말했다.

"좋아, 모델이 되어 주지! 미쇼노 양이 페르라세즈 묘지의 비너스*5가 되어 준다면 말이야." 보트랭이 대답했다.

"그럼 푸아레 씨는 뭐가 좋을까?" 비앙숑이 물었다.

"푸아레는 푸아레의 모델이야. 정원의 신(神)이지! 푸아레는 배(梨, 푸아르)라는 뜻이니까……." 보트랭이 소리쳤다.

"늙은 배로구나! 먹는다면 식후의 배와 치즈 사이가 되겠군." 비앙숑이 끼어들었다.

"무슨 그런 시답잖은 소리들만 하시우?" 보케르 부인이 말했다. "그보다 당신의 그 보르도 포도주나 한턱내시구려. 병이 주둥이를 삐죽이 내밀고 있는 게 보이는데, 그놈을 마시면 기분이 즐거워지고 위장에도 좋으니까요."

"여러분." 보트랭이 말했다. "의장 여사께서 정숙을 명령하셨습니다. 쿠튀르 부인과 빅토린 양은 여러분의 실없는 농담을 뭐라고 하지 않으시지만, 고리오 영감님의 순정은 존중하도록 합시다. 내가 여러분에게 근사한 보르도 포도주를 한 잔씩 대접하겠습니다. 정치성 발언을 할 생각은 전혀 없지만,

<hr>

*5 밀로의 비너스, 캄피돌리오의 비너스 등 여러 비너스상이 있는데, 그것을 본뜬 말장난. 페르라세즈 묘지는 파리 북부 제20지구에 있으며, 고리오 영감이 이곳에 묻힌다. 발자크의 묘지도 이곳에 있다.

라피트라는 이름 때문에 (라피트는 보르도 포도주의 상표인 동시에 저명한 정치가의 이름이기도 하다) 이중으로 유명해졌지요. 어이! 거기 얼간이!" 그는 꼼짝 않고 있는 크리스토프를 보고 말했다. "이쪽이다. 크리스토프! 뭐야, 이름을 부르고 있는데도 안 들리느냐? 이 맹꽁아! 술을 가지고 오란 말이야!"

"예, 가지고 왔습니다." 보트랭에게 병을 내밀면서 크리스토프는 말했다.

외젠과 고리오 영감의 술잔을 가득 채운 뒤 보트랭은 자기 잔에도 천천히 몇 방울 따랐다. 두 사람이 마시고 있는 동안 보트랭도 한 모금 맛을 보더니 별안간 얼굴을 찌푸리며 말했다.

"제기랄, 코르크 냄새가 나잖아. 크리스토프! 이건 너나 마시고 다른 술을 가져와. 오른쪽에 있는 거 말이야, 알았어? 모두 열여섯 명이니 여덟 병만 가지고 와!"

"그렇게 크게 한턱낸다면 나도 밤을 백 개 내겠소." 화가가 말했다.

"와아, 와아!"

"부우우우!"

"브라보!"

모두들 폭죽을 쏘아 올리듯 환성을 터뜨렸다.

"자, 보케르 아줌마도 샴페인 두 병만 내세요." 보트랭이 큰 소리로 말했다.

"내 그렇게 나올 줄 알았지. 차라리 이 집을 내놓으라고 하시지 그래요? 샴페인을 두 병이나 내라니. 12프랑이나 하는 걸. 그런 돈이 어디 있다고 그러시우. 하지만 외젠 씨가 돈을 낸다면 머루술을 가져오지요."

"그 머루술은 설사약처럼 뱃속을 깨끗이 청소해 주지." 의학도가 조그만 소리로 말했다.

"그만하게! 비앙숑." 외젠이 소리쳤다. "나는 설사약이란 말만 들어도 속이 이상해진단 말이야…… 좋아, 그럼 샴페인을 사겠소. 내가 돈을 내지요." 학생이 덧붙였다.

"실비. 비스킷하고 작은 케이크를 내와!" 보케르 부인이 말했다.

"아주머니네 작은 케이크는 너무 커요. 곰팡이가 피어 있으니까. 그렇지만 비스킷은 괜찮으니까 가져와." 보트랭이 말했다.

순식간에 보르도 포도주가 한 잔씩 돌아갔고, 사람들은 유쾌해져서 점점 더 활기를 띠었다. 왁자글한 웃음소리가 번지고, 여러 가지 동물 울음소리를 흉내내는 소리가 들려왔다. 박물관 직원이 발정 난 고양이 울음소리와 똑같은 파리의 행상꾼 목소리를 흉내 내자, 곧바로 여덟 명 정도가 동시에 다음과 같이 떠들어 댔다.

"가위, 칼 갈아요오!"―"새 먹이 팔아요!"―"막과자! 막과자 사려어"―"질그릇 때우슈우!"―"굴 사요, 굴!"―"마누라도 때릴 수 있는 옷털개솔이요!"―"헌옷, 허리띠, 헌모자 파시오오!"―"달콤한 버찌 사려어!" 코맹맹이 소리로 "우사안 사려어! 우사안!" 하고 외친 비앙숑이 흉내내기 우승을 차지했다. 눈 깜짝할 사이에 머리가 깨질 듯한 소란이 일어나고, 뜻 모를 농담과 재담이 왔다 갔다 했다. 말 그대로 오페라였다. 보트랭은 지휘자처럼 지휘봉을 휘두르면서도 외젠과 고리오 영감을 빈틈없이 감시하고 있었다. 둘은 이미 완전히 취해서, 의자에 등을 기대고 앉아서 술도 거의 마시지 않고 그 난장판을 침울한 표정으로 바라보고 있었다. 둘 다 오늘 저녁에 해야 할 일에 정신을 팔고 있었지만, 영 일어날 수가 없었던 것이다. 가끔 곁눈으로 훔쳐보면서 그들의 표정 변화를 살피고 있던 보트랭은, 그들의 눈이 게슴츠레하게 감기기 시작하는 순간을 노려 라스티냐크의 귀에 대고 소곤거렸다.

"이봐 젊은 친구, 자네는 이 보트랭 아저씨에게 맞서기에는 교활함이 부족해. 그리고 이 보트랭 아저씨는 자네를 좋아하기 때문에 자네가 바보짓 하는 것을 가만 버려둘 수 없단 말이야. 내가 일단 뭘 하겠다고 결심하고 나면, 내 앞길을 막을 수 있는 힘을 가진 존재는 하느님뿐이란 말이다. 핫하하, 자네는 타유페르 영감에게 알려 주러 갈 생각이었지? 초등학생 같은 바보짓은 꿈도 꾸지 말게. 아궁이에 불을 피웠고, 반죽도 했으니, 이제 빵을 굽는 일만 남았지. 내일이면 빵부스러기를 흘려대며 게걸스럽게 뜯어먹기만 하면 된다구. 그런데 이제 와서 빵을 오븐에 넣지 못하게 방해하겠다고? 안되지 안 돼. 아주 맛있게 구워질 거란 말이야. 마음이 조금 찔리더라도, 빵 맛을 보면 다 잊게 될 거야. 자네가 한잠 자는 사이에 육군 대령 프랑케시니 백작이 자네를 위해서 그의 칼끝으로 미셸 타유페르에게 유산 상속의 길을 열어 줄 거란 말이야. 오빠의 유산을 상속받게 되면 빅토린은 매년 1만5천 프랑을 받는 부자가 되지. 벌써 다 조사해 놓았어. 게다가 어머니 유산도 30

만 프랑에 이른다구."

외젠은 보트랭의 말에 대답할 수가 없었다. 혀가 입천장에 딱 달라붙어 버린 것 같았고, 자꾸만 눈이 감겼다. 식탁에 마주앉아 있는 사람들의 얼굴도 뿌연 안개 너머로 흐릿하게 보였다. 얼마 안 가서 소동이 가라앉고 하숙인들은 한 사람씩 일어나 나가 버렸다. 보케르 부인, 쿠튀르 부인, 빅토린 양, 보트랭, 고리오 영감만 남았을 때, 외젠은 마치 꿈이라도 꾸듯이 보케르 부인이 남은 술을 모아서 다른 병에 가득 채우는 것을 보았다.

"다들 젊어서 그런지 참 신나게도 노네요." 미망인이 말했다.

그것이 외젠이 알아들은 마지막 말이었다.

"그런 난장판을 벌일 수 있는 사람은 보트랭 씨뿐이에요." 실비가 말했다. "세상에, 크리스토프 좀 보세요. 드렁드렁 코를 골고 있군요."

"보케르 아줌마. 그럼 난 시내에 있는 극장에 가서 마르티가 나오는 〈황량한 산〉이나 보고 올게요. 《고독한 사나이》를 각색한 대작이에요. 원한다면 데리고 가드리지요. 그쪽에 계시는 부인들도 다 함께." 보트랭이 말했다.

"저는 괜찮습니다." 쿠튀르 부인이 말했다.

"아니, 뭐라고요?" 보케르 부인이 큰 소리로 말했다. "《고독한 사나이》를 각색한 연극인데 안 보시겠다고요? 아탈라 드 샤토브리앙*⁶의 작품이라고요. 우리가 정신없이 읽던 책이잖아요. 내용이 어찌나 아름다운지, 작년 여름에 보리수나무 아래서 엘로디(《고독한 사나이》의 여주인공) 때문에 펑펑 울었잖아요? 게다가 도덕적인 작품이니까 아가씨 교육에도 좋아요."

"저희들은 연극 구경을 가지 못하게 되어 있어요." 빅토린이 말했다.

"허, 이 두 사람은 완전히 꿈나라로 가셨군." 보트랭이 익살스런 몸짓으로 고리오 영감과 외젠의 어깨를 흔들면서 말했다.

보트랭은 학생이 편안하게 자도록 머리를 의자 위에 올려주고, 노래를 부르면서 학생 이마에 뜨거운 키스를 했다.

'자거라, 사랑스런 사람아
내가 그대를 지켜주리라'*⁷

---

*6 《아탈라》는 샤토브리앙의 작품 제목으로, 그의 이름 일부가 아니다. 보케르 부인의 무식함이 나타나는 부분이다.

"외젠 씨가 어디 편찮으신 게 아닐까요?" 빅토린이 말했다.

"그럼 여기 남아서 보살펴 줘요." 보트랭은 이렇게 말하고는 그녀의 귀에 대고 속삭였다. "그것이 충실한 아내로서 아가씨의 의무가 아니겠소? 이 젊은이는 당신한테 푹 빠져 있소. 그리고 장담하건대, 당신은 그의 귀여운 아내가 될 거요." 그리고 다시 평상시 목소리로 말했다. "다시 말해, 결말은 '두 사람은 온 나라 사람들에게 존경을 받고 행복하게 살며, 많은 자식을 낳았습니다'란 거야. 사랑이야기는 다 이렇게 끝나는 법이거든."

그리고는 보케르 부인쪽으로 돌아서서 그녀를 안으면서 말했다. "자, 아줌마, 모자를 쓰고 꽃무늬 드레스를 입고 백작부인 때문에 산 스카프를 두르고 나갑시다. 내가 나가서 마차를 불러올게요." 보트랭은 노래를 부르면서 밖으로 나갔다.

'해님이여, 해님이여, 성스러운 해님이여,
당신의 은총으로 호박이 익는도다'[8]

"참말이지, 쿠튀르 부인. 저런 사람과 함께라면 다락방이 아니라 지붕 위에서 살아도 행복할 거예요, 나 원." 보케르 부인은 제면업자를 보면서 말했다. "고리오 영감도 완전히 곯아떨어졌네요. 저 욕심쟁이 노인네는 나를 어디로 데려가 준 적이 한 번도 없단 말예요. 저런! 마룻바닥으로 떨어지겠네. 나잇살이나 먹은 영감이 채신을 잃다니 꼴불견이야. 하기야 원래부터 채신머리없었으니 말할 것도 없지. 실비! 이 양반을 방에 모셔 드려."

실비는 팔을 부축해 노인을 걷게 하여 옷 입은 채로 침대에 뉘었다.

"가엾어라." 쿠튀르 부인은 흐트러져 내려온 외젠의 머리카락을 쓸어 올려 주며 말했다. "꼭 여자아이 같군. 술이 지나치면 어떻게 되는지도 아직 모르는 모양이야."

"내가 이 하숙집을 시작한 31년이 되는데, 그동안 그렇게 많은 젊은이들을 뒷바라지해 왔지만 외젠 씨처럼 친절하고 점잖은 사람은 처음이에요. 정말이에요. 이 곱게 잠자는 모습 좀 보세요. 머리를 당신 어깨로 받쳐드려요,

---

*7 스크리브와 드라비뉘가 합작해 만든 통속 희극 〈몽유병자〉에 나오는 사랑 노래.
*8 그 시절 미술학도 사이에서 유행했던 노래.

쿠튀르 부인. 어머, 빅토린 양의 어깨를 벌써 빌렸군요. 젊은 양반들은 하느님이 보살펴주고 계신가 봐요. 하마터면 의자 모서리에 부딪쳐 다칠 뻔했잖아요. 이 두 분은 잘 어울리는 부부가 될 거예요." 보케르 부인이 말했다.

"원, 보케르 부인도, 그만하세요." 쿠튀르 부인이 소리쳤다.

"어때서요? 어차피 이 사람한테는 들리지도 않을 텐데." 보케르 부인이 대답했다. "자, 실비, 이리 와서 옷 입는 것 좀 거들어 다오. 코르셋을 입어야 하니까."

"어머나, 저녁을 드신 뒤에 코르셋을 하시겠다고요?" 실비가 말했다. "전 싫어요. 누구 다른 사람을 불러서 입혀 달라고 하세요. 저는 살인자가 되고 싶진 않으니까요. 그런 무리한 일을 했다간 목숨을 잃을 게 뻔한걸요."

"그런 건 괜찮아. 보트랭 씨에게 예의를 갖추어야 하니까."

"아주머니는 상속인이 그렇게 좋으세요?"

"실비, 실없는 소리 그만해라." 미망인이 방을 나가면서 말했다.

"저 나이에 말이에요." 실비는 자기 주인의 뒷모습을 가리키면서 빅토린에게 말했다.

"쿠튀르 부인과, 외젠이 어깨에 기대어 자고 있는 빅토린만 식당에 남았다. 크리스토프의 코고는 소리가 조용한 집 안에 울려 퍼져서, 어린애처럼 곱게 자고 있는 외젠의 모습을 더욱 두드러져보이기까지 했다. 빅토린은 여자의 모든 감정을 발휘하여 애정어린 행위를 할 수 있다는 것이 기뻤고, 게다가 아무 거리낌 없이 청년의 심장박동을 자기 가슴 위로 느낄 수 있었으므로 아주 행복했다. 그녀의 얼굴에는 모성애 가득한 보호자의 표정이 자랑스럽게 감돌았다. 마음속에 떼지어 일어나는 수많은 생각을 꿰뚫고, 젊고 깨끗한 체온이 뒤섞여 일어나는 거친 관능의 충동이 내달렸다.

"너도 참 딱하구나." 쿠튀르 부인이 그녀의 손을 꼭 잡으면서 말했다.

늙은 부인은 행복의 후광을 두른, 천진난만하면서도 근심어린 빅토린의 얼굴을 감탄하면서 바라보았다. 빅토린은 소박한 중세의 회화를 닮았다. 화가가 일체의 부속적인 장식을 배제하고, 노란색을 기조로 하여 마치 하늘을 금빛으로 물들일 것처럼 보이는 얼굴에만 조용하고 긍지 높은 마법의 화필을 휘두른 것 같았다.

"그렇지만 외젠 씨는 두 잔 이상 마시지 않았어요. 아주머니." 손가락으로 외젠의 머리카락을 쓸어 주면서 빅토린이 말했다.

"하지만 이 사람이 술꾼이었다면 다른 사람들처럼 술을 퍼마셔도 멀쩡했겠지. 빨리 취한 게 차라리 다행이야."

앞길에서 마차소리가 들려왔다.

"아주머니, 보트랭 씨인가 봐요. 외젠 씨를 받아 주시겠어요? 이런 모습을 그 사람에게 보이고 싶지 않아요. 보트랭 씨는 마음을 더럽히는 싫은 소리만 하고, 그 사람이 쳐다보면 발가벗겨진 느낌이 들어서 정말 기분 나빠요."

"그렇지 않단다." 쿠튀르 부인이 말했다. "네가 오해한 거야. 보트랭 씨는 좋은 분이야. 돌아가신 우리 주인 양반하고 닮은 데가 있어서 좀 무뚝뚝하긴 하지만 마음씨 좋고 매우 친절한 양반이란다."

이때 보트랭이 소리 없이 들어와서, 램프의 어렴풋한 불빛의 애무를 받고 있는 듯한, 젊은 두 사람이 만들어 낸 그림을 가만히 바라보았다.

"과연!" 팔짱을 끼면서 그가 말했다. "《폴과 비르시니》의 작가 베르나르댕 드 생피에르(프랑스 소설가)가 묘사한 아름다운 장면이 바로 이런 풍경이로군. 청춘이란 참으로 아름답군요, 쿠튀르 부인. 가엾게도 잘도 자는구먼." 그는 외젠의 얼굴을 들여다보면서 말했다. "때로 행운은 잠잘 때 찾아온다는 얘기도 있지요. 안 그래요, 부인?" 그는 쿠튀르 부인 쪽을 돌아보며 말을 이었다. "내가 이 젊은이에게 호감을 느끼고 마음이 흔들리는 것은, 그의 영혼이 얼굴과 똑같이 아름답기 때문입니다. 보세요. 마치 천사의 어깨에 머리를 기댄 순수한 어린아이 같지 않습니까? 정말로 사랑을 받을 가치가 충분히 있는 청년입니다. 내가 여자라면, 그를 위해서 죽고 싶다—이건 바보 같은 생각이야—아니, 살고 싶다고 생각할 겁니다. 두 사람을 이렇게 보니까 말입니다, 부인." 보트랭은 허리를 굽혀 조그만 소리로 미망인의 귓가에 속삭였다. "하느님께서는 이 두 사람을 짝지어 주기 위해서 창조하신 것만 같아요. 신의 섭리에는 숨겨진 길이 있어서 우리의 마음과 힘을 시험하시지요." 그는 다시 큰 소리로 말했다. "자네들이 그렇게 정답고, 똑같은 순수함과 온갖 인간적인 감정으로 결합되어 있는 것을 보니, 앞으로도 자네들이 서로 떨어지는 일은 없으리라고 생각되네. 하느님은 공정하시니까 말이야." 그는 빅토린에게 말했다. "그리고 확실히 아가씨 손금에는 번영운이 있었던 것 같은데,

잠깐 손을 내봐요, 빅토린 양. 나는 손금을 잘 보거든요. 곧잘 남들의 운수를 점쳐주곤 했지. 자, 무서워할 것 없소. 오호라, 이것 봐라! 이게 뭐야! 거짓말이 아니라, 당신은 머지않아 파리에서 손꼽히는 부자의 유산 상속인이 되겠는걸. 당신은 사랑하는 남자를 행복하게 만들어 줄 수 있을 거요. 아버지가 당신을 부르실 게요. 당신은 작위가 있는 젊은 미남자로 당신한테 홀딱 빠져있는 사내와 결혼할 겁니다."

이때 멋을 잔뜩 부린 미망인이 계단을 내려오는 묵직한 발소리가 보트랭의 예언을 중단시켰다.

"야아, 별처럼 아름답고, 홍당무처럼 멋진 (프랑스 홍당무는 길이가 짧고 끝 부분으로 가면서 갑자기 가늘어진다) 보케르 아줌마께서 나오셨군요! 그런데 조금 답답하진 않나요?" 보트랭은 코르셋의 뼈대 부분을 만지면서 말했다. "가슴을 너무 조이셨어요. 아줌마. 울기라도 했다간 다 터져 버릴 거예요. 하기야 내가 고물상처럼 파편을 모조리 주워드릴 테지만 말이에요."

"저 양반은 프랑스식 농담까지 알고 있는 분이지 뭐예요!" 미망인은 쿠튀르 부인 귀에 대고 속삭였다.

"자, 그러면 젊은 친구들." 보트랭은 빅토린과 외젠이 있는 쪽을 돌아보면서 말했다. "당신들을 축복해 드리지요."

보트랭은 두 사람의 머리 위로 손을 올렸다.

"믿어도 좋아요, 아가씨. 착실한 사람의 소망은 우습게 볼 게 아니랍니다. 하느님께서 그 소원을 듣고, 당신에게 행운을 가져다 드릴 겁니다."

"그럼 다녀올게요." 보케르 부인이 쿠튀르 부인에게 말했다. 그리고는 작은 소리로 덧붙였다. "어떻게 생각하세요? 보트랭 씨가 나한테 마음이 있는 게 아닐까요?"

"글쎄요……."

"아주머니, 보트랭 씨가 하신 친절한 말씀이 정말이라면 얼마나 좋을까요." 쿠튀르 부인과 둘만 남게 되자 빅토린이 한숨을 지으며 자기 손을 들여다보고 말했다.

"그렇게 되려면 너의 망나니 오라비가 말에서 떨어져주기만 하면 되지." 노부인이 대답했다.

"어머, 아주머니!"

"하긴 남의 불행을 바라는 것도 죄지." 미망인이 말을 이었다. "교회에 가서 고해성사를 받아야겠다. 하지만 솔직히 말한다면, 그의 무덤에는 얼마든지 꽃을 바칠 수 있단다. 아주 고약한 놈이니까 말이다. 자기 어머니를 변호할 용기도 없고, 교활하게 어머니 유산을 네게서 가로챘으니까 말이다. 내 사촌동생인 네 어머니는 엄청난 재산을 가지고 있었단다. 너한테는 안 된 일이지만, 결혼계약서에 지참금에 관한 내용을 쓰지 않은 게 잘못이었어."

"누군가가 죽어야 행복해진다면, 그 행복은 너무 고통스러울 거예요." 빅토린이 말했다. "제가 행복해지기 위해서 오빠가 죽어야 한다면 차라리 저는 평생 여기서 살겠어요."

"하지만 저 친절한 보트랭 씨도 말했잖니? 하느님의 섭리가 어떤 방향으로 우리를 이끌어 주실지는 아무도 모른단다." 쿠튀르 부인이 말했다. "보트랭 씨는 신앙심이 아주 깊으신 분이란다. 악마를 외경(畏敬)하는 만큼 하느님을 외경하지 않는 사람들과 달리, 그분은 신심이 깊다는 것을 알게 되어 얼마나 기쁜지 모르겠구나."

실비의 도움을 받아서 두 여자는 겨우 외젠을 그의 방까지 부축해 올라가서 침대 위에 뉘었다. 실비는 숨 쉬기 편하라고 외젠의 옷을 느슨하게 풀어주었다. 방을 나오기 전 쿠튀르 부인이 등을 돌리고 있는 틈을 타서 빅토린은 그의 이마에 살포시 입을 맞추었다. 몰래 훔친 죄 많은 입맞춤은 그녀에게 커다란 행복감을 주었다. 빅토린은 외젠의 방을 둘러보았다. 그녀는 오늘 하루에 맛본 무수한 행복을 하나의 생각 안에 그러모아서 그것으로 한 폭의 그림으로 만들고, 그것을 언제까지나 바라보며 파리에서 가장 행복한 여성이 되어 잠을 청했다.

외젠과 고리오 영감에게 수면제가 든 포도주를 먹이려고 보트랭이 지휘한 술판은 오히려 그를 파멸로 몰아넣는 데 결정적인 역할을 했다. 얼큰하게 취한 비앙송은 불사신에 대해 미쇼노 양에게 물어보려 했던 것을 까맣게 잊어버렸다. 비앙송이 이 말을 입에 올렸더라면 틀림없이 보트랭, 아니, 교도소 명사인 자크 콜랭의 경계심을 일깨워 주었을 게 틀림없었다. 게다가 미쇼노 양은 콜랭의 후한 쏨쏨이를 믿고, 그에게 위험을 알려서 밤사이에 달아나게 해주는 게 좋겠다고 생각하던 참이었는데, '페르라셰즈 묘지의 비너스'라는 별명을 듣는 바람에 그 죄수를 경찰에 넘겨주기로 결심한 것이었다.

미쇼노는 푸아레와 함께 그 공뒤로라는 유명한 형사부장을 만나기 위해 생탄 골목길로 나섰다. 경찰부장은 그녀를 정중하게 맞이했다. 모든 절차가 정해지자, 미쇼노 양은 낙인을 확인하기 위해 쓸 물약을 달라고 했다. 생탄 골목길의 거물이 책상 서랍에서 작은 약병을 꺼내면서 보인 매우 만족스러운 표정을 보고, 미쇼노 양은 이 사건에는 단순히 죄수를 체포하는 것 이상의 중요한 무엇인가가 감춰져 있음을 눈치 챘다. 그녀는 머리를 있는 힘껏 쥐어짠 끝에, 경찰이 교도소의 배신자들에게서 얻은 정보를 토대로 막대한 액수의 금품을 순조롭게 압수할 수 있으리라고 기대하고 있음을 깨달았다. 그녀가 그런 추측을 말하자, 늙은 너구리처럼 교활한 사내는 환하게 웃으며 노처녀의 예감을 다른 데로 돌리려 했다.

"그건 아닙니다." 공뒤로가 대답했다. "콜랭이란 놈은 일찍이 도둑들 사이에서 가장 위험한 소르본이었어요. 그뿐입니다. 악당들도 그것을 잘 알고 있습니다. 그는 그들의 깃발이자 버팀목, 요컨대 그들의 나폴레옹이에요. 놈들은 모두 그를 좋아하고 따릅니다. 그놈은 절대로 순순히 그레브 광장(파리 시청 앞 광장으로, 일찍이 형장이었다)에 트롱쉬를 드러낼 놈이 아닙니다."

미쇼노 양이 이해하지 못하자 공뒤로는 방금 쓴 두 은어에 대해 설명했다. 소르본과 트롱쉬는 도둑 사이에서 쓰이는 특수한 표현이다. 그들은 사람의 머리를 두 가지 면에서 생각해야 함을 가장 먼저 깨달은 것이다. 소르본(지금은 파리 제4대학. 그 시절에는 파리 대학의 문학부 및 이학부)은 살아 있는 인간의 머리로, 분별과 사고를 나타낸다. 반면 트롱쉬(통나무)는, 목이 잘리고 나면 머리가 얼마나 무가치한 것이 되는지를 나타내는 모멸의 말이었다.

"콜랭은 우리를 우롱하고 있습니다." 그는 말을 이었다. "그처럼 영국식으로 단련된 강철 같은 놈이 상대일 경우에는, 체포할 때 그들이 조금이라도 저항하면 사살할 수가 있습니다. 그래서 우리는 내일 아침 콜랭을 사살할 수 있도록 그가 난동을 부려주길 바라고 있어요. 그러면 재판비용은 물론 감방 비용, 식비 등을 아낄 수 있고, 사회의 해충과도 같은 독소를 단번에 없앨 수 있으니까요. 소송 수속, 증인 소환, 증인들에게 줄 수당, 처형 등 합법적으로 이들 악당을 처벌하려면 당신에게 드릴 3천 프랑보다 더 많은 돈이 드니까 말입니다. 또 시간도 절약할 수 있지요. 불사신의 배에 총검을 푹 찌르기만 하면 백 가지 이상의 범죄를 막을 수 있고, 경범죄 재판소에서 얌전히 처분을 기다리고 있는 쉰 명쯤의 악당들의 타락을 예방할 수 있게 됩니다. 이것이 우수한 경찰의 역할이지요. 진정한 박애주의자라면 그런 방식이 범죄 예방의 지름길이라고 말할 겁니다."

"그것이 나라를 위하는 길이기도 하지요."

푸아레가 말했다.

"옳습니다!" 공뒤로가 대답했다. "오늘 저녁은 매우 조리 있는 말씀만 하시는군요. 틀림없이 그렇습니다. 우리는 나라를 위해 일하고 있습니다. 사회를 위해 남모르게 큰 공헌을 하고 있는데 세상이 우리를 공격하는 것은 불공평합니다. 아무튼 편견을 뛰어넘는 것이 우수한 인간의 본분이고, 통념에 따라서 선을 행할 수 없을 때는 그 결과에 따른 불행을 감수하는 것이 그리스도 교도의 본분이겠지요. 파리는 그냥 파리니까요. 아시겠어요? 이 한 마디로 내 일생을 설명하고도 남지요. 그럼 미쇼노 양, 이만 실례하겠습니다. 내일 부하를 데리고 동식물원으로 가 있겠습니다. 크리스토프를 뷔퐁 거리에 있는 내 옛집으로 보내서 공뒤로 씨를 만나러 왔다고 말하게 하십시오. 푸아레 씨, 그럼 실례합니다. 무슨 도둑맞은 물건이라도 있으면 말씀해 주십시오. 꼭 찾아드리겠습니다."

푸아레가 미쇼노 양에게 말했다.

"세상에는 경찰이라는 말만 듣고 기겁해서 벌벌 떠는 바보 놈들이 있는데, 저분은 참 친절하시고, 당신에게 부탁한 일만 해도 아침 인사 정도로 간단한 일이지 뭡니까."

이튿날은 보케르 집 역사상 가장 특이한 날로 꼽힐 정도였다. 지금까지 이 평화로운 생활에서 가장 두드러진 사건은 가짜 랑베르메닐 백작부인의 혜성과도 같은 출현이었다. 그러나 이 엄청난 하루에 있었던 일과 비교하면 가짜 백작부인 사건은 빛을 내지 못했다. 이 날의 사건은 보케르 부인의 이야기 속에서 영원히 다루어질 것이 틀림없었다.

먼저, 고리오와 외젠 드 라스티냐크는 11시까지 잤다. 보케르 부인은 밤 12시에 게테 극장에서 돌아왔으므로 10시 반까지 침대 속에 있었다. 보트랭이 준 보르도 포도주를 다 마셔버린 크리스토프는 도저히 깨어날 기미가 없어, 하숙집 서비스가 늦춰졌다. 푸아레와 미쇼노 양은 식사 시간이 늦어진 것을 불평하지 않았다. 빅토린과 쿠튀르 부인도 늦잠을 잤다. 보트랭은 8시

전에 외출했다가 마침 식사 준비가 다 됐을 무렵에 돌아왔다. 그래서 11시 15분이 되어서야 실비와 크리스토프가 방마다 문을 두들기고 다니며 식사 준비가 끝났다고 알렸을 때에도 아무도 항의하는 사람이 없었다.

실비와 크리스토프가 없는 틈을 타서 맨 먼저 내려온 미쇼노 양은 보트랭의 전용 은컵에 물약을 부어 넣었다. 그의 컵에도 다른 사람들의 컵과 똑같이 커피용 우유가 따뜻하게 데워져 있었다. 노처녀는 계획을 실행할 때 이런 하숙집의 습관을 이용해야겠다고 미리 생각해 두었던 것이다. 일곱 하숙인이 모두 모이기까지는 얼마간 시간이 걸렸다. 외젠이 기지개를 켜면서 가장 마지막으로 내려왔을 때, 심부름꾼이 그에게 누싱겐 부인의 편지를 건네주었다. 그 편지에는 다음과 같이 씌어 있었다.

'저는 당신에게는 허영심에 고집을 부릴 생각도 없고, 또 화가 나지도 않았어요. 밤 2시까지 당신을 기다렸어요. 사랑하는 사람을 기다리는 괴로움! 그런 고문을 겪어 본 사람이라면 남한테 똑같은 고통을 주진 않을 거예요. 그러니 당신은 틀림없이 처음으로 사랑을 하시는 것이리라 믿고 있어요. 도대체 무슨 일이 일어났나요? 저는 불안해 견딜 수가 없어요. 내 마음의 비밀을 드러내는 것이 두렵지만 않았다면 당신에게 어떤 행운이나 불행한 일이 일어났는지 알아보려고 달려갔을 거예요. 하지만 그런 시간에 걸어서든 마차로든 외출을 한다는 것은 몸을 망치는 길이 아니겠어요? 여자라는 불행을 절실히 통감했답니다. 이런 저를 안심시켜 주세요. 아버지의 말씀을 들으셨을 텐데 왜 오지 않으셨나요? 이유를 가르쳐 주세요. 화를 낼지도 모르겠지만 그래도 용서해 드리겠어요. 병이 나셨나요? 어째서 그렇게 먼 곳에 사시는 건가요? 꼭 답장을 보내 주세요. 곧 만나 뵐 수 있는 거지요? 바쁘시다면 그저 한마디만 써서 보내 주셔도 충분하답니다. 제발 말씀해 주세요. '곧 가겠다'든가 '아프다'는 한 마디만이라도. 혹시 병이 나셨다면 아버지가 소식을 전해 주러 오셨을 텐데, 도대체 어떻게 되신 건가요……'

"정말이야. 도대체 어떻게 된 것일까?" 외젠은 소리치며 다 읽기도 전에 편지를 움켜쥐고 식당으로 달려갔다. "지금 몇 십니까?"

"11시 반이야." 보트랭이 커피에 설탕을 넣으면서 말했다.

탈옥수는 외젠을 싸늘하게 노려보았다. 고도로 자력(磁力)을 갖춘 어떤 종류의 인간만이 던질 수 있는, 정신병원의 난폭한 미치광이들도 조용히 시킬 만큼 강렬한 눈빛이었다. 외젠은 온몸을 부르르 떨었다. 앞길에서 마차 소리가 들리더니, 쿠튀르 부인도 본 적이 있는 타유페르 씨 댁 제복을 입은 하인이 허둥지둥 뛰어들어 왔다.

"아가씨." 하인이 소리쳤다. "아버님께서 부르십니다. 큰 불행이 일어났습니다. 미셸 프레데릭 도련님께서 결투를 하시다 이마에 상처를 입으셨는데 의사선생님도 가망이 없다며 손을 놓으셨습니다. 이미 의식은 잃으셨지만, 지금 곧바로 가시면 마지막 작별인사는 하실 수 있을지도 모릅니다."

"젊은 사람이 딱하게 됐구먼." 보트랭이 소리쳤다. "3만 프랑의 연수입을 가지고 있는 사람이 싸움은 왜 한단 말이야? 젊은 사람들은 하나같이 처신할 줄을 모른단 말이야."

"보트랭 씨! 그만 하시죠." 외젠이 그를 향해 소리쳤다.

"왜 그러나, 젊은 친구?" 보트랭은 아주 침착하게 커피를 다 마시고 나서 대답했다. 미쇼노는 보트랭의 움직임 하나하나에 신경이 곤두서 있어서, 모든 사람을 깜짝 놀라게 한 일대 사건에도 별로 관심이 없는 것 같았다. "파리에서 결투는 매일같이 있는 일이 아닌가?"

"빅토린, 나도 같이 가자꾸나." 쿠튀르 부인이 말했다.

두 여자는 숄도 걸치지 않고 모자도 쓰지 않은 채 허겁지겁 뛰어나갔다. 나가기 전에 빅토린은 눈물을 글썽거리면서 외젠을 바라보았다. 그 눈길은 이렇게 말하고 있었다. '우리 두 사람의 행복이 눈물을 흘리게 하다니 꿈에도 생각지 못한 일이에요.'

"세상에나! 당신은 족집게시군요, 보트랭 씨." 보케르 부인이 말했다.

"나는 못하는 게 없는 사람이오." 자크 콜랭이 말했다.

"참 이상하죠." 보케르 부인은 이 사건에 대해 의미도 없는 말을 주절주절 늘어놓았다. "죽음은 우리에게 예고도 없이 불쑥 찾아오잖아요. 젊은 사람이 늙은이보다 먼저 가버리기도 하고. 우리 여자들은 결투할 걱정이 없으니 행복한 거죠. 하기야 우리한테는 남자에게 없는 다른 병이 있죠. 우리는 애를 낳잖아요. 애 낳는 고통이 얼마나 오래가는지 알아요? 빅토린 양은 운도 좋네요. 그 아버지도 이제는 싫어도 딸을 데리고 갈 수밖에 없으니까요."

"그렇지요!" 외젠의 얼굴을 가만히 바라보면서 보트랭이 말했다. "어제까지는 땡전 한 푼 없다가, 오늘 아침에 느닷없이 몇 백만 프랑을 가진 부자가 됐으니까요."

"정말이지, 외젠 씨." 보케르 부인이 소리쳤다. "당신은 아주 훌륭한 것을 점찍어 놓았네요."

그 말을 듣고 고리오 영감은 학생에게 눈을 돌렸다가 그의 손에 마구 구겨져 있는 편지를 보았다.

"편지를 끝까지 읽지 않았군요. 어째서죠? 당신도 다른 사내들과 같은 족속인 게요?" 고리오 영감이 그에게 물었다.

"보케르 부인, 난 절대로 빅토린 양과는 결혼하지 않아요." 외젠이 보케르 부인을 향해서 말했는데, 그 말 속에 담긴 공포와 혐오의 감정은 모든 사람을 놀라게 했다.

고리오 영감은 학생의 손을 붙잡고 꼭 쥐었다. 당장이라도 그 손에 입을 맞출 기세였다.

"그래!" 보트랭이 말했다. "이탈리아 사람은 이렇게 말하지. '모든 일엔 때가 있다'고 말이야."

"답장을 기다리고 있습니다만." 누싱겐 부인의 심부름꾼이 라스티냐크에게 말했다.

"곧 간다고 전해 주게."

심부름꾼이 떠났다. 외젠은 몹시 흥분해 있었으므로 신중하게 생각할 여유가 없었다. "어떻게 하면 좋을까?" 그는 큰 소리로 중얼거렸다. "증거도 없는데!"

보트랭은 히죽 웃었다. 그때 그가 마신 약이 효과를 내기 시작했다. 하지만 죄수는 아주 강건한 사나이였으므로 일어나서 라스티냐크를 보고 맥빠진 소리로 말했다. "젊은 친구, 행운은 잠자고 있을 때 찾아오는 법이라구."

그리고 그 자리에서 꽈당 쓰러졌다.

"역시 천벌이 내린 거다!" 외젠이 말했다.

"에구머니, 이게 무슨 일이야, 보트랭 씨가……"

"뇌졸중이에요." 미쇼노가 소리쳤다.

"실비, 어서 가서 의사 선생님을 모셔오너라." 여주인이 말했다.

"아이구, 라스티냐크 씨, 뛰어가서 비앙숑 씨를 좀 데리고 와 주세요. 실비가 단골의사인 그랭프렐 선생을 만나지 못할 수도 있으니까요."

라스티냐크는 이 무서운 소굴을 벗어날 수 있는 구실이 생기자 마침 잘 됐다 싶어 곧장 뛰어나갔다.

"크리스토프, 넌 약방에 가서 뇌졸중에 먹는 약을 사다 줘."

크리스토프도 나갔다.

"고리오 영감님, 이 양반을 방으로 옮기는 걸 도와줘요."

모두들 힘을 모아 보트랭을 둘러업고 계단을 올라가 그의 침대 위에 눕혔다.

"나는 아무런 도움도 안 될 것 같으니 딸이나 만나러 갔다 오겠소." 고리오 영감이 말했다.

"이 늙어빠진 이기주의자!" 보케르 부인이 소리쳤다. "마음대로 해요. 당신 같은 사람은 개처럼 길바닥에 쓰러져서 죽을 거야."

"에테르가 있는지 가서 찾아 봐요." 미쇼노 양이 보케르 부인에게 말하면서, 푸아레의 도움을 받아 보트랭의 옷을 벗기기 시작했다.

보케르 부인이 자기 방으로 내려가자 마침내 미쇼노 양의 독무대가 되었다.

"자, 셔츠를 벗기고, 빨리 이 사람을 엎어 줘요! 내가 남자 알몸을 보지 않아도 되게 해달란 말예요. 멍청하게 서 있지 말고 좀 거들어 봐요!" 미쇼노가 푸아레에게 말했다.

푸아레가 보트랭을 뒤집자 미쇼노 양은 환자의 어깨를 손바닥으로 철썩 내리쳤다. 그러자 불길한 두 글자($^{강제노동(Travaux\ Forcés)}_{을\ 뜻하는\ T.\ F}$)가 빨갛게 된 부분 한가운데에 하얗게 떠올랐다.

"거참, 당신은 아주 쉽게 3천 프랑의 상금을 벌었군요." 미쇼노 양이 셔츠를 입히는 동안 보트랭의 몸을 붙잡고 있던 푸아레가 소리쳤다. "영차! 무겁기도 하지." 보트랭을 다시 바로 뉘면서 그가 말했다.

"조용히 해요. 어딘가에 금고가 있지 않을까요?" 노처녀가 재빨리 말하고는, 마치 벽이라도 꿰뚫을 듯한 탐욕스러운 눈초리로 방 안의 가구들을 샅샅이 훑어보았다. "무슨 구실을 붙여서 이 책상을 열 수 없을까요?" 그녀가 말했다.

"그건 좀 나쁜 일인데요." 푸아레가 대답했다.

"그렇지 않아요. 도둑질한 돈이라면 어차피 모든 사람의 돈인걸요. 지금은 누구의 돈도 아니에요. 하지만 시간이 없을 것 같네요. 보케르 아줌마 발소리가 나요." 미쇼노가 말했다.

"자, 에테르 여기 있어요." 보케르 부인이 말했다. "참나, 오늘은 왜 이렇게 큰일이 자꾸 터지는지. 응? 이 양반은 병이 아니네요. 피부도 병아리처럼 하얗고."

"병아리처럼 말이군요." 푸아레가 되풀이했다.

"심장도 정상적으로 뛰고 있어요." 미망인이 그의 가슴에 손을 대면서 말했다.

"정상적으로요?" 푸아레가 깜짝 놀라며 말했다.

"네, 확실히 정상이에요."

"그렇게 생각하십니까?" 푸아레가 물었다.

"보세요, 마치 자고 있는 것 같잖아요. 실비가 의사를 부르러 갔는데. 이것 봐요, 미쇼노 양, 이 양반이 에테르 냄새를 맡고 있어요. 큰일 난 줄 알았더니 단순한 경련이었네요. 맥박도 정상이고, 이 사람은 터키 사람처럼 아주 튼튼하다니까요. 미쇼노 양, 이 가슴에 난 털 좀 봐요. 이 양반은 백 살까지 넉넉히 살 거예요. 그런데 이 가발은 벗겨지지도 않네요. 어머, 접착제로 붙여 놓은 거구나. 머리카락이 붉으니까 가발을 쓰고 있었구나. 털이 빨간 남자는 아주 좋은 사람이거나, 아주 나쁜 사람이거나 둘 가운데 하나라고 하던데, 이분은 아주 좋은 사람일 거예요."

"목이 매달리기 좋은 사람이죠." 푸아레가 말했다.

"미녀의 목에 매달린다는 말이지요?" 미쇼노 양이 황급히 얼버무렸다. "저리 가 있으세요, 푸아레 씨. 당신들이 병이 났을 때 간호해 드리는 것은 우리 여자들이 할 일이예요. 게다가 당신이 할 수 있는 일은 기껏해야 어슬렁어슬렁 산책이나 하는 것 정도잖아요. 보케르 아주머니하고 내가 보트랭 씨를 잘 간호할 테니까요."

푸아레는 주인에게 걷어차인 개처럼 불평도 않고 풀이 죽어서 나갔다.

라스티냐크는 걸으면서 바람이나 좀 쐬려고 나왔다. 숨이 막힐 것 같았기 때문이다. 예정대로 이루어진 그 범죄를, 전날 그는 막아보려고 했다. 대체 무슨 일이 일어났는가? 그는 어떻게 해야 했는가? 외젠은 자기가 범죄의 공범자나 된 것 같아 몹시 두려웠다. 게다가 보트랭의 침착성이 그를 더욱 공포에 떨게 했다.

'차라리 보트랭이 아무 말도 하지 않고 죽어 버리면 좋으련만.' 라스티냐크는 생각했다.

그는 뤽상부르 공원의 오솔길을 마치 사냥개에게 쫓기는 동물처럼 이리저리 걸어 다녔다. 사냥개가 짖어대는 소리가 들리는 듯한 착각에 빠지기까지 했다.

"여보게?" 비앙숑이 불렀다. "자네 필로트 신문을 읽었나?"

필로트 신문은 티소 씨가 주재하는 급진적인 신문*9으로, 지방판은 다른 조간신문보다 몇 시간 늦게 나오므로 그날의 뉴스가 이미 실려 있어, 지방에서는 다른 신문보다 24시간이나 보도가 빨랐다.

"굉장한 사건이 실려 있어." 코생 병원 인턴 비앙숑이 말했다. "타유페르 아들이 나폴레옹 근위대 장교였던 프랑케시니 백작과 결투해서 이마에 2인치쯤의 중상을 입었다는 거야! 그래서 빅토린 양은 파리에서 손꼽히는 부자 신부 후보가 되었단 말이야. 이렇게 될 줄 좀 더 빨리 알았더라면 오죽 좋을까. 죽음은 아무도 예상할 수 없단 말이야. 빅토린 양이 자네에게 마음이 있다는 게 사실인가?"

"그만해. 비앙숑. 나는 그녀와는 절대 결혼하지 않아. 나는 훌륭한 여성을 사랑하고 있고 그녀도 나를 사랑하고 있어. 나는……"

"자네 말투는 꼭 불성실한 일을 하지 않으려고 기를 쓰는 사람 같구먼. 타유페르 씨의 재산과 바꿔도 아깝지 않다는 그 여성이 얼마나 대단한지 한번 보고 싶군그래."

"악마들이 쫓아와서 나를 못살게 구는 건가?" 외젠이 소리쳤다.

"자네 대체 왜 그러나? 어쩨 이상한데. 손을 좀 이리 내게." 비앙숑이 말했다. "맥을 좀 짚어 보세. 열이 좀 있군."

"그보다 자네, 보케르 집으로 가보게." 외젠이 비앙숑에게 말했다. "보트

---

*9 필로트 신문은 피에르 프랑수아 티소가 주재한 자유주의적·반정부적 신문으로 1821년부터 1828년까지 간행되었다.

랭이란 악당이 죽은 것처럼 졸도했거든."

"그래?" 비앙숑은 외젠을 혼자 놔둔 채 떠나가면서 말했다. "그렇다면 내 짐작이 틀리진 않은 것 같군. 어서 가서 확인해야겠어."

법과대학생의 긴 산책은 엄숙했다. 말하자면 그는 자기 양심의 세계를 한 바퀴 둘러본 것이다. 비록 마음이 흔들리고 이것저것을 생각하며 머뭇거리기는 했지만, 적어도 그의 성실성은 이 가차 없는 자기와의 대화에서 모든 시련에 견뎌낸 철봉처럼 단련되어 나왔다.

라스티냐크는 전날 밤 고리오 영감이 해 준 이야기를 떠올리고, 델핀의 집에서 가까운 아르투아 거리에 자기를 위해 마련했다는 아파트 방을 생각했다. 그는 델핀의 편지를 꺼내서 다시 읽고 거기에 입을 맞추었다. '이처럼 열렬한 사랑이 나를 구원하는 닻이다'하고 그는 중얼거렸다. "그 불쌍한 노인은 속으로 무척 괴로워하며 살아왔다. 자기의 괴로움에 대해서는 한 마디도 하지 않지만, 그 슬픔을 눈치 채지 못할 사람이 있을까? 그렇지! 내가 친아버지처럼 생각하고 극진히 보살펴 드려야겠다. 그를 진심으로 즐겁게 해 주어야겠다. 그녀가 나를 사랑한다면 나를 보러 자주 올 것이고, 영감님 곁에서 온종일 같이 지낼 수 있을 것이다. 거만한 레스토 백작부인은 철면피다. 자기 아버지를 문지기로 부려먹을 여자다. 그에 비하면 델핀은 얼마나 사랑스러운가! 영감님에게도 훨씬 친절하고, 사랑받아 마땅한 여자다. 아아, 오늘 밤 드디어 내 소원이 이루어질 것이다."

라스티냐크는 시계를 꺼내 황홀한 듯이 바라보았다. "모든 일이 잘 되어 가고 있다. 영원히 사랑하는 사이라면, 서로가 도와가면서 살면 된다. 그러니까 이 시계를 받아도 아무 문제없다. 게다가 난 꼭 출세할 테니, 출세해서 모든 것을 백배로 갚아주면 된다. 이 사랑에는 범죄도 없을 뿐더러, 아무리 엄격한 도덕의 잣대를 들이대도 눈살을 찌푸릴 만한 것은 하나도 없다.

얼마나 많은 신사들이 이런 변칙적인 관계를 맺고 있는가. 우리는 아무도 기만하고 있지 않다. 자고로 우리의 품성을 떨어뜨리는 것은 거짓이다. 거짓말을 하는 것은 자기 스스로 자존심을 버리는 일이기 때문이다. 그녀는 벌써 오래 전부터 남편과 별거하고 있다. 나는 그 알자스 놈에게 말해 줄 테다. 당신은 그녀를 행복하게 해주지 못하니 내가 데려가겠다고."

라스티냐크의 심리적 갈등은 오랫동안 이어졌다. 결국은 청년다운 미덕이 승리를 거두었지만, 그래도 그는 억누를 수 없는 호기심에 이끌려 해가 저물기 시작한 4시 반 무렵 보케르 집으로 되돌아왔다. 두 번 다시 돌아가지 않겠다고 마음먹었지만 보트랭이 죽었는지 살았는지 알고 싶었던 것이다. 비앙송은 병자에게 토하는 약을 먹인 다음 토사물을 과학적으로 분석하기 위해 자기 병원으로 가져가게 했다. 미쇼노 양이 기어코 그것을 버리겠다고 버티는 것을 보고 그의 의심은 더욱 짙어졌다. 게다가 보트랭이 너무나 빨리 회복했으므로, 비앙송은 하숙집의 이 명랑한 인기인을 상대로 어떤 음모가 이루어지고 있다고 생각하지 않을 수 없었다. 따라서 라스티냐크가 돌아왔을 때 보트랭은 식당 난로 옆에 우뚝 서 있었다.

타유페르네 아들의 결투 소식을 듣고 여느 때보다 좀 일찍 모인 하숙인들은, 사건의 상세한 내용과 이 사건이 빅토린의 운명에 미치는 영향을 알고 싶어서 고리오 영감을 제외하고는 모두 모여서 이 뜻밖의 사고에 대해 저마다 지껄이고 있었다. 식당에 들어갔을 때 외젠의 눈은 꿈적도 하지 않는 보트랭의 눈길과 마주쳤는데, 그 눈길이 외젠의 마음속에 깊이 파고들어 그의 상념들을 강하게 흔들어 놓았으므로 그는 저도 모르게 몸을 떨었다.

"어떤가, 젊은 친구?" 탈옥수가 그에게 말했다. "염라대왕의 사자도 아직은 나에게 손을 대지 못할 것이야. 여기 계신 부인들 말씀을 듣건대, 나는 황소도 나가떨어질 뇌졸중 발작을 당당하게 이겨냈다니까 말이야!"

"황소는커녕 투우사라도 꿀꺽 넘어갔을 거예요." 보케르 부인이 소리쳤다.

"내가 아직 살아 있는 걸 보고 실망했나?" 보트랭은 라스티냐크의 속마음을 다 알고 있다는 듯이 그의 귓가에 속삭였다. "그렇다면 자네도 나무랄 데 없는 강자가 되는 건데 말이야."

"이거 정말, 미쇼노 양이 그저께 불사신이란 별명을 가진 자에 대해 이야기하고 있던데 그 이름이 당신한테 꼭 들어맞소이다." 비앙송이 말했다.

이 한마디가 보트랭에게 날벼락 같은 효과를 미쳤다. 그는 파랗게 질려서 비틀거렸지만, 그 자력(磁力)을 지닌 눈빛이 한 줄기 태양 광선처럼 미쇼노 양 얼굴에 발사되자, 그녀는 벌벌 떨며 의자에 주저앉았다. 푸아레가 그녀의 위험을 눈치 채고 재빨리 그녀와 보트랭 사이를 가로막았다. 정체를 감추고 있던 호인의 가면을 벗어 던지자 죄수의 얼굴에 잔인할 만큼 의미심장하고 무서운 표정이 나타났다.

아무것도 모르는 하숙인들은 어안이 벙벙해서 움직이지 못했다. 이때 몇 사람의 발자국소리와, 포장된 길 쪽에서 경찰들이 총을 덜거덕거리는 소리가 들려왔다. 콜랭이 창문과 벽을 두리번거리면서 자동적으로 탈출구를 찾는 순간, 사나이 넷이 응접실 문 앞에 모습을 나타냈다. 맨 앞에 선 사람은 형사부장이고 나머지 셋은 그의 부하였다.

"법률과 국왕의 이름으로……" 한 경관이 말했지만, 그 소리는 놀라서 웅성거리는 소리에 묻혀 잘 들리지 않았다.

이내 침묵이 식당 안에 번졌다. 하숙인들은 양쪽으로 물러서서, 주머니 속에 찔러 넣은 손에 장전된 권총을 쥐고 들어오는 경관들에게 길을 열어 주었다. 그들의 뒤를 이어 나타난 두 경찰이 응접실 문 앞을 지키고, 다른 두 명은 계단 쪽 출입문으로 모습을 나타냈다. 수많은 경찰의 발소리와 덜거덕거리는 총기소리가 건물 정면을 따라 난 포장도로에서 들려왔다. 불사신은 도주의 가능성이 완전히 차단된 상황에서 여러 사람의 시선을 한 몸에 받아야 했다.

형사부장은 곧바로 그의 옆으로 가더니 느닷없이 주먹으로 그의 머리를 힘껏 후려쳤다. 가발이 떨어져나가면서 콜랭의 끔찍할 만큼 추악한 머리털이 드러났다. 붉은 벽돌색의 짧은 머리, 교활함과 강인함이 뒤섞인 섬뜩한 그의 머리와 얼굴은 다부진 상체와 조화를 이뤄 마치 지옥불이 새빨갛게 타는 듯한 그의 참모습을 뚜렷하게 드러냈다. 사람들은 보트랭의 모든 것을 이해했다. 그의 과거·현재·미래, 그의 냉혹한 변설, 쾌락 본위의 믿음, 그의 통렬한 냉소주의에서 오는 위엄, 모든 것을 견뎌내는 육체의 강인함. 그의 얼굴에 핏기가 오르며 눈이 마치 살쾡이 눈처럼 빛났다. 느닷없이 뛰어오르는 동작에는 흉포한 정력이 충만했고, 무시무시하게 으르렁거리는 소리에 하숙인들은 공포로 가득 차서 신음했다. 사자와도 같은 그 동작을 보고 하숙인들이 모두 아우성치자, 경관들은 주머니에서 권총을 꺼냈다. 콜랭은 번쩍거리는 총구를 보자 몸의 위험을 깨닫고, 순간 인간이 가진 가장 놀라운 능력을 보였다. 무섭기도 하고 장엄한 광경이었다! 그의 표정은 큰 솥에 펄펄 끓고 있는, 산 하나는 가뿐히 날려 보낼 수 있는 무럭무럭 피어오르는 증기가, 냉수 한 방울에 눈 깜짝할 새 사라져 버리는 현상과 같은 그런 표정이었다. 그의 노여움을 순식간에 얼린 물방울은 번개 같이 빠른 반성이었다. 그는 해죽 웃으면서 가발을 바라보았다.

"오늘따라 유난히 무례하시네." 그는 형사부장에게 말했다. 그리고 턱으로 경찰들을 부르면서 두 손을 내밀었다. "경찰 여러분, 수갑이든 쇠사슬이든 좋을 대로 채워 주게나. 나는 저항하지 않을 테니까. 여기 계신 모든 분이 증인이오." 이 화산 같은 사내가 용암과 불길을 내뿜다가 이내 다시 속으로 삼켜 버린 그 민첩함에 감탄하는 술렁임이 방 안에 울려 퍼졌다. "어때? 예상이 빗나갔지, 형사 양반?" 죄수는 유명한 사법경찰 우두머리를 노려보면서 말했다.

"어이! 옷 벗어!" 생탄 골목길에 사는 사람이 경멸에 찬 말투로 그에게 명령했다.

"왜 그래야 하지?" 콜랭이 말했다. "여기에는 부인들도 계신데. 나는 아무것도 부인하지 않았어. 얌전히 항복했잖아."

그는 한숨 고르고 이제부터 놀라운 말을 하려는 연설가처럼 사람들을 둘러보았다.

"잘 받아 적게, 라샤펠 영감." 그는 머리가 흰 왜소한 노인 쪽을 향해 말했다. 노인은 서류 가방에서 체포조서 용지를 꺼내 식탁 끄트머리에 앉았다.

"나는 징역 20년을 선고받은 자크 콜랭, 별명은 불사신임을 인정한다. 그 별명이 엉터리가 아니라는 증거는 방금 보신 바와 같다. 내가 손을 살짝 들어올리기만 했어도……" 그는 하숙인들에게 말했다. "비겁한 이 세 마리 개들이 내 피로 보케르 아줌마네 집 마루를 새빨갛게 물들여 놓았을 것이다. 이 자식들은 사람한테 올가미 씌우는 것이 전문이니까 말이다."

보케르 부인은 그 말을 듣고 기분이 나빠졌다.

"아아, 생각만 해도 끔찍해. 어젯밤에는 저 사람과 게테 극장에도 갔었는데……" 그녀가 실비에게 말했다.

"아줌마, 진정해요!" 콜랭이 말을 이었다. "어제 나랑 같이 게테 극장에 간 게 그렇게 끔찍한 일이우?" 그가 소리쳤다. "당신들이 우리보다 더 낫다는 거요? 당신들의 추악한 마음에 비하면 우리 어깨에 찍혀 있는 치욕의 낙인은 아무것도 아니란 말이야. 썩어빠진 사회의 문드러진 버러지 같은 놈들. 당신들 가운데 제일 나은 사람도 내 유혹에는 이기지 못했어." 콜랭은 라스티냐크를 보고 부드럽게 웃었다. 그 미소는, 그의 얼굴을 일그러뜨린 무서운 표정과 이상한 대조를 이루었다. "우리의 거래는 아직도 유효해. 단 자네가 승낙해 준다는 전제하에서. 잘 알겠지, 친구?" 그렇게 말하고 그는 노래를 부르기 시작했다.

'귀여운 팡셰트
순진한 게 매력이라네'

"하지만 걱정할 건 없어." 콜랭이 말을 이었다. "내 몫은 틀림없이 받을 길이 있으니까. 다들 나를 무서워하기 때문에 아무도 나를 속이려 하지 않거든." 교도소의 독특한 풍속과 언어, 조롱에서 무서운 위협으로의 갑작스런 전환, 몸서리칠 만큼의 위대함·친숙함·야비함 등이 그런 말 속에서, 그리고 이 사나이 자체로부터 남김없이 표현되었다. 그는 이미 평범한 사내가 아니라 타락한 한 민족, 야만적이고 논리적이고 거칠고 사나우면서도 부드러운 한 종족의 전형이었다. 한순간에 콜랭은 후회라는 단 하나의 감정을 제외한 온갖 인간 감정이 묘사된 지옥의 시편(詩篇)이 되었다. 그의 눈빛은 언제나 싸움을 욕망하는 타락한 대천사의 눈빛과 같았다. 라스티냐크는 그렇게 하는 것이 자기의 그릇된 생각을 속죄하는 길이라고 생각하고, 이 사내와의 죄 많은 인연을 선선히 인정하며 눈을 내리깔았다.

"나를 배신한 자는 누구야?" 콜랭이 무서운 눈초리로 일동을 둘러본 뒤, 미쇼노 양을 노려보면서 말했다.

"늙은 암캐, 너로구나! 네년이 내게 가짜로 뇌졸중 발작을 일으키게 한 거지? 못된 것 같으니라고. 내가 한 마디만 하면 너 같은 건 일주일 안에 목이 날아갈 거다. 그렇지만 용서해 주지. 나도 그리스도 교도니깐 말이야. 게다가 정말로 나를 판 놈은 따로 있어. 그게 누굴까? —하하하. 내 방을 수색하고 있군그래." 그는 사법경찰들이 그의 방 선반을 뒤지고 소지품을 압수하는 소리를 들으면서 소리쳤다. "둥지는 비었어. 새들은 어제 일찌감치 날아가 버렸단 말이야. 행선지를 네놈들이 어떻게 알겠어? 내 거래 장부는 모두 이 속에 있는데 말이야!" 그는 자기 이마를 톡톡 두드리며 말했다. "나를 판 놈이 누군지 알겠군. 그 병신 같은 명주실 놈이 틀림없어. 안 그래, 형사 양반?" 그는 형사부장에게 말했다. "내 방 금고에 현찰을 놓아두었던 것과 기간이 너무 딱 맞아떨어진단 말이야. 이미 아무것도 없어, 스파이 놈들아. 명주실 그 자식은 당신네가 경찰들을 총동원해서 보호한다 해도 보름 안에 없애 버릴 수 있어. 그런데 이 미쇼노 누님에겐 얼마나 주었느냐?" 그는 경찰들에게 말했다. "기껏해야 삼천 프랑쯤 줬겠지. 나는 말이야, 이래뵈도 그보다는 더 값이 나가. 뼈가 썩는 병에 걸린 니농*10, 넝마를 걸친 퐁파두르,*11 페르라셰즈 묘지의 비너스, 나에게 가르쳐 주었으면 6천 프랑은 벌었을 텐데. 핫하하, 그런 줄은 몰랐지? 늙어빠진 이 똥갈보야! 그런 줄 알았다면 내 쪽에 붙었을 게 뻔하니까 말이야. 아무렴. 내 예정에 차질을 빚고, 쓸데없는 경비가 드는 이런 여행을 피할 수만 있다면 6천 프랑쯤은 기꺼이 줬을 거야." 그는 수갑을 차면서도 쉬지 않고 지껄여댔다.

"이 놈들은 나를 지쳐빠지게 만드는 게 재밌어서 재판을 질질 끌 게 뻔하단 말이야. 바로 교도소로 넘겨주기만 하면, 오르페브르 강변<sup>(파리 경찰</sup> 청 소재지)의 머저리 녀석이 아무리 아등바등해도 내일 곧바로 되돌아갈 수 있단 말이야. 거기에만 가면 모두 한마음 한뜻으로 자신들의 대장인 불사신을 탈옥시키려고 한단 말이야. 당신들 가운데 나처럼, 당신을 위해서라면 어떤 일이든 하겠다는 형제가 1만 명 넘게 거느린 자가 있어?" 그는 우쭐거리며 물었다. "나는 여기가 넓거든." 그는 자기 가슴을 두들겨 보였다. "나는 단 한 번도 남을 배반한 적이 없어. 알겠어? 이 스파이년아. 이놈들 얼굴을 좀 봐라!" 그는 노처녀를 향하여 말했다. "이것들은 무서운 듯이 나를 보고 있어. 그렇지만 네 상판은 보기만 해도 속이 뒤집힌다고 말하고 있다구. 아무튼 상금이나 두둑이 받아둬."

그는 하숙인들의 얼굴을 둘러보면서 잠깐 말을 멈추었다. "뭘 바보같이 그러고들 있어? 당신들은 죄수를 한 번도 본 일이 없나? 하긴 이 콜랭 어르신 같이 조리 있게 말하는 죄수는 본 일이 없을 테지. 다른 놈들과는 차원이 달라. 장 자크 루소의 말마따나, 사회계약이란 심각한 기만에 항의하고 있다

---

*10 니농 드 랑클로(1620~1705). 프랑스 여류문학가. 그녀의 살롱에는 자유사상가들이 모였다.
*11 앙투아네트 푸아송 퐁파두르(1720~64). 루이 15세의 애첩으로, 문학·학예의 보호자로 유명했다.

구. 자랑은 아니지만 나는 루소의 제자거든. 어쨌든 나는 법정과 경찰과 예산 같은 것들을 움켜쥐고 있는 정부를 상대로 혼자 맞서며, 그놈들을 내 손아귀에 올려놓고 마음대로 굴리고 있지."

"야아! 대단한 상판이야. 근사한 그림이 되겠어." 화가가 말했다.

"이것 보시오. 망나니 어른의 부하양반, 아니 과부 할미(죄수들이 단두대에 이름 붙인 매우 무시무시한 시정(詩情) 넘치는 별칭)의 집사양반." 형사부장 쪽을 향해 그가 덧붙였다. "짓궂게 굴지 말고 나를 판 놈이 명주실 새낀지 아닌지 가르쳐 줘. 그 자식에게 다른 놈의 죄를 뒤집어씌우고 싶진 않으니까 말이야. 그건 공평하지 않잖아?"

이때 그의 방을 샅샅이 조사하고 목록을 만들어 온 경관들이 수사대 대장에게 작은 소리로 귀엣말을 했다.

"여러분." 콜랭은 하숙인들에게 말했다. "나는 이제 끌려가오. 당신네들은 내가 여기 머무는 동안 매우 친절하게 대해 주었소. 다시 한 번 감사드립니다. 내 작별인사를 받아주기 바라오. 프로방스 지방에 가면*12 무화과라도 보내드리리다." 그는 몇 걸음 걷다가 뒤돌아서서 라스티냐크를 바라보았다.

"잘 있게, 외젠 군." 그는 지금까지의 퉁명스런 연설조와는 이상한 대조를 이루는 상냥하면서도 슬픈 목소리로 말했다. "자네가 난처한 처지에 빠질 때를 대비해 충실한 친구를 하나 남겨두겠네." 수갑을 찬 채로 그는 공격 자세를 하고 검술 사범처럼 "하나, 둘!" 호령을 외치더니 날쌔게 찌르는 흉내를 냈다. "처지가 어려워지면 이 자식에게 부탁해. 사람이든 돈이든 자네가 원하는 대로 해 줄 거야!"

이 불가사의한 인물은 마지막 말을 다분히 농담조로 말했으므로, 그 참뜻은 라스티냐크와 당사자만이 이해할 수 있었다. 경찰들이 하숙집에서 철수하자, 여주인의 관자놀이를 각성제로 문질러 주고 있던 실비가 어리둥절해 있는 하숙인의 얼굴을 둘러보며 말했다.

"그래도 그분은 좋은 분이셨어요."

그 한 마디가, 조금 전의 광경을 보고 어지럽게 얽힌 온갖 감정의 흐름에 압도되어 돌처럼 굳어 있던 모두의 마술을 풀었다. 하숙인들은 서로서로 얼

---

*12 콜랭은 툴롱 교도소에서 탈주했으므로 원칙적으로 툴롱 교도소로 끌려가야 한다. 그러나 《화류계 여인의 영화와 몰락》을 보면, 몇 달 뒤 로슈포르 교도소에 투옥되어 또다시 탈옥한다.

굴을 마주 보고 나서 일제히 미쇼노가 있는 쪽을 보았다. 미라처럼 말라비틀어지고 축 처져서 추운 듯이 난로 앞에 웅크리고 있는 그녀는, 모자의 차양만으로는 자기 눈의 표정을 충분히 감출 수 없다는 듯이 눈을 한껏 내리깔고 있었다. 하숙인들이 오래 전부터 이 얼굴에 반감을 느꼈던 이유가 갑자기 설명되었다. 나직한 술렁임이 퍼져나가 방 안 공기를 둔중하게 흔들자, 하숙인들은 누구나가 한결같이 그녀를 혐오하고 있음을 알았다. 미쇼노 양도 그것을 느꼈지만 그대로 앉아 있었다. 비앙숑이 맨 먼저 옆 사람 쪽으로 몸을 기울이고 나직한 소리로 말했다.

"저 여자가 앞으로도 우리와 함께 식사를 한다면 난 여기서 달아날 테야."

푸아레를 뺀 모든 사람이 순식간에 의학도의 제안에 찬성하자, 비앙숑은 모두의 지지에 더욱 힘을 얻어 푸아레 영감 앞으로 나아가 말했다.

"당신은 미쇼노 양과 절친한 사이니까 저 사람에게 말해 주세요. 지금 당장 여기서 나가 줘야겠다고 말이에요."

"지금 당장이요?" 깜짝 놀라서 푸아레가 말했다.

푸아레는 노처녀에게 가서 귀엣말로 두서너 마디 속삭였다.

"하지만 나는 석 달치 하숙비를 이미 냈어요. 여러분과 마찬가지로 나도 내 돈으로 여기 있는 거라고요." 그녀가 하숙인들에게 독기서린 눈길을 던지며 말했다.

"그런 이유라면 우리가 돈을 모아서 갚아 주겠소." 라스티냐크가 말했다.

"당신은 콜랭을 편드는군요?" 그녀는 독사 같은 눈초리로 따지듯이 학생을 보았다. "그 이유가 뭔지는 나도 잘 알고 있다고요."

그 말을 듣자, 외젠은 노처녀에게 달려들어 목이라도 졸라 죽일 기세로 다가섰다. 그의 시커먼 속을 들여다보는 듯한 미쇼노 양의 악의에 찬 눈초리가 그의 영혼에 한 줄기의 끔찍한 빛을 던지는 것 같았다.

"내버려 둬요." 하숙인들이 소리쳤다.

라스티냐크는 팔짱을 낀 채 입을 다물었다.

"유다 노파에게 심판을 내려 주세요." 화가가 보케르 부인에게 말했다. "아주머니가 미쇼노 양을 내쫓지 않는다면 우리가 여기서 나가겠어요. 그리고 이 하숙집에는 스파이하고 죄수만 산다고 나발을 불고 다닐 텐데, 그래도 괜찮겠어요? 대신 저 여자를 내쫓아 준다면 이 사건에 대해선 아무도 말하지 않을 겁니다. 잘 생각해 보면, 죄수들이 파리의 착실한 시민으로 변장해서 숨어 살지 못하도록 하려면 이마에다가 표시를 해 두는 수밖에 없으니, 이런 사건은 아무리 고상한 상류 사회에서도 충분히 일어날 수 있는 일이잖아요."

보케르 부인은 그 말을 듣고 기적처럼 기운을 되찾아 몸을 발딱 일으키더니 팔짱을 끼고, 눈물 흔적 하나 없는 그 형형한 눈을 부릅떴다.

"그 말씀은 내 하숙집을 파산시키겠다는 뜻이에요? 보트랭 씨는 저렇게 되어 버렸고…… 아차, 이게 아니지." 그녀는 말을 하다가 말고 혼자 중얼거렸다. "무심코 그 사람을 착실한 사람인 척하던 이름으로 불러 버렸어." 부인은 다시 말을 이었다. "안 그래도 방이 하나 비어 버렸는데 방 하나를 더 비우라는 거예요? 다들 하숙할 곳이 정해져서 더는 집을 보러 오는 사람도 없는 이 계절에 말이에요."

"여러분, 모자를 쓰세요. 소르본 광장의 플리코토 식당*13으로 식사를 하러 갑시다." 비앙숑이 말했다.

보케르 부인은 단번에 어느 쪽이 이득인가를 계산하고, 종종걸음으로 미쇼노 양에게 다가갔다.

"이봐요, 미쇼노 양. 내 하숙집을 망하게 할 생각은 아니겠죠? 이 사람들이 나를 얼마나 난처한 처지로 몰아세우는지는 지금 보시는 대로예요. 오늘 밤은 여기 있어도 좋으니 일단은 방으로 올라가 줘요."

"안 돼요, 안 돼." 하숙인들이 소리쳤다. "우리는 저 여자가 지금 당장 나가 줬으면 합니다."

"미쇼노 양은 아직 식사도 못했어요. 가엾게도……" 푸아레가 측은하다는 듯이 말했다.

"어디든 맘에 드는 곳에 가서 먹으면 될 거 아냐!" 몇 사람이 소리쳤다.

"저런 암캐는 당장 쫓아내!"

"개들은 다 내쫓으란 말이야!"

"여러분." 푸아레가 갑자기 발정한 수컷 양처럼, 사랑에서 우러나온 용기를 보이며 소리쳤다.

---

*13 학생들이 자주 가는 저렴한 식당으로 그 시절 유명했다. 발자크의 다른 작품 《환멸》에도 나온다.

"연약한 여성을 존중해 주십시오."

"개한테 남녀 구별이 어딨어!" 화가가 말했다.

"연약한 여자라니 당치도 않지!"

"내쫓아라!"

"여러분, 그건 실례입니다. 사람을 내쫓을 때에도 나름의 예의가 있는 겁니다. 우리는 하숙비를 냈기 때문에 나갈 수 없습니다." 이렇게 말하고 푸아레는 차양이 달린 모자를 고쳐 쓰더니, 보케르 부인이 설득하고 있는 미쇼노양 옆 의자에 가서 앉았다.

"악질이야!" 화가가 익살스러운 태도로 말했다. "악질적인 난쟁이는 꺼져!"

"당신들이 안 나가면 우리가 나가겠어." 비앙숑이 말했다.

하숙인들은 다 같이 응접실 쪽으로 움직이기 시작했다.

"미쇼노 양, 어떡할 거예요?" 보케르 부인이 소리쳤다. "당신이 여기 있으면 난 파산하고 말 거예요. 저 사람들은 난폭한 짓도 충분히 할 수 있는 사람들이라고요."

미쇼노 양이 일어났다.

"갈 거다!"

"안 갈 거야!"

"나가겠지!"

"안 나갈 거야!"

이런 말들이 오가고, 그녀에게 더욱 적대감을 나타내는 말들이 나오기 시작하자, 미쇼노 양도 나가지 않을 수 없게 되었다. 그녀는 하숙집 여주인과 몇 가지 조건을 결정하고 나서 위협하는 투로 말했다.

"난 뷔노 부인 집으로 가겠어요."

"어디든 좋을 대로 가세요!" 보케르 부인은 자기가 경쟁의식을 가지고 있고, 미워서 어쩔 줄 모르는 하숙집을 미쇼노 양이 일부러 골랐다는 사실에 참을 수 없는 모욕을 느끼면서 말했다. "뷔노 집에 가면, 양들이 춤이라도 출 시어빠진 포도주랑 꿀꿀이죽이 듬뿍 나올 겁니다."

하숙인들은 조용히 두 줄로 늘어섰다. 푸아레는 매우 부드러운 표정으로 미쇼노 양을 바라보면서, 자기도 그녀 뒤를 따를 것인지 여기에 머물 것인지를 결정하지 못하고 망설이는 태도를 고스란히 드러냈으므로, 미쇼노 양이 나가는 것에 기분이 좋아진 하숙인들은 그 얼굴을 마주 보고 한바탕 웃었다.

"하하하, 푸아레 씨." 화가가 웃으면서 그에게 말했다. "당신은 안 가는 거요?"

박물관 직원이 유명한 사랑노래의 첫머리를 짓궂게 부르기 시작했다.

'시리아로 떠난
젊고 아름다운 뒤누아는……'*14

"어서 가요. 따라가고 싶어 좀이 쑤시는 것 같은데. '사람은 누구나 자기 쾌락이 이끄는 대로 따라간다'*15고 하잖소?" 비앙송이 말했다.

"그 베르길리우스의 문구를 알기 쉽게 풀이하면 '다 제멋에 겨워 산다'는 뜻이지." 복습 교사가 말했다.

미쇼노 양이 푸아레의 얼굴을 보면서 그의 팔을 붙잡으려는 동작을 해 보이자, 그런 부름에 더 이상 참지 못한 푸아레는 옆으로 가서 노처녀에게 팔을 맡겼다. 박수가 일어나고 와하하 웃음소리가 터져 나왔다.

"좋았어, 푸아레!"

"훌륭해, 푸아레!"

"저런 색골 영감 같으니!"

"제법이야."

"용기가 좋아, 푸아레!"

이때 심부름꾼이 들어와서 보케르 부인에게 편지를 한 통 건네주었다. 부인은 편지를 다 읽고 나더니 의자에 털썩 주저앉았다.

"이렇게 되면 이 집은 불태워 버리는 수밖에 도리가 없네요. 날벼락이 떨어진 것 같으니. 타유페르 씨 아들이 3시에 죽었다는군요. 딱한 젊은이 목숨이야 어찌되든 상관없으니, 그 부인들만 행복해지면 좋겠다고 기도했더니

---

*14 그 무렵 실제로 유행했던 노래. 작사는 라보르드 백작, 작곡은 오르탕스 드 보아르네. 오르탕스 드 보아르네는 나폴레옹의 황후 조세핀이 전 남편과의 사이에서 낳은 딸로, 1806년 네덜란드 왕비가 되었다.

*15 베르길리우스 《목가》 2권 65행.

천벌을 받았나 봐요. 쿠튀르 부인과 빅토린이 짐을 보내달라는군요. 아버지 집에 살게 됐다면서. 타유페르 씨는 딸의 시중드는 사람으로 쿠튀르 부인을 집에 두기로 결정하셨다는군요. 방이 넷이나 비게 되고, 다섯 사람이 한꺼번에 나가 버리다니!" 보케르 부인은 당장이라도 울음보를 터뜨릴 것 같았다. "내 집에 귀신이 들었나봐!" 부인이 소리쳤다.

달려오던 마차가 갑자기 집 앞에서 멈추는 소리가 났다.

"재수 없는 일이 아직도 남았나?" 실비가 말했다.

고리오 영감이 갑자기 젊어진 사람처럼 환하게 웃으면서 행복에 들뜬 얼굴로 나타났다.

"고리오가 마차로 왔어." 하숙인들이 말했다.

"말세야."

영감은 한구석에서 골똘히 생각에 잠겨 있는 외젠한테 곧장 가더니 신명난 표정으로 말했다. "따라 와요."

"여기서 어떤 일이 일어났는지 모르세요?" 외젠이 그에게 말했다. "보트랭이 탈옥수란 것이 들통 나서 체포됐어요. 그리고 타유페르 씨 아들은 죽었다는군요."

"그래요? 그런데 그게 우리와 무슨 관계가 있단 말이오?" 고리오 영감이 대답했다. "나는 딸과 같이 저녁을 먹게 됐소. 당신 집에서 말이오, 알겠소? 딸애가 기다리고 있으니 어서 갑시다."

고리오는 라스티냐크의 팔을 거칠게 잡아당기며 억지로 끌고 갔다. 마치 연인이라도 채가는 것처럼 보였다.

"식사나 합시다." 화가가 말했다.

순식간에 저마다 식탁 앞에 앉았다.

"에구머니나. 오늘은 하나부터 열까지 재수가 없네. 양고기 스튜가 타 버렸어요. 미안하지만 어쩔 수 없으니 그냥 드세요." 뚱뚱보 실비가 말했다.

보케르 부인은, 평소 열여덟 사람이 둘러앉던 식탁에 열 사람밖에 없는 것을 보고 말할 기운조차도 없는지 멍청히 앉아 있었다. 그러나 하숙인들은 저마다 그녀를 위로하며 기분을 차리게 해주려고 애썼다. 저녁만 먹으러 오는 패들이 맨 먼저 보트랭과 오늘 일어난 사건을 화제로 올렸다. 하지만 이야기는 이내 평소처럼 가지에 가지를 쳐서 결투와 교도소, 재판과 개정해야 할 법률과 옥살이 같은 온갖 일들을 논하기 시작했다. 어느 틈에 그들은 자크 콜랭이나, 빅토린과 그녀의 오빠 이야기와는 전혀 상관없는 화제로 옮겨가 있었다. 열 사람밖에 없었지만 스무 사람 몫은 넉넉히 떠들어 댔으므로 평소보다 사람이 더 많은 것처럼 보였다. 이날의 식사와 전날 식사의 다른 점은 이것뿐이었다. 내일이면 또 다른 파리의 그날 사건에서 먹이를 찾아 헤맬 이 기적인 무리의 평상시와 다름없는 태평함이 승리한 것이다. 보케르 부인도 뚱뚱보 실비가 해 주는 희망적인 말을 듣고 안정을 되찾을 수 있었다.

외젠에게 그날 하루는 밤이 되어도 여전히 몽환극의 연속처럼 보였다. 고리오 영감과 함께 마차에 올라탔을 때도, 외젠은 그 건실한 성격과 우수한 두뇌를 가지고도 자기 생각을 어떻게 정리해야 좋을지 도무지 알 수 없었다. 예사롭지 않은 기쁨에 겨운 영감의 말투도, 그토록 많은 감동을 맛본 외젠의 귀에는 마치 꿈결 속에서 들려오는 말처럼 멍멍히 울릴 뿐이었다.

"오늘 아침에야 겨우 정리가 다 끝났어요. 오늘은 셋이서 함께 저녁을 먹는 거요. 셋이서. 알겠소? 내가 그 귀여운 델핀과 함께 식사를 하는 것은 4년 만이라오. 오늘은 밤새도록 딸애와 이야길 할 수 있어요. 우리는 아침부터 당신 아파트에 있었어요. 나는 저고리를 벗어던지고 인부처럼 일을 했죠. 가구를 들이는 일까지 도왔다오. 핫하하, 당신은 그 애가 식사할 때 얼마나 상냥하게 시중을 잘 드는지 모르지요? '자, 아빠, 이것 드세요. 맛있어요' 하면서 이것저것 챙겨 줄 게 틀림없어요. 그러면 나는 가슴이 메어 음식이 넘어가지 않는다니까. 아아, 오늘밤은 딸아이와 오붓이 지낼 수 있어요. 이게 얼마만인지 모르겠구려."

"그럼 오늘은 세상이 뒤집히는 날이군요." 외젠이 말했다.

"뒤집혔다고요?" 고리오 영감이 말했다. "그렇다마다요. 세상일이 이토록 잘 풀린 시절은 한 번도 없었다오. 거리에서 만나는 사람은 모두가 웃는 얼굴이고, 서로 악수하거나 끌어안고 있지 않소? 너무 행복해 보여서 다들 자기 딸한테 식사하러 가는 것 같단 말씀이야. 그 애가 내 눈앞에서 데장글레 카페*16의 주방장에게 주문해 준 것과 같은 멋진 저녁을 먹으러 가는 것 같단 말이오. 하지만 나는 그 애와 함께라면 쓰디쓴 알로에 즙이라도 꿀처럼

---

*16 그 무렵의 유명한 요리점. 오페라 극장 근처에 있으며, 발자크도 곧잘 다니던 곳이다. 앙 글레 카페라고도 한다.

달게 먹을 수 있다오!"

"저도 이제야 겨우 숨통이 트이는 것 같습니다." 외젠이 말했다.

"마부 양반! 좀더 빨리 가세." 고리오 영감은 앞 창문을 열고 소리 질렀다. "더 서둘러 주게. 10분 만에 아까 말한 목적지까지 가주면 대포값으로 5프랑을 줄 테니까."

그 약속을 듣고 마부는 번개 같은 속도로 파리 시내를 가로질렀다.

"이 마부는 느려터졌군." 고리오 영감이 중얼거렸다.

"그런데 나를 어디로 데려가는 겁니까?" 라스티냐크가 물었다.

"당신이 살 곳이지요." 고리오 영감이 말했다.

마차가 아르투아 거리에 멈추었다. 영감은 먼저 내려서 즐거움이 절정에 달하면 아무것에도 눈에 보이지 않는 홀아비의 시원스런 씀씀이를 자랑하며 마부에게 10프랑을 던져 주었다.

"자, 올라가요." 그는 라스티냐크에게 말하고, 안마당을 가로질러서 외관이 훌륭한 신축 건물의 4층 출입문 앞으로 그를 안내했다. 고리오 영감이 초인종을 누를 필요도 없었다. 뉘싱겐 부인의 하녀 테레즈가 문을 열어주며 그들을 맞았다. 외젠이 들어간 곳은 세련되게 꾸며진 독신자용 아파트였다. 현관·작은 응접실·침실 그리고 뜰 쪽으로 난 창문이 있는 조그마한 서재로 되어 있었다. 응접실에 있는 가구나 장식은 가장 아름답고 우아한 응접실과 비교해도 손색이 없었다. 이 방을 비추고 있는 촛불 속에서 델핀의 모습이 보였다. 그녀는 난로 옆에 있는 2인용 안락의자에서 일어나 쥐고 있던 부채를 난로 선반 위에 놓고, 애정어린 목소리로 그에게 말했다. "일부러 데리러 가지 않으면 와주지 않는군요. 답답한 양반……"

테레즈가 자리를 비켜 주었다. 학생은 델핀을 꼭 끌어안고는 기쁨의 눈물을 흘렸다. 연거푸 일어난 자극에 마음과 머리가 지칠 대로 지쳐 있는 상황에서, 조금 전까지 보던 것과 지금 눈앞에 펼쳐진 광경의 극명한 대조에, 라스티냐크는 신경과민 발작을 일으켰다.

"이 젊은이가 너를 사랑하고 있다는 것을 나는 다 알고 있었어." 고리오 영감이 나지막한 목소리로 딸에게 말했다. 그러나 허탈 상태에 빠진 외젠은 안락의자에 축 늘어진 채로 한 마디도 할 수가 없었다. 또 어떻게 해서 이 마술지팡이가 마지막 기적을 일으켰는지도 도무지 이해가 되지 않았다.

"당신 방에 좀 가보세요." 뉘싱겐 부인이 그의 손을 잡고 침실로 데리고 갔는데, 그 방은 양탄자와 가구부터 온갖 자질구레한 장식에 이르기까지 규모는 작지만 모든 것이 델핀 방을 떠올리게 했다.

"침대가 없군요." 외젠이 말했다.

"네, 그래요." 그녀는 얼굴을 붉히며 그의 손을 꼭 쥐었다.

외젠은 그녀의 얼굴을 바라보면서, 사랑에 빠진 여인의 마음속에 있는 진짜 수줍음이 어떤 것인지 젊은 나이에도 이해할 수 있었다.

"당신은 사내가 영원히 사랑할 수밖에 없는 여성이로군요." 그는 그녀의 귓가에 대고 속삭였다. "우리의 마음이 서로 단단히 이어져 있으니까 드리는 말씀이지만, 사랑이 진심이고 열렬할수록 더욱 감추고 비밀로 해야 하지요. 우리의 비밀은 누구에게도 말하지 않도록 합시다."

"잠깐! 나는 그 '누구'에 들어가지 않겠지?" 고리오 영감이 불만스럽다는 듯이 말했다.

"영감님께선 '우리' 가운데 한 분이시잖아요."

"그래, 그 말이 듣고 싶었다오. 나는 신경 쓰지 말아요. 나는 어디에나 있으며, 눈에 보이진 않아도 그 곳에 있다는 사실을 누구나 알고 있는 정령(精靈)처럼 왔다 갔다 할 뿐이니까. 어떠냐? 델피네트! 니네트! 드델! <sup>(모두 델핀의 애칭)</sup> 내가 하자는 대로 하니까 틀림없지? '아르투아 거리에 깨끗한 아파트가 있으니 그 사람을 위해서 가구를 들이자'고 했던 것 말이다. 너는 처음엔 찬성하지 않았잖아? 나는 너를 낳아 준 아버지기도 하지만, 너의 행복을 낳아 주는 아버지기도 하단다. 아버지는 자식을 행복하게 해 주기 위해서는 언제까지나 무엇이든 계속해서 주지 않고는 못 배기지. 언제까지 주는 것, 이것이 아버지의 진짜 역할이야."

"무슨 말씀이세요?" 외젠이 말했다.

"딸애는 처음엔 반대했었소. 공연한 소문이 날까봐 두려웠던 거지. 사람들의 평판이 행복보다 더 중요한 것처럼 말이야. 세상의 모든 여자들이 다 델핀처럼 용기를 내고 싶어서 꿈까지 꾸는데 말입니다……"

고리오 영감은 혼자 말하고 있었다. 뉘싱겐 부인이 라스티냐크를 서재로 데리고 나갔기 때문이다. 들키지 않게 가볍게 주고받았는데도 키스 소리가 방 안에 울려 퍼졌다. 서재도 다른 방과 마찬가지로 우아하게 꾸며져 있었다. 이 집은 무엇 하나 빠지는 점이 없었다.

"당신 취향에 맞는지 모르겠어요." 응접실로 돌아와 식탁에 앉으면서 그녀가 말했다.

"맞다마다요." 외젠이 말했다. "너무 훌륭해요. 이 완벽한 호화로움, 현실이 된 아름다운 꿈, 젊고 우아한 생활의 온갖 시정을 사무치게 느끼고 있기 때문에 이것이 모두 내 것이면 좋겠다고 바라 마지않습니다. 그러나 이것을 당신한테서 받을 순 없습니다. 또 나는 너무도 가난해서 이런……"

"호호호! 당신은 벌써 저에게 반항하기 시작하는군요." 델핀은 반쯤 놀리는 투로 일부러 위엄을 보이면서 말했다. 그리고 여자들이 상대의 걱정을 날려 버리려고 그것을 가벼이 여기는 척할 때 보이는 부루퉁하고 사랑스러운 표정을 지어 보였다.

외젠은 하루 종일 엄숙한 자기반성을 했고, 보트랭의 체포로 자칫 잘못하면 그가 굴러 떨어질 뻔했던 심연의 깊이를 눈앞에서 본 뒤였다. 그는 이런 고상한 감정과 섬세한 양심을 강화했으므로, 자기의 고매한 생각을 꺾는 사랑스런 말에도 쉽게 물러서지 않았다. 깊은 우수가 그의 마음에 깔려 있었다.

"진담이세요?" 뉘싱겐 부인이 말했다. "정말 싫으시다는 거예요? 그 거절이 무얼 뜻하는지 아시나요? 당신은 미래를 의심하고, 당신의 인생에 저를 받아들이고 싶지 않다는 뜻이에요. 다시 말해 당신은 제 사랑을 배신할 수도 있다고 생각하시는 거예요. 당신이 저를 사랑하시고 제가 당신을…… 사랑하고 있다면, 이런 대수롭지 않은 호의에 어째서 뒷걸음질할 필요가 있겠어요? 이 독신자 세간을 준비하면서 제가 얼마나 즐거웠는지 아신다면, 더 이상 아무 소리 말고 미안하다고만 말씀하시면 되는 거예요. 제가 당신 돈을 맡아가지고 있었잖아요? 그것을 유용하게 썼을 뿐이에요. 당신은 잘났다고 생각하는지 몰라도 생각보다 소심하시군요. 당신은 훨씬 더 큰 것을 요구하고 계시면서……. 아!" 그녀는 외젠의 눈이 정열적으로 빛나는 것을 보고 말했다. "그러면서도 공연한 일에 아집을 부리시다니요. 저를 사랑하지 않으신다면, 좋아요, 거절하세요. 제 운명은 당신의 한 마디에 걸려 있으니까요. 자, 말씀하세요. 아버지, 아버지도 이분에게 뭐라고 한 마디 해 주세요." 델핀은 잠깐 짬을 두었다가 아버지를 보며 덧붙였다. "이분은 저 역시 명예 문제에 민감하다는 걸 모르시나 봐요?"

고리오 영감은 아편중독자처럼 얼빠진 미소를 지으며 이 사랑싸움을 흐뭇하게 바라보고 있었다.

"어린애군요. 당신은 이제야 인생의 출발점에 서셨잖아요?" 그녀는 외젠의 손을 잡으면서 말을 이었다. "대부분의 사람이 뛰어넘지 못하고 좌절하는 인생의 울타리를 한 여자가 열어 주겠다는데 뒷걸음질이나 치시다니. 하지만 당신은 꼭 출세해서 훌륭한 지위에 오르실 거예요. 당신의 아름다운 이마 위에 성공이라는 두 글자가 씌어 있는걸요. 그렇게 되면 오늘 제가 빌려 드린 것도 모두 갚으실 수 있잖아요? 옛날 귀부인들도 자기 이름으로 기마 시합에 나가는 기사들에게 투구나 검, 갑옷, 말 같은 것을 주었잖아요? 외젠 씨, 제가 당신에게 드리는 것은 현대의 무기예요. 입신의 뜻을 품은 사람에게 반드시 필요한 무기라고요. 당신이 지금 살고 있는 다락방이 아빠의 방과 비슷하다면 참 훌륭하겠지요. 자, 식사하셔야죠? 저를 슬프게 하지 마세요. 아셨죠?" 외젠의 손을 잡고 흔들면서 그녀가 말했다. "야단났어요. 아빠! 이 사람이 결심하도록 도와주세요. 아니면 전 이 길로 나가서 다시는 이분을 뵙지 않겠어요."

"내가 결심하도록 도와주지." 고리오 영감이 겨우 황홀한 상태에서 제정신으로 돌아와 말했다. "외젠 씨, 당신은 고리대금업자에게 돈을 꾸러 갈 작정이지요? 맞지요?"

"다른 도리가 없으니까요." 외젠이 말했다.

"좋소, 그럼 더는 이야기할 필요 없소." 영감은 닳아빠진 허름한 가죽 지갑을 꺼내면서 말을 이었다. "내가 고리대금업자가 되겠소. 내가 대금을 전부 지불해 놓았어요. 자, 봐요. 이게 그 영수증이오. 당신은 여기 있는 모든 것에 대해서 단 한 푼의 빚도 없어요. 그래봐야 많은 돈도 아니고 겨우 5천 프랑인걸. 내가 이 5천 프랑을 당신한테 빌려 주겠소. 설마 거절하지는 않겠지요? 나는 여자가 아니니까. 종이쪽지에 차용증서나 써 주고 나중에 갚아 주면 되는 거요."

외젠과 델핀의 눈에서 눈물이 떨어지고, 둘은 놀라서 얼굴을 마주 보았다. 라스티냐크는 영감에게 손을 내밀어 그 손을 꼭 쥐었다.

"또 왜 이러시오? 둘 다 내 자식 아니오?" 고리오가 말했다.

"오, 불쌍하신 아버지! 대체 어떻게 장만하신 거예요?" 뉘싱겐 부인이 말했다.

"아, 그것 말이야," 그는 대답했다. "내가 이 사람을 가까이 데려오도록 너에게 결심시키자, 네가 마치 새색시라도 맞이하는 사람처럼 온갖 세간을 사들이는 걸 보고 생각했단다. '이 애는 돈이 없어서 난처해지겠구나!' 하고 말이야. 소송대리인 말로는 네 재산을 되찾기 위해 남편을 상대로 낸 소송은 반년은 더 걸릴 거라고 하고. 그래서 연리 1천 350프랑의 장기공채를 팔았을 뿐이야. 그중에 1만5천 프랑으로 확실한 보증이 붙은 연리 1천 2백 프랑의 종신연금을 설정하고, 남은 원금으로 너희들을 위해 산 물건 값을 지불한 거야. 내 몫으로는 위층에 1년에 50에퀴짜리 방을 얻어 놓았고, 하루 2프랑만 있으면 왕자처럼 훌륭한 생활을 할 수 있으니까 오히려 돈이 남을 지경이야. 나는 물건을 잘 간수하니까 옷도 새로 살 필요가 없지. 나는 지난 2주 동안 '저 애들은 행복해질 거다!' 하고 혼자 싱글거리고 있었단다. 어떠냐, 행복하냐?"

"어머나, 아빠! 아빠는 정말!" 뉘싱겐 부인이 소리치면서 아버지에게 달려들자, 아버지는 딸을 무릎 위에 앉히고 포옹했다. 그녀는 아버지의 얼굴을 키스로 뒤덮고, 금발로 그의 볼을 애무했으며, 기쁨으로 환하게 빛나는 그 늙은 얼굴 위에 눈물을 떨구었다. "아버지, 아버지야말로 정말 훌륭한 아버지세요. 아니, 이 세상에 우리 아버지 같은 아버지는 다시없을 거예요. 외젠 씨는 전부터도 아버지를 퍽 좋아했는데 앞으로는 얼마나 더 좋아하게 될지 모르겠군요!"

"무슨 소리냐, 델피네트." 20년 동안 딸의 심장이 자기 심장 위에서 뛰는 것을 느껴본 적이 없는 고리오 영감이 말했다. "너는 나를 기쁨에 겨워 죽게 하려는 거냐? 내 연약한 심장이 터져 버릴 것 같구나. 외젠 씨, 당신은 이것으로 빚을 갚은 거나 다름없소." 그렇게 말하고 노인은 너무 열정적으로 딸을 껴안는 바람에 델핀이 "아! 아파요!" 하고 말했다.

"아파?" 그는 순간 파랗게 질리면서 소리쳤다. 그는 초인적인 고뇌의 빛을 띠고 딸을 바라보았다. 부성애의 그리스도라고 할 수 있는 이 인물의 얼굴을 그리려면, 인류를 위해 갖은 수난을 참고 견딘 구세주를 그리기 위해 회화의 거장들이 만들어 낸 여러 이미지를 비교대상으로 삼아야 할 것이다.

고리오 영감은 자기 손가락으로 너무 세게 누른 딸의 허리띠 언저리에 가만히 입을 맞추었다.

"아니야, 아프게 하지는 않았는데, 정말이야." 그는 미소를 띠고 딸의 얼굴을 바라보면서 말했다. "소리쳐서 내 마음을 아프게 한 건 너야. 그게 훨씬 더 아프다구." 그는 딸의 귓가에 조심스럽게 입맞추면서 말했다. "아파도 아닌 척해 주렴. 저 사람이 화를 내면 안 되니까."

외젠은 이 영감의 한없는 헌신을 보고 망연하게 굳어 버렸다. 외젠은 청년에게는 신앙과도 같은 그 소박한 감탄을 가지고 영감을 가만히 바라보았다.

"저는 그만한 가치가 있는 사람이 되어 보이겠습니다." 외젠이 소리쳤다.

"아아, 외젠 씨! 정말 훌륭한 말씀을 하셨어요." 뉘싱겐 부인은 학생의 이마에 키스하며 말했다.

"이 사람은 너를 위해 몇 백만이라는 재산을 가진 타유페르 씨의 딸을 포기했다구." 고리오 영감이 말했다. "그럼, 그럼. 그 아가씨는 외젠 씨한테 반해 있었어. 오빠가 죽어서 크로이소스 왕 <sup>(기원전 6세기의 리디아 마지막 왕. 큰 부자로 알려져 있다)</sup>처럼 부자가 됐지."

"아니, 왜 그런 말씀을 꺼내십니까?" 라스티냐크가 소리쳤다.

"외젠 씨." 델핀이 그의 귓가에 속삭였다. "오늘밤 줄곧 같이 있지 못해 아쉬워요. 아아, 저는 언제까지나 당신을 진심으로 사랑할 거예요."

"너희들이 결혼한 뒤로 오늘이 가장 행복한 날이구나." 고리오 영감이 소리쳤다. "너희들이 나를 미워하지만 않는다면, 하느님이 아무리 괴롭혀도 나는 아무렇지 않단다. 나는 '올해 2월, 다른 사람들이 평생 걸려서도 맛보지 못하는 행복을 순식간에 맛보았다'고 생각할 거야. 이쪽을 보렴, 피핀 <sup>(델핀의 애칭)</sup>!" 그는 딸에게 말했다.

"이 애는 정말 아름답지요? 이 아이처럼 우아한 안색과 귀여운 보조개를 가진 여자를 몇 사람이나 만나 보았소? 어때요, 없지요? 그런데 이 귀여운 아이를 만든 사람이 바로 나란 말이오. 이제부터는 당신 덕분에 행복해질 테니까 백배 천배는 더 예뻐질 거요. 외젠 씨, 그렇게만 된다면 나는 지옥에 떨어져도 좋다오." 고리오 영감은 말했다. "천국에 있는 내 자리가 필요하시다면 나는 기꺼이 당신에게 드릴 거요. 자, 그럼 식사를 하십시다." 그는 스스로도 무슨 소리를 하고 있는지 모르면서 웅얼웅얼 말을 이었다. "모든 것이 우리 것이야!"

"어머, 아버지도!"

"알겠니?" 그는 일어나 딸에게 가서 머리를 안고 가르마에 키스하면서 말했다. "나를 행복하게 만드는 게 얼마나 쉬운 일인지 알았지? 가끔 나를 보러 오려무나. 나는 이 위층에 있을 테니 몇 걸음만 더 걸어 다오. 약속해 주겠니?"

"그럼요. 약속해요, 아버지!"

"한 번 더 말해 주렴!"

"약속해요, 아버지!"

"이제 됐다. 내 욕심을 채우려면 백 번도 넘게 말해야 할 테니까. 저녁을 먹도록 하자."

그날은 밤이 깊도록 어린애 같은 장난만 하면서 보냈다. 세 사람 가운데 고리오 영감이 제일 제정신이 아니었다. 딸의 발에 입맞추기 위해 무릎을 꿇기도 하고, 딸의 눈동자를 오랫동안 찬찬히 들여다보고, 그녀의 드레스에 얼굴을 비비기도 했다. 마치 사랑에 빠져 제정신이 아닌 젊은 연인이나 할 법한 광태를 연출한 것이었다.

"아시겠지요?" 델핀이 외젠에게 말했다. "아버지와 함께 있을 때는 전적으로 아버지가 원하는 대로 해드려야 해요. 이따금 번거로울 때도 있을 거예요."

외젠은 이미 몇 번씩이나 질투의 충동을 느끼고 있었으므로, 망은의 씨를 품은 그 말을 비난할 수 없었다.

"이 방의 장식은 언제 끝납니까?" 외젠은 방을 둘러보면서 말했다. "오늘 밤은 이대로 헤어져야 하는군요."

"그렇죠. 하지만 내일 또 식사하러 오세요." 그녀는 애교 있게 말했다. "내일은 이탈리아 극장에 가는 날이니까요."

"그럼 나도 일반 객석으로 가겠네." 고리오 영감이 말했다.

밤 12시였다. 뉘싱겐 부인의 마차가 집 앞에서 기다리고 있었다. 영감과 학생은 점점 더 열정적으로 델핀에 대한 이야기를 하면서 보케르 집으로 걸어서 돌아갔다. 그들의 뜨거운 정열은 두 사람 사이에서 이상한 말다툼으로까지 번졌다. 외젠은 어떠한 이기심으로도 더럽혀지지 않는 아버지의 애정이, 그 깊이나 크기에서 자기의 애정을 훨씬 압도한다는 점을 인정할 수밖에 없었다. 아버지에게 그 우상은 언제나 아름답고 깨끗하며, 그의 열렬한 사랑은 과거와 미래의 모든 것을 빨아들여 자꾸자꾸 크게 부풀었다. 하숙집에 돌아와 보니 보케르 부인이 실비와 크리스토프를 양쪽에 끼고 난로 옆에 처량하게 앉아 있었다. 늙은 여주인의 모습은 마치 카르타고의 폐허에 선 마리우스(기원전 157~86,\n로마 장군·정치가)와 같았다. 그녀는 실비에게 불평을 늘어놓으면서 아직 남아 있는 두 하숙인이 돌아오기를 기다리고 있었다. 바이런 경(1788~1824, 영국 낭만파 시인,\n《타소의 비탄》이라는 작품이 있음)이 타소(이탈리아 르네\n상스기 시인)로 하여금 말하게 한 비탄의 언어도 매우 아름답지만, 보케르 부인의 입에서 흘러나오는 비탄의 심각한 진실미에는 훨씬 미치지 못한다.

"내일 아침에는 커피를 3인분만 준비하면 돼, 실비. 하숙집이 텅 비어서 가슴이 터질 것 같구나. 하숙인이 없는 생활은 어떤 것일까? 그게 무슨 의미가 있겠니? 마치 집안에서 가구를 치워 버린 것 같구나. 가구가 있어야 집이고, 하숙인이 있어야 하숙이지. 이런 끔찍한 재앙을 겪어야 할 만큼 내가 하느님께 잘못한 일이 뭐가 있다고! 강낭콩과 감자를 20인분이나 샀단 말이야. 게다가 내 집에 경찰이 쳐들어오다니! 이제 우린 감자만 먹고 지내게 됐구나. 크리스토프도 내보내야겠다!"

꾸벅꾸벅 졸고 있던 사부아 지방 출신의 심부름꾼이 갑자기 눈을 번쩍 뜨고 말했다.

"부르셨어요?"

"딱하기도 하지! 이 사람은 꼭 집지키는 개 같다니까요." 실비가 말했다.

"아무튼 계절이 계절이다 보니 다들 이미 하숙집을 정했단 말이야. 하숙인이 하늘에서 뚝 떨어질 일도 없는데, 생각하면 머리가 돌아버릴 것 같아. 게다가 미쇼노 할미는 푸아레까지 채갔으니! 개처럼 꼬리치며 따라가게끔 길들여 놓다니, 대체 그 할미는 무슨 수를 쓴 거야?"

"그야 뭐, 그런 노처녀들은 여러 가지 수법을 알고 있으니까요." 실비가 고개를 크게 끄덕이면서 말했다.

"불쌍한 보트랭 씨는 죄수가 되어 버렸고⋯⋯." 보케르 부인이 말을 이었다. "실비, 나는 아직도 믿기지가 않아. 그렇게 명랑한 사람이, 매달 15프랑씩 내면서 커피를 마시고 하숙비도 꼬박꼬박 내던 사람이 죄수였다니⋯⋯."

"게다가 손도 컸어요." 크리스토프가 말했다.

"무슨 착오가 있었을 거예요." 실비가 말했다.

"그렇진 않을 거야. 본인이 시인했으니까. 하필이면 그런 일이 모두 내 집에서, 고양이새끼 한 마리 얼씬거리지 않는 이 동네에서 일어나다니. 솔직히, 꼭 꿈이라도 꾸고 있는 것 같다니까. 그래. 우리는 루이 16세가 처참한 변고(1793년 루이 16세가 단두대의 이슬로 사라진 일)를 당하고, 나폴레옹 황제가 몰락하고, 돌아왔다가 다시 몰락하는 것까지 두 눈으로 보았지만, 그런 일은 다 충분히 있을 법한 일이거든. 그런데 하숙집에서 그런 사건이 터지다니, 도저히 있을 수 없는 일이야. 임금님 없이는 살 수 있지만, 밥을 안 먹고는 못사는 법이잖아. 드 콩플랑 집안 출신의 어엿한 부인인 내가 온갖 정성을 다해서 맛있는 식사를 차려 주는데, 세상이 끝장나지 않는 한…… 그래, 정말로 말세야, 말세!" 보케르 부인이 말했다.

"이게 다 미쇼노 양 때문인데, 아주머니를 이런 지경에 빠뜨리고도 그 여자는 3천 프랑의 연금*17을 타게 됐다잖아요." 실비가 소리쳤다.

"그 이야기는 하지도 마라. 그 여자는 한 마디로 악당이야!" 보케르 부인이 말했다. "하물며 뷔노 할멈네로 옮기다니. 무슨 짓이든 하고도 남을 여자야. 젊었을 땐 살인이니 도둑질이니, 온갖 흉악한 짓을 하고 다녔을 게 틀림없어. 차라리 불쌍한 보트랭 씨 대신 그 여자가 교도소에 가면 좋았을걸!"

이때 외젠과 고리오 영감이 초인종을 눌렀다.

"아, 내가 믿고 의지할 수 있는 두 사람이 돌아왔구나."

미망인은 한숨을 쉬면서 말했다.

그러나 하숙집에 일어난 이변을 거의 잊고 있던 두 사람은, 아무 스스럼없이 앞으로 쇼세 당탱 지구에서 살게 됐다고 여주인에게 말했다.

"아아, 실비." 미망인이 말했다. "내 마지막 희망도 사라졌어. 당신들이 내게 마지막 일격을 가하는군요. 내 가슴을 콱 찔렀단 말예요. 가슴에 쇠몽둥이가 박힌 것 같다고요. 오늘 하루 만에 10년은 늙어버린 것 같아. 정말 미치겠네. 강낭콩을 어떻게 하지? 그래, 나 혼자만 남았으니, 크리스토프, 넌 내일 나가 줘야겠다! 그럼 안녕히 주무세요."

---

*17 미쇼노 양은 3천 프랑의 보수를 받기로 했지만, 그 원금이 매년 3천 프랑의 수익을 올릴 수는 없다. 실비의 착각일 것이다.

"도대체 아주머니가 왜 저러시지?" 외젠이 실비에게 물었다.

"왜긴요. 이런저런 사정으로 다들 나가 버렸으니까 그렇죠. 그래서 머리가 좀 어떻게 됐나 봐요. 어머, 울고 계시네요. 차라리 울면 마음이 좀 풀리겠지요. 아주머니가 울다니, 내가 여기 온 뒤로 처음 있는 일이에요."

다음날 보케르 부인은, 그녀의 표현을 빌리자면 제법 '이성을 되찾은' 것 같았다. 하숙인들이 죄다 나가 버리는 바람에 생활이 엉망이 되어 비탄에 잠겨 있긴 했지만, 완전히 냉정함을 되찾았다. 그리고 깊은 슬픔과 상처받은 이해(利害), 깨어진 생활 습관이 불러일으키는 깊은 괴로움을 온몸으로 드러내고 있었다. 사랑에 빠진 남자가 연인의 집을 나설 때 던지는 눈길도, 보케르 부인이 텅 빈 식탁을 둘러보는 눈길처럼 가슴이 저리지는 않으리라. 외젠은 며칠 뒤 인턴 기간이 끝나는 비앙숑이 자기 대신 이 집으로 들어오게 될 것이고, 박물관 직원도 전부터 쿠튀르 부인이 쓰던 방에 눈독을 들이고 있었으니 머지않아 하숙방이 다 찰 것이라고 말하면서 그녀를 위로했다.

"그렇게만 된다면 오죽 좋겠어요, 친절하신 라스티냐크 씨! 하지만 이 집에는 불행이 들이닥쳤어요. 이번에는 아마 열흘도 안가서 죽음의 신이 찾아올 거예요. 두고 보세요." 음침한 눈길로 식당을 둘러보면서 그녀가 말했다. "누가 당하게 될는지……."

"이사하게 돼서 다행이에요." 외젠이 작은 소리로 고리오 영감에게 말했다.

"아주머니, 큰일 났어요!" 실비가 허둥지둥 달려 들어오면서 말했다. "벌써 사흘이나 고양이 미스티그리가 보이지 않아요."

"아아, 그래? 내 고양이까지 죽어 버렸다면, 고양이까지 떠나 버리면 나는……."

가엾은 미망인은 다음 말을 잇지 못하고 두 손을 마주잡은 채 그런 무서운 예상에 사로잡혀 안락의자에 털썩 자빠졌다.

우편배달부가 팡테옹 지역으로 오는 정오쯤, 외젠은 보즈앙 집안의 가문(家紋)으로 봉인한 한 통의 아름다운 편지를 받았다. 거기에는 한 달 전부터 예고된 자작부인 저택에서 열리는 대무도회 초대장이 들어 있었다. 초대장은 뉘싱겐 부부 앞으로 되어 있었다.

초대장과 함께 외젠 앞으로 쓴 짤막한 편지도 있었다.

'당신이라면 기쁘게 내 기분을 뉘싱겐 부인에게 전해 주시리라 믿고 초대장을 당신 앞으로 보냅니다. 레스토 부인의 동생을 만나 뵙길 고대하고 있습니다. 아무쪼록 그 아름다운 분을 모시고 와 주십시오. 그렇지만 그분이 당신의 애정을 독점하지 않도록 해주시기 바랍니다. 제가 당신에게 품고 있는 애정의 보답으로 당신도 저에게 호의를 베풀어 주셔야 하니까요.

보즈앙 자작부인'

'보건대······' 외젠은 편지를 한 번 더 읽으면서 중얼거렸다. '보즈앙 부인은 뉘싱겐 남작만은 오지 않기를 꽤 노골적으로 바라고 있군.' 그는 곧장 델핀에게 달려갔다. 그녀에게 반가운 소식을 전해 줄 수 있어 기뻤을 뿐 아니라, 틀림없이 그에 따른 보상도 받을 수 있을 것이라고 생각했기 때문이다. 뉘싱겐 부인은 목욕을 하던 중이었다. 라스티냐크는 두 해를 두고 바라던 욕망의 대상을, 사랑하는 여인을 바야흐로 손에 넣으려는 생각에 안달이 난, 열정적인 청년으로써 당연한 초조함을 느끼며 부인의 거실에서 기다리고 있었다. 그런 감정은 청년 시절에도 두 번은 겪을 수 없는 것이다. 남자가 애착을 느끼는 정말 첫 번째 여자, 파리 사교계가 요구하는 온갖 화려한 장식을 달고 그의 앞에 나타난 진정한 여자는 라이벌을 두려워할 필요가 없다.

파리의 사랑은 다른 지방의 사랑과는 성격이 다르다. 남녀를 불문하고 파리에선, 순수한 사랑을 가장하고 자기 잇속을 차리는 진부한 미사여구에 아무도 속지 않는다. 이 도시의 여자는, 상대의 마음과 감각만을 만족시키는 것만으로는 충분치 않으며, 생활을 이루는 무수한 허영에도 맡은 바 의무가 있음을 잘 알고 있었다. 특히 사랑은 허영에 빠져 있고 뻔뻔스럽고 낭비적이고 허풍이 세며 화려하다. 루이 14세는 라 발리에르에 대한 열정을 불태우며, 베르망두아 공작(루이 드 부르봉. 루이 14세와 애첩 라 발리에르 사이에서 난 서자)의 사교계 진출을 돕기 위해 자기 소매장식이 하나에 3천 프랑이나 한다는 사실도 잊고 그것을 뜯어버린 일이 있었다. 그때 궁정에 있던 모든 부인들이 라 발리에르의 행복을 부러워했다면, 다른 사람들은 말해 무엇하랴.

젊고 부자고 작위가 있어야 한다. 할 수 있다면 그 이상의 조건을 갖추어야 한다. 그리고 우상 앞에 향을 많이 피울수록 우상도 당신에게 호의를 보여 줄 것이다. 물론 당신에게 우상이 있을 때의 이야기지만. 사랑은 종교이며, 그 종교를 받들려면 다른 종교보다 훨씬 많은 돈이 든다. 제식(祭式)은 순식간에 지나치고, 지나간 흔적을 남기기 위해 개구쟁이 어린애처럼 온갖 것을 망가뜨린다. 풍부한 감정은 다락방의 시와 같다. 그런 풍요로움이 없다면 사랑은 아무것도 아니다.

파리 법전의 가혹한 조문에도 예외가 있지만, 그것은 고독하며 세상의 속설에 물들지 않는 영혼, 깨끗하고 맑은 물이 쉼 없이 흐르는 샘가에 사는 사람들에게만 해당한다. 그들은 녹색 나무그늘 속에 숨지 않으며, 모든 사물에 적혀 있고 그들 마음속에서도 찾아볼 수 있는 무한한 언어에 황홀하게 귀를 기울인다. 그리고 땅위의 인간들을 가엾게 여기며 언젠가 하늘 높이 날아오를 수 있는 날개가 돋아나기를 가만히 기다린다.

그러나 라스티냐크는 이미 영화의 맛을 알아 버린 많은 청년들이 그렇듯, 온몸을 단단히 무장하고 세상이라는 투기장에 발을 들이고 싶었다. 라스티냐크는 강렬한 욕망에 사로잡혀 사회를 지배할 수 있는 자신의 힘을 이미 느끼고 있었지만, 아직 야망을 이룰 수단도 목표도 없었다. 생명을 윤택하게 하는 숭고하고 순수한 사랑이 없어도, 권력을 향한 갈망은 그 자체로 매우 아름다울 수 있다. 사사로운 이해와 욕심을 버리고, 조국의 번영을 위해 몸을 바치면 되는 것이다.

그러나 학생은 아직 인생의 과정을 살펴보고 판단할 수 있는 단계까지는 이르지 못했다. 시골에서 자란 그의 젊은 마음을 무성한 나뭇잎처럼 감싸고 있는 신선하고 감미로우며 매혹적인 상념들을 그는 아직도 완전히 떨쳐 버리지 못했다. 그는 파리의 루비콘 강*18을 건너기를 늘 망설이고 있었다. 불타는 호기심에 가득 차 있었음에도, 진짜 귀족이 시골의 성관에서 보내는 행복한 생활에 대한 향수가 여전히 라스티냐크의 마음속에 남아 있었던 것이다. 그러나 어젯밤 자기를 위해 마련된 아파트 방에 들어간 순간, 그러한 양심의 마지막 미혹이 몽땅 사라져 버렸다. 지금까지 그가 가문이 주는 정신적 이점을 오래도록 누려온 것처럼, 이제는 부(富)가 주는 물질적 이점을 누리면서, 라스티냐크는 시골 사람이라는 껍질을 벗어던지고 멋들어진 미래가

---

*18 로마 북방에 있으며, 아드리아 해로 흐르는 강. 로마군단의 지휘권을 가진 자는 군단을 이끌고 수도로 들어올 수 없다는 국법을 어기고, 기원전 49년에 카이사르가 "주사위는 던져졌다"고 말하며 이 강을 건넜다.

바라보이는 새로운 자리로 몸을 살짝 들이밀었던 것이다.

그래서 어느 정도는 그의 것이 되었다고 할 수 있는 아름다운 거실에서 델핀을 기다리며 느긋하게 앉아 있는 자신을 돌아보자, 작년에 파리에 갓 상경한 자신이 너무 멀게만 느껴졌다. 그런 과거의 모습을 영혼의 망원경을 통해보면서 지금의 자기가 과연 진짜 자기인지 의심해 보았다.

"마님께서는 침실에 계십니다." 테레즈가 와서 알리자 그는 깜짝 놀랐다.

델핀은 생기 있고 편안한 모습으로 난로 옆에 놓인 2인용 안락의자에 비스듬히 앉아 있었다. 모슬린 파도 위에 떠 있는 듯한 그녀의 모습을 보자, 꽃송이 한가운데 열매가 생기는 인도의 아름다운 식물과 비교하지 않을 수 없었다.

"이제야 겨우 둘만의 세상이 되었어요." 그녀가 부드러운 목소리로 말했다.

"무얼 가지고 왔는지 맞춰보세요." 외젠은 델핀 옆에 앉아 그녀의 팔을 잡고 손에 키스를 하면서 말했다.

뉘싱겐 부인은 초대장을 읽더니 기쁜 듯이 벌떡 일어났다. 촉촉하게 물기를 머금은 눈으로 외젠을 보면서, 허영심이 채워진 기쁨에 들떠서 두 팔을 그의 목에 두르고 자기 쪽으로 끌어당겼다.

"이렇게 행복해서 어쩌죠! 전부 당신 덕분이에요." 그의 귓가에 대고 그녀가 말했다. "테레즈가 화장실에 있으니까 말을 조심해야 해요! 그래요. 전 정말 행복해요. 당신 덕분에 초대를 받았으니 단순한 자존심의 만족 그 이상이 아니겠어요? 아무도 저를 그 사회에 소개하려고 하지 않았거든요. 이런 말을 하면 저를 하찮고 품위 없는 경박한 전형적인 파리 여자라고 생각하시겠지요? 그렇지만 저는 당신을 위해서라면 모든 것을 희생해도 아깝지 않다고 생각해요. 제가 전보다 더 생제르망<sup>(귀족들의 주택가지만, 여기서는 그곳의 사교계를 말한다)</sup>에 얼굴을 내밀고 싶어하는 까닭은 다름 아닌 당신이 그곳에 계시기 때문임을 알아 주셔야 해요."

"그런데 보즈앙 부인은, 뉘싱겐 남작이 무도회에 오지 않기를 바라고 계신 듯하지 않습니까?"

"물론이죠." 남작부인은 편지를 외젠에게 돌려주면서 말했다. "그런 여성들은 정중하게 무례를 범하는 점에서는 천재적이에요. 그렇지만 상관없어요. 전 가겠어요. 언니도 올 테고, 굉장한 옷을 준비해 두었을 게 틀림없어요. 외젠 씨." 그녀는 조그만 소리로 말을 이었다. "언니는 무서운 의혹을 밝히기 위해 무도회에 참석하는 거예요. 언니에 대한 소문을 못 들으셨나요? 남편이 오늘 아침 제게 와서, 어제 클럽에서 여러 사람이 공개적으로 입방아를 찧고 있었다고 하더군요. 게다가 그 일은 여자의 명예, 가족의 명예가 걸린 일이에요. 저는 동생으로서 제가 공격 받고, 상처를 입은 것만 같았어요. 사람들 말로는 트라이유 씨가 발행한 어음이 다해서 10만 프랑이나 되는데다가, 대부분 기한이 차서 소송을 당하게 됐다는 거예요. 궁지에 몰린 언니는 고리대금업자에게 자기의 다이아몬드를 판 모양이에요. 레스토 씨 어머님으로부터 받은 그 훌륭한 다이아몬드를 당신도 본 적이 있을 거예요. 아무튼 이틀 전부터 그 소문이 파다하게 퍼졌나봐요. 그래서 아나스타지는 금실은실로 수놓은 드레스를 맞추어 입고 다이아몬드를 몸에 휘감아 눈부시게 치장하고 보즈앙 저택에서 뭇사람의 눈을 끌어 보려는 속셈이지요. 그렇지만 저도 언니에게 뒤지고 싶지는 않아요. 언니는 언제나 저를 짓누르고 단한 번도 친절하게 대해 준 적이 없는걸요. 그래도 저는 여러 가지 해 주느라고 했어요. 언니가 돈이 없을 때는 언제든지 기꺼이 빌려 주곤 했는데. 그렇지만 사교계 얘기야 아무러면 어때요. 오늘은 행복에 흠뻑 젖고 싶어요."

라스티냐크는 새벽 1시가 되어도 아직 뉘싱겐 부인 집에 있었다. 부인은 그에게 연인끼리 하는 작별 인사, 앞으로 다가올 기쁨을 만끽하는 작별 인사를 아낌없이 주면서 문득 수심어린 표정으로 말했다. "전 매우 겁이 많고 미신적이에요. 내 예감을 당신이 뭐라고 부르든 당신 맘이지만, 지금의 이 행복을 어떤 무서운 파국으로 보상해야 할 것만 같아서 조마조마해요."

"어린애 같군요." 외젠이 말했다.

"정말, 오늘 밤은 제가 어린애가 됐군요." 그녀가 웃으면서 말했다.

외젠은 마침내 내일이면 하숙집에서 나올 수 있다고 생각하면서 보케르 집으로 돌아갔다. 돌아가는 길에 그는 입술에 남아 있는 행복의 맛을 거듭 음미하며 아름다운 꿈에 몸을 맡겼다.

"어땠소?" 라스티냐크가 문 앞을 지날 때 고리오 영감이 물었다.

"내일 죄다 말씀드릴게요." 외젠이 대답했다.

"하나도 빠짐없이 얘기해 주는 거지요?" 영감이 큰 소리로 말했다. "그럼 잘 자요. 내일부터 우리는 행복한 생활을 시작하는 겁니다."

# 4 영감의 죽음

이튿날 고리오와 라스티냐크는 하숙집을 떠날 채비를 모두 마치고, 운송점에서 짐꾼들이 오기를 기다리기만 하면 되었다. 그런데 마침 정오쯤, 뇌브생트즈느비에브 거리에 마차 달리는 소리가 울려 퍼지더니 보케르 집 앞에서 딱 멈췄다.

뉘싱겐 부인이 마차에서 내리더니, 아버지가 아직 이 하숙집에 계시느냐고 물었다. 그렇다는 실비의 대답을 듣고 그녀는 재빨리 계단을 뛰어올라갔다. 이때 외젠은 자기 방에 있었지만, 고리오는 그 사실을 모르고 있었다.

아침식사 때 외젠은 4시에 아르투아 거리의 아파트에서 만나자고 말하고 고리오 영감에게 자기 짐을 옮겨 달라고 부탁했던 것이다. 그리고 노인이 운송점에 차를 부르러 간 사이에 외젠은 학교에 가서 출석 확인만 하고는 보케르 부인에게 계산을 끝마치려고 아무도 모르게 하숙집으로 돌아와 있었다.

그 일까지 부탁했다가는 안 그래도 외젠에게 친절한 고리오 영감이 자기 돈으로 계산을 해 버릴 게 틀림없었기 때문이었다. 여주인이 외출 중이라 외젠은 빠뜨린 물건이 없는지 살펴보기 위해 자기 방에 올라왔다. 책상서랍에서 보트랭 앞으로 된 백지어음을 발견하고, 와보길 잘했다고 생각했다.

보트랭에게 돈을 갚던 날 아무렇게나 던져두었던 어음이었다. 불이 없었으므로 그것을 잘게 찢어서 버리려고 했을 때 델핀의 목소리가 들려왔다. 그녀라면 자기에게 비밀이 없을 것이라고 생각한 외젠은 소리를 내지 않고 그대로 멈춰 서서 귀를 기울였다. 그런데 첫마디부터 아버지와 딸의 대화가 무척 흥미로웠으므로 도무지 귀를 뗄 수가 없었다.

"아아, 아버지." 그녀는 말했다. "아버지가 좀더 빨리 내 재산의 명세를 요구하셨던들 파산하지 않았을 텐데! 이런 얘기해도 되나요?"

"그래, 집에는 아무도 없단다." 고리오 영감이 쉰 목소리로 말했다.

"왜 그러세요, 아버지?" 뉘싱겐 부인이 말했다.

"네가 방금 도끼로 내 머리를 콱 내리찍었단다." 노인은 대답했다. "하느님도 용서해 주실 거다. 내가 너를 얼마나 사랑하는지 너는 모르니까 말이야. 안다면 느닷없이 그런 말을 할 까닭이 없지. 희망이 전혀 없는 것도 아니라면 말이다. 도대체 얼마나 다급한 일이 생겼단 말이냐? 이제 곧 아르투아 거리에서 만날 수 있을 텐데 굳이 여기까지 나를 만나러 오다니."

"그렇지만 아버지, 이런 큰일에 부닥쳤는데 정신을 차리고 있을 여유가 어디 있겠어요? 정말 미칠 것 같다고요. 언젠가는 반드시 터질 불행이지만, 아버지의 소송 대리인 덕분에 어느 정도 빨리 발견할 수 있었어요. 아버지의 오랜 사업 경험이 우리에게 지금 당장 필요해서, 물에 빠진 사람이 지푸라기라도 움켜잡는 심정으로 아버지한테 달려온 거예요. 데르빌 씨는 뉘싱겐이 억지소리를 하며 자꾸 피하는 것을 보고, 재판장 허가는 금방 얻어낼 수 있으니까 소송을 걸겠다고 위협했나 봐요. 뉘싱겐이 오늘 아침 저에게 와서, 부부가 나란히 파산하는 꼴을 보고 싶으냐고 묻지 않겠지요? 저는 그런 문제는 조금도 이해하지 못하지만, 어쨌든 저에게도 재산이 있고 그걸 제 마음대로 하는 건 당연한 일이고, 이 분쟁에 관한 것은 모두 소송 대리인에게 맡겨 두어서 저는 아무것도 모르니까, 그 문제에 대해서는 저한테 물어도 소용이 없다고 대답했어요. 아버지께서 그렇게 말하라고 말씀하셨잖아요?"

"그래, 그랬지." 고리오 영감이 대답했다.

델핀이 말을 이었다.

"그랬더니 남편이 자기 사업 사정을 저에게 털어놓더군요. 자기의 전 재산과 제 재산을 어떤 사업에 투자를 했는데, 그 사업은 시작한 지 얼마 안 돼서 막대한 액수를 쏟아 부어야 했다는 거예요. 제가 끝까지 지참금을 돌려 달라고 고집하면 파산선고 신청을 내야 한다지 뭐예요. 하지만 제가 1년만 기다려 주면 제 재산을 두 배, 세 배로 갚겠대요. 제 재산은 땅 투기에 넣었기 때문에 그 사업만 마무리되면 제가 모든 재산을 자유롭게 할 수 있다고 해요. 아버지, 그이가 정색을 하고 말하는 바람에 전 너무 무서웠어요. 자기 잘못을 용서해 달라고 사과하면서 저에게는 자유를 줄 테니 마음대로 하라고, 대신 사업은 제 명의 그대로 자기가 관리할 수 있게 해 달래요. 자기의 성의를 증명해 보이겠다며, 저를 등기명의인으로 명기한 서류가 법적으로 정당하게 작성되어 있는지의 여부를 조사하기 위해 언제든지 데르빌 씨가 와도 좋다고 약속했어요. 요컨대 그가 꼬리를 내리고 항복한 거예요. 그리고 앞으로 2년만 더 자기가 지금처럼 가계를 관리하게 해달라고 하면서, 자기가 주는 돈 이상은 쓰지 말았으면 좋겠다고 부탁하더군요. 당장은 체면을 차리기도 빠듯해서 무용수 애인하고도 손을 끊었고, 신용을 잃지 않고 사업을 계속하려면, 씀씀이를 극도로 줄이되 남의 눈에 안 뜨이게 해야 한다는 것을 하나하나 증거를 대가면서 설명했어요. 저는 일부러 냉정하게 그이를 몰아세우고, 더 상세한 내용을 알아내려고 그이가 하는 말을 낱낱이 의심해 보였어요. 그랬더니 저에게 장부를 보이더니 결국엔 울어 버리지 뭐예요. 남자가 그렇게 우는 모습은 처음 봤어요. 이성을 잃고 자살하겠다며 횡설수설하는 걸 보니까 불쌍한 생각이 들었어요."

"그래서 너는 그런 엉터리 수작을 믿었단 말이냐?" 고리오 영감이 소리쳤다. "그건 다 연극이야. 나도 거래 관계로 독일인을 몇 명 만난 적이 있어. 그놈들은 대체로 정직하고 순진하지. 그러나 그 솔직하고 순박해 보이는 가면 뒤에 숨어서 일단 교활하게 사기를 치려고 마음만 먹으면 다른 사람들 이상으로 교활한 사기꾼이 된단다. 너는 남편에게 농락당하고 있어. 막다른 골목에 몰린 것을 깨닫고 죽은 시늉을 하는 거야. 네 명의의 그늘에 숨어서 자기 이름으로 사업할 때보다 더 제 하고 싶은 대로 하려는 수작이야. 그런 수법으로 사업에 따르기 마련인 위험에서부터 몸을 빼려는 거란다. 그 인간은 뱃속이 검은데다 요령도 좋아. 아주 악질적인 놈이지. 아니, 나는 내 딸들이 빈털터리가 되는 걸 멀거니 보면서 페르라세즈 묘지에 묻힐 생각은 없다. 이래뵈도 사업에 대해서는 아는 게 좀 있다구.

그놈이 자본을 사업에 몽땅 투자했다고 말했다고? 좋아, 그렇다면 그 자식의 손득은 유가증권이나 차용증서, 계약서 같은 형태로 분명히 명시되어 있을 거다. 그것을 보여 달라고 하고 너와의 계산을 확실히 하자고 해야겠다. 그래서 가장 전망이 밝은 투기를 골라서 한번 해 보자꾸나. 나름의 위험은 각오해야 하겠지만 말이다. 그리고 '재산을 분리한 뉘싱겐 남작의 처 델핀 고리오'라는 이름으로 추인 증서를 만들게 하자. 그놈은 우리를 얼빠진 등신으로 보는 모양이다. 너를 재산도 먹을 빵 한 조각도 없는 상태로 내버려둔다는 생각을 내가 이틀이나 참아 줄 성싶으냐? 하루, 하룻저녁, 아니 단 두 시간도 못 참는다. 그런 일이 정말로 일어난다면 나는 더 이상 살아갈 수가 없어. 내가 뭣 때문에 평생 40년 동안 뼛골 빠지게 일했는데! 등에 밀가루 부대를 둘러메고 땀범벅이 되면서도, 사랑스런 너희들을 위해 평생을 참고 견뎌 왔단 말이다. 너희들이 있었기 때문에 일도 열심히 할 수 있었고, 무거운 자루도 번쩍번쩍 들어 올릴 수 있었거늘. 그런데 지금 이 마당에 내 재산이, 내 일생이 연기처럼 사라져 없어진다고? 그렇게 된다면 나는 화병이 나서 미쳐 죽어 버릴 거다.

하늘과 땅과 온갖 신성한 것에 맹세컨대, 나는 이 문제를 낱낱이 밝히기 위해 장부와 금고와 사업 내용을 조사할 테다. 네 재산이 무사하다는 것을 확인할 때까지는 나는 자지도 먹지도 않을 거다. 다행히 네 재산은 남편 것과 분리되어 있고, 소송대리인인 데르빌 씨는 정직하고 성실한 사람이야. 너는 네 소중한 백만 프랑, 즉 5만 프랑의 연금을 네가 죽는 날까지 확보할 수 있을 거야. 그렇지 못한다면 나는 온 파리 시내에 떠들고 다닐 거다. 암, 그렇게 하고말고. 재판소가 우리 손을 들어주지 않으면 의회에 탄원할 거야. 네가 돈 문제만큼은 걱정이 없고 행복하다고 믿었기 때문에 힘든 일도 참을 수 있었고 슬픔도 달랠 수 있었단다. 돈은 곧 인생이야. 돈만 있으면 무엇이든 할 수 있지. 머저리 알자스 뚱뚱이 녀석, 뭔 소리를 지껄여 대는 거야? 델핀, 너를 쇠사슬로 묶어 불행한 여자로 만든 그런 천하에 몹쓸 놈한테는 1리아르의 4분의 일이라도 멋대로 쓰게 하면 안 된다! 그놈한테 네 도움이 꼭 필요하다면, 실컷 혼쭐을 내준 뒤 이쪽에서 시키는 대로 움직이게 할 테다. 아아, 머리에서 불이 나는 것 같아. 머릿속이 활활 타오르는 것 같구나. 내 델핀이 돈 때문에 고생하다니! 아아 델핀, 제기랄! 내 장갑은 어디 있지? 자, 가자! 가서 내 눈으로 똑똑히 봐야겠다. 장부도, 사업 내용도, 금고도, 왕복 문서까지 남김없이 살펴봐야겠어. 네 재산이 안전하다는 걸 내 눈으로 직접 보기 전에는 마음을 놓을 수가 없구나."

"아버지, 그래도 신중하게 해 주세요. 이 문제에 조금이라도 복수심을 품는다든가, 적대감을 보이면 저는 정말 끝이에요. 남편은 아버지의 마음을 알고 있어요. 아버지의 말씀을 듣고, 제가 제 재산을 걱정하게 된 것은 당연하다고 생각해요. 남편이 제 재산을 자기 손에 꽉 쥐어 버렸지만, 전부터 그럴 생각이었던 거예요. 남편은 재산을 몽땅 긁어모아서 날 버리고 달아나고도 남을 사람이에요. 속이 시커먼 악당이니까요. 제가 그 사람을 고소해서 지금

쓰고 있는 이름을 제 손으로 더럽히는 짓은 절대 하지 못한다는 걸 그는 잘 알고 있어요. 그 사람의 처지는 약하면서도 강해요. 저도 모든 것을 검토해 봤어요. 그 사람을 끝까지 몰아세우면 저도 파산할 거예요."

"그럼 그놈은 뼛속부터 사기꾼이란 말이냐?"

"그렇다니까요, 아버지." 델핀은 울면서 의자에 몸을 던졌다. "천하의 악질적인 놈과 결혼시켰다고 아버지가 슬퍼하실까봐 지금까지 아무 말씀 안 했던 거예요. 사생활이든 양심이든 그 사람의 영혼은 그의 육체와 똑같아요. 무서울 정도예요. 저는 그를 증오하고 경멸해요. 그래요, 뉘싱겐에게서 그런 말까지 들은 뒤로는 그 비열한 인간을 더는 존경할 수 없어요. 그가 말한 그런 얄팍한 사업에 덤벼드는 사람에게 무슨 양심이 있겠어요. 제가 두려운 이유는, 그 사람의 속마음을 완전히 읽을 수 있었기 때문이에요. 그는 저에게 자유를 준다고 분명히 말했어요. 그게 무슨 뜻인지 아세요? 여차하면 제가 그 사람의 도구가 되어 이름을 빌려 준다는 조건이 달려 있는 거라고요."

"그러나 법률이란 것이 있단다! 그런 악질 사위들 때문에 그레브 광장<sub>(예전의 사형 집행 장소)</sub>이 있지 않니?" 고리오 영감이 소리쳤다. "사형집행인이 없다면 내가 이 손으로 직접 그놈의 목을 쳐 주마."

"아니에요. 아버지! 그 사람을 벌할 수 있는 법률은 없어요. 그 사람이 점잖은 체하려고 이리저리 빙빙 돌려서 하는 말을 한 마디로 정리하면 이래요. '다 망쳐서 한 푼도 건지지 못하고 파산하거나, 아니면 내가 사업을 하는 대로 내버려두거나 둘 가운데 하나다. 왜냐하면 나는 네가 아닌 다른 여자를 배우자로 선택할 수는 없으니까.' 이것으로 확실히 아셨어요? 그 사람은 아직 나를 의지하고 있어요. 아내로서의 제 성실성에 안심하고 있는 거예요. 제가 그 사람의 재산을 축내지 않고, 제 것만으로 만족한다는 것을 알고 있는 거지요. 비열하고 부도덕한 사업이지만, 파산하지 않으려면 공동사업에 동의할 수밖에 없었어요. 그 사람은 제 양심을 매수하고, 그 대가로 외젠의 여자로서 마음대로 해도 된다고 허락하겠다는 뜻이지요. '너는 바람을 피워도 좋다. 그러니 불쌍한 족속들을 파산시키는 내 죄에도 눈을 감아라.' 이렇게 말하면 좀더 의미가 뚜렷하게 드러나지요. 그 사람이 어떤 것을 투기라고 하는지 아세요? 자기 이름으로 땅을 사서, 위장 명의인 이름으로 거기에다 집을 짓는 거예요. 그 패들은 여러 업자들과 건축 관련 계약을 맺고, 장기 어음으로 지불하는 것처럼 꾸며 놓고는, 얼마 안 되는 금액으로 남편에게 건물을 양도해 버려요. 그러면 그이가 가옥의 소유자가 되고, 명의를 빌려 준 이들은 파산하여 속아 넘어간 업자들의 채권을 휴지로 만들어 버리는 거예요. 뉘싱겐 상회라는 이름이 불쌍한 건축업자들을 현혹시키는 데 큰 구실을 하는 거지요. 저도 이젠 그 사기 수법을 알았어요. 그리고 또 필요할 때는 엄청난 돈도 지불할 수 있다는 것을 증명하기 위해 뉘싱겐은 암스테르담·런던·나폴리·빈에 거액의 증권을 보냈어요. 그런 돈을 어떻게 거두어들일 수 있겠어요?"

고리오 영감이 쓰러지면서 바닥에 무릎을 찧었는지, 쿵! 하는 둔탁한 소리가 외젠의 귀에 들려왔다.

"아아! 내가 너한테 못할 짓을 했었구나! 그런 짐승 같은 놈에게 내 딸을 주다니! 그놈은 마음만 그렇게 먹으면 너에게 어떤 것이라도 요구할 수 있구나. 용서해 다오, 델핀!" 노인이 소리쳤다.

"그래요. 제가 무서운 구렁에 빠진 것도 어느 정도는 아버지 책임인지도 몰라요." 델핀은 말했다. "저희가 결혼했을 때는 정말 철이 없었으니까요. 세상, 사업, 인간, 풍습, 그런 걸 저희가 어떻게 알았겠어요? 아버지가 우리를 대신해서 생각해 줘야 했어요. 그렇지만 아버지, 저는 아버지를 원망하지 않아요. 이런 말씀을 드려 죄송해요. 이번 일은 모두 제 잘못이에요, 싫어요! 울지 마세요! 아빠." 그녀는 아버지의 이마에 키스하면서 말했다.

"너도 울지 마라, 귀여운 델핀. 이쪽을 봐. 키스를 해서 눈물을 훔쳐 줄 테니. 자! 나도 머리를 써서 네 남편이 어질러 놓은 일을 수습해야겠다!"

"아뇨, 저에게 맡겨 주세요. 저라면 그 사람을 조종할 수 있다고 생각해요. 그 사람은 나를 좋아해요. 그 약점을 이용해서, 당장 제 명의로 토지에 투자하도록 만들겠어요. 틀림없이 알자스에 있는 뉘싱겐이라는 땅을 사들일 수 있을 거예요. 남편은 그 땅에 미련이 있거든요. 하지만 내일 오셔서 그의 장부나 사업을 조사해 주시지 않겠어요? 데르빌 씨는 사업에 대한 것은 아무것도 몰라요. 아니, 내일은 안 되겠어요. 모레 보즈앙 부인의 무도회가 있는데 그 전에 기분을 망치고 싶지 않거든요. 무도회에 밝고 아름다운 얼굴로 참석하기 위해, 그리고 제 소중한 외젠 씨의 체면을 세워 드리기 위해 내일은 감정을 다스리며 쉬어야겠어요. 아버지, 그분 방을 보러 가요, 네?"

이때 뇌브생트즈느비에브 거리에 마차가 한 대 멈춰 서더니, 계단에서 레스토 부인의 목소리가 들려왔다. "아버지 계셔?" 그녀가 실비에게 물었다. 외젠은 침대에 누워서 자는 척할까 하고 망설이던 차였는데 이 상황 덕분에 다행히 한숨 돌렸다.

"아! 아버지, 아나스타지 언니의 소식은 들으셨어요?" 언니의 목소리를 듣고 델핀이 말했다. "언니네 집에서도 좀 이상한 일이 일어나고 있나 봐요."

"뭐라고?" 고리오 영감이 말했다. "아, 나도 이제 끝장났구나. 내 시원찮은 머리로는 이중의 불행을 감당할 수 없어."

"아버지, 잘 계셨어요?" 백작부인이 들어오면서 말했다. "어머, 델핀, 너도 있었구나."

레스토 부인은 동생이 있는 게 거북한 듯했다.

"안녕, 나지." 남작부인은 말했다. "내가 여기 있는 게 그렇게 이상해? 난 매일 아버지와 만나고 있어."

"언제부터?"

"언니도 아버지를 뵈러 왔었다면 묻지 않아도 알았을 거야."

"나를 괴롭히지 말아 줘, 델핀." 백작부인은 풀죽은 소리로 말했다. "난 정말 불행해. 파멸이에요, 아버지! 이번이야말로 정말 끝장이에요!"

"애야, 왜 그러니?" 고리오 영감은 소리쳤다. "다 얘기해 보렴, 델핀! 언니 얼굴이 새파랗구나. 좀 도와주렴. 언니한테 잘 해야 한다. 그래야 언니도 너를 더 귀여워해 주지. 물론 지금도 충분히 잘하고 있지만."

"가엾은 나지." 언니를 의자에 앉히면서 뉘싱겐 부인이 말했다. "말해 봐. 무슨 일이 있어도 언니를 사랑하고 모든 것을 용서해 주는 사람은 이 세상에 우리 둘 뿐이잖아? 뭐니 뭐니 해도 핏줄보다 단단한 건 없으니까." 그녀가 언니에게 의식회복제 냄새를 맡게 하자 백작부인이 정신을 차렸다.

"정말 죽을 것 같구나." 고리오 영감은 말했다. 난롯불을 쑤석거려 불길을 일으켰다. "둘 다 난로 옆으로 오너라. 으슬으슬하구나. 나지, 무슨 일이냐? 어서 말해 다오. 당장이라도 숨이 넘어갈 것 같다."

"그럼 말씀드릴게요." 가엾은 여자는 말했다. "남편은 모든 것을 알았어요. 아버지, 얼마 전의 일 기억하세요? 막심의 어음 말예요. 실은 그게 처음이 아니었어요. 그전에도 여러 번 갚아줬거든요. 정월 초에 트라이유 씨가 무척 난처해하는 것 같았어요. 저에게는 아무 말도 하지 않았지만 사랑하는 사람의 마음을 읽는 건 일도 아니죠. 아주 하찮은 일로도 그의 마음을 금방 알 수 있고, 직감도 발달하니까요. 그분은 전보다도 더욱 상냥해지고, 애정이 짙어졌어요. 난 더욱더 행복했지요. 그런데 그때 막심은 나에게 이별을 고하고 있었던 거래요. 나중에 그러더군요. 권총으로 자살할 생각이었대요. 나는 자초지종을 캐묻고 간절히 애원하느라 무려 2시간이나 그 사람 무릎에 달라붙어 있었어요. 10만 프랑의 빚이 있다고 하더군요. 아버지, 10만 프랑이에요! 저는 미칠 것 같았어요. 제가 이미 다 빨아먹었기 때문에 아버지께 그만한 돈이 없다는 걸 알고 있으니까요."

"그렇지!" 고리오 영감은 말했다. "도둑질이라도 하지 않는 한 그런 큰돈은 마련할 수 없을 거야. 하지만 도둑질이라도 할 수 있단다, 나지! 암, 그렇고말고!"

음울하게 중얼거린 이 말은 죽어 가는 사람이 헐떡거리는 소리같이 비통하게 울려 퍼졌다. 무능력해진 부성애의 고통스런 단말마가 생생하게 귀에 박히자 두 딸은 잠시 입을 다물었다. 심연 속에 던져진 돌멩이처럼 그 절망의 깊이를 알려주는 이 부르짖음을 듣고, 어떤 이기주의자인들 냉담할 수 있겠는가.

"아버지, 전 제 것이 아닌 것을 처분해서 그 빚을 막았어요." 백작부인은 울면서 쓰러졌다.

델핀도 언니의 목덜미에 얼굴을 대고 울었다.

"그럼 그게 다 사실이었구나." 델핀이 언니에게 말했다.

아나스타지는 고개를 떨어뜨렸다. 뉘싱겐 부인은 언니를 꼭 끌어안더니 다정하게 키스를 하고 그녀의 머리를 자기 가슴으로 바짝 끌어당겼다.

"나는 절대 언니를 심판하지 않고 언제까지나 사랑할 거야."

"내 천사들아." 고리오 영감은 가냘픈 소리로 말했다. "너희들이 화해한 건 좋다만, 왜 하필이면 그 동기가 불행이란 말이냐!"

감동적이고 열렬한 애정 표현에 고무되어 백작부인은 기운을 차리고 말을 이었다.

"막심의 목숨을 구하기 위해, 즉 내 모든 행복을 구하기 위해 저는 아버지께서도 아시는 그 고리대금업자를 찾아갔어요. 지옥에서 나고 자랐는지 무엇을 봐도 절대로 감동하는 일이 없는 그 곱세크에게 남편 레스토가 소중히 여기는 대대로 물려오는 다이아몬드를 포함해, 그 사람 것도 내 것도 모두 팔아 버렸어요. 다 팔아 버렸다고요! 아시겠어요? 덕분에 그 사람은 살았지만, 이번엔 제가 죽게 생겼어요. 레스토가 모두 알아버렸거든요."

"누가 말해 줬지? 어떻게 안 거야? 내가 그 놈을 죽여 버려야겠다!" 고리오 영감이 소리쳤다.

"어제 남편이 저를 자기 방으로 불렀어요. '아나스타지' 하고 부르는 목소리만으로도 무슨 일인지 다 알겠더라고요. '당신 다이아몬드는 어디 있지?' 내 방에 있다고 하니까, '아니야' 하고 내 얼굴을 뚫어지게 보면서 말했어요. '다이아몬드는 거기 그 장롱 위에 있어!' 그리고는 손수건으로 덮어 두었던 보석상자를 저에게 보였어요. '이게 어디서 왔는지는 알고 있겠지?' 남편의 말에 저는 그 자리에서 무릎을 꿇고……울면서, 당신이 시키는 대로 죽겠다고 말했어요."

"그런 말까지 했단 말이냐?" 고리오 영감은 소리쳤다. "하느님께 맹세코, 너희 둘에게 해를 끼치는 놈은 내가 살아 있는 한, 뭉근한 불에 지글지글 타죽을 각오를 해야 할 것이야! 암, 그런 놈은 갈가리 찢어발겨도 모자라지……."

고리오 영감은 입을 다물었다. 말이 목구멍에 걸려 나오지 않았던 것이다.

"그런데 델핀, 그 사람은 나에게 죽기보다 더 어려운 일을 요구했어. 하느님, 부디 제가 들은 말들을 다른 여자들은 듣지 않게 해 주소서!"

"내가 그놈을 죽여 주마." 고리오 영감이 태연하게 말했다. "그런데 그놈은 목숨이 하나밖에 없지. 둘쯤은 빼앗아야 분이 풀릴 텐데. 그래, 그놈이 뭐라고 하더냐?" 아나스타지의 얼굴을 보면서 말을 이었다.

"이러더군요." 잠깐 사이를 두었다가 백작부인이 말했다. "저를 가만히 보더니 이렇게 말했어요. '아나스타지, 나는 이 모든 일을 비밀로 묻어둘 생각이오. 아이들도 있으니 앞으로도 함께 삽시다. 트라이유 씨와 결투해서 그를 죽일 생각도 없소. 실수해서 죽이지 못할 수도 있고, 다른 방법으로 그를 없애려면 법을 어겨야 하니까. 또 당신 팔에 안겨 있는 그를 죽인다면 애들의 명예가 손상되겠지. 그러니 자식도, 그 아비도, 이 나도 파멸하지 않기 위해 두 가지 조건을 요구하겠소. 먼저 아이들 가운데 내 자식이 있는지부터 대답하시오.' 전 있다고 대답했어요. '어느 쪽이지?' 하고 묻기에 맏아들 에르네스트라고 대답했어요. '좋아.' 남편은 말하더군요. '그럼 오늘부터 딱 한 가지만 내가 시키는 대로 하겠다고 맹세하시오.' 저는 맹세를 했어요. '내가 요구할 때 당신 재산의 매각증서에 서명해 주시오.'"

"서명하면 안 된다!" 고리오 영감은 소리 질렀다. "절대로 그런 것에 서명하지 마라. 아, 레스토. 너란 놈은 아내를 행복하게 해 주지도 못하는 주제에 여자가 행복을 찾아 떠나니까 자신의 무능함은 덮어두고 아내만 벌하려는 거냐?…… 그러나 내가 있다. 네놈 좋은 대로 해 줄 수는 없지! 나지, 안심해도 된다. 그놈이 제 상속인은 아긴다는 거지? 그래, 좋아. 내가 그놈의 아들을 유괴해야겠다. 개 같은 놈! 내 손자이기도 하니까 내가 그 아이를 만난다고 무엇이 잘못이겠어? 아이를 내 마을로 데려오겠어. 소중하게 키워 줄 테니까 걱정할 것 없다. 그 인두겁을 뒤집어쓴 놈에게 이렇게 말해서 항복을 받아내고야 말겠어. '자! 아들을 되돌려 받고 싶으면 내 딸에게 재산을 돌려 줘라! 그리고 그 애가 하고 싶은 대로 하게 내버려둬라!'하고 말이야."

"아버지!"

"아무렴, 내가 아비지. 나는 네 아비야. 그런 못된 귀족놈이 딸을 괴롭히도록 내버려둘 줄 알아? 제기랄! 내 혈관 속에 어떤 피가 흐르는지 알아? 호랑이 피가 흐른다구. 두 놈 다 물어뜯어 죽여도 시원치 않아. 아아, 애들아! 너희들의 생활이 이 꼴이 되다니! 사는 낙이 없구나. 하지만 내가 죽으면 너희들이 어떻게 되겠느냐? 아비라면 자식들이 죽을 때까지 살아 있어야 하는데 말이야. 하느님, 당신께서 만드신 세상은 어째서 이렇게 아귀가 맞지 않습니까?

당신께도 자식이 있지 않습니까? 그렇담 자식 때문에 겪는 고통을 없애 주셔야 할 게 아닙니까? 귀여운 내 천사들아, 너희들이 모처럼 여기까지 와 주었는데, 그게 다 불행한 일 때문이라니! 너희들은 나에게 눈물밖에 보여 줄 것이 없단 말이냐? 그럼. 너희들은 나를 사랑하고 있지. 나도 다 알고말고. 이리 와서 슬픔을 털어 놓으렴! 내 마음은 넓어서 무엇이든 받아들일 수 있으니까. 얼마든지 내 심장을 찌르려무나. 산산조각이 나더라도 그 하나

하나가 다 아비의 심장이 될 테니까. 내가 너희들의 괴로움을 다 안고 대신 슬퍼하마. 아아, 너희도 어렸을 때는 참 행복했는데……."

"우리가 즐거웠던 건 그 시절뿐이었어요." 델핀이 말했다. "커다란 창고에 있는 밀가루 부대 더미에서 미끄럼 타고 놀던 시절은 다 어디로 갔는지 몰라."

"아버지! 그것 말고도 또 있어요." 아나스타지가 고리오의 귓가에서 속삭이자 고리오는 가슴이 철렁했다. "다이아몬드는 10만 프랑에 팔리지 않았어요. 막심은 고소를 당했어요. 앞으로 1만2천 프랑만 더 내면 돼요. 막심은 앞으로는 처신을 바로 해서 도박에는 절대 손을 대지 않겠다고 약속했어요. 저한테는 이제 그의 애정밖에 남은 것이 없어요. 그 때문에 이렇게 비싼 대가를 치렀는걸요. 그가 절 버린다면 죽을 수밖에 없어요. 그 사람 때문에 재산도, 명예도, 안식도, 애들까지도 다 희생한 걸요. 아버지, 하다못해 막심이 자유의 몸이 되어 명예를 회복할 수 있게 도와 주세요. 사교계에 머무를 수만 있다면 그 사람은 머지않아 착실하게 지위를 쌓을 거예요. 지금 바람 앞에 놓인 건 제 행복만이 아니에요. 우리 아이들도 빈털터리가 될지 모른다고요. 그가 생트펠라지(부채를 갚지 못한 자가 투옥되는 파리의 교도소)에라도 들어가게 되면 모든 것이 끝장이에요."

"내게는 그만한 돈이 없단다, 나지. 이제 없어, 전혀 없단 말이다. 세상의 종말이 왔구나. 아아, 틀림없이 세상이 무너지고 있어. 달아나거라! 제일 먼저 달아나야 한다! 아 참! 아직 은제 버클과 은식기 여섯 벌이 남아 있지. 내가 태어나 처음으로 산 것이란다. 그것 말고는 1천 2백 프랑의 종신연금뿐이야……."

"그럼 장기 공채는 어떡하셨어요?"

"생활에 필요한 약간의 연금만 남기고 팔았단다. 델핀에게 아파트 방을 마련해 주느라 1만2천 프랑이 필요했거든."

"네 집 말이야, 델핀?" 레스토 부인이 동생에게 물었다.

"그만, 그만. 아무러면 어떠냐!" 하고 고리오 영감이 계속했다. "아무튼 1만2천 프랑은 이미 써 버렸으니 말이다."

"알았어요." 백작부인은 말했다. "라스티냐크 씨 때문이죠. 아아, 가엾은 델핀, 그만두는 게 좋아. 내가 좋은 본보기잖니."

"언니, 라스티냐크 씨는 연인을 파산시킬 사람이 아니야."

"고맙구나. 궁지에 몰려 있는 언니한테 좀더 상냥한 말을 해 줄 줄 알았는데. 그래, 넌 나를 한 번도 사랑한 적이 없었지."

"아니다, 애야, 델핀은 널 사랑하고 있단다!" 고리오 영감은 외쳤다. "아까도 내게 이렇게 말하더구나. 둘이서 네 말을 하고 있었는데, 언니는 정말 미인이지만 자긴 그저 귀엽기만 할 뿐이라고!"

"얘가 귀엽다고요?" 백작부인이 되받아쳤다. "오히려 대리석같이 차가운 미인이죠."

델핀이 얼굴을 붉히면서 말했다.

"설사 그렇다 치더라도, 그러는 언니는 나에게 어떻게 대해 왔어? 나를 동생이라고 인정하지 않고, 내가 가고 싶어하던 집 문들을 모두 닫아 버리게 하지 않았어? 나를 괴롭힐 수만 있다면 아무리 작은 기회도 놓치지 않았잖아! 게다가 언니는 불쌍한 아버지에게 찾아와서 천 프랑씩 잘금잘금 재산을 뜯어내 아버지를 이런 지경까지 몰아넣었지만 난 그러지 않았어. 이게 언니가 해 온 일이라구. 난 될 수 있는 대로 아버지를 찾아뵀었고, 문전박대도 하지 않았어. 돈이 필요할 때만 아버지한테 손 내밀러 오지 않았다구. 아버지가 나를 위해 1만2천 프랑을 쓴 것도 오늘 처음 알았단 말이야. 난 칠칠치 못한 생활은 하지 않았으니까. 그리고 분명히 말해 두지만, 아빠가 내게 주신 선물도 결코 내가 먼저 달라고 한 게 아니야!"

"넌 운이 좋았던 거야. 드 마르세 씨는 부자였으니까. 무슨 말인지 알지? 넌 언제나 돈처럼 천한 여자였으니까. 그만 가겠어. 나에겐 동생도 없고 또 ……."

"그만두지 못해, 나지!" 고리오 영감이 버럭 소리를 질렀다.

"세상 사람들도 이제는 아무도 믿지 않는 말까지 다시 꺼내는 사람은 언니밖에 없을 거야. 언니는 너무해! 어쩜 그렇게 잔인할 수가 있어!" 델핀이 말했다.

"둘 다 그만두지 못하겠니. 내가 너희들 앞에서 콱 죽는 꼴을 봐야겠어?"

"그래, 좋아. 나지, 내가 용서할게." 뉘싱겐 부인이 말을 이었다. "언니는 불행하니까. 난 그래도 언니보다는 인간적이야. 언니를 돕기 위해서라면 어떤 일이든 하려고 했는데 그런 말을 하다니. 언니를 위해서 남편 침실에까지

들어가려고 했다구. 나를 위해서도……누굴 위해서도 그런 짓은 안 해. 그런데 언니는 지난 9년 동안 그랬듯이 여전히 나한테 못되게 굴고 있어."

"애들아, 서로 키스하려무나." 아버지는 말했다. "둘 다 천사 같이 착한 애들 아니냐."

"아니에요, 이거 놔요." 고리오가 팔을 붙들고 끌어당기자 백작부인이 아버지의 손을 뿌리치며 소리 질렀다. "넌 내 남편보다도 인정머리 없는 애야. 저 애가 미덕의 화신이라는 말을 누가 믿겠어!"

"난, 드 마르세 씨한테 돈을 꾸었다는 소문이 나도는 것이, 트라이유 씨 때문에 20만 프랑이나 썼다고 고백하는 것보다는 낫다고 생각해." 뉘싱겐 부인이 대답했다.

"델핀." 백작부인은 동생 쪽으로 한 걸음 다가서면서 소리쳤다.

"언니는 나를 중상하지만, 난 사실을 말하는 거야." 남작부인은 차갑게 맞받아쳤다.

"델핀, 너란 애는……."

고리오 영감이 달려가 백작부인을 막아서며 그녀의 입을 막고 말하지 못하게 했다.

"아니, 아버지! 오늘 아침에 그 손으로 무엇을 만지셨어요?" 아나스타지가 말했다.

"아, 그래, 미안하구나." 불쌍한 아버지는 손을 바지에 문지르면서 말했다. "너희들이 올 줄 몰랐기 때문에 이사 갈 채비를 하고 있었단다."

그는 딸의 노여움이 자기에게 향하게 된 것이 기뻤다.

"아무튼 말이다." 의자에 앉으면서 그는 말을 이었다. "너희들은 내 가슴을 갈기갈기 찢어 버렸어. 죽을 것 같다, 애들아. 머릿속이 불이 붙는 것처럼 타오르는구나. 좀 의좋게 서로 사랑하려무나. 델핀, 나지, 너희들 말은 둘 다 옳기도 하지만 틀리기도 하단다. 데델." 눈물이 그렁그렁한 눈으로 남작부인을 보며 그는 말을 이었다. "언니는 1만2천 프랑이 꼭 필요하니 마련해 주자꾸나. 그렇게 서로 싸우는 게 아니야!" 고리오는 델핀 앞에 무릎을 꿇었다. "나를 위해서라고 생각하고 언니에게 사과하려무나." 그는 그녀의 귀에 대고 속삭였다. "언니가 더 불행하지 않니, 응?"

"가엾은 나지. 내가 잘못했어. 키스해 줄래?" 델핀은 고통으로 일그러진 아버지의 광포한 표정에 소스라치게 놀라 말했다.

"아아, 이제야 마음이 좀 놓이는구나." 고리오 영감이 외쳤다. "그런데 1만2천 프랑을 어디서 마련하지? 병역대리인*¹이나 해 볼까?"

"어머나! 아버지!" 두 딸이 그를 둘러싸고 말했다. "그건 안돼요!"

"그 말씀만으로도 하느님께서 아버지를 돌보아 주실 거예요. 그렇지, 나지?" 델핀이 말했다.

"그리고 아버지, 그것은 단솥에 물붓기예요." 백작부인이 지적했다.

"그렇다면 내 목숨을 팔아도 안 된단 말이냐?" 절망한 노인이 소리쳤다. "너를 구해 주는 사람만 있다면 나는 그 사람에게 모든 것을 바치겠다. 나지, 그 사람을 위해서는 살인이라도 하겠어. 보트랭처럼 교도소에 가도 좋아!"

영감은 갑자기 벼락이라도 맞은 것처럼 입을 다물었다. "아무것도 없구나." 고리오 영감은 머리를 마구 쥐어뜯었다. "도둑질을 하려고 해도 어딜 가야 훔칠 물건이 있는지 알 수가 있어야지. 은행을 털기에는 사람과 시간이 필요하고. 그럼 내가 죽어야지, 죽을 수밖에 없어. 이제 나는 아무 쓸모가 없어. 아버지로서 실격이야. 딸이 다급해서 도움을 청하는데 한심하게도 아무것도 해 줄 수가 없다니! 아아, 종신연금은 왜 설정해가지고! 이 비열한 놈! 딸이 있다는 걸 잊은 게냐! 딸을 사랑하지 않는 거야! 나가서 죽어 버려야 해. 개만도 못한 놈! 그래, 개도 나 같지는 않을 거야. 오오, 머리가 폭발할 것 같구나!"

"아빠, 정신 차리세요!" 두 딸은 그가 벽에 머리를 찧으려는 것을 말리려고 그를 막아섰다.

영감은 흐느껴 울었다. 깜짝 놀란 외젠은 보트랭 앞으로 서명한 어음을 집어 들었다. 거기에는 액면보다 훨씬 고액의 인지(印紙)가 붙어 있었다. 그는 어음의 숫자를 고쳐 고리오 영감을 수취인으로 한 1만2천 프랑의 정식 어음으로 만들어서 옆방으로 갔다.

"여기 부인께서 필요로 하시는 돈이 있습니다." 그는 어음을 내밀면서 말했다. "자고 있었는데 여러분 목소리에 잠이 깼습니다. 그래서 고리오 씨에

---

*1 그 시절에는 얼마간의 금액을 내고 병역을 대신해 줄 사람을 구하면 병역 의무를 면할 수 있었다. 물론 고리오는 나이가 너무 많아 병역대리인이 될 수 없다.

게 빚이 있다는 걸 알았어요. 이 어음을 돈으로 바꿔 쓰세요. 제가 틀림없이 지불할 테니까요."

백작부인은 꼼짝 않고 있다가 그 어음을 받아들었다.

"델핀." 백작부인은 노여움, 미칠 듯한 분노로 몸을 부들부들 떨면서 창백한 얼굴로 말했다. "난 너의 모든 것을 용서했어. 하느님도 아셔. 그런데 이게 뭐야? 이분이 옆방에 계시는 걸 넌 알고 있었지? 넌 나빠! 이분에게 내 비밀, 나와 내 아이들의 생활, 내 치욕과 불명예를 모조리 드러내서 나에게 복수하려고 생각한 거지? 비열한 것! 넌 이제 내 동생이 아냐. 널 증오해. 너에게 내가 할 수 있는 최대의 앙갚음을 해 줄 테야. 난……" 그녀는 너무 화가 난 나머지 말이 목에 걸려 나오지 않았다.

"그게 무슨 말이냐! 이 사람은 내 자식, 내 아들이다. 네 형제고, 너를 구해 준 은인이 아니냐?" 고리오 영감이 소리쳤다. "나지, 이 사람에게 키스해 주어라! 아니지, 내가 해야지!" 그는 열광적으로 외젠을 껴안으면서 말했다. "오오, 내 아들! 나는 자넬 위해서 아버지 이상의 존재가 되겠소. 수호신이 되어서 자네 발밑에 온 우주를 무릎 꿇게 하고 싶구려. 나지, 이 사람에게 키스해 주란 말이야! 이분은 사람이 아니라 천사야! 진짜 천사란 말이야!"

"언니는 내버려두세요. 언니는 지금 제정신이 아니니까." 델핀이 말했다.

"제정신이 아니라고? 그러는 넌 어떤데?" 레스토 부인이 되받아쳤다.

"애들아. 너희들이 계속 다투면 내가 못 살 거다!" 노인은 총에 맞은 사람처럼 침대에 쓰러지면서 소리쳤다. "딸들이 나를 죽이는구나!" 그는 혼잣말을 중얼거렸다.

이 처절한 광경에 압도되어 망연히 서 있는 외젠을 백작부인이 노려보았다.

"라스티냐크 씨."

델핀이 서둘러 아버지의 조끼단추를 풀어 주고 있었지만, 그녀는 그쪽으로는 눈길도 주지 않고 몸짓과 목소리와 눈초리로 따지듯이 그를 불렀다.

"부인, 틀림없이 내가 지불할 것이며 다른 사람에게 말하지도 않을 겁니다." 그는 백작부인의 말을 기다리지 않고 대답했다.

"언니가 아버지를 돌아가시게 했어!" 델핀이 기절한 아버지를 언니에게 가리키면서 말했지만, 그녀는 방을 뛰쳐나가 버렸다.

"나는 저 애를 용서한다." 영감이 눈을 뜨면서 말했다. "저 애는 지금 끔찍한 처지에 놓여 있어. 아무리 똑똑한 사람이라도 머리가 이상해지지 않을 수 없지. 나지를 위로해 줘라. 언니한테 잘하겠다고 죽어 가는 불쌍한 아버지에게 약속해 다오." 그는 델핀의 손을 잡고 부탁했다.

"왜 그러세요?" 그녀는 공포에 떨면서 말했다.

"아무것도 아니다. 곧 나을 거야." 아버지는 대답했다. "뭔가가 이마를 죄는 것 같구나. 편두통이겠지. 불쌍한 나지. 앞으로 어쩌려는지!"

이때 백작부인이 다시 돌아와 아버지 앞에 무릎 꿇으며 외쳤다. "용서하세요!"

"그래, 그래." 고리오 영감이 말했다. "그런 말을 하면 내가 점점 더 힘들어지잖니."

"라스티냐크 씨……" 눈물어린 눈을 들고 백작부인이 라스티냐크에게 말했다. "아까는 너무 슬픈 나머지 무례를 범했어요. 정말 형제가 되어 주시겠어요?" 그녀는 외젠에게 손을 내밀면서 말을 이었다.

"나지!" 델핀이 그녀를 껴안으면서 말했다. "내 사랑하는 언니, 다 잊고 서로 용서하자."

"아냐." 그녀는 말했다. "난 꼭 기억할 거야!"

"내 천사들아." 고리오 영감이 외쳤다. "너희들 덕분에 눈앞을 가리고 있던 뿌연 막이 사라졌어. 너희들 말소리에 기운이 나는구나. 자, 한 번 더 사이좋게 키스하렴. 어떠냐, 나지, 그 어음으로 살았지?"

"아마도요. 근데 아버지, 어음에 이서해 주시겠어요?"

"그렇지 참, 내 정신 좀 봐, 그런 것을 잊고 있다니! 기분이 나빠서 그랬으니 화내지 마라. 일이 잘 끝나면 알려다오. 그럴 것 없이 내가 찾아가마. 아니지, 그건 좀 힘들지. 네 남편과 마주칠 순 없으니까. 만나면 틀림없이 죽여 버릴 거야. 네 재산 문제에 대해선 염려마라, 내가 두 눈 시퍼렇게 뜨고 있는 한 절대 주지 않을 테니까. 자 어서 가거라. 막심에게 처신 잘 하라고 하고."

외젠은 어이가 없어 그저 멍청하니 서 있었다.

"아나스타지는 옛날부터 성미가 좀 괄괄했어요." 뉘싱겐 부인이 말했다.

"그렇지만 마음씨는 착해요."

"이서를 받기 위해서 온 거예요." 외젠은 델핀 귀에 대고 속삭였다.

"그렇게 생각해요?"

"그렇게 생각하고 싶진 않지만, 조심하는 게 좋겠어요." 외젠은 입 밖에 낼 수 없는 여러 가지 생각을 하느님에게 얘기하는 것처럼 허공을 쳐다보면서 대답했다.

"그래요. 언니는 어릴 때부터 연극을 잘했거든요. 아버지는 언제나 언니의 표정에 속아 넘어가죠."

"몸은 좀 어떠세요, 고리오 씨?" 라스티냐크는 노인에게 물었다.

"이상하게 졸리네요." 그는 대답했다.

외젠은 노인이 자리에 눕는 것을 도와주었다. 델핀은 침대 옆에 앉아서 노인의 손을 잡고 잠들 때까지 기다렸다가 방에서 나왔다.

"그럼 오늘 저녁 이탈리아 극장에서 만나요." 그녀는 외젠에게 말했다. "그때 아버지 상태를 전해 주세요. 내일은 이사하시겠군요. 당신 방을 좀 구경해도 될까요? 세상에, 이건 너무 지독하군요!" 외젠의 방에 들어간 델핀은 말했다. "당신은 아버지보다 더한 데서 살고 계셨군요. 외젠, 당신이 하신 일은 훌륭했어요. 전보다 당신이 더 좋아졌어요. 하지만 출세하려면 1만 2천 프랑이나 되는 돈을 그렇게 휴지 버리듯 해서는 안 돼요. 언니는 모른 척 하고 있지만, 트라이유 씨는 도박광이에요. 그러니까 그 1만2천 프랑도, 산더미 같은 금화를 땄다가 잃었다가 하는 그곳에 가서 백작이 직접 만들어 오면 되는 거예요."

신음소리가 들려서 두 사람은 고리오의 방으로 되돌아갔다. 보기에는 자고 있었으나 가까이 가니까 "그 애들은 행복하지 않아!" 하고 중얼거리는 소리가 들렸다. 자고 있든 깨어 있든 그 말투에 너무도 가슴이 메어 딸은 아버지가 누워 있는 초라한 침대로 다가가 이마에 키스를 했다. 노인은 눈을 뜨고 말했다.

"델핀이냐?"

"네, 아버지. 몸은 어떠세요?" 그녀가 물었다.

"많이 좋아졌어. 걱정하지 마라. 곧 일어날 테니까. 어서 가봐라. 부디 행복하렴."

외젠은 델핀을 집까지 데려다 주었다. 그러나 혼자 남겨둔 고리오의 용태가 마음에 걸려 그녀가 함께 저녁을 먹자는 것도 거절하고 보케르 집으로 돌아왔다. 고리오 영감은 일어나서 식탁에 앉으려는 참이었다.

비앙숑은 제면업자의 얼굴이 잘 보이는 자리에 앉았다. 비앙숑은 고리오가 빵을 집어 들고 어떤 밀가루로 만들었는지 알아보기 위해 냄새를 맡는 것을 보고, 그 동작에 행위의 자각이라고 부를 만한 것이 흔적도 없음을 깨달았다. 의학생은 이제 틀렸다는 표정을 지어 보였다.

"내 옆으로 오게나, 코생 병원 인턴 선생." 외젠이 말했다.

비앙숑은 늙은 하숙인을 가까이서 더 잘 보려고 곧 그 자리를 옮겼다.

"영감님은 어떤가?" 라스티냐크가 물었다.

"내가 잘못 본 게 아니라면, 이미 가망이 없네. 영감의 몸에 이상이 생긴 게 틀림없어. 장액성(漿液性)졸중*²이 일어나기 직전으로밖에 보이지 않는군. 보게! 얼굴 아래쪽은 아무렇지 않지만 위쪽은 이마 쪽으로 찌부러지고 있어. 눈은 장액이 터졌을 때 나타나는 독특한 상태를 보이고 있고. 마치 눈에 먼지가 잔뜩 끼여 있는 것처럼 보이지? 내일 아침이면 더 확실하게 알수 있을 거야."

"치료할 방법이 있나?"

"전혀 없어! 반응을 팔다리 쪽으로, 특히 발쪽으로 보낼 방법을 찾으면 죽음을 조금 늦출 수 있겠지. 그렇지만 내일 밤에도 저런 징후가 사라지지 않으면, 불쌍하지만 영감님은 끝장이야. 저 병이 무엇 때문에 생겼는지 자네는 아나? 영감님은 어떤 큰 충격을 받아서 기력이 꺾인 게 틀림없거든!"

"알고 있어." 라스티냐크는 두 딸이 가차 없이 아버지의 심장에 대못을 박은 일을 떠올리면서 말했다.

'적어도 델핀은 아버지를 사랑하고 있어!' 외젠은 생각했다.

그날 밤 이탈리아 극장에서 라스티냐크는 뉘싱겐 부인을 너무 걱정시키지 않으려고 조심했다.

"걱정하지 않으셔도 돼요." 외젠이 한두 마디 꺼내자 그녀가 말했다. "아버진 건강하신 분이에요. 오늘 아침엔 그저 우리가 너무 큰 충격을 드렸기

---

*2 18세기 의학에서는, 졸중에 혈액성과 장액성 두 가지가 있다고 여겼다. 장액성 졸중의 존재가 부정된 것은 1820년 무렵이었다.

때문에 그래요. 우리 재산이 사라질지도 모르는 상황이잖아요. 그것이 얼마나 큰 불행인지 생각해 보셨어요? 예전의 나였다면 정말 죽고 싶을 만큼 고통스러웠을 거예요. 지금 내가 이렇게 태연할 수 있는 건 모두 당신의 사랑 덕분이이에요. 그래서 제가 살아갈 수 있는 거예요. 지금 저에게는 단 한 가지 걱정, 단 한 가지 불행밖에 없어요. 저에게 살아 있다는 기쁨을 맛보게 해준 그 사랑을 잃는 거랍니다. 이 감정 말고는 모든 것이 아무래도 좋아요. 이 세상에서 당신만이 저의 전부예요. 제가 부자라서 기쁜 것도 다 당신 마음에 들고 싶기 때문이에요. 부끄러운 줄 알지만 전 아버지보다 연인이 더 소중해요. 왜 그럴까요? 저도 몰라요. 하지만 제 모든 생명은 당신이 가지고 계세요. 아버지가 제 심장을 만들어 주셨지만, 그것을 고동치게 한 사람은 당신이니까요. 온 세상이 나를 비난해도 난 아무렇지 않아요. 제 힘으로도 어쩔 수 없는 감정 때문에 저지르게 된 죄를 당신이 용서해 주신다면 말이에요. 그리고 당신은 저를 비난할 권리가 없어요. 저를 불효한 딸이라고 생각하세요? 아니에요. 어떻게 우리 아버지처럼 자상한 아버지를 사랑하지 않을 수 있겠어요? 그렇지만 불행한 결혼의 당연한 결과를 아버지가 보지 못하시도록 감출 수는 없어요. 아버지는 어째서 그런 결혼을 말리지 않으셨을까요. 저희 대신 생각해 주는 게 아버지의 본분 아닌가요? 지금 아버지는 저희들만큼이나 괴로워하고 계세요. 저도 알아요. 그렇지만 저희가 무엇을 할 수 있겠어요? 위로해 드려요? 아니, 그럴 순 없어요. 우리가 모든 것을 포기하고 살아간다면, 우리가 비난과 불평으로 아버지를 괴롭히는 것보다 더 큰 고통을 드리게 될 거예요. 인생에는 어떻게 해도 결국 괴로움으로 빠지는 경우가 있어요."

외젠은 진실한 감정에서 우러난 솔직한 표현을 듣고 사랑스러운 생각이 들어 조용히 입을 다물고 있었다. 파리 여자는 보통 겉치레뿐이며, 터무니없이 허영심이 강하고, 제멋대로고, 교태에 능숙하고 냉정하다. 그러나 한번 참사랑에 빠지면 다른 여성들이 따라갈 수 없을 만큼 온갖 감정을 희생하면서 사랑에 모든 것을 바친다. 그녀들의 야비함과 옹졸함은 위대함과 숭고함으로 바뀐다. 또한 외젠은, 여성이 인간의 자연스러운 감정을 파악할 때, 어느 특별한 애정에 사로잡혀 그러한 감정에서 한 걸음 물러나 거리를 두고 바라볼 때에는 참으로 깊이 있고 올바른 지혜를 발휘한다는 사실을 발견하고 감탄했다. 뉘싱겐 부인은 외젠이 침묵을 지키고 있자 기분이 언짢았다.

"뭘 그렇게 생각하세요?" 그녀가 물었다.

"당신이 말한 것을 생각하고 있었습니다. 지금까지는, 당신보다 제가 더 당신을 사랑한다고 생각했어요."

그녀는 빙긋이 웃으며, 대화가 도를 넘지 않도록 기쁜 마음을 억눌렀다. 뉘싱겐 부인은 지금까지 한 번도 젊고 진지한 사랑의 가슴 떨리는 고백을 들어본 적이 없었다. 조금만 더 얘기했다간 자신을 억제할 수 없었을 것이다.

"외젠." 부인은 화제를 바꾸었다. "당신은 지금 어떤 일이 일어나고 있는지 모르고 있군요? 내일 파리의 모든 명사들이 보즈앙 부인 댁에 모일 거예요. 그리고 로슈피드 집안과 아쥐다 후작이 힘을 써서 소문이 나지 않게 막고 있었지만, 내일은 국왕 폐하께서 부부재산계약서에 서명하시는 날이에요. 그런데 딱한 당신의 친척만 아직 아무것도 모르고 있어요. 보즈앙 부인은 이제 와서 무도회를 취소할 수도 없는 처지고, 아쥐다 후작은 내일 무도회에 나타나지 않을 거예요. 모두 이 화제로 야단이에요."

"세상은 그런 파렴치한 행위를 우스갯거리로 삼고, 게다가 부채질까지 하는군요. 그 일 때문에 보즈앙 부인이 목숨을 버릴지도 모르는데."

"그렇지 않아요." 델핀은 웃으면서 말했다. "당신은 그런 종류의 여성을 아직 모르시는군요. 아무튼 파리에 있는 모든 명사들이 그분 집으로 모일 것이고, 저도 그중 하나예요. 이런 행복은 다 당신 덕분이에요."

"그런데 그것도 파리에 늘 떠도는 밑도 끝도 없는 헛소문이 아닐까요?" 라스티냐크가 말했다.

"내일이면 진실을 알게 되겠지요."

외젠은 보케르 집에 돌아가지 않았다. 자기의 새 아파트 방을 쓰는 즐거움을 물리칠 수가 없었던 것이다. 전날은 외젠이 새벽 1시에 델핀 집에서 나와야 했지만, 이날은 델핀이 2시 무렵 자기 집에 돌아가기 위해서 그의 곁을 떠나야 했다. 이튿날 그는 꽤 늦게까지 자면서 뉘싱겐 부인이 점심을 먹으러 오기를 기다렸다. 자고로 젊은이는 그런 행복에 금방 빠져들기 마련이라, 외젠은 고리오 영감 일은 거의 잊고 있었다. 자기 것이 된 우아한 물건들 하나하나에 익숙해지는 것이 그에게는 하나의 축제였던 것이다. 뉘싱겐 부인이 거기 있으므로 모든 것에 새로운 가치를 부여했다. 4시 무렵이 되어서야 연인들은 마침내 고리오 영감을 떠올리고, 노인이 이 집으로 이사 오기를 얼마나 기대했는지도 기억해 냈다. 외젠은 영감이 병석에 눕게 된다면 당장이라도 그를 이곳으로 옮겨 와야 한다고 말하며 보케르 집에 달려가기 위해 델핀과 헤어졌다. 고리오 영감도 비앙송도 식탁에 앉아 있지 않았다.

"이보게!" 화가가 그에게 말했다. "고리오 영감이 몸져누워 버렸어. 비앙송이 위에서 간호하고 있네. 딸이 영감을 만나러 왔어. 레스토라마 <sub>(라마를 붙인 말장난)</sub> 백작부인 말이야. 그래서 무리하게 외출하려다가 상태가 갑자기 나빠졌어. 사회는 머지않아 가장 뛰어난 명물 하나를 잃게 될 거야."

라스티냐크는 계단으로 달려갔다.

"잠깐! 외젠 씨!"

"외젠 씨! 주인아주머니가 부르세요." 실비가 소리쳤다.

"외젠 씨." 미망인이 말했다. "고리오 씨와 당신은 2월 15일에 이사 가기로 했지요? 한데 오늘이 18일이니 약속한 날로부터 벌써 사흘이 지났어요. 당신도 고리오 씨도 한 달치 하숙비를 내셔야겠어요. 만일 당신이 고리오 씨 하숙비를 보증해 주신다면 구두 약속으로도 충분합니다만."

"왜죠? 영감님을 신용하지 않나요?"

"신용이라고요? 영감이 이대로 의식을 잃고 죽는다면 딸들은 한 푼도 내놓지 않을 거예요. 그 사람이 입던 헌옷들은 모두 팔아야 10프랑도 안 될 거고. 이유는 모르지만, 그 양반은 오늘 아침에 마지막 남은 식기까지 가지고 나갔어요. 젊게 차려입고 말이에요. 이상하게 들리겠지만 확실히 입술연지까지 바르고 있었어요. 아주 젊게 보이던 걸요."

"제가 전부 보증하겠습니다." 외젠은 파국을 예상하면서 두려움에 떨었다.

그는 고리오 영감 방으로 올라갔다. 노인은 침대에 누워 있고, 비앙송이 그 옆에 있었다.

"안녕하세요, 영감님." 외젠이 말했다.

영감은 부드러운 웃음을 띠고 퀭한 눈으로 그를 보며 물었다. "그 애는 잘 있소?"

"아주 잘 있어요. 영감님은 좀 어떠세요?"

"괜찮아요."

"영감님을 피곤하게 하지 말게!" 비앙송이 외젠을 방구석으로 데리고 가서 말했다.

"상태는 어떤가?" 라스티냐크가 물었다.

"기적이라도 일어나지 않으면 희망이 없어. 대뇌장액의 울혈이 일어났어. 겨자즙으로 찜질을 하고 있네. 다행히 환자가 그것을 느끼고 있어서 차도가 있네."

"영감님을 옮겨도 될까?"

"무리야. 가만히 뉘어 놓고, 모든 운동과 감정 자극을 피해야 해!"

"그럼, 비앙숑, 우리 둘이서 간병해 드리세." 외젠이 말했다.

"우리 병원 주임선생님이 이미 다녀가셨어."

"뭐라고 하셨나?"

"내일이 돼야 확실한 진단을 내릴 수 있다 하셨네. 오후근무가 끝나면 또 와주시기로 했어. 운이 나쁘게도, 이 고집불통 영감은 오늘 아침에 또 무리한 일을 하고서는 그 이유를 말해 주지 않아. 당나귀처럼 아주 완고하다니까. 내가 무엇을 물으면 안 들리는 척하고, 대답도 없이 자는 척해. 그리고 눈을 뜨면 뭐라고 중얼중얼한단 말이야. 아침에 그는 외출을 했어. 어딜 다녀왔는지는 모르겠지만 걸어서 갔었어. 자기가 가지고 있는 물건 가운데 돈이 될 만한 것은 모두 가지고 나가서 팔고 온 모양인데, 그런 일을 할 만한 몸 상태가 아니란 말이야. 딸이 하나 왔었어."

"백작부인 말인가? 키가 크고 머리는 흑갈색, 눈이 크고 또랑또랑하지? 그리고 자그마한 발에 몸매가 날씬한 부인이었지?" 외젠이 말했다.

"응."

"잠깐 영감님과 단둘이 있게 해 주게. 이야기를 들어 보지. 나한테는 솔직하게 다 말할 거야." 라스티냐크가 말했다.

"그동안 난 식사를 하고 오지. 다만 너무 흥분하지 않게 조심하게. 아직은 희망이 조금 있어."

"염려 말아."

"내일은 딸애들도 즐겁겠구먼." 두 사람만 남자 고리오 영감은 외젠에게 말했다. "큰 무도회에 갈 테니까."

"도대체 오늘 아침 무얼 하셨습니까? 이렇게 자리보전할 만큼 갑자기 상태가 나빠지다니."

"별 것 아니오."

"아나스타지가 왔었지요?" 라스티냐크가 물었다.

"그래요." 고리오 영감은 대답했다.

"그럼 저한테는 숨기지 말고 말씀해 주세요. 그 사람이 영감님한테서 또 무엇을 부탁했습니까?"

"그 애는 정말 불행해요." 영감은 말하려고 기력을 짜내면서 대답했다. "나지는 그 다이아몬드 사건 뒤로 빈털터리가 되고 말았소. 딸애는 오늘 밤 무도회를 위해 마치 보석처럼 그 애에게 꼭 맞는 금빛 드레스를 주문해 두었소. 그런데 지독한 양장점 여편네가 외상은 안 된다고 하더라지 뭐요. 그래서 심부름하는 애가 선금으로 천 프랑을 꿔줬대요. 불쌍하게도 나지가 그런 꼴을 당하다니! 그 얘기를 듣고 나는 가슴이 찢어질 것 같았소. 그런데 그 심부름하는 놈이, 레스토가 나지를 조금도 신용하지 않는 걸 보고는 자기 돈을 돌려받지 못할까봐 걱정이 돼서 재봉사하고 짜고는, 천 프랑을 내지 않으면 드레스를 줄 수 없다고 나왔다는군. 무도회는 내일이고 드레스도 다 됐는데 어쩌우. 다급해진 나지는 전당포에 맡기게 내 은식기를 빌려달라고 하더군. 그 애 남편은, 나지가 팔았다고 소문이 난 다이아몬드를 온 파리 사람들에게 보이기 위해 무슨 일이 있어도 이번 무도회에 가야 한다고 했대요. 이런 상황에서 어떻게 나지가 그 인간 같지도 않은 놈에게 '빚이 천 프랑 있으니 지불해 주세요' 하고 말할 수 있겠소? 도저히 못해요. 난 알아요. 동생인 델핀은 근사한 옷을 입고 무도회에 올 텐데 아나스타지가 동생보다 초라한 옷을 입고 나갈 수는 없지 않습니까? 불쌍한 것, 울어서 눈이 퉁퉁 부어 있었어요. 어제는 1만2천 프랑을 마련해 주지 못한 게 너무 미안해서 대신 이 볼품없는 목숨이라도 내놓고 싶은 심정이었어요. 아시겠어요? 나는 어떠한 일이라도 참을 수 있는 힘이 있건만, 정작 필요할 때 돈이 없으니 심장이 터질 것만 같더이다. 그래서 이번에는 기운을 차리고 몸치장을 했어요. 은식기와 버클을 6백 프랑에 팔고, 곱세크 영감에게 일시불로 4백 프랑을 빌리기 위해서, 앞으로 1년간의 내 종신연금 증서를 담보로 넣었단 말씀이야. 나는 빵만 먹어도 살 수 있으니까 괜찮아요. 젊었을 땐 그걸로 충분했으니까 지금도 문제없어요. 이걸로 나지가 무도회를 즐겁게 보낼 수 있으니까요. 참 예쁘게 꾸미고 갈 거예요. 내 이 베개 밑에 천 프랑짜리 지폐가 있는

데 말이오. 나지를 기쁘게 해 줄 것이 내 머리 밑에 있다고 생각하니 이렇게 흐뭇할 수가 없어요. 나지는 괘씸한 빅투아르를 내쫓을 수도 있단 말이야. 주인을 믿지 않는 종을 본 적이 있소? 내일이면 나도 기운이 날 거요. 나지가 10시에 오기로 했거든요. 딸애들에게 아픈 모습을 보여 줄 수는 없지. 내가 아픈 걸 알면 딸애들은 무도회에도 가지 않고 날 간병할 게 틀림없으니까요. 내일 나지는 자기 자식에게 키스하는 것처럼 내게 키스해 주겠지. 그 애의 애무를 받으면 내 병은 순식간에 나을 거요. 게다가 약을 사면 천 프랑쯤은 아무렇지 않게 드니까. 그러느니 나는 그 천 프랑을 내 만병통치약인 나지에게 주는 게 훨씬 낫소. 비참한 환경에 있는 그 애를 조금은 다독여 줄 수도 있고. 종신연금을 설정했던 내 죄도 보상할 수 있지요. 나지가 벼랑 밑으로 떨어졌는데, 나는 그 애를 끌어올릴 힘이 없소. 아니야! 다시 장사를 시작해야겠소. 오데사에 가서 밀가루를 사오는 거야. 거기서는 밀이 여기보다 세 배는 싸게 팔리거든요. 곡물의 현물 수입은 금지돼 있지만, 법률을 만든 훌륭한 사람들도 밀을 원료로 하는 가공품을 금지하는 것까지는 생각이 미치지 못하는가 봐요. 하하하, 나는 오늘 아침에 그걸 깨달았다오. 녹말 장사를 하면 굉장한 이문이 남을 거요."

'머리가 좀 이상해졌군.' 노인을 바라다보면서 외젠은 생각했다. "자, 자, 진정하세요. 말씀도 그만 하시고……."

그때 비앙숑이 올라왔으므로 외젠은 식사를 하러 내려갔다. 그러고 나서 둘은 번갈아가며 밤을 새웠다. 비앙숑은 의학 서적을 읽고, 외젠은 어머니와 여동생들에게 편지를 쓰면서. 이튿날 환자에게 나타난 징후를 보고 비앙숑은 희망이 있다고 말했다. 그러나 환자에게는 여전히 간병인이 계속 붙어 있어야 했고, 그 일을 할 수 있는 사람은 그 두 학생뿐이었다. 그러한 간호 모습을 묘사하려면 현대풍의 품위 있는 표현으로는 불가능하다. 영감의 쇠약해진 몸에 거머리를 붙여 나쁜 피를 뽑고, 찜질을 하고, 뜨거운 물에 발을 담그는 등 온갖 요법을 썼는데, 두 청년의 기운과 헌신 없이는 도저히 할 수 없는 일이었다. 레스토 부인은 오지 않았다. 그녀는 돈을 받아오라고 심부름꾼을 보내왔다.

"나지가 직접 가지러 올 줄 알았는데 말이야. 하지만 이것도 나쁘지는 않아. 그 애가 왔으면 걱정을 했을 테니까." 고리오 영감은 딸이 오지 않아 다행이라는 듯이 말했다.

저녁 7시에 테레즈가 델핀의 편지를 가지고 왔다.

'도대체 뭘 하고 계시는 거예요? 사랑을 받았다고 느끼자마자 벌써 저에게 관심이 없어지셨나요? 서로 마음과 마음을 터놓고 얘기하면서 당신이 보여 주신 아름다운 영혼은 언제나 진실하고 한 점 그림자도 없다고 믿었는데. 〈이집트의 모세〉(로시니의 오페라)에 나오는 기도를 들으면서 당신이 말씀하셨잖아요. '어떤 사람에게는 똑같은 하나의 음으로밖에 들리지 않아도, 마음의 귀가 있는 사람에게는 무한한 음악'이라고요. 오늘 저녁 보즈앙 부인의 무도회에 가기 위해 제가 당신이 오시기를 기다리고 있다는 점을 잊지 마세요. 아쥐다 씨의 부부재산계약서는 드디어 오늘 아침 궁전에서 서명이 끝났고, 불쌍한 자작부인은 오후 2시가 되어서야 겨우 그 사실을 알았대요. 사형집행이 있을 때 사람들이 그레브 광장에 잔뜩 모여들듯이, 파리의 모든 신사숙녀가 부인 집으로 몰려들 거예요. 그분이 고통을 감출 수 있는지, 사형집행이 성공하는지 일부러 보러 간다니 너무 끔찍하지 않아요? 저는 이번이 첫 방문만 아니라면 당연히 가지 않을 거예요. 하지만 오늘밤 가지 않으면 그분은 앞으로 다시는 저를 초대하지 않으실 테고, 그렇게 되면 지금까지의 제 노력은 모두 물거품이 되는 걸요. 제 입장은 다른 분의 입장과는 달라요. 게다가 제가 그곳에 가는 건 당신을 위한 일이기도 하답니다. 두 시간 지나도 오시지 않으시면 용서해 드릴 수 있을지 없을지, 저도 보증할 수가 없답니다.'

라스티냐크는 펜을 들어 답장했다.

춘부장께서 회복되실 가망이 있는지 어떤지를 알기 위해서 의사를 기다리고 있는 중입니다. 춘부장께선 빈사 상태십니다. 의사의 진단을 듣고 나서 갈 생각입니다만, 그것이 죽음의 선고가 아니길 바라고 있습니다. 당신이 무도회에 갈 수 있을지 어떨지는 그때 알게 되겠지요.

애정을 담아서

의사는 8시 반에 왔다. 낙관적인 말은 하지 않았지만 죽음이 바로 눈앞에

와 있다고도 판단하지 않았다. 의사는 환자 상태가 좋아지기도 했다가 나빠지기도 할 것이라고 하면서, 노인의 생명과 의식은 그 경과에 달려 있다고 말했다.

"차라리 빨리 숨이 끊어지는 게 나을 겁니다." 의사의 마지막 말이었다.

외젠은 고리오 영감의 간병을 비앙숑에게 맡기고 뉘싱겐 부인에게 슬픈 소식을 전하러 갔다. 아직 골육의 정에 젖어 있는 그에게는 모든 즐거움을 중단해야 할 비보였다.

"걱정 말고 마음껏 즐기라고 전해 주게." 잠이 든 줄 알았던 고리오 영감이 라스티냐크가 방을 나가려 하자 침대에서 몸을 일으키면서 외쳤다.

청년이 비통한 표정으로 델핀 앞에 나타났다. 그녀는 이미 머리손질을 마치고, 구두도 신고, 나머지는 무도회 드레스만 입으면 나갈 수 있게끔 준비가 다 되어 있었다. 그러나 화가들이 그림의 끝손질을 위해 마지막 붓질을 하는 것과 마찬가지로, 화장의 끝손질은 화면의 바탕칠 이상으로 많은 시간을 요구했다.

"어머나, 당신은 아직도 옷을 갈아입지 않으셨잖아요." 델핀이 말했다.

"그러나 당신 아버님께서……"

"또 아버지 얘기예요?" 델핀은 그의 말을 가로막으며 소리쳤다. "당신이 가르쳐 주지 않아도 아버지 은혜는 잘 알고 있어요. 아버지에 대해선 옛날부터 잘 알고 있단 말이에요. 아무 말씀도 말아 주세요, 외젠. 당신이 몸치장을 마치기 전까진 한 마디도 듣지 않겠어요. 테레즈가 당신 방에 모든 것을 준비해 놓았어요. 제 마차가 준비돼 있으니까 그걸 쓰세요. 곧 돌아오셔야 해요. 아버지 얘기는 무도회에 가면서 해요. 서둘러 떠나야 한단 말이에요. 길이 밀리면 11시나 돼야 도착할 거예요."

"델핀!"

"자, 어서 가세요." 그녀는 목걸이를 하러 화장실로 가면서 말했다.

"다녀오세요, 외젠 씨. 마님께서 화를 내실 거예요." 테레즈가 청년을 밀어내면서 말했다. 그는 아버지를 죽게 내버려 두는 이 우아한 여인의 잔인함에 소름이 끼쳤다.

외젠은 더 없이 외롭고 쓸쓸하고 우울한 생각에 잠겨 옷을 갈아입으러 갔다. 그의 눈에는 세상이 한 발만 담그면 목덜미까지 잠겨 버리는 진흙바다로 보였다.

"졸렬한 범죄만이 판을 치는구나!" 그는 중얼거렸다. "그에 비하면 보트랭이 훨씬 낫다."

외젠은 '복종'과 '투쟁'과 '반항'이라는, 사회를 표현하는 세 가지 요소를 보았다. 곧, '가족'과 '세상'과 '보트랭'이다. 그러나 그는 무엇을 선택할지 아직 결정하지 못했다. '복종'은 따분하고, '반항'은 불가능하며, '투쟁'은 불안정하다. 그의 사고는 자연스럽게 가족에게로 되돌아갔다. 조용한 생활의 투명한 감동을 떠올리고, 자기를 사랑하는 사람들에게 둘러싸여 지냈던 나날을 떠올렸다. 그 그리운 사람들은 가정의 자연스런 법칙에 순응하며 충실하고 단절되지 않고, 아무런 고민 없는 행복을 찾아냈다.

그러나 그런 갸륵한 생각을 가지고 있으면서도, 델핀에게 순결한 영혼의 신념을 토로하고 '사랑'의 이름으로 '미덕'을 명령할 용기가 도저히 생겨나지 않았다. 막 시작된 그의 교육이 이미 열매를 맺고 있었던 것이다. 그는 벌써 이기적인 사랑을 하고 있었다. 머리 좋은 그는 델핀의 본마음을 알아차리고 있었다. 무도회에 가기 위해서라면 아버지의 시체라도 짓밟을 수 있는 여자라는 것을 예감했지만, 그에게는 설교할 힘도, 부인의 기분을 언짢게 할 용기도, 헤어질 만큼의 도덕도 없었다.

'이럴 때 설교하면 그녀는 절대로 나를 용서하지 않을 것이다.' 그는 중얼거렸다.

그리고 의사의 말에 여러 주석을 붙여, 고리오 영감의 상태가 생각만큼 위독하지는 않다고 자신에게 변명하려 했다. 요컨대 그는 델핀을 정당화하기 위해서 살인자의 변명을 거듭 쌓아올렸다. 그녀는 아버지의 상태가 어떤지 모르고 있다. 영감님도, 그녀가 문병이라도 가면 억지로라도 무도회에 보낼 것이다. 사회의 법도는 획일적이라서 무엇이든 사정없이 단죄하지만, 부모 자식 관계는 성격의 차이, 이해(利害)의 다양성 등 갖가지 상황에 따라 수없이 많은 사정이 있으며, 아무리 뚜렷한 죄도 용서받을 때가 있다. 외젠은 자기가 잘못 판단한 것이길 바라며, 연인을 위해서라면 자기 양심도 희생할 수 있다고 생각했다.

이틀 전부터 그의 생활은 완전히 바뀌어 버렸다. 여자가 그의 세계에 혼란을 일으켜서 가족의 그림자를 희미하게 지우고 자기를 위해 모든 것을 빼앗아 버린 것이다. 라스티냐크와 델핀은 서로가 상대로부터 가장 강렬한 쾌락을 맛보기 안성맞춤인 조건에서 만났다. 충분히 무르익은 그들의 정열은, 보통 정열을 잡아먹기 마련인 쾌락에 의해서 도리어 격렬하게 타올랐다. 이 여자를 소유한 뒤에야 외젠은, 자기가 그때까지는 그녀를 욕망의 대상으로만 바랐다는 사실을 깨달았다. 행복을 맛본 다음날에야 비로소 그녀를 사랑하기 시작한 것이다. 애정이란 어쩌면 쾌락에 대한 감사의 마음일지도 모른다. 이 여자가 천박하든 고상하든, 그는 자기가 지참금처럼 그녀에게 제공한 관능의 희열, 그리고 자기가 그녀로부터 받은 모든 쾌락 때문에 그녀를 사랑했다. 마찬가지로 델핀도, 탄탈로스*³가 자신의 굶주림과 목마름을 채워 줄 천사를 사랑하는 마음으로 라스티냐크를 사랑했다.

"아버지 병세는 어떤가요?" 그가 무도회 옷을 차려입고 돌아오자 뉘싱겐 부인이 물었다.

"매우 나쁩니다." 그는 대답했다. "저에 대한 사랑의 증거를 보여 주시려거든 지금 당장 서둘러 아버지에게 가십시다."

"좋아요. 무도회가 끝난 뒤에요." 그녀는 말했다. "외젠 씨, 제발 설교는 하지 말아 주세요. 자, 어서 가요."

두 사람은 집을 나섰다. 외젠은 내내 침묵을 지키고 있었다.

"도대체 왜 그러세요?" 그녀가 물었다.

"당신 아버님의 괴로운 신음소리가 들리는 것 같습니다." 그는 화난 투로 대답했다. 그리고 라스티냐크는 청년다운 열렬한 웅변을 토하며, 허영심에 찬 레스토 부인이 얼마나 잔인무도하게 나왔는지, 아버지의 마지막 헌신이 병을 얼마나 치명적으로 악화시켰는지, 즉 아나스타지의 금실 드레스가 얼마나 비싼 값을 치렀는지를 자세히 들려주었다. 델핀은 울고 있었다.

'이러면 화장이 망가지는데.' 이렇게 생각하자 눈물이 멈췄다. "제가 가서 간호해 드리겠어요. 머리맡에 계속 붙어 있겠어요." 델핀이 말했다.

"아아, 그것이 바로 내가 기대했던 모습이오." 라스티냐크가 소리쳤다.

5백 대쯤 되는 마차의 등불이 보즈앙 저택 주위를 환히 비추고 있었다. 환하게 불이 켜진 대문 양쪽에는 화려한 차림의 기마 경관이 서 있었다. 상류

---

*3 그리스 신화. 신들의 음식을 훔쳐 인간에게 준 죄로 지옥에 떨어졌다. 잘 익은 과일 나무 아래 있지만, 나무에 절대로 손이 닿지 않아 영원히 배고픔과 목마름에 고통 받는다.

사회의 저명인사가 줄을 지어 들어갔다. 다들 상심에 빠진 이 고귀한 귀부인을 보려고 앞 다투어 갔으므로, 뉘싱겐 부인과 라스티냐크가 도착했을 때는 저택 1층에 있는 넓은 홀이 이미 만원이었다. 루이 14세 때문에 사랑하는 연인과 헤어져야 했던 왕녀*4를 보기 위해 온 궁정 사람들이 몰려들었던 이래, 보즈앙 부인의 경우만큼 사랑의 파국이 화려했던 적은 일찍이 없었다.

거의 왕가에 필적하는 부르고뉴 집안의 마지막 딸은 자기의 불행을 훌륭하게 이겨냈다. 애당초 그녀에게 사교계의 허영은 자신의 사랑을 승리로 이끌기 위한 소도구에 지나지 않았으며, 보즈앙 부인은 그 사교계에서 마지막 순간까지 군림했다.

파리에서도 손꼽히는 미인들의 의상과 미소가 살롱을 가득 채우고 있었다. 궁정에서 가장 높은 자리에 있는 귀족들, 대사, 대신, 각 분야의 명사들이 십자훈장과 대훈장을 비롯한 색색의 훈장을 달고 자작부인을 둘러싸고 있었다. 궁전의 금빛 천장 아래 관현악단이 연주하는 아름다운 선율이 울려 퍼지고 있었지만 주인인 여왕에게 이 저택은 사막에 지나지 않았다. 보즈앙 부인은 그녀의 친구라고 자칭하는 손님들을 맞이하기 위해 첫 번째 응접실에 서 있었다. 흰 옷을 입고 단정하게 땋아 올린 머리에는 아무런 장식도 꽂지 않았으며, 괴로움도 거만함도, 거짓 기쁨도 드러나지 않은 그녀의 얼굴은 차분해 보였다. 누구도 부인의 속마음을 읽어낼 수가 없었다. 그 모습은 마치 대리석으로 된 니오베상(像)*5과 같았다. 가까운 친구들에게 보이는 그녀의 미소에 조소의 빛이 떠오를 때도 있었다. 그러나 누구의 눈에도 부인은 평소와 다름없이 행복의 빛으로 둘러싸여 있었으므로, 가장 무감각한 사람들까지도 로마의 젊은 처녀들이 웃으면서 죽어간 투사들에게 갈채를 보냈던 것처럼 자작부인에게 감탄했다. 온 사교계가 그 여왕의 한 사람에게 이별을 고하기 위해서 한껏 몸치장을 하고 모인 느낌이었다.

"안 오시는 줄 알고 걱정했어요." 그녀는 라스티냐크에게 말했다.

"아닙니다." 그는 그 말을 나무라는 뜻으로 알아듣고 떨리는 소리로 말했

---

*4 루이 14세는 1612년 12월 사촌 몽팡시에 양과 로장 백작의 결혼을 허락했으나 사흘 뒤 갑자기 뒤집고 로장 백작을 투옥했다.

*5 그리스 신화에 나오는 여성. 자식들이 아폴로와 아르테미스의 손에 죽자, 그 슬픔과 분노로 돌이 되었다.

다. "끝까지 남아 있으려고 왔습니다."

"기쁘군요." 부인은 그의 손을 잡으면서 말했다. "여기 있는 사람들 가운데 내가 믿을 수 있는 분은 아마도 오직 당신뿐일 거예요. 여자를 사랑하려면 당신이 언제까지나 사랑할 수 있는 사람을 고르세요. 결코 버리거나 하지 말고."

그녀는 라스티냐크의 팔을 붙들고 여러 사람이 카드놀이를 하고 있는 방의 긴의자로 데리고 갔다.

"아쥐다 후작한테 다녀와 주시겠어요?" 그녀는 말했다. "하인 자크가 안내해 드릴 테니 가서 그분에게 편지를 전해 주세요. 내 편지들을 돌려달라는 내용이에요. 그 사람은 아마 전부 돌려 줄 거예요. 편지 묶음을 받으시면 내 방으로 올라가 계세요. 그러면 내게 알려 달라고 말해 놓았으니까."

때마침 그녀의 친구인 랑제 공작부인이 와서 그녀는 일어나 부인을 맞으러 갔다. 라스티냐크는 보즈앙 저택에서 나와 아쥐다 후작이 저녁 시간을 보내고 있을 로슈피드 댁으로 가서 후작에게 면회를 청했다. 짐작대로 후작은 거기 있었다. 후작은 외젠을 자기 집으로 데리고 가서 학생에게 작은 상자를 하나 내주며 말했다. "이 속에 전부 들어 있소." 후작은 무도회의 광경과 자작부인의 상태를 묻고 싶었는지도 모르고, 나중에 실제로 그렇게 되었듯이[*6] 이미 이 결혼에 절망하고 있다는 말을 꺼내고 싶었는지도 모른다. 그러나 순간 자존심이 되살아난 듯 눈을 빛내며, 자신의 가장 고귀한 감정을 비밀로 지킨다는, 가슴 아픈 용기를 발휘했다.

"그분에게는 나에 대해 아무 말도 하지 말아 주시오, 외젠 씨."

후작은 차분하면서도 우수에 찬 동작으로 라스티냐크의 손을 꽉 쥐며 돌아가라는 신호를 했다. 외젠은 보즈앙 저택으로 되돌아와 자작부인 방으로 갔다. 그곳에는 이미 여행 짐이 꾸려져 있었다. 그는 난로 곁에 앉아 삼목으로 짠 작은 상자를 들여다보며 깊은 우수에 잠겼다. 이윽고 보즈앙 부인이 나타났다. 그녀는 《일리아드》에 나오는 여신처럼 당당해 보였다.

"아, 오셨군요." 자작부인은 라스티냐크의 어깨에 손을 얹으며 말했다.

---

*6 발자크는 아쥐다 팬토 후작이 로슈피드 양과 결혼하여 어떻게 살았는지를 그리진 않았다. 다만 1833년에 아내를 잃은 뒤 1840년에 조세핀 드 그랑뤼 양과 재혼한 내용이 《화류계 여인의 영화와 몰락》에 나온다.

그는 친척인 이 여인이, 눈물이 가득한 눈으로 허공을 바라보며 한 손을 떨면서 내미는 것을 보았다. 그녀는 느닷없이 작은 상자를 들어 불 속으로 던지고는 타오르는 불길을 지켜보았다.

"모두 춤추고 있어요! 저분들은 모두 제 시간에 어김없이 와주셨는데, 죽음은 좀처럼 와주지 않는군요. 쉬이! 조용히." 뭔가 말하려는 라스티냐크의 입에 손가락을 갖다 대면서 부인이 말했다. "나는 두 번 다시 파리에도, 사교계에도 나오지 않을 작정이에요. 아침 5시에 노르망디의 시골로 몸을 묻기 위해 떠날 거예요.[*7] 오늘 오후 3시부터 떠날 준비를 하고 여러 가지 증서에 서명을 하며 사무를 정리하느라 정신없이 바빴답니다. 아무도 심부름을 보낼 수 없었어요. 그 댁에……" 부인은 말을 더듬었다. "틀림없이 그 곳에 계시겠지만……"

그녀는 슬픔을 이기지 못하고 또다시 말을 삼켰다. 이런 때는 모든 것이 괴로워서 어떤 종류의 말은 입에 담을 수조차 없다. 그녀가 다시 말을 이었다. "이 마지막 일을 도와 줄 사람으로 당신을 생각하고 있었어요. 당신에게 내 우정의 표시로 무언가를 드리고 싶어요. 당신은 마음씨 착하고 고상하며 젊고 순진한 분이라고 생각해요. 사교계에서 그런 장점을 가진 사람은 아주 드물지요. 틀림없이 나는 때때로 당신을 생각하게 될 거예요. 당신도 이따금 나를 떠올려 주면 기쁘겠어요. 그렇지!" 그녀는 주위를 둘러보면서 말했다.

"이건 내가 장갑을 넣어두던 상자예요. 무도회나 극장에 가기 전에 이 상자에서 장갑을 꺼낼 때마다 나 자신을 아름답다고 느끼곤 했답니다. 행복했기 때문이에요. 이 상자를 만질 때마다 나는 이 속에 무언가 즐거운 추억을 남겨 두었답니다. 따라서 이 속에는 무척 많은 내가 들어 있어요. 지금은 사라진 또 하나의 보즈앙 부인이 고스란히 들어가 있는 거지요. 받아 주시겠지요? 아르투아 거리의 당신 댁으로 보낼게요. 뉘싱겐 부인은 오늘 밤 매우 아름다웠어요. 잘 사랑해 주세요. 우리가 다시 만나는 일은 없다 하더라도

---

[*7] 발자크의 다른 작품 《버려진 여자》에 그 뒤의 보즈앙 부인의 생활이 그려져 있다. 노르망디의 시골 쿠르셀에 은거하며 다시는 사랑을 하지 않겠다고 맹세했지만, 가스통 드 뉘에유 남작의 열렬한 구애를 받고 그의 연인이 되어 9년 동안 행복하게 보낸다. 그러나 뉘에유 남작이 어머니의 충고에 따라 로디엘 양과 결혼하자, 보즈앙 부인은 두 번 다시 남작과 만나기를 거부하고, 절망한 남작은 자살한다. 《버려진 여자》는 줄거리로 보면 보즈앙 부인의 후일담이지만, 집필 순서는 《고리오 영감》보다 이르며, 1832년에 발표되었다.

친절하게 대해 준 당신을 위해 멀리서나마 기도드릴게요. 그럼 아래로 내려가요. 울고 있다고 오해받고 싶지 않아요. 앞으로는 줄곧 혼자 있을 생각이니까 아무도 내 눈물의 이유를 캐낼 수 없을 거예요. 이 방과도 이제 안녕이군요."

그녀는 얼마 동안 가만히 서 있었다. 그리고 잠깐 손으로 두 눈을 가리고 눈물을 닦은 뒤 찬물에 눈을 씻고 학생의 팔을 잡았다.

"가요!" 부인은 말했다.

라스티냐크는 그처럼 고상하게 억제된 고뇌를 접하고 지금까지 맛본 적 없는 강렬한 감동을 받았다. 무도회로 돌아온 외젠은 보즈앙 부인과 회장을 한 바퀴 돌았다. 그것은 이 아름답고도 고상한 여성이 마지막으로 베풀어 준 상냥한 배려였다. 얼마 안 있어 외젠은 레스토 부인과 뉘싱겐 부인을 발견했다. 다이아몬드를 있는 대로 휘감은 백작부인의 모습은 매우 화려했다. 그러나 그 다이아몬드를 몸에 다는 것도 이것이 마지막이라고 생각하면, 그녀에게는 그 하나하나가 타는 듯이 뜨거웠을 게 틀림없었다. 레스토 부인의 자존심과 애정이 아무리 강렬하다 하더라도 남편의 시선만은 감당할 수가 없었다. 그런 광경은 라스티냐크의 근심을 덜어주지 못했다. 두 자매의 다이아몬드 밑으로 고리오 영감이 누워 있는 초라한 침대가 눈에 떠올랐다. 그의 우울한 모습을 보고 오해한 보즈앙 자작부인은 외젠의 팔을 뿌리치며 말했다.

"자, 가 보세요! 나는 당신의 즐거움을 방해하고 싶진 않으니까요."

외젠은 곧 델핀에게 붙들리고 말았다. 그녀는 자기가 사람들에게 미친 영향력이 기뻐서 어쩔 줄을 몰랐으며, 이 모임에는 전부터 줄곧 끼고 싶었던 만큼 사교계 사람들로부터 받은 예찬을 학생에게 바치고 싶어 좀이 쑤시던 참이었다.

"나지를 어떻게 생각해요?" 그녀가 물었다.

"저분은 아버지의 죽음까지 어음으로 할인해 버렸어요." 라스티냐크는 말했다.

새벽 4시 무렵이 되자, 홀에서 북적이던 사람들도 점차 뜸해지기 시작했다. 이윽고 음악소리도 들리지 않게 되었다. 큰 홀에는 랑제 공작부인과 라스티냐크만이 남았다. 자작부인은 남아 있는 사람은 학생뿐이라고 생각하고, 보즈앙 씨에게 작별 인사를 한 뒤 다시 돌아왔다. 보즈앙 씨는 "그건 잘

못된 생각이오. 당신 같은 나이에 촌구석에 틀어박히겠다니! 나와 함께 계속 여기 있으시오." 하고 되풀이한 뒤 자기 침실로 가 버렸다.

공작부인이 있는 것을 보고 보즈앙 부인은 깜짝 놀랐다.

"역시 그랬군요. 클라라." 랑제 공작부인이 말했다. "두 번 다시 돌아오지 않을 작정으로 가 버리는 거군요. 그래도 떠나기 전에 내 말을 들어 봐요. 당신과 화해하고 싶어요."

공작부인은 친구의 팔을 잡고 옆에 있는 응접실로 데리고 가서, 눈에 눈물을 머금고 한참 동안 자작부인을 바라보고는 두 팔로 그녀를 껴안고 볼에 키스했다.

"냉담한 기분으로 당신과 헤어지고 싶지 않아요. 너무나 가슴 아픈 후회만 남을 테니까요. 당신은 당신 자신에게 하듯이 나한테도 기대면 돼요. 오늘밤 당신은 참말로 훌륭했어요. 나도 스스로 당신에게 어울리는 여자라고 생각했으므로, 그것을 당신에게 증명하고 싶었던 거예요. 때때로 당신에게 미안한 일도 했어요. 당신에게 늘 친절하지는 않았죠. 용서하세요. 당신에게 상처 준 일은 모두 취소하고, 내 말을 되돌려받고 싶어요. 같은 슬픔이 우리의 영혼을 하나로 묶어서 우리 둘 가운데 누가 더 불행한지 나로선 모르겠어요. 몽리보 씨가 오늘밤 안 왔어요. 아시겠어요? 오늘 밤 무도회에서 당신 모습을 본 사람은 절대로 당신을 잊지 못할 거예요. 나는 마지막 노력을 해 볼 작정이에요. 실패하면 수도원으로 들어갈 생각이고요. *8 당신은 어디로 가세요?"

"노르망디의 쿠르셀이에요. 하느님이 나를 거두어 주실 때까지 사랑하고 기도하면서 지낼 생각이에요."

"이리와요, 라스티냐크 씨."

청년이 기다리고 있다는 것에 생각이 미친 자작부인이 감동하여 떨리는 목소리로 말했다. 학생은 무릎을 굽혀 친척 여인의 손에 입을 맞추었다.

---

*8 랑제 부인의 사랑은 그녀가 주인공인 발자크의 소설 《랑제 공작부인》에 자세히 나와 있다. 천박하고 허영심에 찬 사교계의 여성, 랑제 공작부인은, 후작 몽리보 장군의 열렬한 사랑을 처음에는 매몰차게 거절하지만 이윽고 그를 사랑하게 된다. 그러나 랑제 부인에게 이미 정이 떨어진 장군은 그녀의 사랑을 받아들이지 않고 만나기조차 거부한다. 슬픔을 이기지 못한 부인은 세상을 버리고 에스파냐의 수도원으로 들어간다.

"그럼, 앙트아네트, 안녕! 행복하길 빌어요." 보즈앙 부인이 말을 이었다. "그리고 당신은 이미 행복하고 아직 젊어요. 아직 믿음을 가질 수 있는 나이죠." 그녀는 학생에게 말했다. "사교계를 떠나는 마당에, 특별히 복된 사람이 세상을 떠날 때처럼 경건하고 진심이 깃든 감동을 담아 배웅해 주는 사람이 내게도 있군요!"

외젠은 보즈앙 부인이 여행용 마차에 올라타는 것을 보고, 눈물 젖은 그녀의 마지막 작별 인사를 받고 나서 5시쯤 저택에서 나왔다. 부인의 눈물은, 아무리 신분이 높은 사람이라도 심정의 법도를 벗어날 수 없으며, 민중에게 아첨하려는 몇몇 사람들이 선전하는 것과는 반대로 고귀한 사람도 슬픔을 느끼지 않고 살아갈 수는 없다는 사실을 증명하는 것이었다. 외젠은 음산하고 추운 새벽길을 걸어서 보케르 집으로 돌아왔다. 그의 교육이 거의 끝나가고 있었다.

"안됐지만, 고리오 영감은 희망이 없을 것 같아." 라스티냐크가 노인의 방으로 들어가자 비앙숑이 말했다.

"이보게!" 잠들어 있는 노인을 바라보고 나서 외젠이 말했다. "자네는 욕망을 제한하고 조신한 인생길을 걸어가게나. 나는 지옥에 떨어졌어. 그리고 끝까지 거기에 머물러야 해. 사람들이 상류사회를 아무리 나쁘게 말해도 그것은 거짓말이 아니야! 유베날리스(로마의 풍자시인)도, 황금과 보석으로 뒤덮인 그 추악함을 모조리 묘사할 수는 없을 걸세."

이튿날 라스티냐크는 오후 2시 무렵 비앙숑이 깨우는 바람에 일어났다. 그는 중요한 일이 있어서 외출해야 하므로, 오전 중에 용태가 매우 악화된 고리오 영감의 간호를 부탁한다는 것이었다.

"영감은 이틀도 못 갈 거야. 어쩌면 6시간도 못 버틸지 몰라." 의학생이 말했다. "그렇지만 투병은 안 할 수도 없어. 돈이 좀 드는 치료를 해야 할 걸세. 간호는 우리가 하면 되지만 난 무일푼이야. 영감의 주머니를 뒤집어 보고 서랍도 뒤져 봤지만 아무것도 없어. 영감이 의식을 차렸을 때 물었더니 한 푼도 가진 게 없다더군. 자넨 얼마 가지고 있나?"

"20프랑 남아 있네." 라스티냐크가 대답했다. "이걸 가지고 투전을 하고 오겠네. 반드시 따서 올게."

"잃으면 어쩌려고?"

"영감님의 사위와 딸들에게 달라고 하지."

"그들이 안 주면?" 비앙숑은 말을 이었다. "당장 급한 일은, 돈을 장만하는 게 아냐. 영감의 발부터 정강이까지를 뜨거운 겨자즙으로 찜질해야 해. 뜨거워서 소리를 지를 정도면 아직 가망이 있어. 하는 방법은 알고 있지? 크리스토프가 도와 줄 거야. 나는 약국에 가서 약을 외상으로 달라고 교섭하고 올게. 환자를 병원으로 옮기지 못하는 게 안타까워. 병원에서라면 좀더 충분한 치료가 가능할 텐데. 자, 교대하러 와 주게나. 내가 돌아올 때까지 환자 곁을 떠나선 안 되네."

두 젊은이는 노인이 누워 있는 방으로 들어갔다. 외젠은 병자의 이지러지고 핏기 없이 쇠약해진 얼굴을 보고 깜짝 놀랐다.

"어떠세요, 영감님?" 그는 침대에 몸을 굽히고 노인에게 물었다.

고리오는 흐리멍덩한 눈을 들어 외젠을 주의 깊게 한참 바라봤지만, 누군지 모르는 모양이었다. 학생은 그 모습에 참지 못하고 눈물을 쏟아냈다.

"비앙숑, 창문에 커튼을 쳐야 하지 않을까?"

"필요 없어. 밝기나 추위 같은 건 상관없는 상태까지 왔거든. 덥다든가 춥다든가 하면 참으로 좋으련만. 그렇지만 탕약을 달인다든가 여러 가지 준비를 해야 하니까 불은 피워야 해. 섶나무 가지를 보내 줄 테니까 장작 살 때까지 이럭저럭 지낼 수 있을 거야. 어제 낮과 밤에 자네 방에 있던 장작과 영감의 토탄까지 죄다 써 버렸어. 습기가 차서 벽에서 물방울이 떨어질 지경이었거든. 방은 겨우겨우 말렸어. 크리스토프가 청소해 주었는데, 이건 뭐, 마구간이나 다름없어. 노간주나무 열매도 때 봤는데 그건 냄새가 나서 못 쓰겠더군."

"제기랄." 라스티냐크가 말했다. "딸들은 무얼 하고 있는 거야!"

"아 참, 그리고 환자가 뭘 마시고 싶어하면 이걸 먹이게." 인턴은 큼직한 흰 단지를 가리키면서 라스티냐크에게 말했다. "환자가 신음하거나 배에 열이 나고 딱딱해지면 크리스토프에게 도와 달래서 전처럼 해주게. 알지? 지나치게 흥분하거나 횡설수설하거나, 즉 약간의 착란증세가 나타나도 가만히 내버려두게. 나쁜 증세는 아니니까. 그러나 그때는 크리스토프를 코생 병원으로 보내 주게. 병원 의사든 내 동료든 나든, 곧 뜸을 뜨러 올 테니까. 오늘 아침 자네가 자고 있을 때, 갈 박사의 제자와 사립병원 원장 그리고 우리

병원 의사가 대대적인 합동 진찰을 했네. 선생님들은 아주 이상한 증상이 보인다면서 아주 중요한 학문상의 문제를 해명하기 위해 병의 진행 상태를 관찰하기로 뜻을 모았어. 한 선생님 말로는, 장액이 어떤 특정 기관을 강하게 압박하면 독특한 현상이 일어날 가능성이 있다는 거야. 그러니까 고리오 영감이 지껄이기 시작하면, 말하는 바가 어떤 종류의 관념에 속하는지 잘 들어봐 주게. 즉 기억·지각·판단의 결과인지 아닌지, 물질적인 것을 주제로 하고 있는지 감정을 주제로 하고 있는지, 앞날을 추측하고 있는지 과거를 되돌아보고 있는지가 알고 싶은 걸세. 요컨대 우리에게 정확하게 보고해 주게. 장액 분출이 한꺼번에 일어났을 수도 있어. 그런 땐 지금과 같은 백치 상태로 죽을 거야. 이런 종류의 병은 모든 것이 기묘하기만 할 뿐이야. 파열된 곳이 이 부분이면 말일세." 환자의 후두부를 가리키면서 비앙숑이 말했다. "불가사의한 현상이 실제로 일어날 수도 있단 말이야. 즉 뇌가 약간의 기능을 회복해서 죽음이 찾아오기까지 시간이 걸리는 수가 있어. 장액이 뇌에서 흘러나와 해부하기 전에는 절대 알지 못하는 특수한 경로를 거치는 수도 있단 말이야. 불치병자 구제원에도 백치가 된 노인이 있는데, 그의 경우는 장액이 척추를 따라 내려갔단 말이야. 아주 고통스러워하지만 그래도 아직 살아 있어."

"딸애들은 즐거워하던가요?" 외젠이 온 것을 알고 고리오 영감이 말했다.

"오로지 딸 생각밖에 없다니까." 비앙숑이 말했다. "어젯밤에도 '딸애들이 춤추고 있어요. 드레스도 찾아왔구나' 하고 백 번도 넘게 말했어. '델핀! 내 귀여운 델핀! 나지!' 하고 독특한 말투로 외치는 것을 듣고 있으면 눈물이 다 나더라니까." 의학생은 말했다. "눈물 없이는 볼 수 없는 광경이었어."

"델핀." 노인이 말했다. "거기 있지? 나는 다 알고 있어." 그의 눈은 벽과 문을 살펴보느라 미친 듯한 활기를 되찾았다.

"아래층에 내려가서 실비한테 찜질 준비를 시키고 올게. 지금이 딱 좋은 때야." 비앙숑이 소리쳤다.

라스티냐크는 노인 곁에 혼자 남았다. 침대 발치에 앉아서 보기에도 끔찍하고 애처로운 노인의 얼굴을 가만히 바라보았다.

'보즈앙 부인은 달아나고, 영감님은 죽어 가고 있다.' 그는 생각했다. '아름다운 영혼은 이 세상에 오래 머무르지 못하는 거야. 고결한 감정이 어떻게

치사하고 용렬하고 천박한 사회 따위와 타협해 나갈 수 있겠는가?'

지난밤 참석했던 야회의 광경이 기억에 생생히 떠올라 이 죽음의 침상과 선명한 대조를 이루었다. 갑자기 비앙숑이 다시 모습을 나타냈다.

"외젠, 조금 전에 병원에서 주임선생님을 만나고 서둘러 달려 왔네. 제 정신으로 돌아온 징후가 보이고 말을 하면, 겨자즙이 든 긴 찜질자루 위에 눕혀서 목덜미에서 허리 아래까지 완전히 싸주게. 그리고 우리를 불러 주게나."

"고맙네, 비앙숑." 외젠이 말했다.

"천만에! 학문적으로 흥미로운 사례인걸." 의학생은 초심자다운 열성을 보이며 말했다.

"그럼 이 불쌍한 영감님을 애정으로 간호하는 사람은 나 혼자란 말인가?" 외젠이 말했다.

"오늘 아침의 나를 봤다면 그런 소린 못할 걸세." 비앙숑은 상대의 말을 기분 나쁘게 여기는 기색도 없이 말을 이었다. "의사는 경험을 쌓으면 병밖에 보지 못하는 법이거든. 하지만 난 아직 환자가 보인단 말이야."

비앙숑은 노인 옆에 외젠을 혼자 남겨둔 채 언제 발작이 일어날지 몰라 불안을 느끼면서 밖으로 나갔다. 걱정하던 대로 발작은 오래지 않아 일어났다.

"아아! 당신이군요, 외젠 씨." 고리오 영감이 그를 보고 말했다.

"좀 괜찮으십니까?" 노인의 손을 잡으면서 학생이 물었다.

"괜찮아요. 아까까지는 머리를 집게로 죄는 것 같더니 지금은 개운해졌어요. 딸애들은 만났소? 곧 오겠지요? 내가 병이 난 걸 알았으니 곧바로 달려올 거예요. 쥐시엔 거리에 살 때는 정말 잘 간호해 주었더랬죠. 야단났네! 그애들이 있을 수 있게 방을 좀 깨끗이 해둘 걸 그랬어……웬 젊은 사람이 내 토탄을 마구 써버렸어요."

"크리스토프의 발소리가 들리는군요." 외젠이 노인에게 말했다. "그 젊은 사람이 보내 준 장작을 가지고 오는 거예요."

"그래요? 고마운 일이긴 한데 장작 값을 어떻게 갚지? 난 무일푼인데 말이오. 죄다 줘 버렸거든. 이젠 남에게 구걸해야 하는 처지라오. 근데 그 금실 드레스는 근사했나요? —아이고, 힘들어! —고맙구나, 크리스토프. 나는 가진 게 없지만 하느님께서 틀림없이 상을 내려 주실 거야."

"자네와 실비에게는 틀림없이 내가 팁을 주겠네." 외젠은 하인 귓가에 속삭였다.

"딸애들이 곧 오겠다고 전언을 보냈지? 응? 크리스토프, 한 번 더 다녀와 줘. 백 수 줄 테니까. 내가 몸 상태가 좀 안 좋아서 입맞추고 싶어한다고, 죽기 전에 한 번 더 보고 싶다고 하더라고 딸애들에게 전해 줘. 너무 걱정 하지는 않게 말이야."

크리스토프는 라스티냐크의 눈짓을 받고 나갔다.

"딸애들이 곧 올 거요." 노인은 말을 이었다. "나는 그 애들의 성품을 잘 알거든. 그 착한 델핀은 내가 죽으면 얼마나 슬퍼할까? 나지도 그래요. 난 그 애들을 울리지 않기 위해서라도 죽고 싶지 않아요. 외젠 씨, 죽는다는 건 딸애들과 다시는 만나지 못한다는 뜻이에요. 앞으로 내가 가게 될 곳은 얼마나 지루할까. 아비에게 지옥은 자식들을 못 본다는 것이거든요. 딸애들이 결혼한 뒤로는 나도 그 연습을 많이 했지. 내 천당은 쥐시엔 거리에 있었소. 내가 천당에 가면 정령이 되어서 지상에 있는 애들 곁으로 돌아올 수 있을까요? 그런 말을 들은 적이 있어요. 정말 그럴까요? 지금도 내 눈에는 쥐시엔 거리에 살던 애들 모습이 또렷이 보인단 말이오. 아침이면 아래층으로 내려와서 '안녕히 주무셨어요, 아빠!' 하고 말하곤 했지요. 나는 딸애들을 무릎 위로 안아 올리고는 장난치면서 지냈어요. 아이들도 그 고사리 손으로 나를 부드럽게 쓰다듬었지요. 매일 아침 함께 식사하고 저녁도 함께 먹었어요. 나는 아버지였어요. 애들과 같이 있는 즐거움을 누렸지요. 쥐시엔 거리에 살던 때 딸애들은 말썽도 부리지 않고, 세상 물정도 전혀 모른 채 나를 정말 사랑했어요. 왜 애들은 언제까지나 어린 채로 있지 않는지 몰라. 아아, 아파. 머리가 쪼개지는 것 같구나. 아아, 제발 애들아! 나는 괴로워 죽을 것 같다. 너희들 덕분에 나도 고통에는 꽤 강해졌지만 이건 정말 참기 힘들구나. 아아, 딸애들 손을 잡고만 있으면 아픈 것쯤 아무것도 아닐 텐데. 그 애들이 올 것 같나요? 크리스토프는 좀 멍청하니까 내가 직접 갈 걸 그랬어요. 근데 당신은 어제 무도회에 갔었지요? 그 애들은 어땠나요? 예뻤던가요? 내가 병이 난 줄은 전혀 몰랐지요? 알았다면 춤을 안 추고 내게 왔을 테니까. 딱한 것들. 아아, 내가 앓고 있을 때가 아니오. 딸들은 아직도 내가 도와 줘야 해! 애들의 재산이 지금 위태로운 상태에 빠져 있어. 사위란 놈들이 가로채려 한단 말이야. 나를 고쳐 주시오, 고쳐 줘요! 아아, 왜 이렇게 아프지? 아아, 아. 아시겠소? 나는 일어나야 하오! 나는 돈을 벌어야 해. 더구나 나는 어디로 가면 돈벌이가 되는지 알고 있어요. 나는 오데사에 가서 국수를 만들 거요. 내게 실수란 없지. 몇 백만은 벌어올 수 있어요. 아이고! 아파서 죽겠다!"

고리오는 잠깐 동안 입을 다물고 혼신의 힘을 다해 고통을 참아내고 있는 것처럼 보였다.

"딸애들이 와 있었다면 이렇게 우는 소리는 안 했을 거요. 암, 할 리가 없지!" 그는 말했다.

느닷없이 가벼운 졸음이 노인을 덮쳐와 오래도록 머물렀다. 크리스토프가 돌아왔다. 라스티냐크는 고리오 영감이 자는 줄 알고 하인이 큰 소리로 심부름 결과를 보고하는 것을 말리지 않았다.

"먼저 백작부인 집에 갔는데요." 크리스토프가 말했다. "부인께 아무 얘기도 할 수가 없었어요. 남편과 중요한 얘기를 나누고 계시는 중이래요. 그래도 꼭 만나야 된다고 했더니 레스토 나리가 직접 나오셔서 이렇게 말씀하시더군요. '고리오 씨가 죽어가고 있다고? 그 사람한텐 아주 잘된 일이야. 안사람은 나와 긴히 할 얘기가 있으니 일이 끝나면 갈 수 있을 게야.' 나리는 어쩐지 화가 난 것 같았어요. 그래서 나오려고 하는데 딴 문으로 마님이 들어오셔서 '크리스토프, 난 지금 남편과 중대한 얘기를 하고 있는 중이라 갈 수가 없다고 아버지께 전해 줘. 내 아이들의 생사가 걸린 문제라고 말해. 이야기가 끝나면 곧 갈 테니까' 하더군요. 남작부인 댁은 이야기가 전혀 달랐어요. 만나지도 못하고, 말도 해보지 못했어요. 하녀가 이렇게 말하더군요. '마님은 새벽 5시 15분에 무도회에서 돌아오셔서 지금은 주무시고 계세요. 12시가 되기 전에 깨우면 내가 혼나는걸요. 마님께서 부르시면 그때 아버님께서 위독하시다고 전하겠어요. 나쁜 소식인데 서둘러 전할 필요 있나요?' 아무리 간청해도 안 된다는 거예요. 그럼 남작님이라도 뵙고 싶다고 했더니, 안 계신다고 하더군요."

"그래서 딸들은 하나도 안 온단 말이지!" 라스티냐크는 소리쳤다. "두 사람에게 내가 편지를 써야겠다."

"둘 다 안 온다고?" 노인은 침대에서 일어나 앉으면서 말했다. "그 애들은 중요한 일이 있거나 자는 중이라 안 온다고. 나도 짐작하고 있었어. 자식들이 어떤 것인지 죽기 전에는 모르는 법이지. 아아! 외젠 씨, 결혼 같은 건 하지 말게! 애도 낳을 게 못 돼. 자식들에게 생명을 줬더니, 자식들은 우리에게 죽음을 준단 말이야. 이 땅에서 생명을 갖게 해 줬더니 그 보답으로 우리를 세상에서 내쫓으려고 해. 그 애들이 오지 않을 거요. 10년 전부터 알고 있었어. 때로 그런 생각이 들었지만 믿을 용기가 없었던 거요."

빨개진 그의 양쪽 눈가에 눈물이 고인 채 떨어지지 않고 있었다.

"아아! 내가 부자였다면, 재산을 딸들에게 주지 않고 가지고 있었다면 딸애들은 여기 와서 내 뺨을 핥듯이 입맞추었을 텐데! 나는 훌륭한 저택에 살고, 화려한 방들을 수없이 가지고 하인들의 시중을 받으면서 난롯가에서 따뜻하게 누워 있었을 텐데. 그리고 딸들은 제 남편과 아이들을 데리고 와서 같이 눈물을 흘렸겠지. 틀림없이 그렇게 됐을 거요. 그런데 지금 나에겐 아무것도 없어요. 돈만 있으면 무엇이든지 살 수 있는데. 딸까지도! 아아, 내 돈은 다 어디로 갔지? 내게 남겨줄 재산이 있다면 딸들은 나를 간병하고 보살펴 주었을 텐데. 그 애들의 목소리를 듣고, 얼굴도 볼 수 있었을 텐데. 아아, 외젠 씨. 당신이야말로 내 소중한 자식이오. 나는 땡전 한 푼 없이 버림받은 게 차라리 다행이오. 불행한 사람이 사랑을 받는다면 그것은 진짜 애정이 틀림없으니까. 아니, 난 부자가 되고 싶소. 그러면 딸을 만날 수 있을 테니. 아아, 그 애들이 둘 다 돌처럼 차가운 마음을 가지고 있다는 걸 누가 알았겠소. 내가 너무 애정을 쏟는 바람에 그 애들은 나에게 애정을 가질 여유가 없었던 거야.

아버지는 어느 때나 돈을 가지고 있어야 해. 언제나 자식들의 고삐를 단단히 붙들고 있어야 해요! 그런데 나는 딸들 앞에 무릎 꿇고 말았소. 지독한 것들! 10년 전부터 저질러오던 불효에 정점을 찍은 거요. 그 애들이 갓 결혼했을 때는 나한테 얼마나 세심하게 마음을 써줬는지 당신은 모를 겁니다. 아아, 무슨 고통이 이다지도 지독하단 말인가! 나는 딸애들에게 각각 80만 프랑씩 주었소. 딸애들은 물론 사위들도 극진했지. 나를 초대해선 '아버지, 이리 앉으세요. 이쪽으로' 하면서 말이오. 딸애들의 식탁에는 언제나 내 자리가 마련되어 있었어요.

난 사위들과도 곧잘 같이 식사를 했고 그들은 나에게 정중하게 대했소.

내가 아직도 상당한 돈을 가지고 있는 줄 알았거든. 왜냐고? 나는 내 사업에 대해서는 한 마디도 하지 않았거든요. 딸에게 80만 프랑이나 주는 사람이니 극진히 대우할 수밖에. 그래서 잔시중까지 들었던 모양이야. 다 내가돈이 있었기 때문이지. 인간 세상이 참 추악하더이다. 나는 그걸 내 눈으로직접 본 거요. 나는 마차를 타고 같이 연극을 보러 갔고, 저녁을 먹은 뒤에는 있고 싶은 만큼 오래 머무를 수 있었소. 즉 그 애들은 자신을 딸이라고인정하고 나를 아버지라고 인정했던 거지요. 내 정신은 아직도 말짱하다오.다 기억하고 있어요. 그 모든 것이 나를 아프게 하고 내 심장을 찌르기 시작하더이다. 나는 딸애들의 식탁 앞에 앉아 있어도, 하숙집 식당에 있을 때만큼 마음이 편하지가 않았어요. 나는 한 마디도 못했지요. 사교계의 어떤 높은 양반은 사위들의 귀에 대고 이렇게 물었어요. '저분은 누구요?'—'장인입니다. 큰 부자예요.'—'아, 그래요?' 그러면 그들은 돈 때문에 나를 존경하는 눈초리로 보았소. 때로는 내가 딸애들을 거북하게 만들었다고 해도 나는 그런 결점을 다 보상했어요. 무엇보다, 세상에 완전한 사람이 어디 있단말이오? 아아, 머리가 깨지는 것 같다!

　내가 지금 겪고 있는 고통은 죽음의 고통이오, 외젠 씨. 하지만 내가 실수를 해서 아나스타지가 수치스러워하며 나를 노려본 눈초리에 비한다면 이런괴로움은 아무것도 아니라오. 그 눈초리를 보고 나는 온몸의 피가 빠져나가는 것 같았지요. 나는 많은 것을 알고 싶었지만 결국 깨달은 건 내가 이 세상에 쓸모없는 인간이란 사실이었어요. 다음날 나는 기분 전환을 위해 델핀에게 갔는데, 거기서도 병신 짓을 해서 그 애를 화나게 하고 말았답니다. 나는 정신이 나간 사람처럼 되었어요. 한 주일 동안 나는 어떻게 해야 좋을지도무지 갈피를 잡을 수 없었어요. 또 혼이 날까 두려워 딸애들을 만나러 갈용기도 없었어요. 이렇게 해서 나는 그 애들한테서 쫓겨나게 된 겁니다. 아아, 하느님! 당신만은 제가 받은 모욕과 창피가 어떤 것이었는지 잘 아실겁니다. 내가 이렇게 나이를 먹고 늙고 고통을 받으며 머리까지 희어진 지금까지, 이 가슴에 꽂힌 비수가 얼마나 많은지 당신은 아실 겁니다. 그런데 어째서 지금 또다시 이렇게 고통을 주십니까? 딸들을 지나치게 귀여워한 벌은이미 다 받은 게 아니었나요? 그 애들은 내 애정에 혹독하게 답했습니다.사형 집행인처럼 나를 마구 괴롭혔단 말입니다.

그런데도 아비란 건 바보예요. 나는 딸들이 귀엽고 보고 싶어서, 마치 투전꾼이 도박장에 발길을 끊지 못하듯 또 딸들을 찾아갔습니다. 그만큼 나는 딸들을 사랑했어요. 딸들은 나에게 나쁜 도락과 같았어요. 딸들은 내 연인이자, 나의 전부였지요. 그 애들은 둘 다 장신구 같은 물건이 곧잘 필요했지요. 하녀한테 그 얘기를 들으면 나는 딸애들을 만나고 싶은 마음에 물건들을 사주곤 했어요. 어쨌든 딸들은 사교계 예절을 나에게 조금은 가르쳐 주었어요. 하지만 그 성과가 나오기를 하루도 기다리지 못했지요. 나 때문에 창피해서 못 견디겠다는 겁니다. 자식들한테 좋은 교육을 받게 해 준 결과가 이렇다니까요. 이 나이에 갑자기 학교에 갈 수도 없는 노릇이고. 아아. 정말 죽겠구나! 하느님! 의사를! 의사를 불러 주시오! 머리를 쪼개버리면 차라리 시원하겠는데…… 내 딸, 아나스타지! 델핀! 그 애들을 보고 싶소!

경관을 보내서 잡아오라고 하시오! 강제로라도! 정의는 내 편이야. 인정도 민법도 다 내 편이오. 나는 항의합니다! 아버지가 자식들에게 짓밟히면 나라가 망합니다! 명백한 사실이에요. 사회든 세계든 아버지를 발판삼아 성립합니다. 자식들이 아버지를 사랑하지 않게 되면 모든 것이 무너질 거요. 아아, 딸들의 얼굴이 보고 싶소. 목소리가 듣고 싶소. 무슨 말을 해도 좋으니 목소리가 듣고 싶어요. 그러면 이 고통도 가라앉을 겁니다. 특히 델핀이 보고 싶구려. 그러나 딸들이 여기 오면 언제나처럼 차가운 눈빛으로 나를 보지 말라고 해 주시오. 아아, 외젠 씨, 황금처럼 빛나던 눈이 별안간 잿빛 납덩이로 변한다는 게 어떤 것인지 당신은 모를 겁니다. 딸들의 눈이 더는 나에게 빛을 뿌리지 않게 된 뒤로 이곳은 늘 겨울이었소. 내게 남은 건 슬픔뿐이라오. 오늘날까지 그 슬픔을 씹으며 살아왔습니다! 나는 상처받고 모욕받기 위해서 살아왔어요. 딸애들을 너무 사랑한 나머지 온갖 굴욕을 참아냈고, 아이들은 그 굴욕의 대가로 부끄러운 즐거움을 아주 조금 나에게 팔았습니다. 아버지가 자기 딸을 남몰래 숨어서 만나야 하다니! 나는 그 애들에게 생명을 주었는데, 그 애들은 오늘 나에게 한 시간의 짬도 내주려 하지 않아요! 나는 그 애들의 사랑에 목마르고 굶주려 있어요. 심장이 타는 듯합니다. 하지만 딸들은 내 단말마의 고통을 가라앉히기 위해 와 주진 않겠지요. 나는 죽어 가고 있어요. 느낄 수 있습니다. 그 애들은 아비의 시체를 짓밟는다는 게 어떤 것인지 모르는 모양이에요. 하늘에는 하느님이 계십니다. 우리가 뭐라고 하든 아비의 원수를 갚아 주실 겁니다!

아니야, 딸애들은 올 거야. 어서 오너라. 귀여운 딸들아. 와서 키스해 다오. 마지막 키스를 하러 오렴! 그것이 아비의 노잣돈이야. 이 아비는 너희들을 위해 하느님에게 기도하고, 너희들은 착한 애들이었다고 하느님께 말씀드리마! 너희들이 무슨 죄가 있겠니? 아아, 외젠 씨, 딸애들에겐 죄가 없어요. 세상 사람들에게 알려 주시오. 나 때문에 그 애들이 빈축을 사지 않게 해 주게나. 다 내 잘못이오. 내가 그 애들에게 나를 짓밟도록 가르친 거요. 나는 그게 참 기뻤거든. 이것은 누구와도, 인간의 정의와도 하느님의 정의와도 관계가 없는 일이오. 나 때문에 딸애들을 벌한다면 하느님은 불공평한 분이야. 내가 올바른 길을 몰랐던 거요. 아버지의 권리를 스스로 포기하는 어리석은 짓을 했기 때문이야. 나는 딸들을 위해서라면 아무리 천한 일이라도 했을 거요. 어쩔 수 없소. 아무리 뛰어난 천성이라도, 아무리 훌륭한 영혼이라도, 이 맹목적인 아비의 정이라는 타락에는 지고 말았을 겁니다. 나는 한심한 놈이오. 정당한 벌을 받았을 뿐이야. 딸들을 방종한 인간으로 만든 건 다름 아닌 나요. 내가 너무 버릇없게 키운 거야.

딸애들은 옛날 사탕을 원하던 것처럼 지금은 쾌락을 탐하고 있어요. 딸애들이 어릴 때 나는 그 애들이 갖고 싶어하는 것은 뭐든 해줬어요. 열다섯 살 때는 벌써 마차를 가지고 있었지요. 그 애들에게 거역하는 사람은 아무도 없었소. 다 내 죄요. 그렇지만 그것은 다 애정 때문이었어요. 그 애들의 목소리를 들으면 가슴이 살살 녹았거든. 딸애들의 목소리가 들려요. 그 애들이 오고 있어요. 아무렴, 그렇지. 딸애들은 반드시 올 거야. 아비의 임종을 지켜야 한다고 법률에도 명시되어 있는걸. 법률도 내 편이야. 무엇보다, 잠깐 왔다 가면 되는 거 아니오? 마차 샀은 내가 주마. 수백만 프랑의 유산이 있다고 딸애들에게 편지를 써 주시오. 거짓말이 아니야! 나는 오데사에 가서 이탈리아 국수를 만들어 올 거요. 만드는 방법은 내가 잘 알고 있지. 내 계획대로라면 몇 백만 프랑을 벌 수 있단 말이오. 아무도 생각해내지 못한 일이야. 밀이나 밀가루와는 달라서 국수는 옮기는 중에 상하지도 않거든. 그래, 그래, 녹말도 있었지. 이걸로도 수백만 프랑은 벌 수 있단 말이야! 딸애들에게 몇 백만 프랑이 있다고 말해 주구려. 속이는 건 아니라오. 설령 돈에 눈이 멀어 온다고 해도, 딸들을 만날 수만 있다면 그게 무슨 대수겠소.

나는 딸들이 보고 싶습니다! 딸들을 만든 건 바로 나니까 그 애들은 내거란 말이야!"

노인은 침대에 일어나 앉았다. 희끗희끗한 머리가 흐트러져 내린 노인의 얼굴은, 위협할 수 있는 모든 것을 가지고 외젠을 위협하고 있었다.

"자, 고리오 영감님." 외젠이 말했다. "자리에 누우세요. 따님들에게 편지를 쓸 테니까요. 그래도 안 오면 비앙숑이 돌아오는 대로 제가 부르러 가겠습니다."

"그래도 안 오면?" 목메어 울면서 노인은 외젠의 말을 되풀이했다. "그럼 난 죽어 버릴 거요. 분해서 죽어 버릴 거야, 너무 분해서. 오장이 뒤틀리는 것 같소. 이제야 내 일생이 분명히 보이는구나. 나는 속았던 거야. 딸들은 나를 사랑하지 않아. 단 한 번도 나를 사랑하지 않았어! 틀림없어. 그 애들은 안 올 거야. 오려면 벌써 왔겠지. 오는 게 늦어지는 만큼, 나를 기쁘게 해 주려는 마음도 없는 거야. 그 애들의 됨됨이는 잘 알고 있어. 그 애들은 한 번도 내 슬픔도 괴로움도 바람도 알아주지 않았어. 그러니 내가 죽는다고 그 애들이 눈이나 깜짝하겠는가? 내가 얼마나 사랑하고 있는지를 모르는 애들이야. 아무렴. 나는 다 알아. 내가 늘 뱃속까지 다 보여 주니까 딸들은 그게 습관이 돼서 내가 하는 일은 다 하찮게 보이는 거야. 딸들이 내 눈알을 빼고 싶다고 하면 나는 '그래, 그러려무나'라고 했을 거야. 나는 너무 어리석었어. 그 애들은, 아비란 본디 다 나 같은 줄 안단 말이야. 자신의 가치는 스스로 상대에게 분명히 가르쳐 줘야 하는 거야. 딸들의 자식들이 이제 내 원수를 갚겠지. 그러니까 여기 오는 건 그 애들을 위한 일이기도 해. 오지 않으면 자기들이 죽을 때도 좋은 꼴은 못 볼 거라고 전해 주시오. 기어이 죄를 한 가지 더 짓지 않아도 아비를 죽음으로 몰아넣은 죄는 이미 충분히 저지르지 않았느냔 말이야. 가서 내가 한 대로 똑같이 외쳐 주시오. '애야, 나지! 델핀! 너희들에게 그렇게 잘해 주던 아버지가 괴로워하고 있으니 어서 와다오!' 하고 말이오. 대답이 없구려. 아무도 오지 않아. 그럼 난 들개처럼 죽어야 하는 건가? 이것이, 이렇게 버림받는 것이 나의 응보란 말인가! 염치없고 못된 것들 같으니! 그것들을 증오한다. 저주한다. 밤마다 관속에서 빠져나와 그 애들을 저주할 테다! 안 그래요, 외젠 씨? 내가 틀렸습니까? 그것들의 행위는 괘씸하기 짝이 없어요. 응? 내가 무슨 소릴 하고 있는 거야? 외젠 씨! 델핀이 와 있다고 하지 않았소? 둘 가운데에는 그 애가 좀 낫지. 외젠 씨, 당신은 내 아들이오. 그 애를 사랑하고, 아비 대신이 되어 주구려. 그 애 언니는 무척 불쌍한 애야. 그 애들의 재산은 어떻게 될까! 아아, 하느님! 숨이 막힐 것 같소. 너무 괴롭구려! 내 목을 잘라 주시오! 심장만 남겨놓고……."

"크리스토프, 비앙숑을 불러와!" 노인의 신음과 절규가 심상치 않은 것을 보고 외젠은 놀라서 소리쳤다.

"그리고 마차를 한 대 불러 줘!"

"고리오 영감님 제가 따님들을 부르러 갔다 오겠습니다. 꼭 데려올게요."

"힘으로라도 끌고 와요! 국민군이든 정규군이든, 어디에든 부탁해서!" 이성의 빛이 깃든 마지막 눈길로 외젠을 바라보며 노인은 말했다. "정부나 검사에게 빨리 부탁해서 그 애들을 데려와 주시오! 부탁합니다!"

"조금 전까지는 두 사람을 저주하지 않았습니까?"

"누가 그런 소릴 했소?" 노인은 어이가 없는 듯이 대답했다. "내가 딸애들을 사랑하고 있다는 건 잘 알지 않소. 나는 그 애들이 예뻐서 견딜 수 없어요. 딸애들을 만나면 내 병은 나을 거요. ……이웃 친구, 내 아들, 외젠 씨, 당신은 좋은 분이오. 당신에게 보답을 하고 싶은데 죽어 가는 사람의 축복밖에 줄 게 없구려. 아아! 이 은혜를 갚아 달라고 말하기 위해서라도 델핀을 만나야 하는데. 언니 쪽이 무리라면 하다못해 그 애만이라도 데려와 주구려. 끝까지 안 오겠다고 하면 외젠 씨가 그 애를 더 이상 사랑하지 않겠다고 말해 주시오. 델핀은 당신을 정말 사랑하니까 꼭 올 거요. 물을 좀 주시오. 뱃속에 불덩이를 삼킨 것 같구려! 머리에 뭘 좀 얹어 주시오! 그게 딸애의 손이라면 나는 씻은 듯이 나을 텐데. 나는 알 수 있어요……. 하느님! 내가 죽으면 누가 그 애들의 재산을 찾아 준단 말이오? 딸애들을 위해 오데사에 가고 싶어요. 국수를 만들기 위해 오데사에 가야 해요!"

"이걸 마시세요." 외젠은 죽어 가는 환자를 일으켜 왼팔로 부축하며 오른손으로 탕약이 든 그릇을 들고 말했다.

"당신은 진정으로 부모님을 사랑하겠지요." 노인은 힘없는 손으로 외젠의 손을 꼭 쥐면서 말했다. "나는 딸애들도 못 보고 죽는구려. 내 기분을 아시겠소? 늘 목이 바짝바짝 타는데 결코 물을 마실 수가 없소. 내 10년 동안의 삶이 그랬다오. 두 사위가 내 딸들을 죽이고 말았어. 그렇고말고. 그 애들이 결혼한 뒤로는 나에게 딸이 없었어. 세상의 모든 아버지들이여, 결혼에 대한 법률을 만들도록 의회에 진정을 해다오! 딸이 귀엽거든 결혼을 시키지 말아야 합니다. 사위라는 놈은 딸애를 망치는 악당이오. 결혼 같은 건 없애 버려야 해! 결혼이 우리에게서 딸을 빼앗아 죽을 때조차 딸을 만나지 못하게 하는 거야. 아버지의 죽음에 대한 법률을 만들어 다오. 이 얼마나 끔찍한가. 이건 복수다! 사위가 막아서 딸들이 오지 못하는 거야. 그놈들을 죽여 버려라! 레스토를 죽여라! 알자스 놈을 죽여라! 그놈들이 나를 죽이고 있단 말이다. 죽고 싶지 않거든 딸을 돌려다오! 아아, 이제 틀렸어. 난 딸애 얼굴도 보지 못하고 죽는다! 나지! 델핀! 자, 어서 온! 아빠는 간다……."

"고리오 영감님, 진정하십시오! 흥분하지 마시고 조용히, 아무 생각도 하지 마세요!"

"그 애들을 못 보는 것이 괴롭구려!"

"곧 만날 수 있어요."

"정말이오?" 노인은 미친 듯이 소리쳤다. "아아, 딸들을 만날 수 있다! 딸들의 얼굴을 보고, 목소리를 들을 수 있다! 난 행복하게 죽을 수 있어. 아무렴. 나는 더 이상 살고 싶은 생각은 없어. 그런 건 바라지 않아. 괴로움만 커질 뿐이니까. 하지만 딸들을 보고, 그 애들의 옷을 만져 보고 싶어. 옷만이라도 좋아. 대단한 일도 아니잖아? 그 애들의 물건을 만지게 해 줘! 머리를 쓰다듬게 해 주게! ……제발 부탁이야……."

영감은 몽둥이로 한 대 얻어맞은 것처럼 머리를 베개 위에 툭 떨어뜨렸다. 그리고 딸들의 머리카락을 움켜쥐려는 것처럼 손이 담요 위에서 허우적거렸다.

"나는 두 딸들을 축복합니다." 그는 안간힘을 써서 말했다. "하느님의 은총이 함께하길!"

고리오는 기운을 모두 잃고 축 늘어졌다. 이때 비앙숑이 들어왔다.

"오다가 크리스토프를 만났어." 그는 말했다. "그가 마차를 불러오고 있어." 그리고 환자를 바라다보더니 눈을 뒤집어 보았다. 두 학생은 흐릿하고 생기 없는 안구를 보았다.

"더는 가망이 없겠군. 나는 그렇게 생각하네." 비앙숑이 말했다. 그는 맥을 짚어 보고 노인의 심장에 손을 얹었다.

"심장은 아직 뛰고 있군. 그러나 이 경우엔 오히려 불행이야. 차라리 죽는 게 편하단 말이지."

"정말 그래." 라스티냐크가 말했다.

"자넨 왜 그래? 죽은 사람처럼 얼굴이 창백하잖아."

"이 사람아, 나는 지금 영감이 소리지르고 한탄하는 것을 듣고 있었어. 하느님은 틀림없이 계시네! 암, 그렇고말고! 그리고 우리를 위해 어딘가에 더 좋은 세상을 만들어 놓으셨을 거야. 그렇지 않으면 이 세상에 무슨 의미가 있겠나? 그토록 비극적이지 않았다면 난 목놓아 통곡했을 거야. 그런데 가슴과 배가 너무 죄어서 울려고 해도 울 수가 없었어."

"그건 그렇고, 필요한 게 꽤 많을 텐데 돈을 어떻게 마련하지?"

라스티냐크는 시계를 꺼냈다.

"미안하네만, 이걸 전당포에 맡겨 주게. 1분도 허비할 수 없기 때문에 나는 들를 시간이 없네. 크리스토프를 기다리고 있지만 난 돈이 한 푼도 없어. 돌아오면 마차 삯도 줘야 하고."

라스티냐크는 계단을 뛰어 내려가, 엘데르 거리에 있는 레스토 부인 집으로 갔다. 가는 도중 그는 조금 전 목격한 무서운 광경에 상상력까지 더해져 분노가 더욱 불타오르는 것을 느꼈다. 대기실에 도착해서 레스토 부인을 만나고 싶다니까, 지금은 만날 수 없다는 대답이 돌아왔다.

"그렇지만 나는 위독하신 그분 아버님의 청을 받고 왔습니다." 외젠은 하인에게 말했다.

"손님, 백작님의 엄한 분부가 있으셔서 저희도 어쩔 수 없습니다."

"레스토 씨가 계시다면, 장인어른께서 지금 어떤 상태인지를 말씀드리고, 내가 곧바로 뵙고 싶어한다고 전해 주시오."

외젠은 오랫동안 기다렸다.

'지금 이 순간 고리오 씨가 숨을 거두실지도 모르겠는데.' 그는 생각했다.

하인이 외젠을 들머리 응접실로 안내했다. 레스토 씨는 불기 없는 난로 앞에서 학생을 맞으며 앉으라고 권하지도 않았다.

"백작님." 라스티냐크가 말했다. "당신 장인어른께서 이 순간 누추한 방에서 장작을 살 돈도 없이 숨을 거두려 하십니다. 정말 위독한 상태여서 따님을 애타게 찾고 계십니다."

"내가 고리오 씨에게 큰 호의를 갖고 있지 않다는 점은 당신도 알고 있을 텐데요." 레스토 백작은 쌀쌀맞게 대답했다. "그는 집사람과의 문제로 성격상의 결점을 드러내어 내 생활에 불행의 씨앗을 만들었소. 나는 그를 내 안정된 생활을 위협하는 적이라고 생각합니다. 고리오 씨가 죽든 말든 나하고는 아무런 관계가 없소. 이것이 고리오 씨에 대한 나의 감정이오. 세상이 나를 비난할는지 모르나 나는 평판 같은 것에는 신경 쓰지 않소. 지금 나에게는, 입만 나불대는 어리석은 인간들이 나를 어떻게 생각하는지 신경 쓰는 것보다 더 중요한 일이 있소. 집사람으로 말하자면, 지금 외출할 수 있는 상황이 못 됩니다. 그리고 집 사람이 집을 비우는 것은 내가 허락하지 않소. 장인에게는 집사람이 나나 애들에 대한 의무를 다하기만 하면 곧바로 문병갈 수 있을 것이라고 전해 주시오. 집사람이 정말로 아버지를 사랑한다면 당장이라도 자유롭게 될 수가 있으니까……."

"백작, 당신의 처사를 비판할 권리는 나에게 없습니다. 당신은 레스토 부인의 남편이니까요. 그러나 당신의 성의에 기대를 걸어도 좋겠습니까? 아버님은 이제 하루도 넘기기 어렵다는 것과 부인이 문병을 오지 않아 저주까지 하고 계시다는 얘기만은 전해 준다고 약속해 주십시오."

"그렇다면 당신이 직접 얘기하시오." 외젠의 말투에 나타난 분노의 감정에 놀라서 레스토 씨가 대답했다.

라스티냐크는 백작에게 안내되어 평소 백작부인이 있는 방으로 들어갔다. 부인은 하염없이 눈물을 흘리면서 마치 죽고 싶어하는 여자처럼 안락의자에 몸을 깊숙이 묻고 있었다. 그 모습을 보자 그는 측은한 마음이 생겼다. 라스티냐크의 얼굴을 보기 전에, 그녀는 남편을 조심스럽게 살펴보았는데, 정신적·육체적인 학대를 받아 축 늘어진, 완전히 기력을 상실한 눈길이었다. 백작이 고개를 끄덕이자, 그녀는 말해도 좋다는 뜻으로 받아들이고 겨우 기운을 찾았다.

"라스티냐크 씨, 모두 들었어요. 아버지에겐, 지금 내가 어떤 상황에 있는지를 아시면 틀림없이 용서하실 거라고 말씀해 주세요. 이런 고통을 받으리라고는 생각도 못했어요. 힘에 부치지만 나는 끝까지 맞설 거예요." 그녀는 남편을 향해서 말했다. "나는 아이들 엄마예요. 겉으로는 어떻게 보일지 몰라도, 나는 아버지에 대해서는 조금도 책잡힐 짓을 하지 않았다고 전해 주세요." 레스토 부인은 절망적인 투로 학생에게 소리쳤다.

외젠은 부인이 지독한 위기에 빠져 있음을 눈치 채고, 부부에게 인사하고는 맥없이 나와 버렸다. 레스토 씨의 말투는 그가 아무리 노력해도 헛일임을 증명해 주었고, 아나스타지도 더는 자유의 몸이 아님을 깨달았다. 라스티냐크는 뉘싱겐 부인 집으로 달려갔다. 그녀는 아직 침대 속에 있었다.

"몸이 좀 안 좋아요." 그녀가 말했다. "무도회에서 돌아오는 길에 감기가 들었나 봐요. 폐렴이라도 걸리면 큰일이니까 지금 의사를 기다리는 중이에요."

"설사 당신이 죽음의 문턱을 엿보고 있다 하더라도 아버지가 계신 곳으로 기어서라도 가야 합니다." 외젠이 그녀의 말을 가로막으면서 말했다. "아버님께서 당신을 부르십니다! 아버님의 절규를 한 마디라도 듣는다면 몸이 좀 안 좋은 것 정도는 느끼지도 못할 겁니다."

"외젠 씨, 아버지는 외젠 씨가 말씀하시는 것만큼 그렇게 위독하시진 않을 거예요. 그렇지만 당신에게 조금이라도 나쁜 여자로 보이면 내가 설 땅이 없어질 테니, 당신이 바라는 대로 하겠어요. 난 다 알고 있어요. 이 외출로 내 병이 악화된다면 아버지는 너무 슬퍼서 돌아가시고 말 거예요. 좋아요. 의사 선생님이 오시면 곧 가겠어요. 어머, 왜 시계를 차지 않으세요?" 그녀는 시곗줄이 보이지 않는 것을 깨닫고 말했다.

외젠은 얼굴이 빨개졌다.

"어머, 외젠! 외젠 씨! 벌써 팔아 버렸거나, 잃어버리셨다면…… 아아! 정말 너무하세요!"

학생은 델핀의 침대에 허리를 굽히고 그녀의 귓가에 속삭였다.

"이유를 알고 싶으세요? 그럼 가르쳐 드리지요. 당신 아버님께는, 오늘밤 입혀 드려야 할 수의를 살 돈도 남아 있지 않기 때문입니다. 당신이 주신 시계는 전당포에 잡혔습니다. 저도 가진 돈이 한 푼도 없었기 때문입니다."

델핀은 침대에서 벌떡 일어나 책상으로 달려가더니 지갑을 꺼내어 라스티냐크에게 내밀었다. 그녀는 종을 울리면서 소리쳤다.

"외젠! 저도 금방 갈게요. 옷 갈아입을 시간만 주세요. 천하에 불효막심한 딸이 될 뻔했어요. 먼저 가세요. 그래도 제가 당신보다 먼저 도착할 거예요. 테레즈!" 그녀는 하녀를 부르며 소리쳤다. "자작님께 드릴 말씀이 있으니 바로 올라와 달라고 말씀드려!"

외젠은 다 죽어가는 노인에게 두 딸 가운데 한 사람은 온다고 말할 수 있게 된 것이 기뻐서 들뜬 기분으로 뇌브생트즈느비에브 거리에 도착했다. 그는 마부에게 요금을 치르려고 지갑을 뒤졌다. 그처럼 풍족하고 우아한 젊은 부인의 지갑에는 70프랑밖에 들어있지 않았다. 계단을 올라가자 고리오 영감이 비앙숑의 부축을 받으며 내과의의 입회 아래, 병원 외과의에게 시술을 받고 있는 모습이 눈에 띄었다. 그의 등에 의학의 마지막 수단이자, 무익한 수단인 뜸을 뜨고 있는 중이었다.

"뜨거운 것을 느끼십니까?" 의사가 물었다.

고리오 영감은 학생의 모습을 힐끗 보더니 대답 대신 말했다.

"그 애들은 오겠지요?"

"가망이 있을지도 모르겠소. 말을 하는 걸 보니." 외과의가 말했다.

"그럼요." 외젠은 대답했다. "델핀이 곧 뒤따라올 겁니다."

"이것 참!" 비앙숑이 말했다. "영감은 아까부터 딸 얘기만 하더군. 꼬챙이에 찔린 인간은 무조건 물을 달라며 아우성친다는데, 영감이 딸을 찾는 꼴이 꼭 그렇단 말이야."

"그만둡시다." 내과의가 외과의에게 말했다. "무얼 해도 더는 가망이 없어요."

비앙숑과 외과의는 악취가 코를 찌르는 낡은 침대에 죽어 가는 환자를 다시 눕혔다.

"그래도 속옷은 갈아입혀 드리게. 가망은 없지만 병자의 인간성은 존중해 줘야 하지 않겠나. 비앙숑, 그럼 다시 오겠네." 내과의가 학생에게 말했다. "병자가 괴로워하면 횡격막 위에 아편을 발라 주게."

외과의와 내과의가 나갔다.

"자, 외젠, 기운을 내게!" 둘만 남자 비앙숑이 라스티냐크에게 말했다. "깨끗한 셔츠를 입히고, 침대보도 갈아야지. 침대보를 가지고 와서 도와 달라고 실비에게 말해 주게."

외젠이 내려가니까 보케르 부인은 실비와 둘이서 식탁에 음식을 차리고 있었다.

라스티냐크가 한두 마디 건네기 시작하자, 보케르 부인은 돈을 손해 보기도 싫고 손님 기분을 언짢게 할 수도 없다는 의심 많은 아낙네의 장삿속이 드러나는 무뚝뚝하면서도 친절한 표정을 지으며 그에게로 다가왔다.

"이봐요, 외젠 씨. 고리오 영감이 무일푼이란 사실은 당신도 잘 알고 계시지요? 벌써 한쪽 눈을 감기 시작한 사람에게 시트를 갈아 주는 건 그냥 버리는 거나 마찬가지예요. 게다가 시체를 덮느라 한 장 더 써야 할 것 아니에요? 지금도 외젠 씨는 이미 저한테 140프랑의 빚이 있는데, 거기에 침대보 값 40프랑에, 실비가 가져다주는 양초라든가 다른 자질구레한 것까지 더하면 적어도 2백 프랑은 될 거예요. 나 같은 가난뱅이 과부가 그런 큰 돈을 떼일 수는 없다고요. 안 그래요? 공정하게 부탁합니다요, 외젠 씨. 요망스런 귀신이 달라붙은 요 닷새 동안 그렇지 않아도 손해가 이만 저만이 아니에요. 당신이 말씀하신 대로 저 영감이 얼른 나가 주기만 하면 나는 30프랑쯤은 떼어도 좋았다고요. 다른 하숙인들에게 안 좋은 영향을 끼치니까요. 할 수 있다면 공짜로 저 사람을 병원으로 옮겨주고 싶은 심정이라고요. 어쨌든 내 입장도 좀 생각해 주세요, 나는 하숙이 첫째예요, 내 생명이니까요."

외젠은 서둘러 고리오 영감 방으로 돌아갔다.

"비앙숑, 시계 잡힌 돈은?"

"탁자 위에 있어. 3백 60프랑쯤 남아 있을 거야. 잡힌 돈으로 빚을 다 갚았거든. 전당표는 돈 아래에 있어."

"보케르 부인!" 라스티냐크는 계단을 뛰어내려가 혐오감을 드러내며 말했다. "계산을 마칩시다. 고리오 영감은 오래 계시지 못할 것이고 나도……."

"그렇겠지요. 딱한 영감은 관 속에 누워서 이 집을 나가겠지요." 반쯤은 기쁜 듯하고, 반쯤은 우울한 표정으로 2백 프랑을 세면서 보케르 부인은 말했다.

"서두르세요." 라스티냐크는 말했다.

"실비, 침대보를 내드려라. 그리고 올라가서 도와 드려."

"실비의 팁도 잊지 마세요." 보케르 부인은 외젠의 귀에 속삭였다. "저 애도 벌써 이틀째 밤을 새웠어요."

외젠이 등을 돌리자, 부인은 곧바로 실비가 있는 곳으로 다가갔다. "7번의 뒤집어 꿰맨 시트를 가져가거라. 죽은 사람한테는 그거면 충분하니까." 그녀는 실비의 귀에 대고 말했다.

외젠은 이미 계단을 오르고 있었으므로 늙은 여주인의 말소리를 듣지 못했다.

"자, 셔츠를 갈아입히세." 비앙숑이 말했다. "똑바로 부축해야 하네."

외젠은 침대 머리맡으로 가서 죽음을 앞두고 있는 노인을 부축했다. 비앙숑이 셔츠를 벗기자 노인은 가슴께를 더듬으며 무언가를 놓치지 않겠다는 몸짓을 했다. 그리고 지독한 통증을 견디다 못해 절규하는 짐승처럼 처량한 소리로 울부짖었다.

"아하!" 비앙숑이 말했다. "영감은 아까 우리가 뜸을 뜨느라고 끄른 머리카락으로 짠 끈과 조그만 로켓을 달라는 거야. 불쌍하기도 하지! 돌려줘야겠네. 난로 선반 위에 놓여 있어."

외젠은 잿빛 섞인 금발로 짠 끈을 집어 들었다. 틀림없이 고리오 부인의 머리카락일 것이다. 로켓의 한쪽 면에는 아나스타지, 반대쪽에는 델핀이라는 글자가 새겨져 있었다. 고리오 영감이 언제나 가슴속에 품어온 그의 마음이었다. 로켓 안에 들어있는 꼬불꼬불한 머리카락은 매우 가는 것으로 보아 두 딸이 아주 어렸을 때 자른 것이 틀림없었다. 로켓이 가슴에 닿자 노인은 보기에도 섬뜩할 만큼 깊은 만족을 드러내며 길게 한숨을 쉬었다. 그의 감수성의 마지막 울림이었다. 노인의 감각은, 우리의 공감이 나오거나 향하는 미지의 중심으로 물러나는 것처럼 보였다. 굳어진 그의 얼굴이 병적인 기쁨을 나타내고 있었다. 두 학생은 사고가 멈춘 뒤에도 계속해서 살아 움직이는 감정의 눈부신 힘이 감동하여 죽어 가는 환자 위로 뜨거운 눈물을 쏟아냈다. 노인은 날카로운 기쁨의 절규를 외쳤다.

"나지! 델핀!" 그는 부르짖었다.

"아직도 살아 있군." 비앙숑이 말했다.

"살아 있으면 무슨 소용이 있어요?" 실비가 말했다.

"고생만 할 뿐이지." 라스티냐크가 대답했다.

자기가 하는 대로 하라고 친구에게 눈짓하고, 비앙숑은 무릎을 꿇고 환자의 허리 밑으로 팔을 넣었다. 라스티냐크도 침대 반대쪽에서 똑같이 노인의 등 아래로 손을 넣었다. 실비가 옆에 서서 환자의 몸이 들린 순간에 재빨리 시트를 벗겨내고, 가지고 온 깨끗한 시트로 갈아 깔려고 준비하고 있었다. 청년들이 흘린 눈물을 자기 딸들의 눈물로 착각한 고리오 영감은 마지막 안간힘을 다하여 두 손을 내밀었다. 침대 양쪽에 있는 두 학생의 머리에 손이 닿자 머리카락을 와락 움켜쥐었다.

"아아, 내 천사들!"

가냘픈 목소리가 겨우 들려왔다. 저승으로 날아가는 영혼의 울림이 깃든 마지막 말이었다.

"불쌍한 사람이야!" 가슴이 먹먹해진 실비가 말했다. 노인의 외침에는 지고한 감정이 담겨 있었으며, 그 감정은 모든 거짓 가운데 가장 무섭고 조금도 의도하지 않은 거짓 속에서 나온 것이었다.

이 아버지의 마지막 탄식은 기쁨의 탄식이었을 것이다. 이 탄식이 그의 한평생을 나타내고 있다. 그는 여전히 속고 있었던 것이다. 고리오 영감은 초라한 침대 위에 정중하게 내려졌다. 이 순간부터 그의 표정에 삶과 죽음의 싸움이 끔찍한 흔적을 새겼다. 그 싸움은, 인간의 희로애락을 관장하는 두뇌의 지각이 없어져 버리고 만 기계 속에서 이루어졌다. 붕괴는 이제 시간문제였다.

"앞으로 몇 시간 이런 상태가 이어지다가 아무도 모르게 죽을 거야. 단말마도 지르지 않을 걸세. 뇌가 완전히 터져 버린 게 틀림없어."

이때 계단에서 숨 가쁘게 올라오는 젊은 여자의 발소리가 들렸다.

"지금 와봐야 이미 늦었어." 라스티냐크가 말했다.

그러나 온 사람은 델핀이 아니라 하녀 테레즈였다.

"외젠 씨." 테레즈가 말했다. "주인나리와 마님 사이에 굉장한 싸움이 벌어졌어요. 가엾은 마님께서 아버님을 위해서 돈을 요구하셨기 때문이에요. 마님께서 기절하셔서 의사 선생님이 오셨는데, 정맥에서 피를 뽑아내야 한다지 뭐예요. 마님은 '아버지가 죽어 가고 있어. 아버지를 만나러 가야 해!' 하고 울부짖으셨어요. 정말 가슴이 찢어질 것 같은 절규였어요."

"이제 끝났어, 테레즈. 그녀가 오더라도 아무 소용이 없어. 고리오 씨는 이미 의식을 잃으셨네."

"어머나, 이를 어째! 그렇게 위독하셨던가요?" 테레즈가 말했다.

"그럼 전 필요 없겠군요? 4시 반이라 저녁 준비를 하러 가야 하거든요."

실비가 말했다. 그녀는 계단을 내려가다가 하마터면 레스토 부인과 부딪힐 뻔했다.

백작부인의 출현은 심각하고 무서운 인상을 자아냈다. 부인은 단 한 자루의 촛불이 어슴푸레 비추고 있는 침대를 바라보았다. 그리고 생명의 마지막 흔적이 꿈틀거리고 있는 아버지의 얼굴을 보자 주르르 눈물을 흘렸다. 비앙송이 자리를 비켜 주었다.

"겨우 빠져 나왔는데 늦었군요." 백작부인이 라스티냐크에게 말했다.

학생은 비탄에 잠긴 표정으로 고개를 끄덕여 보였다. 레스토 부인은 아버지의 손을 잡고 입을 맞추었다.

"용서하세요, 아버지! 제가 부르면 무덤 속에서라도 돌아오실 거라고 말씀하셨잖아요? 잠깐이라도 좋으니 돌아오셔서 잘못을 뉘우치는 딸에게 축복을 내려 주세요. 제 목소리가 들리세요? 정말 끔찍한 일이 일어났어요. 아버지의 축복만이 지금의 제가 이 세상에서 받을 수 있는 단 하나의 축복이랍니다. 모두가 저를 증오해요. 절 사랑해 주시는 분은 오직 아버지뿐이에요. 자식들도 틀림없이 저를 미워하게 될 거예요. 저도 아버지와 같이 데려가 주세요! 아버지를 사랑하고 소중히 모실게요. 벌써 제 말이 안 들리시나 봐요. 아버지! 저는 미쳐 버릴 것 같아요."

그녀는 힘없이 무릎을 꿇고 반쯤 정신 나간 표정으로 아버지의 시체를 바라보았다.

"제 불행은 이보다 더할 수가 없어요!" 레스토 부인은 외젠을 보면서 말했다. "트라이유 씨는 엄청난 빚만 남긴 채 떠나 버렸어요. 게다가 나를 속이려 한 것까지 알았어요. 남편은 평생 저를 용서하지 않을 거예요. 재산은 모두 남편 것이 되었죠. 저는 모든 희망을 잃어버리고 말았어요. 아아! 저는 무얼 위해서 저를 그토록 뜨겁게 사랑해 주신 유일한 분(부인은 아버지를 가리켰다)을 배반했을까요! 저는 아버지의 마음을 업신여기고 물리치고, 아버지에게 온갖 못된 짓을 다해 왔어요. 정말 뻔뻔하고 인정머리 없는 여자예요."

"아버님께선 그것을 알고 계셨어요." 라스티냐크가 말했다.

이때 고리오 영감은 눈을 떴지만, 단순히 경련 탓이었다. 백작부인의 혹시나 하는 기대를 드러내며 보인 동작은, 죽어 가는 눈 못지않게 보기 안쓰러웠다.

"제 말이 들렸을까요?" 백작부인이 소리쳤다.

"역시 아니군요!" 부인은 혼자 중얼거리면서 아버지 곁에 털썩 주저앉았다.

레스토 부인이 아버지의 곁을 지키겠다고 했으므로 외젠은 조금이라도 무언가를 먹어 두려고 아래층으로 내려갔다. 하숙인들은 모두 모여 있었다.

"어떻게 됐나?" 화가가 말했다. "위에선 송장이 만들어지고 있다던데?"

"샤를." 외젠이 말했다. "농담도 좋지만 이런 참혹한 상황을 농담거리로 삼을 필요는 없잖나."

"그럼 이 하숙집에선 이젠 웃지도 못한단 말인가?" 화가가 말했다. "비앙송 말로는 영감은 이미 의식도 없다던데, 그런 말 좀 하면 어떤가?"

"그럼 살아 있을 때와 다름없는 상태로 죽는 거로군." 박물관 직원이 맞장구를 쳤다.

"아버지가 돌아가셨어요!" 백작부인이 소리질렀다.

그 처절한 비명을 듣고 실비와 라스티냐크, 비앙송이 뛰어올라갔다. 레스토 부인은 기절해 있었다. 의식을 회복시키고 그들은 부인을 대기시켜 둔 마차로 옮겼다. 외젠은 테레즈에게 부인의 시중을 부탁하며, 그녀를 뉘싱겐 부인에게로 데리고 가도록 당부했다.

"확실히 돌아가셨습니다." 비앙송이 내려와서 말했다.

"자, 여러분, 식사를 마저 하세요. 수프가 다 식겠어요." 보케르 부인이 말했다.

두 학생은 나란히 앉았다.

"이제 어쩌지?" 외젠이 비앙송에게 물었다.

"내가 눈을 감겨드리고, 자세도 바로잡아 드렸어. 사망신고를 하고, 구청 의사에게 확인을 받으면, 수의를 입히고 매장하는 일만 남아. 그밖에 무슨 일을 더 할 수 있겠나?"

"이제는 이런 식으로 빵냄새를 맡아 볼 수도 없게 되었군그래."

하숙인 가운데 하나가 인상을 찌푸린 영감의 얼굴 표정을 흉내내면서 말했다.

"어지간히 하게." 복습교사가 말했다. "고리오 영감은 그냥 내버려 둬. 아까부터 영감 얘기만 듣고 있자니 지긋지긋해. 파리라는 도시의 장점은 아무도 모르게 태어나 살다가 죽는 것이야. 그러니 문명의 은혜를 우리도 누려보잔 말이야. 오늘 하루만 해도 60명은 죽었을 텐데, 이 파리의 대량학살에 꼬박꼬박 눈물을 흘리잔 말인가? 고리오 영감이 돌아가신 건 그분에겐 도리어 축복이야! 영감을 추모할 사람은 가서 밤샘이라도 하면 될 테니, 우리 같은 사람은 조용히 식사를 하게 해달란 말이야."

"옳은 말이에요." 보케르 미망인이 말했다. "영감님은 죽는 편이 더 행복할 거예요! 평생을 지긋지긋한 고통 속에서 사신 것 같으니 말이에요."

이 말이, 외젠에게는 부성의 상징으로 보였던 그 인물에 대한 유일한 추도사였다. 열다섯 사람의 하숙인들은 또다시 평소처럼 잡담을 늘어놓기 시작했다. 외젠과 비앙숑이 식사를 마쳤을 때, 포크와 숟가락 소리라든가 이야기 뒤섞인 웃음소리, 먹기에 여념이 없는 사람들의 여러 가지 표정들, 무관심 등 모든 것이 두 사람에게 섬뜩한 혐오감을 불러일으켰다. 그들은 밤샘을 하면서 고인을 위해 기도해 줄 사제를 찾으러 밖으로 나갔다. 영감을 위해 해야 할 마지막 의무도 그들에게 남은 몇 푼 안 되는 돈에 맞추어서 제한해야 했다. 밤 9시 무렵 유해는 텅 빈 방 안에 덩그러니 놓인, 가죽띠로 얽은 침대틀 위에 안치되었다. 침대틀 양쪽에서 촛불 두 자루가 유해를 비추고 있었다. 신부가 와서 그 옆에 앉았다. 기도비와 장례비에 대해 신부에게 이것저것 물어본 라스티냐크는, 뉘싱겐 남작과 레스토 백작에게 장례비용을 처리하기 위해 집사를 보내 달라고 편지를 썼다. 그는 크리스토프에게 편지를 들려 보내고, 잠자리에 들자마자 지쳐 곯아떨어졌다.

이튿날 아침 비앙숑과 라스티냐크는 자기들이 직접 사망신고를 하러 가야 했다. 사망확인은 점심때쯤 끝났다. 그러고 나서 2시간이 지났지만 사위들은 누구도 돈을 보내오지 않았고 대리인이 나타날 기미도 보이지 않았다. 하는 수 없이 사제에게는 라스티냐크가 돈을 치러 주었다. 실비가 영감에게 수의를 입히는 비용으로 10프랑을 요구했으므로, 외젠과 비앙숑은 고인의 친족이 나서지 않으면 장례비를 치를 돈도 모자랄 것이라고 걱정하기 시작했다. 그래서 의학생은 병원에서 싸게 파는 빈민용 관을 사와서 입관하는 일도 스스로 했다.

"그 인정머리 없는 인간들에게 본때를 보여 주자구." 비앙숑이 외젠에게 말했다. "페르라세즈 묘지에 가서 5년짜리 계약을 맺고,[*9] 교회와 장의사에 3등 장례를 신청하고 오게. 사위와 딸들이 비용 지불을 거절하면 묘비에 이렇게 새기는 거야. '여기에 레스토 백작부인과 뉘싱겐 남작부인의 아버지 고리오 씨 잠들다. 단 매장비는 두 학생이 마련하였다'라고 말이야."

외젠은 뉘싱겐 저택과 레스토 저택을 들러 헛걸음을 한 뒤에야 비로소 친구의 의견에 따를 마음이 생겼다. 그는 집안으로 들어갈 수조차 없었다. 두 집 다 문지기에게 엄명을 내려놓았던 것이다.

"주인 나리와 마님께서는 모든 면회를 거절하고 계십니다. 아버님께서 돌아가셔서 깊은 슬픔에 잠겨 계시기 때문입니다." 문지기는 말했다.

외젠은 그간 파리 사교계를 겪으면서, 이럴 때는 억지로 밀어붙여서도 소용없음을 배웠다. 델핀을 만날 수조차 없다는 것을 알았을 때는 그의 가슴이 이상스럽게 죄어오는 듯했다.

'장신구라도 팔아서 하다못해 아버님이 남 보기에 흉하지 않게 마지막 길을 가실 수 있도록 해 드리십시오.' 그는 문지기가 보는 앞에서 델핀에게 편지를 썼다.

그는 편지를 봉투에 넣고, 테레즈에게 건네서 남작부인에게 전해 드리라고 문지기에게 부탁했다. 그러나 문지기는 편지를 뉘싱겐 남작에게 건넸고, 남작은 그것을 불 속에 넣어 버렸다. 볼일을 모두 끝내고 외젠은 3시 무렵 집으로 돌아왔다. 인기척 없는 길가의 통용문 앞, 검은 천 한 장만 겨우 덮은 관이 두 개의 의자 위에 놓여 있는 것을 보고, 외젠은 쏟아지는 눈물을 참을 수 없었다. 성수를 가득히 채운 은도금한 구리접시에는 초라한 관수기(灌水器)가 담겨져 있었지만, 관수기에 손을 댄 사람은 아무도 없었다. 문에는 검은 포장도 쳐 있지 않았다. 장식도, 문상객도, 친구도, 식구도 없는 빈민의 죽음이었다.

비앙송은 병원에 가야 했으므로, 라스티냐크에게 성당과 교섭한 결과를 쪽지로 남겨 두었다. 미사는 엄청나게 비싸서 그보다 싼 장례 기도만으로 만족해야 한다는 것과, 장의사에게는 크리스토프에게 편지를 들려 보냈다고 적혀 있었다. 비앙송이 갈겨쓴 편지를 다 읽고 나서 문득 보니까 두 딸의 머

---

[*9] 묘지에는 양도와 임차가 있다. 임차기간 5년은 가장 짧은 기간이며, 따라서 가장 싸다.

리카락을 넣은 금고리가 붙은 로켓이 보케르 부인의 손에 쥐어져 있었다.

"어째서 그걸 끌렀습니까?" 외젠은 부인에게 다가가서 말했다.

"아아니, 그럼! 이것도 같이 묻어요?" 실비가 대답했다. "이건 금이라고요."

"당연히 같이 묻어야지!" 외젠은 화가 나서 말했다. "그나마 딸들을 추억할 수 있는 물건 하나쯤은 가지고 가야 할 것 아닙니까!"

장의 마차가 오자, 외젠은 관을 싣게 한 다음 뚜껑을 열고, 델핀과 아나스타지가 아직 어리고 순수했던 시절, 노인이 단말마의 절규 속에서 말했듯이 딸들이 아직 말썽을 부리지 않던 무렵을 추억하는 그 로켓을 경건한 태도로 영감의 가슴 위에 놓아 주었다. 장의 마차는 불행한 노인을 뇌브생트즈느비에브 거리에서 얼마 멀지 않은 생테티엔 뒤 몽 성당으로 싣고 갔고, 장례 인부 두 사람과 함께 라스티냐크와 크리스토프만이 그 뒤를 따랐다. 성당에 도착하자, 유해는 천장이 낮고 어두컴컴한 예배당에 안치되었다. 학생은 주위를 둘러보며 고리오 영감의 두 딸과 사위들의 모습을 찾았지만 부질없는 짓이었다. 그의 곁에는, 때때로 수지맞는 팁을 주곤 했던 고인에게 마지막 도리를 다해야 한다고 생각하는 크리스토프밖에 없었다. 두 사제와 성가대 소년과 성당 심부름꾼이 오기를 기다리는 동안, 라스티냐크는 한 마디 말도 하지 못하고 크리스토프의 손만 꾹 쥐고 있었다.

"그럼요, 외젠 씨." 크리스토프가 말했다. "큰 소리로 야단을 치는 일은 절대로 없었고, 누구에게도 폐를 끼치지 않았고, 남을 해친 적도 없는 성실하고 점잖은 분이셨어요."

사제 두 사람과 성가대 소년과 성당 심부름꾼이 와서 70프랑어치 기도를 해 주었다. 무료로 기도를 올려주기에는 성당이 너무도 가난하던 시절이었다. 사제들은 성가를 부르고, 리베라(주여 저를 풀어 주시옵소서'로 시작하는 죽은 사람을 위한 기도)와 데 프로푼디스(심연에서'로 시작하는 애도가)를 읊었다. 장례는 20분 만에 끝났다. 장의 마차가 한 대밖에 없었으므로 사제와 성가대 소년은 외젠과 크리스토프도 같이 태우고 가기로 했다.

"뒤따를 사람들이 없으니 마차를 빨리 몰 수 있겠군요. 벌써 5시 반이라 늦지 않도록 서둘러야 해요." 사제가 말했다.

그런데 관을 다시 장의 마차에 실을 때, 레스토 백작과 뉘싱겐 남작 두 집안의 가문(家紋)이 새겨진 마차가 나타나 페르라세즈 묘지까지 장의 행렬을

뒤따랐다. 그러나 마차 안은 텅 비어 있었다. 6시에 고리오 영감의 유해는
무덤 안으로 내려졌고, 주변에 서 있던 두 집안의 고용인들은 학생의 돈으로
영감에게 올리는 짧은 기도가 끝나자마자 사제들과 함께 모습을 감추었다.
두 산역꾼은 관이 안보일 만큼만 삽으로 몇 번 흙을 덮더니 몸을 일으켰고,
그중 한 사람이 라스티냐크에게 술값을 요구했다. 외젠은 주머니를 뒤졌지
만 한 푼도 없었으므로 크리스토프에게서 20수를 빌려야 했다. 그것 자체는
대수롭지 않은 일이었지만, 그 사건은 라스티냐크의 마음에 지독한 슬픔을
자아냈다. 해가 지기 시작하여 음산한 황혼이 그의 신경을 더욱 자극했다.
그는 무덤을 바라보며 거기에 청년으로서 마지막 눈물을, 신성한 감동에 겨
운 순수한 마음의 눈물을 묻었다. 뚝뚝 떨어진 대지에서 다시 하늘로 솟구쳐
올라가는 눈물이었다. 라스티냐크는 팔짱을 끼고 구름을 바라보았다. 그런
모습을 보고, 크리스토프는 돌아가 버렸다.

혼자 남은 라스티냐크는 묘지 근처의 높은 곳으로 몇 걸음 걸어 올라가,
센 강 양쪽으로 굽이굽이 펼쳐져 있는 파리 시내를 내려다보았다. 벌써 불빛
이 반짝이기 시작하고 있었다. 그의 눈은 물어뜯을 기세로, 방돔 광장의 두
리기둥과 상이군인 병원의 둥근 천장 사이*10에 있는, 그가 들어가고 싶었던
상류 사교계의 중심지를 쏘아보았다. 윙윙거리는 꿀벌 둥지를 바라보는 라
스티냐크의 눈길은 그 세계의 꿀을 미리 빨아먹어 버리려는 듯했다. 그는 다
음과 같은 장대한 말을 내뱉었다.

"자, 이번엔 너와 내가 대결할 차례다!"

그리고 사회를 향한 첫 번째 도전으로서, 라스티냐크는 뉘싱겐 부인 집으
로 저녁을 먹으러 갔다.

1834년 9월, 사세*11에서

---

*10 9세기 귀족의 저택가인 생제르망 지구는 대략 상이군인 병원 동쪽 일대로 여겨진다.

*11 투르 시(프랑스 남서부) 남서쪽 약 20킬로미터 거리에 있으며, 앵드르 강을 끼고 있는 작
은 마을. 발자크 집안과 친하게 지내던 마르곤의 성관(현재 발자크 문학관으로 쓰인다)이
이곳에 있었으므로, 발자크와는 어릴 때부터 인연이 깊은 곳이다. 특히 30대가 되어서는
거의 매년 이 저택을 찾아와 요양과 집필 장소로 이용했다.

La Recherche de l'absolu
# 절대의 탐구

들라누아 조세핀(본성 두메르) 부인에게 바칩니다*

---

* 부인의 아버지 다니엘 들라누아는 육군에 군량을 납품하던 어용상인으로, 동업자인 발자크
의 아버지를 후원했다. 부인은 발자크의 여동생 로르의 학우였던 인연으로 발자크와도 친했
고, 발자크에게 여러 번 돈을 빌려준 적도 있다. 발자크는 그런 부인을 '제2의 어머니'라 불
렀다고 한다.

# 절대의 탐구

부인, 이 작품이 나의 생명보다 오래도록 살아남기를 바랍니다.

당신에게 바치는 나의 감사하는 마음,

나에게 거의 어머니나 다름없는 당신의 사랑에 못지않은 감사의 마음은,

인간의 애정의 한계를 넘어서 영원히 이어질 것입니다.

그리하여 작품의 생명을 통해 마음의 생명도 오래도록 이어지는 이 숭고한 특권은,

그것을 얻으려고 열망하는 자에게는, 그 점에 대한 확증이 있다면,

모든 고통에 대한 위안이 되기에 충분할 것입니다.

그러므로 나는 되풀이해 말합니다. 제발 그렇게 되기를!

두에의 파리 가(街)에 서 있는 한 채의 집, 그 집 외관과 집안 구석구석의 구조는 이 쾌적한 지방의 질박한 풍습에 참으로 잘 어울리는 고풍스러운 플랑드르의 특징을 다른 어떤 건물보다 짙게 간직하고 있었다. 그러나 이 집에 대해 묘사하기 전에, 아마 작가의 이해(利害)와 관련된 입장에서는 독자에게 미리 예비지식을 제공해 둘 필요가 있음을 분명히 말해두는 것이 좋을 것 같다. 물론 아는 것도 없으면서 그저 빨리 읽어버리고 싶어서 그런 절차를 불평하는 사람들이 있을지도 모른다. 그들은 씨앗을 뿌리지 않고 꽃을 보려 하고, 임신도 하지 않고 아기를 원하는 것처럼, 이야기를 시작하는 실마리도 없이 감동을 원하는 사람들이다. 그렇다면 '예술'은 '자연'보다 훨씬 더 힘이 있어야 한다는 말인가?

공적으로든, 사적으로든, 사람의 생활과 관련된 다양한 일들은 건조물과 매우 밀접한 관계를 가지고 있어서, 대부분의 관찰자는 역사적인 공공건축물의 폐허에서 국가를, 가정이 남긴 유물의 조사에서 개인을, 지난날의 관습대로 똑같이 복원할 수 있다. 건축물과 사회적 체질의 관계는 비교해부학과

유기체의 성질의 관계와 같다. 어룡(魚龍)*1의 뼈에 모든 창조물이 간직되어 있듯이, 모자이크 무늬 하나에 사회 전체의 모습이 또렷하게 나타나 있다. 모든 것은 서로 이끌고 있고 서로 이어져 있다. 또 각각의 결과에서 원인으로 거슬러 올라갈 수 있듯이, 원인에서 결과를 추측할 수 있다. 그리하여 학자는 미관을 해치는 미미한 상처 같은 세부에 이르기까지 고대를 되살릴 수 있다. 건축물에 대한 묘사도, 작가의 호기심이 그 요소를 멋대로 바꾸지 않는다면 매우 놀라운 흥미를 불러일으키는데, 그 이유도 아마 그런 데서 유래할 것이다. 누구든지 그러한 묘사를 통해 엄밀하게 추리하면 과거와 결부시킬 수 있다. 그리고 인간에게 과거는 기묘하게도 미래와 비슷하다. 이미 일어난 일을 말하는 건 거의 언제나 앞으로 일어날 것을 얘기하는 것이 되지 않을까? 즉, 인생이 영위되고 있는 장소를 묘사한 데서, 배반당한 소망이나 이루지 못한 희망을 떠올리지 않는 사람은 거의 없을 것이다. 남몰래 품는 열망을 배반하는 현재와 그 열망을 실현할 수 있는 미래를 비교하는 건 아무리 퍼내도 마르지 않는 우수와 달콤한 만족의 샘이다.

그래서 다양한 소도구가 잘 그려져 있는 플랑드르의 생활 그림을 볼 때마다 늘 어떤 감동에 사로잡히게 된다. 왜 그럴까? 아마 그것이 다양한 생활의 정경 속에서도 변하기 쉬운 사람의 생활을 가장 잘 그려내고 있기 때문일 것이다. 모든 축제와 의식, 모든 가족의 유대, 무사태평한 생활이 이어질 것을 보장하는, 여유가 가득한 나날, 지복을 느끼게 하는 휴식, 그러한 것이 있어야 비로소 그 생활이 성립된다. 그러나 그것은 특히 쾌락이 욕망을 미리 말살시켜버릴 만큼 육감적이라고 할 수밖에 없는 행복에서 태어나는 평온과 단조로움을 나타내고 있다. 정열적인 사람이 감정의 격동에 어떠한 가치를 두든, 그는 여기 이 사회를 있는 모습 그대로 바라보면 반드시 감동하지 않을 수 없을 것이다. 그곳에서는 천박한 사람들로부터 열정이 없다는 비난을 받을 만큼, 심장고동이 너무나 훌륭하게 규칙적으로 뛰고 있다. 대중은 일반적으로 오래 이어지는 평온한 힘보다는 일시에 넘쳐흐르는 이상한 힘을 좋아한다. 사실 대중에게는, 별로 변한 것이 없는 겉모습 속에 무한한 힘이 숨겨져 있는 것을 확인할 시간도 인내력도 없다. 따라서 하루하루 삶이 흘러가

---

*1 고생물인 이크티오사우루스. 삼첩기부터 백악기에 서식한 수생 파충류로, 몸길이가 16미터나 된다.

는 대로 몸을 맡기고 있는 대중의 마음을 움직이기 위해서, 그것을 그리고자 하는 정열은 위대한 예술가처럼 의도를 훨씬 뛰어넘는 수단을 취하는 수밖에 없다. 바로 미켈란젤로, 비앙카 카펠로,*² 라 발리에르,*³ 베토벤, 파가니니가 한 것처럼 말이다. 위대한 예견자만이, 지향하고 있는 의도를 결코 뛰어넘어서는 안 된다 생각하고, 모든 작품에 그러한 매력으로 넘치는 사람을 나타내는 깊은 고요로 흠잡을 데 없는 완성의 흔적을 새겨 넣은 잠재적인 힘에 대해서만 존경을 나타낸다. 그런데 뿌리부터 검소한 플랑드르 사람들이 영위하는 생활은, 시민과 중산계급의 생활로서 대중이 꿈꾸는 행복의 조건을 훌륭하게 만족시키는 것이었다.

플랑드르의 모든 풍습에는 물질이 지닌 가장 세련된 질감이 새겨져 있다. 영국의 안락한 생활에서는 거친 색조와 딱딱한 분위기를 볼 수 있지만, 플랑드르에서는 가정의 낡아빠진 실내에서 느낄 수 있는 참으로 부드러운 색채와 진정한 순박함이 사람들의 눈을 즐겁게 해준다. 그것은 피곤한 줄 모르는 일을 떠오르게 한다. 그곳에서는 입에 문 파이프에서 나폴리식의 '무위안락'의 절묘한 조화를 볼 수 있다. 그리고 예술의 온화한 느낌, 예술에 가장 필요한 조건인 인내, 예술로 창조된 작품을 영속하게 해주는 요소인 양심이 두드러지게 나타나 있다. 플랑드르의 특징은 인내와 양심, 이 두 낱말 속에 있다. 그것은 풍요로운 시정(詩情)을 몰아내고, 플랑드르의 풍속을 그 넓은 들판처럼 단조롭고 안개 낀 하늘처럼 차갑게 만드는 것처럼 보인다. 그러나 결코 그렇지 않다. 문명이 힘을 발휘하여 그 지방의 모든 것을, 기후의 영향조차 바꿔버린 것이다. 지구상에 있는 다양한 나라의 산물을 주의 깊게 살펴보면, 온난한 지방에서 만든 것은 특별히 회색이나 갈색을 띤 것이 많은 것에 먼저 놀란다. 한편, 더운 지방에서 만든 것은 색채가 매우 선명하다. 풍속 또한 그러한 자연의 법칙에 따르는 것이 당연하다. 옛날에는 주로 갈색이어서 아무래도 단조로워지지 않을 수 없었던 플랑드르 사람들은, 그 어두침침한 분위기에, 정치적인 부침을 통해 선명한 색채를 부여하는 방법을 발견했다. 그 부침이란 부르고뉴군, 스페인군, 프랑스군에 잇따라 굴복하고, 독

---

*2 1542~87. 젊어서 염문을 자자하게 뿌린 뒤 프란체스코드 메디치와 결혼했으나, 남편과 함께 독살당한다.
*3 1644~1710. 루이 14세의 정부였던 루이즈 드 라 발리에르.

일군, 네덜란드군과 동맹을 맺은 것을 말한다. 그리하여 스페인인한테서는 호화롭기 그지없는 붉은 직물과 반짝이는 공단, 강한 인상을 주는 태피스트리, 깃털장식, 만돌린, 정중한 행동거지를 배워 내 것으로 만들었다. 베네치아에서는 천과 레이스를 주고, 와인을 부으면 영롱하게 반짝거려서 더욱 고급스럽게 보이게 하는 그 멋진 유리제품 제조기술을 습득했다. 오스트리아에서는 흔히 '부아소 됫박 속을 세 걸음 걷는'[*4] 식의 신중한 외교술을 물려받아 지키고 있다. 인도와의 교역을 통해 중국의 괴상한 발명품과 일본의 신기한 물건들을 사들였다. 그러나 모든 것을 그러모으되 하나도 돌려주지는 않고, 모든 것을 받아들이는 인내가 있었음에도, 플랑드르인은 담배의 발견에 의해 제각각 다른 특징밖에 없었던 이 나라의 양상이 그 담배연기 속에 하나로 통합되는 시기까지는, 뭐든지 집어넣는 유럽의 종합물류창고로밖에 여겨지지 않았다. 그때부터 플랑드르 국민은 영토가 분단되었음에도 불구하고 파이프와 맥주로 생존하게 되었다.

타고나기를 활기가 없고 시정이 모자란 플랑드르는 자신의 행동은 늘 아끼면서, 지배자와 이웃나라의 부와 사상을 자기 것으로 챙긴 결과, 비굴한 심성으로 얼룩져 있는 것처럼 보이는 일 없이, 독창적인 생활과 특색 있는 풍속을 만들어냈다. 이 나라의 예술은 관념적인 것은 모두 없애고 오로지 형태만을 재생했다. 그래서 연극 같은 재치도, 극적인 행동도, 서사시나 서정시 같은 시상의 대담한 발상도, 음악의 정수도, 이 조형적인 시상의 본고장에서 바라서는 안 된다. 그러나 이곳에서는 시간과 램프 불빛을 필요로 하는 발명과 논쟁 분야에서는 풍부한 성과를 올리고 있다. 여기서는 모든 것에 현세적인 향락이라는 각인이 찍혀 있다. 사람은 실제로 있는 것에만 눈을 돌리고, 사람들의 생각은 생활에 도움이 되는 것에 온 마음을 다해 기울이므로, 어떠한 작품에서도 현실세계를 벗어나서 멀리 달려가는 일이 없었다. 이 나라가 품은, 미래에 대한 유일한 생각은 하나의 정치경제학이었다. 이 국민의 혁명의 힘은, 식탁에서 마음대로 행동하고 '내 집' 처마 밑에서 완전히 편안하게 쉬고 싶다는 가정적인 열망에서 나온 것이었다. 부(富)가 가져다준 안락한 감정과 독립 정신이 그 어디보다 빨리 이 땅에 자유에 대한 욕구를 가

---

[*4] 쉽게 결정하지 않는다는 의미. 부아소는 곡물을 재는 단위로 12.7리터이다.

져왔고, 그것이 훗날 유럽을 움직이게 되었다. 그래서 일찍부터 플랑드르인 특유의 완고한 믿음과, 교육을 통해 몸에 밴 끈기로, 자신들의 권리를 지키는 일에 있어서는 무서운 인간이 된 것이다. 따라서 이 국민들은 집이든, 가구이든, 제방이든, 문화이든, 반란이든, 그 어떤 것도 적당히 다루는 일이 없다. 그래서 그들은 자신들이 일단 손을 댄 것은 끝까지 독점하려고 한다. 레이스 제조, 끈기가 필요한 농업, 그 이상으로 끈기가 요구되는 산업인 직물제조는 아버지가 아들에게 물려주는 재산처럼 세습된다. 이 점착질을 가장 완벽한 사람의 모습으로 그리고 싶다면, 네덜란드*5의 어느 선량한 시장(市長)의 초상화를 선택하면 거의 진실이라고 할 수 있다. 그런 인물은, 지금까지 얼마든지 볼 수 있었던 것처럼, 한자 동맹*6의 이익을 위해서라면 한 시민으로서 조용히 죽어가는 것도 마다하지 않는다. 그리고 그러한 질박한 생활의 온화한 시정은, 이 이야기가 시작되는 시대에도 여전히 두에의 특징을 간직하고 있는 집들 가운데 한 채의 묘사 속에서 저절로 발견될 것이다.

노르 현의 모든 도시 가운데 두에는 유감스럽게도 가장 근대화가 진행된 도시였다. 혁신적인 감정이 급속하게 이 땅을 휩쓸어 사회의 진보를 사랑하는 분위기가 널리 퍼져 있는 지방이다. 여기서는 오래된 건물은 날이 갈수록 자취를 감추고 고풍스러운 습속이 사라져가고 있다. 그 대신 파리풍의 분위기와 유행과 양식이 판을 치고 있다. 두에 사람들 사이에는, 머지않아 옛날 플랑드르의 생활 가운데 사람을 대접하는 따뜻한 마음씨와 스페인풍의 예절, 네덜란드의 부와 청결만이 남고, 벽돌집은 하얀 석조 주택으로 바뀔 것이다. 또 네덜란드풍의 호사스러운 양식은 새롭고 변하기 쉬운 프랑스풍의 우아한 취미에 자리를 내주게 될 것이다.

이 이야기의 사건이 일어난 집은 파리 가의 거의 중간에 있었는데, 2백 년 전부터 클라스 저택이라는 이름으로 불리고 있었다. 방 클라스 집안은 옛날에는 가장 유명한 장인(匠人)의 집안으로, 그 대대의 장인들 덕분에 네덜란드는 몇 가지 산물에서 상업적인 패권을 장악하여 그것을 지켜왔다. 클라스 집안은 강 시에서 오랫동안 아버지에게서 아들에게 대대로 직조장인협회의 회장을 역임해 왔다. 강 시의 특권을 거둬가려고 했던 샤를 캥*7에 대해 이

---

*5 여기서는 현재의 네덜란드에 벨기에를 포함한 지방을 가리킨다.
*6 북해, 발트해 연안의 도시들이 결성한 도시동맹.

대도시가 반란을 일으켰을 때, 대대의 클라스 집안 가운데 가장 부유했던 당주는 반란에 너무 깊이 휘말려버리는 바람에 장인협회 동지들과 운명을 같이 하는 수밖에 없었다. 그리하여 반란의 파국을 예측한 그는 황제의 군대가 도시를 포위하기 전에 프랑스의 보호에 의지하여 처자와 재산을 몰래 도시 밖으로 반출했다. 직조장인협회 회장의 예견은 적중했다. 그는 사실상 강 시의 독립을 옹호하는 인물이었으나 항복한 그룹에서 제외되어, 다른 몇 명의 시민들과 함께 반란자로 교수형에 처해졌다*8. 클라스와 그 동지들의 죽음은 헛되지 않았다. 그 뒤 이 무모한 처형에 대한 대가로 스페인 왕은 네덜란드의 영지 대부분을 잃게 되었다. 대지에 뿌려진 씨앗 가운데 순교자가 흘린 피가 가장 빠른 수확을 할 수 있는 씨앗이다. 이 반란을 2대에 걸쳐 처벌한 펠리페 2세*9가 두에에 폭정을 휘두르던 무렵, 클라스 집안은 몰리나라고 하는 명문귀족 집안과 혼인관계를 맺음으로써 엄청난 부를 지켰다. 그리하여 그때까지 가난했던 몰리나 집안의 장자는 매우 부자가 되어, 레온 왕국*10에 명의만 지니고 있던 누르호 백작령을 다시 사들일 수 있었다.

19세기 초에는 별다른 흥밋거리가 되지 않는 부침을 거친 뒤, 두에에 뿌리내린 클라스 집안의 가계는 누르호 백작, 발타자르 클라스 몰리나 씨라는 인물이 대표하고 있었는데, 그는 그저 발타자르 클라스로 불리기를 원했다. 수많은 직기를 움직였던 그의 조상들이 이룬 막대한 재산 가운데 발타자르에게 남겨진 것은, 두에에 있는 토지에서 나오는 1만5천 리브르쯤의 수입과, 가구만으로도 한 재산이 되는 파리 가의 저택이었다. 레온 왕국에 있는 영지는 플랑드르의 몰리나 집안과 스페인에 남아 있던 몰리나 집안 사이에 분쟁의 대상이 되고 있었다. 레온의 몰리나 집안은 영지를 손에 넣고, 클라스 집안에만 권리가 있는 누르호 백작의 칭호까지 차지한 것이다. 그러나 카스티야의 오만함은 벨기에 시민의 자부심을 이기지 못했다. 그래서 호적이

---

*7 1500~58. 합스부르크 가 출신의 신성로마제국 황제 카를 5세는 프랑스에서는 샤를 캥으로 불리며, 1515년에 네덜란드를 지배하에 두었고 이듬해인 1516년에 어머니 쪽 혈통에 의해 스페인왕이 되었다. 1519년에 신성로마제국 황제에 선출됨으로써 공전의 대제국을 실현했다.

*8 이 인물은 실재한 롤랑 클라스로 추정되지만, 처형 대목은 발자크의 창작인 듯하다.

*9 1527~98. 샤를 캥의 황태자로, 스페인과 네덜란드의 왕으로 군림했다.

*10 10세기에 스페인 이베리아 반도에 세워진 왕국으로, 12세기에 카스티야에 병합되었다.

제정되자, 발타자르 클라스는 누더기 옷과 같은 스페인 귀족의 신분을 헌신 짝처럼 버리고 강 시의 명예로운 명사가 되었다. 나라에서 쫓겨난 사람들은 애국심이 매우 강해서, 클라스 집안은 18세기 말까지 자신들의 관습과 습속과 관례를 충실히 지켰다. 클라스 집안은 가장 순수한 시민계급이 아니면 혼인관계를 맺지 않았다. 클라스 집안의 일원이 되기 위해서는 상대편은 집안에 몇 명의 시장과 보좌관을 배출하지 않으면 안 되었다. 심지어 집안의 관습을 존속시키기 위해 브뤼주와 강, 리에주, 또는 네덜란드까지 가서 신붓감을 찾기도 했다. 18세기 말에는 그들이 교제하는 범위가 더욱 줄어서, 고등법원의 법관을 지낸 7, 8명의 귀족 가계에 한정되었다. 그러한 귀족의 풍속과, 스페인풍의 두 가지 색으로 나뉜, 주름이 기다란 법복의 당당하고 장중한 분위기는 클라스 집안의 관습과 잘 어울렸다. 도시 주민들은 클라스 집안에 종교적인 외경심을 품고 있었는데, 그것은 그들에게는 믿음과 같은 것이었다. 클라스 집안의 흔들림 없는 성실함, 더할 나위 없는 신의, 변치 않는 예절은 '거인제'*11처럼 그들에게는 변함없는 미신 같은 것으로, '클라스 저택'이라는 이름이 그것을 잘 나타내고 있었다. 옛 플랑드르의 정신이 집안 구석구석에 숨 쉬고 있어, 이 집은 부르주아 골동품 애호가에게는 중세의 부유한 부르주아가 지은 검소한 집의 전형이 되었다.

집 정면의 주요 장식은 떡갈나무로 만든 두 장의 여닫이문으로, 문에는 징이 정방형의 네 구석에 네 개, 그 중심에 한 개, 주사위의 다섯 개 눈처럼 박혀 있었다. 좌우 문 중앙에는 클라스 집안사람들이 자랑으로 여기는 가업의 상징으로, 엇갈리게 조합한 두 개의 방추*12가 조각되어 있었다. 사암으로 만든 이 출입구 상부는 끝이 뾰족한 아치로 되어 있고, 꼭대기에 십자가가 세워져 있는 작은 각등이 거기에 매달려 있는데, 그 각등 속에는 실패에 실을 감고 있는 성 주느비에브의 작은 상이 안치되어 있었다. 이 출입구와 각등의 치밀한 세공은 오랜 세월의 흔적으로 고색창연하지만, 하인들이 정성들여 손질한 덕분에 그 앞을 지나가는 사람들은 아주 세세한 부분까지 알

---

*11 두에에서 해마다 7월 5일 이후의 첫째 일요일부터 1주일 동안 열리는 축제로, 이 도시를 적의 포위에서 구출한 기사와 그 가족들의 모습을 본떠서 만든 거인을 메고 거리를 누빈다.

*12 베틀에서 씨실을 푸는 기구.

아볼 수 있었다. 그리하여 작은 기둥을 늘어놓은 입구의 장식 문틀도 짙은 회색을 그대로 유지하고 있고 니스를 칠한 것이 아닌가 할 만큼 빛나고 있었다. 일층 여닫이문 양쪽에는 저택의 여느 창문과 마찬가지로 십자 모양으로 칸을 나눈 창이 두 개 있었다. 하얀 석재 창틀 아래는 화려한 조개껍데기 무늬로 꾸며져 있고, 위쪽은 십자가의 세로 지주로 나누어진 두 개의 아치가 있으며, 그 십자가 창유리를 넷으로 나누고 있는데, 위아래가 똑같이 등분되어 있지는 않았다. 십자를 이루는 데 필요한 높이에 지른 가로목으로 창문을 아래위로 나눈 하부는, 그 크기가 각각 둥근 아치가 달려 있는 상부의 거의 두 배나 되었기 때문이다. 두 개의 아치에는 번개무늬를 그리듯이 각각의 벽돌이 1푸스*¹³씩 교대로 나오고 들어간 세 줄의 벽돌 띠가 장식처럼 배열되어 있었다. 여러 장의 작은 마름모꼴 유리가 매우 가느다란 쇠창살 속에 끼워져 있었다. 하얀 회칠로 틈을 메운 벽돌벽을 일정한 간격을 두고 귀퉁이마다 돌로 받치고 있었다. 이층에는 창문이 다섯 개인데 삼층에는 창문이 세 개밖에 없었다. 지붕 밑 방은 다섯 개의 칸으로 나뉘어져 있고, 사암으로 가장자리를 두른 둥근 개구부가 삼각형의 박공 중앙에, 사원 정면의 장미창*¹⁴처럼 뚫려 있었다. 지붕 위에는 풍향계 대신 아마를 감은 방추가 세워져 있었다. 박공벽의 커다란 삼각형의 두 변은 이층 차양의 돌출부까지 계단상의 단면을 이루고 있고, 거기에 있는 괴수의 입에서 빗물이 흘러나와 좌우로 떨어지도록 되어 있었다. 집 토대를 따라 한 단으로 깔려 있는 사암이 계단을 대신하고 있었다. 마지막으로, 옛 관습의 흔적인 듯, 출입구 양쪽 창문 사이에 굵은 쇠로 띠를 두른 들어열개가 있어서 그것을 통해 지하실로 들어가게 되어 있었다. 이 집이 지어진 이래, 이 정면은 1년에 두 번씩 정성들여 청소되었다. 이음매의 회칠이 조금이라도 벗겨지면 곧바로 다시 칠해졌다. 파리의 가장 값비싼 대리석도 이 집 유리창과 창틀, 석재만큼 공들여 먼지를 털지는 않을 것이다. 그래서 이 집 현관에서는 눈 씻고 봐도 파손의 흔적을 찾아볼 수 없었다. 벽돌이 오래되어 색깔은 거뭇거뭇해졌어도, 애호가들이 소중히 간직하는 오래된 그림이나 책처럼 잘 보존되었다. 그러한 서화는 주위

---

*13 약 2.7센티미터.

*14 중심에서 격자가 장미꽃잎처럼 방사상으로 퍼져 있고 거기에 스테인드글라스를 끼운 커다란 원창. 로마네스크와 고딕양식의 사원건축에서 볼 수 있다.

를 에워싸는 공기 속에서, 우리 인간까지 위협하는 유독가스의 영향만 입지 않는다면 언제까지나 새것처럼 잘 보존될 것이다.

플랑드르의 구름 낀 하늘과 습기, 좁은 거리 때문에 생기는 그늘이, 이 건물에서 정성들여 문질러서 가꾼 광택을 빼앗아가고 있었다. 하기는 그 광택 때문에 건물이 차갑고 쓸쓸해 보이기는 했다. 시인이라면 채광탑 틈새에 풀이 자라고 옥상의 사암 위에 이끼가 낀 분위기를 좋아할 것이다. 어쩌면 벽돌이 깨지거나 창문 아치 아래를 꾸미는 삼중의 붉은 칸막이 속에 제비가 둥지라도 짓기를 바랄지도 모른다. 너무 잘 문질러서 거의 닳아버릴 지경인 정면의 깔끔하고 깨끗하기 그지없는 외관은 운치가 없을 만큼 딱딱하고, 감탄할 만큼 점잖은 분위기를 자아내고 있어서, 로맨틱한 인물이 이 건물 정면에 살고 있었다면 틀림없이 이사해 버렸을 것이다. 방문객이 출입구 문틀에 매달려 있는 철로 세공한 초인종 줄을 당기면, 하녀가 한복판에 격자창이 나있는 문을 안쪽에서 열어준다. 그러면 문은 자기 무게로 곧 하녀의 손을 떠나 다시 닫히고, 청동의 장중하고 묵직한 소리가 타일을 깐 넓은 회랑의 둥근 천장 아래를 지나 집안까지 울려 퍼진다. 대리석 무늬로 채색하고 고운 모래를 뿌려 놓은 회랑은 언제나 쥐 죽은 듯이 조용히, 유약을 칠한 커다란 초록빛 타일이 깔린 넓은 정방형 안마당으로 통하고 있다. 왼쪽에는 리넨 제품을 넣어두는 방과 부엌, 하인방이 있고, 오른쪽에는 나뭇간과 석탄 창고, 건물 몸채에 딸린 부속건물이 늘어서 있으며, 그 건물 출입구와 창문과 벽은 참으로 깨끗하게 보존된 의장(意匠)으로 꾸며져 있었다. 비쳐드는 햇살은 사방을 둘러싸고 있는, 하얀 줄이 들어간 붉은 벽에 부드러운 장밋빛으로 반사되어, 건물 세부와 그 무늬에 신비로운 매력과 환상적인 표정을 주고 있었다.

플랑드르에서는 안마당 안쪽에, 거리를 향하고 있는 건물과 똑같이 생긴, '별채'라 불리는 또 한 채의 집이 있는데, 오직 가족의 주거용으로 쓰이고 있었다. 일층의 첫 번째 방에는, 안마당 쪽으로 나있는 두 개의 창문과, 집과 비슷한 면적의 뜰을 향한 다른 두 개의 창문을 통해 빛이 들어오고 있었다. 마주 보는 두 장의 유리문 한쪽에서는 안마당으로, 또 한쪽에서는 뜰로 나갈 수 있는데, 그것이 거리 입구까지 통하고 있어서, 손님이 안에 들어가면 이 주거 전체를, 뜰 안쪽을 뒤덮고 있는 무성한 나뭇잎까지 자세히 볼 수 있었다. 정면의 집은 찾아오는 손님의 응접용으로 쓰이고, 삼층에 있는 몇 개의 방은 손님이 묵는 용도로 쓰이는데, 거기에 미술품과 귀중한 물건들이 소장되어 있었던 것은 확실하지만, 클라스 집안사람들의 눈으로 보나 전문감정가의 판단으로 봐도, 가족이 2세기 동안 살았던 방에 꾸며져 있는 보물에 필적할 만한 물건은 없었다.

클라스는 강 시의 자유를 위해 목숨을 바쳤다. 클라스를 베네치아 무적함대에 필요한 범포를 만들어 은화 4만 마르크의 재산을 이룬 사람이라고 역사가가 평가하지 않는다면, 그는 하잘 것 없는 공예가로 생각되었을 것이다. 이 클라스의 친구 가운데 브뤼주의 방 하이슘이라는 유명한 조각가가 있었는데, 그 조각가는 이 공예가의 지갑에서 사양하지 않고 돈을 수없이 꺼내갔다. 강 시의 반란이 일어나기 조금 전에, 부자가 된 방 하이슘은 친구를 위해 묵직한 흑단으로 벽판을 몰래 조각하고 있었다. 거기에는 한때 플랑드르의 왕이 된 것으로 알려진 양조업자 아르테벨더*15의 일생의 주요 장면이 새겨져 있었다. 60장의 널빤지가 끼워져 있는 이 벽면에는 약 1400명의 주요 인물이 등장하는데, 방 하이슘의 대표작으로 여겨지고 있다. 샤를 캥은 자신이 태어난 고향에 입성하는 날 반란을 일으킨 시민들을 체포하기로 결정했는데, 반란자들을 감시하는 임무를 맡았던 대장은 방 클라스에게 방 하이슘의 목각을 자기에게 주면 놓아 주겠다고 그에게 제안했다고 한다. 그러나 그 목각은 방직업자에 의해 이미 프랑스로 반출된 뒤였다. 게다가 방 하이슘이 그 응접실을 직접 찾아와서, 거기에 그려진 순교자의 영혼을 위로하기 위해 목각 널빤지로 모두 뒤덮인 벽판에 금실이 섞인 군청색으로 칠한 나무틀까지 붙여 놓았다. 그 결과, 지금은 이 거장의 가장 완벽한 작품이 되었고, 그의 하찮은 다른 작품들까지 천금의 가치를 지닌 작품이 된 것이다.

난로 위에는 티치아노가 그린, 재산분할 문제를 다루는 재판소장의 제복을 입은 방 클라스의 초상화가 걸려 있다. 이 그림은 그를 클라스 집안의 위인으로 존경하고 있는 이 가족을 지금도 여전히 이끌고 있는 것처럼 보였다. 처음에는 돌로 만들어졌던 커다란 벽난로는, 전(前) 세기에 하얀 대리석으로 다시 만들어져, 케케묵은 시계와 다섯 개의 꼬인 가지가 달려 있는 두 개의 촛대의 받침대가 되어 있었다. 촛대는 취향이 좋은 것은 아니었지만 순은

---

*15 1295~1345. 실제로는 양조업자가 아니라 애국적인 활동가로, 그 때문에 양조업자 조합
　　장이 되어 그 밖의 동업조합의 확립에도 공헌했지만 결국 암살당한다.

이었다. 네 개의 창문은 안감으로 하얀 비단을 대고, 검은 꽃무늬가 그려진 붉은 다마스크 직물 커튼으로 풍성하게 꾸며져 있었다. 그리고 같은 천으로 덮은 가구는 루이 15세 시대에 새로 바꾼 것이었다. 나무쪽을 붙인 바닥은 아무리 봐도 최근에 만든 것으로, 참나무로 가장자리를 두른 커다란 백목판 으로 되어 있었다. 격자천장은 몇 개의 격자장식 안에 방 하이슘이 조각한 가면 장식이 하나씩 있었는데, 소중하게 관리되어 있어서 네덜란드 참나무 의 갈색을 잘 유지하고 있었다.

이 응접실의 네 구석에는 두부가 잘려나간 원기둥이 세워져 있고, 그 위에 난로에 놓여 있는 것과 비슷한 촛대가 놓여 있으며, 방 중앙에는 원탁이 있 었다. 벽을 따라 유희용 테이블이 좌우 대칭으로 배열되어 있었다. 상면이 흰 대리석으로 되어 있고 금칠을 한 콘솔 테이블 위에는, 이 이야기가 시작 될 무렵에는 물이 가득 담긴 유리 어항이 두 개 놓여 있었는데, 모래와 조개 껍데기가 깔려 있는 어항 속을 빨간 물고기와 금빛 은빛 물고기가 헤엄치고 있었다. 이 응접실은 눈부시게 아름다운 동시에 음산했다. 천장은 빛을 흡수 하기만 할 뿐 조금도 반사하지 않았다. 뜰에서는 햇빛이 가득 비쳐들어 흑단 조각 위에서 반짝이고 있지만, 햇빛이 거의 들어오지 않는 안마당의 유리창 은 맞은 편 벽에 꾸며진 금실을 반짝이게 하는 일이 거의 없었다. 그래서 맑 은 날에는 무척 화창한 이 응접실은, 대개는 가을 햇살이 숲의 우듬지에 비 치는 부드러운 색깔과 적갈색을 띤 우울한 색조로 채워져 있었다. 물론 이 이야기의 몇몇 장면은 클라스 집안의 다른 장소에서도 일어나지만 그것까지 묘사할 필요는 없다. 지금은 집안의 주요 구조를 아는 것만으로 충분하 다.

1912년 8월 하순 어느 일요일, 저녁기도가 끝난 뒤, 한 여인이 뜰을 향한 창문 앞 안락의자에 앉아 있었다. 때마침 저녁해가 저택 속으로 비스듬하게 비쳐들어 응접실을 가로지른 다음, 안마당 가의 벽을 꾸미고 있는 목각 벽판 에 기묘하게 반사되어 사라지면서, 창가에 걸린 다마스크 커튼이 던지는 주 홍색 띠로 여인을 감싸고 있었다. 아무리 그저 그런 화가라도 이 순간에 여 인을 그렸다면, 이토록 고뇌와 우수에 찬 얼굴을 그림으로써 틀림없이 인상 적인 작품을 탄생시켰을 것이다. 몸의 자태와 앞으로 내민 두 다리의 포즈는 어떤 응어리진 생각에 기력을 빼앗겨 거기에 집중한 나머지, 육체적인 존재의식을 잃은 사람의 소침한 모습을 생생하게 보여주고 있었다. 여인은 마치 해안에서 햇빛이 구름 사이를 뚫고 수평선 위에 반짝이는 띠를 그리는 모습을 사람들이 가끔 바라보듯이, 그것이 미래에 어떻게 파급할지를 쫓고 있는 것이다. 여인의 두 손은 안락의자 팔걸이에서 바깥으로 떨어져 있고, 머리는 너무도 무거운 듯이 등받이에 기대고 있었다.

무척 헐렁한 하얀 퍼케일천*16 원피스를 입고 있어서 체격이 어떤지는 알 수 없다. 가슴께에서 묶어 아무렇게나 늘어뜨린 스카프 주름 때문에 윗몸도 거의 보이지 않는다. 다른 부분보다는 기꺼이 보여주고 싶어 할 것 같은 그녀의 얼굴이 광선을 받아 뚜렷하게 드러나 있지는 않았지만, 그 얼굴에 마음을 빼앗기지 않을 수는 없었을 것이다. 아무리 무심한 어린아이라도 깜짝 놀랄 그녀의 표정은, 뜨거운 눈물을 약간 흘리고 있었는데도 차갑게 얼어붙은 듯 망연자실한 모습을 보여주고 있었다. 넘쳐흐르는 일이 아주 드물기는 하지만, 화산 주위에서 굳어버린 용암처럼 얼굴에 흔적을 남기고 있는 그 극한의 고통만큼 보기에 무서운 것은 없을 것이다. 마치 자식들을 어쩔 수 없이 가난의 늪에 빠뜨리고 어느 것 하나 인간답게 보호해 주지 못한 채 죽어가는 어머니 같았다. 여인은 거의 마흔 살쯤이었으나 지금은 젊은 시절의 아름다움과는 거리가 먼 용모가 되어, 플랑드르 여자 특유의 특징이 전혀 보이지 않았다. 풍성한 검은 곱슬머리가 어깨와 뺨을 따라 드리워져 있었다. 관자놀이가 좁고 꽤 튀어나온 이마는 누런 빛을 띠고 있지만, 그 이마 밑에서 검게 빛나는 두 눈에서는 불꽃이 뿜어져 나오고 있는 것 같았다. 스페인 풍 자체의, 갈색을 띤 산뜻한 피부가 아니라 마마자국이 남아 있는 그녀의 얼굴은, 그 완벽한 계란형 때문에 사람들의 이목을 끌었지만, 그 윤곽은 선의 변화가 보이기는 해도 위엄 있는 품격으로 마무리된 아름다움을 간직하고 있었다. 어떤 마음의 작용으로 젊은 날의 청순함이 되돌아오기라도 하면 본디의 계란형이 뚜렷하게 보이는 것이다. 그 결연한 얼굴에 기품을 가져다주는 가장 큰 특징은 독수리의 부리처럼 구부러진 코였다.

한가운데가 너무나 높아서 안쪽의 형태가 이상할 것처럼 생각되지만, 거기에는 뭐라 나타낼 수 없는 섬세함이 있었다. 콧구멍 사이의 막벽이 너무

---

*16 올이 촘촘한 면직물.

얇아서 빛이 빨갛게 비쳐 보였다. 주름이 많은 두툼한 입술에는 고귀한 태생으로 인한 자존심이 드러나 있었지만, 타고난 선의가 배어 있어 품격이 감돌고 있었다. 강인할 뿐만 아니라 여성적이기도 한 그 용모가 아름다운지 어떤지 정하기는 어렵지만, 사람들의 눈길을 끄는 용모임에는 틀림없었다. 키가 작고, 곱사등이인 데다 한쪽 다리마저 불편한 이 여인은 오랫동안 숫처녀였던 만큼, 사람들은 그녀에게 재기가 있다는 것을 아무리 해도 인정하지 않았다. 그러나 그녀의 표정에 나타나 있는 정열적인 격정과, 마르지 않는 사랑의 빛에 마음이 움직여, 수많은 결점을 상쇄하는 매력의 포로가 된 남자들도 있었다. 그녀는 스페인 대귀족인 조부 카사 레알 공과 무척 닮아 있었다. 일찍이 시를 사랑하는 사람들을 꼼짝 못하게 사로잡았던 매력이, 그 순간 그녀 인생의 그 어떤 때보다 강렬하게 그 얼굴에서 뿜어져 나오고 있었다.

그리고 그것이 인간에 대해서는 강렬하고 매혹적인 매력을 보여주면서도 운명에 대해서는 무기력한 상태, 말하자면 대상이 없는 허공에 헛되이 발산되고 있었다. 그녀는 보고자 하는 마음도 없이 헤엄치고 있는 물고기를 바라보고 있던 어항에서 눈길을 돌려, 하늘의 가호를 기원하듯이 절망적인 몸짓으로 하늘을 우러러보았다. 그녀의 고뇌는 오직 신에게밖에 기댈 수 없는 고뇌인 것 같았다. 화덕의 열기가 흘러나오는 작은 뜰에서 울고 있는 귀뚜라미들과 몇 마리의 매미, 응접실 옆방에서 저녁 식사 준비를 하고 있는 하인들이 나르는 은그릇과 접시와 의자의 희미한 소리 외에는 이 순간의 고요함을 채워주는 것은 아무것도 없었다. 그때 비탄에 잠겨 있던 여인은 귀를 기울이면서 뭔가에 정신을 집중하는 것처럼 보였다. 그녀는 손수건을 들고 눈물을 훔치며 미소 지으려고 했다. 그리고 걱정거리가 하나도 없이 사는 거리낄 것 없는 상태에 있는 것으로 생각될 만큼 훌륭하게, 얼굴 구석구석까지 스며있던 고뇌의 표정을 싹 씻어버리고 말았다. 몸이 불편해서 저택에 갇혀 살아야 하는 습관에서 보통 사람은 느낄 수 없는 자연의 기운, 극단적인 감정에 사로잡혀 있는 사람들이 열심히 탐색하려 하는 자연의 기운을 감지할 수 있기 때문인지, 자연이 보기에 그녀보다 나은 몸을 가진 사람에 비해 훨씬 섬세한 감각을 그녀에게 줌으로써 신체적인 결함을 보완해 주었기 때문인지, 이 부인은 주방과 저택의 식사 준비에 쓰이는 큰방 위에 있는, 정면의 건물과 별채 사이를 잇는 복도를 지나가는 누군가의 발소리를 들은 것이다.

발소리는 점점 또렷해졌다. 이 부인처럼 정감 넘치는 여성은 가끔 공간의 간격을 넘어서 자신의 분신이라고도 할 수 있는 존재와 하나가 될 수 있는 능력을 가지고 있지만, 이내 그런 능력이 없는 사람도 복도에서 응접실로 다가오는 그 남자의 발소리를 쉽게 알아들을 수 있게 되었다. 그 발소리를 들으면 아무리 무심한 사람도 온갖 생각이 밀려들 것이다. 그것은 아무렇지도 않게 들을 수 있는 발소리가 아니었기 때문이다. 급하게 서두르는 걸음이나 불규칙한 걸음은 사람의 마음을 불안하게 만든다. 누군가가 다급하게 "불이야!" 하고 소리칠 때, 그 사람의 발걸음도 외침 소리와 마찬가지로 똑똑히 위급을 알리는 법이다. 그렇다면 그와 반대로 느린 발걸음도 비슷한 정도의 강한 동요를 가져다주는 것이 틀림없으리라. 생각이 깊지 않은 자라면, 이 남자의 무겁고 느리고 질질 끄는 듯한 발걸음에 틀림없이 짜증이 날 것이다. 그러나 주의력이 깊거나 신경질적인 사람이라면, 생기 없는 그 발의 느릿한 울림을 듣고, 공포와 비슷한 감정을 느낄 것이다.

그것은 마치 쇳덩어리로 번갈아 때리는 것처럼, 삐걱삐걱 마룻바닥을 울리고 있었다. 그것은 노인의 불안정한 무거운 발걸음이나, 몇 개의 세계를 이끌고 걷는 사상가의 장중한 발걸음 같았다. 남자는 마지막 계단을 내려와서, 자못 망설이는 몸짓으로 두 발로 바닥의 타일을 딛고 넓은 층계참에 서 있었다. 하인들의 방으로 통하는 복도가 거기까지 이어져 있고, 널빤지를 대어 그 속에 가려져 있는 문을 지나 응접실로 들어갈 수 있게 되어 있었지만, 식당으로 통하는 문도 그것과 나란히 널빤지에 가려져 있었다. 그때 전기 불꽃이 일으키는 감각처럼 가벼운 진저리가 안락의자에 앉아 있는 여인을 흔들었다. 그러나 다시 너무나 부드러운 미소가 여인의 입술에 떠올랐다. 그리고 기쁨을 기다리며 마음이 흔들리는 그 얼굴은 이탈리아의 아름다운 성모상처럼 빛났다. 그녀는 갑자기 기운을 되찾아, 그때까지의 공포를 가슴 속 깊이 밀어넣었다. 그런 다음, 응접실 모퉁이에서 곧 열릴 문 쪽으로 얼굴을 돌렸다. 아니나 다를까 문이 너무나 거칠게 열어젖히면서, 그 진동이 가련한 여인에게까지 전해진 것 같았다.

갑자기 모습을 드러낸 발타자르는 몇 걸음 걸어왔지만 그 여인에게 눈길을 주지는 않았다. 아니면 눈길을 향했다 해도 그녀를 보지는 않았다. 그리고 가볍게 기울어진 머리를 오른손으로 받치고는 응접실 한복판에 우뚝 섰다. 매일같이 되풀이하여 엄습해오지만 도저히 익숙해지지 않는 무서운 고통이 여인의 마음을 죄어와, 그 미소를 흩뜨리고 갈색 이마의 미간에 주름을 지었다. 그 세로 주름은 거듭되는 격렬한 감정으로 인해 미간에 각인처럼 새겨져 있었다. 곧 두 눈에 넘쳐흐르는 눈물을 훔친 그녀가 발타자르를 응시했다.

클라스 집안의 이 주인을 보고 깊은 인상을 받지 않는 건 불가능한 일이었다. 젊은데도, 그는 아르테벨더의 반란을 되풀이하여 카를로스 5세를 위협한 그 숭고한 순교자를 꼭 닮아 보였다. 그는 쉰 살쯤이었지만 예순 살 이상으로 보일 만큼 일찍 늙어버렸으므로, 순교자를 닮은 고귀한 얼굴은 완전히 훼손되어 있었다. 키는 컸지만 연구 때문에 무리하게 등을 구부리지 않을 수 없었기 때문인지, 아니면 머리 무게로 등뼈가 휘어버렸기 때문인지 약간 새우등이었다. 가슴이 넓고 윗몸은 탄탄했다. 그러나 하반신은 강단은 있지만 가늘었다. 명백하게 완전함 자체였음이 틀림없는 체격에 나타난 이 불균형은, 예전 같으면 그러한 기묘한 체격이 특이한 생활에서 비롯된다고 설명하고 싶어하는 사람의 흥미를 끌었을 것이다. 손질을 거의 하지 않은 덥수룩한 금발은 독일풍으로 어깨까지 내려와 있었는데, 그 흐트러진 느낌이 그의 이상한 외모와 너무나 잘 어울렸다. 게다가 넓은 이마에는 독일 의학자 프란츠 요제프 갈*17이 말하는, 시의 세계가 깃들어 있는 융기를 볼 수 있었다. 맑게 빛나는 푸른 눈은 은밀한 원리의 위대한 탐구자에게서 볼 수 있듯이 갑자기 생기를 띠는 일이 있었다. 옛날에는 틀림없이 완벽한 형태를 하고 있었을 것 같은 코는 길게 뻗어 있고, 콧구멍은 후각근의 무의식적인 긴장으로 갈수록 넓어진 것 같았다. 털투성이인 광대뼈가 심하게 튀어나와서 이미 주름이 잔뜩 진 뺨이 더욱 앙상하게 보였다. 기품 있는 입은 코와 유별나게 튀어나온 짧은 턱 사이에 묻혀 있었다. 그러나 얼굴의 형태는 기다란 계란형이었다. 그래서 각 인간의 얼굴이 동물의 얼굴과 닮았다는 학설을 말의 얼굴과 비교되는 발타자르 클라스의 얼굴이 다시 한 번 실증한 셈이다. 그의 피부는 마치 어떤 불로 끊임없이 건조되고 있는 것처럼 뼈에 달라붙어 있었다. 게다

---

*17 1758~1828. 대뇌 기능의 국재설을 주창한 해부학자이자 생리학자. 대뇌의 각 장소에는 특정한 기능이 있기 때문에 두개골의 형태로 재능과 성격을 알 수 있다고 하는 골상학을 창시하여 발자크에게 큰 영향을 끼쳤다.

가 자신의 희망을 실현할 수 있는 실마리를 찾듯이 그가 가만히 허공을 바라보고 있을 때는, 마치 자신의 영혼을 불태우는 불길을 그 콧구멍에서 분출하고 있는 듯했다. 위대한 인물을 떨쳐 일어나게 하는 심원한 감정이, 깊게 주름이 팬 그 창백한 얼굴에, 걱정이 머리에 가득 차있는 늙은 왕처럼 주름진 이마에, 특히 빛나는 눈 속에 나타나 있었다. 그 반짝이는 눈은 쫓기는 것처럼 끊임없이 사색에 잠겨 있는 순결한 마음에 의해, 또 광대한 지성의 화덕에 의해, 광채를 더하고 있는 것처럼 보였다. 안와에 깊이 묻혀 있는 눈을 감싸고 있는 검은 그늘은, 되풀이되는 밤샘과 언제나 희망이 배신당할 때마다 되살아나곤 하는 무서운 반작용에 의한 것이었다.

예술과 학문에 의해 사람이 품게 되는 질투심 강한 광신은, 끊임없는 이상한 방심의 형태로 이 사내에게도 나타났는데, 그 방심상태는 기괴한 그의 얼굴에 어울리는 몸짓과 태도에도 나타나 있었다. 털이 덥수룩한 손은 더러웠고 긴 손톱 끝에는 새카만 때가 끼어 있었다. 구두가 닦여 있지 않거나 구두끈이 없을 때도 있었다. 이 저택에서 유일한 주인인 그만이 이렇게 더러운 몰골을 하고 있었다. 검은 나사 바지는 지저분하기 짝이 없고, 조끼의 단추는 떨어져 나갔으며, 넥타이는 비뚤어지고, 언제나 벌어져 있는 푸른 상의는, 다른 사람이라면 난잡한 품행에 빠진 끝에 비참해진 몰골을 폭로하고 있다고 생각될 크고 작은 온갖 특징을 완벽하게 보여주고 있었다.

그러나 발타자르 클라스에게는 그것은 천재의 무관심이었다. 악덕과 천재는 똑같은 인상을 주는 일이 가끔 있는데, 속인은 거기에 깜박 속아 넘어간다. '천재'는 끊임없이 시간과 돈과 몸을 탕진하면서 악행보다 훨씬 빠르게 밑바닥에 떨어져 버리는 것이 아닐까? 사람들은 '천재'보다 악덕을 훨씬 더 존경하는 것 같다. 왜냐하면 그들은 '천재'에게 선금을 지불하는 것을 거절하기 때문이다. '사회라는 것'은 학자가 남몰래 하는 연구에서 생기는 이익과 너무나 동떨어져 있으므로, 학자가 살아 있는 동안에는 그의 진가를 판단하는 것을 꺼려하고, 그 가난과 불행을 돌아보지 않는 것으로 그에 대해 보답하고 싶어할 뿐이다. 발타자르 클라스는 언제나 몰아의 경지에 있었는데, 그 짐작할 길 없는 명상에서 깨어나거나, 뭔가 사교적이고 친절한 배려가 사색에 빠져 있는 그 얼굴에 생기를 가져다주거나, 한 점을 바라보고 있는 눈에 뭔가의 감정이 나타나면서 엄격한 광채가 사라지거나, 현실의 세속적인 생활로 돌아가 주위를 둘러볼 때는, 사람의 마음을 끄는 얼굴의 아름다움과 거기에 나타난 우아한 기질에, 사람들은 자기도 모르게 찬탄하지 않을 수 없었다.

그리하여 그런 때 그를 만난 사람은 누구나 "젊었을 때는 틀림없이 미남이었을 텐데" 하면서, 이 사내가 지금은 사교계에 출입하지 않고 있는 것을 아쉬워했다. 얼마나 비속한 오해란 말인가! 이때만큼 발타자르 클라스가 풍부한 시정으로 넘치고 있었던 적은 없었던 것을! 라바테르*18라면 인내심과 플랑드르풍의 신의, 순수한 윤리의식에 넘친 이 사내의 머리를 꼭 연구하고 싶어 했을 것이다. 거기서는 모든 것이 위대하고 고귀했다. 거기서는 정열은 강렬한 만큼 더욱 온화하게 보였다. 그 품행은 순결한 것이 틀림없었다. 그 약속은 절대적으로 지켜졌다. 우정은 언제나 굳세었고 헌신은 사사로움이 없었다. 그러나 그러한 자질을 고국과 세상과 가족의 이익을 위해 쓰겠다는 의욕은 숙명적으로 다른 쪽을 향하고 있었다. 이 시민은 가정의 행복을 보살피고, 재산을 관리하고, 자식을 훌륭한 미래로 이끌 의무가 있는데도, 그러한 의무와 애정을 도외시한 채 친밀한 수호령과 교신하면서 살아가고 있었다. 신부에게는 그가 '신'의 말씀으로 채워져 있는 것처럼 보였을 것이고, 예술가라면 그를 거장으로 여기고 인사했을 것이며, 스베덴보리 교회의 열광적인 신자라면 그를 '스베덴보리 교회의 예언자'로 여겼을 것이다. *19

이 사내가 입고 있는 험하게 찢어진 남루한 의복은, 이때 그를 더없이 안타까운 심정으로 바라보고 있던 부인의 우아하고 세련된 차림새와 기묘한 대조를 이루고 있었다. 불구이기는 하지만 재기와 아름다운 마음을 지닌 여자는 몸단장에도 세련된 감각을 살리는 법이다. 그녀들은 자신의 매력이 완전히 정신적인 것임을 알고 간소한 차림을 하거나, 눈을 즐겁게 하고 마음을 빼앗는 세부에 나타난 어떤 우아한 취향으로 육체의 보기 흉한 불균형을 잊게 하는 것이다. 이 부인은 너그러운 마음의 소유자였을 뿐만 아니라, 천사의 지혜와도 같은 예감에서 오는 여자의 본능으로 발타자르 클라스를 사랑

---

*18 1741~1801. 스위스의 신교 목사이자 인상학의 창시자로, 갈과 함께 발자크에게 큰 영향을 끼쳤다.

*19 에마누엘 스베덴보리(1688~1772)는 스웨덴의 신비주의자로 발자크에게 지대한 영향을 주었다.

하고 있었다. 벨기에의 가장 유명한 명문가에서 자란 덕분에 설령 미적 감각
은 타고나지는 않았어도 그것을 배울 기회는 있었으리라. 그러나 사랑하는
남자를 끊임없이 기쁘게 하려는 소망에 끌려, 곱사등이와 다리의 불구라는
두 가지 결함과 그녀 특유의 우아한 감각이 조화를 잃지 않고 훌륭하게 의상
을 소화하고 있었다. 상의에서 이상한 곳은 어깨뿐으로, 한쪽 어깨가 다른
한쪽보다 솟아 있었다. 그녀는 발타자르와 둘뿐인 것을 확인하듯이 유리창
으로 먼저 안마당을 바라본 다음 정원으로 눈길을 돌렸다. 그리고 플랑드르
여자 특유의 매우 유순한 눈길로 그를 바라보면서 부드러운 목소리로 말했
다.

"발타자르, 역시 무척 바쁜가 보군요? 일요일 미사와 저녁 기도에 가지
않은 지 벌써 서른세 번이나 돼요."

스페인 대공작 집안의 혈통이라는 자부심은 두 사람 사이에서는 벌써 먼
옛날에 사라지고 없었다.

클라스는 아무 대답이 없었다. 아내는 고개를 숙이고 두 손을 맞잡은 채
기다렸다. 이 침묵이 무시나 경멸이 아니라 억누를 수 없는 생각에 몰두해
있기 때문이라는 걸 알고 있었기 때문이다. 마음 속 깊이 소년시절의 따뜻한
마음을 계속 지니고 있었던 발타자르는, 자신의 몸에 결함이 있다는 생각에
괴로워하고 있는 여자에게 상처를 주는 생각을 조금이라도 드러낸다면 죄를
짓는 것처럼 느끼는 사람이었다. 우리의 본성에서 보면, 행복 속의 불협화음
은 불행 속에서 기쁨을 만나는 것보다 훨씬 고통스러운 것이어서 단 한 마디
의 말과 단 한 번의 눈길이 오랜 행복을 헛된 것으로 만드는 수가 있다. 그
러한 말과 눈길은 언제나 변함없는 부드러움과 너무나 대조적이기에 훨씬
더 잔혹하게 느껴지는 것임을, 남자들 가운데 오직 그만이 알고 있었다. 잠
시 뒤 발타자르는 비로소 정신이 돌아온 모양인지 주위를 재빨리 둘러보면
서 말했다.

"저녁기도? 아! 아이들은 저녁기도에 갔소?"

그는 몇 걸음 걷더니 뜰에 눈길을 주었다. 뜰 곳곳에서 예쁜 튤립이 자라
고 있었다. 그러나 그는 마치 벽에 부딪친 것처럼 별안간 걸음을 멈추고 소
리쳤다.

"어째서 정해진 시간에 화합하지 않는 거지?"

"이 양반이 혹시 미쳐버린 게 아닐까?" 아내는 바닥모를 공포를 느끼면서 중얼거렸다.

이러한 정경으로 막을 연 장면에 더욱 흥미를 불러일으키기 위해서, 발타자르 클라스와 카사 레알 공의 손녀가 지금까지 살아온 생활을 한번 살펴보자.

1783년 무렵, 스물두 살이 된 발타자르 클라스 몰리나 드 누르호는 프랑스에서는 그런대로 미남자로 통할 수 있는 남자였다. 그는 교육을 마치려고 파리로 나왔으나, 파리에서 데그몽 부인,*20 호른 백작,*21 달랑베르 공,*22 스페인 대사 엘베시우스,*23 등의 사교계에 출입하고 있었다. 그들은 벨기에 출신의 프랑스인이거나 벨기에에서 나온 사람들로, 그 집안과 재산을 업고 그 무렵 중시되고 있던 대귀족 가운데 들었다. 젊은 클라스는 그러한 사교계에서 몇몇의 친척과 친구를 발견했고, 상류사회가 몰락하려 할 즈음 그들이 클라스를 상류사회로 내보냈다. 그러나 대부분의 젊은이들처럼, 그도 처음에는 허영의 세계보다 명예와 학문에 매료되었다. 그래서 많은 학자들, 특히 라부아지에*24에게 자주 드나들었다. 라부아지에는 그 무렵 화학상의 발견보다 세금징수인으로서 번 엄청난 부로 평판이 자자했다. *25 하기는 후세가 되자, 사람들은 그의 위대한 화학자라는 명성 덕분에 세금징수인이라는 하잘 것 없는 관직에 있었던 사실은 모두 잊게 된다. 발타자르는 라부아지에가 전념하고 있던 화학에 매료되어 그의 열렬한 제자가 되었다. 그러나 그는 아직

---

*20 1740~1773. 파리에서 외교관, 문인, 예술가들이 출입하는 유명한 살롱을 열었던 데그몽 백작부인을 말하는데, 이 장면인 1783년 시점에서는 이미 사망한 뒤였다.

*21 1763~1823. 스웨덴 장군의 아들로, 당시 파리에서 교육을 받으면서 사교계에 출입하고 있었다. 훗날 스웨덴 국왕 구스타프 3세 암살사건에 연루되어 추방당하여 독일에서 만년을 보낸다.

*22 1753~1834. 벨기에 태생으로 어머니쪽 성(姓)인 라마르크 백작으로 불리며 미국 독립전쟁에 참가한 뒤 귀족의원이 되었으나, 대혁명의 쟁란 속에 프랑스에서 탈출하여 벨기에에서 사망한다.

*23 1715~71. 백과전서파 프랑스 철학자.

*24 1743~94. 프랑스의 화학자로 근대화학의 아버지. 질량보존의 원리와 연소에서 산소가 하는 역할을 발견했다.

*25 라부아지에는 세금징수인 자리에서 번 돈으로 연구실을 만들어 연구하고 있었는데, 그 자리 때문에 대혁명 중에 기요틴으로 처형당했다.

젊었고 엘베시우스처럼 미남이었으므로, 이윽고 파리 여자들은 그에게 재능과 사랑만 증류하는 기술을 가르쳐주었다. 열성적으로 연구에 임하는 그에게 라부아지에는 칭찬을 아끼지 않았지만, 그는 학문의 스승을 버리고 미적 감각의 스승에게 기울어져, 그녀들 곁에서 예의범절의 마지막 레슨을 받으며 유럽에서는 하나의 가족을 이루고 있는 상류사회의 관습을 몸에 익혔다. 그러나 황홀한 성공의 꿈은 오래가지 않았다. 파리의 공기를 흡수한 뒤, 발타자르는 그 정열 넘치는 영혼에도, 사랑이 풍부한 마음에도, 어울리지 않는 공허한 생활에 지쳐서 파리를 떠났다. 누가 뭐라 해도 그립고 조용한 플랑드르라는 이름만 들어도 떠오르는 가정생활이, 그의 성격과 마음에 품은 큰 뜻에 훨씬 더 어울리는 것처럼 생각되었다. 파리의 어떠한 살롱의 번쩍이는 장식도, 어린 시절을 너무나 행복하게 보낸 그 갈색 응접실과 작은 뜰의 즐거운 음악을 잊게 할 수는 없었다. 파리에 머물려면 가정도 조국도 가져서는 안 된다. 파리는 코스모폴리탄의 도시이고, 사교계와 결혼하여 끊임없이 학문과 예술과 권력의 품으로 사교계를 끌어안는 인간의 도시이다. 플랑드르의 어린이는 라퐁텐의 비둘기가 둥지로 돌아오듯이 두에로 돌아왔다. *26 마침 거인상이 거리를 누비는 날이어서 그는 기쁜 나머지 눈물까지 흘렸다. 도시 전체가 마음을 졸이며 거인을 나르는 플랑드르 특유의 가장 화려한 이 축제는 그의 가족이 두에로 이주했을 때 그곳에 도입되었다. 부모의 죽음으로 클라스 집안에서 인기척이 사라졌지만, 한동안은 그도 부모의 사후 처리에 바쁘게 돌아쳤다. 처음의 슬픔이 가라앉자, 그는 행복한 생활에 대한 동경에 다시금 사로잡혀 결혼하기로 결심했다.

그는 집안의 관습에 따라 조상들처럼 신붓감을 구하러 강과 브뤼주, 앤트워프로 갔다. 그러나 만나본 아가씨들은 하나 같이 마음에 들지 않았다. 아마도 그는 결혼에 대해 뭔가 특별한 생각을 가지고 있었던 것 같다. 왜냐하면 어릴 때부터 그는 평범한 길을 걷지 않는 아이라고 늘 걱정을 듣는 아이였기 때문이다. 어느 날 그는 강에 있는 친척집에서 브뤼셀에 사는 어떤 규

─────────────

*26 라퐁텐의 《우화》 Ⅷ의 2에 '두 마리의 비둘기'라는 우화가 있는데, 사이좋게 살고 있던 두 마리의 비둘기 중 한 마리가 말리는 것도 뿌리치고 여행을 나선 끝에 고생만 실컷 하고 둥지로 돌아온다는 이야기.

수에 대해 얘기하고 있는 것을 들었는데, 그녀에 대해 모두들 입에 거품을 물고 갑론을박하고 있었다. 어떤 사람은 템닝크 양의 미모는 몸에 결함이 있어서 아무 소용이 없다고 하고, 어떤 사람은 그런 단점이 있어도 나무랄 데 없는 미인이라고 말했다. 발타자르 클라스의 사촌형은 손님들에게 그녀가 아름답든 아름답지 않든, 자기가 이제부터 결혼할 몸이라면 자신의 결혼상대로서 더할 나위 없는 마음씨의 소유자라고 말했다. 그리고 동생이 그 이름에 어울리는 결혼을 할 수 있도록 그녀가 어떻게 아버지와 어머니의 유산상속을 단념했는지, 또 자기 자신의 행복보다 동생의 행복을 바라면서 동생을 위해 어떻게 자신의 삶을 희생했는지 얘기했다. 젊디젊은 유산상속인이었을 때도 그녀의 결혼상대가 한 사람도 나타나지 않았으니, 나이를 먹고 재산마저 없으면 그녀가 결혼할 가능성은 없을 거라는 얘기도 했다. 며칠 뒤 발타자르 클라스는 그때 스물다섯 살이었던 템닝크 양에게 결혼을 신청했다. 그녀에게 완전해 반하고 만 것이다. 그러나 일시적인 기분의 대상이 되었다고 여긴 조세핀 드 템닝크는 그 청혼을 받아들이려 하지 않았다. 그러나 정열이란 무척이나 전염되기 쉬운 것이어서, 곱사등이에 한쪽 다리마저 불편한 가련한 처녀에게, 젊고 멋진 남자가 품은 애정은 너무나 유혹적이었다. 그리하여 마침내 그녀는 클라스의 청혼을 받아들였다.

진실한 사랑에서 나오는 저항하기 어려운 매력을 지니고 있으면서도, 자신을 못생겼다고 수군대는 세상의 평판에 순종하는 젊은 처녀의 사랑을 잘 묘사하려면, 좋이 책 한 권은 필요하지 않을까? 그것은 타인의 행복 앞에서 느끼는 강렬한 질투이고, 자신을 향하는 눈길을 훔쳐보는 경쟁자에 대한 잔인한 복수이며, 결국 대부분의 여자에게는 그 존재를 알기만 해도 사라져버리는 미지의 감정과 공포일 것이다. 연애에서 사랑하는 사람에게 품는 의혹만큼 드라마틱한 감정은 없을 것이다. 그것은 본디 섬세하게 다뤄야 할 사랑을 분석하는 비밀이다. 어떤 사람은 거기서 지금은 사라졌지만 잊을 수 없는 첫사랑의 시정(詩情)을 발견할지도 모른다. 얼굴에는 나타나지 않는 마음 속 깊은 곳의 숭고한 고양과, 이해받지 못하는 게 아닐까 하는 불안, 이해받았을 때의 한없는 기쁨, 안으로만 숨어버리는 마음의 주저, 끝없는 뉘앙스를 내비치는 자성(磁性)을 지닌 마음의 투영, 말 한 마디에 일어서는가 하면, 목소리의 억양 하나로 사라져버리는 자살계획—그것도 이쪽의 집착을 무시당하면 드러내게 되는 감정과 똑같이 울려퍼지는 억양이지만—, 무서운 대담성을 감추고 있는 떨리는 시선, 너무나 격렬해서 오히려 억눌려 왔던 만큼 이제야말로 얘기하고 행동하고 싶어지는 갑작스러운 열망, 재치 있는 말도 아닌데 흥분된 목소리로 드러나는, 마음에서 마음으로 전해지는 웅변, 그 소박한 마음에서 스며 나오는 수줍음과, —사람들 눈에 보이지 않는 곳에서는 너그러워져서 남모르는 헌신적인 행위에서 더할 나위 없는 취향을 찾아내는 —신성한 겸손의 신비로운 작용, 한 마디로 말해 젊은 사랑의 아름다움과 그 사랑의 연약한 힘의 모든 것이 거기에 있다.

조세핀 드 템닝크에게는 고상한 마음씨에서 나오는 매력이 있었다. 외관이 불구라는 사실이, 뛰어나게 아름다운 여자와 마찬가지로 그녀를 가까이 다가가기 어려운 존재로 만들고 있었다. 언젠가 싫어하게 되지 않을까 하는 두려움이, 그녀의 자존심을 일깨워 자신감을 잃게 했고, 다른 여자라면 기꺼이 태도에 드러내며 자랑으로 삼을 최초의 행복을 마음속 깊이 간직하는 용기를 주고 있었다. 사랑이 그녀를 발타자르를 향해 미치도록 달려가게 하면 할수록, 자신의 마음을 꽁꽁 숨겨두기만 했다.

아름다운 여자에게는 남자에 대한 애교가 될 만한 몸짓과 눈길, 대답과 질문이, 그녀에게는 굴욕적인 투기(投機)가 아니었을까? 미녀는 아무렇게나 하고 있어도 미녀가 될 수 있다. 아무리 어리석은 짓을 해도, 아무리 솜씨가 서툴러도, 세상은 미녀에게 늘 너그럽다. 반면에 추한 여자의 입술에 더없이 멋진 말이 떠오르려고 해도, 눈짓 한 번으로 그것을 가로막고 그녀의 눈을 위협하며, 그녀의 서투른 몸짓을 더욱 눈에 띄게 하여 어색한 거동으로 만들어 버린다. 그 여자에게만은 실수를 범하는 것이 금지되어 있다. 그녀에게 실수를 보상하는 재능이 있다고 생각하는 사람은 아무도 없다. 게다가 어느 누구도 그녀에게 실수를 만회할 수 있는 기회를 주려고 하지 않는다. 그런 사실을 그녀가 모를 리가 없다. 언제나 완벽하지 않으면 안 된다는 생각은 재능을 죽이고 재능의 발휘를 거부하게 만드는 것이 아닐까? 이런 여자는 천사 같은 너그러운 분위기 속에서만 살 수 있다.

신랄하고 독을 품은 동정이 아닌 너그러움이 넘치는 마음은 어디에 있단 말인가? 주변 사람들의 과장된 예의범절이 이러한 생각에 그녀를 순응시켰고, 중상보다 잔인한 배려가 그녀의 불행을 불행으로 인정하게 함으로써 그것을 더욱 심각하게 만들어 템닝크 양을 괴롭혔다. 언제나 그녀에게 사양을 강요했고, 그것이 더없이 아름다운 인상을 마음속 깊은 곳에 밀어 넣어 버리고 그녀의 태도와 말과 눈길을 차갑게 얼어붙게 만들었다. 그녀는 남몰래 사랑하며 생각을 토로할 웅변도, 자랑스러운 아름다움도 고독 속에서밖에 발휘할 수 없었다. 그녀는 낮에는 불행했지만, 만약 밤에만 사는 것이 허락된다면 눈부시게 매혹적이었을 것이다. 그녀는 가끔 그의 사랑을 시험하기 위해, 사랑을 잃어버릴 위험을 무릅쓰면서 자기 몸의 결함을 부분적으로 가려주는 것을 일부러 소홀히 하곤 했다. 무신경한 차림으로 있을 때도 발타자르가 자신을 아름답다고 생각하고 있다는 것을 알면, 이 스페인 여자의 눈은 황홀할 만큼 아름답게 빛났다.

그러나 그녀가 용감하게 행복에 몸을 맡기려는 흔치 않은 순간도, 의심하는 마음 때문에 허사가 되는 일이 있었다. 그녀는 곧, 그는 집안에 노예를 둘 생각으로 자신과 결혼하려는 것이 아닌가, 실은 말 못할 결함이 있어서 가련한 불구 처녀로 만족하려는 것이 아닌가 하는 의심까지 하게 되었다. 그러한 끝없는 불안에 사로잡혀 있으므로, 세상에 복수하게 해줄 이 사랑이 오래 이어지고, 또 진지하다고 믿는 시간이, 이따금 생각할 수 없을 정도로 가치가 있다고 생각했다. 그녀는 사랑하는 사람의 의식 깊은 곳을 헤치고 들어가기 위해 자신의 추한 모습을 부풀려 미묘한 논쟁을 거는 일이 있었다. 그리고 발타자르에게서 가식 없는 진심을 이끌어냈다. 그러나 그녀는, 한 사람의 여자로서 무엇보다 가장 사랑스러운 것은 아름다운 마음씨이고, 하루하루의 생활을 즐겁게 해주는 헌신이며, 또 결혼한 지 몇 년이 지나면 세상에 둘도 없이 멋진 여자도 가장 못생긴 여자도 남편에게는 똑같이 보일 거라고 발타자르로 하여금 말하게 했을 때, 그가 당황한 모습을 더 없이 사랑했다. 발타자르는 아름다움의 가치를 깎아내리는 다양한 역설의 진실을 수집하는 동안, 문득 그런 주장에는 너무나 불쾌한 데가 있다는 것을 깨달았다. 그리고 서서히 태도를 바꾸어, 템닝크 양에게 자신에게는 그녀야말로 완전한 여자임을 증명하여 그 착한 마음을 드러냈다. 아마 여자에게는 사랑의 극치인 헌신적인 정신이 이 처녀에게 갖춰져 있었던 건지 모른다. 왜냐하면 그녀는 언제나 사랑받는 것은 단념하고 있었기 때문이다.

그러나 투쟁 끝에 사랑이 아름다움을 이길 거라는 전망이 그녀의 마음을 유혹했다. 그리고 사랑을 믿지 않고 내 몸을 바치는 것에서 위대함을 발견했다. 마지막으로, 이 행복의 지속이 아무리 짧더라도, 그것을 누리는 것을 단념하기에는 자신에게 너무나 값진 것이 틀림없다고 보았다. 그러한 주저와 갈등이, 이 뛰어난 여성에게 정열적인 매력과 생각지도 않은 운치를 가져다주어 발타자르에게 거의 기사도적인 사랑을 품게 한 것이다.

결혼식은 1795년 초에 거행되었다. 신혼을 클라스 집안 대대의 본가에서 보내기 위해 신랑 신부는 두에로 돌아갔다. 탬닝크 양이 무리요와 벨라스케스의 아름다운 그림, 어머니의 다이아몬드, 카사 레알 공이 된 남동생한테서 받은 훌륭한 선물들을 지참했으므로, 클라스 집안의 재물은 더욱 늘어났다. 클라스 부인처럼 행복한 여자는 아마 없었을 것이다. 그녀의 행복은 한 점의 그늘도 없이 15년 동안이나 이어졌다. 그것은 강렬한 빛처럼, 생활의 아주 세세한 부분까지 비쳐주었다. 대부분의 남자들은 성격이 한결같지 않아서 그 때문에 불협화음이 끊이지 않는다. 그리하여 부부생활의 아름다운 이상인 조화가 가정에서 사라진다. 그것은 대부분의 남자는 여러 가지 한심한 결점에 물들게 되고, 그 결점들이 말썽을 일으키기 때문이다. 어떤 자는 착실하고 부지런하지만 냉혹하고 까다롭다. 어떤 자는 선량하지만 완고하다. 후자는 아내를 사랑하지만 우유부단하고, 전자는 야심에만 몰두하여 빚을 갚듯이 의무적으로 사랑을 갚을 뿐이다. 재산이라는 허영을 가져다줄지 몰라도 나날의 기쁨을 가져가버릴 것이다.

요컨대 사회라는 환경 속에 있는 남자들은, 특별히 비난할 수도 없는 일이지만 본질적으로 불완전한 존재이다. 재치 있는 사람들은 기압계처럼 마음이 바뀌기 쉽고 천재만이 본질적으로 선량하다. 그러므로 행복은 마음의 척도 양극에 위치한다. 선량한 멍청이나 천재만이 한쪽은 연약함으로 다른 한쪽은 힘으로, 기복이 없는 기분과 생활 속의 날카로운 가시를 녹여버리는, 바뀌지 않는 부드러움을 유지할 수 있다. 한쪽에는 무관심과 무기력이, 다른 한쪽에는 숭고한 사상에서 오는 관용과 지속이 있으며, 그는 그 사상의 대변자이고 그 사상은 원리에서나 응용에서나 같아야 한다. 어느 것이나 다 단순하고 소박하지만, 다만 한쪽은 공허하고 다른 한쪽은 심오하다. 그러므로 노련한 여자는 어리석은 남편을 위대한 인물의 대용품으로 다루고 싶어 한다.

그리하여 발타자르는 생활 속의 가장 하찮은 일에서도 뛰어난 자질을 보여주었다. 그는 기꺼이 부부애를 하나의 훌륭한 일로 인정했다. 그리고 무엇이든 불완전한 것에는 만족하지 않는 높은 지적 능력을 가진 남자들처럼, 부부애의 아름다움을 남김없이 발휘하려고 했다. 그의 재능은 행복의 평온한 모습에 끊임없이 변화를 주려 했고, 그의 고상한 성격은 두터운 정이라는 거푸집에 배려라는 도장을 찍는 것이었다. 그리하여 18세기 철학 원리의 신봉자이기는 했지만, 혁명시대의 법률에 의해 신변에 위험이 닥칠 우려가 있었음에도, 1801년까지 가톨릭 신부 한 명을 자기 집에 살게 했다. 그것도, 아내가 어린 시절부터 어머니 젖처럼 흡수해온 로마가톨릭에 대한 스페인풍의 광신에 따르기 위해서였다. 그 뒤 프랑스에서 신앙이 복권되자, 그는 일요일마다 아내를 데리고 미사에 참석했다. 그의 애착은 정열에서 나오는 다양한 형태에서 벗어나는 일이 결코 없었다. 여자들이 그토록 좋아하는 그 비호자의 힘을 집안에서 느끼게 하는 일도 결코 없었다. 그것은 자신의 아내에게는 동정과 비슷한 것이기 때문이었다. 나중에는 그녀를 자기와 같게 대하면서, 마치 자신이 우위인 것을 무시하듯이, 아름다운 여자에게 남자가 보여주는 그 사랑스러운 토라진 표정을 일부러 지어보이기도 했다. 그 입술은 언제나 행복한 미소로 빛났고, 그 말은 언제나 다정함으로 가득 차 있었다. 그는 자신의 조세핀을 그녀를 위해 그리고 자신을 위해 사랑했다. 그 사랑에는 여자의 장점과 아름다움에 대해 끊임없는 찬사를 바치는 열정이 담겨 있었다. 남자의 성실함이란 흔히 사회적인 도덕이나 종교, 남편들의 타산의 결과이지만, 그에게 그것은 무의식적인 작용인 것처럼 보였다. 꽃피는 사랑에서 나오는 다정한 아첨이 따라붙지 않을 때가 없었다. 의무라는 것은 서로 사랑이 깊은 두 사람에게는 결혼생활에서 오직 하나뿐인 미지의 것이었다. 그것은 발타자르 클라스가 템닝크 양에게서 자기 미래의 꿈의 완전하고 확실한 실현을 보았기 때문이다. 그의 마음은 피로를 모르는 채 부풀어 있었고 남자로서는 언제나 행복했다. 이 카사 레알 집안의 손녀딸에게는 스페인의 피가 틀림없이 흐르고 있었다. 그녀는 쾌락을 무한하게 변화시킬 수 있는 신비로운 기교를 본능적으로 갖추고 있었을 뿐 아니라, 우아함이 여성미의 전부인 것처럼, 여자의 정수인 한없는 헌신의 마음이 그녀에게는 있었다. 그녀의 사랑은 맹목적인 신앙이었고, 그저 머리만 한 번 까딱해도 죽음을 향해 기꺼이 달려가는 종류의 것이었다. 발타자르의 배려는, 그녀의 가슴에서 아내로서의 가장 관대한 마음이 솟구쳐 오르게 하고, 자신이 받은 것보다 더 많은 것을 주고자 하는 참을 수 없는 욕구를 품게 했다.

아낌없이 서로 나누는 행복의 이러한 주고받음은, 살아가는 방침을 명백하게 자신의 외부에 정하고, 말투와 눈길과 행동 속에 점차 높아지는 사랑을 확대하는 것이었다. 감사하는 마음이 누가 먼저랄 것도 없이 솟아나서, 마음의 생활을 변화 있는 것으로 했다. 그것과 마찬가지로, 함께 상대의 모든 것이라는 확신 자체가, 생활의 가장 하찮은 것을 소중한 것으로 높이고, 비천한 것은 몰아냈다. 그러나 또, 남편으로부터는 정상이라고 생각되고 있는 불구의 여자, 그렇지 않으면 아무도 원하지 않는 절름발이 여자, 또는 나이를 먹었는데도 남자에게는 어리게 보이는 여자는, 여자의 세계에서도 가장 행복한 사람이 아닐까? ……인간의 정열은 그것을 초월할 수는 없다. 여자의 영예란, 자기 속에 있는 결점에 보이는 것을 열애하게 하는 것에 있는 것이 아닐까? 한쪽 다리가 불편한 여자가 똑바로 걸을 수 없다는 사실을 잊는 것은, 한때의 현혹일 뿐이다. 그러나 여자의 한쪽 다리가 불편하므로 그녀를 사랑한다는 것은, 여자의 결함을 신격화하는 일이다. 여자들의 '복음서'에는 다음과 같은 금언을 찍어넣을 필요가 있는 것이 아닐까? "결함이 있는 여자들은 행복하다. 사랑의 왕국은 그녀들의 것이기 때문이다"라고. *27

미녀라는 것은 여자에게는 확실히 불행의 씨앗이다. 왜냐하면 이 쉽게 시드는 꽃은 남자가 그녀에 대해 느끼는 감정과 너무나도 깊은 관련이 있기 때문이다. 사람들은 많은 재산을 상속한 여자와 결혼하는 마음으로 미녀를 사랑하는 것이 아닐까? 그러나 아담의 자녀들이 쫓아다니는 불확실한 미모를 타고나지 않은 여자가 사람들에게 느끼게 하는 사랑, 또는 스스로 보여주는 사랑이야말로 진실한 사랑이고, 그야말로 신비로운 정열이며, 영혼과 영혼의 뜨거운 포옹이고, 결코 환멸을 느끼지 않는 애정이다. 이러한 여자는 세상 사람들이 모르는 기품이 있고 세상의 지배에서 벗어나 있다. 그녀는 적당하게 아름답다. 그리고 자신의 결함을 상쇄할 정도의 찬미를 얻으므로, 결함을 잊게 하는 데도 성공한다. 그래서 역사상 가장 유명한 연애사건들은, 거의 다 속인들의 눈에는 결점이 있는 것으로 보이는 여자들에 의해 일어났다. 클레오파트

─────────────

*27 《신약성서》의 '마태복음' 5장에 나오는 '산상수훈'의 '심령이 가난한 자는 복이 있나니 천국의 그들의 것임이요'를 비튼 것.

라, 나폴리 여왕 조반나 1세,[*28] 디안 드 푸아티에,[*29] 라 발리에르 양,[*30] 퐁파두르 부인,[*31] 즉 연애사건으로 유명한 여자들 대부분 결함과 약점을 지니고 있었다. 한편, 흠잡을 데 없는 미녀라고 할 수 있는 여자들은 사랑이 불행하게 끝나는 비운을 당한다. 얼핏 기묘해 보이지만, 거기에는 이유가 있는 것이 분명하다. 아마 남자는 쾌락으로 살기보다는 사랑으로 사는 것이 아닐까? 미녀의 완벽한 육체적 매력에는 한계가 있는 반면, 평범한 아름다움의 정신적인 매력에는 한계가 없는 것이 아닐까? 《아라비안나이트》의 수많은 이야기 속에 들어 있는 교훈은 바로 그런 것이 아닐까? 헨리 8세의 왕비가 추녀였다면, 도끼 처형에 전율하지 않고 왕의 바람기를 막았을 것이다.[*32].

스페인 출신의 처녀라는 걸 생각하면 설명되는 일이기는 하지만, 클라스 양은 무학이었다[*33] 글을 읽고 쓸 수는 있지만, 부모가 수도원에 있던 그녀를 떠맡은 스무 살까지 읽은 책이래야 금욕주의를 주지시키는 책뿐이었다. 사교계에 발을 들여놓은 그녀는 우선 사교계의 즐거움에 갈증을 느끼고 경박한 화장술만 배웠다. 그러나 자신의 무학을 깊이 부끄러워하여 어떤 대화에도 끼어들려고 하지 않았다. 그 때문에 사람들은 그녀를 재치가 없는 여자로 생각했다. 그러나 이 신비주의 교육이, 결과적으로는 그녀 안에 온갖 감정을 본디의 강한 상태로 머물게 하여, 그녀의 자연적인 정신은 전혀 손상되지 않았던 것이다. 사교계의 눈에는 상속인으로서 어리석고 추한 여자로 보였지만, 남편에게는 재능이 있고 아름다운 여자가 되었다. 발타자르는 결혼한 지 처음 몇 년 동안은 사교계에서 어엿하게 처세하는 데 필요한 지식을 아내에게 가르치려고 했다.

---

＊28 1827~82. 결혼에 의해 나폴리 여왕, 이어서 마요르카 여왕이 되었는데, 그 동안 남편인 나폴리왕을 암살하고 남편 마요르카 왕은 추방시킨 뒤, 결국 양자에게 교살당한다.

＊29 1499~1569. 노르망디공 루이 드 브레제와 결혼하여 남편과 사별한 뒤에는 앙리 2세의 애인이 되어 발랑틴 공령과 아네성을 받았다.

＊30 13페이지 주 참조.

＊31 1721~64. 루이 15세의 애첩으로서 권세를 휘두르는 한편, 문인과 화가들을 소중히 했다.

＊32 헨리8세는 절세미인 앤 불린(1500~1536)과 결혼하기 위해 아내인 캐서린 하워드와 이혼하고, 로마교황의 반대를 무릅쓰고 앤과 결혼하지만 결국 부정한 누명을 씌워 그녀마저 처형했다.

＊33 스페인 처녀들은 무학이라고 당시의 많은 여행자들이 말하고 있었다.

그러나 이미 때가 늦어 있었다. 그녀는 다만 심정과 관련된 것밖에 기억하지 않았다. 조세핀은 클라스가 두 사람에 관해 얘기한 것은 무엇 하나 잊는 일이 없었다. 그녀는 행복한 생활의 아주 하찮은 것까지 기억했다. 그런데 전날 공부한 학과는 이튿날이면 까맣게 잊어버렸다. 보통 부부라면 이러한 무지는 커다란 불화를 불러일으키는 원인이 되었을 것이다. 그러나 클라스 부인은 정열을 매우 순수하고 소박하게 이해하고 있었으므로, 남편을 무척 경건한 마음으로 무척 정결하게 사랑했고, 자신의 행복을 유지하고자 하는 열망이 그녀를 매우 교묘하게 행동하도록 만든 결과, 언제나 그가 하는 말을 이해하고 있는 것처럼 가장해서 그녀의 무지가 확실하게 드러나는 일은 좀처럼 없었다. 하기는, 두 사람에게는 매일이 정열의 최초의 날일 만큼 서로 사랑하고 있을 때는, 이 풍요로운 행복 속에 생활의 모든 조건을 변화시켜 버리는 현상을 볼 수 있을 것이다. 그렇게 되면, 웃음과 기쁨과 즐거움을 주지 않는 일에는 일체 무심한 어린아이와 똑같은 것이 아닐까? 게다가 생활에 활기가 있고 가정이 뜨거운 열기에 싸여 있을 때는, 남자는 사려도 의심도 품는 일 없이 열기가 타오르는 대로 내버려두고, 그 수단과 결말을 추측하지도 않는다. 더욱이 어떠한 이브의 딸도 클라스 부인처럼 아내로서의 의무를 이해하고 있는 여성은 없었다. 그녀에게는 가정을 매력적인 장소로 만들어주는 플랑드르풍의 순종이 있었고, 스페인 여자의 자긍심이 그 순종을 더욱 그윽한 것으로 만들었다. 그녀는 당당했다. 자신의 가치와 귀족 출신임을 보여주는 눈빛으로 사람들의 존경심을 자연히 우러나게 했다. 그러나 클라스 앞에서는 벌벌 떨었다. 매일의 일상생활의 모든 행동, 아주 하찮은 생각도 그에게 보고하면서 결국 그를 너무 높게, 신의 근처까지 높이 받들어 올린 결과, 그녀의 사랑은 언제나 존경을 담은 외경의 빛을 띠게 되었고, 그것이 그녀의 사랑을 더욱 갈고 닦아 주었다. 그녀는 긍지를 가지고 플랑드르 주민의 습관에 따랐다. 그리고 가정생활에 풍요로운 행복을 불러오고, 집안의 모든 곳, 아주 구석진 장소도 전통적인 청결함으로 유지하며, 절대로 고급품만 소유하고, 식탁에는 언제나 최고로 세련된 맛의 요리를 차리며, 집에 있는 모든 것이 사랑이 넘치는 생활과 조화를 이루는 것을 자존심의 증거로 삼았다.

부부는 아들 둘, 딸 둘을 낳았다. 가장 큰 아이는 마르그리트라고 하는데

1796년에 태어났다. 막내는 세 살의 사내아이로 장 발타자르라는 이름이었다. 클라스 부인의 마음속에서 모성애는 남편에 대한 사랑과 거의 같은 것이었다. 그래서 특히 만년에는 그녀의 마음속에서 마찬가지로 강력한 감정 사이에서 무서운 투쟁이 일어나, 그 가운데 한쪽은 다른 한쪽의 적이 되었다. 이 평화로운 가정에 남몰래 진행되고 있었던 가정극의 막이 오를 때, 그녀의 얼굴에 떠올라 있던 그 눈물과 공포는, 아이들을 남편의 희생물로 삼은 것이 아닌가 하는 의구심에서 나온 것이었다.

1805년에 클라스 부인의 남동생이 죽었는데 소생은 남기지 않았다. 스페인의 법률은 공작 집안의 영지가 되어 있는 토지를 누이가 상속하는 것을 금하고 있었다. 그러나 공작은 유언장 조항에 의해 약 6만 듀카*³⁴를 누이에게 유증했는데, 거기에는 방계 친족들도 이의를 제기하지 않았다. 그녀를 발타자르 클라스와 결합시키고 있었던 사랑은, 이해관계에 얽힌 어떠한 생각에도 금이 가는 일이 없는 성질의 것이었으나, 조세핀은 남편에게 필적할 정도의 재산을 소유한 것에 어떤 만족감을 느꼈다. 그때까지는 남편이 참으로 너그럽게 주는 것을 받고 있었지만, 이제는 자기 쪽에서 뭔가 가치 있는 것을 그에게 제공하게 된 것이 기뻤다. 우연히도, 타산가들이 멀쩡한 정신으로는 할 수 없다고 보았던 이 결혼은, 이해관계에서 따지면 더 이상 바랄 수 없는 결혼이 된 셈이었다. 그 대금의 용도를 결정하는 것은 매우 어려운 문제였다. 클라스 집안에는 가구와 그림, 미술품, 값비싼 물건이 참으로 사치스러울 만큼 갖춰져 있었으므로, 이미 있는 것에 못지않은 물건을 보태는 것은 매우 어려운 일처럼 보였다. 이 일족은 미적 취향이 뛰어났으므로 다양한 보물들을 수집하고 있었다. 한 세대가 아름다운 그림에 탐닉하면, 일단 시작된 그 수집을 완성시킬 필요에서 그림에 대한 취미가 유전되었다.

별채에서 정면 본채의 2층 응접실까지 통하는 회랑을 꾸미고 있는 100폭의 그림과 호사스러운 응접실에 걸려 있는 50폭쯤의 그림은 3세기에 걸친 끈질긴 탐색을 필요로 했다. 그것들은 루벤스, 라위스달, *³⁵ 반 다이크, *³⁶

---

*34 듀카는 옛 유럽 각국에서 통용된 금화로, 10~12프랑에 상당하는 것으로 알려져 있지만 시대에 따라 상당히 다르다.
*35 1600~70. 네덜란드의 풍경화가 일족의 한 사람, 살로몬 판 라위스달. 네덜란드 풍경화의 기초를 쌓았다.

테르보르흐,*37 헤라르트 도우,*38 테니르스,*39 미리스,*40 파울루스 포테르,*41 베베르만,*42 렘브란트, 호베마,*43 크라나하, 홀바인 등의 명작이었다. 이탈리아와 프랑스의 그림은 소수였지만 모두 진짜이고 화가들의 대표작이었다. 다른 세대는 일본이나 중국의 도자기 세트를 수집하는 도락에 빠졌다. 어떤 클라스는 가구에 열을 올리고 다른 클라스는 은제품에 열을 올리며, 요컨대 클라스 집안의 각자에게는 플랑드르 기질 가운데에서도 가장 두드러진 특징이라고 할 수 있는 편집과 열중의 성벽이 있었다. 유명한 네덜란드 상류사회의 마지막 생존자였던 발타자르의 아버지는 가장 풍부하기로 이름 높은 튤립 컬렉션을 남겼다.

이 낡은 집은 마치 조개껍질 같아서, 외관은 소박하지만 안에 들어가면 진주처럼 반짝이며 더없이 풍부한 색채로 꾸며져 있고, 엄청난 자산인 조상 대대의 귀중한 물건들이 장엄하게 진열되어 있다. 또 이러한 부 외에 발타자르 클라스는 올시*44의 평야에 별장을 한 채 가지고 있었다. 그는 프랑스사람들처럼 수입에 맞춰 지출을 하는 것이 아니라, 네덜란드의 관습대로 수입의 4분의 1만 지출했다. 다시 말해 1년에 1200듀카를 쓰고 있었는데, 그것은 도시의 가장 부유한 사람이 지출하는 액수와 비슷했다. 민법의 공포(公布)가 이러한 현명한 배려는 정당하다는 것을 뒷받침했다. 재산의 균등한 분할을 명령하고 있는 '상속법'에 따라, 각각의 자녀에게 대부분 부족한 재산밖에 남길 수 없게 되어, 클라스 집안 전래의 미술관 보물도 언젠가는 뿔뿔이 흩어지게 될 것이다. 발타자르는 클라스 부인과 합의 아래 모든 자녀가 아버지와 같은 신분이 될 수 있도록 아내의 재산을 투자로 돌렸다. 그래서 클라스

---

*36 1599~1647. 플랑드르의 화가. 루벤스의 제자가 되었다가 이윽고 영국에 건너가 찰스 1세의 궁정화가가 되어 수많은 초상화를 남겼다.
*37 1617~81. 네덜란드의 풍속화, 초상화가 헤라르트 테르보르흐.
*38 1613~75. 네덜란드 풍속화가.
*39 1582~1649. 풍속화, 풍경화 등 폭넓은 장르의 그림을 그린 플랑드르 화가 다비드 테니르스로, 3대에 걸쳐 같은 이름의 화가가 있다. 여기서는 아들 쪽으로 생각된다.
*40 1635~81. 네덜란드의 풍속화가 프란스 반 미리스.
*41 1625~54. 네덜란드 화가, 판화가.
*42 1619~68. 네덜란드의 풍경화가 필립스 베베르만.
*43 1638~1709. 네덜란드의 풍경화가.
*44 두에에서 북동쪽으로 18킬로미터 정도 떨어진 곳.

집안은 최대한 검소하게 생활하면서 삼림을 사들였다. 삼림은 그 땅에 일어난 전쟁 때문에 약간 피해를 입었지만, 잘 관리하면 10년 뒤에는 엄청난 가치가 될 것이었다. 클라스 부인이 드나들던 두에의 상류사회는 발타자르 아내의 훌륭한 성격과 장점을 매우 높게 사고 있었으므로, 이른바 암묵적인 약속에 의해 지방 사람들이 무척 소중히 여기는 사교상의 의무에서 면제되었다.

그녀가 도시에서 지내는 겨울철에는 그녀 쪽에서 사교계에 나가는 일은 거의 없었다. 그녀는 수요일마다 손님을 맞이하고, 한 달에 세 번은 만찬회를 열었다. 그녀는 자신의 집에 있는 편이 훨씬 편안했고, 남편에 대한 사랑과 자녀들의 교육에 필요한 역할이 그녀를 집에 붙들어매고 있다는 것을 누구나 알고 있었다. 1809년까지는 이러한 상태가 세속적인 생각과 일치하는 점이 전혀 없는 이 부부의 처세방식이었다. 두 사람의 생활은 남모르는 사랑과 기쁨에 차 있었지만, 겉으로는 다른 부부와 다름없이 보였다. 아내에 대한 발타자르 클라스의 정열에는, 아내도 그것을 오래 유지하는 방법을 알고 있었고 그 자신도 지적했듯이, 행복의 배양을 위해 타고난 참을성이 발휘되고 있는 것처럼 보였다. 그것은 바로 어릴 때부터 심혈을 기울여 온 튤립 재배를 대신할 만한 가치가 있었던 만큼, 오히려 그는 조상들이 저마다 열중해 있었던 튤립 재배에 열을 올리는 일은 없었다.

그해도 다 갈 무렵, 발타자르의 정신과 행동에 불길한 변화가 있었다. 그것은 매우 자연스럽게 시작되었으므로, 클라스 부인은 그 원인을 그에게 물을 필요가 있다고 생각하지 않았다. 어느 날 밤, 남편은 뭔가에 몰두한 상태에서 잠자리에 들었다. 그녀는 남편을 그대로 놔두는 것이 자신의 의무라고 생각했다. 아내로서의 배려와 남편을 따르는 습성 때문에, 그녀는 발타자르가 스스로 얘기해주기를 언제까지나 기다리고 있었던 것이다. 그의 신뢰는 그녀에 대한 진실이 넘치는 사랑을 통해 보장되고 있었으므로, 그녀는 질투심이라는 것을 전혀 일으키지 않았다. 자기 쪽에서 굳이 탐색하는 듯한 질문을 하면 대답해 줄 것은 확실했지만, 그녀는 같이 살기 시작한 무렵의 첫인상에서 혹시 거절당하는 게 아닐까 하는 우려를 언제까지나 품고 있었다. 그뿐 아니라, 그녀 남편이 앓고 있는 정신의 병에는 여러 가지 단계가 있어서, 증상이 서서히 심해지다가 마침내 부부의 행복을 파괴할 수 있을 만큼 견딜 수 없는 격렬함에 이른 것이다. 발타자르는 뭔가에 마음을 빼앗기고 있었는데, 그런데도 그는 몇 달 동안은 애기도 잘하고 다정하게 굴면서, 가끔 방심상태에 빠지는 것 말고는 겉으로 성격 변화가 드러나지는 않았다. 클라스 부인은 오랫동안, 남편이 스스로 연구의 비밀을 애기해주기를 기다리고 있었다. 아마도 뭔가 유익한 성과를 올렸을 때, 자기 쪽에서 털어놓을 생각이었는지도 몰랐던 것이다. 대부분의 남자들은 자존심 때문에 성공이 확실해지기 전에는 투쟁하고 있는 것을 밝히지 않기 때문이다. 그런 까닭에 일단 성공하는 날이 오면, 발타자르가 아마 마음속으로는 자기 탓으로 여기지 않는 사랑의 생활에 구멍이 뚫린 것을 깨달을 터이니, 그런 만큼 더욱더 빛나는 행복이 그들의 가정에 돌아올 것이었다. 조세핀은 남편을 잘 알고 있었던 만큼, 몇 달 동안 자신의 페피타*45를 불행하게 내버려 둔 자기 자신을 스스로 용서하지 않을 것임을 알고 있었다. 그래서 그녀는 남편 때문에 괴로워하고, 또 남편을 위해 괴로워하는 데서 어떤 기쁨마저 느끼면서 침묵을 지키고 있었다. 그것은, 그녀의 정열은, 사랑과 신앙을 결코 분리하지 않고 고통이 없는 사랑은 이해하지 못하는 스페인적인 경건한 마음으로 채워져 있었기 때문이다. 그래서 그녀는 매일 밤 "내일은 틀림없을 거야!" 하고 중얼거리면서, 자신의 행복을 지금 이곳에 없는 사람처럼 생각하면서, 그 사랑이 돌아오기를 기다리고 있었다.

그녀가 막내아들을 뱃속에 가진 것은 이러한 남모르는 불안 속에서였다. 그것은 고통스러운 미래에 대한 두려운 계시였다! 그런 상황에서도 남편은 뭔가에 마음을 빼앗기기 일쑤였는데, 그중에서도 사랑의 대화를 나눌 때의 방심상태가 가장 심했다. 아내로서의 그녀의 자존심이 처음으로 상처받자, 그녀는 결혼 당시의 클라스한테서 자신을 영원히 떼어놓는 미지의 깊은 심연을 떠올렸다. 그때부터 발타자르의 상태가 나빠졌다. 옛날에는 가족과의 단란한 즐거움에 빠진 채 아이들과 몇 시간이고 놀아주고, 응접실 카펫 위와 정원에서 아이들과 뒹굴면서, 자신의 페피타의 검은 눈동자 속에서만 살아갈 수 있는 것처럼 보인 남자가, 아내의 임신을 눈치 채지도 못한 채 가족과 함께 살아가는 것도 잊고 자기 자신마저 잊어버린 것이다. 그가 몰두하고 있

---

*45 사과 같은 과일의 귀여운 씨앗을 의미하는 스페인어로, 조세핀의 애칭.

는 과제가 무엇인지 그에게 묻는 것이 늦어지면 늦어질수록, 클라스 부인은 더욱 물어보기가 힘들어졌다. 그것을 생각하면 그녀의 피가 끓어오르고 목소리가 나오지 않았다. 결국은 남편이 더 이상 자기를 좋아하지 않는 거라고 생각하고 깊은 불안에 빠졌다. 그 불안이 그녀에게 달라붙어 그녀를 절망시키고 마음을 흥분시켜, 울적하게 시간을 보내면서 슬픈 생각에 빠지는 원인이 되었다.

그녀는 추하게 생긴 데다 나이까지 먹은 자기 탓으로 생각하고, 발타자르를 원망하지 않았다. 그리고 그가 연구에 몰두하여 자신을 돌보지 않게 된 것에 대해, 자신에 대한 너그럽지만 굴욕적인 생각이 도사리고 있는 것이 아닌지 억측하면서, 그와 남몰래 이혼상태가 되어 그에게 독립을 되찾아주고 싶었다. 이 숨은 이혼은 행복의 열쇠로서 많은 부부들이 즐기고 있는 건지도 모른다. 그러나 그녀는 부부생활에 작별을 고하기 전에 남편의 속마음을 읽으려고 애썼지만, 그것은 여전히 닫혀 있었다. 그녀의 눈에는 발타자르가, 사랑하던 모든 것에 전에 없이 무관심해지고, 피어 있는 튤립꽃도 무시할 뿐 아니라 아이들까지 생각하지 않는 것처럼 비쳤다. 틀림없이 그는 마음속의 사랑과 관계가 없는 무언가의 정열에 몰두해 있었지만, 여자들에 의하면, 그래서 더욱더 마음이 메말라가는 원인이 되는 것이었다. 사랑은 잠자고 있지 사라진 것은 아니다, 그렇게 생각하고 위로하려 해보지만, 그래도 역시 마찬가지였다.

이러한 위기의 연속은 희망이라는 단 한 마디로 설명할 수 있을 것이다. 그 말이야말로 이 부부생활의 모든 상황에 숨어 있는 열쇠였다. 이 가련한 아내가 극도의 절망에 빠진 끝에 용기를 내어 남편에게 물어보는 순간, 바로 그때 그녀는 안도하는 순간에 잠길 수 있었다. 그런 때는 남편이 뭔가 악마적인 생각에 사로잡혀 있다가도 자기 자신으로 돌아오는 일이 가끔 있었던 것이다. 그녀의 하늘이 맑게 갠 순간이 이어지는 동안, 그녀는 서둘러 그 행복을 맛보고 싶은 나머지, 불쾌한 화제로 그를 자극하는 건 피하고 싶었다. 그녀가 과감하게 발타자르에게 질문하려고 해도, 말을 하려는 순간 곧 그녀에게서 달아나거나 갑자기 사라지거나 자신의 깊은 명상의 심연 속에 가라앉아버렸고, 그렇게 되면 무엇으로도 그를 거기서 끌어낼 수가 없었다.

이윽고 육체에 대한 마음의 반작용이 거칠게 일어나기 시작했다. 처음에는 느낄 수 없을 정도였지만, 남편의 숨은 생각이 아주 조금이라도 밖으로 드러나면, 사랑하는 아내의 눈은 그것을 추적하고 포착할 수 있었다. 가끔, 남편이 저녁을 먹은 뒤 난로 옆 안락의자에 몸을 파묻고 말없이 생각에 잠긴 채, 눈길은 검은 벽 널빤지를 향하고, 주위가 쥐 죽은 듯이 조용한 것도 깨닫지 못하는 모습을 보면 흐르는 눈물을 멈출 수가 없었다. 사랑하므로 숭고하게 보였던 남편의 얼굴이 어느새 초췌해져 가는 모습을, 그녀는 두려움에 떨면서 살폈다. 날마다 얼굴에서 영혼의 생기가 빠져나가 아무 표정도 없는 얼굴의 골격만이 남아 있었다. 이따금 눈이 유리알처럼 멍해 있을 때는, 그 시각이 반전하여 내면을 향하고 있는 것 같았다. 아이들이 잠들어버리고, 무서운 생각만이 깔린 침묵과 고독한 몇 시간을 보낸 뒤, 가련한 페피타가 "여보, 몸이 좋지 않으세요?" 하고 물으면, 때로는 아무 대답이 없었다. 가끔 대답이 돌아올 때는, 누가 잠에서 깨운 것처럼 부르르 몸을 떨면서 정신이 돌아오는 듯, 무감각하고 공허한 목소리로 "아니오, 전혀." 하고 대답하지만, 그 대답이 이따금 쿵쾅거리고 있는 아내의 가슴을 무겁게 짓눌렀다.

자신이 처해 있던 이러한 기묘한 입장을 친구들에게는 숨기고 싶었지만, 어쩔 수 없이 얘기하지 않을 수 없었다. 작은 도시가 대개 그렇듯이, 대부분의 살롱에서는 발타자르가 이상해졌다고 수군거리고 있었다. 어떤 모임에서는 클라스 부인도 모르는 자세한 사정까지 이미 알고 있었다. 그래서 몇몇 친구는 잠자코 있는 것이 예의인 줄 알면서도 매우 염려하고 있어서, 그녀도 애써 남편의 기행에 대해 이렇게 해명했다.

"발타자르 씨는 중요한 연구를 시작하여 거기에 전념하고 있어요. 그 연구가 성공하는 날에는 가족과 조국에 틀림없이 커다란 명예가 될 거예요."

이 수수께끼 같은 설명은, 다른 어느 도시보다도 향리에 대한 사랑과 향리의 이름을 높이고자 하는 염원에 사로잡혀 있던 이 도시의 야심을 너무나 자극하는 바람에, 사람들의 의식 속에 클라스 씨에 대한 이로운 반응을 불러일으켰다. 그의 아내의 추측은 어떤 점에서는 전혀 근거가 없는 것은 아니었다. 몇 사람의 다양한 분야의 장인들이 발타자르가 아침부터 틀어박혀 있던 정면 본채의 다락방에서 오랫동안 일하고 있었다. 발타자르가 그곳에 점점 오래 머물게 되자 아내와 아이들과 하인들까지 전에 없이 그것에 익숙해져버렸고, 그 결과 그곳에 오면 하루 종일 틀어박히게 되고 말았다. 하지만 얼마나 고통스러운 일인가! 자신이 전혀 모르고 있었다는 것에 놀라면서 친구들이 해주는 이야기를 듣고, 클라스 부인은 굴욕을 느낀 적이 있었다. 남편은 물리학 기구와 값비싼 재료, 책, 기계류 따위를 파리에서 끊임없이 사들여서, 그들의 말에 따르면, 현자의 돌을 찾아 파산해 가고 있다는 것이었다. 그녀는 아이들과 자기 자신의 앞날도 생각해야 하며, 발을 잘못 들여놓은 길에서 남편을 끌어내기 위해 그녀의 영향력을 행사하지 않는다면, 그거야말로 죄를 짓는 것이라고 친구들은 덧붙였다. 클라스 부인은 대귀부인다운 거만한 태도를 되찾아 그 어리석은 이야기를 멈추게 하려 했지만, 아무리 냉정을 가장해도 공포에 사로잡히지 않을 수 없었다. 그리하여 그녀는 자기희생의 역할을 내던지기로 결심했다. 그녀는 아내가 남편과 대등한 위치에 서는 상황을 만들었다. 그리하여 전보다 무서워하지 않고, 발타자르에게 왜 이전과 달라지고, 다락방에 틀어박혀 지내는 이유는 무엇이냐고 큰맘 먹고 물었다. 그러자 이 플랑드르 사내는 눈썹을 찌푸리면서 이렇게 대답했다.

"당신은 말해도 몰라."

어느 날 조세핀은 그와 함께 살면서도 그런 그의 생각은 무엇 하나 함께할 수 없는 것을 부드럽게 호소하고, 그 비밀을 꼭 알고 싶다고 졸랐다.

"그토록 관심을 가지고 있다면 가르쳐 주리다. 난 화학을 다시 시작했소. 지금 난 세상에서 가장 행복한 사람이오." 발타자르는 아내를 무릎 위에 안고 검은 머리를 애무하면서 대답했다.

클라스 씨가 화학자가 된 그 겨울부터 2년이 지나자, 집의 상황은 완전히 바뀌고 말았다. 사교계가 끝없이 이어지는 학자의 방심상태에 정나미가 떨어졌는지, 아니면 그에게 방해가 된다고 생각했는지, 남모르는 걱정거리가 클라스 부인의 사교성을 빼앗아 가버린 건지, 이제 가까운 친구 말고는 부인을 찾아오지 않게 되었다. 발타자르는 어디에도 가지 않고 자기 실험실에 하루 종일 틀어박혀 있었고, 때로는 밤까지 그곳에 남아 저녁식사 때 외에는 가족 앞에 나타나지도 않았다. 2년째부터는 여름철을 시골에서 보내는 것도 그만두고 말았다. 부인도 더 이상 그곳에 혼자 머물 생각이 없었다. 어느 날 발타자르는 산책하러 집을 나간 뒤, 클라스 부인을 미치도록 걱정하게 만든 채 이튿날까지 돌아오지 않았다. 요새지의 관습에 따라 밤에는 시문(市門)을 닫아버리는 도시 속을 아무리 찾아헤매도 찾을 수가 없었다. 그렇다고 시골까지 사람을 보내 수색할 수도 없었다. 그래서 불행한 아내는 곧 돌아올 거라고 기대하면서, 고통이 뒤섞인 희망조차 없이 이튿날까지 전전긍긍했다. 발타자르는 시문이 닫히는 시간을 잊어버린 바람에, 자신의 방심이 가족에게 얼마나 큰 고통을 주었는지도 전혀 생각하지 않고, 이튿날 너무나 태연한 얼굴로 나타났다. 그런데 남편을 겨우 다시 만나게 된 행복은, 그때까지 수없이 겪은 걱정과 마찬가지로, 부인에게 위험하기 그지없는 충격을 주었다. 그녀는 아무 말도 하지 않았고, 남편에게 물어보려고도 하지 않았다. 왜냐하면 그녀가 맨 처음 한 질문에 그가 깜짝 놀라면서 이렇게 대답했기 때문이다.

"아니, 그게 무슨 소리요, 난 산책도 마음대로 해서는 안 된다는 말이오?"

정념은 사람을 속일 수가 없다. 그리하여 클라스 부인이 근심에 빠져 있는 모습이, 그녀가 스스로 없애려고 했던 소문을 뒷받침하는 결과가 되었다. 젊었을 때는 세상 사람들의 은근무례한 동정을 받는 것에도 익숙해져 있었지만, 이제는 두 번 다시 그것을 받지 않으려고, 그녀는 집안에 조개처럼 꼭꼭 틀어박혀 버렸으므로, 세상 사람들은 아무도, 그녀의 마지막 친구들조차 그곳에 발을 들여놓지 않게 되었다. 단정하지 않은 복장은 언제나 상류층 인사의 품위를 해치는 것이지만, 발타자르의 경우는 그것이 너무나 심해서, 수많은 고민 중에서도 플랑드르 여자 특유의 극도의 청결에 익숙한 그녀에게는 그것이 가장 고통스러운 일이었다. 남편의 시중을 들어주는 르뮐키니에와 함께, 조세핀은 한동안 매일 찢어지거나 남루해진 그의 옷을 수선했다. 그러나 그것도 곧 단념하지 않을 수 없었다. 더럽거나 찢어지고 구멍이 뚫린 의복을 발타자르가 모르는 사이에 새것으로 바꿔 놓으면 그 옷도 그 날 안에 누더기가 되고 마는 것이다. 16년 동안 행복하게 살면서 지금까지 질투에 사로잡힌 적이 한 번도 없었던 그녀는, 그때까지 자신이 지배해온 그의 마음속에서 더 이상 자신이 아무것도 아니라는 사실을 불현듯 깨달았다. 자신에게서 남편을 빼앗아간 라이벌이 '학문'이라는 걸 알았을 때, 순수한 스페인 여자의 기질이 마음속에서 끓어올랐다. 질투의 모진 고통이 그녀의 마음을 괴롭히면서 그녀의 애정이 새롭게 되살아났다. 그러나 '학문'을 적으로 돌려서 무얼 하겠는가? 끊임없는, 저항할 길 없이 커지기만 하는 그 힘과 어떻게 싸울 수 있단 말인가? 어떻게 눈에 보이지 않는 적을 죽일 수 있단 말인가? 본성에서 보아도 힘에 한계가 있는 여자가, 무한한 기쁨에 넘쳐 늘 새로운 매력을 가져다주는 관념과 어떻게 싸울 수 있겠는가? 곤란한 사태에 부딪치면 신선한 모습으로 되살아나, 더욱 아름다워져서, 가장 소중한 사랑까지 잊게 하는 세계로 인간을 멀리 데려가는 관념의 교태에 맞서 무엇을 할 수 있다는 말인가?

마침내 어느 날, 발타자르가 엄격하게 명령했음에도 불구하고, 아내는 그래도 남편 곁을 떠나지 않으려고, 그가 숨어 지내고 있는 다락방에 그와 함께 틀어박혀, 그가 그 무서운 애인과 지내는 긴 시간 동안, 남편의 일을 돕고 적과 몸을 부딪치며 싸우기로 했다. 그녀는 그 신비로운 매혹의 공방에 남몰래 숨어들어, 그곳에 언제나 머물 수 있는 권리를 얻고 싶었다. 그래서 르뮐키니에와 실험실에 들어갈 권리를 나눠 가지려고 시도했다. 그래도 말다툼이라도 벌어졌을 때 르뮐키니에가 보게 되는 일이 없도록, 남편이 하인 없이 지내는 날을 기다렸다. 얼마 전부터 이 하인이 실험실을 드나드는 것을 속을 태우며 집요하게 엿보고 있었다. 이 사람은 자신이 알고 싶은 것, 남편이 자신에게 숨기고 있었던 것, 자신이 굳이 그에게 물으려 하지 않았던 것을 모두 알고 있었던 것이 아닐까. 그리하여 그녀는, 남편이 르뮐키니에를 자신보다, 아내인 자신보다 더 좋아한다는 것을 깨달았다!

그래서 그녀는 몸을 떨면서 거의 행복한 기분으로 찾아왔다. 그러나 그때까지 살면서 처음으로 발타자르가 분노한 것을 알았다. 그녀가 문을 열자마자, 그가 달려들어 그녀를 붙잡고 계단으로 난폭하게 밀치는 바람에, 그녀는 하마터면 계단 위에서 밑으로 굴러 떨어질 뻔했다.

"다행히 죽지 않았구려!" 발타자르는 아내를 안아 일으키면서 소리쳤다.

유리 마스크가 클라스 부인의 몸 위에서 산산조각이 났다. 부인의 눈동자에 핏기가 사라지고 새파랗게 질린, 겁먹은 남편의 얼굴이 비쳤다.

"이곳에 오지 말라고 그렇게 일렀는데!" 그는 쓰러지듯이 계단에 털썩 주저앉으면서 말했다. "성인들이 당신을 죽음에서 지켜주신 거요. 도대체 어쩌다가 내 눈이 문을 쳐다보고 있었을까? 우리 둘 다 죽을 뻔했소."

"차라리 그 편이 나았을지도 몰라요." 그녀가 말했다.

"실험에 실패했소." 발타자르가 말했다. "끔찍한 실패였어, 나에게 이보다 더 괴로운 일은 없어. 당신이 아니었으면 용서하지 않았을 거야. 어쩌면 질소를 분해할 수 있었을지도 모르는데.”

발타자르는 그렇게 말하더니 실험실로 돌아갔다.

“어쩌면 질소를 분해할 수 있었을지도 모르는데!” 가련한 여인은 그렇게 뇌까리면서 자기 방으로 돌아가 울음을 터뜨리며 쓰러졌다.

남편의 그 말은 그녀에게는 의미가 확실하지 않았다. 교육 덕택에 뭐든지 잘 이해하는 남자는, 자기가 사랑하는 사람의 생각을 이해할 수 없다는 것이 여자에게 얼마나 무서운 일인지 모르고 있다. 숭고한 여자들은 우리 남자들보다 마음이 넓으므로, 자신들의 마음의 소리가 상대에게 통하지 않을 때는 아예 입을 다물어 버린다. 자신의 감정이 우월한 것을 우리 남자가 느끼게 하는 것을 두려워하기 때문이다. 그래서 남자들은 알 수 없는 즐거움을 얘기하지 않을 때처럼 기쁜 마음으로 자신의 고통을 숨기려고 한다. 그러나 사랑에 있어서는 우리보다 더욱 야심을 불태우는 여자들은, 남자의 마음을 더욱더 나누어 갖고 싶은 나머지, 남자의 모든 생각을 내 것으로 만들고 싶어한다. 클라스 부인은, 남편이 몰두하고 있는 ‘학문’에 대해 자신이 완전히 무지한 것이, 연적이 미인이어서 느끼는 분함 이상으로 분해서 견딜 수가 없었다. 여자와 여자의 싸움에서는, 남자를 더욱 깊이 사랑하는 여자 쪽에 사랑하는 특권을 준다.

그러나 이 경우의 분함은 명백하게 무력하다는 걸 아는 것이고, 살아가는데 도움이 되는 모든 감정을 꺾어버리는 것이다. 조세핀은 알지 못했다! 그녀에게는 무지가 자신을 남편과 떼어놓는 상황이었던 것이다. 결국 최후의 더욱 모진 시련은, 그가 가끔 삶과 죽음의 갈림길을 헤매고 있었던 일이고, 자신한테서 멀리 떠나서, 그러면서도 실은 자기 바로 옆에서 위험을 무릅쓰고 있었으면서도, 자신은 남편의 위험을 함께 하지도 않고 그것을 알지도 못한다는 것이었다. 그것은 지옥과 같은, 출구도 희망도 없는 감옥이었다. 클라스 부인은 적어도 이 학문의 매력을 알기 위해 남몰래 책으로 화학을 공부하기 시작했다. 그리하여 이 일가는 마치 수도원 같은 분위기가 되고 말았다.

이러한 일들이, 잇달아 불행을 당한 뒤 클라스 집안의 민사사(民事死) 같은 것에 내몰리게 되는 과정인데, 이 이야기는 바로 클라스 집안이 민사사를

당할 때부터 시작된다. *46

이 가혹한 상황은 더욱 복잡한 양상을 띠기 시작했다. 클라스 부인은 정열적인 여자들이 대개 그렇듯이 터무니없을 정도로 사욕이 없었다. 진정으로 사랑하고 있는 사람은, 사랑에 비하면 금전이 얼마나 하찮은 것인지, 또 금전이 사랑에 끼어드는 것이 얼마나 곤란한 일인지 알고 있었다. 그렇지만 남편이 소유지를 담보로 30만 프랑을 빌렸다는 소문을 들었을 때는 감당하기 힘든 충격을 받고 말았다. 계약이 정식으로 성립되어 있는 것이 사람들의 우려와 소문과 억측이 사실임을 뒷받침하고 있었다. 당연한 일이지만, 클라스 부인은 불안에 떨지 않을 수 없었다. 아무리 자긍심이 높은 그녀도 남편의 공증인에게 캐묻다가, 자신의 고민을 내비치거나 아니면 그것을 추측하게 하여 결국은 다음과 같은 굴욕적인 질문까지 듣게 되었다.

"아니, 그럼 클라스 씨가 아직도 부인에게 말하지 않았단 말인가요?"

다행히 발타자르의 공증인은 그에게는 거의 가족이나 다름없는 사이였는데, 그것은 다음과 같은 사정 때문이었다. 클라스 씨의 할아버지는 두에의 피에르칸 집안과 같은 가계인 앤트워프의 피에르칸 집안의 딸과 결혼했다. 그 결혼을 한 뒤로 피에르칸 집안은 클라스 집안과 혈연관계는 없었지만 클라스 집안사람들을 사촌이나 다름없이 대하고 있었다. 피에르칸 씨는 이제 막 아버지의 직업을 물려받은 스물여섯 살 청년으로, 클라스 집안에 출입하는 유일한 사람이었다. 발타자르 부인은 몇 달 전부터 완벽한 고독 속에 살고 있었으므로, 공증인은 이미 온 마을에 퍼져 있는, 그녀의 남편이 파탄에 이르렀다는 소문이 사실임을 그녀에게 말하지 않을 수 없었다. 공증인은 조세핀에게, 남편이 아마도 화학약품을 구입하고 있는 상회에 엄청난 빚을 진 것 같다고 말했다. 그 상회는 클라스 씨가 가지고 있는 재산과 신용도를 조사한 뒤, 그의 주문을 모두 받아들여 외상이 쌓여가는 데도 불구하고 아무 불안도 없이 주문품을 계속 보내주었다. 클라스 부인은 피에르칸을 통해 상회에 남편에게 납입된 물건의 계산서를 요구했다. 두 달 뒤, 화학약품 제조사인 프로테스 시프르빌 상회가 10만 프랑에 이르는 총액 결산서를 보내왔다. 클라스 부인과 피에르칸은 그 청구서를 조사해보고 더욱 놀랐다. 학술어

---

*46 민사사란 시민권이 정지되는 법률적인 죽음의 상태로, 사형이나 종신형을 선고받았을 때 발생한다.

와 상업용어로 기록된 수많은 품목은 두 사람에게는 낯선 것이었지만, 금속류 부문의 계산서에 소량이지만 온갖 종류의 다이아몬드가 기재되어 있는 것을 보고 두 사람은 몸을 떨었다. 부채총액이 엄청나다는 것은 간단하게 설명할 수 있었다. 주문품이 워낙 온갖 종류로 다양한 데다, 어떤 물품의 이송이나 약간 고가의 기계를 부치는 데 필요한 조치와, 구하기 어렵거나 희소가치 때문에 고가인 몇몇 제품의 어마어마한 가격, 마지막으로 클라스 씨가 지시한 대로 제작된 물리와 화학 기구의 가치를 생각하면 당연한 일이었다. 공증인은 사촌의 이익을 위해 프로테스 시프르빌 상회에 대해 조사한 뒤, 그 사주들이 다행히 견실하여 클라스 씨와의 거래에도 도의에 어긋나는 점이 없다는 것을 보증해 주었다. 그리고 클라스 씨에 대해서는, 그가 쓸데없는 지출을 피할 수 있도록 파리의 화학자들이 올린 연구성과를 가끔 알려주기까지 하고 있었던 것이다.

클라스 부인은 남편이 구입한 물건의 성질이 알려지면 남편이 미친 사람 취급을 받게 될까봐, 두에의 사교계에는 비밀로 해달라고 공증인에게 부탁했다. 그러나 피에르칸은 상회가 외상으로 준 액수가 엄청나서 공증인으로서 채무증서 작성이 필요하지만, 클라스가 세상에서 받고 있는 존경을 생각해서 그것을 한도까지 미뤄왔다고 대답했다. 그는 커다란 상처를 까보이듯이 조세핀에게 말했다. 이렇게 남편이 미친 듯이 재산을 탕진하는 것을 막지 못하면, 반년 뒤 상속 재산은 실제 가격보다 많은 저당에 잡혀버리게 될 것이다, 그리고 자기로서는 그토록 존경을 받고 있는 분에게 걸맞은 배려를 하면서 사촌에게 주의를 주었으나 효과가 전혀 없었다, 발타자르는 꼭 한 번, 자기가 집안의 명예와 재산을 위해 연구하고 있다고 대답했다는 것이다. 그리하여 클라스 부인에게는 꼬리에 꼬리를 물면서 거듭되어온 과거의 모든 고뇌가 현재의 고뇌에 겹쳐지는 모든 고통을 2년이나 견뎌왔는데, 거기에 또 하나의 무서운 공포가 더해진 것이다.

여자들에게는 예감이 있고, 그것이 맞는 것은 정말 기적과 같은 일이다. 일단 생활의 이해와 관련된 일에서는, 일반적으로 여자들은 희망적인 관측을 하지 않고 걱정하고 두려워하는 것은 무엇 때문일까? 왜 여자들은 종교적인 내세의 숭고한 관념밖에 믿지 않는 것일까? 재산의 파국과 운명의 위기에 대해서는 왜 그토록 잘 간파하는 것일까? 아마도 여자들은, 사랑하는 남자에게 자신을 묶어버리는 애정 때문에 감탄할 만큼 남자의 역량을 재고 능력을 평가하고 취미와 정열과 악덕과 미덕을 간파하는 건지도 모른다. 끊임없이 눈앞에서 그러한 원인을 보고 연구하는 것이, 아마 가능한 모든 상황에서 결과를 예견하는 숙명적인 힘을 그녀들에게 부여하고 있는 것이 분명하다. 여자들은 현재 눈앞에 보이는 것에 따라 절묘하게 미래를 판단하는데, 그 절묘함은 사고와 감정의 아주 경미한 징후에서도 진단할 수 있는 그녀들의 완벽한 신경조직으로 마땅히 설명할 수 있다. 여자들은 마음에 큰 충격을 받으면, 그것에 맞춰 모든 것이 함께 진동한다. 또 그들은 느끼고 보기도 한다. 클라스 부인도 2년 전부터 남편과 떨어져 있었지만, 남편이 재산을 잃을 것을 예감하고 있었다. 그녀는 발타자르의 심사숙고를 거듭한 뒤의 격정과, 한번 결정하면 마음이 변치 않는 고집을 높이 평가하고 있었다. 그가 황금을 만들 생각이라면 마지막 빵조각까지 아낌없이 도가니에 던져 넣을 것이 틀림없었다. 하지만 무엇을 탐구하고 있는 것일까?

지금까지는 어머니로서의 감정과 부부의 애정이 이 여자의 마음속에서 완벽하게 일체를 이루고 있었으므로, 그녀한테서도 남편한테서도 평등하게 사랑받고 있었던 아이들이 두 사람 사이에 끼어드는 일은 한 번도 없었다. 그런데 갑자기 아내인 이상으로 어머니가 되는 일이 있었다. 그러나 그녀를 선택하고 사랑하고 숭배해 주던 남자, 그녀가 지금까지 세상에서 유일한 여자였던 남자의 행복을 위해, 자신의 재산뿐만 아니라 자식까지 희생시키겠다고 마음을 먹다가도, 이래서는 모성애가 부족한 것이 아닌가 하는 양심의 가책에 사로잡혀, 자기가 어머니여야 하는지 아내여야 하는지 무서운 방황 속에 헤매곤 했다. 그리하여 그녀는 아내로서는 마음속으로 고민하고, 어머니로서는 아이들 사이에서 고민하고, 그리스도교도로서는 모든 사람을 위해 고민했다. 그녀는 입 밖에 내어 말하지는 않았지만, 가슴 속에 거칠게 몰아치는 폭풍을 안고 있었다. 남편은 집안의 유일한 지배자로, 마음대로 집안의 운명을 결정할 수 있었다. 그가 책무를 지니고 있는 것은 신에 대해서뿐이었다. 게다가 10년에 이르는 결혼생활 동안 아무런 사욕이 없었는데, 여기서 자신의 재산을 썼다고 남편을 비난할 수 있을까? 자신은 남편의 계획을 심판할 자격이 있을까? 그러나 그녀의 양심은 감정과 법률과 한편이 되어 이렇게 말하고 있었다. 부모는 재산의 보관자이며 자식의 물질적인 행복을 남에게 양도할 권리는 없다고. 이렇게 중요한 문제는, 굴러 떨어질 줄 알고 있는 심연을 쳐다보지 않으려는 사람들의 습성에 따라, 해결하지 않기 위해 눈을 감고 있는 편이 낫다고 생각했다.

벌써 반 년 전부터 남편은 더 이상 집안의 생계를 위한 지출을 하지 않게 되었다. 그녀는 결혼할 때 동생한테서 받은 호화로운 다이아몬드 장식품을 파리에서 몰래 팔게 하는 한편, 될 수 있는 대로 아끼며 살았다. 그녀는 아이들의 가정교사와 장의 유모까지 해고했다. 수수한 관습을 유지하면서 마음만은 자긍심이 높은 부르주아들은, 옛날에는 마차를 타는 사치 같은 건 전혀 모르고 살았다. 따라서 클라스 집안은 이 근대적인 발명에 대해 아무런 준비도 되어 있지 않았다. 발타자르는 마지못해 자신의 저택 앞에 마구간과 마차고를 짓는 수밖에 없었다. 그는 연구에 몰두하게 되자 집안일 가운데 본디 남자가 해야 하는 그런 부분에 신경을 쓸 수 없게 되었다. 클라스 부인은 세상을 등지고 살게 되어 필요 없게 된 마차와 마부에 드는 많은 지출을 없애버렸다. 그리고 그 이유가 정당했음에도 불구하고, 그녀는 그 개선을 여러 가지 구실을 대며 그럴 듯하게 설명하려고 하지 않았다. 그때까지는 사실이 그녀의 말을 배반했지만, 이제부터는 침묵이 가장 어울리는 것이 되었다. 클라스 집안의 생활 모습의 변화는 네덜란드처럼 누구든지 수입을 죄다 써버리는 사람은 멍청한 사람으로 취급당하는 나라에서는 변명의 여지가 없는 행동이었다. 다만 맏딸인 마르그리트가 곧 열여섯 살이 되므로, 조세핀은 모리나 집안과 방 오스트롬 템닝크 집안, 그리고 카사 레일 집안의 핏줄인 이 딸에게 어울리는 멋진 짝을 지어주어서, 상류사회에 들여보내려고 생각하는 것 같았다. 이 이야기가 시작되기 며칠 전에는 다이아몬드를 팔아치운 돈도 바닥을 드러내고 있었다. 같은 날에 아이들을 저녁기도에 데리고 가던 도중에, 클라스 부인은 부인을 만나려고 찾아온 피에르칸을 만났다. 그는 생피에르 교회까지 따라와서 그녀의 입장에 대해 작은 목소리로 이렇게 말했다.

"두 분이 지금 위태로운 상태에 있는 것을 숨기신다면, 그리고 그것에 대해 남편과 의논하는 걸 거부하신다면, 저와 부인 가족의 친밀한 유대관계를 등지는 것이 됩니다. 두 분은 지금 심연의 가장자리를 걷고 있습니다. 부인 말고는 여기서 그분을 말릴 수 있는 사람은 아무도 없습니다. 저당 잡혀 있는 재산에서 나오는 수입으로는 빚의 이자도 감당할 수 없습니다. 이제 두

분에게는 수입의 가능성이 전혀 없습니다. 두 분이 가지고 있는 숲을 벌채하면, 미래에 남겨져 있는 구제의 길마저 끊기게 됩니다. 클라스 씨는 지금 파리의 프로테스 시프르빌 상회에 3만 프랑의 빚이 있습니다. 두 분은 그것을 어떻게 내실 생각이십니까? 생활은 또 어떻게 하고요? 그리고 만약 클라스 씨가 여전히 시약이니 유리 제품, 볼타 전지, 그 밖의 잡동사니를 계속 주문하신다면, 두 분은 장차 어떻게 될까요? 두 분의 재산은 저택과 가재도구를 제외하고 전부 가스와 숯이 되어 흔적도 없이 사라질 겁니다. 그저께 있었던 일인데, 저택을 저당 잡히는 것이 문제가 되었을 때, 클라스 씨가 뭐라고 대답한 줄 아십니까? '큰일 났군! '이었습니다. 그것이 지난 3년 동안 그분에게 아직 제정신이 남아 있음을 알 수 있는 유일한 말이었습니다."

클라스 부인은 피에르칸의 팔을 슬픈 듯이 잡고 하늘을 올려다보면서 말했다.

"비밀을 지켜 주세요."

가엾게도 부인은 신앙심이 깊은 사람이었지만, 이 충격적이고도 명명백백한 말에 망연자실하여 기도를 올리지도 못하고, 아이들 틈에 끼어 교회 의자에 앉은 채, 기도서를 펼쳐놓고 한 페이지도 넘기지 않고 있었다. 그녀는 마치 남편이 명상에 빠지는 것처럼 오로지 무아지경 속에서 깊은 생각에 잠겨 있었다. 스페인풍의 명예심과 플랑드르풍의 성실한 마음이, 그녀의 영혼 속에서 파이프오르간 소리처럼 강렬하게 울려 퍼지고 있었다. 아이들의 파산은 이미 시작되고 있다! 더 이상 아이들과 아버지 명예의 틈바구니에 끼어 머뭇거려서는 안 된다. 하지만 자신과 남편 사이에 머지않은 장래에 갈등이 일어날 거라고 생각하니 너무도 무서웠다. 그녀의 눈에는 남편은 너무나 위대하고 너무나 위엄에 차 있어서, 그가 화내는 모습을 떠올리기만 해도 장엄한 신의 모습을 우러러보는 것처럼 떨려오는 것이었다. 그래서 그녀는, 아내로서 성녀처럼 남편을 언제나 순종적으로 대하고 있었던 입장에서 벗어나려고 했다. 아이들의 이익을 생각하면, 우상처럼 숭배하고 있는 남자의 방식을 어쩔 수 없이 거슬러야 한다. 그가 학문의 고원한 영역에 올라가 있을 때, 가끔 그가 현실적인 문제로 되돌아오도록, 빛나는 미래에서 거칠게 끌어내어, 예술가와 위인에게 물질적인 세계가 가장 추악한 모습으로 보여주는 것 속으로 떨어뜨려야만 하는 것일까? 그녀에게 있어서 발타자르 클라스는 학문의 거인이고 명예에 빛나는 남자였다. 남편이 그녀에 대해 잊는다면, 그것은 오로지 최고로 멋진 희망 때문이었다. 게다가 그는 참으로 분별심이 뛰어난 인간으로, 모든 분야의 문제에 대해 참으로 재치 있게 말하는 것을 그녀는 듣고 있었다. 집안의 영예와 재산을 위해 연구하고 있다는 말도 본심에서 나온 것이 틀림없었다. 아내와 아이들에 대한 이 남자의 애정은 그저 광대하기만 한 것이 아니라 무한했다. 그 감정이 사라지는 일은 있을 수 없는 일이었다. 다른 형태가 되어 다시 태어나더라도 점점 커질 것이 틀림없었다. 참으로 고귀하고 참으로 너그럽고 참으로 조심스러웠던 그녀가, 이제부터는 그 위대한 남자의 귀에 돈이라는 말과 돈의 울림을 끊임없이 울려 퍼지게 할 것이다. 그에게 곤궁의 상처를 들춰 보이고, 그가 '명성'의 아름다운 선율을 듣고 있을 때 비탄의 소리를 들려주게 될 것이다.

그러면 틀림없이 발타자르의 그녀에 대한 애정이 식어버리는 것이 아닐까? 만약 자식이 없었다면, 남편이 자신에게 가져다 준 새로운 운명을 용감하게, 또 기꺼이 포용했을 것이다. 호화로운 생활 속에서 자란 여자들은 물질적인 향락이 가리고 있는 공허를 느끼는 것도 빠르다. 그리고 그녀들의 마음이 시들어버린다기보다 지칠대로 지쳤을 때, 진실한 사랑의 끊임없는 교류가 가져다주는 행복을 발견한다면, 초라한 생활 앞에서도, 그것을 사랑받고 있는 자가 마음에 들어한다면, 그녀들은 그것으로 휘청거리는 일은 결코 없을 것이다. 그녀들의 생각, 그녀들의 기쁨은, 자신들의 생활과는 인연이 먼 그러한 생활의 변덕스러운 기분에 복종하는 것이다. 그녀들에게 가장 두려운 미래는 그 생활을 잃는 것이다.

그래서 발타자르 클라스가 학문을 위해 페피타에게서 멀어져 버린 것처럼, 이 순간 페피타도 아이들을 위해 진실한 생활에서 멀어지고 있었다. 그래서 저녁기도에서 돌아와 안락의자에 앉은 그녀는, 아이들에게 소리 내지 말고 조용히 있으라고 이른 뒤 밖으로 내보냈다. 그리고 하인에게 시켜 남편에게 이리로 와달라고 전갈했다. 그러나 늙은 하인 르뮬키니에가 발타자르를 실험실에서 끌어내리려고 아무리 애를 써도, 그는 그곳에서 꼼짝도 하지 않았다. 그래서 클라스 부인은 생각에 잠길 시간을 번 셈이었다. 그녀도 시간과 날씨, 햇살에는 눈길도 주지 않고 마냥 생각에 잠겨 있었다. 3만 프랑의 빚을 떠안은 채 그것을 갚을 길이 없다고 생각하니 지금까지의 모든 고뇌가 되살아났고, 거기에 현재와 미래의 고뇌까지 가세했다. 다양한 이해관계와 다양한 생각, 다양한 감정이 밀려 와서 마음이 몹시 약해진 그녀는 끝내 눈물을 흘렸다. 그때 발타자르가 들어오는 모습을 보자, 그의 표정은 전에 없이 두려움에 차서 뭔가에 홀린 듯이 어쩔 줄 몰라 하고 있는 것 같았다. 그가 아무 대답도 하지 않는 동안, 그녀는 먼저 그 텅 빈 듯한 시선이 고정되어 있는 모습, 몸을 불태울 것 같은 격렬한 생각이 머리가 벗겨진 이마에서 배어나오는 듯한 모습만 뚫어질 듯이 쳐다보았다. 그 강한 인상에 충격을 받은 그녀는 문득 죽고 싶은 생각이 들었다. 그녀가 의욕을 잃은 그 순간에 학문상의 열망을 태연하게 늘어놓는 목소리를 듣자 그녀에게 용기가 되살아났다. 그녀는 사랑하는 사람을 빼앗아가고, 아이들에게서 아버지를, 가정에서 재산을, 가족 모두로부터 행복을 빼앗아간 그 무서운 힘과 맞서 싸우기로 결심했다. 그래도 몸이 끝없이 떨리는 것을 억누를 수가 없었다. 그것은 지금까지의 생활에서 이렇게 엄숙한 장면은 한 번도 없었기 때문이다. 이 무서운 순간에 어쩌면 그녀의 미래가 들어 있는 것이 아닐까, 그 과거도 송두리째 이 한 순간에 요약되어 있는 것은 아닐까?

"발타자르?"

그가 기계적으로 돌아보았다. 그리고 기침을 했다. 그러나 아내에게는 주의를 기울이지 않고, 네덜란드와 벨기에의 모든 건물에 있듯이, 벽을 따라 간격을 두고 곳곳에 놓여 있는 네모난 그릇 하나에 가래를 뱉으러 갔다. 이 남자는 그 누구도 염두에 없지만 타구(唾具)만은 결코 잊지 않았다. 그 습관은 그토록 뿌리깊은 것이었다. 가련한 조세핀은 이 별난 행동, 늘 타구에 집착하는 태도를 어떻게 해석해야 좋을지 몰라 늘 심한 고통을 느끼고 있었다. 그러나 이 순간만큼은 그 고통이 너무나 커서 인내심이 한계에 이른 그녀는, 신경질적으로 소리치면서 상처받은 감정을 있는 대로 토해냈다.

"여보, 내가 말하고 있잖아요!"

"그래서 어쨌단 말이오?" 발타자르가 재빨리 돌아보면서 아내에게 시선을 던졌다. 그 눈길에 생기가 돌아와 있는 것을 본 그녀는 마른하늘에서 날벼락을 맞은 것 같았다.

"미안해요." 그녀는 새파랗게 질려서 말했다.

그녀는 일어나서 남편에게 손을 내밀려고 했지만, 그럴 힘도 없어서 털썩 의자에 주저앉고 말았다.

"죽을 것만 같아요!" 그녀가 호소했으나, 그 목소리는 흐느껴 우는 울음소리 때문에 토막토막 끊어졌다.

그 모습을 보고 발타자르는 방심상태에 있는 사람이 모두 그렇듯이 소스라치게 놀랐다. 그리고 이 위태로운 상황을 거의 알아차린 것 같았다. 그는 이내 클라스 부인을 끌어안고 작은 곁방으로 통하는 문을 연 뒤, 낡은 나무 계단을 서둘러 올라갔다. 그 바람에 아내의 옷이 계단 난간의 기둥을 이루고 있는 괴물상의 입에 걸려, 덧댄 옷자락이 커다란 소리를 내면서 찢어졌다. 그는 각자의 방으로 통하는 곁방 문을 발로 차서 열었다. 그런데 그 앞에 있는 아내의 방은 자물쇠가 잠겨 있었다.

"아니 이런, 열쇠는 어디 있소?" 그는 그렇게 말하면서 조세핀을 안락의자에 조심스럽게 앉혔다.

"고마워요." 클라스 부인이 눈을 뜨고 대답했다. "이렇게 당신 곁에 있다고 느끼는 건 오늘이 처음이에요."

"야단났군! 열쇠는 어디 있냐니까. 오, 하인들이 오는군."

조세핀은 주머니 옆에 붙어있는 리본에 묶어 둔 열쇠를 꺼내라고 몸짓으로 신호했다. 문이 열리자, 발타자르는 아내를 소파에 기대 앉히고, 깜짝 놀란 하인들이 계단을 올라오는 것을 막기 위해, 곧 저녁 식사를 준비하라고 지시한 뒤, 자신은 서둘러 아내 곁으로 돌아갔다.

"당신, 이게 도대체 어떻게 된 일이오?" 그는 아내 곁에 앉아서 손을 잡고 키스했다.

"이젠 괜찮아요." 그녀가 대답했다. "이젠 편안해졌어요! 다만 난 당신의 발아래 지상의 황금을 모두 쌓아올리기 위해서 하느님의 힘을 빌리고 싶을 뿐이에요."

"어째서 황금인 거요?" 그가 물었다. 그리고 아내를 끌어당겨 그 이마에 다시 입을 맞췄다.

"당신은 지금처럼 나를 사랑해 줌으로써 최고로 풍요로운 보물을 나에게 주고 있지 않소?" 발타자르가 말을 이었다.

"아! 여보, 어째서 당신 목소리로 내 마음에서 슬픔을 떨쳐버리고, 모두의 생활에서 불안을 물리쳐 주지 않는 거죠? 결국 알았어요. 당신은 언제나 똑같아요."

"도대체 어떤 불안이 있다는 거요?"

"우리는 파산했어요, 여보!"

"파산?" 그가 되뇌었다.

그는 웃기 시작하더니, 아내의 손을 두 손으로 감싸고 애무하면서, 오랫동안 들려주지 않았던 다정한 목소리로 말했다.

"하지만 내일이라도 우리의 재산은 아마 무진장이 될 거요. 어제 매우 중요한 비밀 문제를 탐구하다가 다이아몬드의 실체를 이루는 탄소를 결정시키는 방법을 발견한 것 같아. 잘 들어요……며칠만 지나면 당신도 내가 그동안 멍한 상태에 있었던 것을 용서해 줄 거야. 이따금 난 정신이 딴 데 가 있는 것 같았지. 조금 전에도 당신한테 퉁명스럽게 말하지 않았소? 난 한시도 당신을 생각하지 않을 때가 없어. 연구에 몰두해 있을 때도 당신과 우리 가족 모두에 대한 생각으로 가득 차있으니, 부디 이런 나를 너그럽게 봐 주구려."

"이젠 됐어요. 그만하세요." 그녀가 말했다. "그 일에 대해선 오늘 저녁에 충분히 얘기하도록 해요, 여보. 그동안 난 너무나 감당하기 벅찬 고통에 괴로워해 왔어요. 하지만 지금은 너무 기뻐서 괴로울 지경이에요."

그녀는 옛날과 똑같이 다정한 애정을 자신에게 보내고 있는, 생기로 가득한 그의 얼굴을 보게 될 줄은, 전과 똑같은 다정한 목소리를 듣게 될 줄은, 잃어버렸던 모든 것을 다시 되찾게 될 줄은 꿈에도 몰랐던 것이다.

"오늘 저녁에" 그가 말했다. "좋아, 둘이서 얘기합시다. 만약 내가 또 무슨 생각에 빠져 있거든 이 약속을 상기시켜 주구려. 오늘 밤에는 모든 계산과 연구에서 떠나서, 온 가족이 함께 하는 단란한 분위기에서 진심으로 기쁨에 잠기고 싶소. 그건 바로, 페피타, 나에게는 바로 그런 것이 필요하기 때문이요. 그동안 굶주려 있었거든!"

"당신이 무엇을 찾고 계신 건지 나에게 얘기해 줄 거죠, 발타자르?"

"하지만 여보, 당신은 아무것도 알아듣지 못할 거요."

"그렇게 생각해요?……여보, 난 당신과 얘기가 통할 수 있도록 넉 달 전부터 화학을 공부해 왔어요. 푸르크루아,*47, 라부아지에, 샤프탈,*48 놀

---

*47 1755~1809. 프랑스 화학자 앙투안 프랑수아 드 푸르크루아. 라부아지에의 제자로, 라부아지에와 함께 화학전문용어를 확립했다.

레, *49 루엘, *50 베르틀레, *51 게뤼삭, *52 스팔란차니, *53 레벤후크, *54 갈바니 *55, 볼타, *56 즉, 당신이 소중히 여기는 학문에 관계가 있는 책은 전부 다 읽었어요. 자, 그러니 이젠 나에게 당신의 비밀을 얘기해 줄 수 있겠죠?"

"오! 당신은 천사요." 발타자르는 그렇게 소리치면서 아내의 무릎 아래 몸을 던지고 감동의 눈물을 흘렸다. 그녀가 몸을 떨었다. "이제 우린 서로를 이해할 수 있을 거요!"

"아!" 그녀가 말했다. "당신 입에서 그런 말을 듣기 위해서라면, 이런 모습의 당신을 보기 위해서라면, 당신의 실험실 난로에서 뜨겁게 타오르고 있는 지옥의 불길 속에 이 몸을 던져도 좋아요."

그때 곁방에서 딸의 발소리가 들려와서 그녀는 황급히 곁방으로 달려갔다.

"무슨 일이니, 마르그리트?" 그녀가 맏딸에게 물었다.

"어머니, 피에르칸 씨가 오셨어요. 만약 저녁식사까지 계신다면 냅킨을 준비해야 하는데, 어머니는 오늘 아침에 꺼내 놓는 것을 잊으셨어요."

클라스 부인은 주머니에서 작은 열쇠 다발을 꺼내 딸에게 건네주고, 그 곁방 벽을 따라 설치된 고급 목재 찬장을 가리키며 딸에게 말했다.

---

*48 1756~1832. 프랑스 화학자 장 앙투안 샤프탈. 내무장관도 역임하고 응용화학, 화학교육에도 힘썼다.

*49 1700~70. 프랑스 화학자 장 앙투안 놀레 신부. 물속에서 소리가 전도하는 것을 발견하고 전기를 치료에 응용하는 것을 연구했다.

*50 1703~70. 프랑스 화학자이자 약제사인 기욤 프랑수아 루엘. 소금 연구로 유명하다.

*51 1748~1822. 프랑스 화학자 클로드 루이 베르틀레. 염소의 탈색작용을 발견하고, 라부아지에와 함께 화학전문용어를 확립했다.

*52 1778~1850. 프랑스 화학자, 물리학자 루이 조세프 게뤼삭. 베르틀레의 제자로 푸르크루아와 공동연구했다. 기체연구로 업적을 올렸다.

*53 1729~99. 이탈리아 생물학자이자 외과의사인 라자로 스팔란차니. 위액의 소화작용을 밝혔다.

*54 1632~1723. 네덜란드 박물학자 안토니 판 레벤후크. 직접 제작한 현미경으로 수많은 미생물을 발견했다.

*55 1737~98. 이탈리아 해부학자이자 생리학자인 루이지 갈바니. 개구리 다리를 통해 전기자극과 신경의 관계를 밝혔다.

*56 1745~1827. 이탈리아 물리학자 알레산드로 볼타. 갈바니의 개구리 다리와 전기의 관계에 대해 이설을 주장했고, 특히 볼타 전지의 발명으로 유명하다.

"애야, 오른쪽 손바느질한 자수 냅킨세트에서 꺼내렴."

"오늘은 내가 사랑하는 발타자르가 나에게 돌아왔으니, 그 사랑하는 발타자르를 몽땅 나에게 돌려주실 거죠?" 그녀는 방으로 돌아오자, 다정하게 장난스러운 표정을 지으면서 남편에게 말했다. "여보, 방에 가서 직접 옷을 갈아입으세요. 피에르칸 씨와 함께 저녁식사를 할 거니까요. 이제 그 후줄근한 옷은 벗으세요. 네? 이 더러운 얼룩이 보이세요? 이 구멍 주위가 누렇게 되어 있는 건 염산이나 유황 때문 아니에요? 자, 옷을 갈아입고 멋진 모습으로 돌아가세요. 나도 옷을 갈아입고 나서 뮬키니에를 그쪽으로 보낼 테니까요."

발타자르는 샛문으로 자기 방으로 들어가려고 하다가, 자기 방 쪽에서 문을 잠가 둔 것이 생각났다. 그래서 다시 곁방에서 나갔다.

"마르그리트, 냅킨을 안락의자 위에 두고, 이쪽에 와서 옷 입는 걸 도와주지 않겠니? 마르타의 손은 빌리고 싶지 않아." 클라스 부인이 딸을 부르며 말했다.

발타자르는 마르그리트를 붙잡고 기쁜 기색으로 딸의 얼굴을 자기 쪽으로 돌려놓고 말했다.

"애야, 잘 있었니? 오늘은 이런 모슬린 옷을 입고 그 장밋빛 벨트를 하고 있으니 훨씬 더 예쁘구나."

그리고 딸의 이마에 입을 맞춘 뒤 손을 꼭 잡았다.

"어머니, 아버지가 저에게 키스해 주셨어요." 마르그리트가 어머니의 방에 들어오면서 말했다. "아버지가 무척 기분이 좋으신 것 같아요."

"마르그리트, 너희 아버지는 무척 훌륭한 분이란다. 우리 가족의 명예와 부를 위해 3년이나 애쓰고 계시잖니. 연구의 목적도 아마 거의 이루신 것 같아. 오늘은 우리 가족이 다함께 즐겁게 축하해야 할 날이란다……"

"어머니." 마르그리트가 대답했다. "우리 집 하인들은 아버지가 늘 찌푸린 얼굴을 하고 있는 것만 보아서 마음이 좋지 않았으니, 기뻐하고 있는 건 우리뿐만이 아니에요! 어머, 다른 벨트를 하시는 게 어때요? 이건 색이 완전히 바래 버렸어요."

"알았다. 하지만 서두르자꾸나. 피에르칸 씨에게 얘기하고 싶어. 그분은 어디 계시니?"

"응접실에요, 장과 놀고 계세요."

"가브리엘과 펠리시는 어디 있니?"

"뜰에서 목소리가 들려오고 있는데요."

"그래? 그럼 어서 내려가서 그 아이들이 튤립을 꺾지 않도록 지켜봐! 아버지는 올해 들어 아직 한 번도 보지 않으셨으니 말이다. 오늘은 식사가 끝난 뒤에 보고 싶다고 하실 것 같구나. 뮐키니에*⁵⁷에게 아빠가 준비하시는 데 필요한 것들을 모두 챙겨서 올라오라고 말해 주렴."

마르그리트가 나간 뒤, 클라스 부인이 창문에서 뜰을 힐끗 쳐다보니 아이들이 무슨 벌레를 열심히 들여다보고 있었다. 그것은 흔히 바느질하는 여자*⁵⁸라 불리는, 번쩍번쩍 빛나는 녹색 날개에 황금빛 반점이 있는 곤충이었다.

"얌전히 놀아야 해." 그녀는 창유리의 일부를 밀어올리고 말을 건 뒤, 방 안 공기를 환기하기 위해 그대로 열어두었다.

그리고 남편이 다시 방심상태에 빠져 있지 않은지 확인하기 위해, 가만히 남편의 방으로 통하는 샛문을 두드렸다. 그가 문을 열어주자 옷을 벗고 있는 남편의 모습을 보면서 밝은 목소리로 말했다.

"나 혼자 너무 오래 피에르칸 씨를 상대하게 하시면 안돼요, 네? 얼른 나오세요."

그녀가 너무 가볍게 계단을 내려갔으므로, 모르는 사람이 들었으면 다리가 불편한 여자의 발소리인 줄 몰랐을 것이다.

"주인님이 마님을 모셔가실 때" 계단 중간에서 만난 하인이 그녀에게 말했다. "마님 옷이 찢어지고 말았는데 그건 별로 대수롭지 않은 천 조각이었지요. 하지만 그때 깨져버린 괴물상의 턱은 아무래도 수선하지 못할 것 같습니다요. 그래서 그 계단에 흠집이 나고 말았습죠. 그 난간이 얼마나 훌륭하고 보기 좋았는데요!"

"아니야! 뮐키니에, 수선할 것 없어. 그게 무슨 대수라고!"

"도대체 무슨 일이 일어난 거지?" 뮐키니에가 혼잣말을 했다. "그게 대수가 아니라면, 주인님이 '절대'라도 발견하신 건가?"

---

*57 르뮐키니에의 애칭.

*58 쿠튜리에르. 황금빛으로 빛나는 딱정벌레목의 갑충, 녹색딱정벌레.

"어서 오세요, 피에르칸 씨." 클라스 부인은 인사를 하면서 응접실문을 열었다. 공증인은 사촌형수를 위해 달려와서 팔을 내밀려고 했다. 그러나 그녀는 남편의 팔 외에는 결코 잡으려 하지 않았다. 그녀는 미소로 사촌에게 감사를 표시하면서 말했다.

"당신이 찾아오신 건 아마 3만 프랑 때문이겠죠?"

"그렇습니다, 부인. 제가 집에 돌아가 보니, 프로테스 시프르빌 상회에서 클라스 씨에게 5천 프랑의 환어음을 여섯 장 발행했다는 통지서가 와 있더군요."

"그래요? 하지만 남편에게는 그 얘기를 하지 말아 주세요." 그녀가 말했다. "함께 저녁식사를 하고 가세요. 무슨 일로 왔느냐고 남편이 묻거든 뭔가 그럴 듯한 대답을 하시고요. 부탁이에요. 그 통지서를 저에게 주세요. 이 일은 제가 남편에게 얘기할 테니까요. 다 잘 될 거예요." 그녀는 공증인이 놀라는 것을 보고 말을 이었다. "몇 달 뒤에는 아마 남편은 빚을 전부 갚을 수 있을 거예요."

부인이 낮은 목소리로 그렇게 말하는 것을 들으면서, 공증인은 가브리엘과 펠리시를 데리고 뜰에서 들어오는 클라스 양을 바라보고 있었다. 그리고 이렇게 말했다.

"마르그리트 씨가 오늘처럼 예쁜 모습은 처음 봅니다."

안락의자에 앉아서 어린 장을 무릎 위에 안고 있던 클라스 부인은, 고개를 들어 무관심한 척 딸과 공증인을 쳐다보았다.

피에르칸은 중키에 적당한 체격의 청년으로, 얼굴도 별로 빠지지 않는 미남이지만, 거기에는 우울이라기보다는 음울한 수심이, 사려 깊다기보다는 애매모호한 몽상 같은 것이 드러나 있었다. 그는 사람들과 잘 어울리지 못하는 청년으로 알려져 있었다. 그러나 사교계와 인연을 끊고 있는 셈치고는 너무나 잇속에 밝고 너무나 대식가였다. 언제나 허공을 헤매는 듯한 눈길, 무슨 일에나 무관심한 태도, 일부러 말수가 적은 척하는 모습은 참으로 깊이 있는 인간인 것처럼 보여주는 것으로, 실제로는 오로지 사람들과의 이해관계에만 관심을 가지고 있는 한편, 사람을 선망하는 기분이 아직도 남아 있는 풋내기 공증인의 공허함과 무능함을 가려주는 것이기도 했다. 마음속에 수전노 근성을 가지고 있지는 않다 해도, 그에게는 클라스 집안과 혼인을 맺고 싶은 마음이 그를 한없이 헌신적이게 만드는 원인이었는지도 모른다. 그는 너그러움을 가장하지만 주판알을 튕길 줄은 알았다.

그래서 자신의 태도가 어떻게 변하는 건지 스스로도 설명하지 못한 채, 실무가가 일반적으로 그렇듯이 주의력이 날카롭고 냉혹하고 까다로워졌다. 클라스가 아무래도 파산할 것 같다고 판단했을 때가 그랬다. 이어서 사촌의 연구에서 뭔가 바람직한 결과가 나올 것 같은 전망이 서자, 그의 주의력에는 동정심이 들어가고 협조적이 되어, 거의 비굴해지기까지 했다. 어떤 때는 마르그리트가 한낱 공증인 나부랭이인 자신에게는 도저히 다가갈 수 없는 왕녀로 보이고, 어떤 때는 자기가 아내로서 받아주면 무척이나 행복해질 수 있는 가련한 처녀로 생각되기도 했다. 그는 시골뜨기이고 플랑드르 사람이며 악의가 없는 남자였다. 또 헌신적이고 선량했다. 그러나 그에게는 그 장점에 흠집을 내는 철저한 에고이즘이 있었고, 그 인품을 망치는 우스꽝스러운 데가 있었다. 클라스 부인은 생피에르 교회 입구에서 공증인이 자신에게 말을 걸었을 때의 무뚝뚝한 어조를 떠올렸다. 그리고 자신의 대답이 그의 태도에 가져다준 변화를 깨달았다. 그녀는 그의 마음속을 꿰뚫어보았다. 그리고 예리한 눈길로 딸의 마음을 읽어 딸이 사촌을 어떻게 생각하고 있는지 알고자 했다. 그러나 딸은 전적으로 무관심한 것으로밖에 보이지 않았다. 모두의 화제가 도시의 소문으로 옮겨갔을 때, 마침내 이 집안의 주인이 자기 방에서 내려왔다. 조금 전부터 그녀는, 마룻바닥 위를 삐걱거리면서 다가오는 구두소리를 듣고 말로 나타낼 수 없는 기쁨에 싸여 있었다. 마치 경쾌한 젊은이 같은 그 발걸음은 남편이 완전히 변신한 것을 얘기해주고 있었다. 클라스 부인은 그의 출현을 가슴을 두근거리면서 기다리고 있었으므로, 그가 계단을 내려왔을 때는 온몸이 떨리는 것을 거의 억제할 수 없을 지경이었다. 발타자르는 그 무렵에 유행하는 차림으로 나타났다. 광택을 잘 낸 부츠를 신고 하얀 비단 양말 윗부분이 밖으로 나와 있었다. 게다가 금단추가 달린 푸른 캐시미어 반바지에 하얀 꽃무늬 조끼, 푸른 연미복을 입고 있었다. 수염을 깎고 머리에 빗질을 하고 손톱을 깎고, 손을 정성들여 씻었으므로 조금 전에 그를 만난 사람도 몰라볼 정도였다. 아이들과 아내와 공증인이 본 것은 거의 정신착란을 일으킨 것 같은 노인네가 아니라, 친절하고 고상하게 생긴 얼굴로 사람들을 매료시키는 마흔 살 가량의 남자였다. 얼굴 윤곽이 앙상하고 살

가죽이 뼈에 달라붙은 것처럼 보여서, 피곤과 고생이 배어있는 듯한 모습조차 어떤 우아한 멋을 풍기고 있었다.

"안녕하시오, 피에르칸." 발타자르 클라스가 인사를 했다.

아버지와 남편으로 돌아온 화학자는 아내의 무릎 위에서 막내아들을 받아 공중에 높이 안아 올린 뒤 아래에 내려놓고는 다시 높이 안아 올리기를 되풀이했다.

"이 녀석 좀 보게." 그는 공증인에게 말했다. "이렇게 귀여운 아이를 보면 자네도 결혼하고 싶어지지 않나? 정말이지 단란한 가족은 모든 것에 대한 위로가 된다네. 으이샤!" 그러더니 다시 장을 높이 치켜들고는 "쿵!"하면서 바닥에 내려놓았다. "으이샤! 쿵!"

아이는 번갈아 천장으로 올라갔다 내려갔다 하는 동안 꺅꺅 소리를 지르면서 웃었다. 어머니는 이 장난에서 유발되는 감동을 겉으로 드러내지 않으려고 눈길을 돌렸다. 보기에는 그저 단순한 장난이었지만, 그녀에게는 이 가정의 혁명 그 자체였던 것이다.

"자, 어떻게 걸음마를 하나 좀 볼까?"

발타자르는 아들을 바닥에 내려놓고 안락의자에 가서 앉았다. 아이는 부츠 위에 반바지를 고정하고 있는 금단추가 반짝거리고 있는 것에 정신이 팔려 아버지 쪽으로 뛰어갔다.

"요 귀여운 녀석!" 아들을 안으면서 그가 말했다. "너도 클라스 집안의 한 사람이구나, 똑바로 걸을 수 있는 걸 보니. ―아이, 가브리엘, 모리용 선생은 잘 계시니?" 발타자르는 이번에는 형의 귀를 잡고 비틀면서 말했다. "라틴어 작문과 해석은 열심히 하고 있는 게냐? 산수도 잘 따라 하고 있고?"

그런 다음 발타자르는 일어나서 피에르칸에게 다가가더니, 그의 특징인 정이 담긴 은근한 태도로 말을 걸었다.

"자네, 혹시 나에게 뭔가 묻고 싶은 것이 있지 않나?" 그는 피에르칸의 팔을 잡고 정원 쪽으로 데리고 나가면서 말했다. "나의 튤립을 보러 가세……"

클라스 부인은 남편이 정원에 나가는 동안 내내 그 모습을 바라보았다. 그리고 남편이 이렇게도 젊고 유쾌하게 자신을 되찾고 있는 모습을 바라보면서 솟아나는 기쁨을 억누를 수가 없었다. 그녀는 일어나서 딸의 허리에 팔을 두르며 말했다.

"귀여운 마르그리트, 오늘은 전에 없이 네가 더 사랑스럽구나."

"저렇게 친절한 아버지를 보는 건 정말 오랜만이죠?" 그녀가 대답했다.

르뮐키니에는 저녁 식사가 준비된 것을 알리러 왔다. 클라스 부인은 피에르칸이 에스코트해주는 것을 피하려고 발타자르의 팔을 붙잡았다. 그리고 가족은 식당에 들어갔다.

식당 천장에 노출되어 있는 들보에는 예쁜 그림이 그려져 있는데, 해마다 닦고 손질을 하면 되살아나듯이 말끔해졌다. 식당에는 참나무로 만든 키 큰 찬장이 있고, 그 선반에 대대로 물려받은 귀한 식기들이 보였다. 벽면은 짙은 보랏빛 가죽으로 덮여 있고 사냥의 다양한 장면들이 금빛 선화(線畵)로 그려져 있었다. 식기 선반 위에는 진기한 새의 날개와 조개 같은 것이 곳곳에 세심하게 배열되어 반짝반짝 빛나고 있었다. 의자는 정방형에 다리는 나선형 원기둥, 작은 등받이는 가장자리를 꾸민 천을 씌운 것으로 16세기 초부터 한 번도 바뀐 적이 없었다. 이러한 양식은 널리 보급되어 있어서 라파엘로는 《작은 의자의 성모》[59]라는 그림에도 그 의자를 그려 넣었을 정도였다. 목재는 검은 색이 되었지만, 금도금한 못은 새것처럼 반짝반짝 빛나고, 정성들여 갈아 붙인 천의 붉은 색은 놀랄 만큼 훌륭했다. 거기에는 플랑드르가 스페인풍을 가미하여 생생하게 되살아나 있었다.

테이블 위의 물병과 술병은 가운데가 고대풍의 곡선으로 둥글게 부풀어 있어서 매우 존엄해 보였다. 유리잔은 네덜란드파와 플랑드르파 그림에서 볼 수 있는, 다리가 긴 구식이었다. 베르나르 팔리시[60]의 작풍으로 채색한 인물이 그려져 있는 오지그릇은 영국의 웨지우드 공장에서 만든 것이었다. 은그릇은 순은으로, 네모난 면에 도톰하게 부조를 새긴, 그야말로 대대로 전해 내려온 은그릇이었다. 그릇 하나하나의 조각과 양식과 형태가 다 다른 점이 클라스 집안의 유복한 생활의 시작과 재산이 늘어간 과정의 증거였다. 냅

---

*59 라파엘로 만년의 걸작으로, 피렌체의 피티 궁에 있다.

*60 1510~90. 프랑스의 도공으로 오랜 연구 끝에 선명한 색을 내는 데 성공했다. 한편 화학과 고생물 연구에도 전념하여 가재를 탕진하고 광인 취급을 받았다. 발타자르는 그 점에서도 큰 관심을 가졌고, 그래서 발타자르 클라스의 원형으로 추측되고 있다.

킨은 모두 스페인풍으로 가장자리가 꾸며져 있었다. 식탁보에 가서는 클라스 집안에서 호화로운 식탁보를 가지고 있는 것은 누구나 그렇게 생각하듯이, 집안의 명예와 관련된 일이었다. 이 냅킨과 은그릇은 가족이 일상적으로 쓰는 것이었다. 연회가 열리는 정면 본채에는 특별한 사치품이 구비되어 있는데, 파티가 열리는 날을 위해 비장해둔 그 화려한 식기류는, 매일같이 써서 일단 금박이 벗겨지고 나면 더 이상 존재가치가 없어짐으로써, 파티에 고급스러운 분위기를 더해주고 있었다. 안의 별채에서는 모든 것이 구석구석까지 소박하고 꾸밈이 없었다. 마지막으로 하찮은 것이면서도 마음이 편안해지는 것은, 집밖의 창문을 따라 포도나무가 한 그루 뻗어 있고, 그 덩굴이 창문을 온통 꾸미고 있는 것이다.

"댁에서는 언제나 전통에 충실하시군요, 부인." 피에르칸이 수프 접시를 받으면서 말했다. 그것은 플랑드르와 네덜란드의 요리사가 구운 빵가루를 섞어서 둥글게 빚은 작은 고기완자를 건더기로 넣어 타임으로 풍미를 가한 수프였다. "이거예요, 우리의 조상들이 일요일마다 만들어 먹었던 수프요! 네덜란드에서 이 역사적인 수프를 아직도 먹을 수 있는 건 이 댁과 저의 백부이신 데 라케 집안뿐이지요. 아! 또 있군요, 사바롱 드 사바뤼스 씨도 투르네의 집에서 아직도 자랑스럽게 이 수프를 대접하고 있답니다. 하지만 그 밖에는 어디에서도 옛 플랑드르는 사라지고 없어요. 지금은 가구는 그리스풍으로 만들어지고, 어디를 가도 눈에 띄는 건 투구와 방패와 창과 속간[61] 같은 도안뿐입니다. 너도 나도 집을 새로 짓고 낡은 가구를 팔아치우고, 은그릇을 다시 만들거나 세브르 도자기와 바꿔버리지요. 세브르 도자기 같은 건 오래된 작센 도자기와 중국 도자기에 비하면 아무것도 아닌데 말이죠. 아! 전 플랑드르의 영혼을 지니고 있습니다. 그래서 철물상들이 구리와 주석을 상감한 플랑드르의 훌륭한 가구를 나무나 쇠붙이 가격에 사들이는 것을 보면 가슴이 말할 수 없이 아픕니다. 하지만 생각하면 사회라는 건 늘 탈피하려고 하는 법이니까요. 미술작품의 기법조차 자꾸 쇠퇴해 가지 않습니까? 뭐든지 빨리 하려다 보면 뒤처리를 제대로 할 수가 없지요. 바로 얼마 전에 파리에 갔을 때 안내를 받아 루브르에 전시되어 있는 그림을 보러 갔습

---

*61 장대를 묶어 도끼날을 몸통에 끼운 것으로, 고대 로마의 집정관이 들었다.

니다. 맹세해도 좋습니다만, 공기도 통하지 않고, 깊이도 없고, 화가는 겁을 내면서 물감을 칠하고 있습니다. 그러면서도 그들은 낡은 유파를 타도할 생각을 하고 있는 모양이더군요. 정말이지! 뭐하는 짓들인지 참! ……"

"옛날 화가들은" 발타자르가 대답했다. "물감의 다양한 배합과 내구성을 햇빛과 비를 맞혀가면서 연구했지. 하지만 자네가 말한 대로, 지금은 옛날만큼 예술의 물질적인 소재를 연구하지 않아."

클라스 부인은 그 대화를 듣고 있지 않았다. 식기세트가 유행하고 있다는 말을 듣고, 그녀는 곧 동생한테서 상속받은 묵직한 은그릇을 팔아치운다는 명안을 생각해 냈다. 그러면 남편이 빌린 3만 프랑을 갚을 수 있을 거라고 생각한 것이다.

"아, 그렇군!" 발타자르는 클라스 부인이 대화에 끼어들자 공증인에게 말했다. "두에 사람들이 내 연구에 흥미를 가지고 있다고?"

"그렇습니다." 피에르칸이 대답했다. "모두들 도대체 어디에 그렇게 돈을 쓰고 있는 건지 이상하게 여기고 있지요. 어제 들은 얘긴데, 당신 같은 분이 현자의 돌을 찾고 있다는 건 안타까운 일이라고 고등재판소장이 말하더군요. 그래서 전 실례인 줄 알지만 대답했습니다. 당신은 불가능에 도전하기에는 너무 많은 교육을 받았고, 신을 이기기에는 너무나 경건한 그리스도 교도이며, 당신의 돈을 가짜 만병통치약과 바꾸기에는, 클라스 집안의 어느 누구나 마찬가지로 당신도 이해타산에 밝은 분이라고 말입니다. 그렇다고 솔직하게 말해 당신이 사교계에서 완전히 발을 빼버린 것은 모두와 마찬가지로 유감스럽기 짝이 없는 일이지요. 이제 당신은 실제로는 더 이상 이곳 사람이 아닙니다. 정말이지 부인, 모든 사람들이 부인과 클라스 씨를 기꺼이 칭송하고 있습니다. 그것을 들으신다면 부인도 틀림없이 만족하실 것입니다."

"여러 가지 의혹을 씻어준 건 역시 훌륭한 친척다운 행동이었네. 거기서 생기는 아주 약간의 독도 나를 웃음거리로 만들 수 있으니 말이야." 발타자르가 대답했다. "아! 두에 사람들은 내가 파산한 것으로 생각하고 있지! 피에르칸, 두 달 뒤에는 결혼기념일을 축하하는 파티를 열 생각이네. 화려한 파티가 될 테니 사람들은 틀림없이 나에게 경의를 표하겠지. 돈에 경의를 표하는 것처럼."

클라스 부인이 얼굴을 붉혔다. 지난 2년 동안 결혼기념일을 잊고 있었기 때문이다. 미친 사람이 그 능력을 비범하도록 화려하게 발휘할 때가 있는데, 이때만큼 발타자르가 그토록 기지를 담아 애정을 나타낸 적은 한 번도 없었다. 아이들에게는 세심한 배려를 기울이고, 대화는 우아한 재기로 가득 차 있으며, 또한 재치 있고 매력 넘치는 것이었다. 상당히 오래 전부터 잊고 있었던 아버지다운 애정을 이렇게 되찾은 것이야말로, 틀림없이 그가 아내에게 줄 수 있는 최고의 파티였다. 아내에게도 남편의 말과 눈길이 마음에서 마음으로 전해져서 감정이 편안하게 서로 일치하는, 진심이 담긴 표현을 되찾고 있었다.

늙은 르뮬키니에도 다시 젊어진 것처럼 보였다. 자신의 은밀한 소망이 이루어졌다고 생각해선지 유난히 기분이 좋아서 들락거리고 있었다. 주인의 행동에 이다지도 갑자기 일어난 변화는, 클라스 부인보다 그 자신에게 훨씬 더 의미심장한 것이었다. 클라스 집안이 행복을 보고 있었던 곳에서 하인은 재물을 보고 있었다. 화학약품을 조작하는 발타자르를 도우면서 그에게는 광기까지 전염되어 있었다. 조합이 생각대로 잘 되지 않았을 때 화학자가 자기도 모르게 내뱉는 말을 듣고 그의 탐구가 얼마나 중요한지를 알았기 때문인지, 모방에 대해 인간이 근본적으로 가지고 있는 경향에서 생활을 함께 하고 있는 발타자르의 생각을 흡수하고 말았기 때문인지, 르뮬키니에는 주인에 대해 두려움과 찬미와 이기심이 뒤섞인 미신에 가까운 감정을 품고 있었다. 그에게 실험실은 서민의 복권판매소 같은 것이고, 희망을 계획적으로 실현하는 장소였다. 그는 매일같이 이렇게 중얼거리면서 잠들었다. "내일이 되면 우린 황금 속에서 헤엄치게 되겠지!" 그리고 이튿날이 되면, 전날보다 더욱 강한 신념과 함께 눈을 뜨는 것이다. 그의 이름에서 그가 완전히 플랑드르 토박이임을 알 수 있다. 옛날의 하인들은 직업과 고향, 외모 기질에서 오는 별명으로 구별되었다. 그 별명이 서민에서 벗어나 시민의 신분을 얻었을 때 가족의 이름이 된 것이다.

플랑드르에서는 마사(麻絲) 상인은 뮬키니에라고 불렸다. 이 늙은 하인의 조상들 가운데에서 노예 신분에서 시민 신분이 되었던 그 옛날의 직업도 아마 마사 상인이었을 것이고, 뭔가 알 수 없는 불행이 잇따라 일어나 이 마사 상인의 후손은 처음의 노예 신분으로 되돌아간 뒤 다시 고용인이 된 것이리라. 따라서 플랑드르의 역사, 마사의 역사, 마사 장사의 역사는 가끔 뮬키니에로 불리는 이 늙은 하인 속에 요약되어 있었던 것이다. 그는 성격도 얼굴도 이색적이었다. 삼각형의 그 커다랗고 길게 뻗은 얼굴에는 작은 마마자국이 가득했지만, 그 덕분에 하얗게 반짝이는 선들이 얼굴에 새겨져 있어 환상적인 외모를 보여주고 있었다. 마르고 키가 크며, 걸음걸이는 묵직하고 수수께기 같은 데가 있었다. 작은 눈은 노랗고 미끄러운 머리에 쓴 가발과 마찬가지로 오렌지색이었지만, 언제나 비스듬한 시선으로밖에 보지 않았다. 즉 그의 외관은 그가 사람들에게 불러일으키는 호기심과 조화를 이루고 있었던 것이다. 주인이 하는 연구의 비밀을 잘 알고 있어도 그것에 대해 침묵을 지키고 있는 조수로서의 신분이 그에게 어떤 매력을 부여하고 있었다. 파리 가의 주민들은 그가 지나가는 것을 공포가 섞인 호기심으로 바라보았다. 왜냐하면 그가 무녀의 신탁처럼 늘 뭔가 암시하는 듯한 대답을 했기 때문이다. 주인에게 없어서는 안 되는 인물인 것을 코에 걸고 동료들에게 어떤 잔소리꾼 같은 권력을 행사하고 있었는데, 그 권력을 이용하여 거의 집 주인처럼 행동해도 용인되는 분위기였다. 자기가 일하는 집에 극도의 애착을 품는 플랑드르의 고용인들과 반대로, 그는 발타자르에게만 애정을 쏟고 있었다. 클라스 부인이 뭔가 슬픈 일로 괴로워하거나 집안에 좋은 일이 있어도, 그는 평소처럼 침착하게 버터 바른 빵을 먹고 맥주를 마셨다.

저녁 식사가 끝나자, 클라스 부인은 뜰 중앙을 꾸미고 있는 튤립 화단 앞에서 커피를 마시는 게 어떠냐고 제안했다. 튤립을 심은 화분은, 슬레이트에 품종 이름을 새겨넣어 피라미드 모양으로 여러 개가 흙에 묻혀 있었는데, 꼭대기에는 발타자르만이 소유하고 있는 '용의 입'이라는 품종이 서 있었다. 일곱 가지 색깔이 섞여 있는 툴리파 크라에시아나라는 이름의 품종은 길게 갈라진 가장자리가 금박을 입힌 것처럼 보였다. 발타자르의 아버지는 이 꽃에 1만 플로린*62이나 주겠다는 제안을 몇 번이나 거절하고, 단 한 알의 씨앗도 도난당하지 않도록 매우 소중하게 응접실에 넣어두고 하루 종일 그것만 바라보면서 지낼 때도 있었다. 똑바로 뻗은 줄기는 굵고 튼튼했고 멋진 녹색이었다. 전체 크기는 꽃받침과 조화를 이루고 있고, 꽃받침 색깔은 전에 이 화려한 꽃에 엄청난 값을 매겨주었던 그 찬란한 선명함을 자랑하고 있었다.

---

*62 플로린은 네덜란드의 통화단위.

"과연 훌륭하군요. 이것이 3만 프랑, 4만 프랑이나 한다던 튤립인가요?" 공증인은 부인과 온갖 색깔의 튤립 화단을 번갈아 쳐다보면서 말했다.

클라스 부인은 저녁 햇살이 마치 보석처럼 보여주고 있는 이 꽃의 광경에 환희를 느끼면서, 너무나도 공증인다운 그 말의 의미를 얼른 이해할 수가 없었다.

"이건 무슨 쓸모가 있을까요?" 공증인은 이번에는 발타자르에게 말했다. "팔아버리는 것이 낫지 않을까요?"

"뭐라고! 그건 나에게 돈이 필요하다는 뜻인가!" 클라스는 4만 프랑이라는 돈 따위 대수롭지 않다는 듯한 몸짓을 하면서 대답했다.

잠시 침묵이 흘렀고 그 동안 아이들이 몇 번인가 소리를 질렀다.

"어머니, 이것 좀 보세요."

"오! 정말 예쁘구나!"

"이름이 뭐예요?"

"인간의 이성으로 이토록 이해할 수 없는 수수께끼는 없을 거야." 발타자르는 두 손을 쳐들고 절망하는 듯한 몸짓으로 그것을 맞잡으면서 소리쳤다. "수소와 산소의 화합도 그 조합이 다르면, 같은 환경과 같은 원리 아래에서도 각각 다른 결과로 다양한 색채를 출현시킨단 말이야."

아내에게는 이 말 한 마디 한 마디가 잘 들렸지만, 너무나 말이 빨라서 완전히 이해할 수는 없었다. 발타자르는 아내가 자신이 사랑하는 '화학'을 공부했다고 여기고 의미심장한 눈짓을 하면서 말했다.

"당신도 이해는 하겠지만, 내가 말하는 의미는 알지 못할 거야!"

그리고 그는 다시 평소의 명상에 빠져버린 것 같았다.

"내 그럴 줄 알았어요." 피에르칸이 마르그리트의 손에서 커피잔을 받으면서 말했다. "세 살 버릇 여든까지 간다잖아요." 그는 클라스부인에게 가만히 말했다. "부인이 직접 말씀해 보시는 게 어떨까요? 클라스 씨가 저렇게 생각에 빠지면 악마도 떼어놓지 못할 거예요. 아마 내일까지 저러고 계실 걸요."

그는 클라스에게 작별인사를 했지만 클라스는 못들은 척했다. 그래서 어머니가 안고 있는 어린 장에게 키스를 하고, 정중하게 인사한 뒤 나갔다. 입구의 문이 소리를 내며 닫히자 발타자르는 아내의 허리를 안고 귓전에 대고 속삭였다.

"저자를 어떻게 하면 쫓아낼 수 있는지 알고 있었지." 자신이 일부러 생각에 잠긴 척하고 있었다고 말함으로써 아내가 느꼈던 불안을 없애 준 것이다.

클라스 부인은 눈에 어린 눈물을 부끄러워하지도 않고 보인 채 남편 쪽으로 얼굴을 돌렸다. 그것은 안도의 눈물이었다. 그녀는 발타자르의 어깨에 이마를 대고 장을 아래로 내려놓았다.

"우리 응접실로 돌아가요." 그녀가 잠시 뒤에 말했다.

그날 밤 내내, 발타자르는 마치 미친 것처럼 기분이 유쾌했다. 아이들을 위해 온갖 놀이를 생각해내고는 자신도 즐겁게 놀이에 열중하느라, 아내가 두세 번 자리를 비운 것도 몰랐을 정도였다. 9시 반쯤 장이 잠들고, 마르그리트가 여동생 펠리시가 옷을 벗는 걸 도와준 뒤 응접실로 돌아오자, 어머니는 커다란 안락의자에 앉고 아버지는 그녀의 손을 붙잡은 채 서로 얘기를 나누고 있었다. 그녀는 부모를 방해하지 않으려고 아무 말 없이 나가려고 했다. 클라스 부인이 그것을 알고 그녀에게 말을 걸었다.

"이리 와, 마르그리트, 이쪽으로 오렴." 부인은 그녀를 끌어당겨 애정을 담아 이마에 키스한 뒤 말했다. "책을 네 방에 가져가서 일찍 자렴."

"잘 자거라." 발타자르도 말했다.

마르그리트는 아버지에게 키스한 뒤 방에서 나갔다. 클라스와 부인은 한동안 둘이서 이미 어두워진 뜰의 무성한 나뭇잎 사이로 스러져 가는 황혼의 마지막 빛을 바라보고 있었다. 완전히 어두워지자 발타자르는 마음이 담긴 목소리로 말했다.

"이층으로 갑시다."

영국풍의 관습이 여자의 침실을 신성한 장소로 규정하기 훨씬 전부터, 플랑드르 여자의 침실도 타인이 함부로 들어갈 수 없는 장소였다. 이 나라의 선량한 주부가 정절을 신성한 것으로 과시하기 위해서가 아니라, 어릴 때부터 길러온 습관과 침실을 아늑한 성역으로 여기는 가정적인 미신 때문이었다. 그곳에서는 다정한 사랑이 숨 쉬고, 순박함이 사회생활 속의 가장 따뜻하고 가장 신성한 것과 일체를 이루고 있었다. 어떤 여자라도 클라스 부인이 놓인 특별한 입장에서는 자기 주위에 가장 우아한 물건들을 모으고 싶어 하겠지만, 그녀는 신변에 두는 물건이 사람 마음에 어떤 영향을 미치는지 잘 알고 있었으므로, 매우 세련된 취미로 물건들을 수집했다. 그것은 미모의 여자에게는 사치품이겠지만 그녀에게는 필수품이었다. '여자는 자신의 힘으로 미녀가 되는 것'이라는, 나폴레옹의 첫 번째 부인의 모든 행동을 이끌고, 가끔 그녀를 위선자로 만든 금언의 의미를 클라스 부인도 알고 있었다. 그러나 그녀는 언제나 자연스럽고 거짓이 없는 여자였다. 발타자르는 아내의 방을 잘 알고 있었지만, 생활과 관련된 사정에 대해서는 완전히 잊고 있었으므로, 그 방에 들어갔을 때 처음으로 그곳을 보는 것처럼 가벼운 떨림을 느꼈다. 의기양양한 여자의 보란 듯이 화창한 기분이, 솜씨 좋게 배치된 커다란 중국 도자기 화병의 긴 목에서 솟아나 있는 튤립의 화려한 빛깔과, 발랄한 취주악의 팡파르에밖에 비유할 길 없는 효과를 내고 있는 빛의 범람 속에 방사되고 있던 촛불이, 아마빛 비단천에 아늑한 빛을 주고 있었다. 그 단조로운 불빛은, 몇 가지 물건 위에 조심스럽게 배분된 금빛 반사와 보석덩어리처럼 보이는 튤립의 변화무쌍한 색조에 의해 음영을 드러내고 있었다.

이러한 다양한 장치는 그를 위한 것이었다. 언제나 그를 위한 것이었다! ……조세핀에게는 그러한 배려가, 그가 언제나 자신의 기쁨과 고통의 원인임을 웅변보다 더욱 잘 말해주는 것이었다. 이 방의 광경은 슬픈 생각을 모두 몰아내 줄뿐만 아니라 기분을 유쾌하게 하고 늘 변함없는 순수한 행복을 가져다주었다. 중국에서 사들여 실내를 꾸민 벽포는, 몸에 배어들어도 피곤하지 않은 그윽한 향기를 풍기고 있었다. 마지막으로 눈에 띄는 것은 세심하게 둘러쳐진 커튼이었다. 그것은 둘이서만 있고 싶은 바람, 아무리 작은 소리도 절대로 새 나가지 않게 하려는 의지, 겨우 되찾은 남편의 눈길을 거기에 가두어 두고 싶은 의지를 나타내고 있었다. 매끄럽고 아름다운 검은 머리를 이마 좌우로 까마귀의 두 날개처럼 늘어뜨리고, 길고 풍성한 레이스 케이프가 달린 실내복으로 목덜미까지 폭 감싸고 있는 클라스 부인은, 바깥에서 나는 소리가 들리지 않도록 문에 걸어둔 가림막을 치러 갔다. 그 자리에서 조세핀은 난로 옆에 앉아 있는 남편에게 밝은 미소를 지어보였다. 그것은 지혜롭고, 가끔 얼굴을 아름답게 돋보이게 하는 배려심이 있는 여자가 억누를 수 없는 희망을 나타내 보여주는 그런 미소였다. 여자의 가장 큰 매력은, 남자의 너그러운 마음에 끊임없이 호소하면서 자신의 연약함을 사랑스럽게 고백하여, 남자를 우쭐하게 하고 남자에게 가장 훌륭한 감정을 불러일으키는

데 있다. 연약함의 고백에는 마술적인 매혹이 따르는 것이 아닐까?

문의 가림막을 내리는 고리가 내는 둔한 소리와 함께 가로목이 내려가자, 그 자리에서 그녀는 남편을 향해 돌아서더니 의자에 손을 걸치면서 얌전하게 발을 옮겼는데, 그것이 마치 자신의 몸의 결점을 가리려는 것처럼 보였다. 남편의 도움을 청하려 한 것이다. 발타자르는, 그의 눈길을 끌어 그것을 만족시키려는 듯이 잿빛 배경 속에 떠올라 있던 올리브색 얼굴을 한 순간 무아지경으로 바라보다가, 곧 일어나서 아내의 손을 잡고 소파까지 이끌어주었다. 그것이 바로 그녀가 원한 것이었다.

"아까 약속하셨죠?" 그녀는 그의 손을 강한 자력을 전하듯이 자신의 두 손으로 붙잡았다. "당신 연구의 비밀을 털어놓겠다고 하셨잖아요. 난 당신의 연구에 대해 알 자격이 있는 여자인 걸 인정해 주세요. 당신을 이해하려고 용기를 내어 교회에서 금지하고 있는 화학을 연구했으니까요. 무슨 일이 있었는지 알고 싶어요. 어떤 것도 감춰서는 안 돼요. 그러니 어서 얘기해 주세요. 어느 날 아침, 전날 밤 그토록 즐겁게 지냈는데도 잔뜩 긴장한 얼굴로 깨어난 건 도대체 무엇 때문이었죠?"

"당신이 그렇게 한껏 멋을 낸 건 화학 강의를 청강하기 위해서란 말이오?"

"당신 마음속에 더욱 깊이 들어갈 수 있는 이야기를 들려주는 건 나에게 가장 기쁜 일이 아닐까요? 인생의 모든 행복을 포용하고 또한 행복을 낳는 영혼의 화합이 아닐까요? 당신의 애정은 상처하나 없이 그대로 나에게 돌아온 것 아닌가요? 나한테서 그 애정을 그토록 오랫동안 빼앗아갈 힘이 있는 관념이 도대체 어떤 것인지 알고 싶어요. 그래요, 난 다른 여자 전부를 합친 것보다도 오직 하나의 생각에 질투하고 있어요. 사랑은 광대한 것이에요. 하지만 무한하지는 않지요. '과학'은 바닥을 알 수 없을 만큼 깊은 것이고, 당신이 홀로 그 깊은 곳에 내려가는 것을 말없이 지켜보고 있을 수만은 없어요. 난 우리 둘 사이를 가로막고 있는 건 뭐든지 참을 수가 없어요. 당신이 추구하고 있는 영예를 얻는다면 난 그 때문에 불행해질 거예요. 당신에게는 영예가 그토록 큰 기쁨인가요? 하지만 여보, 당신에겐 오직 나만이 기쁨의 원천이 되어야 하는 것 아닌가요?"

"아니, 나를 이 멋진 길로 인도한 것은 관념 같은 것이 아니오. 한 사람의 남자요."

"한 남자라니요?" 그녀는 두려움을 느끼고 소리를 질렀다.

"당신도 기억하고 있을 거요, 페퍼타. 우리 집에 머물러 온 폴란드 장교를. 1809년으로 기억하고 있는데."

"기억하고말고요!" 그녀가 대답했다. "그 불꽃같은 눈, 눈썹 위의 움푹 꺼진 곳에서 어른거리던 지옥불, 벗어진 커다란 머리, 위로 뻗친 콧수염, 각지고 피폐한 얼굴이 가끔 눈에 선해서 화가 나는 걸 참을 수가 없는 걸요! ……게다가 무서우리만치 조용한 그 걸음걸이! ……여관이 만원이 아니었으면 우리 집에 머물지 않았을 텐데."

"그 폴란드 귀족은 아담 드 베르초프냐라는 이름이었지." 발타자르가 이야기를 이어갔다. "밤이 되어 당신이 나가고 방에 둘이서만 있게 되었는데 우연히 화학이 화제에 올랐소. 가난 때문에 화학연구를 포기하지 않을 수 없게 되어 군인이 되었다고 하더군. 두 사람이 같은 취미를 가지고 있다는 걸 안 건 한 잔의 설탕물 때문이었소. 내가 뮬키니에게 덩어리 설탕을 가져오라고 하자 대위가 놀란 듯이 물었소.

'당신은 화학을 연구하고 있습니까?'

'예, 라부아지에 밑에서요.' 내가 대답했지.

'당신은 자유롭고 돈이 많으시니 참 부럽군요!' 그가 소리쳤소.

그리고 가슴 밑바닥에서 토해내는 듯이 한숨을 내쉬었지. 머리에 숨기고 있는, 또는 마음속에 가두고 있는 지옥의 고통을 생생하게 느끼게 하는 한숨이었소. 한 마디로, 말로는 도저히 나타낼 수 없는, 뜨겁게 불타는 응집된 그 무엇이었소. 그는 마음을 얼어붙게 하는 듯한 눈빛으로 자신의 생각을 정리하는 것 같더군. 잠시 뒤 폴란드는 죽은 것이나 다름없어서 스웨덴으로 망명했다고 합니다. 그래서 화학 연구에서 위안을 찾았다는 거요. 그것이 그에게는 피할 수 없는 천직이라고 느낀 거지.

'그러시군요.' 그가 말을 이었소. '알겠습니다. 당신은 나와 마찬가지로 분말로 만든 아라비아고무와 설탕과 전분은 완전히 비슷한 성질을 가지게 되어, 정성분석*63을 하면 같은 결과가 나오는 것으로 확인되었지요'

---

*63 물질에 들어 있는 성분을 화학반응 등으로 조사하는 분석.

그는 다시 잠시 사이를 두었소. 그리고 탐색하는 눈길로 나를 빤히 쳐다본 뒤, 은밀한 이야기를 하듯이 목소리를 낮춰 엄숙하게 신탁을 전했는데, 지금은 그 대강의 의미밖에 기억에 남아 있지 않소. 하지만 그 힘찬 목소리, 정열적인 억양, 힘이 담긴 몸짓으로 전해주는 이야기에 진심으로 감동한 난, 내 지성은, 모루 위에서 망치로 때리는 쇠붙이처럼 충격을 받았소. 요약하면 그 추론은 나에게는 하느님이 이사야의 혀에 댄 타오르는 불 그 자체였소. *64 그것은 라부아지에 밑에서 연구한 덕분에 그 추론의 중요성을 이해할 수 있었기 때문이오.

'들어보시겠습니까?' 그가 나에게 말하더군. '얼핏 보면 매우 다른 것처럼 보이는 세 가지 물질이 동일성을 가지고 있는 것에서, 자연에서 일어난 모든 것은 똑같은 하나의 원질을 가지고 있는 것이 분명하다고 나는 생각했습니다. 최신 화학에 의한 연구가, 자연에서 생기는 다양한 결과의 매우 넓은 부분에 걸쳐 이 법칙이 진실임을 증명했습니다. 화학은 만물을 두 개의 확실한 부분으로 나누고 있습니다. 그건 바로 유기체와 무기체입니다. 모든 식물계와 동물계를 포함하고 있는 유기체는, 어떤 것에서도 다소나마 완성된 조직을 볼 수 있습니다. 더 정확하게 말하면, 거기에는 조금이나마 감성을 주는, 다소 큰 운동성을 볼 수 있으므로, 이 세계에서 가장 중요한 부분입니다. 그런데 분석에 따르면, 유기체의 모든 생성물은 네 가지 원소로 환원되며, 그 가운데 셋은 기체인 질소, 수소, 산소이고 또 하나는 비금속성 고체인 탄소입니다. 그에 비해 무기체는 변화가 거의 없고 운동성과 감성이 없으며, 린네*65가 경솔하게 인정한 성장력도 가지고 있지 않습니다. 이 무기체에는 53가지 원소가 있는데, 그것을 다양하게 화합시키면 모든 무기물이 형성됩니다. 존재하는 결과는 적은데 수단은 수없이 많은 것이 과연 있을 수 있는 일일까요?······그래서 옛날에 배운 저의 선생님은 다음과 같은 견해를 가지고 있었습니다. 이러한 53가지 원소에는 공통되는 하나의 원질이 있었는데, 지금은 소멸해버린 어떤 힘의 작용으로 과거에 변질되어 버렸다, 그러나 하늘이 주신 인간의 재능으로 그 원질을 부활시킬 수 있다는 얘깁니다.

---

*64 《구약성서》 '이사야서' 6장에 천사가 이사야의 입에 불타는 숯을 놓아 이사야의 죄를 씻고 신이 그에게 예언을 했다고 한다.

*65 1707~78. 동물, 식물, 광물에 대한 분류체계를 확립한 스웨덴의 박물학자 칼 폰 린네.

그런데 그 힘의 활동력이 되살아난다면 우리는 단일하게 통합된 화학을 가지게 되는 것입니다. 유기체와 무기체는 아마 네 가지 원소를 기초로 성립될 겁니다. 그리고 만약 존재를 부정해야 할 질소를 분해하게 되면, 우리에게는 세 가지 원질밖에 남지 않게 됩니다. 그렇게 되면 우리는 이미, 고대인과 중세의 연금술사들이 설명하는 위대한 〈삼원(三元)〉*66에 다가가는 셈입니다. 우리는 연금술사들을 부당하게 조소하고 있지만요. 최신 화학은 아직 겨우 거기까지 다다랐을 뿐입니다. 그것은 대단한 일이기도 하고 하찮은 일이기도 합니다. 대단하다는 것은, 화학에는 어떠한 난관 앞에서도 물러서지 않는 습성이 있기 때문입니다. 하찮다고 하는 것은, 이제부터 해야 할 일에 비해섭니다. 이 훌륭한 학문에는 우연이라는 것이 얼마나 많은 도움이 되는지 아십니까! 그래서 다이아몬드라는 순수한 탄소의 매우 적은 양의 결정은 앞으로 만들어낼 수 있는 마지막 물질처럼 보이지 않습니까? 옛날의 연금술사는 황금은 분해할 수 있는 물질이고 따라서 만들어낼 수 있다고 믿었지만, 다이아몬드를 만들어낸다는 생각은 외면했습니다. 하지만 우리는 다이아몬드 조성의 특질과 법칙을 발견했지요.'

'나는' 그는 말을 이었소. '더욱 앞으로 나아갔습니다! 어떤 실험을 통해, 정해진 도달점으로 가는 방향이 보이지 않는 현재의 분석으로는, 태고의 옛날부터 추구해온 신비로운 〈삼원〉을 발견할 수 없다는 것을 증명한 겁니다. 먼저 그 실험에 대해 설명하지요. (유기체의 모든 물질에서 아무거나 하나 고른) 크레송 씨앗에, (역시 아무거나 하나의 원소를 골라) 유황화*67를 뿌립니다. 발아한 것에 불확실한 원질을 섞듯이 씨앗에 증류수를 뿌립니다. 씨앗은 싹을 틔워, 분석에서 판명된 원질만을 양분으로 하므로 성분이 확실한 환경에서 성장합니다. 그것을 태워 어느 만큼의 양으로 시험할 수 있도록 몇 그로*68의 재를 채취하기 위해 여러 번 되풀이하여 그 줄기를 꺾습니다. 그리하여 재를 분석하면 규산, 산화알루미늄, 인산염, 탄산칼슘, 탄산마그네슘, 유황염, 탄산칼륨, 산화제2철이 검출됩니다. 마치 크레송이 물가의 흙에서 생겨난 것처럼 말이죠. 그런데 그러한 물질은 이 크레송에 토양 역할을

---

*66 연금술이 설명하는 삼원은 수은, 유황, 소금이다.

*67 조제 유황의 증기를 급냉각하여 생기는 분말상의 유황.

*68 1그로는 4그램보다 약간 적은 양.

한 원소인 유황에도, 그리고 관개에 쓰인, 성분을 알고 있는 증류수에도 존재하지 않습니다. 그렇다고 크레송 씨앗에 존재하는 것도 아니므로, 크레송에 들어 있는 성분과 크레송의 환경이 되어 있는 성분에 하나의 공통된 요소를 상정하지 않으면, 그것들이 크레송에 존재하고 있다고 설명할 수가 없습니다.

따라서 공기, 증류수, 유황화 등에 크레송의 분석에서 나오는 물질, 즉 가성칼리, 석회, 산화마그네슘, 산화알루미늄에는 태양에서 생성되는 대기에 떠다니고 있는 공통의 원질이 있다는 얘기가 되는 겁니다. 의심할 여지도 없이 이 실험에서' 여기서 그가 갑자기 소리쳤소. '나는 〈절대〉는 존재한다고 추론한 것입니다! 단 하나의 유일무이한 힘에 의해 변질되어 버린 만물공통의 물질, 그것이 바로 〈절대〉가 제시한 확실하고 또렷한 문제점이고, 나에게는 그것이 탐구가능하다고 생각되었습니다. 여기서 인류가 어느 시대에나 무릎을 꿇어온 신비로운 〈삼원〉인 원료, 수단, 결과를 만납니다. 3이라는 이 무서운 수는 인간의 모든 영위에서 찾아볼 수 있습니다. 그것은 종교와 과학과 법률을 지배하고 있습니다. 여기서' 그는 계속 말했소. '전쟁과 가난 때문에 나의 연구는 멈춰졌습니다. 당신은 라부아지에의 제자입니다. 부유한 데다 마음대로 시간을 쓸 수 있습니다. 그래서 나는 당신에게 나의 추론을 전할 수 있는 겁니다.'

'나의 개인적인 실험에서 다음과 같은 도달점이 얼핏 보였습니다. 〈단일물질〉은 세 가지의 기체와 탄소에 공통되는 원질이어야 한다. 〈수단〉은 양전기와 음전기에 공통되는 원질이어야 한다. 이 두 가지 진리를 확립하는 증거를 발견하기 위해 나아갈 수 있으면, 자연의 모든 결과의 지고한 동기를 얻을 수 있겠지요. 오, 클라스 씨' 그는 자기 이마를 때리면서 말했소. '〈절대〉를 예상하면서 창조의 결정적인 열쇠를 거기까지 더듬어갔을 때, 나를 잊고 서로 다투면서 일정한 시간에 몰려오는 사람들의 움직임에 이끌려 들어가는 건 살아 있다고 할 수 있을까요? 나의 지금 생활은 꿈과는 전혀 정반대의 것입니다. 내 몸은 칼과 대포와 병졸들 사이를 누비면서, 활동하고, 존재하고, 경멸하면서 복종하는 권력이 시키는 대로 유럽을 쏘다니고 있습니다. 나의 영혼에는 이러한 행위를 하고 있다는 의식이 전혀 없습니다. 그것은 하나의 생각에 몰입하고 〈절대〉의 탐구라는 생각에 마비되어 한 곳에 달라붙어 있습니다. 〈절대〉라는 원질에 의해 완전히 똑같은 씨앗이 똑같은 환경에 뿌려졌는데, 하나에서는 하얀 꽃받침이 나오고 다른 것에서는 노란 꽃받침이 나오는 일이 있습니다! 이 현상은 똑같은 뽕잎을 먹고 자라서 똑같게 보이는 누에 가운데 한쪽은 노란 비단실을 만들고 다른 쪽은 하얀 비단실을 만드는 경우에도 적용됩니다. 이것은 마지막으로 인간 자신에게도 적용됩니다. 인간도 같은 어머니와 아버지한테서 가끔 완전히 다른 자식이 태어나지 않습니까? 게다가 이 사실의 논리적인 연역에는 자연의 모든 결과의 동기가 들어 있는 것이 아닐까요? 신은 만물을 가장 단순한 방법으로 만들었다고 믿는 것만큼, 신에 대한 우리의 생각에 적합한 것이 또 있을까요? 모든 수의 기본인, 제1물질을 나타내는 〈1〉에 대한 피타고라스파의 숭배, 최초의 집약이고 모든 집약의 모형인 〈2〉라는 수에 대한 숭배, 모든 시대에 있어서 〈신(神)〉, 즉 〈질량〉, 〈힘〉, 〈생성물〉을 이루는 〈3〉이라는 수에 대한 숭배는 〈절대〉에 대한 전통적인 막연한 지식을 간추리고 있는 것이 아닐까요? 슈탈,*69 베허,*70 파라켈수스,*71 아그리파*72 같은 비밀스러운 원인의 위대한 탐구자들은 위대한 〈삼원〉을 의미하는 헤르메스 트리스메기스토*73를 암호로 삼고 있었습니다. 무지한 자들은 연금술이라는 초월적인 화학을 시종일관 비난하고 있지만, 그들은 이러한 위인들의 열정적인 탐구를 우리가 증명하려고 노력하고 있다는 것을 아마 모를 겁니다! 〈절대〉가 발견되는 그때, 나는 다시 〈운동〉과 마주하게 될 겁니다. 아! 내가 화약 범벅이 되어

---

*69 1660~1734. 독일 의학자이자 화학자인 게오르그 에르네스트 슈탈. 애니미즘 신봉자로, 뒤에 나오는 베허가 주장하는 '유성(油性)의 흙'에서 모든 가연물질에는 플로지스톤(연소)이 들어 있다고 했는데, 그 플로지스톤설은 라부아지에가 출현할 때까지 지대한 영향을 끼쳤다.

*70 1635~82. 독일 의학자이자 화학자, 연금술사인 요한 요아힘 베허. 원소는 공기, 물, 흙의 세 가지로 보고, 흙에는 '유리성' '유성' '유동성'의 3종이 있다고 제창하여 슈탈에게 영향을 끼쳤다.

*71 1493~1541. 스위스 의학자, 화학자, 연금술사인 필리푸스 아우레올루스 파라켈수스. 수은, 유황, 염을 3요소로 하는 자연관을 제창했다.

*72 1486~1535. 독일 의학자로 카발라파의 연금술사 하인리히 아그리파 폰 네테스하임. 군인, 프랑수아 1세의 어머니의 시의, 샤를 5세의 사료편찬관 등을 역임했으나 마술사 혐의로 유폐되어 불행한 죽음을 맞이했다.

*73 세 배나 위대한 헤르메스.

병사들에게 무의미한 전사를 명령하는 동안, 나의 옛 선생님은 발견에 발견을 거듭하여 〈절대〉를 향해 비상하고 있습니다! 그런데 내 꼴은 과연 어떻습니까! 포대 한 구석에서 개처럼 죽어가겠지요.' 이 가련한 위인이 어느 정도 냉정함을 되찾았을 때, 어떤 감동적인 우정을 담아 나에게 이렇게 말하는 것이었소.

'어떤 실험을 해야 하는지 알게 되면, 죽기 전에 당신에게 알려드리겠습니다.' "

"나의 페피타!' 발타자르는 아내의 손을 꼭 잡으면서 말했다. "라부아지에가 조심스럽게 발을 들여놓고도 과감하게 내세우지 못했던 추론의 불길을, 그렇게 그 남자가 내 영혼에 던져 넣는 동안 그는 격앙된 나머지 푹 꺼진 뺨에 눈물을 흘리고 있었소."

"뭐라고요?" 남편의 말을 더 이상 듣고 있을 수가 없었던 클라스 부인이 소리쳤다. "그 사람이 우리 집 지붕 밑에서 단 하룻밤 사이에 당신의 애정을 우리에게서 빼앗아가고, 단 한 마디 말로 가족의 행복을 파괴하고 말았다는 거예요? 아, 발타자르! 그 사람이 성호를 그은 것을 보았어요? 당신은 그 사람을 유심히 살폈나요? 프로메테우스의 불[74]이 뿜어져 나올 것 같은 그런 노란 눈을 하고 있는 건 '악마'뿐이에요. 그래요, 나에게서 당신을 빼앗아갈 수 있는 건 악마뿐이라구요! 그날부터 당신은 더 이상 아버지도 아니고 이 집안의 가장도 아니었어요."

"뭐라고!" 발타자르는 자리에서 일어나 아내에게 날카로운 시선을 던지면서 말했다. "당신은 남편이 다른 사람보다 넘어서려는 것을 비난하는구려! 당신 마음속의 보물에 비교하면 참으로 하찮은 공물일지 몰라도, 당신 발 밑에 영광의 숭고한 주홍빛을 깔아주려 하고 있는데! 그렇다면 당신은 지난 3년 동안 내가 무엇을 이룩했는지 모르겠군. 그건 거인의 발걸음이었소, 페피노!" 그가 흥분해서 소리쳤다.

전에는 사랑의 불길로 빛나고 있었던 그의 얼굴이 천재의 불길에 의해 더욱더 빛나고 있는 것처럼 아내에게는 보였다. 그녀는 남편의 말을 들으면서 눈물을 흘렸다.

---

*74 그리스 신화 속의 영웅 프로메테우스는 천상의 불을 훔친 죄로 제우스의 분노를 사서 독수리에게 간을 쪼아 먹히는 벌을 받았다.

"난 염소와 질소를 화합시켰소. 지금까지 단체(單體)로 여겨졌던 몇 가지 물체를 분해하고 새로운 금속도 발견했소. 아, 그렇지." 그는 아내의 눈물에 눈길을 주더니 말했다. "난 눈물도 분해했소. 눈물은 소량의 인산칼슘, 염화나트륨, 점액, 그리고 수분이오."

그는 조세핀의 얼굴이 두려움으로 일그러지는 것도 무시하고 얘기를 계속했다. 그는 날개를 펼치고 자신을 등에 태워 물질계에서 아득히 먼 곳으로 데려가 줄 '과학'에 걸터앉아 있었다.

"이러한 분석은, 여보, '절대'설의 가장 뛰어난 증거라오. 모든 생명은 연소를 내포하고 있어요. 불씨의 활동성에 따라 생명의 지속도 좌우되지. 그래서 광물의 붕괴는 한없이 느린 것이오. 왜냐하면, 그 연소는 잠재화하고 숨어버려서 감지할 수 없기 때문이오. 따라서 습기를 발생하는 화합물에 의해 끊임없이 소생하는 식물은 끝없이 살아남고, 지구의 마지막 천변지이와 동시대의 식물이 실제로 몇 종류나 존재하고 있소. 하지만 자연이 하나의 기관을 완성할 때마다, 미지의 목적을 가지고 그 기관에 유기체에 뚜렷한 세 가지 단계인 감정, 본능, 지성을 부여할 때마다, 이러한 세 가지 유기적 조직체는 연소를 필요로 하고, 그 연소가 활발하게 이루어지면 그것에 정비례한 결과를 얻을 수 있는 거요.

지성의 최고점을 나타내고, 반 창조적인 힘, 즉 '사고'를 할 수 있는 유일한 기관을 신으로부터 받은 인간은, 동물의 창조물 가운데 가장 강한 연소를 보여주는데, 그 강력한 연소 작용은 인체의 분석에서 얻을 수 있는 인산염, 황산염, 탄산염에 의해 일어나고 있소. 그러한 물질은 모든 증식작용의 원리인 전류의 작용이 인간에게 남긴 흔적이 아닐까? 전기는 다른 어떤 동물보다 훨씬 변화가 풍부한 결합으로 인간에게 발현되는 것이 아닐까? 인간은 절대원소의 가장 유효한 부분을 흡수하기 위해, 다른 모든 동물에 비해 최대의 기능을 가지고 있는 것이 아닐까? 그리고 더욱 완전한 기계 속에서 그 절대원소에서 자신의 힘과 관념을 결합하기 위해, 그 기능을 자기 것으로 만드는 것이 아닐까! 난 그렇게 믿고 있소. 인간은 목이 긴 플라스크 같은 것이라오. 그래서 이 생각에 따르면, 백치의 뇌 속에는 가장 적은 양의 인밖에 들어 있지 않아요. 아니면 완전히 다른 전자기(電磁氣)의 생성물이 들어 있는 자이고, 광인은 뇌 속에 그것이 너무 많이 들어 있는 자이며, 보통 사람은 그것이 거의 없는 자이고, 천재는 뇌 속에 그것이 적당히 충만한 자요. 따라서 우리의 감정이라는 것도……"

"그만해요, 발타자르! 당신 이야기를 듣고 있으니 무서워 죽겠어요. 당신은 지금 신을 모독하고 있어요. 뭐라고요! 그럼 나의 사랑도……"

"그건 발산되는 에테르성 물질로," 클라스가 말했다. "틀림없이 '절대'의 열쇠가 되는 것이오. 그러니 생각해 봐요, 만약 내가, 만약 내가 최초라면! 만약 내가 발견한다면, 만약 내가 발견한다면, 만약 내가 발견이라도 한다면!" 이 말을 세 번 다른 투로 말하면서, 그의 얼굴은 점차 영감을 받은 것처럼 격앙된 표정으로 소리쳤다. "난 금속을 만들 거요, 다이아몬드를 만들 거요, 자연의 창조를 내가 되풀이하는 거요."

"그래서 당신은 더 행복해질까요?" 그녀는 절망적으로 소리쳤다. "얼마나 저주받을 학문인가요, 그건 저주받을 악마라구요! 잊었어요, 클라스? 당신은 악마가 저지른 오만의 죄를 저지르고 있어요. 신을 능멸하고 있어요."

"아니, 뭐, 신이라고!"

"신을 부정하는 거라구요!" 그녀는 몸부림치면서 소리쳤다. "클라스, 신은 당신이 무슨 짓을 해도 가질 수 없는 힘을 마음대로 쓸 수 있어요."

클라스는 자신의 소중한 학문을 부정하는 것처럼 보이는 그 말을 듣고 몸을 부들부들 떨면서 아내를 바라보았다.

"뭐라고!" 그가 소리쳤다.

"유일무이한 힘은 운동이에요. 그것이 당신이 나에게 읽게 한 책을 통해 내가 파악한 진실이에요. 꽃과 과일과 말가라주*75를 분석해 보세요. 당신의 크레송의 경우처럼 전혀 관계가 없는 환경에서 그러한 원소를 발견할 수 있어요. 더욱 엄밀하게 말하면, 자연 속에서 그러한 원소를 발견할 수 있다구요. 하지만 그것들을 다 그러모아도 꽃과 과일과 말라가주를 만들 수 있을까요? 태양의 불가사의한 작용을 일으킬 수 있을까요? 분해는 창조가 아니에요."

"그건 보자력(保磁力)*76을 발견하면 나에게도 가능한 일이오."

"무엇으로도 이 사람을 말릴 순 없어." 페피타는 절망적인 목소리로 외쳤

---

*75 스페인 말라가 산의 달콤한 와인.

*76 강한 자성이 있는 물체의 자화도(磁化度)를 0으로 하기 위해 가하는 역자기장의 세기.

다. "아! 사랑하는 발타자르, 당신은 죽고 말았어요. 난 사랑하는 당신을 잃어버렸어요."

그녀는 울음을 터뜨렸다. 전에 없이 고통과 넘쳐나는 정결한 감정으로 활활 타오르는 눈이 눈물을 통해 빛나고 있었다.

"맞아요." 그녀는 흐느껴 울면서 다시 계속했다. "당신은 우리 모두에게 죽은 사람이에요. 난 알 수 있어요. 당신 속에서는 과학이 당신 자신보다 강해져서 그 과학이 당신을 너무 높은 곳으로 데려가 버린 거예요. 그래서 당신은 영원히 그곳에서 내려와 가련한 한 여자의 반려가 될 수 없을 거예요. 당신에게 줄 수 있는 행복이 나에게 아직 남아 있을까요? 아, 슬픈 위안이지만 신은 자신의 조화를 보여주기 위해, 그리고 자신을 찬양하게 하기 위해 당신을 만드시고, 당신의 마음속에 당신을 지배하는 힘을 가두어 두신 거라고 믿고 싶을 정도예요. 하지만 그렇지는 않을 거예요! 신은 선 그 자체예요. 신은 당신을 사랑하는 나를 위해서도, 당신이 보호해야 할 아이들을 위해서도, 당신 마음에 어떤 생각을 남겨두신 게 아닐까요? 그래요, 출구가 없는 나락 속을, 신에 대한 신앙이 아니라 자신의 힘에 대한 무서운 과신의 빛을 비추어, 어둠 속을 당신 홀로 걷게 할 수 있는 건 악마뿐이에요! 그렇지 않다면, 당신이 지난 3년 동안 90만 프랑이나 탕진해버린 것을 스스로 깨닫지 못할 리가 없죠! 자, 내 주장도 인정해 주세요. 당신은 나의 지상에서의 신이에요. 난 당신을 비난하고 있는 것이 아니에요.

만약 우리 둘뿐이라면 당신에게 우리의 전 재산을 가져와서 무릎을 꿇고 이렇게 말하겠어요. '자, 이걸 받으세요. 당신의 아궁이 속에 던져 넣어 연기로 사라지게 하세요' 그리고 웃으면서, 그것이 연기가 되어 날아가는 모습을 바라볼 거예요. 만약 당신이 가난하다면, 당신의 아궁이 불이 꺼지지 않도록, 필요한 숯을 구하기 위해 수치를 무릅쓰고 구걸하러 나가겠어요. 어디 그뿐인가요, 아궁이 속에 이 몸을 던져 넣어 당신이 그 지긋지긋한 '절대'를 발견할 수 있다면, 이 몸을 기꺼이 아궁이에 던져 넣겠어요. 당신은 아직도 발견하지 못한 그 비밀에 명예와 행복을 걸고 있으니까요. 하지만 우리 아이들은요? 만약 당신이 그 지옥처럼 무서운 비밀을 밝히지 못한다면, 아이들은 대체 어떻게 되는 거죠? 당신은 피에르칸 씨가 무슨 일로 왔는지 정녕 모르세요? 그분은 이 집에는 돈 한 푼 남아 있지 않은데 3만 프랑의 빚을 청구하러 왔어요. 당신의 재산은 이미 당신 것이 아니지만, 금전문제로 당신이 분쟁에 휘말리지 않도록, 난 그 3만 프랑이 있다고 말했죠. 그 돈을 정산하기 위해 집에 있는 오래된 은그릇을 팔 생각이에요."

그녀는 남편의 눈에서 당장이라도 눈물이 솟아날 것 같은 모습을 보고, 필사적으로 남편의 발아래 몸을 던져 애원하듯이 두 손을 내밀었다.

"여보." 그녀는 소리쳤다. "한동안 연구를 멈춰 주세요. 만약 일을 계속하는 것을 포기할 수 없다면, 언젠가 일을 다시 계속할 수 있도록 필요한 돈을 모읍시다. 아니에요! 난 당신의 일을 비판할 생각은 없어요. 원한다면 당신의 아궁이 앞에서 풀무질이라도 하겠어요. 하지만 아이들은 비참하게 만들지는 말아주세요. 당신은 더 이상 아이들을 사랑할 수가 없어요. 과학이 당신 마음을 병들게 하고 말았으니까요. 당신의 행복은 아이들의 희생 위에 서 있으니까요! 그 대신 아이들에게 불행한 생활을 남겨주어서는 안 돼요. 내 마음속에서 어머니로서의 사랑은 너무나 자주 흔들렸죠. 그래요, 당신의 영혼에 당신의 생활에 더욱 가깝게 다가서기 위해 난 어머니가 되지 않겠다고 늘 결심했답니다! 그래서 양심의 가책을 밀어넣으려고, 나 자신보다 아이들을 변호하지 않을 수 없었던 거예요."

그녀의 머리가 출렁이며 풀어져 어깨에 떨어졌다. 그 눈은 무수한 감정을 화살처럼 쏘고 있었다. 그녀가 적을 이긴 것이다. 발타자르는 그녀의 몸을 일으켜 소파로 데리고 간 뒤 그녀의 발아래 무릎을 꿇었다.

"내가 당신에게 여러 가지 걱정을 끼쳤던 것 같군." 그는 악몽에서 깨어난 것처럼 아내에게 말했다.

"가엾은 클라스. 당신은 앞으로도 그럴 마음도 없이 우리를 걱정하게 만들 거예요." 그녀는 남편의 머리카락을 손가락으로 쓸면서 말했다. "자, 내 옆에 앉으세요." 그리고 그가 앉을 소파의 자리를 가리켰다. "어서요, 당신이 우리에게 돌아와 주어서 난 괴로운 일은 깨끗하게 잊어버렸어요. 자, 이제부터는 모든 것을 새로 시작하는 거예요. 이제 내 곁에서 떠나지 않으실 거죠? 그럴 거라고 말해 주세요. 나의 훌륭하고 위대한 클라스, 불행한 예술가와 괴로워하고 있는 위인의 행복을 위해서는 반드시 필요한 여자의 힘을, 내가 당신의 고상한 마음을 향해 발휘할 수 있게 해주세요! 원한다면 나를 거칠게 다루고 만신창이로 만드신다 해도 상관없어요. 하지만 당신을 위한 것이니 조금은 당신을 거역하는 것을 용서해 주세요. 나에게 인정해 주는 권력을 절대로 함부로 휘두르진 않을 테니까요. 당신은 유명해지세요. 하지만 또 행복해야 해요. 우리보다 '화학'이 더 좋다는 말은 하지 마세요. 네? 우리는 무척 너그럽잖아요? 과학이 당신의 마음을 우리와 나눠가지는 걸 너그럽게 봐주고 있으니까요. 하지만 공평해야 해요. 반은 우리 몫이잖아요? 어때요, 이 공평무사한 마음은 숭고함 그 자체가 아닌가요?"

그녀는 발타자르를 미소 짓게 했다. 여자가 지니고 있는 이 마법과도 같은 교묘한 기술로, 그녀는 가장 고상한 문제를 여자가 마음대로 힘을 휘두르는 농담의 세계로 이끌어가고 말았다. 그러나 웃고 있는 것처럼 보여도, 그녀의 마음은 너무나 긴장하고 있었으므로, 한결같고 유연한 평소의 리듬으로는 좀처럼 돌아가지 않았다. 그러나 발타자르의 눈에 그녀를 매혹하는 표정이, 잃어버린 줄 알았던 옛날의 자기의 힘이 충분히 작용하고 있음을 나타내는 그 표정이 되살아났다. 그 표정은 그녀의 명예이기도 했다. 그녀는 웃으면서 남편에게 말했다.

"나를 믿어 주세요, 발타자르. 자연은 우리에게 감정을 주었어요. 당신이 아무리 우리는 전기 기계에 지나지 않는다고 생각해도, 당신이 말하는 기체, 에테르성 물질로는, 우리가 가지고 있는, 미래를 내다보는 천부적인 재능은 결코 설명할 수 없을 거예요."

"난 설명할 수 있소." 그가 대답했다. "친화력으로 설명할 수 있어요. 시인이 보여주는 비전의 힘, 학자가 보여주는 추론의 힘은 친화력을 바탕으로 하고 있소. 그 친화력은 눈에 보이지 않고 손으로 만질 수도 없고 무게를 잴 수도 없는 것으로, 속물은 그것을 정신현상 속에 넣고 있지만 실은 물리적인 작용이라오. 예언자는 눈으로 보고 추론하지. 불행하게도, 이런 종류의 친화력은 매우 드물고 지각할 수도 없어서, 분석하거나 관찰하는 것이(분석과 관찰에 맡기는 것이) 불가능하다오."

그녀는 운 나쁘게도 자신이 환기시키고 만 '화학'을 몰아내기 위해 그에게 키스를 하면서 물었다. "이것도 친화력인가요?"

"아니, 이건 화합이지. 같은 기호의 물질은 아무런 활동도 낳지 않아."

"아니, 더 이상 아무 말씀 마세요." 그녀가 말했다. "당신 얘길 들으면 괴로워서 죽을 것 같으니까요. 그래요, 여보. 연적이 당신 사랑의 도취 속까지 숨어든 것을 보는 건 견딜 수 없는 일이에요.”

“하지만 나의 소중한 당신, 난 당신밖에 생각하고 있지 않소. 내가 하는 일은 우리 클라스 집안의 명예이고, 나의 모든 희망의 원천은 당신이오.”

“그럼 이제 나를 쳐다보시겠어요?”

이 장면은 그녀를 젊은 처녀처럼 아름답게 보여 주었지만, 그녀의 전체 모습 가운데 남편이 보고 있었던 것은 모슬린과 레이스 구름 위에 떠 있는 머리뿐이었다.

“그래, 학문을 위해 당신을 방치한 건 정말로 미안했소. 이제부터 내가 연구에 빠져 있다면, 알겠소, 나의 페피타, 나를 거기서 끌어내 주구려. 부탁이오.”

그녀는 손이 잡힌 채 눈을 감고 그대로 있었다. 그녀의 가장 아름다운 부분, 강하면서도 섬세한 손이었다.

“하지만 나에게는 더 큰 소망이 있어요.”

“당신은 아름답고 훌륭한 사람이니 무엇이든 손에 넣을 수 있을 거요.”

“당신의 실험실을 못쓰게 만들고 당신의 과학을 쇠사슬로 꽁꽁 묶어버리고 싶어요.” 그녀는 눈을 불꽃처럼 빛내면서 말했다.

“그래, 그까짓 ‘화학’ 따위, 악마에게나 줘버리라고 해.”

“이 순간 나의 고통은 모두 사라졌어요.” 그녀가 대답했다. “당신이 원하신다면 나를 괴롭히셔도 상관없어요.”

그 말을 듣자 발타자르는 눈물을 흘렸다.

“당신 말이 맞았소. 난 베일을 통해서만 당신을 보고 있었어. 당신이 하는 말도 귀에 들어오지 않았지.”

“만약 나 혼자뿐이라면” 그녀가 말했다. “난 나의 군주에게 아무 말 하지 않고 묵묵히 계속 괴로워했을 거예요. 하지만 당신의 아들을 생각하지 않으면 안 돼요, 클라스. 예컨대 당신의 목적이 명예를 가져온다 해도, 만약 당신이 이런 식으로 재산을 계속 낭비한다면, 세상은 당신을 전혀 존경하지 않게 되고, 세상의 비난은 당신의 아이들에게 돌아가게 될 게 틀림없어요. 당신이 깨닫지 못하고 있는 위험을 당신 아내가 환기해 주는 것만으로, 당신처럼 지혜가 있는 분에게는 충분하지 않을까요? 이제 이런 얘기는 더 이상 하지 말기로 해요.” 그녀는 애교를 담뿍 담은 미소와 눈길을 남편에게 보냈다.

"클라스, 오늘 밤은 이 행복을 반토막 내지 않기로 해요."

이 가정에 참으로 중대한 사건이 있었던 그날 밤이 지나고, 이튿날 발타자르 클라스는 실험실에 올라가지 않고 하루 종일 그녀 옆에 있었다. 일을 멈추도록, 조세핀이 몇 가지 약속을 그에게서 받아낸 것이 분명했다. 그 이튿날, 일가는 서둘러 시골에 갈 준비를 한 뒤 그로부터 약 두 달 동안 시골에 머물렀다. 집으로 돌아온 것은 클라스가 옛날처럼 결혼기념일을 축하하고 싶다고 해서, 그 파티를 준비하기 위해 돌아왔을 때뿐이었다. 그때 발타자르는 자신이 연구에 빠져 내팽개쳐 두었으므로, 집안 재정이 극도로 혼란에 빠져 있는 증거를 매일처럼 목격했다. 아내는 이것저것 지적하면서 그 상처를 헤집기보다는, 이미 발생한 손해를 메울 임시 대책법을 늘 생각해 내고 있었다. 클라스가 마지막으로 손님을 초대한 날, 클라스 집안에 남아 있었던 것은 일곱 명의 하인 가운데 르뮐키니에와, 요리사인 조제트, 주인인 조세핀이 수도원을 나온 이래 섬기고 있었던 마르타라는 하녀뿐이었다. 그래서 그렇게 적은 하인만으로는 도시의 상류사회 사람들을 초대하는 것은 불가능했다. 클라스 부인은 파리에서 요리사를 한 사람 불러오고, 정원사의 아들을 급사로 들이고, 피에르칸의 고용인을 빌리는 게 어떻겠느냐고 제안함으로써 모든 문제를 해결했다. 그리하여 그때까지 어느 누구도 클라스 집안의 궁핍을 눈치 채지 못하고 있었다.

파티 준비가 이어진 20일 동안, 클라스 부인은 시간을 주체하지 못하고 있는 남편의 무료함을 어떻게든 잘 달래주고 있었다. 어떤 때는 큰 계단과 복도, 방에 장식하는 꽃을 고르는 일을 주기도 하고, 어떤 때는 노르 현의 식탁을 장식하는 꽃이 되는 어마어마하게 큰 생선을 여러 마리 조달하기 위해 당케르크에 보내기도 했다. 클라스가 열려고 하는 파티는 대행사여서 무수한 배려와 활발한 연락이 필요했다. 접대의 전통을 집안의 명예를 걸고 반드시 지키는 이 지방에서는, 접대하는 주인들에게나 하인들에게나 만찬회는 말하자면 참석자로부터 승리를 쟁취하는 장이었다. 굴은 오스탕드에서 구입하고 큰뇌조는 스코틀랜드에 주문했다. 과일은 파리에서 왔다. 그뿐인가, 곁들이는 자잘한 물품들도 조상 전래의 화려한 관습을 배반하지 않았다. 게다가 이 클라스 집안의 무도회는 인근에 소문난 잔치였다. 그 무렵 현청 소재지가 두에에 있었으므로*77, 클라스 집안의 파티가 이른바 겨울시즌의 개막을 알리는 신호탄이 되어 이 지방 모든 파티의 본보기가 되고 있었다. 그래서 발타자르는 15년이나 어떻게든 사람들 눈에 띄려고 고심한 결과 대성공을 거두었으므로, 파티 때마다 20리그*78 사방에 그 소문이 퍼져, 여자들의 치장이 어떠니, 손님들이 어떠니 하는 아주 하찮은 것부터, 거기서 목격한 최근에 유행하는 복장, 거기서 일어난 온갖 사건들이 화제가 되었다.

그래서 이러한 온갖 준비 때문에 클라스는 '절대'의 탐구에 대해 생각할 경황이 없었다. 가정을 생각하는 마음과 사회생활로 되돌아온 이 학자는, 한 남자로서, 플랑드르인으로서, 한 집안의 가장으로서 자존심을 되찾아 지역 사람들을 깜짝 놀라게 해주고 싶었다. 그는 뭔가 새로운 것을 생각해 내어 다가올 파티에 특색을 주고 싶었다. 그리고 모든 사치스러운 아이디어 가운데 가장 아름답고, 가장 풍요롭고, 그러면서도 순간적으로 사라져버리는 것을 선택한 결과, 저택 안에 진기한 식물로 작은 숲을 꾸미고 여성들에게 꽃다발을 준비한 것이다. 만찬회의 그 밖의 하찮은 일도 이 전대미문의 사치스러운 행사에 어울리도록, 그 인상을 해치는 것은 아무것도 없었다. 그러나 공교롭게도 러시아의 베레지나 강에서 나폴레옹군이 입은 패배를 전하는 보고서 29호*79와 그것에 관한 특별뉴스가 만찬회 뒤에 전해졌다. 깊은 슬픔에 사로잡힌 두에 사람들은 애국심에서 모두 합의하여 무도를 자제하기로 했다. 폴란드에서 두에에 도착한 편지 가운데에는 발타자르에게 온 것도 한 통 있었다. 그 무렵 드레스덴에 있었던 베르초프냐 씨한테서 온 것으로, 그 내용은 최근의 전투에서 입은 부상으로 생사의 경계를 오가게 되었는데, 지난날 하룻밤 신세를 졌던 주인에게, 두 사람이 만난 이후 '절대'에 대해 자신의 머리에 떠오른 생각을 전하고 싶다는 것이었다. 그 편지 때문에 클라스는 깊은 생각에 잠겼는데, 사람들의 눈에는 그 모습이 애국심의 발로로 여겨졌다. 그러나 그의 아내는 잘못보지 않았다. 그녀에게 이 만찬회는 이중(二重)의 애도가 되었다. 그리하여 클라스 집안이 마지막 광채를 발한 그 만찬회는, 6대에 걸쳐 클라스 집안사람들이 각자의 취향대로 수집해 온 엄청난

---

*77 이것은 1812년 12월의 이야기로 되어 있는데, 현청소재지는 1803년부터 두에에서 릴르로 변경되었다.

*78 약 200리.

*79 1812년 12월 18일에 파리에 도착했다.

양의 화려한 물건들과 골동품 속에 어딘지 음울하고 슬픈 그림자를 던졌고, 두에 사람들이 그 물건들을 호기심어린 눈길로 구경하는 마지막 날이 되었다.

그날의 여왕은 마르그리트였다. 올해로 열여섯 살이 된 그녀는 부모에 의해 사교계에 소개되었다. 그녀는 더할 나위 없는 순진함과 구김살 없는 모습, 특히 저택과 조화를 이룬 외모로 사람들의 시선을 한 몸에 모았다. 그녀는 그야말로 이 나라의 화가가 그린 전형적인 플랑드르의 어린 소녀였다. 머리는 흠잡을 데 없이 완전한 원형으로, 밤색 머리카락은 이마 위에서 좌우로 곱게 갈라져 있었다. 눈동자는 녹색이 어린 잿빛, 아름다운 팔은 통통한 편이지만 아름다움을 해칠 정도는 아니었다. 조심스러운 자태지만, 넓고 수려한 이마에는 조용하고 부드러운 외관 속의 견고한 의지가 숨겨져 있었다. 쓸쓸하지도 음울하지도 않지만, 그렇다고 그다지 쾌활하게 보이지는 않았다. 반성과 질서와 의무 같은, 플랑드르 기질의 중요한 세 가지 특징이 그녀의 표정에 생기를 주고 있었다. 얼굴은 얼핏 차갑게 보이는데도, 윤곽이 어딘가 우아하고, 가정적인 행복을 약속하는 온화한 긍지도 느껴져서 사람의 눈길을 끄는 데가 있었다. 생리학자에게는 아직도 설명할 수 없는 기묘한 현상이지만, 그녀는 어머니와 아버지를 전혀 닮지 않고 브뤼주의 코닝크라는 어머니 쪽 할머니를 쏙 빼닮은 모습이었다. 소중하게 보관되어 있는 할머니의 초상화를 보면 그것을 잘 알 수 있었다.

야식이 연회석에 어느 정도 활기를 가져다주었다. 나폴레옹군의 패배 소식으로 무도의 즐거움은 사라졌지만 식탁의 즐거움까지 외면할 필요는 없다고 모두가 생각한 것이다. 애국주의자는 얼른 자리를 뜨고 없었다. 무관심한 사람들은, 트럼프 놀이를 하는 몇몇 사람들과 클라스의 친구들과 함께 남아 있었다. 두에의 모든 명사들이 모여 화려하게 빛나고 있었던 이 저택은 어느새 고요함에 잠기고 말았다. 그리고 오전 한 시 무렵, 회랑에서는 사람그림자가 사라지고 응접실의 불이 하나씩 꺼져갔다. 한때 그토록 술렁거리고 그토록 환하게 빛났던 안마당은 마침내 다시 어둠에 싸여 음산한 모습으로 돌아가고 말았다. 그것은 이 가족을 기다리고 있는 미래의 예언적인 모습이었다. 클라스 부부가 방으로 돌아왔을 때, 발타자르는 아내에게 폴란드 사람의 편지를 보여주었다. 그녀는 그것을 슬픈 몸짓으로 돌려주었다. 그녀는 이윽고 찾아올 미래를 예감하고 있었다.

실제로 그날부터 발타자르는 자신을 괴롭히는 오뇌와 권태를 감출 수가 없었다. 가족과 아침식사를 마치면, 잠시 동안 아들 장과 응접실에서 놀거나, 재봉과 자수와 레이스 뜨기를 하는 두 딸들과 얘기를 나누었지만, 그런 놀이와 대화에도 곧 싫증이 나서 마치 의무에서 벗어나듯이 그 자리를 떠났다. 아내가 치장을 마친 뒤 내려와서 그에게 눈길을 주면, 그는 언제나 안락의자에 앉아서 마르그리트와 펠리시가 돌리고 있는 실패가 내는 시끄러운 소리에도 아랑곳없이 두 사람을 바라보고 있었다. 신문이 오면 마치 숨어 사는 상인이 무료한 시간을 때우는 것처럼 천천히 신문을 읽었다. 그런 다음 일어나서 유리창을 통해 하늘을 바라보고는, 다시 돌아와서 의자에 앉아 마치 관념에 지배되어 몸을 움직이는 의식을 잃어버린 것처럼 멍하니 난롯불을 돋우는 것이었다. 클라스 부인은 자신의 교양과 기억력이 모자란 것이 통탄스러웠다. 그녀로서는 남편과 장시간 재미있는 대화를 이어 가는 것이 쉽지 않았다. 게다가 지금까지 모든 걸 다 얘기했으므로, 앞으로 애정 생활과 실생활 이외에 화젯거리를 찾아서 긴 대화를 하는 건 거의 불가능한 일이었다. 애정 생활에서는 그것을 얘기하는 데 좋은 기회가 필요하거나 때로는 대립이 요구되기도 한다. 또 실생활의 하찮은 일에 대해서는 재빨리 결단을 내리는 습관이 있는 뛰어난 사람들을 오래도록 흥미롭게 해줄 수는 없었다. 그리고 서로를 깊이 사랑하는 사람들에게는 사교계도 견디기 힘든 법이다.

그래서 서로를 속속들이 알고 있고 고독을 즐기는 이 두 사람은 자신들의 위안거리를 사상의 가장 높은 영역에서 구해야만 한다. 왜냐하면 하찮은 것을 광대무변한 것과 대항시키는 것은 애당초 무리한 얘기이기 때문이다. 게다가 위대한 일을 다루는 것에 길들어 버린 사람은, 천재적인 사람들을 사랑스런 어린아이처럼 바꿔버리는 천진난만함과 무심함을 마음속에 계속 지니고 있지 않으면 더 이상 아무것도 즐길 수가 없게 되고 만다. 그러나 이 어린아이 같은 마음은, 만물을 보는, 만물을 알고, 만물을 이해하는 것을 사명으로 하는 사람들에게서는 매우 보기 드문 현상이 아닐까.

첫 몇 달 동안 클라스 부인은 사랑과 필요에 따라 믿을 수 없을 만큼 노력하여 이 위기적인 상황을 헤쳐 나갔다. 어떤 때는 서양주사위놀이를 배우려고 마음먹고, 충분히 예상할 수 있는 일이지만 그때까지 그 놀이법을 전혀 몰랐는데도 놀랍게도 결국 배우고 말았다. 어떤 때는 독서지도를 통해 발타자르에게 딸의 교육을 맡겼다. 그러나 이러한 수단도 이윽고 바닥이 나고 말았다. 조세핀은 맹트농 부인이 루이 14세 곁에 있었던 것처럼 발타자르 앞에 자신이 있다는 생각이 가끔 들었다. 그러나 맹트농 부인[80]처럼 앉아서 졸고 있는 국왕의 기분을 달래기 위해 권력이 주는 영화도 누릴 수 있는 것도 아니고, 샴왕과 페르시아왕의 대사들처럼 한바탕 연극을 벌이는 궁정풍의 농간도 부리지 않았다. 루이 14세는 프랑스의 부를 탕진한 끝에 부잣집의 방탕한 자식처럼 궁지에 몰렸지만, 돈을 손에 넣기에는 이미 젊음도 성공도 없이, 영화의 한복판에서도 무서운 무력감을 느끼고 있었다. 왕을 모시는 시녀격인 맹트농 부인도 왕의 아들들을 달랠 수는 있어도, 물건이나 인간, 생명, 신까지 낭비한 것으로 고민하고 있던 왕을 언제까지나 달랠 수는 없는 노릇이었다.

그러나 클라스는 힘을 주체하지 못해 괴로워하고 있었다. 그는 자신을 옭아매는 사상에 짓눌리면서 '과학'의 장려한 모습을 꿈꾸고 있었다. 인류를 위해서는 재보를, 자신을 위해서는 명예를 꿈꾸고 있었다. 그는 빈곤과 싸우는 예술가처럼, 신전의 원기둥에 묶인 삼손처럼[81] 괴로워하고 있었다. 지성의 세계의 제왕은 자신의 힘에 의해, 또 한 사람의 제왕은 자신의 무력함에 의해 나락에 빠져 있었지만, 결과는 두 사람의 제왕에게 있어서 같은 것이었다. 남편의 그 과학에 대한 향수에 대해 페피타 혼자서 무엇을 할 수 있었을까? 가정생활 속에서 생각해 낼 수 있는 수단이라는 수단은 죄다 쓴 뒤, 그녀는 사교계에 도움을 청하여 1주일에 두 번 커피파티를 열었다. 두에에서는 '티파티' 대신 '커피파티'가 있는데, '커피파티'는 저녁식사를 마친 뒤 저녁 내내 즐기는 모임으로, 초대객은 축복받은 이 지방의 지하창고에 넘쳐나고 있는 고급포도주와 리큐어를 마시거나 달콤한 것을 먹고, 블랙커피나 아이스카페올레를 마시는 것이다. 여자들은 연가를 부르거나 입고 있는 의상

---

\*80 1635~1719. 프랑스의 작가이자 교육자인 프랑수아즈 도비녜 맹트농. 작가인 남편 스카롱이 죽은 뒤 루이 14세의 가정교사로 지내는 동안 왕의 총애를 받아 비밀리에 왕과 결혼했고, 만년에는 여성교육에 전념했다.

\*81 《구약성서》의 '사사기' 16장에는 삼손이 펠리시테인들에게 잡혀 신전 기둥 사이로 끌려갔을 때, 잃어버린 괴력을 되찾아 기둥째 신전을 무너뜨리고 펠리시테인들을 암살한 뒤 자신도 죽었다고 되어 있고, 삼손이 기둥에 묶였다는 얘기는 없다.

을 화제로 삼거나, 도시의 하찮은 소문에 대해 얘기하기도 했다. 그것은 언제 보아도 미에리스와 테르보르흐의 그림 같은 정경이었다. 다만 뾰족한 회색 모자에 꽂은 붉은 깃털이나 기타, 16세기의 아름다운 복장이 빠져 있을 뿐이다. 그러나 접대하는 주인의 역할을 맡는 발타자르의 노력, 꾸어온 듯한 붙임성, 재기발랄한 기지, 이러한 모든 것이, 이튿날 그가 지쳐 있는 모습으로 나타나면 오히려 그의 심각한 증상을 더욱 눈에 띄게 했다.

이러한 효과도 없는 일시적인 대책인 모임이 끊임없이 이어진다는 것은, 그의 병이 얼마나 중한지를 증명하고 있었다. 발타자르가 파멸의 늪에 떨어지면서 매달리려 한 나뭇가지는, 그의 낙하를 늦추기는 했지만 그것으로 병은 오히려 더욱 심각해지기만 했다. 지난날에 그토록 몰두했던 연구를 화제에 올리지 않았을 뿐만 아니라, 자신의 실험을 다시 시작하는 것은 불가능하다는 걸 깨달았는지 연연해하는 생각조차 내비치지 않았지만, 그의 동작은 가라앉고, 목소리는 힘이 없고, 마치 병을 앓은 사람처럼 쇠약해진 모습이었다. 때로는 집게를 들고 난롯불 속에서 석탄 덩어리를 집어 어느새 기묘한 피라미드 모양으로 쌓아버리는 행동에는 그의 권태가 배어나와 있었다. 저녁이 되면 그는 눈에 띄게 안도하는 기색이었다. 잠이 머리에서 떠나지 않는 중대한 생각에서 그를 해방시켜 주기 때문이지만, 이튿날이 되면 또다시 하루를 보내야 한다는 생각에 우울한 기분으로 일어나, 피곤에 지친 나그네가 건너가야 할 사막을 바라보듯이, 이제부터 보내야 할 시간을 재고 있는 것처럼 보였다.

클라스 부인은 그 의기소침한 모습의 원인을 알고 있었으나, 그 때문에 그의 마음이 얼마나 황폐해졌는지에 대해서는 애써 외면하려고 했다. 부인은 그의 정신적 고뇌에 대해서는 굳건하게 행동하고 있었지만, 너그러워지는 마음에는 저항할 힘이 없었다. 발타자르가 두 딸의 이야기와 장의 웃음을 뭔가 다른 데 정신이 팔린 채 듣고 있을 때는 굳이 캐물으려고 하지 않았다. 그러나 그가 침울한 기분을 떨쳐 버리려 하는 모습이나, 너그러운 마음에서 어느 누구도 슬퍼하게 하지 않으려고 애써 쾌활한 척하는 모습을 보면서 그녀는 전율을 느꼈다. 아버지로서 딸들을 자상하게 대하거나 장과 노는 모습을 보면 눈시울을 적셨고, 남편이 남자답게 노력하는 행동을 목격하고는 솟아오르는 감동을 감추려 그 자리에서 나가버렸다.

그러한 행동의 가치를 잘 알고 있는 여자들은 그런 모습을 보면 가슴이 찢어지는 아픔을 느낀다. 그런 때 클라스 부인은 차라리 이렇게 소리치고 싶었다. "차라리 나를 죽여주세요. 그리고 하고 싶은 일을 하세요!" 어느새 발타자르의 눈에서는 타는 듯한 광채가 사라지고 구슬픈 노인의 눈처럼 청록색을 띠기 시작했다. 아내에 대한 배려나 말투에서 귀찮음이 느껴지기 시작했다. 4월 말 무렵 마침내 중대해진 그러한 징후들이 클라스 부인을 위협하여 그것을 더 이상 참고 볼 수가 없게 되었다. 그녀는 남편이 플랑드르 기질의 고지식함으로 그 약속을 지키고 있는 것에 감탄하면서, 수없이 자기 자신을 나무라고 있었다. 어느 날, 발타자르가 전에 없이 초조해 하는 모습을 보자 그녀는 더 이상 망설이지 않았다. 남편을 살리기 위해서는 모든 것을 희생하기로 마음먹은 것이다.

"여보" 그녀가 말했다. "이제 그 약속에서 당신을 벗어나게 해드리겠어요."

발타자르는 깜짝 놀라 아내를 쳐다보았다.

"실험에 대한 생각이 머리에서 떠나지 않는 거죠?" 그녀가 다그치듯이 말했다.

그는 무서우리만치 기민한 몸짓으로 대답했다. 클라스 부인은 두 사람이 함께 전락해 갈 나락의 깊이를 재고 또 재고 있었으면서도, 그를 말리기는커녕 그의 손을 꼭 잡은 것이다.

"여보, 난 내가 가진 힘에 자신이 있어요." 그녀가 말했다. "당신은 자신의 목숨보다 소중한 것을 나를 위해 희생했어요. 이번에는 내가 희생할 차례예요! 이미 얼마만큼 다이아몬드를 팔아버렸지만, 동생한테서 물려받은 것과 합치면 당신의 일에 필요한 돈을 충분히 마련할 만큼은 아직 남아 있어요. 다이아몬드 장신구를 두 딸을 위해 남겨 두었지만, 당신이 영예를 얻는다면 딸들에게 다이아몬드보다 더욱 빛나는 광채를 줄 수 있겠죠? 게다가 당신은 언젠가 더욱 아름다운 다이아몬드를 그 아이들에게 돌려주실 테니까요."

남편의 얼굴이 갑자기 기쁨으로 빛나는 것을 보자 조세핀은 절망의 밑바닥에 떨어지는 것만 같았다. 남편의 정열이 자신의 그것보다 강한 것을 보고 고통에 휩싸였다. 클라스는 자신의 연구에 자신만만하여, 아내에게는 파멸

의 늪이 될 길을 걸어가려 하고 있었다. 그에게는 신념이 있었고, 그녀에게
는 회의와 더없이 무거운 짐이 있었다. 아내란 언제나 남편과 자신의 두 사
람 몫을 괴로워하는 것이 아닐까? 그 순간 그녀는 두 사람의 재산을 낭비하
는 데 가담하는 자신을 둘러대려는 듯이, 남편은 성공할 거라고 스스로 믿으
려고 했다.

"나에게 그토록 헌신하는 당신에게는 평생토록 사랑을 바쳐도 도저히 보
답할 수 없을 거요, 페피타."

그 말을 마친 순간, 마르그리트와 펠리시가 들어와서 아침인사를 했다. 클
라스 부인은 딸들이 눈앞에 서 있어서 한 순간 당황하여 눈을 내리깔았다.
딸들의 재산을 있지도 않은 망상을 위해 넘겨줘버린 찰나였기 때문이다. 한
편, 남편은 딸들을 무릎에 태우고 숨이 막힐 듯이 치밀어 오르는 기쁨을 쏟
아내듯이 딸들과 즐겁게 얘기를 나눴다. 그때부터 클라스 부인은 남편의 열
광적인 생활 속에 함께 들어갔다. 영예와 과학이 클라스에게 강대한 힘을 휘
두른 것처럼, 아이들의 장래와 그 아버지에게 보내야 할 존경은 그녀에게 강
대한 힘을 휘두르고 있었다. 그래서 집안의 다이아몬드가 그녀의 교도사(敎
導師)인 소리스 신부의 알선으로 파리에서 모두 팔리고, 화학약품 제조회사
에서 주문품을 보내기 시작하자, 이 불행한 여인은 잠시도 평온한 시간을 가
질 수가 없게 되었다. 과학이라는 악마와 남편을 포로로 만든 탐구의 맹위에
함께 휩쓸려서 끊임없는 기대 속에서 살고 있었다. 자신의 강렬한 열망에 의
해 안락의자에 붙박이처럼 앉은 채 하루종일 살아있는 정신이 아니었다. 그
녀의 열망은 발타자르의 열망처럼 실험실의 일에서 살아갈 자양분을 얻지
못하고, 실현에 대한 의혹과 불안만 일어나서 끊임없이 그녀의 마음을 괴롭
혔다. 이따금 목적 달성이 불가능해 보일 뿐만 아니라, 소리스 신부도 비난
한 정열에 동조한 것 때문에 자신을 나무라면서, 안락의자에서 일어나 안마
당 쪽의 창가로 가서 실험실 굴뚝을 공포의 빛으로 바라보았다. 거기서 피어
오르고 있는 연기를 절망적으로 바라보고 있으면 아주 어긋나는 온갖 생각
이 그녀의 마음과 정신을 어지럽혔다. 그녀는 아이들의 재산이 연기가 되어
사라져가는 것을 바라보았다. 그러나 자신은 아이들의 아버지의 생명을 구
한 것이다. 그를 행복하게 하는 것이 자신의 첫 번째 의무가 아니던가?

이 마지막 생각은 그녀의 마음을 잠시 가라앉혀 주었다. 그녀는 실험실에

들어가서 그곳에 머무를 수 있는 허락을 얻고 있었다. 그러나 곧 그 초라한 만족감을 포기하지 않으면 안 되었다. 그녀는 그곳에서 발타자르가 자신을 전혀 상대하지 않을 뿐만 아니라 자신이 있는 것이 가끔 방해가 되는 것을 느끼면서 어찌할 수 없는 고통을 맛보고 있었다. 그곳에 있으면 질투를 견딜 수가 없어서 집을 폭파하고 싶은 잔인한 욕구에 사로잡혔다. 그녀는 잇따라 밀려드는 터무니없는 고민에 죽을 것만 같은 심정이었다.

그런 때, 그녀에게는 르뮐키니에가 바로미터 같은 것이었다. 점심식사나 저녁 식사를 내가기 위해 드나들 때, 그가 휘파람을 불고 있는 소리가 들리면 남편의 실험이 잘 되어 가고 있는 것이고, 가까운 장래에 성공할 희망을 품고 있는 거라고 추측했다. 르뮐키니에가 침울하게 가라앉아 있을 때 남편을 안타까운 마음으로 바라보면, 그가 실험에 만족하지 않고 있음을 알 수 있었다. 이 집안의 안주인과 하인은 한쪽에는 자존심이, 다른 한쪽에는 오만함을 드러낸 복종이 있음에도 불구하고 마지막에는 서로를 이해하게 되었다. 그녀는 번갈아 찾아오는 희망과 절망에 짓눌려 있었다. 사고력의 무서운 허탈상태에 대해 무력하고 무방비했으므로, 남편을 사랑하는 아내로서의 불안과 가족을 염려하는 어머니로서의 우려로 심신이 지칠 대로 지쳐 있었다. 전에는 마음을 차갑게 했던 황량한 침묵에 그녀도 가담해 있었던 것이다. 집안에 퍼져 있는 음울한 공기 속에서 웃음기 하나 없고 때로는 대화 한 마디 없이 응접실에서 하루하루 보내는 모습을 그녀 자신은 깨닫지 못하고 있었다.

어머니로서의 슬픈 예견을 가지고, 그녀는 두 딸에게 집안일을 가르쳤다. 딸들이 가난의 밑바닥에 떨어져도 살아갈 수 있도록, 취사와 세탁 같은 여자의 일을 습득하도록 애썼다. 그리하여 저택의 조용함 속에는 무서운 동요가 숨어 있었다. 여름이 끝나갈 무렵, 발타자르는 늙은 소리스 신부의 알선으로 파리에서 팔아치운 다이아몬드 대금을 다 써버리고도 프로테스 시프르빌 상회에 약 2만 프랑의 빚을 지고 있었다.

1813년 여름, 즉 이 이야기가 시작된 장면에서 약 1년 뒤, 클라스는 이미 몇 가지의 뛰어난 실험을 마쳤지만, 불행히도 그는 그것을 경시했고, 그 탐구의 중요한 목적에 대한 클라스의 노력은 허무한 결과로 끝나 있었다. 일련의 일을 마친 그날, 그는 자신이 무력하다는 생각에 절망하고 있었다. 막대한 금액을 헛되이 탕진해 버렸다는 분명한 사실이 그를 나락에 빠뜨렸다. 그것은 소름끼치는 파국이었다. 그는 다락방에서 나와 응접실로 천천히 내려갔다. 그리고 주위에서 아이들이 놀고 있는 안락의자에 털썩 몸을 던지고, 아내가 끊임없이 퍼붓는 질문에는 대답하지 않고, 마치 죽은 사람처럼 한동안 의자에 꼼짝 않고 앉아 있더니 눈물을 흘리기 시작했다. 자신의 고통을 누구에게도 보이지 않으려고 그는 자신의 방으로 달아났다. 조세핀은 그의 뒤를 쫓아가서 자신의 방으로 이끌고 갔다. 거기서 그녀와 둘만 있게 되자, 발타자르의 억눌린 절망감이 폭발했다. 그 남자의 눈물, 마치 낙담한 예술가 같은 말, 그리고 한 가정의 아버지의 회한에 드러나 있는 공포와 광기는, 클라스 부인에게 그때까지 겪었던 모든 고통을 합친 것보다 더한 고뇌를 가져다주었다. 그러나 제물이 거꾸로 자신의 목을 치려는 망나니를 위로하는 결과가 되었다.

"난 아이들의 인생을 당신의 인생을 희롱하고 있었어. 당신과 아이들을 행복하게 해주려면 자살하는 수밖에 없어!" 발타자르가 굳게 결심한 듯한 무서운 태도로 말하자, 그 말이 그녀의 마음을 비수처럼 찔렀다.

남편의 성질을 너무나 잘 알고 있었던 그녀는 남편이 금방이라도 그 절망적인 결심을 실행해 버릴까봐 두려웠다. 그녀는 생명을 뿌리째 뒤흔드는 동요에 사로잡혔지만, 그 격렬한 작용을 거짓된 평정을 가장함으로써 억눌러 버렸으므로 오히려 더욱 치명적인 것이 되고 말았다.

"여보" 그녀가 대답했다. "난 피에르칸에게는 의논하지 않았어요. 그 사람은 우리에게 그다지 호의를 가지고 있지 않기 때문에 우리가 파산하는 것을 보고 내심 좋아할 것 같아서요. 그래서 나에게 아버지처럼 대해주시는 노인에게 상담했지요. 나의 고해사제인 소리스 신부님 말이에요. 신부님은 우리가 파멸에서 구원받을 수 있는 조언을 해 주셨어요. 신부님은 당신이 가지고 있는 그림을 보러 오셨죠. 회랑에 있는 그림을 판 돈으로 당신 토지에 걸린 담보와 프로테스 시프르빌 상회에 빌린 금액을 지불할 수 있어요. 당신은 그 회사에 갚아야 할 빚이 있죠?"

클라스는 동의의 표시로 고개를 숙였다. 그러자 그의 머리카락이 하얗게 세어 있는 것이 눈에 들어왔다.

"소리스 씨는 암스테르담의 하페 둔켈 은행의 경영자를 알고 계시대요.

그림에는 사족을 못 쓰는 분들인데, 오래된 가문에만 허락되어 있는데도 벼락부자처럼 호화로운 그림을 전시하고 싶어서 안달이래요. 그래서 우리 그림에도 제값을 쳐줄 거예요. 그러면 우리의 수입도 회복되고, 10만 두카 가까이 되는 돈으로 실험을 계속할 수 있는 자금을 확보할 수 있어요. 두 딸과 난 약간의 돈으로 만족하겠어요. 시간이 지나고, 또 절약하면 비어버린 액자 속에 다른 그림을 채워넣을 수 있을 거예요. 그러면 당신도 행복하게 살아갈 수 있어요."

발타자르는 불안이 뒤섞인 표정으로 아내를 향해 고개를 들었다. 두 사람은 역할이 뒤바뀌어 아내가 남편의 보호자가 되어 있었다. 그의 깊은 애정은 조세핀의 마음과 일체가 되어 그녀를 두 팔로 끌어안고 있었지만, 무서운 경련으로 그녀의 가슴이 고동치고 있고 그 때문에 그녀의 머리카락과 입술이 신경질적으로 떨고 있는 것은 전혀 눈치채지 못했다.

"당신에게는 말하지 않았지만, 나와 '절대' 사이에는 거의 머리카락 한 올만큼의 거리밖에 남지 않았소. 금속을 기화하려면 기압이 제로인 환경, 즉 절대 진공 속에서 금속에 무한대의 열을 가하는 수단만 발견하면 돼요."

이 이기적인 대답에는 클라스 부인도 더 이상 참을 수가 없었다. 자신의 희생에 대한 뜨거운 감사를 기대하고 있었는데 화학적인 문제가 대답으로 돌아온 것이다. 그녀는 갑자기 남편 곁을 떠나 응접실로 내려가서, 두 딸들이 무서워하면서 좌우에 매달려 있던 안락의자에 몸을 던지고 울음을 터뜨렸다. 마르그리트와 펠리시는 의자 양쪽에 무릎을 꿇고 각자 어머니의 한쪽 팔을 잡고는 그녀가 무엇 때문에 슬퍼하는지도 모르면서 함께 울었다. 그리고 몇 번이나 어머니에게 물었다.

"무슨 일이에요, 어머니?"

"오, 가여운 것들! 난 이제 죽을 것만 같구나. 그런 느낌이 들어."

이 대답을 듣고 마르그리트는 몸을 오들오들 떨었다. 그녀는 피부가 갈색인 사람에게는 그다지 볼 수 없는 창백한 빛이 어머니의 얼굴에 떠올라 있는 것을 비로소 알아차렸다.

"마르타, 마르타!" 펠리시가 소리쳤다. "이쪽에 좀 와 봐요. 엄마가 불러요!"

놀라서 부엌에서 뛰어온 늙은 하녀는 옅은 갈색에 혈색이 무척 좋은 부인의 얼굴이 녹색으로 질려 있는 것을 보고 스페인어로 소리쳤다. "이게 웬일이래? 마님이 돌아가시려나봐."

그녀는 놀라서 응접실에서 뛰쳐나가, 족탕으로 발을 데워드려야겠다면서 조세트에게 물을 끓이도록 이르고 다시 주인에게 돌아왔다.

"그이를 놀라게 해서는 안돼요. 그이한테는 아무 말 마세요, 마르타!" 클라스 부인이 말했다. "너희들이 가엾어서 어떡하니?" 그녀는 절망적인 몸짓으로 가슴에 마르그리트와 펠리시를 끌어안았다. "너희들이 행복하게 결혼하는 모습을 내 눈으로 볼 수 있을 때까지 오래도록 살고 싶었는데. ……마르타." 그녀가 계속했다. "르뮐키니에게 전해줘요. 소리스 신부님 댁을 찾아가서 나를 위해 좀 와달라고 부탁하라고."

이 청천벽력 같은 사건은, 당연히 부엌에까지 전해졌다. 함께 클라스 부인과 그 딸들에게 헌신적이었던 조세트와 마르타에게는, 자신들이 유일하게 사랑하는 사람들이 위험에 처해 있었던 것이다.

"마님이 돌아가려나 봐. 나리께서 마님을 죽인 셈이지. 얼른 겨자탕에 발을 담가야 해!" 이 말을 듣고 조세트는 놀라서 비명을 지르더니 르뮐키니에에게 대들었다.

르뮐키니에는 아무렇지도 않은 기색으로 테이블 구석에 앉아서 식사를 하고 있었다. 그 자리 앞에 열려 있는 창문을 통해, 안마당에서 깔끔한 아가씨의 방처럼 모든 것이 청결한 부엌으로 햇살이 비쳐들고 있었다.

"저런 꼴을 당하신 것도 무리가 아니지." 조세트는 하인 쪽을 보고는, 황금처럼 번쩍거리는 구리냄비를 선반에서 꺼내려고 발판에 올라서면서 말했다. "한 집안의 가장이 도락으로 재산을 말아먹어버리는 것을 아무렇지도 않게 보고 있는 여자가 세상에 어디 있담! 그것도 그 많은 재산을 아무짝에도 쓸모없는 일에 탕진해 버렸으니."

머리에 주름 장식이 달린 둥근 모자를 쓰고, 머리가 독일의 호두까기처럼 생긴 조세트는 르뮐키니에를 빤히 노려보았다. 충혈된 그녀의 작은 눈은 녹색을 띠고 있어서 표독해 보였다. 늙은 하인은 애석해 할 때의 미라보*[82]처럼 어깨를 으쓱해 보인 뒤, 버터를 발라 훈제 청어를 곁들인 빵을 커다란 입

---

*82 프랑스 혁명 당시의 유명한 웅변가.

으로 베어물었다.

"마님은 나리에게 바가지를 긁을 게 아니라 돈이나 대주면 될 것을. 그러면 우리 모두 돈 속을 헤엄칠 정도로 부자가 될 거라고! 이제 조금만 있으면 다 될 테니까……"

"어머나, 당신은 2만 프랑이나 모아두지 않았어요? 어째서 그걸 나리께 갖다 바치지 않은 거예요? 그분은 당신의 주인님이시잖아요! 게다가 당신은 나리께서 하고 계시는 일을 철썩같이 믿는다면서요."

"너 따위가 나리의 일에 대해 뭘 안다고 그래? 그보다 물이나 빨리 끓이시지, 조세트." 이렇게 말하면서 플랑드르 사내는 요리사의 말을 가로막았다.

"그만한 것쯤은 다 알고 있어요. 당신하고 당신 주인님이 이 집안에 있던 천 마르*⁸³나 되는 은그릇을 몽땅 녹여버렸다는 것을. 당신들이 이대로 계속 그 짓을 계속한다면 은화가 동전이 되고 나중에는 빈털터리가 되어버릴 거라는 것도."

"게다가 나리께서는" 마르타가 느닷없이 다가와서 끼어들었다. "결국 마님을 죽게 만들고 마실 걸. 마님이 나리께서 전 재산을 다 말아 드시려 하는 것을 방해하고 있다고 여기고서 말이에요. 그분은 악마에게 사로잡히신 게 분명해. 뻔하지 뭐! 당신은 나리를 돕고 있다고 말하지만, 뮬키니에 당신은 이 도박에 영혼을 걸고 있어요. 당신에게도 영혼이 있다면 말이지만. 그렇잖우, 모두들 이렇게 슬퍼하고 있는데 당신은 얼음덩어리처럼 차가우니. 아가씨들은 막달라의 마리아처럼 모두 눈물을 흘리고 있어요. 자, 어서 가서 소리스 신부님이나 불러와요."

"난 나리를 도와드려야 해. 실험실을 정리해야 한단 말이오." 하인이 말했다. "에스케르샹 구(區)는 너무 멀어. 당신이 소리스 신부님 집까지 한달음에 뛰어가시지 그래."

"저런 짐승 같은 놈을 봤나!" 마르타가 소리쳤다. "마님의 족탕은 누가 해드리고? 마님이 돌아가셔도 상관없다는 거유? 마님은 지금 머리에 피가 몰려서 그러는데."

---

*83 약 24.5킬로그램.

"르뮐키니에" 부엌 옆의 식당에 들어온 마르그리트가 말했다. "소리스 신부님께 갔다가 돌아오는 길에 피에르칸 선생님에게도 곧 와 달라고 부탁해 줘요."

"거봐요! 어사 갔다 와요." 조세트가 말했다.

"아가씨, 나리께서 실험실을 정리하라고 하셨는뎁쇼." 르뮐키니에는 두 하녀를 돌아보고는 그녀들을 위협하듯이 노려보았다.

"아버지" 마르그리트는 마침 그때 2층에서 내려온 클라스 씨에게 말했다. "르뮐키니에를 시내에 심부름 보내도 될까요?"

"어서 가요, 이 더러운 영감탱이!" 마르타는 클라스 씨가 르뮐키니에게 딸의 지시대로 움직이도록 명하는 것을 듣고 그렇게 쏘아붙였다.

이 집안 그다지 충성심이 없는 하인의 모습이, 이 두 하녀와 르뮐키니에 사이에 커다란 다툼거리가 되어, 르뮐키니에의 냉담함이 이 집안에 대한 조세트와 마르타의 애착을 더욱 부채질했다. 얼핏 보면 너무나 하찮은 이 갈등이, 이윽고 이 집안에 불행이 닥쳐와 구원이 필요해졌을 때, 이 가족의 장래에 커다란 영향을 미치게 된다. 발타자르는 처음의 방심상태로 돌아가서 아내의 용태가 나빠진 것을 모르고 있었다. 그는 장을 무릎에 올려놓고, 그때부터 해결할 수 있을 것 같은 문제에 대해 생각하면서, 기계적으로 아들을 무릎 위에서 뛰게 하고 있었다. 그는 아내에게 더운 물이 운반되어 오는 것을 바라보고 있었고, 아내는 일어날 기운도 없어 응접실의 안락의자에 계속 누워 있었다. 클라스 씨는 두 딸이 어머니를 돌보고 있는 것을 보면서도, 딸들이 무엇 때문에 저렇게 분주하게 간호를 하고 있는 건지 물으려고도 하지 않았다. 마르그리트와 장이 입을 열려고 하자, 클라스 부인은 발타자르를 가리키며 말하지 못하게 말렸다.

그런 장면을 보면서 마르그리트는 생각에 잠기지 않을 수 없었다. 부모 사이에서 그녀는, 어머니의 행동을 충분히 판단할 수 있을 만큼 자라 사리를 분별할 줄 알고 있었다. 가정생활에서는 아이들이 자발적으로 또는 아주 자연스럽게 부모의 심판관이 될 때가 오는 법이다. 클라스 부인은 그런 경우의 위험을 잘 알고 있었다. 발타자르에 대한 사랑에서, 정의감에 불타는 열여섯 살의 딸에게는 잘못된 것으로 비치지 않을 수 없는 아버지에 대해, 마르그리트가 정당하게 여기도록 하려고 애쓰고 있었다. 그렇지만, 이러한 상황에서 클라스 부인이 남편의 명상을 방해하지 않으려고 그 앞에서 행동을 삼가면서 깊은 경의를 나타내는 태도가, 오히려 아이들에게 아버지의 위엄에 대한 공포감을 심어주었다.

그러나 이러한 헌신적인 태도는 아무리 전염하기 쉬운 것이라 해도, 마르그리트가 어머니에게 바치는 찬미를 더욱 강화하는 결과가 되어, 일상생활의 사건을 통해 그녀는 어머니와 더욱 특별한 유대를 맺게 되었다. 그 찬미하는 마음은, 어머니의 고통을 본능적으로 통찰하는 데서 나오는 것이지만, 어린 소녀는 당연히 그 원인이 무엇인지 고민하지 않을 수 없다. 특히 마르타나 조세트의 입에서 새어나온 말에서, 그녀는 4년 전부터 자기 집이 놓여 있는 처지의 원인에 대해 느끼고 있었다. 그것은 그녀에게 끝까지 숨기는 것은 어떠한 인간의 힘으로도 불가능한 일이었다. 따라서 마르그리트는, 클라스 부인이 신중하게 덮어 두려고 했던 이 가정 비극에 숨어 있는 수수께끼를 천천히, 서서히, 조금씩 알아가게 되었다. 때가 되면 어머니가 스스로 마르그리트에게 털어놓을 것이고, 그러면 최종적으로 그녀가 가장 무서운 심판관이 될지도 모른다. 그래서 클라스 부인의 관심은 전부 마르그리트에게 향해져, 부인은 발타자르에 대한 헌신을 딸에게 전할 생각이었다. 마르그리트가 실은 마음이 곧고 이성적인 것을 보고, 자신이 죽은 뒤 딸이 자신을 대신하여 집안 살림을 꾸려가게 되었을 때, 딸과 발타자르 사이에서 언젠가 분쟁이 일어날지도 모른다는 생각이 들자, 부인은 몸을 떨었다. 가엾게도 그녀는 자신의 죽음보다 자기가 죽은 뒤의 일을 생각하고 두려움에 떨고 있었던 것이다.

발타자르에 대한 그녀의 배려는 방금 전에 한 결단에 뚜렷하게 드러나 있었다. 그녀는 남편의 빚을 청산함으로써 남편의 독립을 보장하고, 남편의 이해와 아이들의 이해를 분리하여 모든 분쟁의 싹을 도려냈다. 그녀는 자신의 눈을 감을 때까지는 남편이 행복하면 된다고 생각했다. 또 그녀는 자신의 그런 마음가짐을 마르그리트에게 전해줄 생각이었다. 마르그리트가 자신의 뒤를 이어 아버지 곁에서 후견인으로서, 전통의 수호자로서 권위를 가지고 사랑의 천사 역할을 하게 될 것이기 때문이었다. 그렇게 하면 사랑하는 가족을 향해 무덤 속에서 자신의 사랑의 빛을 비추게 되는 셈이 아닐까? 그래도 그녀는 과학에 대한 발타자르의 광적인 정열에서 야기되는 공포를 미리 딸에게 주입하여, 아버지에 대한 딸의 존경심을 잃게 하고 싶지 않았다. 그녀는 이 어린 딸이 동생들에게는 어머니를 대신하고, 아버지에게는 사랑이 깊은 아내를 대신할 수 있을지 알기 위해 딸의 성격과 마음씀씀이를 이리저리 탐색하고 있었다.

그리하여 누구에게도 털어놓을 수 없는 미래에 대한 불안과 염려로, 클라스 부인의 마지막 나날은 혼란스럽기만 했다. 조금 전의 일 때문에 얼마 살지 못할 거라고 느낀 그녀는 장래의 일에까지 눈을 돌렸다. 한편 절약, 재산, 가정에 대한 애정 같은 모든 일에 앞으로 관여할 수 있는 자격을 잃은 발타자르는 '절대'를 발견하는 일밖에 생각하지 않았다. 응접실을 가득 메운 깊은 침묵을 깨는 것은, 장이 무릎 위에서 빠져나가 아래층으로 내려가 버린 것도 모르고 단조롭게 까딱거리는 클라스의 한쪽 발의 움직임뿐이었다. 마르그리트는 어머니 옆에 앉아서 그 일그러진 창백한 얼굴을 바라보다가 이따금 아버지에게 고개를 돌려보면, 그 무감각하기 짝이 없는 모습에 깜짝 놀라곤 했다. 이윽고 거리로 난 문이 닫히는 소리가 나더니, 소리스 신부가 조카의 부축을 받으면서 안마당을 가로질러 천천히 걸어오는 모습이 보였다.

"아! 엠마뉘엘 씨가 오셨어요." 펠리시가 소리쳤다.

"젊고 착한 청년이지!" 클라스 부인은 엠마뉘엘 드 소리스를 보고 말했다. "그분을 다시 만나다니 기쁘구나."

어머니의 입에서 그를 칭찬하는 말이 나오자 마르그리트는 얼굴을 붉혔다. 이틀 전부터 이 청년의 모습이 그녀의 마음속에 한 번도 겪은 적이 없는 감정을 눈뜨게 하고, 머릿속에서 지금까지 잠자고 있던 다양한 생각들을 일깨우고 있었던 것이다. 고해사제인 소리스 신부가 신자인 클라스 부인을 방문하는 동안, 사람들 눈에 띄지 않는 이러한 사건이 일어나고 있었는데, 그 사건은 그때부터의 생활에 커다란 영역을 차지하여 매우 중요한 결과를 초래하게 되므로, 클라스 집안에 들어온 이 두 사람의 새로운 인물을 묘사해 둘 필요가 있을 것이다. 클라스 부인은 신앙수행을 남몰래 실천하는 주의였다. 이 교도사가 이 집을 방문한 것도 이번이 두 번째여서 그는 이 집안에서는 거의 알려져 있지 않았다. 그러나 다른 집들과 마찬가지로 이 집에서도, 소리스 신부와 그 조카의 모습을 보고 모두가 감동과 감탄에 사로잡힌 것은 명백했다.

소리스 신부는 나이가 여든 살이나 되는 은발의 노인으로, 늙어서 쭈그러진 얼굴을 보면, 생명이 두 눈 깊숙한 곳에 움츠리고 있는 것 같았다. 그는 겨우 걷고 있었다. 다리가 앙상한 데다 한쪽 발목이 무섭도록 변형되어 비로드 주머니 같은 것으로 싸매고 있어서, 조카의 도움이 없을 때는 목발을 짚어야 했다. 새우등에 몸이 앙상하여 병약한 체질의 소유자로 보였지만, 그 안에는 철의 의지와 그를 지탱해 준 정결한 신앙심이 넘치고 있었다. 이 스페인 출신의 신부는 해박한 지식, 진실하고 경건한 신앙심, 넓은 인맥에 의해 더욱 돋보이는 인물로, 도미니코 수도회, 톨레도의 내사원장, 마린 대주교구의 부주교직 등을 차례로 역임해 왔다. 프랑스 혁명만 아니었으면, 카사 레알 집안의 보호 아래 가톨릭교회에서 가장 높은 지위에 올랐을 것이다. 그러나 그의 제자였던 젊은 카사 레알 공이 죽는 바람에 밖에서 활동하는 생활에 염증이 나서, 아주 일찍부터 고아가 된 조카의 교육에만 오로지 전념하게 되었다. 벨기에가 정복당하자 그는 클라스 부인 가까이 거처를 정했다. 소리스 신부는 젊었을 때부터 성테레사*84를 깊이 숭배했는데, 그의 마음에 본디 그런 경향이 있었던 만큼 더욱더 그 성녀에게 이끌렸다. 그는 그리스도교의 신비적 계시설*85과 정적주의*86의 저술가들과 함께, 부리뇽 양*87이 가장 많은 귀의자를 만든 플랑드르에서 자신의 신앙에 전념하는 가톨릭 신자들을 만나게 되었고, 그곳에서 이 특별한 교단으로부터 내사원장으로 인정받은 만큼, 더욱 기꺼이 이 플랑드르에 머물기로 마음먹었다. 그 교단에서는 페늘롱과 귀용 부인이 단죄를 받았음에도 신비주의의 교의를 계속 지키고 있었다. 그는 품행이 엄격하고 생활은 모범적이며, 때로는 법열의 경지에 잠기는 사람으로 통하고 있었다. 이렇게 엄격한 수도사는 세속 일에는 초연한 법이지만, 그는 조카에게 애정을 기울이고 있었기 때문에 자신의 이익에도 관심을 두고 있었다. 자선사업에서는 자기 자신의 재산을 바치는 대신 그의 교회 신자들한테서 모금을 했다. 대주교로서의 권위와 그의 순수한 목적이 인정

---

*84 스페인의 성녀로, 그리스도교 신비주의를 믿고 명상생활과 포교, 저술에 전념했다.

*85 신의 계시를 믿고 그것을 구하는 신비사상.

*86 신에 대한 사랑과 영혼의 정적을 추구하는 신비주의.

*87 1616~80. 복음서의 가르침을 순수한 형태로 전파하려고 한 앙투아네트 부리뇽. 플랑드르에서 추방되자 가톨릭을 떠나 종교개혁파에 몸담았다.

을 받고, 또 그의 통찰은 틀리는 일이 거의 없었기 때문에 모든 사람이 그의 요구에 따라주었다. 이 백부와 조카의 대조를 상상하려면, 백부인 노인은 물가에서 자라는 속이 빈 버드나무에, 청년은 꽃이 활짝 핀 들장미에 비유해야 할 것이다. 들장미는 이끼낀 버드나무의 품안에서 줄기를 곧고 우아하게 뻗어, 노목을 다시 일으켜세우려는 것처럼 보였다.

　백부 소리스 신부는 엠마뉴엘을 엄격하게 양육하며, 고대 로마의 귀부인이 자신에게 맡겨진 처녀를 보호하듯이 그를 자기 곁에 두고 보호하면서 키웠기 때문에, 그는 섬세한 감수성과 반은 꿈꾸는 듯한 천진난만함으로 넘치고 있었다. 그 모습은 마치 꽃과 같았는데, 평범한 청년이라면 덧없이 져버리는 꽃이지만 신앙심으로 길러진 그의 영혼에는 생기 넘치는 꽃이었다. 노신부는 제자를 쉼 없는 공부와 수도원 같은 규율로 속박하여, 인생의 다양한 고통과 마주할 준비를 시키기 위해 그 안에 있는 관능적인 감정을 억눌러 왔다. 엠마뉴엘을 완전히 순진무구한 상태로 세상에 내보내, 인생에서 처음 사랑을 알게 되었을 때 그를 더욱 행복하게 해줄 이러한 교육은, 그에게 천사 같은 청순함을 가져다주었고, 그 인품에 젊은 처녀에게서 볼 수 있는 매력을 주고 있었다. 그 눈은 조심스러운 듯하지만 강하고 용기 있는 영혼이 엿보이고, 귀 속에 수정의 울림이 물결처럼 퍼지듯이, 상대의 영혼 속에 진동을 전달하는 빛을 던지고 있었다. 그 얼굴은 단아하면서도 표정이 풍부하고, 윤곽이 매우 뚜렷하여 잘 배치된 선이 마음에 안도와 깊은 평온을 가져다주었는데, 그러한 특징들이 사람의 눈길을 끌었다. 그 얼굴은 모든 것이 조화를 이루고 있었다. 검은 머리카락과 갈색 눈과 눈썹이, 하얗고 혈색 좋은 얼굴을 더욱 돋보이게 했다. 목소리도 그토록 아름다운 용모에서 기대되는 바로 그런 목소리였다. 여자 같은 몸가짐은 노래하는 듯한 목소리와 부드러운 눈빛에 참으로 잘 어울렸다. 약간 애수가 느껴지는 태도의 겸손함, 조심스러운 말씨, 한없는 경의를 담아 공손하게 백부를 시중드는 모습, 이러한 것들이 뭐라 표현할 수 없는 그의 매력인 것을 그 자신은 모르고 있는 것 같았다. 백부의 불안한 걸음걸이를 주의 깊게 지켜보다가 고통스럽게 변형한 발이 걸리지 않도록 손을 잡아주거나, 발을 다치게 할 수 있는 장애물이 없는지 멀리까지 살펴서는 걷기 좋은 쪽으로 백부를 인도해 가는 모습을 보면, 인간을 숭고하게 하는 고결한 감정을 그 청년 속에서 보지 않을 수 없었다. 한결같이 백부를 사랑하며 불평 한 마디 없이 분부에 따르고 있는 그가 너무도 숭고하게 보여서, 사람들은 대부가 그에게 지어준 엠마뉴엘이라는 향기로운 이름에서 어떤 숙명을 보고 있었다. [88] 자기 집에서든 남의 집에서든, 노신부가 도미니코 수도회식으로 전제적이 될 때면, 때로는 엠마뉴엘도 상대가 다른 사람이라면 힘으로라도 맞서려는 듯이, 참으로 고귀한 모습으로 당당하게 고개를 드는 것이었다. 그것은 마음씨 고운 사람을 예술가가 위대한 작품을 감상할 때처럼 감동시키는 광경이었다. 왜냐하면 아름다운 감정은, 예술작품 못지않게 살아있는 관념에 의해서도 인간의 영혼을 울리기 때문이다.

엠마뉴엘은 신부가 그림을 구경하러 클라스 집안을 방문했을 때 백부와 동행하고 있었다. 마르타한테서 소리스 신부가 그림이 걸려 있는 회랑에 와 있다는 말을 들은 마르그리트는 그 유명한 사람을 한번 보고 싶다는 자신의 호기심을 채우기 위해 어머니를 따라갈 구실을 찾았다. 젊은 처녀가 자신의 속셈을 교묘하게 숨길 때의 그 시치미 떼는 모습을 가장하면서 그녀가 회랑에 들어서자, 검은 옷을 입고 있는 늙은 신부의 허리가 구부정하고 생기 없는 모습 옆에서, 엠마뉴엘의 상쾌하고 매혹적인 얼굴과 마주친 것이다. 마찬가지로 젊고, 마찬가지로 순진무구한 이 두 사람의 눈빛은 똑같이 놀라고 있었다. 엠마뉴엘과 마르그리트는 아마 꿈속에서 서로를 만났던 건지도 모른다. 두 사람은 똑같이 눈을 내리깔더니 곧 다시 똑같이 눈을 들어, 그 눈 속에 똑같은 마음과 생각을 내비치고 있었다. 마르그리트는 어머니의 팔을 잡고 작은 목소리로 어머니에게 말을 건넨 뒤, 말하자면 어머니의 날개 속에 몸을 숨기고 엠마뉴엘을 보기 위해 백조처럼 목을 내밀었다. 엠마뉴엘은 계속 백부의 팔을 잡고 있었다. 회랑의 광선은 걸려 있는 그림이 저마다 돋보이도록 희미하게 비쳐들게 배치되어 있었는데, 그 덕분에 조심스럽게 서로를 훔쳐보면서 기쁨을 느끼고 있는 두 사람의 눈길에는 안성맞춤이었다. 두 사람 가운데 어느 쪽도 머릿속에서조차, 사랑이 싹트는 '혹시나' 하는 생각을 품지 않았던 것은 분명했다. 그렇지만 두 사람 다 마음이 떨리는 깊은 동요를 느꼈다. 젊은 사람들은 은밀한 즐거움이나 아니면 수줍음에서, 그 비밀

---

[88] 히브리어로 '신은 우리와 함께 있다'는 뜻이 있고, '마태복음'에서는 예수의 이름으로 되어 있다.

을 가슴 속에 몰래 넣어 두는 법이다.

어떤 젊은이든 오랫동안 억눌러온 감정을 자각하는 계기가 되는 첫인상 뒤에 오는 것은, 어린아이가 난생 처음 들은 음악소리에서 느끼는 반쯤 망연한 놀라움 같은 것이다. 어떤 아이는 먼저 웃고 그 뒤에 생각한다. 또 어떤 아이는 생각한 뒤에 웃는다. 그러나 시정(詩情)과 사랑에 살도록 정해진 아이는 오랫동안 멜로디를 집중해서 들은 뒤, 그 선율을 다시 한 번 들려달라고 눈빛으로 조른다. 그 눈에는 이미 기쁨의 불이 켜져 있고 무한에 대한 호기심이 어른거린다. 우리가 어린 시절에 아름다운 가락에 이끌렸던 장소를 못내 그리워하거나, 우리가 더없는 기쁨으로 들었던 그때의 음악가와 악기를 회상한다면, 처음으로 생명의 음악을 들려준 사람을 어떻게 사랑하지 않을 수 있겠는가? 우리가 사랑의 숨결을 들이마신 최초의 마음은 바로 고향 같은 것이 아닐까? 엠마뉘엘과 마르그리트는 서로가 서로에게, 하나의 감각을 눈뜨게 하는 목소리이고, 구름의 베일을 걷고 한낮의 햇빛에 잠긴 해변을 가리키는 '손'이었다.

클라스 부인이 천사를 그린 귀드 레니*[89]의 그림 앞에서 노신부를 불러세웠을 때, 마르그리트는 엠마뉘엘이 어떤 인상인지 보려고 고개를 앞으로 내밀었다. 청년도 마르그리트의 모습을 찾아, 캔버스 속의 말 못하는 마음과 살아있는 처녀의 마음을 비교하고 싶었다. 이 무의식적이고 매혹적인 애교는 서로 이해되고 깊이 음미되었다. 노신부는 그림의 훌륭한 구도를 정중하게 칭찬했고, 클라스 부인은 그것에 대답하고 있었다. 그러나 젊은 두 사람은 아무 말이 없었다.

두 사람은 그렇게 만났다. 회랑의 신비로운 빛, 조용한 저택, 곁에 있는 가족들, 이러한 것들이 한데 어울려 이 아련한 환영의 섬세한 윤곽을 마음에 새겨 넣는 효과를 가져다주었다. 마르그리트의 마음속에 떠오른 갈피를 잡을 수 없는 여러 가지 생각은 이내 가라앉아, 그녀의 영혼 속에 맑게 퍼져서 환히 빛나는 광명에 물들었다. 그때 엠마뉘엘은 몇 마디 중얼거리듯이 클라스 부인에게 작별인사를 했다. 상쾌하고 유쾌한 여운이 있는 그 목소리는, 마르그리트의 마음에 아직 한 번도 느낀 적이 없는 매혹을 던지며 엠마뉘엘

---

*89 1575~1642. 볼로냐파에 속하는 이탈리아의 바로크 화가.

이 가져다준 계시를 더욱 충만한 것으로 만들었다. 그리고 엠마뉴엘은 이윽고 자신을 위해 그 계시를 더욱 풍요롭게 가꿔가게 된다. 왜냐하면, 젊은 처녀의 마음에 사랑을 불러일으키기 위해 자신의 운명을 활용하는 남자는, 때때로 자기가 한 일을 알지 못하고 그것을 미완성인 채 그냥 두기 때문이다. 마르그리트는 어쩔 줄 몰라 하며 고개를 숙이고, 그 순결하고 매혹적인 모습이 사라져버리는 것을 아쉬워하는 마음을 눈빛에 담아 작별인사를 했다. 그녀는 어린아이처럼 엠마뉴엘의 멜로디를 여전히 듣고 싶었다.

이 작별인사가 오간 장소는 응접실 문 앞의 오래된 계단을 내려간 곳이었다. 마르그리트는 응접실에 들어가서 거리로 난 문이 닫힐 때까지 백부와 조카, 그 두 사람의 모습을 지켜보았다. 클라스 부인은 마음을 평온하게 유지할 수 없는 중요한 문제에 대한 신부와의 대화로 머릿속이 가득하여 딸의 표정을 살필 여유가 없었다. 소리스 신부와 엠마뉴엘이 두 번째 방문으로 나타났을 때도 부인은 다시 격렬하게 동요하여, 마르그리트의 얼굴이 무구한 마음이 느낀 첫사랑의 기쁨으로 붉게 물들어 있는 것을 미처 깨닫지 못했다. 노신부의 방문이 전해지자, 마르그리트는 자신의 일에 다시 매달려 그 일에 별 관심이 없는 척하면서, 두 사람을 쳐다보지도 않고 인사했다. 클라스 씨는 소리스 신부가 인사를 하자 기계적으로 대답하고는 연구에 바쁘다는 듯이 응접실에서 나갔다. 늙은 도미니코회 신부는 고해자인 부인 옆에 앉아, 사람의 영혼을 탐색하는 듯한 깊은 시선을 그녀에게 보내고 있었다. 그가 파국의 도래를 간파하는 것은 클라스 부부의 모습을 보는 것만으로 충분했다.

"애들아." 부인은 아이들을 불렀다. "뜰에 나가서 놀렴. 마르그리트, 넌 엠마뉴엘에게 아버지의 튤립을 구경시켜 주고."

마르그리트는 약간 부끄러운 듯이 펠리시의 손을 잡고 청년을 쳐다보았다. 청년은 얼굴을 붉히며 어색함을 감추려는 듯이 장의 손을 잡고 응접실에서 나갔다. 네 사람이 모두 뜰에 나가자 펠리시와 장은 자기들대로 마르그리트 곁을 떠나버려서 그녀와 소리스 청년 둘만 남게 되었다. 마르그리트는 르뮐키니에가 해마다 변화를 주지 않고 똑같이 배열해둔 튤립화단으로 그를 안내했다.

"튤립 좋아하세요?" 마르그리트는 한동안 깊은 침묵이 지나간 뒤 그렇게 물었다.

엠마뉴엘은 그 침묵을 깨고 싶지 않은 것처럼 보였다.

"튤립은 아름다운 꽃이지요. 하지만 이 꽃을 사랑하기 위해서는 심미안을 가지고 이 꽃의 아름다움을 감상할 줄 알아야 해요. 이런 꽃을 보고 있으면 난 눈이 어지러워집니다. 백부님 곁의 작고 어두운 방에서 늘 공부만 하다 보니 내 눈에는 부드러운 것이 훨씬 더 좋은 것 같습니다."

그렇게 말한 그는 마르그리트를 응시했다. 그러나 막연한 소망이 어려 있는 그의 눈길에는, 마르그리트의 얼굴이 희미한 흰색과 온화한 고요, 부드러운 색조로, 마치 꽃 같다고 암시하고 있는 듯한 느낌은 전혀 없었다.

"그럼 공부를 열심히 하고 계신가봐요?" 마르그리트는 엠마뉴엘을 등받이가 초록색으로 칠해져 있는 나무 벤치 쪽으로 안내하면서 말을 이었다. "여기서는 튤립이 별로 가깝게 보이지 않으니까 눈도 그다지 피곤하지 않을 거예요. 정말이지 그 튤립의 색깔은 너무 화려해서 눈에 좋지 않아요."

"무슨 공부를 하고 있느냐고 물으셨죠?" 청년은 잠시 말없이 한쪽발로 오솔길의 모래를 다지면서 대답했다. "무슨 공부든 죄다 하고 있습니다. 백부님은 나를 신부로 만들 생각이시거든요……"

"어머나!" 마르그리트가 순진하게 말했다.

"난 저항했어요. 나에게는 그런 자질이 없기 때문입니다. 하지만 백부님의 희망을 거역하는 데는 무척 용기가 필요했습니다. 백부님은 정말 좋은 분이고 나를 무척 사랑해 주고 있습니다! 최근의 일인데, 내가 군대에 소집되지 않도록 어떤 사람을 돈을 주고 사서 대신 보냈습니다. 불쌍한 고아인 나를 위해서 말입니다*90."

"그럼 어떤 일을 하실 생각이에요?" 그렇게 묻더니 마르그리트는 얼른 다시 덧붙였다. "죄송해요. 저, 호기심이 너무 많은 것 같죠?"

"아닙니다, 아가씨." 엠마뉴엘은 매우 감탄한 듯이 그녀를 부드럽게 바라보면서 대답했다. "백부 외에 그런 걸 묻는 사람은 아무도 없습니다. 난 교사가 되기 위해 공부하고 있어요. 그 길밖에 없어요. 난 부자가 아니라서, 플랑드르의 어느 중학교 교장이라도 되면 검소하게 살아갈 수 있을 겁니다. 그리고 누군가 얌전한 여성과 결혼해서, 그 사람을 무척 사랑해 줄 겁니다.

---

*90 당시의 징병제도에서는 징병요원은 제비뽑기로 결정되었는데 돈을 주고 대리를 보낼 수도 있었다.

내가 꿈꾸고 있는 인생은 그런 것이죠. 내가 이 아름다운 튤립보다 누구나 밟고 지나가는 올시 들판의 데이지를 좋아하는 건 그 때문일 겁니다. 튤립은 금빛과 보라색, 빨강색, 사파이아와 에메랄드 색들이 흐드러지게 피어 있어서 사치스러운 생활을 떠올리게 됩니다. 그와 마찬가지로 데이지는 온화하고 소박한 생활, 내가 되고자 하는 검소한 교사의 생활을 연상시키니까요."

"나는 지금까지 데이지를 늘 마르그리트라고 불렀어요*91." 그녀가 말했다.

엠마뉴엘 드 소리스는 얼굴이 새빨개져서, 대답이 궁해 두 발로 모래를 이리저리 다지고 있었다. 머리에 여러 가지 대답이 떠올랐지만 어느 것도 다 멍청한 대답 같아서 어느 것을 택해야 할지 몰랐다. 그러다가 대답이 늦어진 것에 당황해서 "난 당신 이름을 말할 수가 없어서……" 하고는 말을 끝까지 하지도 못하고 말았다.

"학교 선생님 말이군요!" 그녀가 말했다.

"아니! 아가씨, 난 하나의 신분을 얻기 위해 교사가 되려는 겁니다. 하지만 난 세상에 크게 도움이 되는 책을 쓸 계획을 세우고 있습니다. 역사 연구를 무척 좋아하거든요."

"그래요?"

이 '그래요?'에는 여러 가지 은밀한 생각이 담겨 있어서 청년을 더욱 부끄럽게 만들었다. 그는 어리벙벙한 듯이 웃으면서 말했다.

"내 얘기만 계속했군요. 난 당신 얘기를 듣고 싶었는데."

"어머니와 신부님, 말씀이 끝난 것 같군요." 그녀는 창문너머로 응접실을 바라보면서 말했다.

"어머니께서 무척 변하신 것 같더군요."

"고민이 있으셔서 그래요. 하지만 무슨 일인지 아무것도 말해주지 않으셔요. 그래서 우리는 어머니가 괴로워하시는 모습을 봐도 그저 바라보는 수밖에 없어요."

실제로 클라스 부인은 소리스 신부만이 결정할 수 있는, 양심의 문제와 관련된 어려운 상담을 마친 참이었다. 언젠가 파산하여 빈털터리가 될 것을 예

---

*91 마르그리트(마가레트)는 국화과의 총칭으로 프티 마르그리트(귀여운 마르그리트)라고 하면 데이지가 된다.

상하고, 그녀는 소리스 신부가 네덜란드에서 팔아주겠다고 한 그림 대금 가운데 꽤 많은 금액을, 집안일에는 무관심한 발타자르 모르게 챙겨두려고 생각하고 있었다. 가족에게 가난이 닥쳐왔을 때를 대비해서 그 돈을 숨겨 두기 위해서였다. 숙고를 거듭하여 고해자의 사정을 확인한 끝에 늙은 도미니코 수도사는 그 신중한 행위에 동의했다. 신부는 클라스 씨의 체면을 조금도 해치지 않도록 비밀리에 그림을 매각하기 위해 곧 돌아갔다. 노인은 조카에게 추천장을 들려서 암스테르담에 보냈다. 클라스 집안에 도움을 줄 수 있다는 생각에 기쁜 마음이 든 청년은, 클라스 집안 회랑의 그림을 유명한 은행가인 하폐와 둔켈에게 8만5천 네덜란드 두카의 표면가격과, 클라스 부인에게 몰래 줄 1만5천 듀카에 파는 데 성공했다.

그 그림들은 매우 유명했기 때문에, 그 거래는 하폐 둔켈 은행의 편지에 발타자르가 답장하는 것만으로 성사되었다. 그림 대금 인수를 클라스로부터 위임받은 엠마뉘엘 드 소리스는, 그림 매각이 두에 사람들에게 알려지지 않도록 비밀리에 클라스에게 송금했다. 9월 말, 발타자르는 빚을 갚고 재산을 담보에서 풀고 나서 다시 자신의 연구에 몰두했다. 그러나 클라스 집안은 가장 자랑스러운 장식물을 넘겨준 셈이었다. 클라스는 자신이 사로잡혀 있는 열광 때문에 아무것도 보이지 않아서 유감스러워하는 기색이 전혀 보이지 않았다. 잃어버린 그림은 이내 다시 사들일 수 있을 거라고 믿었기 때문에, 무를 수 있다는 특약을 붙여서 매각했을 정도였다. 조세핀의 눈에는 가정의 행복과 남편의 만족에 비하면 캔버스에 그려진 그림 따위 몇 장이든 아랑곳하지 않았다. 그뿐만이 아니었다. 그녀는 응접실에 걸려 있던 수많은 그림으로 회랑을 가득 장식하고, 그 때문에 본채에 생긴 공백을 가리기 위해 그림 대신 가구를 두었다.

빚을 갚은 뒤, 발타자르는 실험을 다시 하기 위해 마음대로 쓸 수 있는, 거의 20만 프랑이나 되는 금액을 손에 쥐었다. 소리스 신부와 조카는 클라스 부인이 챙겨둔 1만5천 듀카의 관리인이 되었다. 이 금액을 늘리기 위해, 신부는 대륙의 전쟁 때문에 가격이 오른 듀카 금화를 팔려고 내 놓았다. 이 1만5천 듀카의 금화는 소리스 신부가 살고 있는 집 지하실에 묻혔다. 클라스 부인에게는 머리가 온통 연구로 가득 차 있는 남편의 모습을 8개월 가까이나 보고 있는 것은 슬픈 행복이었다. 그렇지만 남편한테서 너무나 심한 타격을 받았기 때문에 극도로 긴장해 있었고, 그 증상은 결코 좋아질 수 없는 성질의 것이었다. 발타자르는 과학에 너무나 빠져 있어서, 프랑스가 겪은 좌절도, 나폴레옹 최초의 실각도, 부르봉 왕조의 복귀도, 그를 연구에서 끌어낼 수는 없었다. 그는 남편도 아니고 아버지도 아니고 시민도 아닌 화학자였다.

1814년 연말, 클라스 부인은 이미 침대를 벗어날 수 없을 만큼 쇠약해져 있었다. 전에 행복하게 살았던 자신의 방에서는 아무래도 사라진 행복한 추억과 살아갈 의욕을 잃은 현재를 비교하게 되어, 그곳에서 공허한 나날을 보내고 싶지 않았던 그녀는 응접실에서 살게 되었다. 의사들은 그녀의 침실보다는 응접실이 훨씬 통풍이 잘 되고 밝아서 그녀의 건강에 낫다고 보고, 그녀가 원하는 대로 하도록 허락해주었다. 이 불행한 여인이 삶을 마친 침대는 난로와 뜰을 향한 창문 사이에 놓였다. 그녀는 거기서 두 딸의 영혼을 다듬는 데 전념하면서 마지막 나날들을 경건하게 보냈다. 딸들에게 그녀는 자신의 영혼의 빛을 기꺼이 비춰주려고 했다. 부부애를 더 이상 표현할 수 없게 되었기 때문에, 그만큼 모성애를 마음껏 발휘할 수 있게 된 것이다.

어머니다워진 것이 늦었던 만큼, 어머니로서의 그녀는 매우 매력적이었다. 너그러운 사람이 대체로 그렇듯이 그녀는 숭고할 정도로 배려하는 마음을 지녔는데, 그것을 자기 양심의 가책 때문으로 여겼다. 그녀는 아이들이 마땅히 받아야 할 모든 애정을 자신이 빼앗았다고 생각하여 자신이 저질렀다고 믿은 잘못을 보상하려고 노력하면서, 아이들에게 모든 주의를 기울이며 세심하게 보살폈고, 그것이 그녀를 자애로운 어머니로 만들었다. 말하자면 아이들에게 직접 자신의 마음을 심어주고, 힘없는 날개로나마 그것으로 아이들을 보듬어, 지금까지 소홀했던 세월만큼의 애정을 단 하루 동안 쏟아붓고 싶었던 것이다. 고통을 겪어온 만큼 그 애무와 말에는 그녀의 영혼에서 발산하는 따뜻한 온기가 있었다. 말을 할 때 진심이 가득한 목소리로 아이들을 감동시키기 전에, 그녀의 눈길이 먼저 아이들을 애무하고, 그녀의 손길이 끊임없이 아이들 위에 축복을 내려주는 것 같았다.

클라스 집안이 예전의 사치스러운 습관을 되찾아도, 저택에 누구 한 사람 손님을 맞아들이는 일 없이 다시 세상과 완전히 담을 쌓고, 결혼기념일에도 더 이상 파티를 열지 않았지만, 그렇다고 해서 두에 시 사람들이 놀라는 일은 없었다. 첫째로, 클라스 부인의 병이 이러한 변화를 가져온 충분한 이유

가 되었다. 이어서 빚을 갚은 것이 험담이 퍼지는 것을 막아주었다. 마지막
으로, 플랑드르가 겪은 정치적 변동과 나폴레옹의 백일천하, 외국군의 점령
같은 사건 때문에, 이 화학자는 완전히 잊혀버리고 만 것이다. 지난 2년 동
안, 두에 시는 때로는 프랑스에, 때로는 적군에게 잇따라 점령되는 등, 가끔
외국의 손에 떨어지는 불행을 당했다. 많은 외국인들이 두에를 찾아오고 참
으로 많은 사람들이 지방에서 피란을 와서 이해에 얽힌 사건들이 많이 일어
났고, 참으로 많은 사람들이 생존의 위협 속에서 변화와 불행을 겪었기 때문
에 모두가 자기 일만으로도 벅찰 정도였다. 클라스 부인을 찾아오는 사람은
소리스 신부와 그의 조카, 그리고 피에르칸 형제 둘뿐이었다.

   1814년부터 1815년 사이의 겨울, 그녀에게 가장 괴로운 말기의 고통이 닥
쳐왔다. 남편은 여간해서 그녀를 만나러 오지 않았다. 저녁 식사 뒤 몇 시간
쯤 그녀 곁에 남는 일이 있었지만, 그녀에게는 긴 대화를 지탱할 수 있는 힘
이 없었기 때문에, 그는 언제나 뻔한 말을 한두 마디 하는 것 말고는 그저
입을 다물고 묵묵히 앉아서, 응접실을 무서운 침묵으로 채울 뿐이었다. 소리
스 신부와 조카가 클라스 집안에서 저녁 한때를 지내러 오는 날에야 그 단조
로운 시간에 변화가 초래되었다. 노신부가 발타자르와 서양 주사위놀이를
하고 있을 때, 마르그리트가 어머니 침대 옆에서 엠마뉴엘과 얘기를 나누고
있으면, 부인은 두 사람의 순진무구한 기쁨에 미소를 보냈는데, 말 한마디마
다 잔물결처럼 불어오는 이 깨끗한 첫사랑의 상큼한 산들바람이, 자신의 상
처 입은 영혼에는 얼마나 괴로운 것이고, 또 얼마나 흐뭇한 것인지를 드러내
지 않으려고 애썼다. 아직 어린아이 같은 두 사람의 즐거운 목소리가 그녀의
마음을 아프게 했다. 두 사람이 문득 교환하는 의미심장한 눈빛이, 거의 죽
은 것이나 다름없는 그녀를, 이제는 고통이 되고 만 젊고 행복한 시절의 추
억 속에 던져 넣었다. 마르그리트와 엠마뉴엘에게는 괴로워하고 있는 부인
을 상처주지 않도록, 자신들의 어린아이 같은 달콤한 사랑의 행동을 억누르
려는 배려가 있었다. 두 사람 다, 부인이 마음에 타격을 받고 있다는 것을
본능적으로 짐작하고 있었던 것이다. 아무도 깨닫지 못하고 있었지만, 사랑
이란 그 특유한 하나의 생명을, 그것이 태어난 다양한 상황에서 생기는 하나
의 본성을 가지고 있다고 할 수 있다. 사랑은, 그것을 가꾼 장소의 모습과
그것의 발달에 영향을 미친 사상의 각인도 보존한다. 남편에 대한 클라스 부

인의 정열처럼, 불꽃같이 잉태되어 뜨거운 채 남아 있는 정열도 있다. 또 주위의 모든 것이 미소를 보내는 감정도 있다. 그러한 감정은 아침의 환희를 계속 유지하는데, 그 기쁨이 넘치는 수확에는 웃음과 축제가 반드시 뒤따른다. 그러나 또한 숙명적으로 우수에 물들거나 불행에 에워싸이는 사랑을 만나는 경우도 있다. 그러한 사랑의 기쁨은 심적 고통이 뒤따르는 불안과 회한에 손상되어 절망으로 가득 차게 된다.

엠마뉴엘과 마르그리트, 그 어느 쪽도 자신들의 마음에 깃든 사랑이, 클라스 집안 회랑의 어두컴컴하고 둥근 천장 아래, 엄격한 신부 앞에서의 침묵과 고요의 순간에 피어난 감정에서 싹튼 것인 줄은 아직 모르고 있었다. 그 순진하고 소극적이면서 부드러운 운치, 포도밭 한쪽에서 포도송이를 몰래 따서 맛보는 듯한 은밀한 쾌락이 있는 이 사랑은, 최초에 채색된 갈색과 잿빛 그대로 억제되고 있었다. 이 두 사람은 부인의 고통의 침실 앞에서는 강렬한 감정을 내색하지 않으려고, 집중력을 동원하여 마음속 깊은 곳에 자신들의 기쁨을 새겨넣고, 남몰래 그 기쁨을 키워 갔다. 그것은 병자에 대한 배려였지만, 엠마뉴엘도 먼저 이 어머니의 아들이 됨으로써 마르그리트와 맺어지는 것을 행복으로 여기고 기꺼이 그것에 가담했다. 젊은 처녀의 입술은 연인들의 꿀처럼 달콤한 말 대신 우울한 미소를 띠고 있었다. 이따금 나누는 눈길을 통해 느끼는 기쁨에 속에 두 사람의 마음에서 새나오는 한숨은, 어머니의 고통을 눈앞에서 보고 자기도 모르게 새나오는 한숨과 거의 구별이 가지 않았다. 에두른 고백, 끝까지 다 말할 수 없는 약속, 이내 억제되어 버리는 기쁨의 표정, 그러한 것들이 찾아오는 두 사람의 아주 짧은 즐거움의 순간은, 라파엘로가 검은 배경에 그린 우의화(寓意畵)에 비길 만한 것이었다.

서로 입밖에 내지는 않아도 두 사람은 함께 확신을 가지고 있었다. 자신들 위에 태양이 빛나고 있다는 것을 알고 있었다. 그러나 자신들의 머리 위에 겹겹이 깔려 있는 거대한 검은 구름을 어떤 바람이 불어 보내 버릴지는 알 길이 없었다. 두 사람은 미래에 불안을 느끼고 있었다. 언제까지나 고뇌에 시달려야 할지도 모른다는 불안에 사로잡혀, "오늘 이 하루를 마지막까지 함께 할 수 있을까?" 하고 입 밖에 내지는 못하고, 황혼의 어둠 속에서 두려움을 느끼며 서 있었다. 그렇지만, 클라스 부인이 아이들에게 보여주고 있던 사랑은, 자기 자신도 침묵하고 말하지 않는 것을 모두 의연하게 감추고 있었다. 아이들이 그녀에게 전율과 공포를 주는 일은 없었다. 두 사람은 그녀의 위안이었다. 그러나 그녀의 생명은 아니었다. 그녀는 아이들 덕분에 살고 있었지만 발타자르 때문에 죽어가고 있었다. 하루 종일 생각에 잠겨 있다가, 언제나 똑같은 눈길을 이따금 보내는 남편의 존재가 아무리 고통스러워도, 그녀가 고뇌를 잊는 것은 그 잔인한 순간뿐이었다. 이 죽어가는 여인에 대한 발타자르의 싸늘한 태도는, 아무 상관없는 남의 눈에는 범죄적으로 보일 수도 있으리라. 그러나 클라스 부인과 딸들은 그러한 클라스의 태도에 익숙해져 있었다. 그녀들은 이 남자의 마음을 잘 알고 그를 용서하고 있었다. 낮에 클라스 부인의 몸에 위급한 변화가 일어나거나 용태가 더욱 나빠져서 곧바로 숨이 끊어질 것 같은 상태가 되어도, 이 집안이나 온 도시에서 그것을 모르는 건 클라스뿐이었다. 하인 르뮐키니에는 알고 있었다. 그러나 어머니에게 함구하도록 명령을 받은 딸들도, 부인 자신도, 지난 날 그토록 뜨거운 마음으로 사랑했던 부인이 위독하다는 사실을 그에게 알려주지 않았다. 식사 시간이 되어 회랑에서 그의 발소리가 들려오면, 클라스 부인의 얼굴에 기쁨이 번졌다. 이제부터 그를 만날 수 있다는 사실에, 그녀는 남은 힘을 다 짜내어 그 기쁨을 느끼려고 했다. 남편이 들어오는 순간, 새하얗게 질려 반쯤 죽어가던 그녀의 얼굴에 핏기가 돌아와 겉으로는 건강해 보이는 것이다. 화학의 포로가 되어 있는 클라스는 침대 옆에 와서 부인의 손을 잡고, 보여주기 위해 가장하고 있는 부인의 얼굴을 들여다본다. 클라스 한사람에게만은 그녀는 건강한 사람이었다.

"당신 오늘은 몸이 어떻소?" 그가 물으면 "많이 좋아졌어요, 여보!" 이렇게 대답하여, 내일쯤이면 일어날 수 있을 만큼 건강해질 거라고, 마음이 딴데 가 있는 이 남자를 믿게 하는 것이다.

발타자르는 화학에 빠져 있는 나머지, 죽음을 기다리고 있는 아내의 병을 단순한 컨디션 난조로 여기고 있었다. 모든 사람에게 위독한 상태인 그녀는 발타자르에게만은 아직 생생하게 살아 있었다. 이 두 사람의 완전한 별거 생활이 그 해의 마지막 결말이 되었다. 클라스는 아내와 떨어진 곳에서 자고 아침 일찍 일어나 실험실이나 서재에 틀어박혀 나오지 않았다. 아내를 만나는 것은 딸들이나, 부인을 문병하러 찾아오는 두세 명의 친지가 곁에 있을 때뿐, 마침내 부인과 함께 생활하는 습관을 중단해 버린 것이다. 옛날에는 함께 생각하는 습관이었지만, 두 사람이 서로의 생각을 얘기하면서 편안한 분위기 속에 진정을 토로하는 가운데, 마음과 마음이 서로 통하는, 생활에 없어서는 안 되는 순간이 돌아오는 것은 이미 아주 드문 일이 되고 말았다.

이윽고, 그 드문 즐거움조차 끊어지게 되었다. 육체의 고통이 이 가련한 여인을 구원해 준 셈이었다. 그것은 건강하다면 그녀를 죽일 수도 있는 공허함을 견디고 이별을 견디는 데 도움이 된 것이다. 너무나 격렬한 고통 때문에, 변함없이 사랑하고 있는 남편이 보는 앞에서 자신이 괴로워하는 모습을 보이지 않아도 되는 것을 오히려 다행으로 생각할 때도 가끔 있었다. 저녁 한때, 발타자르를 바라보는 일이 있으면, 그가 원하는 대로 행복하다는 것을 알고, 그가 손에 넣은 행복을 자신도 함께 느꼈다. 그러한 덧없는 기쁨만으로 충분했다. 그녀는 남편이 자기를 사랑하고 있는지 어떤지 의심하려고도 하지 않았다. 사랑하고 있다고 믿으려고 애썼다. 그리고 그러한 얼음층 위를, 얼음이 깨져 무서운 허무 속에 자신의 마음이 빠져버리는 것을 두려워하면서 몸의 중심을 잡으려고도 하지 않고 그대로 미끄러져 갔다. 이 집안의 평화를 어지럽히는 사건은 전혀 일어나지 않았고, 클라스 부인의 몸을 천천히 파먹어 가는 병이, 수동적인 상태에서 부부의 애정을 유지해 줌으로써 오히려 이 가정의 평화에 도움이 되고 있었기 때문에, 음울한 하루하루 속에서도 그들은 무사히 1816년 새해를 맞이했다.

2월 말이 가까워지자, 공증인 피에르칸이, 소리스 신부가 죄에 더럽혀지지 않은 영혼의 소유자라고 말한 이 천사 같은 여인을 무덤으로 재촉하는 충격을 가져왔다.

"부인" 그는 자신들의 대화가 딸들에게 들리지 않는 순간을 기다렸다가 부인의 귓전에 속삭였다. "클라스 씨가 자신의 부동산을 담보로 30만 프랑을 빌려달라고 저에게 부탁하셨습니다. 부동산은 나중에 자녀들의 재산이 될 것이니 조심하시는 것이 좋을 겁니다."

클라스 부인은 두 손을 모으고 천장을 올려다본 뒤, 슬픈 미소를 지으며 마음을 담아 고개 숙여 공증인에게 감사를 표시했다. 그것을 보고 공증인은 눈시울을 적셨다. 공증인의 그 말은 페피타를 죽음에 이르게 하는 비수가 되었다. 그날 그녀는 슬픈 일들을 이것저것 떠올리면서 가슴이 메어, 마치 오랫동안 용기를 내어 낭떠러지 끝을 걷고 있던 사람이, 몸의 균형을 잃고 조그만 돌부리에도 발이 걸려 천 길 낭떠러지로 굴러 떨어질 것 같은 상태에 있었다. 공증인이 돌아가고 나자, 마르그리트를 시켜 필기구를 가져오게 하여, 남은 힘을 짜내어 한동안 유언장을 썼다. 그녀는 수없이 붓을 멈추고 딸을 바라보았다. 이제 고백할 때가 온 것이다. 마르그리트는 죽어가는 클라스 부인의 소망을 너무나 훌륭하게 실현하고 있었다. 그 때문에 부인은 사랑이 깊고 심지가 굳은 이 천사 속에 자신이 살아 있는 것을 보고, 가족의 장래를 생각해도 그다지 절망하지 않았다. 두 여자는 이제부터 서로 괴로운 이야기를 털어놓아야 한다고 느끼고 있었던 것이 분명했다. 어머니가 딸을 바라보자 곧 딸도 어머니를 바라보면서 함께 눈시울을 적셨다. 클라스 부인이 손을 멈출 때마다 "어머니?" 하면서 무슨 말을 할 것처럼 마르그리트는 몇 번이나 어머니를 불렀으나, 죽음을 앞둔 마지막 생각에 정신을 집중하고 있던 어머니가 딸이 무슨 말을 하려는 건지 물어보기도 전데, 숨이 막히는 듯이 입을 다물어 버리는 것이었다. 이윽고 클라스 부인은 편지에 봉인을 하려고 했다. 봉인을 위한 양초를 들고 있던 마르그리트는 이름을 보지 않으려고 살짝 뒤로 물러섰다.

"봐도 돼, 마르그리트!" 어머니는 가슴을 찢는 듯한 슬픈 목소리로 딸에게 말했다.

마르그리트는 어머니가 '내 딸 마르그리트에게'라고 쓰는 것을 보았다.

"좀 쉬고 나서 얘기하자꾸나." 어머니는 편지를 베개 밑에 넣었다.

그리하여 겨우 다 쓴 부인은 힘을 다써버린 것처럼 베개에 깊이 머리를 묻고 몇 시간 동안 잠에 빠져 있었다. 그녀가 눈을 떴을 때는, 두 딸과 두 아들이 머리맡에서 무릎을 꿇고 열심히 기도를 올리고 있었다. 그날은 목요일로, 엠마뉴엘 드 소리스가 학교에서 가브리엘과 장을 데리고 막 돌아온 참이었다. 엠마뉴엘은 반년 전부터 역사와 철학교사로 부임해 있었다.

"귀여운 내 새끼들, 이제 작별 인사를 해야겠구나." 그녀가 말했다. "나를 버리지 말아다오! 그리고 그 사람도……"

그녀는 끝까지 말할 수가 없었다.

"엠마뉴엘 씨." 어머니가 창백해져 가는 모습을 보고 마르그리트가 말했다. "어머니의 용태가 악화되었다고 아버지께 전해주시겠어요?"

소리스 청년은 계단을 뛰어올라가 실험실까지 갔다. 그러자 할 얘기가 있으면 발타자르님이 가실 거라고 르뮐키니가 말했다. 청년이 급하다고 하자 발타자르 자신이 "곧 가겠네." 하고 대답했다.

"엠마뉘엘." 엠마뉘엘이 돌아오자 클라스 부인이 말했다. "아들들을 데리고 백부님을 모셔와 주겠어요? 종부 성사를 받아야 할 것 같은데, 그분이 해주셨으면 좋겠군요."

두 딸만 남자, 부인은 마르그리트에게 손짓을 했다. 마르그리트가 그 뜻을 알아차리고 펠리시를 응접실 밖으로 내보냈다.

"저도 얘기할 것이 있어요, 어머니." 마르그리트가 말을 꺼냈는데, 어머니가 그토록 위독하리라고는 생각지 못한 그녀는 피에르칸에게서 받은 어머니의 충격을 더욱 증폭시키고 말았다. "열흘 전부터 집에 돈이 떨어졌어요. 하인들에게 반 년치 급료를 지불해야 하는데 아버지께 두 번이나 말씀드리려 했지만, 끝내 하지 못했어요. 어머니는 아직 모르시지만, 회랑의 그림과 지하실의 포도주도 다 팔리고 말았어요."

"그 사람은 그런 말 한 마디도 하지 않았어." 클라스 부인이 소리쳤다. "오, 하느님, 하필이면 이런 때에 저를 불러 가시는군요. 가엾은 너희들을 어떡하면 좋니?"

그녀는 열심히 기도를 올렸다. 그녀의 눈에 회한의 빛이 어른거렸다.

"마르그리트." 부인은 머리맡에서 편지를 꺼내면서 말을 이었다. "이 편지는 내가 죽은 뒤, 너희들이 가난의 밑바닥에 떨어질 때까지, 즉 집에 먹을 빵이 한 조각도 남지 않을 때까지 열어보면 안 된다. 나의 소중한 마르그리트, 아버지를 마음을 다해 사랑해라. 하지만 동생들도 보살펴 줘야 해. 며칠 뒤에는, 아니 어쩌면 몇 시간 뒤일지도 모르지만, 네가 이 집의 가장이 될 거야. 절약에 힘써라. 아마 아버지의 뜻에 반대하는 입장이 될 때가 올 거야. 아버지는 만약 발견만 하면 영예와 막대한 재산을 얻을 수 있는 비밀을 탐구하는 데 그 많은 돈을 쓰신 거니까. 아버지는 틀림없이 돈이 필요해져서 너에게 그것을 요구하실 거다. 그때는 딸로서의 애정을 최대한 발휘해야 한단다. 그리고 네가 홀로 지키고 있는 집안의 이해관계에 대한 너의 의무와, 집안의 명예를 위해 자신의 행복과 자신의 인생마저 희생하고 있는 한 사람의 아버지, 한 사람의 위대한 사람에 대한 너의 의무를 잘 양립시켜야 한다.

아버지가 잘못하고 있는 건지 모르지만 그건 겉모습뿐이란다. 그분이 하시려는 일은 고귀한 일이다. 아버지는 훌륭한 분이고, 애정이 넘치는 분이란다. 아버지가 얼마나 좋은 사람인지, 얼마나 사랑이 깊으신 분인지 너도 언젠간 알게 될 거야! 무덤에 들어가야 할 때가 되니 너에게 이 얘기를 하지 않을 수가 없구나. 나의 고통을 조금이라도 덜어주고 싶다면 나에게 약속해주렴. 아버지 곁에서 나 대신 아버지를 보살펴 드리고, 아버지께 결코 슬픔을 주지 않겠다고. 아버지를 비난해선 안 돼. 심판하려 해서도 안 돼! 다시 말해 아버지가 하시는 일이 성공하여 다시 이 집안의 주인으로 돌아오실 때까지 너는 착하고 너그러운 중개자 역할을 해야 해."

"알겠어요, 어머니." 마르그리트는 죽어가는 어머니의 타오르는 듯한 눈에 키스하면서 대답했다. "어머니 말씀대로 할게요."

"네 결혼은" 클라스 부인이 말을 이었다. "사무적인 일과 집안 관리를 가브리엘에게 물려준 뒤라야 한다. 네가 결혼하면 네 남편은 너의 마음을 나눠 가지려 하지 않을 것이고, 그러면 틀림없이 집안일을 소홀히 하여 아버지를 괴롭히게 될 테니까."

마르그리트는 어머니를 바라보면서 물었다. "제 결혼에 대해 더 조언해 주실 말씀은 없어요?"

"너, 망설이고 있는 거니?"

"아니에요, 약속해요. 어머니 말씀대로 할게요."

"가여운 것. 난 너희들을 위해 희생하지 못했어." 어머니는 뜨거운 눈물을 흘리면서 덧붙였다. "그러면서도 너에게 모두의 희생이 될 것을 요구하고 있구나. 인간은 행복해지면 이기적이 되게 마련이야. 그렇단다, 마르그리트. 난 행복했기 때문에 약했어. 넌 강해지길 바라. 그래서 네 뜻을 꼭 이루기 바란다. 이 집에서는 모두 분별심을 잃어버리니까. 네 동생들이 나를 원망하지 않도록 잘 타일러 다오. 아버지를 사랑해 드려라. 너무 아버지를 거스르지 말고."

그녀는 베개에 머리를 묻고는 더 이상 한 마디도 덧붙이지 않았다. 기력을 다 써버린 것이다. 마음속에서의 '아내'와 '어머니' 사이의 다툼은 너무 강렬했다. 잠시 뒤 사제가 찾아왔고, 그 뒤를 소리스 신부가 따랐다. 응접실은 하인들로 가득 찼다. 의식이 시작되어 고해 사제인 소리스 신부가 클라스 부인을 흔들어 깨우자, 그녀는 자신을 에워싸고 있는 사람들을 한 사람도 남김 없이 둘러보았다. 그러나 거기에 발타자르의 모습은 보이지 않았다.

"저어, 남편은요?" 그녀가 물었다.

그녀의 인생과 그녀의 죽음이 한 마디로 요약되어 있는 이 말이, 너무나 연민을 자아내는 가슴 아픈 목소리에서 흘러나오자, 모여 있던 사람들은 무서운 전율을 느꼈다. 늙은 노파인 마르타가 쏜살같이 뛰쳐나가더니, 계단을 뛰어올라가 미친 듯한 기세로 실험실 문을 두드렸다.

"나리, 마님이 돌아가시려고 해요. 종부성사를 받으려고 모두가 기다리고 있잖아요." 그녀가 분노에 찬 목소리로 소리를 질렀다.

"내려가네." 발타자르가 대답했다.

조금 있으니 르뮐키니에가 와서 나리께서는 나중에 올 거라고 말했다. 클라스 부인은 응접실 문에서 눈을 떼지 않았다. 그러나 남편이 겨우 모습을 드러낸 것은 의식이 끝난 뒤였다. 소리스 신부와 아이들이 죽어가는 여인의 머리맡을 에워쌌다. 남편이 들어오는 것을 보자, 조세핀은 얼굴을 붉히더니 눈물이 주르륵 뺨을 타고 흘러내렸다.

"질소를 분해하던 중이었겠죠?" 부인이 그에게 천사처럼 상냥하게 말하자, 그것을 보고 곁에 있던 사람들은 몸을 떨었다.

"잘 되어가고 있소." 그는 기쁜 듯이 소리쳤다. "질소는 산소와 또 뭔가 확실하지 않은 성질의 물질을 내포하고 있어요. 그것이 아마 그 원소일 텐데 ......."

두려움에 떨고 있는 속삭임이 주위에서 일어나 발타자르의 말을 가로막자 그는 제정신으로 돌아왔다.

"그런데 무슨 소리요?" 그가 다시 말했다. "그럼 당신 건강이 전보다 더 나빠졌단 말이오? 왜 그렇게 됐지?"

"클라스 씨" 소리스 신부가 분노에 찬 목소리로 그의 귓전에 대고 말했다. "부인은 지금 죽어가고 있습니다. 부인을 죽인 건 바로 당신입니다."

발타자르가 대답하기도 전에 소리스 신부는 엠마뉘엘의 팔을 잡고 밖으로 나갔다. 뒤따라간 아이들이 안마당까지 배웅했다. 발타자르는 벼락이라도 맞은 것처럼 서서 눈물이 흐르는 것도 아랑곳하지 않고 아내를 바라보았다.

"당신이 죽다니, 그것도 내가 당신을 죽였다니!" 그가 소리쳤다. "도대체 그게 무슨 소리요?"

"여보" 그녀가 말했다. "난 당신의 사랑에만 의지하면서 살아왔어요. 그리고 당신은 자신도 모르는 사이에 나에게서 생명을 빼앗아가고 있었던 거죠."

"우리 둘만 있게 해 다오." 클라스는 아이들이 응접실에 들어오자 아이들에게 말했다. "그럼 내가 한 순간이라도 당신을 사랑하지 않은 적이 있다는 말이오?" 그는 아내의 머리맡에 앉아 아내의 두 손을 잡으면서 거기에 키스를 했다.

"당신을 나무라지는 않겠어요. 당신은 나를 행복하게 해 주었어요, 너무 행복할 정도로. 하지만 막 결혼했을 때의 그토록 충만했던 나날들과, 당신이 자기를 잃어버리고 텅 비어 버리게 된 마지막 나날을 비교하면 견딜 수가 없군요. 마음의 생활은 육체의 생활과 마찬가지로 나름대로 활동을 하고 있어요. 6년 전부터 사랑에도, 가정에도 우리의 행복과 관련된 모든 일에 당신은 죽은 것이나 다름없었죠. 젊은 시절의 특권이라고 할 수 있는 여러 가지 기쁨을 말하는 게 아니에요. 인생의 황혼기에는 그런 것은 사라져버리게 마련이니까요. 하지만 무한한 신뢰와 친근한 습관, 영혼을 키워주는 과실은 남지요. 하지만 당신은 우리 나이에 가질 수 있는 그 보물들을 내 손에서 빼앗아 가버렸어요. 난 적당한 때에 이 세상에서 떠나갑니다. 우리 두 사람은 아무리 생각해도 함께 살았다고는 말할 수 없겠군요. 당신은 자신이 생각하는 것, 하는 일을 나에게 숨기게 되고 말았어요. 어째서 나를 두려워하고 있는 거예요? 당신을 비난하는 말이나 눈길, 몸짓을 한 번이라도 당신에게 보여준 적이 있던가요? 그리고 당신은 마지막으로 남겨둔 그림을 팔아버렸어요. 지하실의 포도주까지 팔아치웠죠. 게다가 나에게 한 마디도 없이 당신 땅을 담보로 다시 빚을 얻었어요. 아! 난 이제 이 세상의 생활에 염증이 나서 여기서 나가려는 겁니다. 당신이 잘못을 저지르든, 불가능한 일을 추구하느라 분별심을 잃어버리든, 당신의 잘못을 함께 나누고, 설령 죄의 길에 함께 끌려들어가더라도 난 당신과 나란히 걸으려고 했어요. 그만큼 내 마음에는 너그러운 마음이 되고자 하는 애정이 있었지요. 그것을 모르시겠어요? 거기에 내 명예가 있고, 고통이 있었어요. 내 병은 오랫동안 진행되어 왔어요, 발타자르! 당신이 가정보다 과학에 몸 바치고 있음을, 내가 죽어가는 이 응접실에서 확실히 알게 해준 그날, 내 병은 바로 그날부터 시작되었어요. 보세요,

당신의 아내는 죽어가고 있고, 당신의 재산은 모두 사라지고 말았어요. 당신의 아내도 당신의 재산도 당신의 것이었어요. 당신은 그것을 마음대로 할 수 있었죠. 하지만 내가 없어지면 내 재산은 아이들의 것이 돼요. 당신은 이제 그것에 결코 손을 댈 수 없게 되겠지요. 그러면 당신은 어떻게 될까요? 이제는 진실을 말해야겠군요. 죽어가는 자에게는 먼 곳까지 보이는 법이랍니다! 이제부터 당신이 당신 자신의 생명이었던 저주받을 정열과 균형을 맞춰 줄 추는 어디에 있을까요? 당신은 그 추로서 나를 희생시켰지만, 아이들이 그 추가 되기에는 당신에게 너무 가벼울 거예요. 왜냐하면 난 누구보다도 당신에게 사랑받았다고 할 수 있으니까요. 하지만 2백만 프랑과 6년의 세월이 나락의 밑바닥에 처박히고 말았어요. 그런데도 당신은 아직 아무것도 발견하지 못하고 있어요⋯⋯"

그 말에 클라스는 하얗게 센 머리를 두 손으로 부둥켜안고 얼굴을 가렸다.

"당신 자신에게는 굴욕, 아이들에게는 가난, 당신이 발견한 것은 그것뿐이에요." 죽어가는 여인은 말을 이었다. "이미 세상에서는 당신을 '연금술사 클라스'라 부르고 있지만 곧 '미치광이 클라스'라 부르게 될 거예요! 난 당신을 믿어요. 당신은 훌륭한 사람이고, 학자이며, 천재라는 걸 알고 있어요. 하지만 속인의 눈에는 천재는 광인과 똑같답니다. 영광은 죽은 사람들을 비추는 태양이에요. 위대했던 사람들이 모두 그랬듯이, 당신은 살아있는 동안 불행을 당하고 아이들을 파산에 내몰게 될 거예요. 난 당신의 명성을 보지 못하고 떠납니다. 내가 행복을 잃은 것도 당신의 명성으로 위로받을 수 있었을 텐데. 발타자르, 내가 좀 더 편안하게 죽으려면 아이들에게 조금이라도 살아갈 양식이 보장된다는 걸 믿을 수 있어야 해요. 하지만 그 누구도, 당신조차도 내 걱정을 덜어주지 않는군요⋯⋯"

"맹세코" 클라스가 말했다.

"맹세는 하지 마세요, 여보. 맹세를 깨는 일이 없도록." 부인이 그의 말을 가로막고 말했다. "당신은 우리를 지켜주어야 했어요. 그런데 7년 전부터 보호는커녕, 오로지 과학이 당신의 생명이었죠. 위대한 사람은 아내도 자식도 가져서는 안 돼요. 비참한 길을 오직 홀로 가야 해요! 당신들의 미덕은 속인의 미덕이 아니에요. 당신은 세계 속의 일부이지만 아내와 가족의 일부는 아니에요. 당신은 큰 나무처럼 당신 주위의 땅을 메말라 비틀어지게 만들어요! 난 가련한 나무, 크게 자라지도 못하고 당신 인생길의 중간에서 쓰러져 버렸어요. 무서운 고통과 절망을 얘기하려고 이 마지막 날을 기다리고 있었죠. 아이들을 소중하게 보살펴 주세요! 이 말이 당신 가슴에 가 닿기를! 나는 이 말을 숨을 거두는 순간까지 말하겠어요. 보세요, 당신 아내는 죽어가고 있어요. 당신은 당신 아내의 사랑과 아내의 기쁨을 조금씩 천천히 빼앗아가고 말았죠. 아! 당신이 자기도 모르는 사이에 지니게 된 그 잔인한 배려가 없었더라면, 내가 이렇게 오래 살아남을 수 있었을까요? 하지만 가엾은 아이들은 나를 버리지 않았어요. 그 아이들은 말이에요! 아이들은 나의 고통 곁에서 자라났고, 그 덕분에 어머니인 나도 생명을 이어 왔어요. 우리의 아이들을 소중히, 소중히 보살펴 주세요."

"르뮐키니에!" 발타자르가 쩌렁쩌렁 울리는 커다란 목소리로 외쳤다. 하인이 곧 모습을 드러냈다. "저 위에 있는 것들을 모두 부숴 버려! 기계도 기구도 전부! 조심해서 해야 해. 하지만 모두 부숴버려—난 과학과 인연을 끊을 거니까!" 그는 아내를 향해 말했다.

"이미 늦었어요." 부인은 르뮐키니에를 바라보면서 덧붙였다. 그녀는 죽음이 임박한 것을 느끼고 딸을 불렀다. "마르그리트!"

응접실 입구에 나타난 마르그리트는 어머니의 눈에서 빛이 사라지고 있는 것을 보고 비단을 찢는 것처럼 날카로운 비명을 질렀다.

"마르그리트!" 죽어가는 어머니가 되풀이해 소리쳤다.

어머니의 마지막 외침은 딸에 대한 간절한 부름이었다. 그것은 진정으로 큰 권한을 딸에게 물려주는 것이었으므로, 이 외침이야말로 유언 그 자체였다. 놀라서 달려온 가족들은 클라스 부인이 남편과의 대화에 생명의 마지막 한 방울까지 다 쓰고 죽어가는 모습을 목격했다. 마르그리트는 머리맡에서, 남편은 침대 발치에서 미동도 하지 않고 서 있었다. 두 사람은 그 여인의 죽음을 믿을 수가 없었다. 두 사람만은 부인이 모든 미덕과 끝없는 사랑을 지니고 있었던 것을 알고 있었다. 아버지와 딸은 만감이 어린 눈길을 주고받았다. 딸은 아버지를 심판하고, 아버지는 딸에게서 아내에 의한 복수의 도구를 보고 전율했다. 아내가 자신의 인생에 채워주었던 온갖 사랑의 추억이 한꺼번에 되살아나 죽어가는 부인의 마지막 말에 신성한 권위를 부여하며, 늘 그 목소리를 들을 것을 그에게 강요했지만, 발타자르는 자신의 천재가 내는 목소리에 너무나 약한 자신의 마음을 믿지 못하고 있었다. 더욱이 자신의 회한의 힘을 부정하는, 스스로도 무서울 만큼 처절한 정열의 신음소리가 들려오고 있었다. 클라스 부인이 사라지자, 사람들은 클라스 집안에는 하나의 핵이 있었고 이제 그 핵이 사라졌다는 것을 알게 되었다. 그로 인해 가족의 비탄이 너무 컸으므로, 고결한 조세핀이 살아 돌아올 것만 같은 응접실은 굳게 닫아둔 채, 아무도 그곳에 들어갈 용기가 없었다.

'사교계'란은 사람들에게 미덕을 요구하면서 자신은 그것을 하나도 실천하지 않는다. '사교계'는 24시간 내내 죄를 짓고 있는데 말로 그것을 범하고 있다. '사교계'는 농담으로 나쁜 짓을 시도한다. 마찬가지로 조소로 훌륭한 것을 깎아내린다. 아버지의 죽음을 심하게 슬퍼하는 아들들을 조롱하고, 눈물을 충분히 흘리지 않는 아들들이 있다고 격하게 비난한다. 그리고 유해가 차갑게 식기도 전에 재미삼아 그 무게를 재기도 한다. '사교계'가 말이다! 클라스 부인이 숨을 거둔 날 밤, 부인의 친구들은 휘스트[*92]를 두 번이나 되풀이하는 동안 그녀의 무덤에 꽃을 바치고, 하트와 스페이드를 찾으면서 그녀의 고결함을 칭송한다.

사람들이 모이는 장소에서 중얼거리듯 토해내는 뻔한 비탄의 말로, 프랑스의 모든 도시에서 어떠한 때라도 적당한 감정을 담아 똑같은 억양으로 말하는 눈물 섞인 탄식을 늘어놓으면서, 속으로는 상속받을 수 있는 금액을 계산했다. 피에르칸이 맨 처음 이 사건에 대한 소문을 숙덕거리는 사람들에게 다음과 같이 말했다. 이 훌륭한 부인의 죽음은 그녀에게는 오히려 다행한 일이다. 그녀는 남편 때문에 너무나 불행했기 때문이다. 하지만 아이들에게는 더더욱 다행한 일이다. 부인은 깊이 사랑하는 남편에게 자신의 재산을 사용하는 것을 거절할 수 없었지만, 이제는 클라스도 재산을 멋대로 처분할 수 없게 되었다. 그리고 누구나, 슬픔에 잠긴 가족이 죽은 사람의 침대 주위에서 눈물 흘리며 기도하는 동안, 가련한 클라스 부인의 유산을 추측하거나 얼마나 모아 두었는지 계산하고(애초에 모아두기나 했을까, 아니면 모아둔 것이 없을까 하고), 고인의 보석 목록을 만들거나 장롱 서랍까지 뒤져서 가지고 있는 옷을 꺼내어 펼쳐보기도 했다.

---

*92 네 사람이 조를 나누어 하는 트럼프 게임.

피에르칸은 '재산평가 심사원' 같은 일별(一瞥)로, 그의 표현을 빌리자면 클라스 부인의 고유재산은 더욱 발견될 가능성이 있으며, 약 150만 프랑의 금액에 이를 거라고 계산했다. 목재가 12년 전부터 엄청난 가격에 이른 베니의 숲이 있기 때문인데, 큰 나무와 어린 나무, 늙은 나무와 새로운 나무의 수를 헤아려 보기도 했다. 또는 발타자르의 재산도 있어서, 정산해야 할 금액에, 아이들에 대한 발타자르의 채무가 남아 있어도, 아이들의 몫을 채울 금액이 아직 많이 있다는 것이다. 그래서 클라스 양은 역시 피에르칸의 표현에 의하면 40만 프랑을 지닌 처녀인 셈이었다.

"그건 그렇고 아가씨는 일찍 결혼하는 것이 좋을 겁니다." 그가 덧붙였다. "그러면 아가씨는 친권에서 해방되어 베니의 숲을 경매에 부칠 수 있고, 미성년자의 상속분도 정산하여 아버지가 그 금액에 손댈 수 없게 할 수도 있어요. 아무튼 클라스 씨는 아이들도 파산시킬 수 있는 사람이니까요."

이쯤에서 사람들은 이 지방에서 클라스 양에게 구혼할 수 있는 사람은 어떤 젊은이일지 헤아려보기 시작했다. 그러나 피에르칸에게 빈말로라도 당신이 바로 그 적임자가 아니냐고 말하는 사람은 아무도 없었다. 공중인은 그래서, 결혼상대 후보자에 오른 사람들을 한 사람씩, 구실을 붙여서 마르그리트에게는 어울리지 않는다고 제외해 갔다. 공중인과 이야기하던 사람들은 쓴 웃음을 지으면서 서로 눈짓을 교환했다. 그리고 시골에서 흔히 볼 수 있는 이런 종류의 짓궂은 장난을 재미삼아 길게 이어갔다. 피에르칸은 이미 클라스 부인의 죽음을 자신의 야심에 유리한 사건으로 여기고 있었다. 그리고 벌써부터 부인의 유해를 자신에게 이익이 되도록 해체하고 있었다.

"그 부인은 훌륭한 분이었지만" 그는 잠을 자기 위해 집에 돌아가면서 생각했다. "공작처럼 도도해서 나 같은 남자에게는 딸을 주지 않았을 거야. 흥! 내가 그 아가씨와 결혼하지 못할 게 뭐람! 아버지인 클라스는 탄소에 취해 자식은 염두에도 없는 걸. 동생들의 재산을 지키기 위해서는 결혼하는 것이 급선무라고 마르그리트를 설득한 다음, 클라스에게 딸을 달라고 하면 클라스도 귀찮은 아이들을 치워버릴 수 있어서 아주 좋아할 걸."

피에르칸은 혼인계약이 정하는 부부재산제의 여러 가지 장점들을 떠올리면서, 그 일이 자신에게 가져다 줄 모든 이익과, 자기가 아내로 맞이할 사람이 자신의 행복을 보장해 줄 것을 곰곰이 생각하면서 잠에 빠져들었다. 이

지방에서 마르그리트만큼 얌전하고 아름답고 교육도 잘 받은 신부감을 만나는 것은 그리 쉬운 일이 아니었다. 그녀의 정숙하고 고상한 기품은 엠마뉴엘이 남몰래 가슴 속에 품고 있는 은밀한 희망을 들키는 것을 두려워하면서 그녀 앞에서 이름을 든 그 예쁜 꽃에 비견할 수 있는 것이었다. 그녀의 고귀한 감정과 신앙을 바탕으로 한 신념이 그녀를 정숙한 아내로 만들어 줄 것이 틀림없었다. 그야말로 그녀는 모든 남자가 신부감을 고를 때 다소나마 품는 허영심을 채워줄 뿐만 아니라, 고귀한 가문인 그녀의 집안이 플랑드르에서 받고 있는 절대적인 존경을, 그 남편이 되는 자신도 나눠가질 것을 생각하면 이 공중인의 자존심을 더욱더 만족시켜 줄 것이었다.

이튿날, 피에르칸은 금고에서 천 프랑 짜리 지폐를 몇 장 꺼내 친절하게 발타자르에게 주었다. 발타자르가 슬픔에 잠겨 있을 때, 그의 금전적인 걱정거리를 제거해 주려고 한 것이다. 그 섬세한 배려에 감동한 발타자르는 틀림없이 딸에게 공중인의 마음씨와 인품을 칭찬할 거라고 생각한 것이다. 그러나 그렇게 엿장수 마음대로 될 리는 없다. 클라스 씨와 그 딸은 그러한 행위를 아주 당연하다고 생각했다. 또 부녀는 극심한 슬픔에 빠져 있었기 때문에 피에르칸에 대해서는 안중에도 없었다. 실제로 발타자르의 절망이 너무 깊어서 그를 비난하려고 했던 사람들조차 그를 용서했을 정도인데, 그것은 그에게 변명거리가 되는 과학 때문이 아니라, 그 불행을 보상할 수도 없는 그의 회한 때문이었다. 세상 사람들은 표면적인 태도에 만족하고, 가치를 확인도 하지 않고 자신이 뭔가를 주고는 그것으로 만족한다. 세상 사람들에게는 진정으로 고뇌하는 모습은 하나의 구경거리이고, 그것을 보는 동안 상대가 죄인이라 해도 너나 할 것 없이 용서하고 싶어지는 하나의 향락이다. 사람들은 감동을 갈망하는 나머지, 세상을 웃기는 자도 세상을 울리는 자도 덮어놓고 용서해 버린다.

아버지가 마르그리트에게 집안살림을 맡겼을 때, 그녀는 만 열아홉 살이었다. 집에서의 그녀의 권위를 동생들도 존경하는 마음으로 인정했다. 클라스 부인이 죽기 직전에 이 맏딸을 따를 것을 일러두었던 것이다. 그녀의 부드러움과 인내력이 슬픔으로 인해 더욱 돋보였던 것처럼, 그녀의 깨끗하고 하얀 피부는 상복 때문에 더욱더 돋보였다. 처음부터 그녀는 슬픔에 젖어 있는 사람들의 마음을 어루만져주고 평화를 주는 역할을 맡은 천사처럼, 여자다운 용기와 흔들리지 않는 평온한 마음의 증거를 한없이 보여주었다. 그렇게 어릴 때부터 자신의 의무를 이해하고 자신의 슬픔은 모두 숨기는 습관이 배어 있었지만, 속으로 그녀의 슬픔은 오히려 깊어 가고만 있었다. 냉정하게 보이는 그녀의 겉모습은 그녀의 깊은 감정과 거리가 있었다. 그리고 그녀는 일찍부터, 언제나 마음속에 담아둘 수만은 없는 그 무서운 감정의 폭발을 뼈저리게 알아야 할 운명이었다. 아마도 아버지는 끊임없이 그녀를, 젊은 영혼에게 자연스러운 너그러움과, 어쩔 수 없는 상황에서 터져나오는 목소리 사이에 억압해 둘 것이 틀림없었다. 어머니가 죽은 이튿날부터 그녀는 온갖 돈 계산에 정신이 없어서, 젊은 처녀가 즐거움밖에 생각하지 않을 시기에 여러 가지 생활의 이해관계와 싸우지 않을 수 없었다. 그것은 천사 같은 본성을 가진 사람에게 반드시 찾아오고야 마는 고뇌에 찬 무서운 교육이었다!

돈과 허영에 의한 사랑은 가장 집요한 정열을 낳는다. 피에르칸은 상속인인 마르그리트를 하루빨리 구워삶으려고 서둘렀다. 클라스 집안이 장례를 치른 지 며칠 뒤, 그는 마르그리트와 얘기할 기회를 노려서 그녀를 설득하기 위해 교묘한 공작을 펴기 시작했다. 그러나 사랑이 그녀의 영혼에 예민한 통찰력을 심어두었기 때문에, 그런 상황에서 피에르칸이 그 특유한 친절, 즉 의뢰인에게 돈을 절약하게 해주면 자신의 배려심을 인정해 줄 거라고 자부하는 공증인 특유의 친절을 베풀고 있었던 만큼, 그 감상적인 기만에 그녀가 속아 넘어갈 리가 없었다. 알량한 인척관계와, 이 집안의 재정문제를 처리해 온 습관, 또 집안의 비밀을 알고 있는 것 덕분에 아버지 발타자르한테서 얻고 있는 평가와 호의를 확신한 그는, 딸의 결혼에는 아무런 계획이 없는 발타자르의 학자다운 무관심을 이용하여, 마르그리트에게 따로 좋아하는 사람이 있는 줄은 꿈에도 모르고, 젊은 사람들이 가장 역겹게 여기는 타산적인 결혼만을 정열적으로 설득하다가 마르그리트에게 속을 들키고 말았다. 그는 그러한 수법에 베일을 쳐서 숨길 줄도 모를 정도로 멍청했고, 그녀는 그런 그에게 모르는 척 시치미를 뗐다. 그는 상대가 무방비한 처녀라고 믿었고, 또 연약한 여자가 오히려 강하다는 것을 간과했던 것이다.

"마르그리트 씨" 그는 작은 정원의 숲길을 함께 산책하면서 그녀에게 말했다. "당신은 제 마음을 잘 아실 겁니다. 지금 당신이 처해 있는 괴로운 심정을 제가 얼마나 걱정하고 있는지 아시죠? 저는 정에 너무 약해서 공증인에는 적합하지가 않습니다. 온화한 감정에 몸을 맡기고 행복한 생활을 보낼 수 있는데도, 1년 내내 타인의 이해에 대해 생각해야 합니다. 그래서 당신의 지금의 심정에 전혀 어울리지 않는 온갖 계획에 대해 얘기해야 하는 것은 정말 괴롭기 짝이 없는 일이지요. 하지만 그건 필요한 일입니다. 지난 며칠 동안 저는 당신에 대해 많이 생각했습니다. 당신의 동생들과 당신 자신의 재산이 위험에 처해 있다는 것을, 기묘한 인연 덕분에 최근에야 알았습니다. 당신은 가족을 완전한 파산으로부터 구하고 싶지 않습니까?"

"어떻게 하면 되는데요?" 그의 말에 반쯤 놀라면서 마르그리트가 물었다.

"결혼하시면 됩니다." 피에르캉이 대답했다.

"전 결혼 같은 건 절대로 하지 않을 거예요." 그녀가 소리쳤다.

"아니, 결혼하시게 될 겁니다." 공증인은 단호하게 말했다. "지금 당신이 처해 있는 위험한 입장을 곰곰이 생각하신다면……"

"어째서 제 결혼이 구원이 된다는 건가요……?"

"제가 설명하려는 것도 바로 그겁니다." 그는 마르그리트의 말을 가로막으면서 말했다. "결혼하시면 친권에서 해방되니까요!"

"어째서 제가 해방된다는 거죠?" 마르그리트가 말했다.

"권리를 손에 넣기 때문이죠." 공증인은 의기양양하게 말했다. "이 상황에서 당신은 어머니의 유산에서 4분의 1을 상속하게 됩니다. 그것을 당신에게 지불하기 위해서는 유산을 처분해야 하지요. 그런데, 유산을 처분하려면 베니의 삼림을 경매에 부쳐야 하지 않습니까? 경매가 성립되면 자산은 모두 현재가치로 계상되고, 아버님은 미성년자의 후견인으로서 동생들의 상속분을 채권과 증권에 예탁할 의무가 생깁니다. 그렇게 되면 '화학'은 거기에 더 이상 손을 댈 수 없게 되지요."

"그 반대의 경우면 어떻게 되는데요?" 마르그리트가 물었다.

"그러면 아버님이 당신들의 재산을 관리하게 되겠지요. 아버님이 또 자본을 만들려고 하신다면 베니의 삼림을 팔아치우고, 당신들을 어린 성 요한처럼 빈털터리로 만들어버릴지도 모릅니다. 베니의 삼림은 현재 140만 프랑에 가까운 가치가 있습니다. 하지만 내일 당장이라도 아버님은 숲의 나무를 한 그루도 남김없이 벌채하여, 당신들의 1300아르팡의 토지는 30만 프랑의 가치도 없게 됩니다. 오늘이라도 당신은 친권에서 해방되어 상속분을 손에 넣음으로써, 거의 확실하게 다가올 그런 위험을 피하는 것이 좋지 않을까요? 그렇게 되면, 아버님이 숲의 나무를 한 그루도 남김없이 벌채해서 처분하여, 당신에게 손해를 입히는 것을 막을 수 있습니다. 지금은 '화학'이 잠자고 있으므로, 아버님은 정산한 자산을 아무래도 공채에 투자하시게 될 겁니다. 공채는 59프랑 합니다. 따라서 그 아이들은 5만 프랑의 비용으로 5천 프랑 가까운 금리수입을 올릴 수 있게 됩니다. 미성년자가 소유한 원금은 처분할 수 없게 되어 있으므로, 동생들이 성인이 될 때는 재산이 두 배가 되겠지요. 한편, 그렇게 하지 않으면 틀림없이······조금 전에 말한 대로 됩니다······게다가 아버님은 어머니의 재산을 다 탕진해 버렸습니다. 재산목록을 작성하면 그 결손을 알 수 있어요. 아버님이 빚이 더 많으면 아버님 재산을 담보로 넣어야 합니다. 그러면 어느 만큼은 되찾을 수 있겠지요."

"그건 싫어요." 마르그리트가 말했다. "그건 아버지를 모욕하는 거예요. 어머니의 마지막 말씀을 바로 어제 일처럼 떠올릴 수 있어요. 아버지는 아이들을 빈털터리로 만드는 일을 하실 분이 아니에요." 그녀는 구슬프게 눈물을 흘리면서 말했다. "당신은 아버지가 어떤 사람인지 모르고 있어요. 피에르 칸 씨."

"하지만 아버님이 다시 '화학'을 시작하신다면, 그분은······"

"우리는 파산하게 될까요?"

"맞습니다! 완전히 파산합니다! 정말이에요, 마르그리트 씨." 그는 마르그리트의 손을 잡아 자신의 가슴에 대면서 말했다. "제가 지금 강하게 호소하지 않으면 저의 의무를 어기는 것이 되고 맙니다."

"피에르칸 씨." 마르그리트는 손을 빼면서 차갑게 내뱉었다. "우리 집에서 알고 있는 이해관계로는, 나는 결혼해서는 안 되게 되어 있어요. 어머니가 그렇게 판단하셨어요."

"마르그리트 씨." 그는 재산이 흔적도 없이 사라져버리는 것을 떠올리면서 배금주의자로서의 확신을 가지고 소리쳤다. "그러면 당신은 스스로 자신의 목을 조르는 것입니다. 어머니의 유산을 물속에 던져 넣게 되는 거예요. 알겠어요? 난 당신에게 넘치는 호의를 가지고 당신에게 이 한몸을 바칠 생각이에요! 당신은 내가 당신을 얼마나 사랑하고 있는지 모를 겁니다. 아버님이 여신 그 마지막 무도회에서 당신을 만난 뒤 당신을 진심으로 사랑하고 있었습니다! 당신은 아름다웠어요. 당신은 내가 금전문제를 이야기할 때는 진심에서 우러나온 나의 목소리를 믿으셔도 됩니다. 나의 마르그리트 씨." 여기서 그는 잠깐 사이를 두었다. "그래요, 친족회의를 소집합시다. 그리고 당신과는 상의 없이 당신의 친권을 해제합시다."

"친권을 해제하다니, 도대체 그게 무슨 말이에요?"

"자신의 권리를 누리는 겁니다."

"결혼하지 않아도 친권을 해제할 수 있다면, 어째서 내 결혼을 권하시는 거예요? 그리고 도대체 누구와 결혼하라는 말이죠?"

피에르칸은 다정한 얼굴로 마르그리트를 바라보려고 애썼다. 그러나 그 표정이 늘 돈 이야기만 하는 습관이 밴 그의 매서운 눈빛과 너무나 대조적이어서, 마르그리트는 갑자기 꾸며내는 다정함 속에 타산이 숨어 있다고 생각했다.

"마음에 드는 분과 결혼하시면 됩니다……이 도시의……" 그는 말을 이었다. "당신에게는 남편이 반드시 필요합니다. 이를테면 업무처리용으로라도 말입니다. 당신은 이제부터 정면으로 아버님을 상대하시는 겁니다. 당신 혼자서 아버님께 맞설 수 있을까요?"

"그럼요. 그때가 되면 동생들을 보호할 수 있고말고요."

"어휴, 이 수다쟁이!" 피에르칸은 속으로 중얼거렸다. 그리고 큰 목소리로 말을 이었다. "아니, 당신은 맞설 수 없습니다."

"그 얘기는 그만두세요." 그녀가 말했다.

"잘 있어요, 마르그리트 씨. 당신의 마음과는 달리, 난 당신을 돕기 위해 애쓸 겁니다. 당신의 마음과는 달리, 불행한 사건에서 당신을 보호함으로써 당신을 얼마나 사랑하고 있는지 보여드리겠습니다. 이 도시에서는 이 집안에 뭔가 불행한 사건이 일어날 것 같다고 예상하지 않는 사람이 아무도 없습니다."

"절 걱정해 주시는 건 감사해요. 하지만 아버지를 조금이라도 슬프게 하는 말을 꺼내거나 일을 벌이지는 말아주세요."

마르그리트는 피에르칸이 멀어지는 모습을 바라보면서 생각에 잠겼다. 그의 날카로운 목소리와 용수철이 장치된 것 같은 태도, 친절하다기보다 비굴함을 드러내고 있는 눈빛을, 엠마뉘엘의 감정을 어루만져주는 듯한 아름다운 선율을 연주하는 무언의 시정 (詩情)과 비교했다. 사람이 무슨 일을 하고 무슨 말을 하든 신비한 동물자기 (動物磁氣)라는 것이 있는데, 그 효과가 사람을 배신하는 일은 결코 없다. 사랑하는 남자의 목소리와 눈빛, 정열적인 몸짓은 흉내낼 수 있을지 모른다. 젊은 처녀라면 교묘한 연기에 속는 일도 있으리라. 하지만 거기에 성공하려면, 상대는 처녀 한사람뿐이어야 하지 않을까? 만약 처녀의 감정과 함께 조화를 이루며 진동하는 영혼이 그녀 가까이 있다면, 그녀는 이윽고 진정한 사랑의 표현을 구별할 수 있게 되지 않을까? 그때 엠마뉴엘은 마르그리트와 마찬가지로 어두운 구름 아래 있었는데, 그 구름이 두 사람이 만난 뒤 두 사람 머리 위에 음울한 분위기를 드리우면서 사랑의 푸른 하늘을 빼앗아가고 있었다.

엠마뉴엘이 '선택한 사람'은 미래에 대한 희망이 없는 만큼, 그 사람의 생각이 경건한 행동거지로 표현되면, 참으로 곱고 신비하게 비쳐서 우상처럼 사랑에 빠지고 마는 것이었다. 그에게 있어서 클라스 양은 사회적으로는 구름 위에 있는 사람이었고, 그에게는 재산도 없어서 그녀에게 바칠 수 있는 것이라곤 훌륭한 집안이라는 이름밖에 없었다. 따라서 그녀의 남편으로 선택될 기회 같은 건 전혀 없었다. 그는 자신을 격려해 주는 말을 늘 기다리고 있었다. 그것은 죽어가는 어머니의 빛을 잃은 눈빛 앞에서는 마르그리트가 삼가던 것이었다. 두 사람 다 청순했으므로, 그들은 아직 단 한 번도 사랑의 밀어를 나눈 적이 없었다. 두 사람의 기쁨은 불행한 자들이 고독 속에서 맛보아야 하는 자기본위의 기쁨이었다. 두 사람은 같은 희망에서 비쳐드는 한 줄기의 빛으로 가슴을 두근거리면서도 따로따로 몸을 떨고 있었다. 두 사람은 이미 서로 자신이 상대의 것임을 너무나도 뚜렷하게 느끼고 있어서, 그러한 자신의 처지를 무섭게 느끼고 있는 것처럼 보였다.

그래서 엠마뉴엘은 자신의 마음에 성역을 만들어놓은 이 여제 (女帝)의 손에 닿는 것조차 두려워 떨고 있었다. 전혀 아무렇지도 않게 닿아도, 그 안에는 자극적인 열락의 물결이 퍼져 갔으리라. 이미 그는 한 번 해방된 감각을 억누를 수 없게 되었을 것이다. 그러나 두 사람은 가장 겁이 많은 연인들이 서로 주는, 미덥지는 않지만 무한하고, 순진무구하지만 진지한 사랑의 증거를 서로 보여주지는 않았으나, 그러면서도 서로의 가슴 속에 그것이 튼튼하게 깃들어 있었기 때문에, 두 사람 다 무엇보다도, 커다란 희생에 서로의 몸을 언제라도 바칠 수 있다는 걸 알고 있었다. 그것이 바로 두 사람이 맛볼 수 있는 유일한 기쁨이었다.

클라스 부인이 세상을 떠난 뒤, 두 사람의 은밀한 사랑은 상복(喪服) 속에서 숨죽이고 있었다. 두 사람이 살고 있는 영역의 색깔은 갈색에서 검은색으로 바뀌어 갔다. 밝은 빛은 눈물 속에 사라져 갔다. 마르그리트의 조심하는 태도는 거의 싸늘한 태도에 가까웠다. 그녀는 어머니가 요구한 맹세를 지켜야 했기 때문이다. 그녀는 전보다 더 자유로워졌지만 스스로 더욱 엄격하게 행동했다. 엠마뉘엘은 사랑의 가장 작은 소망이나 지극히 하찮은 요구도 사랑의 법칙에 대한 배신이라는 걸 깨닫고, 사랑하는 사람의 거상(居喪)을 받아들였다. 그리하여 이 뜨거운 사랑은 전보다 더욱 사람들 눈에 띄지 않게 되었다. 두 사람의 선한 영혼은 언제나 같은 소리를 울리고 있었다. 그러나 두 사람의 영혼은, 전에는 젊음 때문에 두려워하는 마음에서, 또 죽은 어머니가 겪었던 수많은 고통에 대한 배려에서 떨어져 있었던 것처럼 지금은 애도하는 슬픔에 의해 떨어져 있으면서도, 눈빛으로 주고받는 수많은 말과, 헌신적인 행위에 의한 무언의 웅변, 또 아직 풋풋한 사랑의 첫걸음인 젊음의 숭고한 화합과 긴밀한 결합만으로 만족하고 있었다.

엠마뉘엘은 매일 아침 클라스와 마르그리트의 소식이 궁금해서 찾아왔지만, 가브리엘의 편지를 부탁받았거나 발타자르가 들어오라고 청했을 때 외에는 식당에 들어오지 않았다. 젊은 처녀에게 그가 던지는 최초의 시선은 호의로 넘치는 수많은 생각을 속삭이고 있었다. 그는 예의상 근신하는 태도를 취해야 하는 것에 고통을 느꼈지만, 그렇다고 해서 그것을 그만두려 한 적은 없고, 그녀와 함께 슬픔을 나누고 있었다. 결국 그는 마음속의 생각 그 자체인 눈빛으로 자기 눈물의 이슬을 마르그리트의 마음속에 뿌리고 있었던 것이다. 이 선량한 청년은 현재에 집중하여, 그 덧없는 행복에 지나치게 매달려 있었으므로, 마르그리트는 그에게 "친구로 지내요" 하면서 대범하게 손을 내밀지 못하는 자신을 가끔 나무라기도 했다.

피에르칸은 지각없는 참을성을 발휘하는 어리석은 자 특유의 고집으로 그녀를 집요하게 쫓아다녔다. 그는 일반대중이 여자를 평가할 때 쓰는 뻔한 기준으로 마르그리트를 판단하고 있었다. 그는 그녀의 귀에 불어넣은 결혼, 자유, 재산 같은 말이 그녀의 영혼 속에서 싹을 틔워, 거기서 자신을 위한 욕망의 꽃을 피울 거라고 믿고 있었다. 그리고 그녀의 싸늘함은 진짜 마음을 숨기기 위한 거라고 생각했다. 그러나 여러 모로 마르그리트를 도와주면서 아무리 친절을 베풀어도, 가정생활에 대한 가장 중대한 문제를 단호하게 결정하는 데 익숙한 남자 특유의 전횡적인 태도를 숨길 수는 없었다. 그녀를 위로하면서 자신의 직업상 늘 쓰는 뻔한 상투어를 늘어놓았다. 그것은 그녀의 슬픔 위를 달팽이처럼 기어다니면서 신성한 슬픔을 더럽히는 무미건조한 말의 흔적을 남기는 상투어였다. 그의 친절은 그야말로 가면에 지나지 않았다. 그 집 문턱을 나서면서 덧신을 신고 우산을 드는 순간, 그는 슬픔을 가장했던 표정을 내동댕이쳐버린다. 그는 이 집안과 오랫동안 가까이 지내오면서 허용되고 있는 어조를 잘 이용하여, 가족의 중심에 더욱 깊이 들어가서, 미리 온 도시에 떠벌려 둔 결혼에 마르그리트를 끌어들이고자 했다. 그래서 진실하고 헌신적이며 경의를 담은 사랑은, 이기적이고 타산적인 애정과 뚜렷한 대조를 이루고 있었다. 한쪽은 정열적인 척하면서 마르그리트와 결혼하기 위해 아주 하찮은 이점도 무기로 삼았다. 다른 쪽은 자신의 사랑을 숨기며 자신의 헌신을 내세우는 것을 두려워하고 있었다.

마르그리트는 어머니가 세상을 떠난 뒤, 그날 안에 자신이 판단할 수 있는 입장에 있었던 이 두 남자를 비교할 수 있었다. 그때까지는 고독을 강요당하고 있었던 그녀는 세상에 대해서는 무지했다. 또 그녀의 처지에서는 결혼 상대가 될 만한 사람들에게 다가갈 기회도 없었다. 4월 초의 어느 화창한 날, 점심식사를 마친 뒤 클라스 씨가 일어서려는데 엠마뉘엘이 찾아왔다. 집안 분위기를 견딜 수 없었던 발타자르는 낮에 잠깐 성벽을 따라 산책을 하려던 참이었다. 엠마뉘엘은 발타자르의 산책에 동행하고 싶었다. 그는 망설이다가 결심한 듯이 마르그리트를 바라보더니 그 자리에 남았다. 마르그리트는 엠마뉘엘이 자기에게 뭔가 할 얘기가 있음을 알아차리고 정원에 나가는 것이 어떻겠느냐고 권했다. 여동생 페리시를 일층의 곁방에서 일하고 있는 마르타 옆에 보냈다. 그리고 동생과 그 하녀가 볼 수 있는 벤치에 가서 앉았다.

"클라스 씨는 전에는 마음이 학문 연구로 가득했지만, 지금은 슬픔으로 가득한 것 같군요." 발타자르가 안마당을 천천히 걷고 있는 모습에 눈길을 주면서 엠마뉘엘이 말했다. "이곳 사람들은 모두가 안됐다고 말하고 있습니다. 머리가 텅텅 비어버린 것 같은 모습입니다. 불현듯 걸음을 멈추고 공허한 눈길로 주위를 둘러보고 계시는군요……”

“슬픔의 표현 방법은 저마다 다 다르지요.” 마르그리트는 눈물을 참으면서 대답한 뒤, 잠시 침묵했다가 냉정한 품위를 되찾고 나서 물었다. “무슨 볼일이라도?”

“마르그리트 씨.” 엠마뉘엘은 진심이 담긴 목소리로 대답했다. “이제부터 드리는 말씀을 과연 제가 말할 권리가 있는지 모르겠군요. 하지만 저에게는 당신을 돕고 싶다는 바람밖에 없다는 것만은 알아주셨으면 합니다. 제가 멋대로 생각한 것이지만, 교사란 자기 학생들의 운명에 관심을 가지고 그들의 미래를 걱정하게 마련입니다. 당신 동생 가브리엘은 만 열다섯 살이 되어 지금 2학년입니다. 그래서 그가 장래에 선택하게 될 직업을 염두에 두고 그의 공부를 지도해야 합니다. 이 문제를 결정할 사람은 아버님인데, 그분이 이 일에 관심을 두지 않으시면 가브리엘에게 불행한 일이 아닐까요? 또 당신이 아버님께 아들 문제에 관심을 좀 가지시라고 말씀드린다면 아버님께 굴욕이 되지 않을까요? 그런 사정을 생각해서, 당신이 가브리엘에게 무슨 일을 하고 싶은지 물어보시면 안 되겠습니까? 아버님이 언젠가 그를 사법관이나 행정관, 군인으로 만들고 싶어하실 때, 가브리엘이 이미 전문적인 지식을 습득하여 스스로 직업을 선택할 수 있게 하면 어떨까요? 당신이나 아버님이 가브리엘을 그저 하는 일 없이 빈둥거리게 둘 생각은 아니실 테니……”

“네! 그럴 리가요, 엠마뉘엘 씨. 당신에게는 정말 감사드려요. 당신 말이 맞아요. 어머니는 우리에게 레이스 뜨기를 시키거나, 재봉과 자수, 피아노 연주를 정성을 기울여 가르쳐주셨는데, 그런 때 인생에는 무슨 일이 일어날지 알 수 없다고 자주 말씀하셨죠. 가브리엘은 그 아이 나름대로 독자적인 가치를 지니도록 빈틈없는 교육을 시켜야 해요. 그런데 남자가 선택할 수 있는 가장 좋은 직업은 과연 무엇일까요?”

“마르그리트 씨.” 엠마뉘엘은 기쁨에 떨리는 목소리로 말했다. “가브리엘은 학급에서 수학에 가장 재능이 있는 아이입니다. 그가 만약 이공과 학교에 들어갈 의지가 있다면, 거기서 어떤 직업에도 도움이 되는 지식을 쌓을 수 있을 겁니다. 이공과 학교를 졸업하면 자신이 가장 좋아하는 직업을 마음대로 선택할 수 있습니다. 그때까지는 가브리엘의 장래에 아무런 선입견을 가지지 않고 시간을 두고 바라보는 것이 좋을 겁니다. 이공과 학교를 우수한 성적으로 졸업한 학생은 어디서나 환영받습니다. 이공과 학교에서는 행정관, 외교관, 학자, 기사, 장군, 선원, 사법관, 공장경영자, 은행가들이 배출되고 있습니다. 그래서 부잣집이나 양갓집 젊은이들이 이공과 학교에 입학할 목적으로 열심히 공부하고 있는 것도 하나 이상할 것이 없지요. 가브리엘도 그럴 결심이라면, 부탁이 있는데……동의해 주시겠습니까! 동의해 주십시오!"

"무슨 부탁인데요?"

"가브리엘의 가정교사가 되는 겁니다." 그가 떨리는 목소리로 대답했다.

마르그리트는 소리스 씨를 쳐다보면서 그의 손을 잡고 대답했다.

"부탁드려요."

그녀는 잠시 사이를 두었다가 진심어린 목소리로 덧붙였다.

"당신의 호의에 뭐라고 감사의 말씀을 드려야 할지 모르겠어요. 제가 부탁드려야 할 것을 당신이 제안해 주신 걸요. 그 말을 들으니 당신이 저희를 얼마나 생각해 주시는지 잘 알겠어요. 감사드려요."

그녀는 겸손한 태도로 그렇게 말하자, 엠마뉘엘은 마르그리트의 마음에 들었다는 기쁨에 눈물이 글썽거리는 것을 보이지 않으려고 고개를 돌렸다.

"두 사람을 함께 데리고 오겠습니다." 침착함을 되찾은 그가 말했다. "내일은 휴일이니까요."

엠마뉘엘은 일어나서 마르그리트에게 작별인사를 했다. 마르그리트는 돌아가는 엠마뉘엘의 뒤를 따라갔다. 그가 마당으로 나간 뒤에도 여전히 식당문 앞에 서 있는 마르그리트의 모습이 보였다. 그녀는 거기서 엠마뉘엘에게 친근한 눈짓을 보냈다. 저녁식사를 마친 뒤, 공중인이 클라스 씨를 찾아왔다. 그는 정원에서 바로 엠마뉘엘이 앉았던 벤치에, 클라스 씨와 마르그리트 사이에 끼어 앉았다.

"클라스 씨." 그가 말했다. "오늘은 사무적인 용건이 있어서 찾아왔습니다. 오늘로 부인이 돌아가신 지 43일이 됩니다."

"나는 날짜 같은 건 헤아리고 있지 않았네." 발타자르는 '사망'이라는 법률용어를 듣고 솟아나는 눈물을 훔치면서 말했다.

"오! 피에르칸 씨." 마르그리트가 공중인을 쳐다보면서 말했다. "어떻게 그런 말을……"

"하지만 마르그리트 씨. 우리 입장에서는 법률로 정해진 기한을 계산하지 않을 수 없습니다. 이것은 두 분과 두 분의 공동상속인과 관련된 문제입니다. 클라스 씨에게는 미성년 상속인밖에 없으니 부부의 공동재산의 가치를 확인하기 위해서는, 부인이 돌아가신 지 45일 안에 재산목록을 작성해 두어야 합니다. 공동재산을 상속받기 위해서나, 아니면 미성년자의 단순한 권리에 머물게 하기 위해서는 공동재산의 내용이 양호한지 어떤지 알 필요가 있습니다."

그때 마르그리트가 자리에서 일어났다.

"그냥 앉아 계십시오." 피에르칸이 말했다. "이 용건은 당신과 아버님께 관련된 것이니까요. 제가 얼마나 이 댁 가정의 슬픔을 함께 나누고 있는지 아실 겁니다. 하지만 오늘만큼은 방금 말씀드린 점에 대해 상세하게 조사해야만 합니다. 안 그러면 당신들은 어느 쪽도 매우 불행한 입장이 될 겁니다! 현재 저는 이 댁의 공증인으로서 의무를 다하고 있는 겁니다."

"이 사람 말이 맞다." 클라스가 말했다.

"기한은 앞으로 이틀입니다." 공증인이 계속했다. "따라서 저는 내일부터 재산목록 작성을 시작해야 합니다. 국고가 이 댁에 요구하는 상속세 지불을 늦추기 위해서도 말입니다. 국고에는 개인 사정 같은 건 들어주지 않습니다. 사람의 기분 같은 건 아랑곳도 하지 않아요. 어느 때고 여러분에게 발톱을 세울 겁니다. 그러니 이제부터 매일, 열 시부터 네 시까지 저와 저희 서기가 경매리이자 집달인인 라파르리에 씨와 함께 오겠습니다. 여기서의 일이 끝나면 곧 시골에 가겠습니다. 베니의 삼림에 대해서는 곧 말씀드리지요. 이쪽은 그렇게 하기로 하고 다음 건으로 넘어가죠. 우리는 후견 감독인을 지명하기 위해 친족회의를 열 겁니다. 현재 브뤼주의 코닝크 씨가 이 댁과 가장 가까운 친척입니다. 그런데 그는 벨기에인이 되어버렸습니다! *121 클라스 씨는 이 일에 대해 그에게 편지를 쓰셔야 합니다. 그러면 그분이 프랑스에 정주할 마음이 있는지 없는지 알 수 있을 겁니다. 그분은 프랑스에 훌륭한 토지를 몇 군데 가지고 있으니까요. 그리하여 코닝크 씨와 그 따님이 프랑스령 플랑

---

*93 벨기에가 네덜란드에서 독립하는 것은 1830년인데 이야기는 1816년이므로 시대착오를 볼 수 있다.

드르에 오도록 결심하게 할 수도 있을 겁니다. 그분이 거절한다면 촌수를 따져서 친족회의를 구성하도록 해봅시다."

"재산목록은 어디에 쓸 건가요?" 마르그리트가 물었다.

"권리관계, 재산 가치, 자산, 부채를 확인하기 위해섭니다. 모든 것이 확정되면, 친족회의가 미성년자들에게 이익이 되도록 다양한 문제를 판단하여 결정을 내릴 겁니다."

"피에르칸" 클라스가 벤치에서 일어나면서 말했다. "아이들의 권리 보호를 위해 필요하다고 판단되는 법적 조치의 절차를 밟아주게. 하지만 눈앞에서 팔려나가는 슬픈 일은 당하지 않게 해주기 바라네. 사랑하는 내 아내의 소유물이……"

그는 끝까지 말을 할 수가 없었다. 그가 너무나 숭고한 모습으로, 또 너무나도 감동적인 목소리로 그 말을 하자, 마르그리트는 아버지의 손을 잡고 거기에 입술을 댔다.

"그럼 내일 다시 오겠습니다." 피에르칸이 말했다.

"점심식사를 하고 가지 그러나." 발타자르가 말했다.

그리고 그는 뭔가 기억을 되살리려는 것처럼 보였다. 그러더니 소리쳤다.

"하지만 에노 관습법 아래 내가 맺은 결혼계약에 의하면, 아내를 번거롭게 하지 않기 위해 아내의 재산목록 작성을 면제해 두었으니, 아마 그럴 필요는 없을 걸세."*94

"아! 다행이에요." 마르그리트가 말했다. "안 그러면 정말 복잡해질 뻔했어요."

"그럼 클라스 씨의 결혼계약을 조사해 보기로 하지요." 공증인은 약간 난감한 기색으로 대답했다.

"그럼 당신은 그걸 몰랐단 말인가요?" 마르그리트가 공증인에게 말했다.

이 지적에 대화가 멈추었다. 마르그리트에게 지적을 받자, 공증인은 당황하여 말을 이을 수 없었던 것이다.

"성가시게 되었군!" 공증인은 안마당을 나가면서 중얼거렸다. "평소에는 그렇게 정신이 딴 데 가 있던 사람이 이 중요한 때 기억을 되살리다니, 저

─────────────────
*94 에노는 벨기에 서부에 있는 지방인데, 그곳에 지연이 없는 발타자르 부부의 결혼계약이 왜 에노 관습법에 묶여 있는지는 불명.

자를 경계하는 이쪽의 대책에 뜻밖의 훼방꾼이 끼어든 셈이잖아. 하지만 그의 자식들은 빈털터리가 되고 말 걸! 그건 '2 더하기 2가 4'인 것만큼이나 확실한 일이지. 감수성이 예민한 열아홉 살 처녀를 구워삶으려고, 그 아이들의 재산을 구할 수 있는 방법을 연구하여 규칙에 따라 절차를 진행하고 코닝크라는 양반과도 의논했는데 말이야, 그 결과가 이 꼴이라니! 마르그리트의 기지 덕분에 이쪽만 곤란하게 됐군. 그 아가씨는 자신은 필요 없다고 생각한 재산목록을 어째서 내가 작성하려는 건지, 아버지에게 물을 테니까 말이야. 그리고 클라스 씨는 말하겠지. 공증인들에게는 무슨 일에나 증서를 만드는 버릇이 있다느니, 그런 자들은 친척이나 사촌, 친구이기 전에 무엇보다 공증인이라느니, 요컨대 쓸잘 데 없는 소리를 늘어놓으면서 말이야……"

그는 인정 때문에 파산하려고 하는 고객에게 욕설을 퍼부으면서 거칠게 문을 닫았다. 발타자르의 말이 맞았던 것이다. 재산목록은 작성되지 않았다. 그 때문에 아이들에 대한 아버지의 재정 상태는 아무것도 결정되지 않았다. 클라스 집안의 재정에 아무런 변화도 없는 가운데 몇 달이 흘렀다. 가브리엘은 자청하여 가정교사가 된 엠마뉘엘의 지도로 열심히 공부하고 외국어도 몇 가지 배우면서 이공과 학교 입학시험을 준비를 하고 있었다. 페리시와 마르그리트는 집안에서 꼼짝 않고 지내고 있었다. 그러나 절약을 위해 여름에는 아버지의 별장에 가서 그곳에서 지내기로 했다.

클라스 씨는 경제적인 문제에 전념하여, 토지를 담보로 막대한 금액을 빌려 빚을 청산하고 베니의 삼림에도 가보았다. 1817년 중반, 그의 상심은 서서히 치유되고 있었지만, 무겁게 닥쳐오는 하루하루의 단조로운 생활 속에서 그는 여전히 고독하고 무방비한 상태였다. 그는 자신도 모르는 사이에 눈뜨게 된 화학을 향해, 처음에는 용감하게 싸우면서 '화학'을 생각하지 않으려고 스스로 저항했다. 그러다가 이윽고 화학으로 생각을 돌렸다. 그러나 적극적으로 전념하지는 않고 이론적으로만 몰두했다. 그리하여 끊임없이 연구하는 사이에 그의 정열이 또다시 고개를 쳐들기 시작했고, 그것에 대해 억지를 쓰게 되었다. 그는 이 탐구를 계속하지 않는 것이 정말 자신의 의무인지 검토하다가, 아내가 자신의 맹세를 원하지 않았던 것을 상기했다. 이 문제는 더 이상 추구하지 않겠다고 결심했지만, 성공의 징후가 보이기 시작한 지금, 진정 이 결의를 바꿀 수는 없는 것일까? 그는 벌써 쉰아홉 살이 되어 있었다. 그 나이에는, 그의 마음을 차지하고 있는 관념은 지렛대로도 꿈쩍하지 않는 완고한 것이 되어 있었다. 편집광은 이러한 상태에서 시작되는 법이다. 그리고 여러 가지 상황이 맞물려, 안 그래도 흔들리기 시작한 그의 고지식한 기질은 조금씩 무너져 갔다.

유럽이 누려온 평화 덕분에 여러 나라의 학자들이 획득한 과학적인 발견과 지식이 널리 전파되었다. 그러한 성과는 20년 가까이 서로 접촉이 없었던 학자들에 의해 이루어졌다. 그리하여 과학은 진보하기 시작했다. 클라스는 화학자들에게 알려지지 않은 채 '화학'의 진보가 자신이 탐구하고 있는 목적을 향해 발전하고 있었던 것을 알았다. 고도의 과학에 전념하고 있는 학자들은 그와 마찬가지로 빛, 열, 전기, 직류전기, 자기 따위가 같은 원인에 의한 다양하게 다른 결과이고, 지금까지 단일한 것으로 여겨져 온 원소 사이에 있는 차이는, 하나의 미지의 원소가 다양하게 다른 분량으로 배분됨으로써 생기는 것이 틀림없다고 생각했다. 다양한 금속의 환원과 전기의 구성원리라는, 화학적인 '절대'를 해명하는 두 가지 발견이 다른 화학자에 의해 이루어지는 것을 보게 될지 모른다는 두려움이, 두에 사람들이 미치광이 짓이라고 불렀던 열광을 증폭시켜, 학문에 열중하고 있는 사람들, 또는 저항할 수 없는 관념의 압력을 알고 있는 사람들이라면 상상할 수 있는 발작의 정점까지 그의 욕구를 키웠다. 그리하여 곧 발타자르는 오랫동안 잠자고 있었던 만큼 한층 더 격렬해진 열광에 사로잡혔다.

아버지의 마음이 어떻게 변화하는지 탐색하고 있던 마르그리트는 응접실을 다시 열었다. 응접실에서 지냄으로써 어머니의 죽음을 부른 게 확실한 수많은 괴로운 추억을 되살리려 한 것이다. 그리고 실제로 아버지의 회한을 불러일으켜 어차피 언젠가 다시 보게 될 나락으로의 전락을 늦추는 데 성공했다. 그녀는 사교계에 나가기로 마음먹고, 발타자르도 억지로라도 거기서 위안을 찾도록 공작했다. 마르그리트에게 꽤 좋은 신랑감이 몇 사람 나타났고, 그녀가 스물다섯 살이 되기 전에는 결혼하지 않겠다고 선언했음에도 불구하고 클라스는 열을 올렸다. 겨울이 오자, 딸의 온갖 노력에도 불구하고, 또 그의 마음속의 치열한 싸움에도 불구하고, 발타자르는 은밀하게 그 연구를 재개했다. 그러한 활동을 호기심 많은 여자들에게 숨기는 것은 쉬운 일이 아니었다. 그리하여 어느 날, 마르그리트가 옷을 갈아입는 것을 도와주던 마르타가 말했다.

"아가씨, 드디어 올 것이 왔구먼요! 그 짐승 같은 뮐키니에란 놈이─그 놈은 악마의 화신이에요. 난 그놈이 성호를 긋는 꼴을 본 적이 한 번도 없다니까요. 그놈이 다락방에 올라갔어요. 드디어 나리께서 지옥으로 배를 띄우신 거예요. 나리께선 그 소중한 마님을 죽여버려 놓고, 또 아가씨까지 제발 그렇게 만들지는 마셔야 할 텐데."

"그럴 리가 있나요." 마르그리트가 대답했다.

"저기 가서 보세요. 그 사람들의 수상한 거동을……"

클라스 양이 창가에 달려가 보니, 분명히 실험실 배기관에서 희미하게 연기가 피어오르고 있었다.

"이제 몇 달만 있으면 난 스물한 살이 되니까" 그녀는 생각했다. "재산의 낭비에 대해 반대할 수 있게 돼."

발타자르는 자신의 그 정열에 몸을 맡기게 되자, 아이들의 이해에 대한 고려는, 예전에 아내의 이해를 배려했을 때보다 어쩔 수 없이 가벼워져 있었다. 장애물은 전보다 낮아지고, 그의 자신감은 훨씬 커졌으며, 그의 정열은 훨씬 뜨거워졌다. 그래서 그는 영광과 일과 희망과 역경으로 가는 길을 신념에 찬 남자의 신들린 듯한 기세로 나아갔다. 그는 결과에 자신을 품고, 딸들이 두려워할 정도로 몰두하여, 밤낮을 가리지 않고 일하기 시작했다. 딸들은 아버지가 좋아서 몰두하고 있는 연구가 무해하다는 것을 몰랐던 것이다. 마르그리트는 아버지가 실험을 시작하자, 식탁에서 여분의 것을 아끼고, 수전노처럼 절약하기 시작했다. 조세트도 마르타도 그것을 기꺼이 도왔다. 생활을 최소한 필요한 규모로 줄인 이 개선을 클라스는 알아차리지 못했다. 맨먼저 그는 점심을 먹지 않게 되고, 다음에는 저녁 식사 시간에만 실험실에서 나오는가 싶더니, 나중에는 응접실에서 두 딸 사이에서 몇 시간 잠을 자는 게 다였는데, 딸들에게는 한 마디도 말을 걸지 않았다. 그가 응접실에서 나갈 때 딸들이 "안녕히 주무세요." 인사를 하면, 그는 기계적으로 두 뺨에 딸들의 키스를 받을 뿐이었다. 만약 마르그리트가 어머니의 권위를 발휘할 각오를 하지 않았더라면, 만약 그녀가 이렇게 자기만 생각하는 행위에서 초래되는 다양한 불행에 대해 마음에 지닌 정열에 의해 경계하지 않았더라면, 이러한 아버지의 태도는 가족에게 커다란 불행의 씨앗이 되었을 것이다.

피에르칸은 이 가족은 이윽고 완전히 파산해버릴 거라고 판단하고 이 사촌들을 방문하지 않게 되었다. 발타자르의 시골 땅은 1만 6천 프랑의 이익을 가져와서 약 20만 에퀴의 가치가 있었지만 이미 30만 프랑에 저당 잡혀 있었다. 클라스는 '화학'을 다시 시작하기 전에 막대한 빚을 지고 있었던 것이다. 토지에서 나오는 수입은 빚의 이자 지불을 겨우 감당할 정도였다. 그러나 하나의 관념에 몰두하고 있는 자에게 당연히 뒤따르는 무심함으로 인해, 그는 그 소작료를 가계 지출을 관리하는 마르그리트에게 맡기고 있었기 때문에, 공증인은 3년만 지나면 재정상태가 한계에 부딪쳐 발타자르가 먹어치우지 못한 돈을 법률가들이 달려들어 뜯어갈 거라고 피에르칸은 예견했다. 마르그리트가 피에르칸을 싸늘하게 대했기 때문에, 그도 거의 적의가 담긴 서먹함을 보이게 되었다. 마르그리트와의 결혼을 포기할 정당한 구실을 찾기 위해, 마르그리트가 너무 가난해지자 사뭇 동정한다는 듯이 클라스 집안사람들에 대해 이런 식으로 말하는 것이었다.

"가엾게도 그 사람들은 파산하고 말았습니다. 그 집안을 구하기 위해 저는 할 수 있는 모든 일을 다했어요. 하지만 어쩔 수 없는 일 아닙니까! 클라스 양은 가족이 가난뱅이가 되지 않을 수 있는 모든 법적 대책을 거절했으니까요."

엠마뉴엘은 백부의 후원 덕분에 두에의 중학교 교장에 임명되었다. 그의 뛰어난 재능은 그 지위에 충분히 어울리는 것이었다. 그는 매일 저녁 두 처녀를 방문하고 있었다. 처녀들은 아버지가 잠자리에 들면 곧 늙은 하녀 마르타를 곁에 불러냈다. 그러면 어김없이 소리스 청년이 가만히 문을 노크하는 소리가 들려왔다. 석 달 전부터 마르그리트가 그의 마음을 말 없는 가운데 순순히 받아들였으므로 그는 자기 자신을 되찾을 수 있었다. 다이아몬드처럼 정결한 그의 영혼은 얼룩 하나 없이 빛을 발산했다. 마르그리트는 그 광원이 무슨 일이 있어도 다하는 일이 없는 것을 보고 그 빛의 힘과 지속을 느낄 수 있었다. 그녀는, 미리 향기를 들이마시면서 한 송이씩 꽃이 피어나는 모습을 감탄하면서 바라보았다. 엠마뉴엘이 마르그리트의 다양한 희망을 매일 하나씩 이루어주면서 사랑의 매혹적인 영역에 새로운 빛을 비추자, 그 빛이 뒤덮여 있던 구름을 몰아내어 파란 하늘을 활짝 열어주고, 그때까지 그늘에 묻혀 있었던 풍요로운 보물에 색채를 부여했다. 엠마뉴엘은 전보다 편안해져서, 그때까지 소극적으로 숨기고 있었던 마음에서 넘쳐나는 매혹을, 젊은이다운 그 솔직한 쾌활함과 연구에 몰두한 생활이 가져다주는 순박함, 세상에 의해 왜곡되지 않은 섬세한 마음의 보물, 사랑하는 젊은이들에게 정말 잘 어울리는 순진무구한 장난기 같은 매력을 발휘할 수 있었다. 그의 영혼과 마르그리트의 영혼은 전보다 훨씬 더 잘 소통하게 되었다. 두 사람은 함께 마음의 심연 속에 내려가서 거기서 같은 생각을 발견했다. 그것은 같은 빛깔의 진주이고, 바다 속에서 잠수부를 유혹하는 가락처럼 기분 좋고 청량한 가락이었다! 두 사람은 함께 이야기하고 서로 호기심을 반짝이면서 서로의 마음을 알아갔다. 두 사람의 호기심은, 사랑이 더할 나위 없이 감미로운 모습으로 나타난 것이었다. 거기에는 거짓된 수줍음이 아니라, 서로에게 보여주는 애교가 있었다.

엠마뉴엘이 매일 저녁 찾아와서 두 처녀와 마르타와 함께 보내주는 두 시간 덕분에, 마르그리트는 자신이 겪고 있는 고통과 체념의 생활을 받아들일 수 있었다. 순진무구하게 발전해 가는 이 사랑이 마르그리트의 버팀목이 되어주었다. 엠마뉴엘이 보여주는 사랑의 표시에는 마음이 끌리지 않을 수 없는 자연스러운 기품이 있고, 따뜻하고 섬세한 재기가 있었다. 그것은 마치 보석의 단면이 온갖 빛을 발산하면서, 보석의 단조로움에 변화를 주는 것처럼 단조로워지기 쉬운 감정에 음영을 가져다주는 재기였다. 그것은 감탄스러운 행동이었고, 그 비결은 사랑하는 사람들에게만 통하는 것이었다. 그것은, 낡은 형태를 늘 새롭게 되살리는 '예술가의 손' 아래 새로운 선율로 더욱 신선한 울림을 들려주지 못하는 똑같은 악절을 절대로 되풀이하지 않는 '노랫소리' 속에서, 사랑에 충실한 여자들을 끌어당기는 태도였다. 사랑은 단순한 감정이 아니라 하나의 예술이기도 하다. 간결한 한 마디, 작은 배려, 아주 하찮은 일에서, 여자의 마음을 실망시키는 일 없이 오로지 감동시키는 위대하고 숭고한 예술가의 모습이 여자의 눈앞에 떠오르는 것이다. 엠마뉴엘이 앞으로 앞으로 나아갈수록 그의 사랑의 표현은 더욱더 매혹적인 것이 되었다.

"피에르칸 씨보다 한 발 먼저 왔습니다." 어느 날 밤, 그가 마르그리트에게 말했다. "피에르칸 씨가 당신에게 좋지 않은 소식을 전하러 올 겁니다. 그것을 내 입으로 당신에게 알려드리고 싶습니다. 당신 아버님은 당신들의 삼림을 투기꾼들에게 팔아버렸고, 그들은 그것을 다시 작게 나누어 처분하고 말았습니다. 나무는 벌써 벌채되어 목재가 되어 팔려버렸습니다. 클라스 씨는 현금으로 30만 프랑을 받아 파리의 빚을 갚는 데 썼습니다. 그리고 빌린 돈을 전액 정산하기 위해, 클라스 씨는 삼림 매수자가 내야 하는 잔금 10만 에퀴*95로 10만 프랑의 채권을 양도하도록 강요당했습니다."

그때 피에르칸이 들어왔다.

"마르그리트 씨." 그가 말했다. "드디어 파산했습니다. 내가 말한 대로 되고 말았어요. 하지만 당신은 내 말을 들으려 하지 않았지요. 당신 아버님은 식욕이 왕성하시더군요. 최초의 한입에 당신들의 삼림을 털어먹으셨어요. 당신들의 후견감독인인 코닝크 씨는 암스테르담에서 자신의 재산을 정산하고 있는 중인데, 클라스 씨는 그 사이를 노려서 거래한 겁니다. 좋지 않아요. 난 조금 전에 코닝크 씨에게 편지를 썼습니다. 하지만 그분이 도착할 무렵에는 이미 빈털터리가 되어 있겠죠. 당신은 아버님을 고소하지 않으면 안 될 겁니다. 소송은 오래 걸리지 않겠지만 망신을 사게 되겠지요. 코닝크 씨는 소송을 막을 수 없을 겁니다. 무엇보다 법률이 있으니까요. 이것은 당신의 고집이 부른 결말입니다. 내가 얼마나 생각이 깊었는지, 그리고 얼마나 이 집안의 이해를 위해 애썼는지 이제는 인정해 주시겠지요?"

"난 좋은 소식을 가지고 왔어요. 마르그리트 씨." 소리스 청년이 부드러운 목소리로 말했다. "가브리엘이 이공과 학교에 합격했습니다. 가브리엘의 입학을 허가받는 데는 까다로운 일이 몇 가지 있었지만 잘 해결되었습니다."

마르그리트는 미소 지으면서 연인에게 감사했다.

"제 저금을 쓸 데가 생겼군요! 마르타, 내일부터 가브리엘이 기숙사에 들어갈 준비를 해야겠어요. 페리시, 이제부터 열심히 일하자꾸나." 마르그리트는 여동생에게 그렇게 말하고 여동생 이마에 입을 맞췄다.

"내일은 가브리엘이 집에 돌아와서 열흘 동안 이곳에 머물 겁니다. 11월 15일에는 파리에 가야 합니다만."

"가브리엘은 좋은 코스를 밟게 되었군요." 공증인은 교장을 빤히 쳐다보면서 말했다. "가브리엘은 이제부터 자수성가해야 할 겁니다. 하지만 마르그

---

*95 30만 프랑.

리트 씨, 문제는 집안의 명예를 지키는 것입니다. 이번에는 내 말을 들어 주시겠죠?"

"결혼 얘기라면 역시 안 되겠어요." 그녀가 대답했다.

"그럼 어떻게 하실 겁니까?"

"저 말인가요? 아무것도 생각하지 않고 있어요."

"하지만 당신은 이제 성인이 아닙니까?"

"앞으로 며칠 뒤면요." 마르그리트가 말했다. "우리의 이해를 조정할 수 있는 타개책을, 아버지와 일가의 명예를 위해 우리가 해야 할 일을 당신이 가르쳐주실 수 있나요?"

"마르그리트 씨, 당신 백부님이 없으면 아무것도 할 수 없습니다. 그것을 염두에 두시고, 그분이 돌아오시면 나도 다시 오지요."

"그럼 안녕히 가세요, 피에르칸 씨." 마르그리트가 말했다.

"저 여자는 가난해지면 질수록 더욱 거만해지는군." 공중인은 생각했다.

"안녕히 계십시오, 아가씨." 피에르칸이 커다란 목소리로 말했다. "교장선생님, 그럼 이만 실례하겠소." 그리고 페리시와 마르타에게는 눈길도 주지 않고 나가버렸다.

"나는 이틀 전부터 법전을 공부하고 있습니다. 백부님의 친구인 노변호사와도 상담해 보았어요." 엠마뉘엘은 떨리는 목소리로 말했다. "허락해 주신다면 내일 암스테르담으로 떠나겠습니다. 어떻게 생각하십니까, 마르그리트 씨……"

그는 이러한 말을 처음으로 입밖에 꺼냈다. 마르그리트는 눈물이 글썽거리는 눈으로 미소 지으면서 고개 숙여 그에게 감사를 나타냈다. 그는 말을 멈추더니 페리시와 마르타 쪽을 흘끗 쳐다보았다.

"동생이 있는 자리에서 얘기해 주세요." 마르그리트가 말했다. "동생은 이런 얘기를 듣지 않아도, 지금의 검소하고 하루 종일 일에 쫓기는 생활을 잘 견디고 있어요. 정말 착하고 기특한 아이예요! 그리고 저 아이도 지금의 우리에게 얼마나 용기가 필요한지 알아야 하니까요."

두 자매는 서로 손을 잡고, 불행 앞에서 두 사람의 협력의 새로운 증거를 나누듯이 그 손에 키스했다.

"마르타, 할멈은 잠시 자리 좀 비켜줘요."

"마르그리트 씨." 엠마뉘엘은 사랑을 위해 세세한 일까지 맡는 권리를 획득한 데 대한 기쁨이 가득한 목소리로 말을 이었다. "나는 매수자의 이름과 주소를 알아냈습니다. 그들이 벌채한 나무의 대가 가운데 아직 20만 프랑이 지불되지 않았습니다. 당신이 동의해 주신다면, 내일이라도 코닝크 씨 이름으로 움직이는 소송대리인이, 코닝크 씨가 나중에 승인하시겠지만 그들에게 차압을 집행할 겁니다. 엿새 뒤에 당신 종조부께서도 돌아오셔서 친족회의를 소집하시고, 열여덟 살이 되는 가브리엘을 친권에서 해제하게 될 겁니다. 그때 당신과 동생의 권리 행사가 허락되므로 삼림 매각대금의 몫을 청구하는 겁니다. 클라스 씨는 차압된 20만 프랑을 당신들에게 건네는 것을 거부할 수 없습니다. 당신들에게 더 지불될 나머지 10만 프랑에 대해서는, 그 돈으로 지금 살고 있는 이 집에 대한 저당의무를 획득하는 겁니다. 코닝크 씨는 페리시와 장의 것이 될 30만 프랑에 대한 보증을 요구할 겁니다. 그런 상황이 되면, 아버님은 이미 10만 에퀴의 지불 의무가 있는 올시 평야의 부동산이 저당잡히는 것을 그냥 볼 수밖에 없을 겁니다. 법률은 미성년자의 이익을 위해 이루어진 등기에는 소급해서 우선권을 인정하고 있습니다. 따라서 모든 것을 구제할 수 있습니다. 앞으로 클라스 씨는 자기 마음대로 할 수 없게 됩니다. 당신들의 토지는 양도가 불가능해지는 거지요. 아버님도 자신의 토지를 담보로 돈을 빌릴 수 없게 됩니다. 토지 가격보다 담보 금액이 훨씬 많아지니까요. 그리하여 재정문제는 스캔들이나 소송사태도 없이 내부적으로 처리됩니다. 아버님은 연구를 완전히 단념하지는 않더라도, 적어도 신중하게 계속하는 수밖에 없을 겁니다."

"그렇군요." 마르그리트는 대답했다. "하지만 우리의 수입은 어떻게 되나요? 이 집을 저당 잡힌 10만 프랑에서는 아무런 수입도 나오지 않아요. 우리가 살고 있으니까요. 아버지가 올시 평원에 가지고 있는 토지에서 나오는 수입은 다른 사람한테서 빌린 30만 프랑의 이자로 나갑니다. 이제 우리는 뭘 가지고 살아가야 할까요?"

"첫째로" 엠마뉘엘이 말했다. "가브리엘의 몫으로 남아 있는 5만 프랑을 공채에 투자하는 겁니다. 현재의 이율로 치면 4천 리브르가 넘는 연리가 들어오니까, 파리에서 지내는 가브리엘의 기숙사비와 생활비는 충분할 겁니다. 가브리엘은 아버님 집에 등기된 액면가에도, 아버님의 금리가 나오는 채권에도 마음대로 손댈 수 없으니 한 푼이라도 낭비될 염려가 없고, 따라서 어깨의 짐을 하나 내려놓는 셈입니다. 다음에는 당신 몫으로 15만 프랑이 남지 않습니까?"

"아버지가 저에게 그걸 달라고 하실 거예요." 그녀는 겁을 먹은 듯이 말했다. "그러면 전 거절할 수 없어요."

"그럼 마르그리트 씨, 그 돈을 손에 쥐고 있지 않으면 확보할 수 있습니다. 동생 명의로 공채에 투자해 버리는 겁니다. 그 액수면 1만 2천이나 1만 3천 프랑의 이자가 나올 테니 그것으로 생활할 수 있을 겁니다. 친권에서 해방된 미성년자는 친족회의의 의견 없이는 재산을 아무것도 양도할 수 없어요. 그러니 당신들은 3년 동안은 안심하고 살 수 있지요. 3년이 지나면 아버님도 현안 문제를 해결하시거나 아니면 포기하시겠지요. 그때는 가브리엘도 성인이 될 테니, 당신에게 원금을 돌려주고 당신들 넷이서 정확하게 정산하면 됩니다."

마르그리트는 처음에는 도무지 알아들을 수 없었던 법률적인 규정에 대해 다시 한번 설명을 들었다. 미성년자의 재산을 관리하는 법률을 연인에게 가르쳐주기 위해, 엠마뉘엘이 가지고 온 법전을 두 연인이 공부하고 있는 모습은 분명히 지금까지 볼 수 없었던 정경이었다. 마르그리트는 여자로서 타고난 데다 사랑 때문에 더욱 예민해진 통찰력 덕분에 법률적인 복잡한 사정을 금방 이해할 수 있었다.

이튿날 가브리엘이 집에 돌아왔다. 소리스 씨가 가브리엘을 발타자르에게 데리고 가서, 아들이 이공과 학교에 합격했음을 알리자, 아버지는 중학교 교장에게 악수하면서 감사를 나타냈다.

"정말 기쁜 일이군. 그럼 가브리엘은 앞으로 학자가 될 수 있는 건가?"

"가브리엘!" 마르그리트는 발타자르가 실험실에 올라가는 것을 보면서 말했다. "열심히 공부해야 해. 돈을 낭비해선 안 돼! 해야 할 일에 최선을 다하면서 아끼는 거야. 파리에서는 외출하는 날이면 지인이나 친척 집을 방문해서 젊은이들의 몸을 망치는 나쁜 습관을 배워선 안 돼. 네 기숙사비는 천 에퀴*96 가까이 되니까 약간의 오락에 쓸 용돈으로 천 프랑이 남아. 그것으

---

*96 약 3천 프랑.

로 충분할 거야."

"가브리엘은 내가 보증합니다." 엠마뉴엘 드 소리스가 제자의 어깨를 두드리면서 말했다.

한 달 뒤, 코닝크 씨는 마르그리트와 의논하여, 클라스한테서 바람직한 보장을 모두 손에 넣었다. 엠마뉴엘 드 소리스가 그토록 주도하게 짜낸 계획은 그대로 받아들여지고 시행되었다. 발타자르는 채권자들의 집요한 재촉 때문에 매매에 동의해 버린 것을 부끄러워했고, 명예와 관련된 문제에서는 결코 타협하지 않는 완고하고 정직한 코닝크 씨가 법률을 들이대면서 요구한 조건을 모조리 받아들였다. 어리석게도 자식들에게 입히고 만 손실을 변상하기 위해 그는 학자답게 진심을 담아 증서에 서명했다. 그는 몇 모금의 브랜디를 위해 아침에 자기 아내를 팔아치우고는 저녁이 되어 아내를 생각하며 눈물 흘리는 흑인처럼, 앞을 전혀 내다보지 못하는 인간이 되어 있었던 것이다. 바로 눈앞의 미래에도 눈을 돌리는 일이 없었다. 마지막 돈을 다 쓰고 나면 무엇으로 자금을 댈지 생각해 보지도 않았다. 이미 자신의 집과 토지의 명의상 소유자에 지나지 않고, 자신이 이른바 법률상으로만 재산관리인이 되어 있는 재산에서는, 엄격한 법률 때문에 한 푼도 손에 넣을 수 없다는 것을 모르고, 오로지 연구에만 몰두하면서 필요한 물건을 계속 구입하고 있었다. 1818년은 아무런 불행한 일도 일어나지 않고 지나갔다. 마르그리트와 페리시는 장의 교육에 필요한 이런저런 비용을 대고, 가브리엘 명의로 맡긴 공채 금리 1만 8천 프랑으로 살림의 비용을 모두 채웠다. 가브리엘은 반년마다 이자를 두 사람에게 꼬박꼬박 보내고 있었다. 그해 12월에 소리스 씨의 백부가 세상을 떠났다. 어느 날 아침 마르그리트는, 아버지가 튤립 컬렉션과 본채의 가구와 은그릇을 모두 팔아버린 사실을 마르타한테서 들었다. 마르그리트는 식탁을 준비하는 데 필요한 그릇을 사들이지 않으면 안 되었다. 그녀는 그것에 자기 이름의 이니셜을 새겨넣게 했다. 그날까지 마르그리트는 아버지의 씀씀이에 대해서는 한 마디도 하지 않고 있었다. 그녀는 그날 밤, 아버지와 둘만 있게 해달라고 페리시에게 부탁한 뒤, 아버지가 평소처럼 응접실 난로 한쪽에 앉았을 때 얘기를 꺼냈다.

"아버지, 아버지께는 이곳에 있는 것은 뭐든지, 어쩌면 자식들까지도 팔 수 있는 권리가 있어요. 이 집에서 우리는 불평 한 마디 하지 않고 아버지 말에 따랐어요. 하지만 이젠 아버지께 말씀드리지 않을 수가 없군요. 이제 우리에게는 돈이 없어요. 올해를 넘기는 것도 위태로워요. 페리시와 제가 밤 낮 없이 일하면서 짜기 시작한 레이스 의상 대금으로 장의 기숙사비를 지불해야 해요. 제발 부탁이에요, 아버지. 연구를 그만둬 주세요."

"네 말은 잘 알겠지만, 앞으로 6주면 끝난단다! 내가 '절대'를 발견하거나, 아니면 '절대'는 발견되지 않거나 둘 가운데 하나다. 너희들은 백만장자가 될 수 있어……"

"그보다 당장 빵 한 조각을 원해요." 마르그리트가 대답했다.

"이 집에 먹을 빵이 없다는 말이냐?" 클라스가 깜짝 놀란 듯이 말했다. "이 클라스 집안에 빵 한 조각이 없단 말이지? 그렇다면 우리 집의 전 재산은 어떻게 되었어?"

"아버지가 베니의 삼림을 완전히 벌채해 버리셨잖아요? 남은 토지도 마음대로 쓸 수 있는 상태가 아니라서 수입이 전혀 없어요. 올시의 농장도, 아버지가 빌린 돈의 이자를 댈 정도밖에 안 돼요."

"그럼 우리의 생활은 어떻게 되는 거냐?" 그가 물었다.

마르그리트는 아버지에게 바늘을 보여준 뒤 덧붙였다.

"가브리엘 명의의 공채 이자로 버티고 있지만, 그것만으로는 모자라요. 아버지가 제가 전혀 모르는 청구서를 마구 날아오게 하지만 않는다면, 수지 계산은 어떻게든 맞출 수 있지만요. 시내에서 물건을 구입하시고는 저에겐 아무 말도 하지 않으시니까요. 석 달마다 지불하는 데 충당할 돈은 있다고 생각하고 있는데, 소소한 지불은 다했다고 생각했는데, 탄산나트륨이니, 가성칼리니, 아연이니, 유황이니 하면서 온갖 계산서가 날아오니까요."

"애야, 앞으로 6주만 버텨주지 않겠니? 그 뒤에는 내 말대로 하마. 머지않아 너는 기적을 보게 될 거다, 마르그리트."

"아버지는 이제 자신의 자산에 대해 생각하셔야 해요. 아버지는 그림, 튤립, 은그릇, 소유물 전부를 팔아버리셨어요. 우리에게는 이제 아무것도 남아 있지 않아요. 하다못해 더 이상 빚만은 지지 마셨으면 좋겠어요."

"앞으로는 빚을 내지 않을 생각이다." 노인이 대답했다.

"앞으로라고요?" 마르그리트는 소리쳤다. "그럼 현재 빚이 있단 말이에요?"

"아니, 하나도 없어. 아, 아주 조금은 있다만." 그는 눈을 내리깔고 얼굴을 붉히면서 대답했다.

아버지가 비굴해지는 모습을 본 마르그리트는 난생 처음으로 자신이 모욕을 받은 것처럼 느껴졌다. 그것 때문에 너무나 불쾌해서 더 이상 아버지를 추궁하고 싶지도 않았다. 이 장면에서 한 달 뒤, 시내의 은행가가 클라스의 서명이 있는 1만 프랑의 환어음을 환금하러 왔다. 마르그리트는 유감이지만 이 지불에 대해서는 미리 들은 바가 없었으므로 하루만 늦춰 달라고 은행가에게 간청했다. 그러자 은행가는 그밖에 프로테스 시프르빌 상회에도 매월 만기가 되는 같은 금액의 어음이 아홉 장이나 있다고 그녀에게 귀띔했다.

"모든 게 끝났군요." 마르그리트는 소리쳤다. "마침내 때가 왔어."

마르그리트는 아버지를 부르러 사람을 보내고, 자신은 혼자 흥분하여 중얼거리면서 응접실까지 성큼성큼 걸어갔다. "무슨 짓을 해서든 10만 프랑을 마련할 것인가, 아버지가 감옥에 들어가는 것을 그냥 보고 있을 것인가 둘 가운데 하나다! 어떻게 하지?"

발타자르는 내려오지 않았다. 마르그리트는 기다릴 수가 없어서 실험실로 올라갔다. 실험실에 들어가니 기계류와 먼지를 잔뜩 뒤집어쓴 유리기구 등이 있고, 강한 빛이 쏟아지는 넓은 방 한가운데 아버지가 있는 것이 보였다. 여기저기 널려 있는 책과, 라벨과 번호가 붙여진 화학약품이 복잡하게 놓여 있는 테이블이 몇 개 있었다. 학자가 오랫동안 연구에 몰두한 뒤의 난잡함이 정리를 중요한 가치로 여기는 플랑드르풍의 습관을 여지없이 무너뜨리고 있었다. 목이 긴 플라스크, 레토르트, 금속류, 이상한 색깔의 결정체, 벽에 걸리거나 난로에 던져져 있는 약품 시료가 잔뜩 어질러져 있는 가운데, 유난히 눈에 띄는 것은 발타자르 클라스의 모습이었다. 그는 웃옷을 벗고 노동자처럼 팔을 걷어붙이고, 머리카락과 마찬가지로 하얗게 센 털로 뒤덮인 가슴을 드러내고 있었다. 무서울 만큼 침착한 눈은 배기펌프를 바라보고 있었다. 배기펌프의 용기는 이중의 볼록 유리로 되어 있는 렌즈가 덮여 있고, 두 장의 렌즈 속에는 알코올이 채워져 있는데, 다락방 장미창의 칸살 하나에서 새들어오는 햇빛을 모으고 있었다. 절연되어 있는 대에 얹힌 용기는 매우 큰 볼타전지의 선과 이어져 있었다. 렌즈를 햇빛과 수직방향으로 유지하기 위해, 가동축 위에 올라가서 대를 움직이고 있던 르뮐키니에가 분진으로 새카매진 얼굴로 일어나서 말했다.

"앗! 아가씨, 가까이 오지 마세요!"

기계 앞에서 거의 무릎을 꿇다시피 햇빛을 수직으로 받고 있는 아버지의 모습, 은실처럼 보이는 머리카락, 머리에는 혹이 나 있고, 무서운 기대로 긴장된 얼굴과 주위의 이상한 도구들, 기묘한 기계류가 널려 있는 넓은 다락방을 구석구석까지 감싸고 있는 어둠, 그 모든 정경 앞에서 마르그리트는 무너져 내리는 기분이었다. 그녀는 깜짝 놀라 중얼거렸다.

"아버지는 미쳐버리고 말았어!"

그녀는 아버지에게 다가가서 귓전에 대고 속삭였다.

"르뮐키니에를 잠시 내보내세요."

"안 된다, 안 돼, 난 저 사람이 필요해. 난 지금 다른 사람들은 생각지도 못한 굉장한 실험결과를 기다리고 있어. 지난 사흘 동안 우리는 내내 태양광선을 지켜보고 있었지. 완전한 진공상태 속에서 금속에 응집된 태양열과 전류를 통하게 하는 방법을 생각해낸 거야. 두고 봐라. 화학자가 마음대로 쓸 수 있게 되는 가장 강력한 작용이 눈앞에서 일어날 거다. 그렇게 되면 오직 나만이……"

"무슨 소릴 하시는 거예요, 아버지! 금속을 기화시키는 대신, 그 금속을 환어음 지불에 충당해야 할 형편인데."

"기다려라, 조금만 기다려다오!"

"메르스크튜스 씨가 와 있어요, 아버지. 네 시까지 그분에게 만 프랑을 지불해야 해요."

"알았다, 알았어, 이제 금방이야. 이번 달이 지불기한인 작은 금액의 어음에 나는 정말로 서명했단다. '절대'를 발견할 수 있을 거라고 생각했으니까. 아, 7월의 뜨거운 햇살이 비춰줬으면 실험이 잘 되었을 텐데!"

그는 머리카락을 쥐어뜯으며 삐걱거리는 등나무 의자에 앉았다. 눈에서는 눈물이 주르륵 흘러내리고 있었다.

"나리 말씀이 옳아요. 모든 것이 저 형편없는 태양이란 놈 때문이에요. 저건 우라지게 겁쟁이고 패기도 없고 게으른 놈이라고요!"

주인과 하인은 이제 마르그리트는 눈에 보이지도 않았다.

"아버지와 둘만 있게 해줘요, 뮐키니에." 그녀가 말했다.

"아니야, 난 새로운 실험을 하는 중이다." 클라스가 소리쳤다.

"아버지, 실험에 대해선 잊어버리세요." 둘만 되자, 딸은 아버지에게 부탁했다. "10만 프랑을 내야 하는데 한 푼도 없다니까요. 실험실에서 이제 그만 나와 주세요. 바로 오늘에 아버지의 명예가 걸려 있어요. 감옥에 들어가면 아버진 어떻게 되실 것 같아요? 파산으로 큰 망신을 당한 데다 아버지의 백발과 클라스의 이름에 흙칠을 할 생각이세요? 전 반대예요. 전 아버지의 미친 짓과 있는 힘을 다해 싸울 거예요. 아버지가 만년이 되어서도 궁색한 모습을 보는 건 무서운 일이에요. 눈을 크게 뜨고 우리의 처지를 똑똑히 바라보세요. 어쨌든 분별심을 가져 주시고요."

"미친 짓이라고!" 발타자르가 벌떡 일어나서 이글거리는 눈빛으로 딸을 노려보더니, 가슴 위에 팔짱을 끼고 위엄이 가득한 모습으로 미친 짓이라는 말을 되풀이하자 마르그리트는 온몸을 떨었다. "네 어머니도 나에게 그런 말은 하지 않았다." 그는 계속했다. "어머니는 나의 탐구가 얼마나 중요한지 잘 알고 있었어. 내 연구를 이해하려고 과학을 공부했을 만큼. 내가 인류를 위해 일하고 있고, 이기심이나 사사로운 마음은 없다는 걸 이해해 주었다. 역시 아버지를 생각하는 딸의 마음은 남편을 생각하는 아내의 마음을 따라갈 수 없는 것 같구나. 그렇지 않니? 사랑은 어떠한 감정보다도 아름다워! 나에게 분별심을 가지라고?" 이렇게 말하더니 그는 가슴을 두드렸다. "나에게 분별심이 없다는 말이냐? 내가 본정신을 잃어버렸다는 거냐? 우리는 가난뱅이야. 그래, 그건 내가 원한 바다. 난 네 아버지야. 내가 말하는 대로 하여라. 내가 그렇게 원한다면 너를 얼마든지 부자로 만들어주마. 네 재산? 그 까짓것 얼마나 된다고! 내가 탄소 용해제를 발견하면 너희들의 응접실을 다이아몬드로 가득 채워주마. 그것도 내가 탐구하고 있는 것에 비하면 아무것도 아니지. 기다려 봐, 내가 거인 같은 힘을 발휘하는 날에는……"

"아버지. 아버지가 이 다락방에서 헛되이 써버린 4백만 프랑의 돈을 정산해달라고 요구할 권리는 저에게 없어요. 아버지 때문에 돌아가신 어머니 애기도 하지 않겠어요. 저에게 남편이 있었다면, 틀림없이 아버지가 어머니를 사랑하신 것처럼 사랑하게 되겠지요. 어머니가 모든 것을 희생하신 것처럼 저도 남편을 위해 언제나 모든 것을 희생하겠지요. 전 어머니 말씀대로 아버지께 모든 것을 넘겨 드렸어요. 그 증거로, 아버지가 저에게 후견인으로서 재산 정산보고를 하지 않아도 되도록 결혼도 하지 않았어요. 과거는 잊고 현재만 생각하기로 해요, 아버지. 전 아버지가 자초한 이 궁핍을 똑똑히 알려 드리기 위해 여기 왔어요. 어음을 지불할 돈이 필요해요, 아버지. 아시겠어요? 이 집에서 압류될 만한 것은 조상인 방 클라스의 초상화밖에 없어요. 그래서 전 자식들을 아버지한테서 보호하기에는 너무나 연약했던 어머니, 아버지를 거역하도록 저에게 명령하신 어머니의 이름으로, 동생들의 이름으로 여기 온 거예요. 아버지, 전 클라스 집안 모든 사람들의 이름으로, 아버지가 실험을 계속하기 전에 일단 실험을 멈추고 재산을 마련하도록 명령하러 온 거예요. 저희를 죽이는 것만이 아버지의 아버지로서의 입장인 것처럼 느껴지는데, 그 아버지가 아버지의 입장을 방패로 삼으신다면 '화학'보다 소리 높이 외치는 조상님이 제 편이 되어 줄 거예요. 클라스 집안의 가족은 '학문'을 뛰어넘는 것이에요. 전 지금까지 아버지의 딸노릇을 지나치게 해 왔어요."

"그럼 넌 내 사형집행인이 될 생각이란 말이냐?" 클라스는 약하고 약한 목소리로 말했다.

마르그리트는 방금 늦춘 역할을 포기하게 될까 봐 그 자리에서 달아났다. 그녀는 "아버지를 너무 거역하지 말고 아버지를 사랑해 드려라!"고 자신에게 말한 어머니의 목소리가 들려오는 것 같았다.

"아가씨가 위에서 굉장한 일을 하고 있어." 점심을 먹기 위해 부엌에 내려온 르뮐키니에가 큰소리로 말했다. "우리는 곧 비밀을 발견하려던 참이었어. 남은 건 7월의 태양이 아주 조금만 내리쬐어 주면 그만인데 말이야. 나리께선 아! 정말 대단하신 분이야! 마치 진짜 하느님이 되어버리신 것 같아! 우리가 만물의 원리를 아는 데는 바로 그것만 있으면 되는데 말이야." 흔히 주걱(팔레트)이라 부르는 위턱 앞니를 오른손 엄지손톱으로 탁 튀기면서 조세트에게 말했다. "그런데 그만 와장창하고 말았어! 아가씨가 별것도 아닌 어음 때문에 올라와서 소리를 질렀으니."

"그래요? 그럼 당신 봉급으로 지불하면 될 것 아니우?" 마르타가 말했다. "그 어음이니 뭐니 하는 것을."

"내 빵에 바를 버터는 없는 거야?" 르뮐키니에가 조세트에게 물었다.

"버터 살 돈이 어디 있어요?" 요리사가 가시 돋친 목소리로 대답했다.

"흥, 늙어빠진 영감탱이. 악마의 부엌에서 황금을 만들고 있다면서 그까짓 버터는 왜 못 만드는 거야? 별로 어려운 일도 아닐 텐데. 그걸 시장에 내다 팔아서 먹고살면 되잖아. 우리가 먹는 건 아무것도 바르지 않은 빵이라구요! 아가씨들도 두 분 다 빵과 호두로 견디고 계신데, 당신은 주인님들보다 좋은 걸 먹고 싶다는 거유? 마르그리트 아가씨는 이 집 살림을 유지하는 데 100프랑밖에 쓰지 않으신다고요. 우린 이제 저녁식사밖에 만들지 않을 거예요. 맛있는 걸 먹고 싶다면, 진주를 달이고 있는 화덕이 다락방에 있잖수? 시장에서는 모두 그 이야기로 자자하던데. 거기서 로스트치킨이라도 만들면 되겠구면."

르뮐키니에는 빵을 집어 들고 나갔다.

"저 영감 자기 돈으로 뭔가 사러 나간 거야." 마르타가 말했다. "잘 됐어. 그만큼 절약이 될 테니까. 저 짐승 같은 놈, 끔찍한 노랑이!"

"먹을 걸 주지 말고 저 영감을 굶겨 죽여야 하는 데 말이에요." 조세트가 말했다. "저 놈의 영감은 벌써 일주일이나 청소를 하지 않았어요. 내가 저 영감 대신 일하고 있는 걸요. 저 영감 맨날 다락방에 올라가 있으니 어떡해요. 청어나 몇 마리 갖다 주면 좋겠는데. 가져 오기만 해 봐, 아주 확 빼앗아버릴 테니!"

"아니!" 마르타가 말했다. "저건 마르그리트 아가씨가 울고 계시는 소리잖아. 늙은 마법사 같은 아버지가 인간다운 말은 한 마디도 하지 않고 이 집을 통째로 말아 드실 거야. 그 마법사가 말이야. 내가 태어난 나라 같으면 그런 마법사는 벌써 산 채로 화형 당했을 텐데. 이곳에선 아프리카의 무어인들처럼 신앙심이 없다니까."

마르그리트는 회랑을 건너가면서 울음을 참지 못하고 있었다. 그녀는 자기 방에 들어가는 즉시 어머니의 편지를 찾았다. 그리고 다음과 같은 글을 읽었다.

"내 딸 마르그리트, 하느님이 용서해 주신다면, 네가 이 글을, 내가 쓴 마지막 말을 읽을 때는 내 영혼은 네 마음속에 살아 있을 거다! 저항하지 못하고 결국 나는 소중한 자식들을 악마의 손에 맡기고 말았지만, 이 편지는 너희들에 대한 사랑으로 넘치고 있단다. 그 사람은 내 생명과 내 사랑조차 집어삼켰듯이 너희들의 빵도 빼앗아버릴 거야. 너는 내가 아버지를 얼마나 사랑하고 있었는지 알고 있을 거다! 하지만 이젠 전만큼 그를 사랑하지 못하고 죽어간다. 그것은 아버지에게, 살아 있는 동안에는 도저히 입 밖에 낼 수 없는 여러 가지 예방 조치를 짜내고 있으니 말이다. 네가 불행의 정점에 선 날을 위해 내 관 속에 마지막 자금을 넣어 두마. 만약 너희들이 빈털터리가 되거나 명예를 지켜야 할 상황이 되었을 때 너희들의 생활에 도움이 되도록, 만약 소리스 씨가 아직 살아계신다면 소리스 씨에게, 돌아가셨다면 그 착한 조카 엠마뉴엘에게 가면 17만 프랑쯤을 돈을 남겨 둔 곳을 알려줄 것이다. 무슨 짓으로도 아버지의 열정을 가라앉힐 수 없다면, 아버지에게 있어서 자식들이 나의 행복보다 강한 울타리가 되지 않아서, 죄 많은 걸음을 멈추게 할 수 없다면, 아버지 곁을 떠나 너희들만이라도 살아다오. 나는 그를 버릴 수가 없었다. 나에게는 끝까지 그의 곁에 있어야 할 의무가 있었어. 마르그리트, 넌 가족을 구하여라! 가브리엘과 장과 페리시를 지키기 위해서라면 무슨 일을 해도 너를 용서하마. 용기를 가지고 클라스 집안의 수호천사가 되어다오. 마음을 굳게 먹고. 연민을 버리라고까지는 감히 말하지 않겠다. 하지만 이미 일어나 버린 불행에서 일어서려면 약간의 재산을 남겨둘 필요가 있다. 너는 자신의 몸이 가난에서 방금 빠져나온 것으로 여겨야 해. 나한테서 모든 것을 빼앗은 그 미친 듯한 정열은 무엇으로도 막을 수 없단다. 그러니 마르그리트야, 너의 선량한 마음을 잊는 것이 바로 네가 진정으로 선량해지는 길이란다. 아버지를 배신해야만 한다면, 너는 네 자신의 마음을 숨기는 것이 명예로운 길이다. 아무리 비난 받더라도, 너의 행위는 모두 가족을 지킨다는 목적에서 나온 용감한 행위가 될 것이다. 고결한 소리스 씨는 나에게 그렇게 말씀하셨어. 소리스 씨만큼 마음이 정결하고 선견지명을 갖춘 분은 없단다. 그분의 말씀이 없었으면, 죽음을 앞두고 너에게 이 글을 써남길 힘이 없었을 것이다. 하지만 이 무서운 투쟁에서도 언제나 예의바르고 선량하여라! 존경하는 마음으로 거역하고 연민을 담아서 거절하여라. 그리하여 나는 무덤 속에서 그때까지 몰랐던 눈물을 흘리며, 내가 죽은 뒤에야 보이게 될 수많은 고통을 맛보게 될 것이다. 하느님과 성인들이 너와 함께 하시기를.

조세핀"

이 편지와 함께 소리스 신부와 조카 엠마뉴엘의 증서가 들어 있었다. 그것은 아이들이 이 증서를 두 사람에게 보여주면, 클라스 부인이 두 사람에게 맡긴 위탁금을 돌려주겠다고 서약하는 증서였다.

"마르타" 마르그리트가 늙은 하녀에게 소리치자, 그녀가 얼른 위층으로 올라왔다. "엠마뉴엘 씨 댁에 가서 우리집에 와 주십사고 전해 줘요." 마르그리트는 생각했다. "어쩜 이토록 고귀하고 신중한 사람일까! 그 사람은 나에게 아무 말도 하지 않았어. 내 모든 걱정도 슬픔을 함께 나누고 있었으면서도 나에게 한 마디도 하지 않았어."

엠마뉴엘은 마르타가 도착하기도 전에 찾아왔다.

"나에게 숨기고 계신 것 있죠?" 그녀는 증서를 보여주면서 엠마뉴엘에게 말했다.

엠마뉴엘은 고개를 끄덕였다.

"마르그리트, 그럼 당신은 지금 매우 불행한 거군요?" 그는 눈에 눈물을 글썽이면서 대답했다.

"그래요! 무척이나 불행해요. 도와주세요. 당신을 어머니는 우리의 착한 엠마뉴엘이라고 부르셨어요." 마르그리트는 그에게 어머니의 편지를 보여주면서, 자신의 선택을 어머니가 인정한 셈이라는 것을 알고 기쁨의 몸짓을 억제할 수가 없었다.

"회랑에서 당신을 처음 만난 다음날부터 나의 피와 생명은 당신의 것이었어요." 그는 희비가 담긴 눈물을 흘리면서 대답했다. "하지만 당신이 내 피를 받아들여 주는 날이 오리라고는 생각하지 않았고, 그것을 감히 바라지도 않았지요. 당신이 내가 어떤 사람인지 아신다면, 나의 서약이 얼마나 신성한 것인지도 아실 겁니다. 내가 당신 어머니의 의지를 전적으로 따른 것을 부디 용서해 주십시오. 어머니의 의향이 어떻든 그것을 판단하는 것은 나의 권한을 넘어선 것이었습니다."

"당신은 우리를 구원해 주셨어요." 그녀는 엠마뉴엘의 말을 가로막더니 그의 팔을 잡고 응접실로 내려갔다.

엠마뉴엘이 자신이 보관하고 있던 거금의 출처를 알려주자, 마르그리트는 가족을 괴롭히고 있는 위급한 상황을 그에게 털어놓았다.

"환어음을 지불하러 가야겠군요." 엠마뉴엘이 말했다. "어음이 전부 메르스크튜스 씨에게 있다면, 이자만큼은 득을 볼 수 있어요. 당신 몫으로 남아 있는 7만 프랑을 돌려드리겠습니다. 백부님은 같은 금액의 돈을 비밀리에 운반할 수 있도록 듀카 금화로 남겨주셨거든요."

"알겠어요." 마르그리트가 말했다. "밤이 되면 갖다 주세요. 아버지가 주무시고 난 뒤 둘이서 감추기로 해요. 나에게 돈이 있는 것을 아버지가 알기라도 하면, 아버지가 억지로 나한테서 빼앗아 가버릴 테니까요. 아! 하지만 엠마뉘엘 씨, 이렇게 아버지를 의심하게 되다니요!" 그녀는 눈물을 흘리면서 엠마뉘엘의 가슴에 이마를 기댔다.

마르그리트는 그렇게 사랑스럽고 슬픈 동작으로 엠마뉘엘에게 비호를 청했는데, 그것이 그녀의 사랑을 보여주는 최초의 표현이었다. 그때까지 그 사랑은 늘 우수에 가려 있고 언제나 고뇌 속에 갇혀 있었다. 그러나 가슴을 너무 가득 채우고 있던 이 생각은 결국 넘쳐흐르지 않을 수 없었다. 더욱이 그것은 가난이라는 무거운 짐도 지고 있었다.

"어떻게 하면 좋을까요? 아버지는 아무것도 보지 못하세요. 우리에 대해서도 자기 자신에 대해서도 아무 관심이 없으시죠. 불타는 듯이 뜨거운 그 다락방에서 아버지가 어떻게 지내고 계시는 건지 전 알 수가 없어요.

"'말(馬)을 가져라, 이 왕국 대신'*97이라고 늘 외치는 리처드 3세에게 무엇을 기대할 수 있겠어요?" 엠마뉘엘이 말했다. "그런 사람은 언제나 냉혹합니다. 그래서 당신도 냉혹해져야 해요. 환어음을 지불하세요. 만약 괜찮다면 당신의 재산도 드리세요. 하지만 동생들의 재산은 당신 것도 아니고 아버님 것도 아닙니다."

"내 재산을 드리라고요?" 그녀가 엠마뉘엘의 손을 잡고 타는 듯한 시선을 그에게 던졌다. "당신이 그런 말을 하시다니, 당신이! 피에르캉은 내 재산을 챙겨두려고 있는 말 없는 말 다하고 있는데."

"아! 아마 난 내 나름대로 이기적인 건지도 모릅니다. 어떤 때는 당신에게 재산 같은 건 아예 없는 편이 낫다고 생각해요. 그편이 당신이 나한테 더 가까이 있는 듯한 느낌이 들어서요. 또 어떤 때는 당신이 부자면 좋겠다고 생각하기도 하지만, 또 어떤 때는 재산이라는 하찮은 권세 때문에 두 사람

---

*97 셰익스피어 《리처드 3세》 제5막, 제4장.

사이에 거리를 느끼는 건 좁은 생각이라는 느낌이 들기도 합니다."

"엠마뉴엘, 우리 두 사람에 대한 이야기는 하지 말아요……"

"우리 두 사람!" 그는 도취한 것처럼 말한 뒤, 잠시 사이를 두었다가 덧붙였다. "이번 난관은 작은 것이 아니지만 극복하지 못할 것도 없어요."

"둘이서 극복할 수 있어요. 클라스 집안에는 이제 가장이 없답니다. 아버지는 어떤 나락의 바닥에 떨어졌기에 아버지도 아니고 인간도 아니고, 또 옳고 그름을 전혀 가리지 못하게 되어 버렸을까요? 그렇게 훌륭하고 너그럽고 정직했던 아버지가 법률을 어기고, 자신이 보호자 역할을 해야 할 자식들의 재산을 탕진해 버렸어요."

"불행한 일이지만, 마르그리트, 아버님은 가장으로서는 잘못하셨지만, 학문적으로는 올바른 일을 하고 계시는 겁니다. 유럽의 수십 명의 사람들은 아버님께 감탄하겠지만, 다른 사람들은 모두 도저히 제정신이 아니라고 비난하겠지요. 하지만 당신은 망설임 없이 당신들의 재산을 아버지께 건네는 것을 거절해도 됩니다. 발견은 언제나 우연의 산물이었죠. 아버님이 우연히 그 문제를 해결한다 해도 그다지 비용을 들이지 않고 발견할 수 있을 겁니다. 어쩌면 절망할 무렵에 그것이 실현될지도 모르지요!"

"어머니는 행복하신 분이에요." 마르그리트가 말했다. "어머닌 과학과의 최초의 충돌로 목숨을 잃지 않으셨다면, 죽기 전에 몇 번이나 죽음에 내몰렸을지 모르니까요. 이 싸움에는 끝이 없어요……"

"끝은 있습니다." 엠마뉴엘이 대답했다. "당신이 빈털터리가 되면 클라스 씨도 더 이상 신용을 잃고 그만두는 수밖에 없습니다……"

"그럼 오늘 당장이라도 그만두시면 좋겠어요." 마르그리트가 소리쳤다. "이젠 도저히 버틸 수가 없어요."

소리스 씨는 환어음을 되사러 가서 그것을 가지고 마르그리트에게 다시 왔다. 발타자르 클라스는 전에 없이 저녁 식사 시간 조금 전에 내려왔다. 딸 마르그리트는 2년 만에 처음으로 아버지의 얼굴이 무서울 만큼 슬픈 표정인 것을 알아차렸다. 그는 다시 아버지로 돌아온 것이었다. 이성이 과학을 물리친 것이다. 그는 안마당과 정원을 바라보면서 딸과 단둘뿐인 것을 확인하자, 우울한 감정과 호의에 넘치는 몸짓으로 딸에게 다가갔다.

"마르그리트" 그는 마르그리트의 손을 꼭 잡으면서 간절하고 자애롭게 말했다. "이 늙은 아버지를 용서해 다오. 그래, 마르그리트, 난 틀렸다, 네가 옳아서. 발견에 성공하지 못하는 한, 난 비참한 인간일 뿐이다! 이 집에서 나가마. 방 클라스가 팔려 가는 것을 보고 싶지 않아서다." 그는 순교자의 초상화를 가리키면서 말했다. "그는 '자유'를 위해 죽었고 난 과학을 위해 죽지만, 방 클라스는 숭배의 대상이 되고 난 증오의 대상이 될 뿐이다."

"무슨 말씀이에요, 아버지? 그렇지 않아요." 그녀는 아버지 가슴에 뛰어들면서 말했다. "저희들은 모두 아버지를 존경하고 있어요. 안 그래, 페리시?" 그녀는 그때 응접실에 들어온 여동생에게 말했다.

"왜 그러세요, 아버지?" 페리시가 아버지의 손을 잡으면서 말했다.

"나는 너희들을 파산시키고 말았다."

"어머나!" 페리시가 소리쳤다. "가브리엘과 장이 돈을 벌어다 줄 거예요. 장은 반에서 늘 일등이래요."

"아버지." 마르그리트는 발타자르를 애교와 어리광이 가득한 몸짓으로 벽난로 앞으로 데리고 갔다. 그리고 벽난로 위에 놓인 탁상시계 밑에서 종이를 몇 장 꺼냈다. "여기 환어음이 있어요. 하지만 이제부터는 여기에 서명하지 말아주세요. 지불할 수 있는 돈이 이제 없으니까요……."

"그럼 너에게는 돈이 있었구나?" 놀라서 정신이 번쩍 든 발타자르가 마르그리트 귓전에 대고 말했다.

그 말에 이 용감한 아가씨는 숨이 막히는 것만 같았다. 그만큼 아버지 얼굴에는 열광과 기쁨과 희망이 있었다. 그는 마치 돈을 찾아내려는 듯이 주위를 둘러보았다.

"아버지." 그녀는 비통한 목소리로 대답했다. "제 몫의 재산은 있어요."

"그것을 나에게 주지 않겠니?" 그는 자신도 모르게 탐욕스러운 몸짓으로 소리쳤다. "백배로 해서 돌려주마."

"좋아요. 아버지께 드리겠어요." 마르그리트는 발타자르를 바라보면서 대답했다. 하지만 그는 딸의 그 말에 어떤 의미가 담겨 있는지 모르고 있었다.

"아! 마르그리트." 그가 말했다. "네 덕분에 살았다! 난 드디어 마지막 실험이 떠올랐단다. 그 다음에는 더 이상 할 수 있는 일이 아무것도 없어. 이번에도 발견하지 못하면 '절대'의 탐구를 포기하는 수밖에 없다. 자, 손을 좀 빌려다오, 마르그리트. 난 너를 이 세상에서 가장 행복한 여자로 만들어

주고 싶다. 넌 나를 행운으로, 영예로 이끌어 주는 거야. 너에게 보물을 쌓아줄 수 있는 힘을 나에게 주는 거지. 그러면 난 너에게 보석과 값비싼 물건들을 신물이 나도록 안겨주마."

그는 마르그리트의 이마에 키스한 뒤 두 손을 꼭 잡고, 거의 노예처럼 비굴한 모습으로 기쁨을 나타냈다. 저녁 식사 동안에도 발타자르는 내내 마르그리트만 쳐다보았다. 애인이 정부에게 하듯이 열심히 주의 깊게 그녀를 바라보고 있었다. 조금이라도 몸을 움직인다 싶으면 그녀의 생각, 그녀의 바람을 알아채고, 그녀에게 봉사하기 위해 일어서는 것이었다. 그러나 마르그리트는 그런 아버지가 부끄러웠다. 그의 배려에는 나이보다 빨리 찾아온 노화와 앞뒤가 맞지 않는 어떤 젊음이 엿보였다. 그러나 마르그리트는 그러한 아부에 대해 의혹의 말을 던지거나 식당의 텅 빈 식기찬장에 눈길을 주거나 하여, 현실적으로 궁핍한 장면을 보여주려고 했다. "뭘 그까짓 것" 그는 마르그리트에게 말했다. "반년만 지나면 이곳을 황금과 온갖 보물로 가득 채워주마. 넌 마치 여왕처럼 될 거다. 그래! 자연이 송두리째 우리의 것이 된단다. 우리는 만물의 위에 서는 것이다……그것도 너의 힘으로……나의 마르그리트. 아니, 마르가리타!" 그는 미소를 지으면서 계속했다. "네 이름은 예언이다. 마르가리타는 진주라는 의미지. *98 스턴이 어딘가에서 말했지. *99 넌 스턴을 읽은 적이 있니? 스턴의 소설을 읽어보고 싶지 않니? 정말 재미있단다."

"진주는 질병의 작용으로 생기는 것이래요." 그녀가 대답했다. "우리는 이미 충분히 고생했어요."

"어두운 생각은 하지 않는 게 좋아. 넌 너를 사랑하고 있는 사람들을 행복하게 해주는 거다. 넌 더욱 강해져서 큰 부자가 되어야지."

"아가씨는 마음씨가 정말 천사 같으시군요." 르뮐키니에가 끼어들어 마마자국이 가득한 얼굴로 겨우 웃는 얼굴을 짓고 있었다.

발타자르는 그날 저녁 내내 자신의 성질상 짜낼 수 있는 최대한의 애교와 대화의 매력을 두 딸들에게 발산했다. 그의 말과 눈길은 뱀처럼 딸들을 휘감

---

*98 라틴어로 마르가리타는 진주라는 뜻.
*99 발자크가 애독한 영국 소설가 로렌스 스턴(1713~68)을 가리키지만, 마르가리타라는 라틴어가 기록되어 있는 《스턴의 회상록》은 현재는 스턴이 쓴 것이 아닌 것으로 되어 있다.

으며 자력(磁力)을 내뿜었다. 그는 그 천재의 힘, 조세핀을 매혹한 그 사랑이 담긴 기지를 마음껏 뿌리면서 딸들을 거의 사로잡아버렸다. 엠마뉘엘 드 소리스가 찾아왔을 때, 그는 오랜만에 아버지와 딸들이 함께 있는 장면을 목격했다. 젊은 교장은 조심스러운 듯했지만 그 광경에 매료되고 말았다. 왜냐하면 발타자르의 대화와 거동에는 맞서기 힘든 힘이 있었기 때문이다. 학문을 연구하는 사람들은 사색의 심연 속에 빠져 끊임없이 정신계의 관찰에 전념하지만, 그래도 자신들이 생활하고 있는 영역의 가장 세부적인 일도 알아차리는 법이다. 멍청하다기보다는 어울리지 않는 반응을 하는 그들은, 자신을 에워싸는 것과 조화를 유지하는 일이 결코 없다. 그들은 모든 것을 알고 모든 것을 잊는다. 그는 미리 미래를 판단하고 자신들을 위해서만 예언하며, 갑자기 사건이 일어나기 전에 깨닫지만 그것에 대해서는 아무 말도 하지 않는다. 침묵의 명상 속에서도 그들은, 자신의 힘으로 주위에서 일어나는 일을 알 수 있어도, 그것을 헤아렸다는 것만으로 그들에게는 충분하다. 연구에서는 나를 잊어버리고, 실생활에서 깨달은 지식을 적용하지 못한다. 때로는 사회의 사건에 무감각한 상태에서 깨어나거나 정신계에서 외부세계로 떨어지지만, 그들은 풍부한 기억과 함께 그 세계로 돌아와서, 거기서 모든 것에 통하게 된다. 그리하여 발타자르는 그 명민한 두뇌에 명민한 마음이 더하여 마르그리트의 과거의 모든 것을 통찰했다. 그녀를 엠마뉘엘과 맺어준 신비로운 사랑의 아주 하찮은 사건도 깨닫고 추측했다. 마지막으로 그는 그것을 교묘하게 두 사람에게 알리고, 두 사람의 애정을 함께 나눔으로써 승인했다. 그것은 아버지로서 할 수 있는 가장 즐거운 추종이었고, 두 연인은 그것에 맞설 수 없었다. 그것은 가엾은 아이들의 생활을 덮치고 있던 슬픔과는 대조적인, 매우 편안한 저녁 한때였다. 엠마뉘엘과 아이들을 환한 빛으로 채우고 달콤한 말 속에 잠기게 한 뒤 발타자르가 물러가자, 그때까지 거북한 기색이었던 엠마뉘엘 드 소리스는 주머니에 넣어둔 3천 듀카의 금화를 누가 볼까 두려워하면서 꺼냈다. 그는 금화를 마르그리트의 재봉대 위에 꺼내놓고 그녀가 수선하고 있던 천으로 그것을 싼 뒤 다시 나머지 돈을 가지러 갔다. 그가 돌아오자 페리시는 이미 자러 가서 거기에는 없었다. 시계가 11시를 치고 있었다. 여주인이 옷 갈아입는 것을 도와주기 위해 아직 자지 않고 있던 마르타도 페리시의 방에서 시중을 들고 있었다.

"이걸 어디에 숨겨둘까요?" 마르그리트는 기쁨을 참지 못하고 듀카 금화를 손으로 만지작거리고 있었다. 그러나 그 어린아이 같은 행동이 파멸의 원인이 되고 말았다.

"대좌 속이 비어 있는 이 대리석 기둥을 들어 올립시다." 엠마뉘엘이 말했다. "이 금화꾸러미를 이 속에 넣으세요. 그러면 그 무서운 분도 찾아내지 못할 겁니다."

마르그리트가 재봉대에서 그 기둥까지 금화 꾸러미를 몇 번이나 나른 끝에 드디어 끝났을 때였다. 그녀가 날카로운 소리를 지르면서 꾸러미를 떨어뜨렸다. 금화는 종이를 찢고 바닥에 흩어졌다. 아버지가 응접실 문 앞에서 들여다보고 있었던 것이다. 그 탐욕스러운 표정을 보고 그녀는 소름이 끼쳤다.

"너희들 거기서 뭘 하고 있는 거냐?" 발타자르는 공포로 못 박힌 듯 서 있는 딸과, 당황하여 일어섰지만 기둥 옆에서 의미심장한 자세를 취하고 있던 엠마뉘엘을 번갈아 쳐다보았다. 금화가 바닥 위에 흩어지면서 무서운 소리를 냈다. 그렇게 금화가 바닥에 뿌려진 모습은 무언가를 예언하고 있는 것처럼 보였다. 발타자르는 의자에 앉아 입을 열었다.

"역시 그랬군. 분명히 금화 소리가 들렸다고 생각했지."

발타자르도 젊은 두 사람 못지않게 놀라고 있었다. 두 사람의 심장 소리가 완전히 똑같은 리듬으로 고동치고 있어서, 응접실을 갑자기 지배하게 된 침묵 속에서 그 고동 소리가 시계추처럼 또렷하게 들려왔다.

"고마워요, 소리스 씨." 마르그리트가 엠마뉘엘에게 인사를 하면서 보낸 눈길에는 "이 돈을 구할 수 있도록 도와 주세요." 하는 뜻이 담겨 있었다.

"아니, 그럼 이 금화는" 발타자르는 말을 계속하면서 딸과 엠마뉘엘을 소름이 끼칠 만큼 멀쩡한 눈빛으로 바라보았다.

"이 금화는 소리스 씨 거예요. 우리의 담보를 풀 수 있도록 저에게 빌려 주셨어요." 그녀가 발타자르에게 말했다.

소리스 씨는 얼굴을 붉히며 응접실에서 나가려고 했다.

"소리스." 발타자르는 엠마뉘엘의 팔을 붙잡고 말했다. "감사의 인사를 해야겠으니 다시 들어오게."

"발타자르 씨, 당신에게 감사 인사를 들을 이유는 없습니다. 이 돈은 마르그리트 씨의 것입니다. 마르그리트 씨는 자신의 재산을 담보로 저한테 빌렸습니다." 그렇게 대답하면서, 그가 연인의 얼굴을 바라보자, 마르그리트는 다른 사람은 눈치채지 못할 정도로 눈짓하면서 그에게 감사를 표시했다.

"그건 인정할 수 없는걸." 클라스는 페리시가 글을 쓰고 있던 테이블에서 펜과 종이 한 장을 가져와 놀라고 있는 두 젊은이를 향했다.

"얼마나 되지?"

미친 듯한 열정이 발타자르를 가장 빈틈없는 집사보다 더 영악한 사람으로 만들고 말았다. 거금이 지금 자신의 손에 들어오려 하고 있었다. 마르그리트와 소리스는 대답을 못하고 우물거렸다.

"말해 보렴." 발타자르가 말했다.

"6천 듀카입니다." 엠마뉴엘이 대답했다.

"그렇다면 7만 프랑이군." 클라스가 말했다.

마르그리트가 연인에게 던진 일별이 그에게 용기를 가져다주었다.

"클라스 씨." 그가 떨리는 목소리로 말했다. "당신과의 담보계약은 무효입니다. 이러한 전문적인 표현을 용서해주십시오. 저는 오늘 아침 따님에게 당신이 지불할 수 없게 된 환어음을 되사기 위해 10만 프랑을 빌려드렸습니다. 클라스 씨는 저에게 담보를 제공할 수 없습니다. 이 7만 프랑도 따님의 것이고, 따님은 이것을 자유롭게 쓸 수 있습니다. 단, 벌채된 베니의 삼림 가운데 아가씨의 상속분을 담보로 할 수 있는 계약에 서명하겠다고 약속하셨기 때문에 빌려드리는 겁니다."

마르그리트는 눈에 어린 눈물을 보이지 않으려고, 고개를 돌렸다. 그녀는 엠마뉴엘의 특징인 깨끗한 마음을 알고 있었던 것이다. 백부로부터 종교인으로서의 미덕을 가장 엄격하게 지키는 교육을 받은 이 청년은 거짓말을 특별히 두려워하고 있었다. 그런 그가 마르그리트를 위해 생명과 마음을 바치고 이렇게 양심까지 희생한 것이다.

"잘 가게, 소리스." 발타자르가 말했다. "자네를 아들처럼 여기는 사람에게 좀 더 신뢰를 지니고 있을 줄 알았네만."

엠마뉴엘은 마르그리트와 안타까운 눈길을 주고받은 뒤, 마르타의 배웅을 받으면서 밖으로 나갔다. 마르타가 거리를 향한 문을 닫았다. 아버지와 딸만 남자 클라스는 마르그리트에게 말했다.

"너는 이 아버지를 사랑하고 있지?"

"그렇게 돌려서 말씀하실 필요 없어요, 아버지. 이 돈을 갖고 싶으신 거죠? 하지만 이건 절대로 드릴 수 없어요."

그녀는 흩어진 듀카 금화를 주워 모으기 시작했다. 아버지도 잠자코 금화를 주워서 딸이 흩어진 금화의 금액을 확인하는 것을 도와주었다. 그러자 마르그리트도 그를 조금도 경계하지 않고 그가 하는 대로 내버려 두었다. 2천 듀카가 원래대로 모이자, 발타자르는 절망적인 모습으로 말했다.

"마르그리트, 나에게는 이 돈이 필요하다!"

"만약 이것을 빼앗아가시면 아버진 도둑이 되는 거예요." 그녀는 차갑게 내뱉었다. "아시겠어요, 아버지? 하루하루 몇 번이고 죽음의 위협을 느낄 바에는 단칼에 죽어버리는 게 나을 거예요. 이제 아버지 아니면 저희, 어느 한쪽이 죽게 돼요."

"그럼 넌 네 아버지를 죽게 내버려 두겠다는 뜻이냐?"

"어머니의 복수를 하려는 거예요." 그녀는 클라스 부인이 죽은 장소를 가리키면서 말했다.

"마르그리트, 사실은 어떤 사정이었는지 만약 네가 안다면 그렇게 말하지는 않을 텐데. 잘 들어라, 설명해 줄 테니……그래도 역시 넌 모르겠지?" 발타자르는 절망한 듯이 소리쳤다. "아무래도 좋으니 그 돈을 나에게 넘겨다오! 한번만이라도 아버지를 믿어주렴. 그래 나 자신도 잘 알고 있다. 네 어머니를 고생시키고, 아무것도 모르는 자들이 말하듯이 내가 내 재산을 탕진해 버리고 너희들 재산까지 가로채버렸기 때문에, 너희들이 제 정신이 아니라고 말하고 있는 자 때문에, 너희들 모두가 혹사당하고 있다는 것을 다 알고 있다. 하지만 나의 천사, 사랑하는 내 딸, 귀여운 내 딸, 나의 마르그리트, 제발 어떻게 안 되겠니? 만약 성공한다면 난 너에게 고개를 숙일 것이다. 너는 나를 따르지 않았지만, 나는 너를 따르마. 네 생각대로 하마. 내 재산의 운용을 너에게 맡기겠다. 또 아이들의 후견인 역할도 포기하겠어. 모든 권한을 포기하마. 네 어머니를 걸고 맹세한다." 클라스는 그렇게 말하면서 눈물을 흘렸다.

마르그리트는 눈물을 흘리고 있는 그 얼굴을 보지 않으려고 고개를 돌렸다. 클라스는 딸이 전의를 잃어가고 있는 것으로 생각하고 딸 앞에 무릎을 꿇었다.

"마르그리트, 마르그리트! 나에게 다오, 그 돈을 이리 다오! 이제부터 영원히 후회하지 않을 텐데 그깟 6만 프랑이 뭐란 말이냐? 얘야, 난 죽게 될 거야, 이 돈이 나를 죽일 거야. 듣고 있니? 신성한 내 말을? 만약 실패하면 연구를 포기하마. 그땐 플랑드르에서 떠나주마. 네가 원한다면 프랑스에서도 떠나 주마. 그리고 인부처럼 일하러 나가 한 푼씩 벌어 재산을 다시 모아서, 과학에 빼앗긴 것을 언젠가 자식들에게 돌려주마."

마르그리트는 아버지를 일으켜 세우려고 했지만, 그는 딸의 무릎에 매달린 채 눈물을 흘리면서 다시 말을 이었다.

"마지막 소원이니 이 아버지에게 효도하는 셈 치면 안 될까? 만약 내가 성공하지 못하면, 네가 아무리 화를 내고 분풀이를 해도 네가 옳은 거니까 기꺼이 받아주마. 나를 늙은 미치광이라고 불러도 좋다! 그런 말을 들으면 네 두 손에 키스를 하마. 나를 때리고 싶다면 때려라. 너에게 맞는다면, 네 피를 받은 것으로 여기고 가장 훌륭한 딸이라고 축복해주마."

"제 피라면 얼마든지 드리겠어요." 마르그리트는 소리쳤다. "하지만 과학 때문에 동생들의 목을 조를 수는 없어요. 그럴 수는 없어요! 그만두세요. 그만두세요, 아버지." 마르그리트는 눈물을 닦으면서, 애무하는 아버지의 손을 뿌리쳤다.

"6만 프랑과 두 달이다." 발타자르는 일어서서 격앙된 목소리로 말했다. "나에게 필요한 것은 이제 그것뿐이다. 그런데 내 딸은 영광과 부와 나 사이에 끼어들어 그것을 가로막고 있구나. 저주해 주마!" 그는 계속했다. "너는 내 딸도 아니고 여자도 아니다. 너에게는 마음이라는 것이 없어. 넌 어머니도 아내도 될 수 없다." 그는 다시 덧붙였다. "나에게 주지 않겠니, 응? 사랑스런 내 딸, 소중한 자식, 난 영원히 너를 사랑해 줄 것이다."

그는 말을 계속하면서 맹렬한 기세로 금화에 손을 뻗었다.

"전 완력에 저항할 수 없어요. 하지만 위대한 클라스가 우리를 지켜보고 있어요!" 마르그리트는 초상화를 가리켰다.

"좋다, 네 애비를 피 흘리게 하고 살아갈 수 있을지, 어디 한번 해 봐라." 발타자르는 무서운 눈빛으로 그녀를 쏘아보면서 외쳤다.

발타자르는 일어나서 응접실을 바라보고는 천천히 밖으로 나갔다. 문까지

오자, 마치 거지같은 모습으로 돌아서서 딸의 진의를 묻는 듯한 눈길을 보냈다. 마르그리트는 고개를 저으며 역시 안 된다고 대답했다.

"그럼 잘 있거라, 마르그리트." 발타자르는 다정하게 말했다. "행복하게 살기를."

발타자르가 가버리자, 마르그리트는 망연하게 지상에서 분리된 것처럼 느껴졌다. 그녀는 이미 응접실에 있지 않았다. 몸에서 감각이 사라졌다. 날개를 달고 마음의 영역을 날고 있었다. 거기서는 모든 것이 광대하고, 생각이 공간과 시간을 가까이 끌어당겨, 뭔가 신성한 손이 미래를 향해 펼쳐져 있는 장막을 걷고 있었다. 아버지가 계단을 올라가는 한 걸음 한 걸음에 며칠이나 지나가 버리는 것 같았다. 그런 다음 아버지가 자기 방에 들어가는 소리가 들려왔을 때, 그녀는 공포의 전율을 느꼈다. 영혼 속에서 번쩍이는 번개처럼 퍼지는 예감에 이끌려, 그녀는 등불도 없이 소리도 내지 않고 계단을 쏜살처럼 뛰어올라 갔다. 그리고 아버지가 권총을 이마에 겨누고 있는 것을 보았다.

"전부 가지세요!" 그녀는 아버지를 향해 돌진하면서 소리쳤다.

그녀는 안락의자에 쓰러졌다. 발타자르는 딸이 새파랗게 질려 있는 모습을 보고 노인처럼 울기 시작했다. 그는 어린아이로 돌아가고 만 것이다. 그녀의 이마에 키스하고 알아들을 수 없는 말을 하더니 펄쩍 뛸 듯이 기뻐했다. 그리고 마치 애인이 사랑하는 여자한테서 행복을 선물 받고 그녀와 희롱하듯이 딸과 희희낙락하고 싶어하는 기색을 보였다.

"그만하세요! 그만하세요, 아버지." 그녀가 소리쳤다. "약속을 기억하세요! 성공하지 못하시면 제가 하자는 대로 하시는 거예요!"

"물론이지."

"오, 어머니." 그녀는 클라스 부인의 방을 돌아보면서 말했다. "어머니도 전부 드리고 말았죠?"

"이제 그만 가서 자거라." 발타자르가 말했다. "넌 착한 딸이다."

"안녕히 주무세요!" 마르그리트가 대답했다. "저에게는 이미 젊은 시절의 밤은 없어요. 아버지 덕분에 어머니의 마음이 천천히 메말라 간 것처럼 저도 덕분에 늙어버리고 말았어요, 아버지."

"가여운 것. 난 훌륭한 실험을 막 생각해냈는데, 그 결과를 설명하여 너를 안심시키고 싶지만 네가 이해할 수 있을지……"

"우리의 파산 말고는 이해할 수 있는 것이 없을 거예요."

휴일인 이튿날 아침, 엠마뉘엘 드 소리스가 장을 데리고 왔다.

"어떻게 됐습니까?" 엠마뉘엘은 마르그리트에게 가라앉은 목소리로 물었다.

"지고 말았어요." 그녀가 대답했다.

"내 목숨 같은 마르그리트." 그는 기쁨과 우울이 배어 있는 몸짓으로 말했다. "만약 당신이 끝까지 저항했다면 난 당신에게 감탄했을 겁니다. 하지만 당신은 연약했어요. 그래서 당신을 진심으로 사랑합니다!"

"가엾은, 가엾은 엠마뉘엘. 당신에게는 무엇이 남아 있죠?"

"나에게 맡겨 주십시오." 청년은 행복으로 빛나고 있는 듯한 모습으로 소리쳤다. "우리는 서로 사랑하고 있잖아요? 모든 게 다 잘될 겁니다!"

완전한 평온 속에 몇 달이 흘러갔다. 소리스 씨는 마르그리트에게 그녀의 얼마 안 되는 저축으로는 재산을 조금도 모을 수 없다고 설득하여, 저택의 유복한 겉모습을 유지하기 위해 그에게 위탁되어 있는 돈의 잔금을 써서 편안하게 생활하기를 권했다. 이 시기의 마르그리트는 예전에 같은 경우였을 때 어머니를 괴롭힌 온갖 걱정거리에 시달리게 되었다. 아무리 아버지를 믿을 수 없다고 해도, 마르그리트는 결국 아버지의 천재에 희망을 걸게 되었다. 설명할 수 없는 현상이지만, 대부분의 사람들은 보장이 없는 것에 희망을 거는 일이 있다. 희망은 '욕망'의 꽃이고 보장은 '확신'의 열매이다. "아버지의 연구가 성공하면 우리는 행복해질 거야!" 마르그리트는 그렇게 중얼거리곤 했다. 클라스와 르뮐키니에만은 "우리는 성공할 것이다!" 라고 말하고 있었다. 불행하게도 클라스의 얼굴은 날이 갈수록 슬픔에 잠겨 갔다. 저녁을 먹으러 내려와도 어떤 때는 딸의 얼굴을 쳐다보려고도 하지 않고, 또 어떤 때는 의기양양한 시선을 던지기도 했다. 마르그리트는 저녁에 잠시 시간을 내어 소리스 청년한테서 법률적으로 어려운 몇 가지 문제에 대해 설명을 들었다. 그녀는 자신들의 가족관계에 대해 아버지에게 하나씩 질문을 퍼부어 아버지를 곤란하게 했다. 마침내 그녀는 남자가 받는 교육을 끝마쳤다. 아버지가 다시 한 번 미지의 것(X)과의 결투에서 진다면 생각해 둔 계획을 당연히 실행할 각오였다.

7월 초, 발타자르는 하루 종일 정원 벤치에 앉아 슬픈 생각에 잠겨 있었다. 그는 튤립이 한 포기도 남지 않고 사라진 화단과 아내의 방에 수없이 눈길을 주었다. 아마도 그는 자신의 투쟁이 가져온 손해를 하나하나 떠올리면서 온몸을 떨고 있었으리라. 그의 모습을 보면 화학 이외의 것을 생각하고 있는 것이 분명했다. 마르그리트는 저녁 식사 전에 잠시 아버지 곁에 와서 벤치에 앉아 일을 했다.

"어떻게 됐어요, 아버지? 잘 안됐어요?"

"응, 틀린 것 같다, 마르그리트."

"아!" 마르그리트는 다정한 목소리로 말했다. "아버지를 조금도, 정말 조금도 비난하지 않겠어요. 우리는 똑같이 죄를 지었으니까요. 다만 약속을 지켜주셔야 해요. 약속은 신성한 것이고 아버지는 클라스 집안의 일원이니까요. 아이들은 아버지에게 사랑과 존경을 바치고 있어요. 하지만 오늘부터 아버지는 저에게 예속되어 저에게 복종해야 해요. 그러니 걱정 안하셔도 돼요. 저의 통치는 너그러울 것이고, 그 통치가 하루 빨리 끝나도록 노력할 생각이니까요. 전 마르타를 데리고 한 달쯤 여기를 떠날 거예요. 아버지 일 때문에 가는 거예요. 아버진 이제 저의 아이가 된 셈이잖아요." 그녀는 아버지의 이마에 입을 맞췄다. "그래서 내일부터 페리시가 살림을 맡을 거예요. 그 아인 이제 겨우 열일곱 살이니까 아버지를 거역하지 못할 거예요. 넓은 마음으로 대해 주세요. 한 푼도 졸라서는 안 돼요. 그 아이에게는 살림에 빠듯하게 필요한 돈밖에 주지 않았으니까요. 정신 똑바로 차리시고 앞으로 2, 3년은 일도 사색도 그만두세요. 문제는 이윽고 무르익을 거예요. 문제 해결에 필요한 돈을 모아둘 테니. 언젠가 해결하실 수 있을 거예요. 어때요, 당신의 여왕은 너그럽잖아요, 그렇죠?"

"그럼 모든 것이 완전히 끝난 건 아니구나."

"걱정 없어요. 아버지가 약속을 지키신다면요."

"네 말대로 하마, 마르그리트." 클라스가 감동하여 대답했다.

이튿날, 캉브레에서 코닝크 씨가 조카딸을 만나러 왔다. 여행용 마차를 타고 온 그는 마르그리트와 마르타가 여행 준비를 하는 동안만 사촌 집에 머물 생각이었다. 클라스는 친절하게 사촌을 맞이했지만, 보기에도 풀이 죽어 스스로 비하하고 있는 기색이었다. 코닝크 노인은 발타자르의 마음을 짐작했다. 그는 점심을 먹으면서 솔직하게 말했다.

"난 자네 그림을 몇 장 사들였네, 발타자르. 아름다운 그림에 취미가 있어서 말이다. 하지만 그건 돈을 너무 낭비하는 도락이더군. 하기야 우리 모두 각자 열중하는 바가 있지만⋯⋯"

"백부님!" 마르그리트가 말했다.

"모두들 자네가 파산했다고 그러더군, 발타자르. 하지만 클라스 집안사람은 언제나 여기에 보물을 지니고 있지." 그는 이마를 갑자기 두드렸다. "그리고 여기도." 그러고는 자신의 가슴을 가리켰다. "그러니 난 자네에게 기대하고 있네! 내 지갑 속에 돈이 약간 있어서 자네에게 빌려 준 거라네."

"아!" 발타자르가 소리쳤다. "언젠가 꼭 형님에게 금은보화를 돌려드리겠습니다⋯⋯"

"우리가 플랑드르에서 가지고 있는 보물은 발타자르, 인내와 일이라네." 코닝크가 엄격한 목소리로 대답했다. "우리의 조상들은 이마에 그 두 낱말을 새겨 넣고 있었지." 그는 방 클라스 재판소장의 초상화를 가리켰다.

마르그리트는 아버지를 껴안고 작별인사를 했다. 조세트와 페리시에게 여러 가지 주의를 주고 역마차를 타고 파리로 향했다. 홀아비가 된 종조부 코닝크에게는 열두 살 된 딸밖에 없었지만 막대한 자산을 가지고 있었다. 그곳에서 재혼하려고 생각하면 못할 것도 없었다. 그래서 두에 사람들은 클라스 양이 종조부와 결혼할 거라고 생각했다. 이 부호와의 결혼 소문을 듣고 피에르칸이 클라스 집안을 다시 찾아왔다. 이 대단한 타산가의 생각에 커다란 변화가 일어난 것이다. 지난 2년 동안, 이곳 사교계는 두 개의 적대하는 파벌로 나뉘어져 있었다. 귀족들이 하나의 서클을 만들었고, 중산계급이 또 하나의 서클을 만들어, 당연한 일이지만 그 귀족 서클에 적대하고 있었다. 이 갑작스러운 분열은 프랑스 전역으로 번져 프랑스는 적대하는 두 나라로 갈라지고 말았다. 질투에 불타는 흥분이 날이 갈수록 고조되어 1830년의 7월 혁명*100이 지방에서도 호응을 받게 되는 중요한 원인이 되었다. 한쪽은 극단적인 왕당파이고 다른 쪽은 극단적인 자유파였던 이 두 사교계 사이에, 지위의 높낮이에 따라 어느 한 그룹에 속하는 관리들이 있었다. 그들은 왕조의

---

*100 샤를 10세의 반동정치에 반대하여 노동자, 소시민, 학생, 중소기업가들이 일어나서 왕정을 쓰러뜨렸으나, 자유파인 부르주아가 사태를 수습하고 루이 필프가 왕위에 올랐다.

권력이 타도되었을 때는 중립 입장을 취했다. 귀족과 중산계급 사이에 투쟁이 시작된 시기에는, 왕당파 '카페'가 믿기 어려울 만큼 호화로워져서 자유파 '카페'와 너무 치열하게 경쟁했으므로, 소문에 따르면 그런 연회에서 몇 명이 목숨까지 잃었을 정도라고 한다. 그런 사람들의 위장은 잘못 주조된 박격포처럼 이 훈련을 견딜 수 없었던 것이다. 당연한 일이지만, 이 두 사교계는 배타적이 되어 불순분자를 몰아내게 되었다. 피에르칸은 시골사람치고는 매우 부자였지만 귀족 서클에서는 퇴짜맞고 중산계급 서클 속에 끼어들었다. 그때까지 교제해 온 사람들한테서 자신이 어느새 밀려나서 잇따라 좌절을 겪자 그의 자존심은 상처받지 않을 수가 없었다.

피에르칸은 마흔 살이 되어 있었다. 그것은 인생에서 결혼을 원하는 남자가 아직 젊은 처녀와 결혼할 수 있는 마지막 시기였다. 그가 구혼할 수 있는 상대는 중산계급이었다. 그리고 그의 야심은 자기에게 좋은 결혼 기회를 가져다줄 상류사회에 머무는 일이었다. 클라스 집안은 세상에서 고립되어 생활하고 있었기 때문에, 그러한 사회의 움직임에는 어두웠다. 클라스가 오래된 귀족 가계에 속한 것은 사실이지만, 그는 온통 연구에만 전념하고 있었기 때문에 새로운 계급 분열이 낳은 다양한 대립에 흔들리는 일은 없을 것 같았다. 아무리 빈털터리라고는 해도, 적어도 클라스의 딸쯤 되면 모든 벼락부자가 원하는 그 허영이라는 재산을 남편에게 안겨줄 것이다. 그리하여 피에르칸은 모든 야심을 실현시켜 줄 혼담을 성사시키는 데 필요한 일에는 어떠한 희생도 마다하지 않겠다는 의지를 남몰래 품고, 클라스 집안에 다시 출입하기 시작한 것이다. 그는 마르그리트가 없는 동안 발타자르와 페리시를 상대했다. 그는 엠마뉴엘 드 소리스가 무서운 경쟁상대임을 알아차렸다. 세상 사람들은 그가 죽은 신부한테서 상당한 유산을 상속받았다고 생각하고 있었다. 그리고 생활의 모든 것에 대해 염치도 없이 돈 계산을 하는 남자의 눈에 그 젊은 상속인은, 마음의 매력보다 돈의 위력 때문에 더욱 강한 상대로 보였다.

피에르칸에게 마음의 매력 같은 것은 하나도 무서운 상대가 아니었다. 그 재산이 소리스의 이름에 모든 가치를 부여하고 있었다. 돈과 귀족계급은 말하자면 서로를 비춰주면서 더욱 눈부시게 반짝이는 두 개의 샹들리에였다. 젊은 교장 선생님이 여동생처럼 여기고 있는 페리시에게 보내는 진지한 애정이 공중인의 경쟁심을 부추겼다. 피에르칸은 엠마뉴엘의 얼굴에 잘 어울리는 꿈꾸는 듯한 어조와 우수어린 비가(悲歌)를, 이해할 수 없는 유행어나 천박한 겉치레말로 혼란시켜 엠마뉴엘의 그림자가 희미해지도록 유도했다. 세상의 모든 일에 환멸을 느꼈다고 중얼거리면서 페리시에게 눈을 돌려, 자신을 현실사회와 화해시킬 수 있는 것은 그녀뿐이라고 생각하도록 공작했다.

태어나서 처음으로 남자한테서 찬사를 들은 페리시는, 겉모습뿐일지라도 언제나 친절한 그의 말에 귀를 기울였다. 공허한 말도 그녀에게는 심오한 것으로 생각되었다. 자신의 마음을 가득 채우고 있는 막연한 감정을 확인하고 안정시키고 싶은 마음에 그녀는 피에르칸만 생각하게 되었다. 그녀는 아마 자기도 모르는 사이에 엠마뉴엘이 언니에게 아낌없이 쏟아 붓는 깊은 사랑을 질투하며, 자기도 언니처럼 남자의 시선과 사랑과 배려의 대상이 되고 싶었던 건지도 모른다. 피에르칸은 페리시가 엠마뉴엘보다 자기를 더 좋아하고 있음을 쉽게 눈치챘다. 그에게는 그것이 그런 방면의 노력을 집요하게 이어지는 하나의 이유가 되었고, 그 결과 자기가 예상한 것보다 더욱 깊이 발을 들여놓는 결과가 되었다. 아마 피에르칸에게는 거짓이고 페리시에게는 순수한 마음인 만큼 그 미래에 위험이 뒤따를 정열이 싹트고 있는 것에 대해, 엠마뉴엘은 감시의 눈을 빛내고 있었다. 친척 사이의 즐거운 속삭임과 엠마뉴엘의 등 뒤에서 작은 소리로 오가는 몇 마디, 즉 기만에 찬 얘기가 시작되었고, 그 눈빛과 말투에는 세상물정을 모른 채 과오를 일으키게 할 수 있는 표정이 떠오르곤 했다.

피에르칸은 페리시와의 교제를 이용하여 마르그리트가 계획한 여행의 비밀을 알아내려고 했다. 그 여행이 과연 결혼문제와 관련된 것인지, 또 자신의 희망을 포기해야 하는지를 알기 위해서였다. 그러나 남다른 교묘한 수단을 발휘했지만, 발타자르한테서도 페리시한테서도 수수께끼를 풀 단서는 이끌어낼 수 없었다. 마르그리트의 계획에 대해 두 사람은 아무것도 모르고 있었으니 당연한 일이었다. 마르그리트는 모든 권한을 쥐고 있었으므로, 자신의 기준에 따라 자신의 계획을 다른 사람에게 드러내지 않은 모양이었다. 발타자르가 우울증에 빠져 의기소침해 있어서, 저녁 시간을 함께 보내는 것도 힘들게 되었다. 엠마뉴엘이 발타자르를 트릭트랙 놀이에 자주 끌어들였지만

이 화학자는 늘 마음이 딴 데 가 있었다. 지성에서는 매우 위대한 이 인물은 대부분의 시간을 멍하니 보내고 있는 것처럼 보였다.

그는 희망을 잃고, 세 사람 몫의 재산을 탕진해버린 데 대한 굴욕감 속에서 빈털터리 도박사가 되어, 파산의 중압감에 시달리기보다는 배반당한 희망의 무거운 짐에 짓눌려 있었다. 곤경에 빠져서 말없이 침묵 속에 자신을 단죄하고 있는 이 천재는, 아무리 무감각한 사람의 마음도 감동시키는 참으로 비극적인 모습을 보여주고 있었다. 피에르칸 자신조차 우리에 갇힌 이 사자를 바라볼 때마다 존경심을 느끼지 않을 수 없었다. 넘치는 힘을 억누른 그 두 눈은 슬픔 때문에 깊이 가라앉은 채 너무나 반짝거리다 오히려 흐려져서, 지금은 입으로는 감히 말할 수 없는 온정을 구걸하고 있었다. 이따금 새로운 실험에 대한 아이디어로 생기를 되찾을 때는, 그 초조한 얼굴에도 한 줄기 빛이 스치고 지나갔다. 그리고 응접실을 둘러보던 눈길이 아내가 숨을 거둔 곳에 머무르면, 눈물이 희미하게 배어나와, 사색이 끝없이 펼쳐진 눈동자의 사막에서 뜨거운 모래알처럼 동그랗게 떨어지고, 그러면 그의 머리는 가슴 쪽으로 푹 꺾이는 것이었다. 발타자르는 세계를 타이탄*101처럼 들어 올렸을 때, 더욱 무거워진 세계가 그 가슴을 덮쳐온 것이다.

너무나 남자답게 억제된 이 거인의 고뇌는 피에르칸과 엠마뉴엘에게 영향을 미쳐, 두 사람은 감동을 받은 나머지, 일련의 실험에 필요한 금액을 맞춰서 이 사람에게 제공하고 싶다는 생각이 가끔 들 정도였다. 천재의 확신이란 이다지도 전염되기 쉬운 것이다! 클라스 부인과 마르그리트가 그 심연에 어떻게 수백만 프랑의 거금을 던져넣을 수 있었는지 두 사람은 충분히 이해가 갔다. 그러나 이성이 마음의 끌림을 이내 저지했다. 그리하여 그들의 감동은 위로의 말로 나타났는데, 그것이 벼락을 맞은 타이탄의 고통을 더욱 자극했다.*102 클라스는 언니 마르그리트에 대해서는 전혀 입 밖에 내지 않았고, 마르그리트의 부재와, 마르그리트가 발타자르와 페리시에게 편지를 보내지 않는 것도 신경 쓰지 않고 있었다.

소리스나 피에르칸이 두 사람한테서 소식이 있는지 물으면, 발타자르는

---

*101 그리스 신화에 등장하는 거인족으로, 제우스가 이끄는 올림포스의 신들과 싸워서 지고, 땅속에 유폐되었다.

*102 제우스는 타이탄족에게 벼락을 내리쳤다고 전해지고 있다.

불쾌한 말을 들은 것 같은 반응을 보였다. 마르그리트가 자신에게 불리한 일을 하고 있다는 것을 예감한 것일까? 아버지의 엄연한 권리를 자식에게 내주고 만 것에 대해 굴욕감을 느끼고 있는 것일까? 그녀가 아버지 역할을 하고 자신이 자식이 되려 하고 있는 것 때문에 더 이상 그녀를 사랑하지 않는 것일까? 마르그리트가 무언가의 노여움을 산 데에는, 아마 구름처럼 마음을 가로막는 드러낼 수 없는 많은 이유와 많은 감정이 있었으리라. 유명하든 유명하지 않든, 실험에 성공했든 못했든, 위인들에게는 아무리 위대하다 해도 여러 가지 비소한 면이 있고, 그것이 그들을 인간적으로 만들어주고 있다. 그리하여 그들은 이중의 불행을 진 채, 단점 못지않게 장점에도 괴로워하는 것이다. 그리고 발타자르는 아마 상처받은 허영심의 아픔에 익숙해지지 않을 수 없었을 것이다. 그래서 발타자르가 보내는 하루하루의 생활과 마르그리트가 빠진 채 네 사람이 모여서 보내는 저녁은, 쓸쓸함이 감도는 막연한 불안으로 가득한 매일이고 저녁이었다. 그것은 메말라버린 토지처럼 불모의 나날이었다. 그래도 그런 가운데 그들이 뭔가 즐거움을 발견하면 그것은 좀처럼 얻을 수 없는 위안이 되었다. 이 가족의 영혼이고, 희망이고, 힘인 맏딸의 모습이 보이지 않는 집안 분위기는 그들에게는 안개가 끼어 있는 것처럼 음울하게 느껴졌다.

그렇게 두 달이 흘러가는 동안 발타자르는 인내심을 가지고 딸을 기다리고 있었다. 마침내 마르그리트가 코닝크와 함께 두에로 돌아왔다. 코닝크는 캉브레에 돌아가지 않고 클라스의 집에 머물기로 했는데, 그것은 아마도 조카딸이 계획하고 있는 쿠데타를 자신의 위광으로 돕기 위한 것인 듯했다. 클라스 집안에서는 마르그리트의 귀가를 축하하기 위해 조촐한 파티를 열기로 했다. 페리시와 발타자르는 공증인과 소리스 씨를 식사에 초대했다. 여행을 떠났던 마차가 저택 문 앞에 서자 네 사람은 기쁜 얼굴로 여행자들을 맞이했다. 마르그리트는 아버지가 있는 집으로 돌아와서 무척 기뻐하는 것 같았다. 응접실에 들어가기 위해 안마당을 지나갈 때는 그녀의 눈에 눈물이 흐르고 있었다. 마르그리트는 아버지를 포옹했다.

그러나 딸의 그 포옹에는 뭔가 망설이는 느낌이 있었다. 남편을 속이는 죄 많은 아내처럼 그녀는 얼굴을 붉히고 있었다. 그러나 소리스 씨의 얼굴을 보자 마르그리트의 눈빛은 다시 정결함을 되찾았다. 그녀는 은밀하게 추진하고 있는 계획을 마무리할 힘을 소리스 씨에게서 얻으려는 것 같았다. 저녁을 먹는 동안 모든 사람의 표정과 대화는 기쁨으로 활기를 띠고 있었지만, 아버지와 딸은 의심을 품고 탐색하는 것처럼 서로를 흘깃거리며 쳐다보고 있었다. 발타자르는 아버지의 위엄을 유지하기 위해선지 파리 체재에 대해서는 마르그리트에게 한마디도 묻지 않았다. 엠마뉘엘 드 소리스도 그런 신중한 태도를 본받았다. 그러나 이 가정의 모든 비밀을 쥐는 데 익숙한 피에르칸은, 참을 수 없는 호기심을 우직한 질문으로 드러내면서 마르그리트에게 물었다.

"마르그리트 씨, 파리 구경을 많이 하셨겠지요? 연극이나 뭐 그런 것……"

"아무것도 구경하지 않았어요." 그녀가 대답했다. "놀러간 것이 아니니까요. 파리에서는 매일 외로워서 견딜 수가 없었어요. 두에로 돌아오고 싶어서 미칠 지경이었죠."

"내가 성화를 부리지 않았으면 오페라 극장에도 가지 않았을걸. 하기야 오페라 극장도 지루해하더군!" 코닝크 씨가 말했다.

괴로운 저녁이었다. 모두가 거북함을 느껴 어색하게 미소짓거나, 속으로는 불안하면서도 그것을 애써 감추면서 겉으로는 쾌활하게 행동했다. 마르그리트와 발타자르는 무섭고 잔인한 불안에 사로잡혀 마음이 요동치고 있었다. 밤이 깊어갈수록 아버지와 딸의 표정은 변해 갔다. 이따금 마르그리트는 미소를 지으려고 노력했다. 그러나 그녀의 몸짓과 시선과 목소리는 심한 불안을 드러내고 있었다. 코닝크 씨와 소리스 씨는 이 고상한 아가씨의 마음을 어지럽히고 있는 은밀한 동요의 원인을 알고 있는 건지, 의미심장한 눈짓으로 그녀를 격려하고 있는 것처럼 보였다. 자신에 대해 뭔가 결정되고 진행되고 있는데도 자기만 소외되고 있는 것에 상처받은 발타자르는, 침묵을 지키면서 전에 없이 아이들과 지인들한테서 떨어져 있었다. 마르그리트는 발타자르에 대해 결정한 것을 그에게 얘기하려는 것이 틀림없었다. 위대한 남자에게, 그리고 아버지인 자에게 이러한 상황은 견디기 어려운 것이었다. 그는 아이들 앞에서 아무것도 감추지 않는, 사상의 폭이 감정에 힘을 주는 나이에 이르러 있었으므로, 자신의 민사사[103]가 다가오는 것을 알고 점점 괴로워져서 침울한 생각에 잠겨 있었다.

이 저녁 파티에는 비유로밖에 설명할 수 없는 가정생활의 위기가 내포되어 있었다. 하늘에는 구름과 전기가 잔뜩 축적되어 있는데, 사람들은 전원에서 웃고 떠들고 있었다. 그러다가 모두들 무덥다는 생각과 함께 폭풍이 다가오는 것을 느끼고, 머리를 들고 쳐다보면서 계속 걸어간 것이다. 코닝크 씨가 맨 먼저 자러 가겠다고 해서 발타자르가 침실로 안내했다. 코닝크 씨가 없는 동안 피에르칸과 소리스 씨가 자리를 떴다. 마르그리트는 공증인에게는 진심을 담아 작별인사를 했다. 한편 엠마뉘엘에게는 아무 말도 없이 눈물이 글썽이는 눈길로 그를 쳐다보며 손을 잡았다. 마르그리트의 지시로 페리시가 그 자리를 떠난 뒤, 클라스가 응접실에 돌아오자 거기에는 딸만 혼자 남아 있었다.

"아버지." 마르그리트는 떨리는 목소리로 말했다. "제가 집을 떠난 것은 어쩔 수 없는 중요한 일이 있었기 때문이에요. 하지만 차례차례 일어나는 고통을 견디면서 말할 수 없는 어려움을 극복한 끝에, 우리 모두를 구원할 수 있는 방법을 가지고 집에 돌아왔어요. 아버지의 이름과 백부님의 신용 덕분에, 아버지를 위해 브르타뉴의 국고수납관 자리를 얻었어요. 그 자리의 연수는 1만 8천 프랑에서 2만 프랑이래요. 백부님이 보증인이 되어 주셨죠. — 이것이 아버지에 대한 임명장이에요." 그녀는 손가방에서 한 통의 서류를 꺼냈다. "이제부터는 빈곤한 생활 속에서 돈이 계속 나가기만 할 테니까 아버지는 그 생활을 견딜 수 없으실 거예요. 적어도 아버지는 지금까지 살아오신 처지에 어울리는 생활을 계속하셔야 해요. 아버지의 봉급에서 도움을 받을 생각은 전혀 없어요. 그 돈은 아버지 마음대로 쓰세요. 다만 생각해 주셔야 할 것은, 저희는 수입이 한 푼도 없이 가브리엘이 자신의 이자수입에서 보내주는 돈만으로 살아가게 될 거예요. 이곳 사람들은 우리가 마치 수도원처럼 절약생활을 하는 것에 대해서는 아무것도 모를 거예요. 페리시와 저는 좀 더 편하게 생활하기 위해 여러 가지 방법을 강구해야 하는데, 아버지가 계시면 아무래도 장애가 될 거예요. 아버지 스스로 재산을 원래대로 회복할 수 있는 자리에 아버지를 앉게 하는 것은 아버지가 주신 권한을 남용하는 것이 될까요? 아버지는 원하신다면 징세장관도 될 수 있을 거예요."

---

*103 공민권의 박탈.

"마르그리트." 발타자르는 조용히 말했다. "넌 이렇게 해서 나를 집에서 쫓아내는구나."

"전 아버지께 그런 심한 비난을 받을 이유가 없어요." 딸은 가슴 속의 격렬한 동요를 억누르면서 대답했다. "이곳에 다시 나타나는 데 어울리는 입장을 회복해서 이 고향 마을에 정착할 수 있게 되었을 때, 우리 곁에 돌아오세요. 그리고 아버지, 그건 저에게 약속하신 거잖아요?" 마르그리트는 냉정하게 말했다. "제가 말하는 대로 하셔야 해요. 아버지 혼자만의 여행이 되지 않도록 브르타뉴까지 아버지를 배웅하기 위해 백부님이 남으신 거예요."

"그런 곳엔 갈 수 없다." 발타자르는 일어섰다. "내 재산을 다시 일으키는 데는 누구의 도움도 필요 없어."

"그럴 수만 있다면 얼마나 좋을까요." 마르그리트는 침착하게 대답했다. "제발 부탁이니, 이제부터 제가 짤막하게 설명하는 서로의 입장에 대해 가슴에 손을 얹고 생각해 보세요. 아버지가 이 집에 남으신다면, 아버지를 이 집에 홀로 남겨두고 저희들이 나갈 거예요."

"마르그리트!" 발타자르의 목소리가 거칠어졌다.

"게다가" 마르그리트는 아버지의 격분한 모습은 쳐다보지도 않고 계속했다. "만약 아버지가 수입에 명예까지 따르는 자리를 차버리시면, 아버지가 거절한 사실을 대신님께 알려야 해요. 여러 가지로 편의를 봐주시고, 또 여러분의 후원도 있었고, 특히 백부님이 수천 프랑의 돈을 어느 귀부인 손에 쥐어주지 않았더라면, 이 자리를 손에 넣지 못했을 거예요……"

"나에게서 떠날 작정이란 말이지!"

"아버지가 우리에게서 떠나시거나, 우리가 아버지 곁에서 달아나거나, 둘 중 하나예요. 저 혼자라면 아버지 때문에 어떤 운명이 닥치더라도 어머니를 본받아 거역하지 않을 거예요. 하지만 세 동생들만은 아버지 곁에서 굶주림과 절망으로 죽게 만들 수 없어요. 저기서 돌아가신 분께 약속했다고요." 그녀는 어머니의 침대가 놓여 있었던 장소를 가리켰다. "지금까지는 아버지께 우리의 고통을 숨겨 왔어요. 아무 말도 하지 않고 묵묵히 고생을 견뎌왔지요. 하지만 이제는 그럴 힘도 바닥이 나고 말았어요. 우리는 나락의 가장자리에 있는 것이 아니라 나락의 바닥에 빠져 있어요, 아버지! 이곳에서 빠져나가려면 용기만 필요한 것이 아니에요. 우리가 아무리 노력해도 어떤 변덕스러운 정열 때문에 늘 배신만 당해서는 소용이 없다구요……"

"나의 소중한 아이들!" 발타자르는 마르그리트의 손을 잡고 소리쳤다. "너희들을 도와주마. 내가 연구를 해서……"

"바로 이것이 그것을 위한 수단이에요." 마르그리트는 발타자르에게 대신의 임명장을 내밀었다.

"하지만 나의 천사, 마르그리트! 네가 말하는 그 수단은 재산을 다시 일으키는 데 너무 시간이 걸려! 넌 나의 10년 동안의 연구 성과를, 그리고 실험실에 쏟아 부은 막대한 금액을 몽땅 허사로 만들어버리려는 게냐? 저곳에 우리의 모든 재원(財源)이 있단다." 발타자르는 다락방을 가리켰다.

마르그리트는 문 쪽으로 걸어가면서 말했다.

"아버지, 어느 쪽인지 선택하세요!"

"아! 마르그리트, 넌 정말 무정하구나!" 발타자르는 안락의자에 털썩 주저앉아 마르그리트가 응접실에서 나가는 것을 말리지 않았다.

이튿날 아침 마르그리트는, 아버지가 집에서 나갔다는 얘기를 르뮐키니에한테서 들었다. 이 별 것도 아닌 보고에 그녀의 얼굴이 새파랗게 질리고, 표정이 너무나 무참하게 마음속을 드러내고 있는 것을 보고 르뮐키니에가 말했다.

"걱정마십시오, 아가씨. 나리께선 열한 시에는 점심식사를 하러 돌아오시겠다고 하셨습니다요. 나리께선 간밤에 잠을 못 주무셨지요. 새벽 2시에도 여전히 응접실에 서서, 창문을 통해 실험실 지붕을 뚫어지게 바라보고 계셨습니다. 전 부엌에서 기다리고 있었지요. 나리를 보고 있으니 울고 계시던데요. 슬펐습니다요. 이번 달은 해가 우리를 모두 부자로 만들기에 딱 좋은 7월이거든요. 그래서 아가씨가……"

"그만해요!" 마르그리트는 아버지를 몰아세웠을 것이 분명한 모든 생각을 헤아리고 말했다.

실제로 칩거하고 있는 모든 사람을 사로잡는 현상이 발타자르에게도 완벽하게 일어나고 있었다. 그의 생활은 이른바 그와 동화되어 있었던 장소에 의존하고 있었다. 자신의 실험실, 집과 한 몸이 된 그의 사고는 실험실과 집을 그에게 없어서는 안 되는 것으로 만들었다. 마치 축제일에는 할 일이 없는 투기꾼에게 주식거래소가 없어서는 안 되는 것과 같다. 그의 희망은 실험실과 집에 있었다. 하늘에서, 그의 폐가 유일하게 생기를 들이마시는 대기가 그곳에 내려 왔다. 장소와 사물의 이러한 융합은 능력이 모자란 사람에게도 참으로 강한 것이지만, 학문과 연구에 몰두해 있는 인간에게는 더욱 압도적인 힘을 가지게 마련이다. 집을 떠나는 것은 발타자르에게는 '학문'과 자신이 추구하고 있는 문제를 포기하는 것이고, 그것은 죽는 것과 마찬가지였다.

마르그리트는 점심 때까지 극도의 불안에 사로잡혀 있었다. 발타자르에게 자살을 생각하게 한 그 장면이 기억에 되살아났다. 그리고 그녀는 아버지가 놓인 절망적인 상황이 비극적인 결말로 끝나는 것이 아닐지 두려웠다. 그녀는 응접실 안에서 이리저리 서성거리면서 출입문을 노크하는 소리가 들릴 때마다 공포에 떨었다. 마침내 발타자르가 돌아왔다. 그가 마당을 가로질러 들어오는 동안, 마르그리트는 아버지의 얼굴을 불안한 듯이 살폈지만, 그녀의 눈에 비친 것은 복잡한 고뇌의 표정뿐이었다. 발타자르가 응접실에 들어서자, 인사를 하기 위해 마르그리트는 그에게 다가갔다. 그는 애정을 담아 그녀를 끌어안고 이마에 키스한 뒤 귓전에 속삭였다.

"여권을 발급받으러 갔다 왔다."

그 목소리와 체념한 눈빛, 몸짓, 이러한 아버지의 모든 모습에 가련한 딸의 가슴은 무너지는 것만 같았다. 그녀는 눈에 어린 눈물을 보이지 않으려고 고개를 돌렸다. 그러나 눈물을 참을 수가 없어서 정원으로 나가 실컷 눈물을 흘린 뒤 응접실로 돌아왔다. 점식을 먹는 동안, 발타자르는 마음을 정한 사람답게 밝은 모습을 보였다.

"그럼 우리는 브르타뉴로 가야겠군요." 발타자르는 코닝크 씨에게 말을 걸었다. "오래 전부터 그곳에 한번 가보고 싶었습니다."

"그곳에선 생활비가 적게 들 거야." 늙은 코닝크 씨가 대답했다.

"아버지가 떠나신다고요?" 페리시가 소리쳤다.

그때 소리스 씨가 장을 데리고 들어왔다.

"오늘은 이 아이를 집에 두고 가게." 발타자르는 아들을 끌어당기면서 말했다. "내일 떠나니까 이 아이에게도 작별인사를 해야지."

엠마뉴엘이 마르그리트를 쳐다보자 그녀는 고개를 숙였다. 모두가 슬픔에 잠겨 각자 감정과 눈물을 참았던 우울한 하루였다. 그것은 집을 잠시 비우는 일이 아니었다. 집에서 쫓겨나는 것이었다. 발타자르의 나이에 일자리를 얻어 나감으로써 자신의 패배를 공공연하게 알리는 것이, 아버지에게 얼마나 굴욕적인 일인지 모두들 직감적으로 느끼고 있었다. 마르그리트가 굳셌던 것만큼 발타자르는 숭고했다. 그리고 천재적인 열정 때문에 저지른 잘못에 대한 대가를 고귀하게 받아들이는 것처럼 보였다. 밤이 깊어 아버지와 딸만 남자, 가장으로서 한창시절을 보냈을 때처럼 그날 하루 종일 다정하고 자상하게 행동했던 발타자르는 마르그리트에게 손을 내밀고, 절망이 섞인 다정한 목소리로 말했다.

"너는 이 아버지에게 만족하고 있니?"

"아버진 저 분처럼 훌륭하세요." 마르그리트는 방 클라스의 초상화를 가리키면서 대답했다.

이튿날 아침, 발타자르는 르뮐키니에를 데리고, 수많은 희망에 작별을 고하려는 듯이 실험실에 올라갔다. 그것은 지금까지 자신이 따뜻하게 품어온 희망이었고, 실험을 시작한 뒤부터는 생명을 얻은 것처럼 생각된 희망이었다. 주인과 하인은 이제 영원히 떠나게 될 다락방에 들어가자, 깊이 가라앉은 시선을 서로 주고받았다. 발타자르는 거기에 있는 온갖 기기들을 바라보았다. 오랫동안 그의 사색은 그 기기들 위를 날아다녔다. 각각의 기기는 탐구와 실험의 추억과 이어져 있었다. 발타자르는 슬픈 빛으로 위험한 가스와 산을 증발시키고, 폭발을 부를 수 있는 물질을 격리하라고 르뮐키니에에게 지시했다. 그러한 조치를 지시하면서, 그는 사형수가 처형대에 올라가기 전에 뱉어내는 쓰라린 후회의 빛을 내비쳤다.

"하지만 이건" 그는 볼타전지의 두 개의 전선이 들어 있는 증발접시 앞에서 걸음을 멈췄다. "어떤 결과가 될지 기다려야 하는 실험이지만, 만약 이것이 성공했더라면, 생각만 해도 무서운 일이지! 그랬다면 아이들도 자기들 발아래 다이아몬드를 뿌려줄 아버지를 이 집에서 쫓아내진 않을 텐데. 이건 탄소와 유황의 화합물이야." 그는 혼잣말처럼 덧붙였다. "이 화합물 속에서 탄소는 양전기를 띠는 역할을 하고, 결정은 음극에서 시작될 것이다. 그리고 분해할 때는 탄소가 거기서 결정체가 된다……"

"아! 그렇게 되었겠지요!" 르뮐키니에는 감개무량한 표정으로 주인을 바라보았다.

"그런데" 발타자르는 잠시 사이를 두고 말했다. "화합물은 이 전지의 영향 아래에 있고, 전지가 작용하는 것은……"

"나리께서 원하신다면, 제가 이것의 작용을 더욱 촉진해 보겠습니다요……"

"아니야. 그냥 내버려 둬. 결정 작용에는 정지와 시간이 가장 중요하니까."

"맞습니다. 이것이 결정하려면 시간을 들여야 합지요." 하인이 소리쳤다.

"기온이 내려가면 황화탄소가 결정될 것이다." 발타자르는 그의 지성 속에서는 충분하고 완전하게 이루어진 고찰 속에서 아직 확실한 형태를 취하지 않고 있는 사고를 단편적으로 설명하기 시작했다. "하지만 만약 전지의 작용이 내가 모르는 어떤 조건에서 일어난다면……그것을 감시해야 한다…… 있을 법한 일이니까 말이야……하지만 내가 지금 무슨 생각을 하고 있는 거지? '화학'은 이제 아무 문제가 안 돼, 르뮐키니에. 우리는 브르타뉴에 가서 징세업무를 맡아야 해."

서둘러 실험실에서 나간 클라스는, 가족과 마지막 점심식사를 하기 위해 아래층으로 내려갔다. 점심식사에는 피에르칸과 소리스 씨도 와 있었다. 발타자르는 스스로 과학과의 마지막 몸부림에 종지부를 찍으려고 아이들에게 작별인사를 하고, 코닝크 씨와 함께 마차에 올라탔다. 가족 전원이 현관 입구까지 따라나왔다. 거기서 마르그리트가 절망적인 심정으로 아버지를 껴안자, 발타자르는 딸의 귓전에 대고 속삭였다.

"넌 착한 딸이다. 결코 원망하지 않으마!"

그녀는 마당을 가로질러 응접실로 뛰어 들어갔다. 그리고 어머니가 죽은 장소에서 무릎을 꿇고, 자신에게 괴롭고 힘든 새로운 생활을 감당해낼 힘을 달라고 신께 뜨거운 기도를 올렸다. 그녀는 이미 내면의 목소리에 의해 강하게 지탱되고 있었다. 그 목소리는 그녀의 마음속에 천사의 찬사와 어머니의 감사를 보내고 있었다. 그때 동생들과 엠마뉘엘과 피에르칸이, 사륜마차가 더 이상 보이지 않을 때까지 전송한 뒤 응접실에 들어왔다.

"마르그리트 씨, 이제 앞으로 어떻게 하실 겁니까?" 피에르칸이 마르그리트에게 물었다.

"이 집을 구할 거예요." 그녀는 짧게 대답했다. "우리는 베니에 1300아르

팡*104 가까운 토지를 가지고 있어요. 제 예상은 그곳을 개간한 뒤 세 개의 농원으로 분할하여, 농사에 필요한 건물을 짓고 농지를 빌려주는 거예요. 그래서 몇 년 동안 최대한 절약하면서 열심히 노력하면, 우리는 각자" 그녀는 동생들을 가리키며 계속했다. "4백 몇십 아르팡의 농원을 가지게 되고, 언젠가는 연 1만5천 프랑 가까운 수익을 올리게 될 거예요. 동생 가브리엘의 몫으로는 이 집과 공채가 있어요. 그런 다음 우리 수입으로 아버지의 빚을 갚고 모든 채무를 깨끗하게 정산하고, 남는 재산은 언젠가 아버지 손에 돌아가게 할 거예요."

"하지만 마르그리트 씨." 공증인은 마르그리트가 사업에 대해 잘 알고 있고 냉정한 이성을 유지하고 있는 것에 놀라면서 물었다. "여러분이 가지고 있는 토지를 개간하고 농원을 짓고 가축을 사들이려면 최소한 20만 프랑은 필요할 텐데, 그만한 거금을 어디서 조달할 생각입니까?"

"그게 문제예요." 그녀는 공증인과 소리스 씨의 얼굴을 번갈아 쳐다보았다. "백부님한테는 도저히 부탁할 수 없어요. 이미 아버지의 보증금을 내 주셨으니까요."

"친구가 있지 않습니까!" 피에르칸은 클라스 양이 아직도 50만 프랑 이상의 가치가 있는 신붓감이 될지도 모른다는 생각이 갑자기 들어서 큰소리로 말했다.

엠마뉴엘 드 소리스는 마르그리트를 감탄하는 눈빛으로 바라보고 있었다. 그러나 엠마뉴엘에게는 불행한 일이지만, 피에르칸은 이러한 감정의 폭풍 속에서도 철저하게 공증인으로서 행동하며 이렇게 덧붙이는 것이었다.

"그 20만 프랑을 제가 마련해 드리겠습니다!"

엠마뉴엘과 마르그리트의 눈이 서로 마주쳤다. 그것을 보는 피에르칸의 머릿속에 번뜩이는 것이 있었다. 페리시는 얼굴이 몹시 빨개졌다. 그만큼 페리시는 피에르칸이 자기가 바라던 대로 마음이 넓은 사람이었던 것이 기뻤다. 마르그리트는 그런 동생을 보고, 자신이 없는 동안 그 가엾은 동생이 피에르칸의 진부한 아부의 말에 넘어가고 말았음을 한눈에 알아차렸다.

"5퍼센트의 이자만 내시면 됩니다." 피에르칸이 말했다. "그리고 형편 되

---

*104 1아르팡은 0.85에이커.

는 대로 갚으시는 거예요. 단 여러분의 토지를 담보로 제공하셔야 합니다. 그렇지만 안심하십시오. 계약은 착수금만으로도 되니까요. 선량한 소작인을 물색해 보겠습니다. 그리고 좋은 친척으로서 도움을 드리기 위해 당신들의 사업을 무상으로 관리해 드리겠습니다."

엠마뉴엘은 마르그리트에게 눈짓을 보내 그 제안을 거절하라고 권했다. 그러나 그녀는 여동생의 표정에 나타난 미묘한 변화를 관찰하는 데 너무 정신이 팔려 있어서 그 눈짓을 알아채지 못했다. 잠시 사이를 둔 뒤, 그녀가 공증인을 비웃는 듯한 눈으로 바라보며 스스로 다음과 같이 말하자, 소리스 씨는 속으로 무척 기뻐했다.

"피에르칸 씨는 분명히 좋은 친척이에요. 당신한테서도 그렇게 도움을 받고 싶기는 했어요. 하지만 5퍼센트의 이자로는 부채 상환이 너무 늦어지게 돼요. 동생이 성인이 되기를 기다려서 동생의 공채를 팔 생각이에요."

피에르칸은 입술을 깨물었고 엠마뉴엘은 가만히 입가에 미소를 지었다.

"페리시, 장을 학교에 데려다 줘. 마르타가 함께 가줄 거야." 마르그리트는 동생을 가리키면서 말했다. "장, 착한 아이니까 얌전하게 굴어야 해. 옷을 찢거나 해서는 안 돼. 지금은 옛날처럼 옷을 자주 새로 지어 입을 만큼 부자가 아니니까! 자, 어서 가, 꼬마야. 공부 열심히 하고."

페리시는 동생을 데리고 나갔다.

"피에르칸 씨." 마르그리트는 피에르칸을 부르더니 소리스 씨에게도 말했다. "그리고 소리스 씨. 두 분은 제가 없는 동안 틀림없이 아버지를 보살피러 와 주셨겠죠. 두 분의 우정에 감사드립니다. 또 불행한 저희 두 자매에게도 틀림없이 그렇게 해주실 거죠. 우리에겐 두 분의 조언이 필요해요. 그래서 의논을 드리고 싶은데요……제가 이곳에 있을 때는 언제든 기꺼이 두 분을 환영하겠어요. 하지만 페리시 혼자 조세트와 마르타하고 이곳에 있을 때는, 새삼 말할 것도 없는 일이지만, 그 아이는 아무도 만나서는 안 됩니다. 아무리 오랫동안 사귄 친구라 해도, 또 아무리 가까운 친척이라 해도 말이에요. 지금과 같은 처지에서는 우리는 비난의 여지가 없도록 엄격하게 행동하지 않으면 안 돼요. 그래서 우리는 오랫동안 일만 하면서 세상과 교류하지 않고 살아왔지요."

잠시 침묵이 흘렀다. 엠마뉴엘은 마르그리트의 얼굴을 지긋이 바라보면서 입을 떼지 못하고 있었다. 피에르칸도 할 말을 잃었다. 공증인은 자기 자신한테 격렬한 분노를 느끼면서 작별인사를 했다. 그는 불현듯, 마르그리트는 엠마뉴엘을 사랑하고 있으며, 자신은 완전히 얼간이처럼 행동하고 말았다는 것을 깨달았다.

"아! 이제야 알았니, 피에르칸!" 그는 거리로 나서자 자신에게 욕을 퍼부었다. "넌 바보 멍충이라는 소릴 들어도 할 말 없는 놈이야. 역시 난 바보란 말인가? 나에게는 공증인 수입 외에 1만 2천 리브르의 연수입이 있어. 게다가 데 라케 백부님으로부터의 유산상속도 기대할 수 있지. 난 데 라케 백부님의 유일한 상속인이야. 그래서 난 언젠가 재산을 두 배로 늘릴 수 있지(그렇다고 백부님이 죽기를 바라는 건 아니야. 백부님은 검소한 양반이거든! ) ……그런데 치사하게 클라스 양에게 이자를 요구하고 말았으니! 지금쯤 두 사람은 나를 비웃고 있겠지. 이제 마르그리트는 생각도 하지 말아야지. 그래, 누가 봐도 페리시가 더 상냥하고 마음씨가 곱고 귀여운 아가씨지, 나에게 훨씬 더 잘 어울릴 거야. 마르그리트는 고집이 세서 나를 엉덩이 아래 깔고 앉으려 할 것이고 실제로 그렇게 될 걸! 자, 내가 도량이 넓다는 것을 보여주자. 너무 공증인처럼 굴어서는 안 돼. 난 왜 그렇게 직업의식을 떨쳐버리지 못하는 것일까? 이런 젠장! 이제부터 페리시에게 관심을 돌려야겠군. 그 아가씨의 마음을 사로잡아야겠어! 물고 늘어지는 거야! 페리시는 이윽고 430아르팡의 농원을 손에 넣게 돼. 때가 되면 거기서 1년에 1만 5천에서 2만 리브르의 수입이 나올 걸. 베니는 땅이 기름지니까. 안됐긴 하지만 데 라케 백부님은 그만 돌아가셔야지 뭐! 난 사무소를 팔아치우고 무려 연수입 5만 리브르의 사내가 되는 거지. 아내가 클라스 집안의 딸이면 나도 수많은 명문가와 친척이 되는 셈이니 대단한 거지. 쿠르트빌 집안이나 마가랜스 집안, 사바랭 드 사바리스 집안에서 이 피에르칸 클라스 몰리나 누르호님을 방문하지 않고 견딜 수 있는지 두고 보라지. 난 두에의 시장이 될 거야. 훈장도 받고 의회의원도 될 수 있어. 자, 지금이 중요해, 피에르칸, 정신 똑바로 차려. 두 번 다시 바보 같은 짓을 해선 안 돼. 틀림없이 페리시는 ……페리시 방 클라스 양은 너를 사랑하고 있으니까."

엠마뉴엘은 두 연인끼리만 남게 되자, 마르그리트에게 한 손을 내밀었다. 마르그리트도 오른손을 내밀지 않을 수 없었다. 두 사람은 약속이라도 한 듯이 일어나서 정원의 벤치 쪽으로 갔다. 응접실 중간까지 왔을 때 엠마뉴엘은 기쁨을 더 이상 억누를 수가 없었다. 그는 감동에 떨리는 목소리로 마르그리트에게 말했다.

"당신에게 드릴 수 있는 돈이 30만 프랑 있습니다! ……"

"뭐라고요?" 마르그리트가 소리쳤다. "어머니가 맡기신 돈이 더 있다는 거예요? ……그럴 리가 없어요. 어떻게 된 일이에요?"

"오, 나의 마르그리트. 내 것이 당신의 것 아닙니까? '우리'라고 먼저 말한 건 당신이에요."

"사랑하는 엠마뉴엘!" 그녀는 잡고 있던 그의 손에 더욱 힘을 주었다. 그리고 정원으로 나가지 않고 안락의자에 그대로 몸을 던졌다.

"감사하고 싶은 건 내 쪽입니다." 그는 사랑하는 남자의 목소리로 대답했다. "당신이 나의 제안을 받아들여 주셨으니까요."

"사랑하는 엠마뉴엘, 지금 이 순간 당신은 그 많은 고통을 지우고 행복한 미래로 나를 이끌어주시는군요! 알겠어요. 당신의 재산을 받기로 하겠어요." 그녀는 입가에 천사 같은 미소를 지으면서 말을 이었다. "당신의 재산을 어떻게 받아야 하는지 알고 있어요."

마르그리트는 마치 증인이 되어달라는 것처럼 방 클라스의 초상화를 바라보았다. 엠마뉴엘 청년은 마르그리트의 시선을 따라가느라, 그녀가 미혼시절의 반지를 손가락에서 빼는 것을 보지 못했다. 그리고 마르그리트가 다음과 같이 했을 때 비로소 그 동작을 알아챘다.

"고난의 밑바닥에서 우리 앞에 하나의 행운이 떠올라 왔어요. 아버지는 무심해서 제가 자유롭게 결정하는 의지에 대해 반대하지 않으실 거예요." 그녀는 반지를 내밀었다. "이걸 받아 주시겠죠, 엠마뉴엘? 어머니는 당신을 사랑하셨어요. 어머니도 틀림없이 당신을 선택했을 거예요."

엠마뉴엘의 눈에 눈물이 맺히더니 얼굴이 새파래졌다. 그는 무릎을 꿇고 늘 끼고 다니는 반지를 마르그리트에게 내밀면서 말했다. "이건 어머니의 결혼반집니다! 나의 마르그리트." 그는 마르그리트가 내민 반지에 입술을 댄 뒤 말을 이었다. "그런데 이것 이외의 증거는 줄 수 없나요?!"

그녀는 몸을 굽혀 엠마뉴엘의 입술에 이마를 가져갔다.

"아, 엠마뉴엘! 우리가 무슨 나쁜 짓을 하고 있는 건 아닐까요?" 그녀는 감격한 목소리로 말했다. "우린 이제부터 오랫동안 기다려야 하잖아요."

"백부님은 하느님을 사랑하는 신자에 대해 얘기할 때 뜨거운 사랑은 인내하는 나날의 양식이라고 말씀하셨어요. 나도 당신을 그렇게 사랑할 수 있습니다. 오래 전부터 당신은 나에게 만물의 신과 같은 존재였습니다. 내가 신의 것인 것과 마찬가지로, 나 또한 당신의 것입니다."

두 사람은 잠시 행복한 흥분 속에 잠겨 있었다. 그것은 넘쳐나는 샘물처럼 잔물결을 일으키면서 솟아나는 조용한 감정의 발로였다. 두 연인을 갈라놓고 있는 이 다양한 사건들은 우울의 씨앗이었지만 고뇌와 같은 강렬한 것과 함께 찾아와서, 두 사람의 행복에 한층 더 생기를 불어넣었다.

페리시는 두 사람에게는 너무 일찍 돌아오고 말았다. 엠마뉘엘은 연인의 마음속을 꿰뚫어보는 멋진 통찰력으로 마르그리트와 눈빛을 주고받은 뒤 자매를 남기고 돌아갔다. 그의 눈빛에서 이러한 배려가 그에게 얼마나 커다란 희생인지 마르그리트는 알고 있었다. 그것은, 그 눈 속에 오랫동안 기다린 끝에 마음의 약혼에 의해 방금 얻은 지금의 행복을 그가 얼마나 갈망하고 있었는지 잘 나타나 있었기 때문이다.

"이리 좀 와, 페리시." 마르그리트는 페리시의 목을 껴안으며 말했다. 그리고 페리시를 정원으로 데리고 나갔다. 자매는 벤치까지 걸어가서, 클라스 집안 대대의 사람들이 사랑의 말과 고뇌의 한숨, 그리고 명상과 계획을 털어놓았던 그 벤치에 앉았다. 언니의 목소리는 쾌활했고, 미소는 따뜻하고 자상했지만, 페리시는 두려움에서 오는 마음의 동요를 느꼈다. 마르그리트가 페리시의 손을 잡자 그 손이 떨고 있는 것이 느껴졌다.

"페리시." 언니는 동생의 귓전에 얼굴을 가져갔다. "난 네 마음을 다 알고 있어. 내가 없는 동안, 피에르칸 씨가 매일 여기 찾아왔지? 매일 밤 와서 너에게 다정한 이야기를 하고, 너는 그것에 귀를 기울였을 거야."

페리시가 얼굴을 붉혔다.

"변명하지 않아도 돼." 마르그리트가 말을 이었다. "사람을 사랑하는 건 자연스러운 일이니까! 아마, 너의 사랑스러운 마음이 그분의 성격을 조금은 바꿀 수 있겠지. 그분은 이기적이고 타산적인 사람이지만, 정직한 것만은 틀림없어. 그리고 그 사람의 결점이 아마도 너의 행복에 도움이 될 거야. 그분은 너를 자신의 가장 사랑스러운 재산으로서 사랑해 줄 거다. 넌 그분의 사업의 일부가 되는 거고. 이렇게 표현하는 걸 용서해 주겠니? 넌 그분에게 마음의 문제에 대해 가르쳐줌으로써, 무슨 일에서나 이해득실밖에 보지 않는 나쁜 습관을 고쳐주렴."

페리시는 그저 언니를 껴안을 뿐이었다.

"그리고" 마르그리트가 계속했다. "피에르칸 씨에게는 재산이 있어. 그분 집안은 시민계급 중에서는 가장 신분이 높고 가장 오래된 집안이야. 아무튼 내가 너의 행복에 반대할 리가 있겠니? 예컨대 네가 하잘 것 없는 신분의 사람을 만나, 그 사람과 결혼하는 것이 행복이라고 말하더라도 말이야……"

페리시는 자기도 모르게 소리를 질렀다.

"언니!"

"오, 그래. 나에겐 숨기지 않고 털어놓아도 돼. 우리 사이에 비밀을 서로 털어놓는 것만큼 자연스러운 일은 없어."

진심에서 나온 이 말이, 젊은 처녀들이 모든 것을 털어놓는 편안한 대화의 계기가 되었다. 자신도 사랑에 빠져 있어서 그 마음을 잘 이해하게 된 마르그리트는, 페리시의 심리를 읽고 나서 마지막으로 이렇게 말했다.

"그렇다면 페리시, 피에르칸 씨가 널 진심으로 사랑하고 있는지 시험해 보자. ……그런 다음……"

"걱정 마, 언니." 페리시는 웃으면서 대답했다. "나에게는 확실한 모델이 있잖아?"

"얄미운 것!" 마르그리트는 페리시의 이마에 입을 맞췄다.

예컨대 피에르칸이 결혼을 의무나 사회적인 약속의 이행 같은 하나의 소유권 양도의 형태로 보는 사람들의 계급에 속해 있다 할지라도, 또 페리시도 마르그리트와 같은 집안과 같은 지참금을 가지고 있다면 어느 쪽과 결혼하든 자신에게는 마찬가지라 생각한다 해도, 두 사람 다 그의 표현에 의하면 낭만적이고 감상적인 처녀라는 사실을 그는 깨달았다. 이 두 가지 형용사는, 자연이 인류라는 이랑에 인색하게 뿌리는 소질을 냉혹한 인간들이 비웃을 때 쓰는 말이다. 아마도 공증인은 거기에 그저 따라만 하는 것이 낫다고 생각했을 것이다. 그는 이튿날 마르그리트를 찾아가서, 할 말이 있는 듯이 그녀를 정원에 데리고 나가서 사랑을 화제에 올렸다. 왜냐하면 세상의 법칙에서는, 그것이 공증인의 계약에 앞서는 초보적인 조항이었기 때문이다.

"마르그리트 씨." 그가 말했다. "당신 집안의 일들이 행복한 결말로 끝나게 하기 위해 취해야 하는 수단에 대해, 우리가 늘 같은 생각을 했던 것은 아닙니다. 하지만 오늘만큼은 인정해 주셨으면 하는데, 나는 언제나 당신에게 도움을 드리고 싶다는 커다란 소망에 따라 행동해 왔습니다. 그런데 바로 어제, 나는 자신의 제안을 물거품으로 만들고 말았지요. 공증인으로서의 직업의식을 도저히 떨쳐버리지 못해서 말이죠. 이해하시겠습니까? ……나의 실수는 내 마음에서 나온 것이 아닙니다. 나는 당신을 무척 사랑하고 있었지요. 하지만 우리 같은 사람들에게는 어떤 통찰력이 있어요. 그래서 당신이 나를 좋아하지 않는다는 걸 알았습니다. 다 내 잘못이지요! 다른 사람 같으면 그렇게 어리석게 행동하진 않았을 겁니다. 정말 고지식하게 털어놓자면, 나는 동생 페리시 양에게 진실한 사랑을 느끼고 있습니다. 그러니 나를 남동생처럼 대해 주십시오! 내 지갑에서 돈을 꺼내 가십시오. 직접 꺼내 가지세요! 자, 당신이 많이 꺼내면 꺼낼수록 나에 대한 호의의 증거가 됩니다. 나는 있는 대로 전부 당신에게 드리겠습니다, 무이자로. 아시겠습니까? 12퍼센트도 아니고 4퍼센트도 아닙니다. 페리시에게 어울리는 남자가 되고 싶습니다. 난 그것으로 만족할 겁니다. 나의 실수를 용서해 주십시오. 모든 것은 실무의 이행에서 일어나는 문제입니다. 악의에서가 아닙니다. 아내를 행복하게 해주지 못한다면 스카르프 강*[105]에 몸을 던지고 말겠습니다."

"그만 하세요, 피에르칸 씨!" 마르그리트가 대답했다. "하지만 동생에 대한 문제는 동생 자신과 아버지에게 달려 있어요……"

"그건 알고 있습니다, 마르그리트 씨." 공증인이 말했다. "하지만 당신은 클라스 집안의 가족 모두의 어머닙니다. 내 '마음'에 있는 것은 당신에게 '나의 그것'*[106]을 인정받고 싶은 것뿐입니다."

이 표현에는 성실하고 우직한 이 공증인의 재기가 잘 드러나 있었다. 나중에 피에르칸은 생트메르 주둔지 사령관이 군대의 축전에 참석하도록 초대했을 때 보낸 답장으로 유명해졌다. 그것은 이렇게 적혀 있었다. "두에 시장이자 레지옹도뇌르 훈장 수여자 피에르칸 클라스 드 몰리나 누르호 씨는 축전

*105 두에에 흐르고 있는 강.
*106 나의 마음.

에 참석하는 것을 '그것'으로 하는 바이다. *107 운운"

마르그리트는 공증인의 원조를 받아들였는데, 단, 여자로서의 자신의 체면과 동생의 장래, 아버지의 결심을 위태롭게 하는 일이 없도록, 공증인으로서의 직업에 관한 일에만 한해서였다. 그날 안에 그녀는 조세트와 마르타에게 동생 페리시를 보살펴 달라고 맡겼다. 이 두 사람은 마르그리트의 절약계획을 지지하면서 이 젊은 여주인에게 몸과 마음을 다 바치고 있었다. 마르그리트는 베니로 떠나 그곳에서 예정된 활동을 시작했는데, 사정을 잘 헤아리고 있는 피에르칸이 지휘를 했다. 이러한 헌신적인 행위는, 공증인의 머릿속에서는 최고의 투기나 마찬가지였다. 그래서 그의 배려와 수고는 말하자면 결코 아깝지 않은 투자였다.

무엇보다 먼저 마르그리트를 위해서 농원으로 예정된 땅을 개간하고 경작하는 수고를 덜어주려고 애썼다. 이제부터 독립하려는 부유한 농부 세 사람의 아들을 찾아내어 비옥한 토지이니 장래가 유망하다고 그들을 설득했다. 그리고 임대계약을 통해, 앞으로 지을 농원 건물을 그들에게 대여하는 데 성공했다. 3년 동안은 무상 대여하는 조건이고, 4년째부터 1만 프랑의 지대(地代), 6년째부터는 1만 2천 프랑, 나머지 계약기간은 1만 5천 프랑을 지불하며, 농민들은 물길을 파고, 작물을 심고, 가축을 사도 좋다는 계약을 맺었다. 농원 건물이 건설되는 동안 농민들은 토지를 개간하러 왔다. 발타자르가 떠난 지 4년 뒤, 마르그리트는 벌써 동생들의 재산을 거의 회복하고 있었다. 농원을 모두 건설하는 비용은 20만 프랑으로 충분했다. 이 갸륵한 딸의 행위는 마을 사람들의 감탄을 불러일으켜 원조와 조언이 끊이지 않았다. 마르그리트는 여자가 위대한 감정에 고무되었을 때 발휘하는 양식과 활력과 끈기로, 건축과 거래와 임대계약 이행을 감시했다. 5년째에 그녀는 농원 수입과 동생의 연금, 그리고 아버지의 토지수익에서 얻는 3만 프랑을 저당에 들어 있는 원금의 저당 정산과 발타자르의 열정이 집에 입힌 손상의 복구에 충당할 수 있었다. 이자는 조금씩 줄어가고 부채는 빠르게 상환될 예정이었다. 게다가 엠마뉘엘 드 소리스가 백부의 상속으로 받은 몫 가운데 그녀에게 아직 제공하지 않은 10만 프랑에 자신이 저축한 20만 프랑 정도를 보태어

---

*107 '영예로 한다'는 의미로, 영예라는 뜻이 들어 있는 도뇌르라는 말이 앞에 있으므로, 그것을 대명사로 받는 재치 있는 표현.

마르그리트에게 제공했으므로, 그녀는 사업을 관리하기 시작한 지 3년째에 들어선 뒤부터 상당한 거액의 부채를 갚을 수 있었다. 이 용기와 인내와 헌신의 생활은 5년 동안 변함없이 이어졌다. 마르그리트의 경영과 감화 속에서 모든 계획이 성공하여 좋은 성과를 거두었다.

토목기사가 된 가브리엘은, 코닝크 씨의 도움으로 자신이 건설한 운하 사업으로 눈 깜짝할 사이에 한 재산을 모아 사촌인 코닝크 양의 마음을 사로잡았다. 그의 아버지도 마음에 들어 했으며, 동서(東西) 플랑드르에서 가장 부유한 재산을 물려받을 여자였다. 1824년, 클라스 집안의 부동산은 담보에서 해제되었고, 파리 가의 저택도 잃었던 것을 모두 회복했다. 소리스 씨가 마르그리트에게 청혼하자, 피에르칸도 페리시와의 혼담을 발타자르에게 적극적으로 청했다.

1825년 1월초에 마르그리트와 코닝크 씨는 쫓겨난 신세가 되어 있었던 아버지를 만나기 위해 떠났다. 아버지의 귀환은 모든 가족이 열렬하게 원하고 있었다. 발타자르는 가족과 함께 여생을 보내기 위해 사직서를 제출했다. 그리하여 한 가족은 자신들의 행복에 대해 발타자르의 승인을 얻으려 하고 있었다. 마르그리트는 오래 전부터 회랑과 응접실의 액자가 비어있는 것을 늘 안타까워하고 있었는데, 피에르칸과 소리스 씨가 그녀가 없는 동안 아버지가 집에 돌아오는 날을 위해 그녀를 놀라게 해주려고, 페리시와 함께 한 가지 계획을 꾸몄다. 그것은 동시에 동생 페리시도 클라스 집안의 복원에 참여시키려는 것이기도 했다. 두 사람은 페리시를 위해 몇 장의 아름다운 그림을 사들였고, 그 그림으로 회랑을 꾸미도록 페리시에게 제공했다. 코닝크 씨도 같은 생각을 하고 있었다. 마르그리트의 훌륭한 행동과 어머니에게서 위탁받은 의무를 다하려는 그녀의 헌신적인 행위에 만족을 느끼고 있던 그는, 그것을 마르그리트에게 전하고 싶어서 자신이 지닌 것 가운데 가장 훌륭한 그림 약 50점과 발타자르가 옛날에 팔아치운 그림을 몇 장 가져와서, 그것으로 클라스의 화랑을 완전히 복원시킬 생각을 하고 있었던 것이다.

마르그리트는 페리시와 장을 데리고 벌써 몇 번이나 아버지를 만나러 간 적이 있었다. 그때마다 아버지가 전에 비해 점점 변하고 있는 것을 알았다. 그러나 마지막으로 방문했을 때부터는 노화의 무서운 징후가 나타나고 있었다. 아마도 그 심각한 징후는, 여전히 그의 희망을 배신하고 있는 실험에 봉급의 대부분을 쏟아 붓기 위해 아끼며 살고 있기 때문이 틀림없었다. 이제 예순다섯 살인 나이에 80대 노인처럼 보였다. 눈은 안와 속에 깊숙하게 꺼져 있었다. 눈썹은 하얗게 세고, 머리카락도 몇 가닥이 목덜미에 겨우 남아 있을 뿐이었다. 턱수염은 자랄 대로 자라는 대로 내버려뒀다가 방해가 될 정도가 되면 가위로 잘랐다. 등은 늙은 포도 재배자처럼 굽어 있었다. 심지어 복장이 단정하지 않아서 더욱 초라해 보였고, 그것이 또 소름이 끼칠 만큼 그를 추악하게 만들었다. 이목구비가 주름에 가려 보이지 않는 강대한 사상이 커다란 얼굴에 활력을 주고는 있지만, 한곳을 바라보는 눈길, 절망에 밑바닥에 가라앉은 듯한 기색, 끊임없이 불안에 사로잡혀 있는 모습은, 정신착란 정도가 아니라 모든 정신착란을 종합한 것 같은 증상을 생생하게 보여주고 있었다.

어떤 때는 희망에 차서, 발타자르에게 편집광의 특징을 보여주고 있었다. 어떤 때는 도깨비불처럼 자기 앞에 어른거리는 비밀을 통찰할 수 없다는 초조가 분노로 나타나기도 했다. 또 갑자기 큰 소리로 웃어젖혀서 제 정신이 아니라는 사실이 폭로되기도 했다. 결국은 대부분 의욕을 모두 잃은 상태에 빠져 있었는데, 그 백치 특유의 으스스한 침울함이 그의 광기의 모든 빛과 그림자를 요약해 보여주고 있었다. 그를 잘 모르는 사람에게는 그것은 순간적으로 사라져버리는 종잡을 수 없는 표정이었다. 그런데 클라스를 잘 알고 있는 사람들은 불행히도 그러한 표정을 너무나 잘 알 수 있었다. 그들은 클라스가 숭고한 선의와 위대한 심정, 아름다운 용모의 소유자였건만, 지금은 그 아름다움의 편린조차 남아 있지 않다는 것을 잘 알고 있었다.

르뮐키니에도 끊임없는 일 때문에 주인처럼 늙고 지쳐 있었지만, 주인처럼 사색에 의한 피로는 입지 않고 있었다. 그래서 그의 표정에는 주인에 대한 염려와 숭배가 기묘하게 뒤섞여서 나타나, 주인에 대해서도 곧잘 착각상태에 빠지곤 했다. 주인의 하찮은 말도 신성하게 여기고 아무것도 아닌 동작까지 하나의 애정으로 따른다 쳐도, 그는 어미가 새끼를 보살피듯이 이 학자를 보살피고 있었다. 발타자르가 전혀 개의치 않는 세속적인 일에 대해서는 실제로 발타자르를 보호하고 있었기 때문에, 그가 주인의 보호자인 것처럼 보였다. 이 두 노인은 하나의 관념 속에서 자신들의 희망에 현실성이 있다고 믿고, 같은 영감에 따라 한 사람은 그 공동생활의 영혼이 되고, 또 한 사람은 육체가 되어 움직이고 있는 모습은, 무섭기도 하고 눈물겹기도 한 광경이었다. 마르그리트와 코닝크 씨가 도착했을 때, 싸구려 호텔에 머물고 있는 클라스와 얼굴을 마주하게 되었다. 후임자가 바로 부임해 와서 벌써 그의 자리에 앉아버린 것이다.

과학에 몰두하고 있는 동안에도, 태어난 고향과 내 집, 내 가족을 다시 보고 싶은 염원이 발타자르의 마음을 어지럽히고 있었다. 그러한 때 마르그리트의 편지가 최근의 기쁜 소식을 알려왔다. 발타자르는 마침내 그 과제의 발견으로 이끌어줄 일련의 실험으로 자기 생애의 마지막을 장식하려고 생각했다. 그래서 견딜 수 없이 초조하게 마르그리트를 기다리고 있었던 것이다.

마르그리트는 기쁨의 눈물을 흘리면서 아버지 품속에 뛰어들었다. 그녀는 힘들었던 생활에 대한 보상과 집안에서 얻은 영광에 대한 용서를 구하러 찾아온 것이다. 조국을 구하기 위해 다양한 자유를 침해했던 위인들처럼 자신에게 죄가 많은 것처럼 느끼고 있었다. 그러나 아버지의 모습을 보았을 때, 마지막 방문 이후 아버지에게 일어난 변화를 알고 몸을 떨었다. 코닝크도 조카딸의 그 공포를 함께 느끼고, 사촌을 가능한 한 빨리 두에로 데리고 돌아가야 한다고 주장했다. 두에에서 행복한 가정생활에 복귀하면, 고향에 감화되어 이성과 건강을 되찾을 거라는 얘기였다.

재회하자마자 나눈 대화에서는 발타자르 쪽이 마르그리트가 예상했던 것보다 훨씬 흥분해 있었는데, 그 뒤에도 발타자르는 마르그리트에게 유난히 친절한 배려를 보여주었다. 그는 딸에게 이렇게 싸구려 호텔의 누추한 방에서 맞이하게 되어 미안하다고 말했다. 그리고 그녀의 취향에 대해 이것저것 묻기도 했다. 연인을 공주처럼 떠받들듯이 식사로 어떤 것을 먹고 싶은지 묻기도 했다. 심지어는 재판관을 매수하려는 범죄자 같은 태도를 보이기도 했다. 마르그리트는 아버지에 대해 잘 알고 있었으므로, 아버지가 친절하게 행동하는 동기를 간파하고, 아버지가 이곳에서 무언가 빚을 진 것이 있어서 출발하기 전에 그것을 갚으려는 게 아닌가 하고 추측했다. 마르그리트는 한동안 아버지를 살피면서 적나라한 인간의 마음을 보았다. 발타자르는 위축되어 있었다. 굴욕적인 생각, '학문'에만 몰두하고 있음에 인한 고독이, 자신이 좋아하는 연구와 거리가 먼 모든 문제에 대해서는 겁을 먹게 하고 어린아이처럼 만들어 버렸기 때문이다. 그는 맏딸 마르그리트에게 외경심을 품고 있었다. 지난날의 그녀의 헌신적인 행위와 그녀가 발휘한 용기에 대한 기억, 그녀에게 맡겨버린 권력 의식, 그녀가 마음대로 처리한 재산, 이미 위태로워진 아버지로서의 권위를 포기한 날부터 그를 사로잡았던 형언할 수 없는 기분, 그런 것들로 인해 어쩔 수 없이 날이 갈수록 마르그리트의 모습이 크게 보였던 것이다. 코닝크 씨는 그의 눈에 하잘 것 없는 존재로 보였다. 발타자르는 딸만 쳐다보면서 딸에 대해서만 생각했다. 마치 아내 엉덩이에 깔려 있는 남편이 아내를 두려워하는 것과 같았다.

그가 마르그리트를 쳐다보면, 마르그리트는 나쁜 짓을 했다고 생각하는 어린아이처럼 겁먹은 표정을 알아차리고 가슴이 쓰라렸다. 이 훌륭한 여자는, '학문'과 연구를 위해 황폐해진 두뇌의 엄숙하기도 하고 소름끼치기도 하는 표정과, 어린아이 같은 웃음, 그 입매와 표정에 떠오른 솔직한 비굴함을 어떻게 일치시켜야 할지 알 수 없었다. 그녀는 그 위대함과 그 비소함이 보여주는 대조에 마음이 아파서 아버지가 다시 가족의 품에 안기는 기쁨의 날까지, 발타자르에게 아버지로서의 위엄을 되찾아주기 위해 자신의 힘을 발휘해야겠다고 마음으로 맹세했다. 그녀는 먼저 아버지와 단둘이 남았을 때를 노려 아버지 귓전에 대고 속삭였다.

"혹시 이곳에서도 빚을 진 것 아니에요?"

발타자르는 얼굴을 붉히면서 당황한 기색으로 대답했다.

"난 잘 몰라. 아마 르뮬키니에가 너에게 얘기해 줄 거다. 그는 정말 충직한 사람이다. 내가 전혀 모르는 문제에 대해 나보다 더 잘 알고 있지."

마르그리트는 하인을 불렀다. 그가 오자, 그녀는 두 노인의 얼굴을 거의 무의식적으로 살펴보았다.

"나리, 무슨 일이십니까?" 르뮬키니에가 물었다.

자존심과 고귀함의 화신 같은 마르그리트는 하인이 말하는 모습과 행동을 보고, 아버지와 그 연구 파트너인 르뮬키니에 사이에 뭔가 불쾌하게 느껴지는, 허물없는 듯한 관계가 성립되어 있는 것을 알아채고 가슴이 죄어오는 듯한 느낌이었다.

"그럼 당신이 없으면 아버지가 이곳에서 얼마나 빚을 지고 있는지 모른다는 거예요?"

"나리께서 진 빚은……"

르뮬키니에가 대답하려 하자 발타자르가 하인에게 뭔가 공모하는 듯한 눈짓을 했다. 그것을 알아차린 마르그리트는 모욕당한 기분이 들었다.

"아버지가 빚을 얼마나 지고 있는지 숨기지 말고 말하세요." 그녀가 소리쳤다.

"여기서 나리는 식량과 향신료를 취급하고 있는 약제사에게 천 에큐쯤의 외상이 있습니다. 거기서 저희들은 가성칼리와 납, 아연 같은 여러 가지 시약을 조달했습죠."

"그것뿐이에요?" 마르그리트가 물었다.

발타자르는 르뮬키니에에게 그렇게 대답하라고 다시 눈짓을 했다. 르뮬키니에는 주인이 시키는 대로 대답했다.

"그렇습니다요, 아가씨."

"그럼, 그건 제가 갚아 드리죠."

발타자르는 기뻐하면서 딸을 껴안았다.

"나에게 넌 천사야."

그리고 그는 전보다 숨을 천천히 쉬었고 마르그리트를 바라보는 눈도 전만큼 어둡지 않았다. 그러나 그 기쁜 표정에도 불구하고 아버지의 얼굴에 심각한 불안의 그림자가 끼어 있는 것을 쉽게 살핀 마르그리트는, 그 천 에큐는 실험실의 빚 가운데 유난히 재촉을 받고 있는 것일 뿐이라고 판단했다.

"숨기려 하지 마세요, 아버지." 그녀는 아버지가 자기를 무릎 위에 앉히는 대로 내버려 두면서 말했다. "아직 빚이 더 있는 거죠? 모두 털어 놓아보세요. 가족 모두 기뻐하고 있으니까 걱정거리가 있으면 다 떨쳐버리고 집으로 돌아와 주세요."

"오, 사랑스러운 마르그리타." 발타자르는 딸의 두 손을 잡고 청춘을 떠올리게 하는 듯한 우아한 동작으로 키스했다. "나를 꾸짖을 테지……"

"그렇지 않아요." 그녀가 말했다.

"정말이니?" 그는 어린아이처럼 기쁜 몸짓을 해보였다. "그럼 전부 얘기해도 되는 거겠지? 그러면 네가 갚아 줄 거냐……"

"네." 그녀는 눈물을 참으면서 대답했다.

"그럼, 말하마! 빚을 진 것은……아! 나는 도저히 말 못하겠다……"

"말하세요, 아버지!"

"엄청 큰 금액이란다."

마르그리트는 절망적인 몸짓으로 두 손을 모았다.

"프로테스 시프르빌 상회에 지불할 것이 3만 프랑 남아 있다."

"3만 프랑이면, 꼭 제가 저축한 금액이군요. 하지만 기꺼이 아버지께 드리겠어요." 마르그리트는 아버지의 이마에 존경을 담아 입을 맞췄다.

발타자르는 일어나서 딸을 번쩍 안고는 어린아이처럼 뛰게 하면서 방안을 한 바퀴 돌았다. 그런 다음 마르그리트가 앉아 있던 안락의자에 다시 앉히고 소리쳤다.

"소중한 마르그리타, 너는 사랑의 보물이다! 난 이미 살아도 살아있는 심정이 아니었다. 시프르빌 상회가 나에게 협박 편지를 세 통이나 보내 나를 고소할 거라고 위협했단다. 그들에게 한 재산 벌게 해준 나에게 말이다."

"아버지." 마르그리트가 절망적인 목소리로 말했다. "그럼 여전히 연구를 하고 계셨던 거예요?"

"여전히" 발타자르는 미친 듯한 웃음을 띠었다. "난 발견하고야 말 테다. 절대로! ……우리가 어디까지 다다랐는지 네가 안다면……"

"우리라니, 누구 말이에요? ……"

"르뮐키니에지 누구겠니. 이제야 겨우 내 일을 이해하게 되었는데, 잘 도와주고 있어. 기특한 녀석이지. 내가 시키는 대로 다 해주고 있단다!"

그때 코닝크가 방에 들어오는 바람에 대화가 끊겼다. 마르그리트는 아버지에 대한 백부의 신용이 무너지는 것이 두려워, 지금은 아무 말도 하지 말라고 아버지에게 눈짓을 했다. 아마 해결할 수 없는 문제의 추구에 몰두한 나머지, 그 집착이 위대한 지성에 일으키고 만 황폐에 대해 그녀는 깜짝 놀라고 말았다. 실험에 쓰는 화덕 저편에 있는 것은 하나도 눈에 들어오지 않는 발타자르는, 자신의 재산이 저당에서 풀린 것조차 알지 못했다. 이튿날 그들은 플랑드르를 향해 떠났다. 그 긴 여행 동안 마르그리트는 아버지와 르뮐키니에 사이에 이루어진 관계가 어떤 것인지 막연하게나마 추측할 수 있었다. 르뮐키니에가 주인에 대해 우위에 서게 된 것은, 교육을 받지 않은 자가 자신이 필요한 존재임을 느끼게 되고, 주인이 양보를 거듭하는 동안 믿음이 생겨 그 집요함으로 가장 위대한 정신의 소유자를 지배하게 되기 때문이 아닐까? 아니면, 직공이 창조적인 일을 도와주는 도구에 품는 애정, 아라비아인이 거칠 것 없이 타고 다니는 준마에 품는 애정처럼 습관에서 생기는 어떤 애정을, 주인인 발타자르도 하인에 대해 느끼게 된 것이 아닐까? 마르그리트는 발타자르에게서 그 굴욕적인 멍에를 없애 주기로 마음먹고, 그러한 관계가 사실인지 아닌지 확인하기 위해 무슨 일이 일어나는지 살폈다. 파리에 들렀을 때, 그녀는 아버지의 빚을 갚기 위해 며칠 동안 파리에 머물면서, 화학제품 제조업자에게 클라스가 하는 주문에 대해서는, 사전에 자신에게 알리지 않고는 아무것도 두에로 보내지 말라고 부탁했다. 마르그리트는 발타자르에게 복장을 새롭게 갖춰주고, 신분에 맞는 차림을 하는 습관을 가지도록 약속을 받아냈다. 그리하여 신변을 원래대로 정리함으로써, 발타자르의 몸에 어떤 위엄이 갖춰지고 그의 생각도 바뀌게 하는 좋은 계기가 되게 하였다. 마르그리트는 아버지가 집으로 돌아가면 참으로 다양한 놀라움이 기다리고 있음을 생각하고, 미리 기쁨을 맛보면서 이윽고 두에를 향해 떠났다.

두에에서 3리브*108쯤 떨어진 곳에서 발타자르는 말을 타고 온 딸 페리시를 발견했다. 페리시 뒤에 두 아들과 엠마뉘엘, 피에르칸, 그 세 집안의 친한 사람들이 따라오고 있었다. 당연한 일이지만, 여행으로 기분이 좋아진 발타자르는 평소의 사색에서 멀어져, 플랑드르의 광경에서 감동을 느끼고 있었다. 그래서 자신의 가족과 친구들이 반갑게 자신을 에워싸고 환영하는 모습을 보자 뜨거운 감동을 느껴 눈물이 솟구치고 목소리마저 떨렸다. 그가 아이들을 힘껏 껴안고 놓아주지 않자, 그 광경을 보고 있던 사람들은 모두 눈시울을 붉혔다. 자기 집이 눈에 들어오자, 그는 창백하게 질려 젊은 사람처럼 민첩하게 여행마차에서 뛰어내리더니, 마당의 공기를 가슴 속 깊이 들이마시고, 가슴을 펴면서, 자신도 모르게 아주 하찮은 몸짓에도 기쁨을 담아 주위를 둘러보기 시작했다. 등이 꼿꼿하게 펴지고 얼굴까지 젊어진 것 같았다. 응접실에 들어섰을 때, 오래 전에 이미 팔아버렸던 은촛대가 딸에 의해 정확하게 본디대로 복원되어 있고, 그밖의 모든 재산이 지난날 그대로 수복된 것을 보고 그의 눈에 눈물이 넘쳐흘렀다.

식당에는 호사스러운 점심 식사가 마련되어 있었다. 식기찬장에는 옛날에

---

*108 약 12킬로.

있었던 것과 적어도 같은 가치가 있는 진기한 그릇과 은그릇들이 빼곡하게 진열되어 있었다. 이 가족만의 식사는 오랫동안 이어졌지만, 발타자르에게 는 아이들 하나하나에게 청한 이야기를 듣는 것만으로도 빠듯할 정도였다. 이 귀가가 그의 정신에 강한 충격을 주어, 그는 함께 가족의 행복을 맛보면 서 한 가정의 아버지임을 훌륭하게 보여주었다. 그의 행동거지는 지난날의 기품을 되찾고 있었다. 처음에는 발타자르도 어떤 수단으로 자신이 잃어버 린 모든 것들이 이렇게 복구되었는지 설명을 구하지도 않고, 재산이 손에 들 어온 것만을 오로지 기뻐할 뿐이었다. 따라서 그의 기쁨은 완전하여 모자람 이 없었다. 점심식사가 끝나자 네 아이들과 아버지와 공증인 피에르칸은 응 접실로 자리를 옮겼다. 그곳에서 발타자르는 피에르칸의 서기가 테이블 위 에 미리 놓아둔 인지를 붙인 서류를 불안한 표정으로 바라보았다. 서기는 주 인인 피에르칸의 보조로서 테이블 앞에 서 있었다. 아이들이 자리에 앉았다. 발타자르는 여전히 놀란 채 난로 앞에 서 있었다.

"이것은" 피에르칸이 입을 열었다. "클라스 씨가 자녀들에게 하시는 후견 보고입니다. 이런 것은 재미있는 내용은 아니지만" 피에르칸은 가장 중요한 사항에 대해 이야기할 때 일반적으로 공증인이 취하는 농담하는 듯한 태도 로 웃으면서 이렇게 덧붙였다. "무슨 일이 있어도 꼭 들으셔야 합니다."

다양한 사정을 생각하면 이 말이 아무리 정당하다 해도, 양심에 비추어 과 거의 생활을 떠올린 클라스는 그것을 비난으로 받아들였는지 미간을 살짝 찌푸렸다. 서기가 낭독을 시작했다. 발타자르의 놀라움은 이 보고서 낭독이 진행됨에 따라 더욱 더 커질 뿐이었다. 우선 그의 아내의 재산은 사망 시에 약 160만 프랑에 이르렀던 것이 밝혀졌다. 이 계산서가 제시하는 결론은, 그의 자녀들 각각의 몫이 마치 선량하고도 세심한 일가의 아버지가 관리해 왔던 것처럼 완전하게 제공된다는 것이었다. 그 결과, 저택은 모든 담보에서 해제되어 발타자르는 자신의 집에서 살 수 있게 되며, 그의 시골 토지도 저 당권이 해제되었다는 것이었다. 각종 증서의 서명이 끝나자, 피에르칸은 이 전의 부채 영수증과 소유지에 무겁게 걸려 있었던 저당권 등기 해제 서류를 보여주었다. 그 순간, 일가의 명예와 아버지로서의 생활, 시민으로서의 체 면, 그 모든 것이 동시에 회복된 발타자르는 안락의자에 쓰러지고 말았다. 그는 마르그리트의 모습을 찾았지만, 그녀는 여자로서의 겸손한 배려에서,

낭독이 이루어지는 동안 자리를 떠나, 연회를 위한 만반의 준비가 빈틈없이 갖춰지고 있는지 확인하러 가고 없었다. 아련하게 젖은 발타자르의 눈길이 마르그리트를 찾고 있을 때, 가족은 저마다 노인의 마음을 이해했다. 그때 모든 사람들은 영혼의 눈을 통해, 마르그리트한테서 용기와 빛의 천사를 보고 있었다. 장이 마르그리트를 찾으러 갔다. 딸의 발소리를 듣고 발타자르는 그녀를 안으려고 달려갔다.

"아버지." 계단 밑에서 노인이 마르그리트를 붙들고 포옹하려 하자 그녀가 말했다. "부탁이에요, 아버지. 무슨 일이 있어도 아버지의 신성한 권위를 잃지 말아 주세요. 가족 모두가 보는 앞에서 아버지의 의지를 훌륭하게 실현했다는 말로 저를 칭찬해 주세요. 그래서 이 집에서 실현한 행복은 아버지 단 한 사람의 힘에 의한 것임을 보여주세요."

발타자르는 하늘을 쳐다보고 딸을 바라보더니, 팔짱을 끼고 잠시 동안 지난 10년 동안 아이들이 한 번도 본 적이 없는 표정을 지은 뒤 이렇게 말했다.

"페피타, 당신이 이 자리에 함께 있다면, 그리고 이 아이의 영혼을 칭찬해 줄 수 있다면 얼마나 좋을까!"

발타자르는 더 이상 아무 말도 하지 않고 마르그리트를 껴안은 채 응접실로 돌아갔다.

"얘들아" 발타자르는 일찍이 그를 가장 위엄 있는 남자로 만들었던 고귀한 태도를 되찾아 말을 이었다. "우리는 모두 내 딸 마르그리트에게 깊은 감사를 바쳐야 할 것이다. 내가 연구에 너무 열중해서 집안 관리를 이 아이에게 맡겨 두었는데, 그동안 이 아이는 참으로 현명하게 용기를 발휘하여, 내 의지를 실현하고 내 계획을 잘 실행해 주었다."

"아, 그럼 이제부터 부부재산 계약을 읽기로 하겠습니다." 피에르칸이 시계를 들여다보면서 말했다. "하지만 제가 저의 친족이나 저 자신을 위해 증서를 작성하는 것은 법으로 금지되어 있기 때문에, 이 증서에 관여할 수가 없습니다. 라파르리에 씨가 곧 오실 겁니다."

그때 클라스 씨의 귀가를 환영하고 계약 서명을 축하하기 위해 열리는 만찬에 초대받은 클라스 집안의 지인들이 하나둘씩 도착했다. 그 동안에도 하인들은 결혼 선물을 운반해 왔다. 금세 모여든 손님들의 복장은 화려하기 그

지없고, 그에 못지않게 손님들의 지위도 당당한 것이었다. 자녀들의 결혼에 의해 친족이 된 세 가족은 오랫동안 서로 화려함을 자랑하려고 준비하고 있었던 것 같았다. 응접실은 눈 깜짝할 사이에 약혼자들에게 보내온 우아한 선물들로 가득 찼다. 황금이 넘쳐날 듯이 번쩍번쩍 빛나고 있었다. 펼쳐진 직물과 캐시미어 숄, 목걸이, 장신구 등이 선물을 주는 자에게도 받는 자에게도 진심어린 기쁨을 가져다주었기 때문에, 모두의 얼굴에 거의 어린아이 같은 기쁨이 참으로 정직하게 드러나 있었다. 그래서 그 멋진 선물의 가치는, 그것과 관계가 없는 사람들도 평소 같으면 호기심에서 열심히 그것을 감정하는데, 그런 그들한테서도 잊혀버렸을 정도였다.

이윽고 이러한 큰 행사 때 클라스 집안에서 관습적으로 치르는 의식이 시작되었다. 부모만 자리에 앉고 다른 참석자들은 부모 앞에 조금 떨어져서 서 있는 것이다. 응접실 왼쪽 정원 쪽으로 가브리엘 클라스와 코닝크 양이 서고, 그 한쪽에는 소리스 씨와 마르그리트, 그리고 페리시와 피에르칸이 섰다. 이 세 쌍으로부터 몇 걸음 떨어진 곳에 발타자르와 코닝크 씨가 피에르칸을 대신하는 공증인 옆의 안락의자에 각각 앉았는데, 이 모임에서 앉을 수 있는 것은 이 두 사람뿐이었다. 장은 아버지 뒤에 섰다. 마찬가지로 스무 명쯤의 여자들과, 피에르칸 집안과 코닝크 집안, 클라스 집안 가운데 가장 가까운 친척에서 선택된 사람들, 결혼식을 관장하는 두에의 시장, 세 집안의 가장 친한 친구 가운데 선택된 열두 명의 입회인—그 가운데에는 왕립법원 원장도 들어 있었다—이러한 인물들과 생피에르 교회의 사제에 이르기까지 모두 안마당 쪽으로 늘어서서 엄숙한 원형을 이루었다. 그 순간 왕과 같은 위엄에 빛나는 아버지에게 바쳐진 이 경의는, 이 장면에 예스러운 색채를 부여하고 있었다. 발타자르가 지난 16년 동안 '절대'의 탐구를 잊은 유일한 순간이었다.

공증인 라파르리에 씨는 마르그리트와 페리시에게 다가가서, 서명을 위해, 또 그 뒤에 열릴 만찬회에 초대받은 사람들이 한 사람도 빠짐없이 도착했는지 확인했다. 틀림없이 다 모였다는 대답을 듣자, 그는 돌아와서 맨 처음 낭독될 예정인 마르그리트와 소리스 씨의 결혼계약서를 손에 들었다. 그때 갑자기 응접실 문이 열리더니 르뮐키니에가 환희에 찬 얼굴로 나타났다.

"나리, 나리!"

발타자르는 마르그리트에게 절망의 눈길을 던졌다. 그리고 그녀에게 눈짓을 하여 정원으로 데리고 나갔다. 모여든 사람들도 당장 술렁이기 시작했다.

"너에게 말하지 않은 것이 있다." 발타자르는 마르그리트에게 말했다. "하지만, 넌 나를 위해 이렇게 애써주었으니, 이 최후의 재난에서도 나를 구해주겠지? 르뮐키니에는, 성공은 하지 못했지만 마지막 실험 때 나에게 2만 프랑을 빌려 주었단다. 그 사람이 저축한 돈이야. 그 가엾은 자는 내가 다시 부자가 된 줄 알고 틀림없이 돈을 갚으라고 말하러 온 게 분명해. 곧 르뮐키니에에게 돈을 돌려줄 수 없겠니? 오, 나의 천사여, 나에 대해서는 르뮐키니에에게 빚이 있다. 왜냐하면 내가 번번이 실패하고 있었을 때 그자만이 나를 위로해 주었거든. 오직 그만이 아직도 나를 믿고 있다. 그자가 없었으면 나는 벌써 죽었을 것이다."

"나리, 나리." 르뮐키니에가 소리치고 있었다.

"왜 그러는 것이냐?" 발타자르가 돌아보면서 대답했다.

"다이아몬드예요! ……"

클라스는 "제가 실험실에 들어가 봤는데요." 하고 말하는 하인의 손에 다이아몬드가 들려 있는 것을 보자 응접실로 뛰어들었다.

모든 것을 잊고 있었던 화학자는 이 플랑드르 태생의 노인을 노려보았다. 그런 다음에는 이런 말밖에 나오지 않았다.

"내가 아니라 네가 먼저 실험실에 들어갔단 말이냐!"

"그런데" 하인은 말을 계속했다. "그 전지와 이어져 있는 증발접시 위에 이 다이아몬드가 있는 것을 발견했습니다. 뭐가 되든지 제멋대로 만들어내라고 우리가 내버려 두었던 그 전지입니다요. 그 전지란 놈이 기어코 만들어내고 말았습니다요, 나리!" 그렇게 말하면서 르뮐키니에는 팔면체의 하얀 다이아몬드를 보여주었다. 모여든 사람들은 그 광채에 이끌려서 모두 눈이 휘둥그레졌다.

"내 아이들을 비롯한 여러분, 나의 늙은 하인놈을, 그리고 나를, 용서해주시오. 이런 일을 하다보면 정신이 이상해지고 맙니다. 내가 없는 동안, 7년의 세월이 우연히 지난 16년 동안의 탐구를 거듭해온 발견을 성취시킨 것입니다. 그렇습니다. 나는 황화탄소를 볼타전지의 영향 하에 방치해 두었습니다. 우리는 그 전지의 작용을 매일 감시하고 있어야 했습니다. 그런데 내가 없는 동안, 하느님이 실험실에서 그 힘을 훌륭하게 보여주셨는데도 나는 그 힘의 작용을 확인할 수 없었습니다. 그 작용이 서서히 나타난 것은 말할 것도 없는 일이지만, 참으로 무서운 일이 아닙니까? 저주받을 추방! 저주받을 우연! 아! 이 오랜 세월에 걸친 이 느리고도 갑작스러운, 뭐라 표현해야 할지 모르겠지만, 그 결정 작용과 변용이 결국 기적을 만들어냈습니다. 만약 내가 관찰했더라면 내 아이들은 지금보다 더 부자가 되었겠지요. 이것이 내가 탐구하고 있는 문제의 해결은 되지 않는다 해도, 적어도 내 명예의 최초의 빛이 이 땅에 비춰졌을 것을! 그리고 우리의 충만한 사랑이 행복으로 뜨거워진 이 순간이 '과학'의 태양에 의해 한층 더 뜨거워졌을 것을!"

이 사내 앞에서 모든 사람은 침묵을 지키고 있었다. 고뇌 속에서 흘러나온 이 맥락이 없는 말은 숭고하지는 않다 해도 너무도 진실했다. 갑자기 발타자르는 가슴 속에 절망을 밀어 넣으면서 손님들에게 위엄 있는 시선을 던졌다. 그 시선은 사람들 영혼 속에서 환하게 빛났다. 이어서 다이아몬드를 손에 들고 그것을 마르그리트에게 내밀면서 말했다.

"이건 네 것이다."

그런 다음 눈짓을 하여 르뮐키니에를 물러가게 한 뒤 공증인에게 말했다.

"계속하시오."

이 한마디는 참석자들 사이에 전율을 불러일으켰다. 어떤 연극에서 타르마*[109]가 열렬한 관중에게 불러일으켰던 그 전율이었다. 발타자르는 자리에 앉아서 낮은 목소리로 혼잣말을 했다.

"오늘 나는 아버지 이외에 누구도 되어서는 안 된다."

마르그리트는 그 말을 알아듣고 아버지 쪽으로 다가가서, 아버지의 손을 잡고 그 손에 경의를 담아 입을 맞췄다.

"지금까지 이토록 위대했던 사람은 없습니다." 약혼자 마르그리트가 자기 옆에 돌아왔을 때 엠마뉴엘이 말했다. "이토록 강했던 사람도 없습니다. 다른 사람 같으면 아마 미쳐버렸을 것입니다."

세 쌍의 부부재산 계약이 낭독되고 서명이 이루어졌다. 모든 사람이 문제의 다이아몬드가 어떻게 만들어졌는지 발타자르에게 열심히 물었다. 그러나

---

*109 1763~1826. 프랑스의 유명한 여배우로 나폴레옹의 총애를 받았으며, 고전극과 셰익스피어를 연기했다.

그렇게 기이한 사건에 대해서 발타자르는 한 마디도 대답하지 않았다. 그는 다락방을 쳐다보며 안타까운 듯한 몸짓으로 그곳을 가리켰다.

"글쎄요. 금속류나 다이아몬드를 만들어내는 가열된 물질의 운동에 의해, 어느 순간 우연히 무서운 힘이 나타난 거겠지요."

"그 우연이라는 것은 전적으로 당연한 일입니다." 뭐든지 아는 체하기 좋아하는 누군가가 말했다. "이 양반은 아마 진짜 다이아몬드를 두고 간 거겠지요. 그래서 타버린 다이아몬드도 있고 그렇지 않은 것도 있는 것이 아닐까요."

"이 일에 대해선 잊기로 합시다." 발타자르는 친구들에게 말했다. "오늘은 이제 이 이야기는 그만두기로 하지요."

마르그리트는 아버지의 손을 잡고, 이제부터 호화로운 연회가 열릴 본채의 응접실 쪽으로 향했다. 손님들 뒤를 따라 회랑에 들어선 발타자르는, 거기에 그림들이 죽 걸려 있고 진귀한 꽃들이 가득 장식되어 있는 것을 보았다.

"그림이다!" 그가 소리쳤다. "그림이 걸려 있다니! 조상들의 그림도 있구나!"

걸음을 멈춘 발타자르의 표정이 흐려졌다. 잠시 비애에 사로잡혀, 그곳에서 자신의 남모르는 굴욕이 얼마나 컸는지 떠올리며 자기가 저지른 잘못의 무게를 느꼈다.

"이곳에 있는 것은 모두 아버지 거예요." 마르그리트는 마음이 흔들리고 있는 아버지의 기분을 헤아리고 말했다.

"정령도 찬양할 나의 천사여." 그가 소리쳤다. "너는 애비를 위해서 도대체 몇 번이나 목숨을 바친 것이냐!"

"다시는 어두운 표정 짓지 마세요. 그 가슴에 아무리 작은 슬픔도 품지 마세요, 네?" 마르그리트가 대답했다. "그것이 저에게는 그 어떤 칭찬보다 큰 상이니까요. 저는 르뮐키니에에 대해 생각하고 있었어요, 소중한 아버지. 아버지가 그에 대해 저에게 말씀하신 몇 마디 말로, 저는 그를 훌륭한 사람으로 생각하게 되었어요. 솔직하게 말하면, 전 그를 나쁜 사람으로 여기고 있었어요. 아버지, 이제는 그 사람에게 빚이 있다고 생각하지 마세요. 이제부터는 그 사람을 점잖은 친구로서 아버지 곁에 있게 하겠어요. 엠마뉴엘은 약

6만 프랑의 저금을 가지고 있어요. 그것을 르뮐키니에에게 줍시다. 그 사람은 충실하게 아버지를 보살펴주었으니 여생을 안락하게 살게 해줘야지요. 저희들 걱정은 마세요! 소리스 씨와 전 안정되고 평화로운 생활을 할 거예요. 사치하지 않는 생활을 할 거예요. 그러니 아버지가 돌려주실 때까지 그 돈이 없어도 저희는 살아갈 수 있어요."

"아! 마르그리트, 나를 결코 버리지 말아다오! 언제까지나 나의 구원의 신이 되어 다오!"

응접실에 들어간 발타자르는, 그곳이 복구되어 가구가 다 갖춰져 있고, 옛날과 다름없이 잘 단장되어 있는 것을 알았다. 곧 참석자들이 한 단마다 꽃을 피운 나무로 꾸며진 계단을 내려가 일층의 대식당에 들어갔다. 가브리엘이 아버지에게 선물한 훌륭하게 세공된 은그릇이 호화스러운 요리에 못지않게 사람들의 눈길을 끌었다. 두에에서는 사치스러운 식사를 하는 것이 전통적인 유행이었지만, 그곳의 유지들에게도 전대미문이라고 할 만큼 사치스러운 식사였다. 이 호사스러운 식사의 시중을 들기 위해 코닝크 집안과 클라스 집안, 그리고 피에르칸 집안의 하인들이 일하고 있었다. 친족과 친구들이 진심어린 기쁨으로 얼굴을 환하게 빛내며 에워싸고 있는 이 풍요로운 식탁의 한가운데 자리를 잡고 앉은 뒤, 르뮐키니에를 뒤에 대기하게 한 발타자르가, 마음에 벅차오르는 감동을 느끼는 동안, 크나큰 기쁨과 크나큰 고뇌 앞에서는 누구나 입을 다물어버리듯이 그 자리에 있던 사람들도 각각 침묵에 빠지고 말았다.

"사랑하는 내 아이들아." 그가 소리쳤다. "너희들은 방탕한 애비의 귀환을 축하하기 위해 살찐 송아지를 잡았구나*110"

이 학자가 자신의 잘못을 자책하는 이 말은, 아마 자신이 더 이상 엄격한 비난을 당하지 않도록 예방하는 것이기도 했지만, 너무나 당당하게 들렸으므로 모든 사람이 감동을 받고 눈시울을 적셨다. 그러나 그것은 어두운 마음을 보여주는 마지막 표현이 되었다. 모두들 기쁨에 겨워서 어느새 너무나 가족적인 잔치임을 보여주는 소란스럽고 활기찬 분위기가 시작되었다. 저녁식사가 끝난 뒤, 두에 시의 중요 인물들이 이제부터 열릴 무도회를 위해 클

---

*110 《신약성서》의 '누가복음' 11절에 있는 유명한 '방탕한 아들의 귀환'이라는 삽화를 패러디한 것.

라스 집안에 속속 도착했다. 이 무도회는 재건된 클라스 집안의 지난날의 영화를 연상시켰다. 세 쌍의 결혼식이 재빠르게 거행되고, 그 뒤에는 축하와 무도회, 연회가 이어졌고, 그로 인해 클라스 노인은 몇 달에 걸쳐 사교계의 소용돌이 속에 끌려 들어갔다. 클라스의 장남 가브리엘은 코닝크가 캉브레*111 근처에 소유하고 있는 토지로 옮겨 그곳에 정착했다. 코닝크가 딸과 헤어질 마음이 전혀 없었기 때문이다. 피에르칸 부인도 피에르칸이 지어둔 저택을 살려서 그곳에서 살게 되었으므로, 역시 아버지의 집을 떠나지 않을 수 없었다. 피에르칸은 그 저택에서 귀족답게 살 생각이었다. 공중인 자리를 이미 다른 사람에게 팔아버린 한편, 얼마 전에 죽은 라케 백부가 넉넉히 모아둔 재산을 그에게 남겼기 때문이다. 장은 파리로 떠났다. 그곳에서 교육을 마치기 위해서였다.

그리하여 소리스 부부만이 아버지 곁에 남게 되었다. 아버지는 정면 본채의 3층에 살고, 별채 쪽을 두 사람을 위해 내주었다. 마르그리트는 발타자르의 물질적인 행복을 끊임없이 배려했고, 엠마뉴엘이 그 깊은 사랑의 노력을 도와주었다. 이 고귀한 딸은 사랑이 넘치는 손에서 남들이 가장 부러워할 만한 월계관을 받았다. 그것은 행복이 엮은 관이고, 변치 않는 지조에 의해 빛나는 관이었다. 실제로 이 부부만큼, 모든 여자들이 꿈꾸는 완벽하고 헌신적이며 정결한 행복을 보여주는 부부는 없었다. 인생의 시련을 함께 견디며 그토록 건실하고 그토록 깨끗하게 서로 사랑한 두 사람의 결혼은, 두에 사람들에게 경의로 가득한 찬사를 불러일으켰다.

꽤 오래전에 대학의 장학관에 임명되었던 소리스는, 두에에 머물며 자신의 행복을 더욱 즐기기 위해 사임했다. 두에에서는 그의 재능과 성격에 누구나 커다란 경의를 품고 있었으므로, 그가 하원의원에 나설 수 있는 나이가 되면*112, 그에게 투표하겠다고 이미 사람들의 물망에 올라 있을 정도였다. 역경에서는 그토록 강한 면을 보여준 마르그리트도 행복을 얻게 되자 다정하고 선량한 여자로 돌아갔다. 클라스는 이 해에도 연구에 깊이 몰두했던 건 틀림없었다. 그러나 자신의 수입으로 충분히 메울 수 있는, 돈이 별로 들지 않는 실험을 몇 가지 하기는 했지만, 실험실에 그다지 매달리는 것 같지는

---

*111 두에에서 남동쪽 30여 킬로미터에 있는 도시.
*112 하원의원에 입후보할 수 있는 나이는 30세로 되어 있었다.

않았다. 마르그리트는 클라스 집안의 지난 관습을 부활시켜서, 한 달에 한 번 아버지를 위한 가족모임을 열었고, 그때는 피에르칸 부부와 코닝크 씨 가족도 참석했다. 또 일주일의 정해진 날에 두에의 상류층 사람들을 초대하여 '커피파티'를 열었는데, 그것은 두에에서 가장 유명한 모임이 되었다. 클라스는 대부분은 방심상태에 있었지만 모든 모임에 참석했고, 마르그리트를 기쁘게 해주기 위해 유쾌하게 사교계 사람이 되어 주었으므로, 자녀들도 아버지가 자신의 과제의 추구를 포기한 것으로 믿었다. 그렇게 3년이 지나갔다.

1828년, 엠마뉴엘에게 행운이 생겨서 그는 스페인에 불려갔다. 소리스 집안의 재산과 소리스 사이에는 수많은 가족을 포함한 세 분가가 있었는데, 황열병과 노쇠, 후사가 없는 등의 사정에 운명의 장난이 겹쳐서, 일족의 막내인 엠마뉴엘이 소리스 집안의 각종 칭호와 엄청난 재산의 상속인으로 지명된 것이다. 소설 속에서나 있을 법한 우연에 의해 소리스 집안은 누르호 백작령을 획득했다. 마르그리트는 남편과 떨어지는 것을 원치 않았지만, 엠마뉴엘은 용건이 모두 처리될 때까지 스페인에 오래 머물지 않으면 안 되었다. 게다가 마르그리트는 어머니가 어린 시절을 보낸 카사 레알 성, 그리고 소리스 집안 대대의 요람의 땅인 그라나다를 꼭 가보고 싶었다. 그녀는 마르타와 조세트, 르뮬키니에의 헌신적인 봉사에 집안 관리를 맡기고 떠났다. 마르그리트는 발타자르에게도 스페인 여행을 권했지만, 그는 고령을 이유로 사양했다*113. 그러나 그가 사양한 진짜 이유는, 오랫동안 생각해 왔고 자신의 온갖 희망을 실현할 수 있는 몇 가지 연구 때문이었다.

소리스 이 누르호 백작 부부는 스페인에 생각보다 오래 머물면서 그곳에서 사내아이를 낳았다. 1830년 중반, 부부는 카디스*114에서 배를 타고 이탈리아를 돌아 프랑스로 돌아갈 예정이었다. 그런데 그곳에서 부부는 한 통의 편지를 받았다. 그것은 페리시가 언니에게 슬픈 소식을 전하는 편지였다. 1년 반이 지나 아버지가 완전히 파산하고 말았다는 내용이었다. 가브리엘과 피에르칸이 집의 경비를 메우기 위해, 매월 얼마의 돈을 르뮬키니에에게 맡기지 않으면 안 될 지경에 이르러 있었다. 늙은 하인은 또다시 자신의 재산

*113 1761년에 출생한 발타자르는 이때 일흔 살이 되어 있었다.
*114 스페인의 안달루시아 지방의 항구도시.

을 주인을 위해 희생하고 있었다. 발타자르는 아무도 만나려 하지 않고, 자녀들조차 집에 들어오지 못하게 했다고 한다. 조세트와 마르타는 죽고 없었다. 마부와 요리사와 다른 고용인들도 차례차례 해고하고, 말과 마차는 팔아 치웠다. 르뮐키니에는 주인의 일상생활에 대해서는 굳게 비밀을 지키고 있었는데, 가브리엘 클라스와 피에르칸이 매월 보내는 수천 프랑은 실험에 쓰이고 있는 것으로밖에 생각하지 않을 수 없었다. 르뮐키니에가 시장에서 약간의 식량밖에 사지 않는 것으로 보아, 두 노인은 최저한으로 필요한 음식만으로 견디고 있었던 것으로 여겨진다. 결국 가브리엘과 피에르칸은 아버지의 저택이 팔려나가지 않도록, 비밀리에 노인이 저택을 담보로 빌린 돈의 이자를 함께 감당하고 있었다. 일흔 살의 나이에 세상에서 가장 어리석은 일일지라도 자신의 모든 의지를 이룩하려고 비정상적인 정열을 발휘하고 있는 이 노인을, 자식 가운데 누구도 힘으로 억제할 수는 없었다. 아마 마르그리트만이 일찍이 발타자르에게 휘두르고 있었던 지배력을 다시 되찾을 수 있을지 몰랐다.

그래서 페리시는 언니 마르그리트에게 빨리 돌아오라고 간청한 것이다. 페리시는 아버지가 여러 장의 환어음에 서명하고 만 것이 아닌가 걱정하고 있었다. 가브리엘과 코닝크, 그리고 피에르칸은 약 7백만 프랑을 아무런 성과도 없이 탕진하고 만 미친 짓을 아직도 멈추지 않는 것에 질려서 클라스 씨의 빚은 갚지 않겠다고 셋이서 결정하고 있었다. 페리시의 이 편지로 마르그리트의 여행이 변경되어, 마르그리트는 두에로 돌아갈 수 있는 가장 빠른 지름길을 택했다. 그녀의 저금과 새로운 재산을 사용하면 아버지의 부채를 다시 한 번 갚는 것은 가능하지만, 마르그리트는 그 이상의 것을 원했다. 발타자르를 얼굴에 흙칠을 한 채 무덤으로 보내지 않으려고 한 어머니의 의지에 따르려는 것이었다. 분명히 마르그리트만이 이 노인에게 지배력을 발휘하며, 노인이 그 쇠약한 능력으로는 성과 있는 연구를 기대할 수 없는 나이인데도 파멸적인 일을 계속하는 만행을 막을 수 있었다. 그러나 그녀는 아버지를 상처주지 않고 통제하고 싶었다. 아버지가 그만큼 희생을 치러온 학문적인 목적에 다가갔을 때, 소포클레스의 전철을 밟고 싶지 않기 때문이다[115]. 소리스 부부는 1831년 9월말 플랑드르에 도착하여 그날 오전에 두에에 당도했다. 마르그리트는 파리 가의 자신의 집 앞에서 마차를 멈췄는데 문이 닫혀 있었다. 초인종 끈을 세게 당겼지만 아무 대답도 없었다. 한 상인이 소리스와 그 일행의 요란한 마차 소리를 듣고 가게 밖으로 뛰어나왔다. 온 도시에서 사랑받고 있는 부부가 돌아오는 모습을 구경하려고, 또 마르그리트가 돌아온 뒤 클라스 가에 일어날 여러 가지 사건에 대한 막연한 호기심에서 수많은 사람들이 창가에 얼굴을 내밀고 있었다. 조금 전의 상인이 클라스 노인은 한 시간쯤 전에 외출했다고 소리스 백작의 하인에게 전했다. 아마 르뮐키니에가 주인에게 성벽 근처를 산책시키고 있는 것이 분명했다. 마르그리트는 문을 열려고 열쇠장수를 부르러 사람을 보냈다. 페리시가 써 보낸 것처럼, 클라스가 그녀를 집안에 들이는 것을 거절할 경우, 그런 아버지의 저항에서 일어날 소동을 피하기 위해서였다. 엠마뉘엘은 마르그리트가 돌아온 것을 알리려고 노인을 찾으러 갔다. 한편 하인은 피에르칸 부부에게 소식을 알리려고 달려갔다.

곧 저택의 문이 열리자 짐을 들여놓게 하려고 응접실에 들어간 마르그리트는, 응접실 벽이 마치 불이라도 난 것처럼 비어있는 것을 보자 소름이 쫙 끼치면서 몸이 떨려왔다. 방 하이슘이 조각한 멋진 벽판과 재판소장의 초상화는 스펜서 경[116]에게 팔렸다는 소문이었다. 식당은 텅 비어 짚의자 두 개와 큰 테이블만 하나 있고 그 테이블 위에는 접시 두 장, 볼 두 개, 은그릇두 세트가 놓여 있을 뿐인 것을 안 마르그리트는 두려움을 느꼈다. 큰 접시에는 아마 클라스와 하인이 나눠 먹은 듯한 훈제 청어가 남아 있었다. 마르그리트가 저택을 구석구석 둘러보니, 어느 방도 응접실이나 식당과 마찬가지로 텅 비어 황량한 광경이었다. 곳곳에 '절대'의 사념이 화재처럼 타올라 번져 있었다.

아버지의 방은 가구는 침대와 의자와 테이블이 각각 하나씩 있을 뿐이고, 테이블 위에는 조악한 구리 촛대가 놓여 있는데, 거기에는 매우 질이 나쁜 양초가 전날 밤에 다 타버리고 아주 조금 남아 있었다. 집안은 완전히 살풍

---

*115 소포클레스의 자식들이 유산상속을 둘러싸고 아버지를 금치산자로 만들려고 하자, 소포클레스는 재판관 앞에서 자신의 작품 《콜로노스의 오이디푸스》의 몇 구절을 낭랑하게 암송하여 자녀들의 모함을 물리친 일화가 있다.

*116 영국 상원의원인 조지 존 스펜서(1758~1834)로 추정된다. 그는 소(小) 피트 내각의 국무대신을 역임한 뒤 사임하고 고서와 그림 수집가가 되었다.

경하고 창문에는 커튼조차 없었다. 집안에서 자잘한 것이라도 가치가 있는 것은, 부엌 도구까지 모두 팔려나가고 없었다. 불행한 경우에도 우리의 마음에서 떠나는 일이 없는 호기심에 이끌려, 마르그리트는 르뮐키니에의 방에도 들어가 보았다. 그 방도 주인의 방과 마찬가지로 텅 비어 있었다. 테이블의 반쯤 열린 서랍 속에 공영 전당포의 전표가 있는 것을 보고, 르뮐키니에가 며칠 전에 자신의 시계를 전당포에 잡힌 것을 알았다. 실험실에 뛰어 올라가 보니 실험실 안은 전과 마찬가지로 과학실험기구들로 가득 차 있었다. 마르그리트는 자신의 방을 열어보았다. 아버지는 그래도 딸 방에서는 아무것도 손을 대지 않아서 모든 것이 그대로 있었다.

자신의 방을 한눈에 훑어본 마르그리트는 눈물이 왈칵 쏟아졌다. 그녀는 아버지의 모든 것을 용서했다. 모든 것을 황폐시키는 미친 듯한 정열 속에서도 아버지로서의 사랑과 딸에게 은혜를 입은 것에 대한 감사에서, 그는 이 방에는 손댈 생각은 하지 않은 것이다! 마르그리트의 절망이 절정에 이르렀을 때, 아무리 얼음 같은 마음의 소유자라도 도저히 맞설 수 없는 하나의 정신적인 반작용이 일어난 것이다. 그녀는 응접실로 내려가 불안 속에 아버지가 돌아오기를 기다렸다. 그러나 그 불안은 아버지에 대한 의혹 때문에 무섭도록 부풀어 올랐다. 어떤 모습으로 아버지와 재회하게 될까? 노쇠하고 지친 데다 긍지를 가지고 인내하고 있는 굶주림 때문에 쇠약해져 계실까? 그래도 정신은 온전하실까? 이 성역이 이토록 황폐해져 있는 광경을 바라보면서 자기도 모르게 눈물이 흘러나왔다.

지금까지의 생애에서 겪었던 온갖 다양한 광경과 수많은 노력, 허사로 끝난 모든 예방책, 어린 시절의 일, 행복하거나 불행했던 어머니, 그 모든 것들이, 이 황폐한 광경을 보면서 웃고 있는 그녀의 어린 아들 조세프에 이르기까지 그 모든 것들이, 마르그리트에게는 가슴을 찢는 듯한 우수어린 한 편의 시를 노래하는 것 같았다. 그러나 아무리 그녀가 이제부터 닥쳐올 수많은 불행을 내다본다 해도, 아버지 인생의, 장대하고도 비참한 아버지 인생의 최후를 장식하게 될 대단원을 예견할 수는 없었다. 클라스 씨가 어떠한 상태에 있는지는 누구의 눈에도 분명하게 보이지 않았다. 두에 사람들에게는 부끄러운 일이지만, 두에에서는 이 불굴의 천재에게 경의를 표할만큼 도량이 큰 사람은 두 사람도 없었다. 사교계의 모든 사람들에게 발타자르는 금제의 인물이고, 나쁜 아버지이며, 수백만에 이르는 여섯 명의 재산을 탕진한 사람이고, 이 개명된 세상에, 이 '19세기'에, 이 신을 믿지 않는 세기에 '현자의 돌'*117을 탐구하고 있는 사람이었다.

사람들은 연금술사라는 이름으로 그를 비웃고, 그의 면전에 대고 "저자는 황금을 만들고 싶어 한대!" 하면서 그를 놀렸다. 다른 세기와 마찬가지로, 단테와 세르반테스, 타소, 그 밖에 수많은 사람들이 죽어 간 시대의 냉담함과 다를 게 없는 무자비한 냉담함 속에서, 재능 있는 자가 죽어가는 금세기에 대해서도, 놀랍게도 사람들은 찬사를 아끼지 않는다. 대중은 천재의 창조를 이해하는 것이 왕들보다 늦다.

이러한 의견은 두에의 상류사회에서 부르주아 계급으로, 부르주아 계급에서 하층계급으로 조금씩 침투하고 있었다. 따라서 일흔 살이 된 이 화학자는, 높은 교육을 받은 사람들에게는 깊은 연민의 정을, 대중들에게는 반쯤 조롱 섞인 호기심을 불러일으켰는데, 그것은, 위인이 대중에게 비참하게 보였을 때 쏟아지는 경멸과, 그 '패자에게 재앙 있으라!'*118고 한 대사 같은, 두 종류의 모욕이었다. 수많은 사람들이 클라스 집안의 문 앞에 찾아와서 터무니없는 돈과 숯이 소비된 다락방의 장미창을 서로 가리켰다. 발타자르가 지나가면 사람들은 그를 손가락질했고, 그 모습을 본 서민계급과 어린이들의 입에서 가끔 조소와 동정의 말이 새나왔다. 그러나 르뮐키니에는 그것을 칭찬의 말로 바꿔 발타자르에게 전하면서 그를 자주 속여넘기곤 했다.

그렇다고 그것 때문에 발타자르가 화를 내는 일은 없었다. 발타자르의 눈은 위대한 사색의 습관에 의해 길러진 뛰어난 명민함을 유지하고 있었지만, 청각은 약해져 있었다. 그리하여 농민들과 거칠고 미신이 깊은 사람들에게는 이 노인은 말하자면 마법사였다. 훌륭하고 고귀한 클라스의 저택은, 변두리나 시골에서는 악마의 집으로 불리고 있었다. 르뮐키니에의 외모까지 주인인 발타자르에 대해 퍼져 있는 어리석은 미신을 조장하는 원인이 되었다. 그래서 이 가련한 늙은 하인이 연명하는 데 필요한 식품을 구하러 시장에 가서 가장 싼 음식을 살 때도, 장난삼아 하는 욕설을 듣지 않고는 아무것도 살 수 없었다. 그래도 미신을 믿는 여자 상인이 지옥의 앞잡이와 매매계약을 하

---

*117 비금속으로 금속을 만들 수 있는 힘이 있다고 믿고 연금술사가 탐구한 가공의 돌.
*118 갈리아의 족장 브레니스가 로마군을 포위했을 때 한 유명한 말. 라틴어.

면 지옥에 떨어진다고 하면서도, 가끔 약간의 음식 정도는 팔아주는 일이 있으면 그나마 다행이었다.

그리하여, 두에 사람들의 감정은 이 위대한 노인과 그 동행에 대해 대체로 적의에 차 있었다. 두 사람의 복장이 조화를 이루고 있지 않은 것도 그들의 적의를 더욱 부채질했다. 두 사람은 겉으로는 단정한 차림새를 하고서 구걸하는 것을 부끄러워하는 부정직한 가난뱅이 같은 모습으로 다니고 있었다. 머지않아 이 두 노인은 모욕을 당하게 될 것이 틀림없어 보였다. 피에르칸은 공공연한 모욕이 클라스 집안에 얼마나 큰 불명예인지 알고 있었으므로, 장인이 산책하는 동안 보호할 임무를 맡아 일정한 거리에서 발타자르를 에워싸고 걷는 하인을 늘 두세 명 붙여 두었다. 왜냐하면 7월 혁명의 영향으로 대중이 예절을 지키지 않게 되었기 때문이다.

설명할 수 없는 숙명이라고나 할까, 그날 클라스와 르뮐키니에는 피에르칸 부부가 붙인 은밀한 감시의 눈을 피해 둘이서만 아침 일찍 시내로 나가버렸다. 그리고 산책에서 돌아오는 길에 생 자크 광장에 가서 벤치에 앉아 햇볕을 쬐고 있었다. 그 광장은 초등학교와 중학교에 학생들이 오가는 통학로였다. 멀리서 두 노인이 보호자도 없이 벤치에 앉아서, 얼굴에 햇살을 가득 받고 있는 모습을 발견한 아이들은 곧 두 사람에 대해 재잘거리기 시작했다. 아이들의 얘기는 대부분 웃음이 되고, 웃음은 곧, 자신들은 잔인하다는 것을 깨닫지 못하는 장난이 된다. 처음에 다가온 7, 8명의 아이들이 조금 떨어진 곳에서 두 사람의 얼굴을 빤히 쳐다보면서 웃음을 참고 있었는데, 그것이 르뮐키니에의 주의를 끌었다.

"애, 저기 저 사람 좀 봐. 머리가 무릎처럼 맨들맨들하지 않니?"

"맞아."

"그런데 저 사람은 나면서부터 학자래."

"아버지가 그러던데 저 사람은 황금을 만든대." 다른 아이가 말했다.

"어디서? 여기서 말이야, 아니면 이쪽에서 말이야?" 세 번째 아이가 덧붙이면서, 멸시할 때 초등학생들이 잘 하듯이, 놀리는 몸짓으로 자기 몸의 어떤 부분을 가리켰다.

음식이 가득 담긴 바구니를 안고 버터 바른 빵조각을 먹고 있던, 악동들 가운데에서 가장 어린 아이가, 벤치 쪽으로 천진난만하게 다가와서 르뮐키니에에게 말했다.

"진주와 다이아몬드를 만든다는 거 진짜예요?"

"진짜지, 요 꼬마 병정아." 르뮐키니에는 웃으면서 아이의 뺨을 두드렸다. "네가 똑똑한 아이가 되면 주마."

"네? 할아버지, 우리도 주세요." 아이들이 일제히 소리쳤다.

아이들은 새떼처럼 달려와서 두 사람의 화학자를 에워쌌다. 생각에 잠겨 있던 발타자르가 그 외침에 명상에서 깨어나 놀라는 몸짓을 하자, 아이들은 와 하고 웃음을 터뜨렸다.

"어허! 요 장난꾸러기들, 위대한 분을 존경해야지!" 르뮐키니에가 타일렀다.

"이상한 사람들이야!" 아이들이 소리쳤다. "에이, 마법사잖아요? —맞아, 마법사, 늙어빠진 마법사! 이 마법사야!"

르뮐키니에는 벌떡 일어나서 지팡이를 휘둘러 아이들을 위협했다. 아이들은 진흙과 돌멩이를 주워들면서 달아났다. 거기서 몇 걸음 떨어진 곳에서 식사를 하고 있던 노동자가, 르뮐키니에가 아이들을 쫓아내느라 지팡이를 휘두르고 있는 모습을 보더니, 아이들을 지팡이로 때리고 있다고 생각하고 험악한 욕설을 하면서 아이들 편을 들었다.

"뒈져버려, 이 마법사들 같으니!"

아이들이 제 편이 생긴 것을 알고 진흙과 돌멩이를 탄환처럼 던지자, 두 노인은 그것을 고스란히 맞았다. 바로 그때 소리스 백작이 피에르칸의 하인을 데리고 광장 한쪽에 나타났다. 그들이 늦게 나타났으므로, 아이들이 위대한 노인과 그 하인을 진흙투성이로 만드는 것을 막지 못했다. 이미 공격이 가해진 뒤였던 것이다. 발견을 위한 노력에만 전념하느라 그 밖의 다른 정열은 억제하고 있었던 학자 특유의 자연스러운 순수함에 의해 사고력이 그때까지 유지되고 있었던 발타자르는, 어떤 섭취 현상[119]에 의해 이 장면에 숨어 있던 비밀을 간파했다. 그의 노쇠한 몸은 감정의 높은 영역에서 감지한 무서운 반동을 견딜 수가 없었다. 발타자르는 중풍 발작을 일으키면서 르뮐키니에의 품안에 쓰러졌다. 르뮐키니에는 발타자르를 들것에 싣고 저택으로

---

*119 섭취란 세포 속에 받아들인다는 의학용어.

돌아왔다. 두 사람의 사위와 하인들도 들것을 에워싸고 따라 갔다. 그 어떤 힘으로도 두에의 서민들이, 저택 앞까지 옮겨지는 노인을 뒤따라오는 것을 막을 수는 없었다.

문 앞에는 페리시와 그 아이들, 장, 마르그리트, 그리고 누나로부터 소식을 듣고 아내와 함께 캉브레에서 달려온 가브리엘이 기다리고 있었다. 이 노인이 저택에 들어가는 모습은 정말 소름이 끼치는 무서운 광경이었다. 노인은 죽음과 싸우는 것이 아니라 자식들에게 자신의 극빈을 들키고 만 공포와 싸우고 있었다. 곧 응접실 한가운데 침대를 옮기고 발타자르에게 만반의 응급조치를 한 뒤, 그날 저녁 무렵에는 어느 정도 생명을 건질 희망을 가질 수 있는 상태가 되었다. 중풍 증상은 능숙한 솜씨로 억누를 수 있었지만, 그래도 발타자르는 꽤 오랫동안 유아에 가까운 상태에 있었다. 중풍은 조금씩 치료되어 갔지만, 특히 심하게 타격을 입은 혀에는 증상이 여전히 남았다. 아마도 노인이 아이들에게 호통을 치려고 한 순간, 분노 때문에 노인의 모든 힘이 혀에 집중되어 버렸기 때문인 것 같았다.

그 장면은 두에 주민 전체에게 의분을 불러일으켰다. 이 사건은, 그때는 알려져 있지 않았던 군중을 이끄는 어떤 법칙에 의해 모든 사람들의 마음을 클라스에게 향하게 했다. 발타자르는 하루아침에 위인이 되었다. 그는 모든 사람들에게 찬양의 마음을 불러일으켜 어제까지는 모든 사람에게서 거부되고 있었던 모든 호의를 획득했다. 누구나 그의 인내심, 그의 의지, 그의 용기, 그의 천재를 칭송했다. 재판관들은 그에게 위해를 가한 자들을 엄벌로 대처할 거라고 했지만, 그 재앙은 이미 끝난 일이었다. 맨 먼저 클라스 집안에서 그 사건은 원만하게 해결되기를 바란다고 요청했다.

마르그리트의 지시로 응접실에 가구가 갖춰지고, 비어 있던 벽에도 비단천이 쳐졌다. 이 사건 며칠 뒤, 늙은 아버지가 사고력을 되찾아 자신이 행복한 생활에 필요한 모든 것들에 에워싸여 우아한 환경으로 돌아간 것을 알았을 때, 딸 마르그리트가 돌아온 것이 아니냐고 몸짓으로 물었다. 바로 그때 마르그리트가 응접실에 들어왔다. 그녀와 눈이 마주치자, 발타자르는 얼굴을 붉히면서 눈물을 흘리지는 않았지만 눈시울이 젖어 왔다. 그에게는 차가운 손으로 딸의 한손을 꼭 잡을 수 있는 힘은 아직 남아 있었다. 그는 딸의 손을 잡고 이제 입으로는 말할 수 없게 된 모든 마음과 생각을 전했다. 그것은 뭔가 신성하고 장엄한 일이었다. 아직까지 살아있는 뇌수로부터의 고별이고, 감사하는 마음으로 되살아난 심장으로부터의 고별이었다. 불모로 끝난 실험에 모든 심혈을 기울이다가 거대한 문제와의 격투에 지치고, 아마 죽은 뒤에 기다리고 있을 무명(無名)의 운명에 절망하여, 이 거인의 생명은 곧 꺼지려 하고 있었다. 자식들이 모두 경의 넘치는 마음으로 발타자르를 에워쌌고, 그로 인해 그의 눈은 풍요롭고 부귀한 광경을 통해 그의 훌륭한 가족이 보여주는 감동적인 장면을 즐길 수 있었다. 그는 자신의 마음을 전하기 위해 눈빛에 언제나 사랑을 듬뿍 담았다. 그 눈은 불현듯 변화가 풍부한 표현을 하게 되어, 마치 이해하기 쉬운 빛을 쓴 언어 같았다. 마르그리트는 아버지의 빚을 청산하고, 며칠 뒤 클라스 집안이 조락했다는 인상을 씻을 수 있도록 집안을 근대적으로 더욱 화려하게 꾸몄다. 그녀는 그때부터 발타자르의 머리맡에서 떠나지 않고, 그의 생각을 세심하게 헤아려 아무리 작은 바람도 이루어주도록 애썼다. 병세가 호전과 악화를 되풀이하는 가운데 몇 달이 흘렀다. 그러한 상태는 노인들에게는 삶과 죽음의 싸움을 뜻하는 것이었다. 매일 아침 자녀들은 발타자르 곁에 모여 하루종일 응접실에 머물면서, 식사도 침대 앞에서 하고, 그가 잠들었을 때 외에는 응접실에서 나가지 않았다. 발타자르에게 해줄 수 있는 모든 위안거리 가운데 그가 가장 좋아한 것은 신문을 읽어주는 것이었다. 그 무렵 신문은 다양한 정치적 사건 기사로 매우 재미있는 읽을거리였다. 소리스가 커다란 목소리로 그의 곁에서 낭독해주면, 발타자르는 주의 깊게 귀를 기울였다.

1832년 연말이 다가온 어느 날, 발타자르는 매우 위독한 상태로 밤을 보냈다. 간호사가 환자에게 일어난 갑작스러운 변화에 놀라 공증인의 형제이자 의사인 피에르칸이 불려왔다. 의사는 임종의 고통을 가져오는 내발성 발작으로 환자가 언제 숨을 거둘지 모르는 상태여서 밤새워 간호하기로 했다.

노인은 중풍으로 인한 마비에서 벗어나려고, 도저히 믿을 수 없을 만큼의 힘으로 몸을 뒤틀고 있었다. 그는 말을 하려고 혀를 움직였으나 그 목소리는 도저히 말이 되지 않았다. 불길처럼 빛나는 그의 눈에서 만감이 교차하고 있었다. 그 일그러진 표정은 어마어마한 고통을 나타내고 있고, 손가락은 절망적으로 움직이고 있었다. 굵은 땀방울이 흘러내렸다. 이튿날 아침 자녀들이 모여들어, 아버지의 죽음이 임박했음을 두려워할수록 더욱 강하고 격렬해지는 애정을 담아 아버지에게 키스했다. 그러나 발타자르는 여느 때 같으면 애정의 표시에 만족스러운 태도를 보이는데, 그때만은 아무런 기색도 없었다. 엠마뉴엘은 피에르칸의 말을 듣고, 신문을 읽으면 발타자르를 괴롭히고 있는 내발성 발작을 가라앉힐 수 있을지 모른다며, 서둘러 신문을 뜯었다. 신문을 펼치자 맨 먼저 '절대의 발견'이라는 글자가 눈에 들어왔다. 강한 인상을 받은 엠마뉴엘은 마르그리트에게 그 기사를 읽어주었다. 거기에는 폴란드의 저명한 수학자가 '절대'를 팔겠다고 내놓은 것에 관한 소송사건이 실려 있었다. 엠마뉴엘은 기사를 이쪽에도 보여달라고 말한 마르그리트에게 매우 낮은 목소리로 읽어 준 것인데, 발타자르가 그것을 듣고 말았다.

빈사의 병자는 갑자기 주먹을 쥔 손을 짚고 벌떡 일어나더니, 두려움에 떨고 있는 자녀들에게 마치 번갯불처럼 쏘는 듯한 눈길을 던졌다. 목덜미에 남아 있던 몇 가닥의 머리카락이 흔들리고 주름은 꿈틀꿈틀, 표정은 불꽃같은 정기로 생생하게 빛나면서 얼굴에 영감의 숨결이 스쳐 지나가고, 그 얼굴은 숭고해졌다. 발타자르는 분노와 함께 움켜쥔 한쪽 손을 들고 힘찬 목소리로 아르키메데스의 그 유명한 말을 외쳤다. "나는 발견했다(유레카)!"*[120] 발타자르의 움직이지 않게 된 몸이 무거운 소리를 내면서 침대에 쓰러졌다. 그는 무서운 신음소리와 함께 숨을 거두었다. 움직이지 않는 그 눈에는 수수께끼의 말을 '학문'에 남기지 못한 원통한 마음이 담겨 있었다. 수수께끼의 베일은 '죽음의 신'의 해골 같은 손가락에 찢어졌지만, 이미 때는 늦어 있었다.

1834년 6월~9월 파리

---

*아르키메데스가 비중의 원리를 발견한 순간, "유레카!"라고 소리친 것으로 전해지고 있다.

Le Chef-d'oeuvre inconnu
# 알려지지 않은 걸작

알려지지 않은 걸작

어느 각하에게

.................................................................................
.................................................................................
.................................................................................
.................................................................................

1845년

# 1 질레트

1612년 섣달그믐을 앞둔 12월 어느 추운 아침, 한눈에도 허름하게 차려입은 한 젊은이가 파리 그랑 조귀스탱 거리에 있는 어느 집 현관 앞을 왔다 갔다 하고 있었다. 상대가 쉬운 여자이건 아니건, 첫 애인의 집을 방문하려는 사랑에 빠진 남자는 쉬 결정을 내리지 못하는 법이다. 바로 그런 우유부단함으로 이 거리를 꽤 오랫동안 거닐던 젊은이는 마침내 그 문턱을 넘어 프랑수아 포르뷔스 선생이 집에 있는지 물어보았다.

아래층에서 방을 청소하던 노파가 "계십니다!" 대답하자, 젊은이는 천천히 계단을 올라갔다. 한 계단 오를 때마다 멈춰 서는 그 모습은 국왕이, 자신을 어떻게 평가할지 걱정하며 인사드리러 가는 신입 궁정 신하와 꼭 같았다. 나선계단 끝 층계참까지 올라가, 화실 문에 장식된 기괴한 모양의 문고리를 두드릴까 말까 잠시 망설였다. 그곳에서는 루벤스 출현으로, 마리 드 메디시스의 총애를 잃은 앙리4세 전속 화가가 작업을 하고 있을 터였다. 젊은이는 예술에 대한 열정이 한창 불타오르던 절정기에, 천재나 어떤 걸작을 만나면 틀림없이 위대한 예술가의 마음을 뒤흔들었을 깊은 감동을 느꼈다. 모든 인간의 감정에는 고귀한 정신적 고양에서 태어나는 원시적인 꽃이 존재한다. 그러한 고양은 행복이 퇴색되어 추억에 불과하게 되고 영광이 퇴색되어 거짓에 불과하게 될 때까지 악화일로를 걷는다.

변덕스런 감정 속에서 영광과 불행을 숙명처럼 짊어진 감미로운 고통을 깨닫기 시작한 예술가의 젊은 열정만큼 애정과 닮은 것은 없다. 그것은 뻔뻔스러움과 수줍음, 그리고 막연한 확신과 확고한 자신감의 부족으로 가득한 열정이다. 돈도 없고 재능도 모자란 주제에, 거장 앞에 나서면서도 전혀 긴장하지 않는 사람은 어김없이 감정이 메마른 자이다. 이런 사람은 뭐라 말할 수 없는 필치가, 작품에 필요한 감정이, 시적인 정취의 표출이 결여된 자이리라. 허풍을 부풀려 떠벌리는 자들은 자신의 창창한 앞날을 일찌감치 확신하지만; 그는 바보의 눈에만 천재로 비춰질 뿐이다. 이런 관점에서 재능을 이 근본적인 수줍음과 이 형용하기 힘든 수치심에 근거하여 측정할 수 있다면, 이 낯선 젊은이는 진정으로 뛰어난 재능을 지닌 것처럼 보였다. 그러나 그것은 영광을 약속받은 사람들이 예술을 실천하는 와중에 잃어버리는 것으로, 아름다운 여성이 교태를 부려 남자를 농간하는 와중에 수치심을 잃어버리는 것과 같았다. 승리를 거듭하다 보면 의심은 줄어드는 법인데, 수치심은 아마도 어떤 의심이리라.

뜻밖의 구원의 손길이 나타나지 않았더라면, 비참함에 기가 죽는 한편 넘치는 자신감에 얼마쯤 놀라기도 한 불쌍한 이 신출내기 화가는 앙리4세의 훌륭한 초상화를 그리고 있는 화가의 방에 끝내 들어가지 못했을 것이다. 때마침 한 노인이 계단을 올라왔다. 젊은이는 노인의 독특한 옷차림이며 멋들어진 레이스 가슴장식이며 몹시 편안해 보이는 걸음걸이 등을 보고 이 인물을 화가의 후원자나 친구쯤으로 생각했다. 젊은이는 층계참에서 한 발짝 물러나 길을 비켜 주며 호기심에 찬 눈으로 노인을 찬찬히 뜯어보았다. 예술가 특유의 선량한 성품이랄까, 예술을 사랑하는 사람들이 으레 그렇듯 남 돌보기 좋아하는 성격이 엿보이는 것 같았다. 그러나 그 표정에는 어딘가 심술궂은 기운이 감돌고 있었다. 특히, 예술가를 공포에 떨게 하는 '무언가 알 수 없는 것'이 담겨 있었다.

라블레나 소크라테스처럼 끝이 구부러진 작은 코에, 둥그스름하게 미끄러져 내려오며 앞으로 툭 튀어나온 벗겨진 이마를 상상하시라. 웃음 띤 주름진 입에, 끝을 뾰족하게 다듬은 잿빛 수염으로 뒤덮인 의기양양하게 들려 올라간 짧은 턱, 나이 탓인지 얼핏 총기 없어 보이는 초록 바닷빛 눈. 그러나 그 눈은 눈동자가 떠 있는 진줏빛 흰자위와는 대조적으로 극도로 분노하거나 주의를 환기시킬 때는 자기를 띤 시선을 발할 것이 틀림없었다. 게다가 얼굴은 세월에 지친 탓에, 그리고 영혼과 몸뚱이를 좀먹는 생각 탓에 매우 노쇠해 있었다. 이미 속눈썹도 없었고, 툭 튀어나온 눈두덩 위에는 눈썹이 있었던 흔적조차 거의 보이지 않았다. 이런 얼굴 밑에 가냘프고 허약한 몸뚱이를 두고, 생선 다듬는 칼처럼 섬세하고 새하얀 눈부신 레이스로 그 얼굴을 두른 다음, 몸을 감싼 검은 옷 위에 무거운 금사슬을 던져놓고 바라보시라. 그러면 이 인물을 불완전하게나마 그릴 수 있을 것이다. 계단을 비추는 희미한 불빛이 환상적인 색감을 더해 주었다. 렘브란트의 그림 한 점이, 이 위대한 거장이 즐겨 쓰는 검은 배경 속을 액자 틀 없이 조용히 걷고 있는 듯한 모습이었다.

노인은 젊은이를 날카로운 눈길로 슬쩍 쳐다보고는 문을 세 번 두드렸다. 마흔쯤 된 듯한 허약해 보이는 남자가 문을 열고 나와 "선생님, 안녕하십니까" 인사했다.

포르뷔스는 공손히 머리를 숙인 뒤, 노인이 데려온 사람이리라 생각하고 젊은이를 방 안으로 들여보냈다. 그 뒤로 그에게 그리 신경을 쓰지 않았으므로, 젊은이는 타고난 화가가 난생처음 화실을 볼 때 느끼는 매력에 푹 빠졌다. 화실에는 예술의 구체적인 방법 몇 가지가 뚜렷하게 드러나 있었다. 포르뷔스 화백의 화실은 둥근 천장에 끼워진 유리창으로 빛이 들어오고 있었다. 흰 줄 서너 개가 그어져 있을 뿐인 화폭이 삼각대(이젤)에 놓여 있었는데, 그곳으로 모여드는 빛은 넓은 방의 어두운 네 귀퉁이까지는 다다르지 못했다. 그러나 허공을 떠도는 몇 줄기 반사광이 붉은빛을 띠는 그림자에 가 닿고, 벽에 걸린 독일 기병 갑옷 몸체에서 은색 조각을 들떠 보이게 하며, 진귀한 그릇이 든, 납칠과 조각 세공이 된 낡은 장식장에 기하학적인 모양을 그리고 있었다. 더러는 금실로 짠 낡은 양단 커튼의 꺼끌꺼끌한 면을 빛의 점으로 찌르듯이 비추었다. 굵은 주름이 자글자글해지고 아무렇게나 내팽개쳐져 있어 마치 견본 같았다. 수세기라는 시간이 애정어린 입맞춤으로 조각한 인체 석고본 또는 고대 여신상의 특정 부분이나 토르소가 선반이나 장식대 위에 놓여 있었다.

세 가지 색깔의 목탄, 뱅갈라 안료, 펜 등으로 그린 소묘며, 습작이 벽을 천장까지 메우고 있었다. 커다란 유리창에서 둥글게 비쳐 들어오는 빛에 이르려면 물감 상자며, 기름이나 에센스가 든 병이며, 넘어진 발판 따위가 남겨놓은 좁은 길을 헤치고 가야 했다. 그 빛줄기는 포르뷔스의 창백한 얼굴과 그 독특한 사나이의 상아빛 얼굴에 가득 떨어졌다. 곧 젊은이는 어떤 그림 한 장에 정신이 쏠렸다. 혼란과 혁명 시대를 거쳐 이제는 유명해진 그 그림은 이런 완고한 사람들이 보러오곤 한다. 그 덕분에 괴로운 나날 속에서도 성스러운 불길은 끊임없이 타올랐다. 그 아름다운 작품은 뱃삯을 지불하려는 '이집트의 마리아'를 그린 것이었다. 마리 드 메디시스를 위해 그린 이 걸작은 그 궁핍한 시대에 그녀의 손에 의해 팔렸다.

"자네가 그린 성녀가 마음에 드는구먼." 노인이 포르뷔스에게 말했다. "나라면 여왕이 제시한 가격보다 10에퀴 얹은 값에 이 그림을 사겠네. 하지만 옥신각신하기도…… 귀찮구먼!"

"좋아 보이십니까?"

"흐음, 글쎄, 좋으냐고? 좋다고도 할 수 있고 나쁘다고도 할 수 있지. 자네가 그린 여인은 못 그린 편은 아니지만 살아 있지는 않잖나. 자네 화가들은 해부학의 법칙에 따라 얼굴을 정확한 비율로 그리고, 자연스러운 위치에 각 부위를 두면 모든 게 완벽하다고 생각하지. 한쪽을 다른 한쪽보다 어둡게 그리려고 주의를 기울이면서도, 갤판(팔레트) 위에 미리 섞어 만들어 놓은 색으로 피부를 칠하네. 그리고 이따금 모델로 선 여인의 나체를 본다는 이유로 자연을 그대로 옮겨 그렸다고 착각하고는 '나야말로 진정한 화가다', '신의 신비를 가로챘다'고 상상하는 거야! ……우스운 일이지! 위대한 시인이 되려면 통사법을 달달 꿰거나, 단어 선택에 실수하지 않는 만큼으로는 충분하지 않아. 포르뷔스, 자네가 그린 성녀를 찬찬히 들여다보게나. 한 번 볼 때는 매우 잘 그린 그림 같지. 그렇지만 두 번 보면 깨닫게 되네. 캔버스 바닥에 딱 달라붙어 있어서 몸을 빙그르르 돌려볼 수가 없지. 이래서는 한쪽만 있는 그림자 아닌가. 몸을 돌리거나 위치를 바꿀 수조차 없는 오려낸 겉모습에 지나지 않아. 자네의 그림 솜씨와 화면 영역 사이에서 나는 공기를 느끼네. 넓이와 깊이가 결여되어 있다는 거야. 하지만 원근법은 아주 훌륭하네. 게다가 색채의 농담도 잘 표현되어 있어. 그렇지만 이런 칭찬할 만한 노력에도, 이 아름다운 신체가 생명의 따스한 숨결을 들이마시며 숨쉬고 있다고는 생각되지 않네. 이렇게 완벽한 원통 같은 목에 손을 갖다 댄다면, 대리석으로 만들어진 듯 차갑게 느껴질 걸세! 자네, 내 말이 무슨 뜻인지 알겠나? 이 상아색 살갗 밑에 피가 흐르고 있지 않다는 뜻이야. 투명한 호박색 관자놀이나 가슴 밑으로 보이는 그물모양으로 얽힌 모세혈관을 이 존재는 새빨간 핏방울로 팽창시키지 않아. 이곳은 맥박이 뛰는 부분이지. 그렇지만 이 그림 속 여인은 맥박이 뛰지 않아. 삶과 죽음이 여기저기에서 싸우고 있어. 이곳은 여자가 그려져 있네. 저쪽에는 조각상이, 그 너머에는 시체가 있지. 자네의 창조물은 불완전해. 자네는 소중한 작품에 영혼의 일부분밖에 불어

넣지 않았네. 프로메테우스의 불꽃은 자네 손아귀에서 수도 없이 꺼졌고, 따라서 자네 그림의 많은 부분이 그 천상의 불꽃을 쬐지 못한 셈이지."

"선생님, 그 이유를 알려주십시오." 포르뷔스가 공손하게 말했다. 한편 젊은이는 노인을 한 대 갈기고 싶은 흥분된 감정을 애써 억눌렀다.

"아아, 그거!" 작은 노인이 말했다. "자네는 두 방식 사이에서, 즉 소묘와 색채 사이에서 균형을 잡지 못하고 흔들리고 있어. 독일 옛 거장들의 섬세한 침착함과 정확한 견고함, 그리고 이탈리아 화가들의 눈부신 정열과 행복에 넘치는 풍요로움 사이에서 흔들리고 있는 거야. 자네는 한스 홀바인과 티치아노를, 알브레히트 뒤러와 파올로 베로네세를 동시에 흉내내려 했네. 확실히 그건 멋진 야심이지! 하지만 그 결과가 어떤지 좀 보게. 담백함이라는 엄격한 매력을 손에 넣은 것도 아니고, 명암법이라는 속임수의 마법을 손에 넣은 것도 아냐. 펄펄 끓는 청동이 부실한 거푸집을 망가뜨리듯, 이 그림에서는 자네가 흘려 넣은 티치아노풍의 풍부한 황금색이 알브레히트 뒤러의 마법과 같은 윤곽을 엉망진창으로 망가뜨렸어. 자네 그림에서는 선이 베네치아파 갤판의 장대한 범람에 맞서기도 하고 억눌려 있기도 하네. 자네가 그린 인물은 완전하게 그려진 것도, 그렇다고 완전하게 칠해진 것도 아냐. 곳곳에 불행한 이도저도 아닌 흔적을 안고 있네. 대립하는 두 방법을 재능의 불꽃에 함께 녹여 낼 역량을 스스로 느끼지 못한다면, 솔직하게 어느 한쪽을 선택해서 통일성을 확보해야 하네. 그러면 삶의 모든 조건을 하나로 보여 줄 것 아니겠나? 자네 그림은 한가운데만 진실하네. 자네가 그린 윤곽은 거짓되고, 조화롭지도 않으며, 그 뒤에서 아무것도 느껴지지 않아. 여기에는 진실이 있네." 노인이 말하며 성녀의 가슴을 가리켰다. "그리고 여기에도." 노인은 반복하며 그림의 어깨가 끝나는 부분을 가리켰다. 그리고 다시 목 한가운데를 짚으며 말했다. "하지만 이쪽은 모두 거짓이야. 단, 아무것도 지적하지 않기로 하지. 자네가 실망하면 안 되니까 말이야."

노인은 의자에 앉아 두 손으로 머리를 싸쥐고 입을 다물어 버렸다.

"선생님." 포르뷔스가 입을 뗐다. "하지만 이 목 부분은 나체를 꼼꼼히 연구하고 그린 겁니다. 유감스럽게도 자연 속에서는 진실한 효과라도 캔버스 위에서는 그렇지 않은 것도 있는 법이니까요……."

"예술의 사명은 자연을 모사하는 것이 아니라 자연을 표현하는 것이네!

자네는 비열한 모방자가 아니라 시인이야!" 노인이 큰 소리로 외치며 난폭한 동작으로 포르뷔스를 가로막았다. "그렇지 않다면 조각가는 여자를 거푸집으로 뜨기만 하면 모든 작업에서 면제되는 셈이 아닌가! 그렇다면 자네 애인의 손을 틀에 떠서 그것을 자네 눈앞에 갖다 놔 보게. 눈곱만큼도 닮지 않은 끔찍한 시체를 발견하게 될 테니. 조각가의 끌을 찾으러 가지 않고는 못 배기게 될 걸세. 우리는 정신을, 영혼을, 사물과 존재의 표현을 포착해야 하네. 효과! 효과! 하지만 효과란 생명의 우연이지 생명 그 자체가 아니야. 손을 예로 들어보지. 손은 단순히 몸에 붙어 있기만 한 것이 아니야. 손은 생각을 표현하고 유지하지. 바로 그 생각을 붙잡아서 그려내야 하는 거야. 화가든 시인이든 조각가든 원인과 결과를 따로 떼어 생각해서는 안 되네. 그 두 가지는 어쩔 수 없이 서로 얽혀 있는 거니까! 거기에야말로 진정한 싸움이 있네. 많은 화가가 예술의 이런 주제를 모른 채 본능적으로 승리를 거두고 있어. 자네는 여자의 소묘를 그리네. 하지만 여자를 보고 있지 않아! 자연의 법칙을 억지로라도 손에 넣고자 한다면 그런 식으로 해선 안 되지. 그렇게 생각하고 싶지 않겠지만, 자네 손은 스승이 베낀 견본을 그대로 베끼니까. 자네는 형태의 깊숙한 곳까지 들어가지 않았어. 형태가 길을 빙 돌아가거나 달아나는 것을 애정과 끈기를 가지고 쫓아가서는 안 돼. 아름다움이란 엄격하고 어려운 것일세. 그런 식으로 도착하기를 기다려 주지 않지. 몇 시간이고 기다리며 몰래 살피고 밀어붙이고 얽히고설켜서 아름다움을 억지로 표출시켜야 해. 형태는 훨씬 더 붙잡기 어려운 프로테우스이자, 신화 속 프로테우스보다 많은 주름을 가진 붙잡기 힘든 것이야. 긴 격투 끝에 겨우 진짜 모습을 보여 주지. 그런데 자네 화가들은 형태가 건네주는 최초의 겉모양만으로 만족해 버리는 거야. 아니면 고작해야 두 번째나 세 번째 겉모양만으로. 승리하는 투쟁가는 그런 식으로 행동하지 않네! 져본 일 없는 이 화가는 무심코 퇴로에 속아 넘어가는 짓 따위는 하지 않아. 그들은 자연이 적나라하게 그 진수를 보여 줄 때까지 끈기 있게 기다린다네. 라파엘로가 꼭 그랬지." 노인은 챙 없는 검은 벨벳 모자를 벗어들고, 이 예술의 왕이 안겨 주는 존경을 표시했다.

"그러한 화가의 우위는 내적 감각에서 오는 것일세. 그들에게 내적 감각은 형태를 부수려는 것으로 보인다네. 우리와 마찬가지로 형태란 형상으로써 생각을 전달하기 위한 표현 수단이자 감각이자 광대한 시라네. 모든 형상은 하나의 세계이자 하나의 초상이며, 그 모델은 매우 높은 이상 속에서 빛에 물들고 내면의 목소리로 표현되며 하늘의 손가락에 의해 씌우개가 벗겨진 모습으로 나타났네. 그 하늘의 손가락은 한 생명의 과거에 있는 표현의 원천을 제시했네. 자네 화가들은 여자를 그릴 때 육체라는 아름다운 옷을 입히고 머리카락이라는 아름다운 천을 드리워 주지만, 정숙이나 정열이나 독특한 효과를 낳는 피는 대체 어디 있단 말인가? 자네의 성녀는 머리카락이 갈색이지? 그런데 잘 보게, 포르뷔스. 이 그림에서는 금발이 아닌가! 자네들이 그리는 인물은 채색된 핏기 없는 유령이네. 자네들은 그것들을 우리 눈앞에서 방황하게 하고, 그것을 그림이라고 부르며 예술이라 칭하는 걸세. 집이 아니라 여자와 닮은 것을 만들었다고 말할 뿐, 목적을 이루었다고 착각하지. 초기 화가들처럼 의기양양하게 인물 옆에 '우아한 자동차' 또는 '아름다운 사람'이라고 쓰지 않으니까 자신들이야말로 훌륭한 예술가라고 상상해 버리는 거야! 하하! 자네는 아직 그 수준에 다다르지 못했어. 친애하는 자네들이 그 수준에 이르려면 연필을 수없이 써 없애고 캔버스도 수없이 칠해야 하네. 확실히 여자는 머리를 이런 식으로 감싸기도 하고, 치맛자락을 이런 식으로 들어올리기도 하지. 눈빛이 울적해지기도 하고 단념과 상냥함이 뒤섞인 빛을 띠기도 해. 속눈썹이 떨리는 그림자가 이런 식으로 뺨에 드리워지기도 하지! 그래, 아니, 그렇지 않아. 뭐가 모자란 걸까? 아무것도. 하지만 이 '아무것도'가 전부지. 자네는 생명의 겉모양을 포착하고 있네. 그러나 이 넘쳐흐름을 표현하고 있지 않아. 이 뭔지 모를 무언가가 바로 영혼일 걸세. 구름처럼 겉껍질 위에 떠도는, 즉 티치아노와 라파엘로가 붙잡은 생명의 꽃이야. 자네가 다다른 곳에서 떠난다면, 아마도 멋진 그림을 그릴 수 있을 걸세. 하지만 자네들은 너무 쉽게 싫증을 내지. 풍류를 모르는 사람은 매료될 것이요, 진정한 심미안을 지닌 사람은 웃음을 지을 것이야. 오오, 마뷔즈! 오오, 내 스승이여!" 괴이한 노인은 계속 말했다.

"당신은 도둑입니다. 당신은 당신 자신과 함께 목숨까지 가지고 가셨습니다! 그것을 제외하면 이 그림은 저 구역질나는 루벤스의 그림보다 가치가 있네. 그자의 그림은 플랑드르 황소의 산 같은 주홍을 뿌려놓은 듯이 보이지. 물결치는 적갈색 머리카락에 색의 소음이야. 적어도 자네 그림은 색, 감정, 소묘라는 예술의 본질적인 3요소를 지녔어."

"하지만 이 성녀는 숭고하지 않습니까?" 젊은이는 큰 목소리로 말하며 깊은 몽상에서 빠져 나왔다.

"이 두 형상, 즉 성녀의 형상과 뱃사공의 형상에는 이탈리아 화가들에게는 알려지지 않은 의도의 섬세함이 있습니다. 이 뱃사공의 망설임을 창조한 화가가 한 명이라도 있었는지요?"

"이 낯선 젊은이는 선생님이 데리고 오셨습니까?" 포르뷔스가 노인에게 물었다.

"아아! 선생님, 제 무례함을 용서해 주십시오." 젊은이가 얼굴을 붉히며 대답했다.

"저는 무명화가로, 그저 직감적으로 그리고 싶을 뿐인 자입니다. 모든 학문의 원천인 이 도시에 도착한 지 얼마 되지 않습니다."

"한번 그려 보시게." 포르뷔스가 말하며 젊은이에게 빨간 목탄과 종이 한 장을 내밀었다.

낯선 젊은이는 재빨리 마리아상을 선으로 슥슥 그렸다.

"오호! 오호!" 노인이 감탄사를 내뱉었다.

"자네 이름이 뭔가?"

젊은이는 그림 밑쪽에 니콜라 푸생이라고 썼다.

"이거 초보치고는 나쁘지 않군." 그토록 열변을 토하던 괴상한 노인이 말했다. "자네 앞에서라면 그림 이야기를 해도 괜찮을 거라 생각했지. 자네가 포르뷔스가 그린 성녀를 보고 감탄한 것을 탓하지는 않겠네. 이 그림은 누가 봐도 걸작이니까. 그리고 예술의 가장 깊은 뜻을 이해하는 자만이 성녀가 어떤 면에서 불완전한지를 알아보는 법이니까. 하지만 자네는 가르칠 보람도 있고 이해력도 있어 보이니, 아주 조금만 손을 대도 이 작품이 완벽해질 수 있다는 것을 보여 주도록 하지. 자네 자신이 눈이 된 것처럼 똑똑히 보게. 이렇게 자네를 가르칠 기회는 두 번 오지 않을 테니까. 포르뷔스, 자네 갤판을 갖다 주게."

포르뷔스가 갤판과 붓을 가지러 갔다. 작은 노인은 소매를 획획 걷어 올리고는 엄지를 갤판에 끼웠다. 포르뷔스가 내민 갤판에는 여러 색깔 물감이 짜여 있었다. 노인은 포르뷔스의 손에서 갖가지 굵기의 붓 한 줌을 받아들었다, 아니 거의 낚아챘다. 끝이 뾰족한 턱수염이 갑작스레 닥친 노력을 보여 주듯이 별안간 움직였다. 그것은 사랑하는 변덕스러움을 갈망하는 격렬한 욕망을 나타내고 있었다. 붓을 물감에 찍으며 노인은 입속으로 뜻 모를 소리를 중얼거렸다. "여기 있는 색조들은 이것들을 만든 녀석과 함께 창문으로 던져 버리기에 딱 좋군. 이 색조들은 아주 날것이야. 글러먹었어. 이래서 어떻게 그리라는 거지?" 그러고는 열에 들뜬 사람처럼 민첩하게 붓 끝을 놀려 물감들을 찍었다. 넓게 물감들 사이를 누비며 붓을 놀리는 그 모습은 대성당의 오르간 연주자가 부활제 때 〈오오, 형제자매들아〉를 연주하며 건반 끝에서 끝까지 손가락을 놀리는 것보다 훨씬 재빨랐다.

포르뷔스와 푸생은 저마다 화폭 양 옆에 꼼짝 않고 서서 그 모습을 뚫어져라 바라보았다.

"알겠나, 젊은이?" 노인이 돌아보며 말했다. "알겠나? 서너 번 붓질을 해서 푸른색을 조금 덧붙이면 이 가련한 성녀 머리 주위에 공기를 순환시킬 수가 있네. 이렇게 무거운 분위기에서라면 성녀는 숨이 막혀 목이 졸리는 느낌을 받을 게 틀림없어. 자, 보게. 이 베일이 순식간에 휘날리고, 성녀가 산들바람에 둥실 떠오르는 모습이 이해될 테니! 전에는 이 베일이 딱 붙어 있어서 마치 핀으로 고정된 것 같지 않나. 자네, 알겠나? 성녀 가슴에 살포시 얹은 새틴처럼 반드르르한 광택이 어떤 식으로 젊은 여인의 촉촉하고 부드러운 피부를 돋보이게 만드는지를. 피가 돌기는커녕 굳어 있는 듯한 이 커다란 그림자의 차가운 잿빛을 어떤 식으로 적갈색과 그을린 황토색이 섞인 색조가 따뜻하게 만드는지를. 젊은이여, 젊은이여. 지금 자네에게 보여 주는 이것은 그 어떤 스승이라도 가르쳐 줄 수 없는 것이네. 마뷔즈만이 형상에 생명을 불어넣는 비밀을 알고 있었지. 마뷔즈는 한 명밖에 제자를 두지 않았어. 바로 나지. 하지만 나는 제자 따위는 둔 적이 없고, 이제 살 만큼 살았네! 자네는 영리하니 살짝만 보여 줘도 그 다음은 짐작할 수 있을 걸세."

이렇게 말하며 기묘한 노인은 그림 여기저기를 손봤다. 여기에 붓질 두 번, 저기에 붓질 한 번. 그러나 아주 적절한 손놀림이었으므로 전혀 새로운 그림이 탄생했다. 빛에 젖은 그림이라고 해도 좋았다. 아주 정열적으로 작업을 했기에, 벗겨진 이마에는 구슬 같은 땀방울이 송골송골 맺혔다. 감질날 만큼 작고 뻣뻣한 동작으로 아주 재빠르게 그리는 모습을 보고 젊은 푸생은 이 기묘한 인물의 몸 안에 주인의 뜻에 반해 손을 맘대로 조종하는 괴물이 들어 있는 것은 아닌가 하고 생각했다. 노인 눈에 깃든 초자연적인 광채와 그 경련하는 듯한 동작을 보고 있노라니, 노인이 몸속 괴물에 저항하고 있는 것처럼도 생각됐다. 젊은 상상력으로서는 분명히 그러한 외형상의 진실이 작용한 것 같은 생각이 들었다. 노인이 계속 손을 놀리며 말했다.

"착, 착, 착! 젊은이, 물감은 이런 식으로 칠하는 것이네! 자, 내 사랑스런 필촉이여, 이 얼어붙은 분위기를 적갈색으로 만들어다오. 자, 그려라, 퐁! 퐁! 퐁!" 노인은 그렇게 말하면서, 생명이 느껴지지 않는다고 지적한 부분에 따스함을 불어넣고 색을 덧칠함으로써 이질감을 없애어 열렬한 이집트 여인에 어울리는 색조로 통일시켰다.

"보게, 젊은이. 가장 중요한 것은 이 마지막 붓놀림이지. 포르뷔스는 그것을 백 번이나 했네. 하지만 나는 딱 한 번만 할 걸세. 마지막 붓놀림 아래에 있는 것을 꿰뚫어 보고 우리에게 감사하는 마음을 갖는 사람은 아무도 없네. 이 점을 가슴에 깊이 새겨두게!"

드디어 이 괴물은 움직임을 멈추었다. 그리고 감탄한 나머지 할 말을 잃은 포르뷔스와 푸생 쪽으로 돌아서서 두 사람에게 말했다. "이래도 나의 〈누드 모델 Belle-Noiseuse〉에는 못 따라가네. 하지만 이 정도 작품이라면 밑에 서명을 해도 좋겠지. 그렇지, 나라면 써넣을 게야."

노인은 일어서서 거울을 집어들고는 거기에 그림을 비추었다. "자, 식사를 할까?" 노인이 말했다. "두 사람 모두 우리집으로 가지. 좋은 와인에 훈제 햄이 있어! 응? 응? 뒤숭숭한 세상이지만, 그림 이야기라도 나누지 않겠나! 그림은 힘이 필요한 작업이고, 여기 철부지도 있으니." 이렇게 말하며, 재능을 보여 준 니콜라 푸생의 어깨를 탁탁 쳤다.

그때 젊은이가 노르망디풍의 초라한 조끼를 입고 있는 것을 눈치챈 노인이 허리띠에서 가죽 지갑을 뽑아 뒤지더니 금화 두 닢을 꺼내어 젊은이에게 건넸다. "자네 그림을 사도록 하지."

"받아두게." 포르뷔스가 부끄러움에 얼굴이 빨개진 채 부들부들 떨고 있는 푸생을 쳐다보며 말했다. 젊은이는 가난한 자의 긍지를 지니고 있었기 때문이다. "자, 받아둬. 이분 지갑에는 왕을 두 명쯤 살 수 있는 돈이 들어 있으니까!"

세 사람은 나란히 화실에서 나와 계단을 내려갔다. 예술에 대해 허물없는 대화를 나누며 생미셸 다리 부근에 있는 멋진 목조주택까지 줄레줄레 걸어갔다. 집의 장식이며 문고리, 십자 창틀, 아라비아 문양 등이 푸생을 경탄케 했다. 전도유망한 이 화가는 자신이 아래층 방에 있다는 사실을 문득 깨달았다. 쾌적한 난로와 맛있어 보이는 요리가 죽 놓여 있는 식탁이 앞에 있었다. 이제껏 맛본 적 없는 행운에 둘러싸인 채 선량하고 위대한 두 예술가와 함께 있는 것이었다.

"젊은이." 젊은이가 어떤 그림 앞에서 넋을 놓고 있는 모습을 본 포르뷔스가 말했다. "그 그림을 그런 식으로 보지 말게. 절망할 테니까."

그 그림은 마뷔즈가 채권자들에 의해 오랫동안 갇혀 있었던 감옥에서 나오기 위해 그린 〈아담〉이었다. 확실히 이 인물상은 현실감 넘치는 역량을 보여 주고 있었다. 그 순간부터 니콜라 푸생은 노인이 말했던 알아듣기 어려운 말의 참뜻을 이해하기 시작했다. 노인은 그 그림을 만족스러운 듯이, 그러나 아무 감흥도 없이 바라보았다. 그 모습은 "나라면 더 괜찮은 그림을 그렸을 텐데!" 말하는 것 같았다.

"이 그림에는 생명이 있다네." 노인이 말했다. "이 그림은 내 불쌍한 스승이 그린 어떤 그림보다 잘 그려졌지. 하지만 이 그림의 배경에도 진실이 아주 조금 모자라네. 인물은 매우 생생하게 표현되었지. 당장이라도 벌떡 일어나 우리 쪽으로 걸어올 것 같지 않은가. 하지만 우리가 숨쉬며 보고 느끼는 공기와, 하늘과 바람이 그려져 있지 않아. 여전히 인물밖에 없지 않은가! 그런데 말일세, 신이 직접 손으로 빚으신 유일한 존재인 인간에게는 거룩함을 찾아볼 수 있어야 하는데 그게 빠져 있어. 마뷔즈 자신도 취하지 않은 멀쩡한 정신일 때는 아쉬운 듯이 그렇게 말하곤 했다네."

푸생은 호기심 넘치는 눈빛으로, 노인과 포르뷔스를 번갈아 쳐다보다가 화가 앞으로 다가갔다. 노인의 이름을 물으려는 듯했다. 그러나 화가는 무슨 뜻인지 입술에 손가락을 가져다 댔다. 젊은이는 끓어넘치는 호기심을 안은 채, 어서 화가 입에서 자신의 이름을 알 수 있을 만한 말이 나오기를 잠자코 기다렸다. 노인의 부와 재능은 포르뷔스가 나타낸 존경심으로 충분히 증명되었지만, 이 방에 잔뜩 걸린 걸작을 통해서도 증명되고 있었다.

푸생은 어두운 떡갈나무 벽에 걸린 여성의 훌륭한 초상화를 보고 감탄사를 내뱉었다. "정말 아름다운 조르조네$^{(1477\sim1510,}_{\text{베네치아파 화가})}$의 그림이군요!"

노인이 대답했다. "아닐세! 자네가 보고 있는 그림은 내가 젊은 시절에 그린 서투른 작품일세."

"이럴 수가! 저는 지금 그림의 신의 집에 있는 거로군요." 푸생은 솔직하게 말했다.

노인은 그런 칭찬에 옛날부터 익숙한 사람처럼 미소지었다.

"프렌호페르 선생님!" 포르뷔스가 말했다. "선생님이 가지고 계신 라인 강 유역의 최고급 와인을 조금 맛보게 해 주시지 않겠습니까?"

"두 병을 대접하지." 노인이 대답했다. "한 병은 오늘 아침 아름답고 죄 많은 여인을 보여준 데 대한 보답으로, 또 한 통은 우정의 선물로."

포르뷔스가 말했다. "아아! 내가 허약한 체질이 아니었다면, 그리고 선생님의 〈누드 모델〉을 보여 주신다면, 크고 높고 폭넓고 깊이 있는 인물화가 저절로 그려질 텐데."

"내 작품을 보여 달라고?" 노인이 몹시 감동하며 큰 소리로 말했다. "안 되지, 안 돼. 그 그림은 아직 미완성이라네. 어제저녁 무렵에는 다 완성했다고 생각했지. 그녀의 눈은 촉촉하고, 근육은 꿈틀댔어. 땋아 내린 머리채는 흔들렸지. 그녀는 숨쉬고 있었어! 편편한 캔버스 위에 자연의 깊이와 부피감을 표현하는 방법을 발견하긴 했지만, 오늘 아침, 밝은 곳에서 나는 내 실수를 찾아냈네. 아아! 그런 영광스런 결과에 이르기 위해 나는 채색법의 거장들을 철저하게 연구해 왔지. 빛의 왕이라 불리는 티치아노의 그림도 한 장 한 장 넘겨가며 분석했어. 이 최고의 화가를 흉내내어 밝은 색조의 물감을 묽고 풍부하게 섞어서 인물을 초벌 채색한 적도 있다네. 왜인고 하니, 그림자란 우연에 지나지 않기 때문이지. 젊은이, 이 점을 명심하게. 아, 다시 작품 이야기로 돌아가지. 그런 다음 나는 반농담과 덧칠기법을 이용해 투명감을 점점 줄여 갔네. 그림자를 더 힘 있고 깊은 검은색으로 만든 거야. 왜냐, 보통 화가의 그림자는 그들이 쓰는 밝은 색조와는 전혀 다른 성질의 것이니까. 그건 나뭇조각이자, 청동 조각이자, 뭐랄까, 그림자를 이루는 육체라고는 말할 수 없는 것이네. 인물이 위치를 바꾸어도 그늘진 곳은 깨끗해지지도 않고 빛도 주어지지 않는다고 느껴지지. 유명한 화가들조차 빠졌던 이 결점을 나는 피한 거야. 그 결과 내 그림에는 가장 눈에 띄고 불투명한 그림자

밑에서도 흰색이 드러나 있다네! 무지한 사람들은 정성들여 깔끔하게 선을 그려놓고서 정확하게 소묘했다고 착각하지. 하지만 나는 인물의 윤곽선을 냉담하게 강조한 적도 없거니와 해부학적으로 아주 세세한 부분까지 강조한 적도 없네. 인체는 선으로만 이루어진 게 아니니까 말일세. 이 점에서 조각가들은 우리보다 진실에 가깝다고 볼 수 있지. 자연은 일련의 부피감을 갖고 서로 감싸 안고 있어. 엄밀히 말하자면 소묘 따위는 존재하지 않네! 웃지 말게, 젊은이! 지금은 이 말이 몹시 이상하게 들리겠지만 언젠가 그 이유를 이해하게 될 걸세. 선이란 인간이 물체에 닿는 빛의 효과를 설명하는 수단이라네. 하지만 부족함 없는 자연에서 선 따위는 존재하지 않지. 소묘, 즉 사물을 어떤 장소에서 떼어내는 일은 살을 붙임으로써 가능하다네. 밝기의 배분만이 신체에 그럴싸한 겉모양을 주는 것이야! 때문에 나는 윤곽선을 뚝 끊어놓지 않았네. 윤곽 위에 따뜻한 황금빛 반농담 구름을 흩뿌림으로써 윤곽과 배경이 만나는 곳을 정확하게 가리키지 않도록 했지. 가까이서 보면 보풀이 인 것처럼 보이므로 정확함이 모자란 듯한 인상을 주네. 하지만 두 발짝 떨어져서 보면 모든 것이 옹골지고 멈춰지고 두드러져 보이지. 신체는 입체감을, 형태는 기복을 띠게 돼. 주위에 공기가 흐르는 것이 느껴지지. 그래도 나는 아직 만족하지 못하네. 몇 가지 의문이 있거든. 아마 선은 단 한 줄도 그려선 안 되는지 몰라. 그리고 가운데부터 인물을 그리고, 처음에는 가장 밝고 기복 있는 부분부터 주의 깊게 그리다가 차츰 어두운 부분으로 옮겨가는 편이 좋을지 모르겠어. 우주의 신과 같은 화가인 태양은 그런 식으로 그리지 않을까? 오오! 자연이여, 자연이여! 그대가 변천하는 동안에 그대를 포착한 자가 일찍이 있던가! 잘 듣게, 과한 지식은 무지와 같아서 하나의 부정에 이르는 법이라네. 나는 내 작품을 의심하고 있어!"

노인은 잠시 뜸을 들인 뒤 다시 말했다. "젊은이, 내가 저 작업을 시작한 지 10년이 되네. 하지만 자연을 상대로 싸우기에 10년은 짧은 시간이야. 피그마리온이 겨우 걷는 조각상 하나를 만들기 위해 얼마나 많은 시간을 들였는지 우리는 알 수 없네!"

노인은 깊은 몽상에 빠졌다. 눈을 감고 꼼짝도 않은 채 무의식중에 나이프를 만지작거렸다.

"정령과 대화하는 중일세." 포르뷔스가 낮은 목소리로 말했다.

그 말을 듣고 니콜라 푸생은 예술가의 설명하기 힘든 호기심에 압도당하는 것을 느꼈다. 삼백안에 신중함과 광기를 동시에 갖춘 이 노인이 인간을 넘어선 존재로 느껴졌다. 미지의 세계에 사는 어마어마한 천재처럼 보이기 시작했다. 영혼에 막연한 생각을 헤아릴 수 없이 환기시켜 주었다. 나라에서 추방된 자가 조국을 상기시키는 노래를 들었을 때 느끼는 감정을 번역하지 못하는 것과 마찬가지로, 이런 종류의 '매혹'이라는 정신현상은 뭐라 정의할 수 없는 것이리라. 예술의 가장 뛰어난 시도를 위해 이 노인이 표명해 보인 모멸감, 부유함, 말투, 포르뷔스가 보인 존경으로 미루어, 또 끈기를 요하는 작품, 아마도 천재의 작품이자 오랜 세월 비밀에 부쳐진 그 작품으로 미루어 젊은 푸생이 그토록 진심으로 감탄하고 마뷔즈의 〈아담〉과 비교해도 더 아름다운 성녀와 같은 얼굴을 믿어야 한다면, 지금 이 노인은 예술의 왕족 가운데 한 명의 제왕임을 보여 주고 있었다. 이 노인 안에 있는 모든 것이 인간성의 한계를 넘어선 것이었다. 이 초자연적인 존재를 보고 니콜라 푸생이 풍부한 상상력으로 포착해 낼 수 있는 명석하고 지각 가능한 것은 예술가라는 자연, 이 광기어린 자연의 완전한 모습이었다. 이 광기어린 자연에는 많은 힘이 부여되어 있어서 가끔 그 힘이 남용된다. 냉철한 이성이나 시민이나 애호가들조차 돌투성이의 무수한 길로 인도되어 버린다. 그 길들은 그들에게는 아무것도 없는 곳이다. 한편 변덕이 좋아하는 이 흰 날개를 단 여성은 아무것도 없는 그곳에서 서사시나 으리으리한 저택이나 예술작품을 발견한다. 심술궂지만 선량하며 풍요롭지만 빈약한 자연! 그리하여 정열적인 푸생에게 이 노인은 갑작스런 변모에 의해 예술 그 자체가 되어 버렸다. 비밀과 열정과 몽상을 지닌 예술이 되어 버린 것이다.

"그렇네, 친애하는 포르뷔스." 프렌호페르가 말을 이었다. "지금껏 나는 나무랄 데 없는 여성을 끝내 만나지 못했네. 신체의 윤곽이 완벽하게 아름답고, 피부색으로 말할 것 같으면…… 하지만 그런 사람이 어디에 있단 말인가." 노인은 스스로 말을 하다 말았다.

"저 고대인들의 비길 데 없는 비너스는 그토록 자주 탐색되었는데 우리는 여기저기 흩어진 미의 조각밖에 찾지 못하다니! 오오! 완벽한 신과 같은 자연을 한순간만, 단 한순간이라도 볼 수 있다면 전 재산을 내놓을 텐데. 물론 천상의 아름다움이여, 너를 찾아 저승까지라도 가겠다! 오르페우스처럼 예술의 지옥으로 내려가 예술의 생명을 가지고 돌아오리라."

"이제 그만 가는 게 좋을 것 같네." 포르뷔스가 푸생에게 말했다. "선생님은 이제 우리를 보고 계시지도, 우리 말을 듣고 계시지도 않아!"

"화실에 가보죠." 여전히 감탄에 빠져 있는 젊은이가 말했다.

"오오! 저 늙은 용사는 화실 입구에 발도 들여놓지 못하게 하신다네. 선생님의 보물은 단단히 간수되고 있어서 우리는 거기까지 가지 못해. 자네 의견이나 충동을 기다릴 것도 없이, 나도 진작 그 비밀을 습격했었지."

"그랬더니 비밀이 있었습니까?"

"그래." 포르뷔스가 대답했다. "프렌호페르 선생님은 마뷔즈가 기르려던 유일한 제자일세. 그의 벗이자 은인이자 아버지가 된 선생님은 마뷔즈의 도락을 채우고자 재산의 대부분을 쏟아부으셨어. 그 대신 마뷔즈는 선생님께 돈을새김의 비밀과 인물에 생명을 불어넣는 힘을 가르쳐 주었네. 그것은 자연의 정수이자 우리에게는 영원한 절망의 씨앗이지만, 선생님은 그런 기술들을 완벽하게 익히셨지. 어느 날, 샤를 5세의 입성식에 입고 갈 꽃무늬 다마스크 옷을 팔아 술을 마셔 버린 일이 있었네. 선생님은 다마스크 모양을 그린 옷을 입고서 주인과 동행했어. 마뷔즈가 입고 있는 훌륭한 옷을 보고 놀란 황제가 늙은 주정뱅이 보호자를 칭찬하려다 속임수가 들통 났지. 선생님은 우리 예술에 정열을 갖고 계신 분이고, 다른 화가들은 따라오지도 못할 만큼 높고 깊게 사물을 보시네. 선생님은 색채나 선의 절대적인 진실을 깊이 고찰해 오셨지만, 연구를 너무 깊이 한 탓에 연구 대상 자체를 의심하기에 이르셨지. 절망에 빠지셨을 때는 '소묘 따위는 존재하지 않는다. 선으로는 기하학적인 형상밖에 그릴 수 없다'고 주장하신다네. 선과 검정을 쓰더라도 지나치게 절대적인 주장이지. 검정은 색이 아니지만 형상은 그릴 수 있으니까. 그것이 증명하는 바는 우리 예술은 자연과 마찬가지로 무한한 요소로 이루어져 있다는 것이네. 소묘는 뼈대를 주고, 색채는 생명이네. 하지만 뼈대 없는 생명은 생명 없는 뼈대보다 훨씬 불완전하지. 요컨대, 이런 것보다 진실한 것이 있다네. 화가에게는 연습과 관찰이 전부라는 거야. 논리와 시적 정취가 붓을 다투게 되면, 광인인 동시에 화가인 저 착한 노인처럼 의심에 이르게 되네. 남들보다 뛰어난 화가지만, 불행하게도 유복하게 태어난 탓에 헛소리를 하더라도 용서받지. 선생님을 흉내내선 안 돼! 자네 일을 하게!

화가는 붓을 들었을 때만 생각해야 하는 법이야."

"화실에 들어가 보죠." 푸생이 말했다. 포르뷔스의 말을 듣고 있지 않았고, 이제는 아무것도 의심하지 않았다.

포르뷔스는 젊은이의 열띤 모습에 미소지었다. 그러고는 자기를 찾아오라는 말을 남기고 집을 나섰다.

니콜라 푸생은 느릿느릿한 발걸음으로 라 아르프 거리 쪽으로 돌아갔다. 넋을 놓고 걷다 보니, 자신이 머물고 있는 소박한 여관도 그만 지나치고 말았다. 젊은이는 그 초라한 계단을 조심스럽게 올라 꼭대기 층에 있는 자기 방에 도착했다. 오래 된 파리의 집들을 소박하고 가볍게 덮고 있는 목재골조가 드러난 지붕 밑이었다. 그 방에 유일하게 난 어두운 창 근처에 젊은 여자가 있었다. 문소리를 듣더니 여자가 사랑스런 동작으로 벌떡 일어났다. 빗장을 거칠게 여는 소리를 듣고 화가임을 알아챈 것이다.

"어떻게 됐어?" 여자가 말했다.

"난, 난……." 환희에 숨을 헐떡거리며 젊은이가 말했다. "내가 화가라는 걸 느꼈어! 지금까지 나는 나 자신을 의심했었어. 하지만 오늘 아침에는 나 자신을 믿을 수 있었어! 난 훌륭한 사람이 된 거야! 내 말 잘 들어, 질레트. 우리는 부자가 될 거고, 행복해질 거야. 이 붓 안에 돈이 들어 있다고."

젊은이는 갑자기 입을 꾹 다물었다. 희망의 광대함과 재산의 빈곤함을 비교하자 그 엄숙하고 단호한 얼굴에서 기쁨의 표정이 사라졌다. 목탄으로 소묘한 종이들이 온 벽을 덮고 있었다. 캔버스에 그린 것은 네 점도 채 되지 않았다. 그때는 물감이 비쌌던 것이다. 불쌍한 사나이의 눈에 벌거숭이나 다름없는 갤판이 들어왔다. 이렇게 비참한 처지에 있었지만, 젊은이는 믿을 수 없을 만큼 풍요로운 마음과 질리지 않는 재능을 넘치도록 지니고 있었으며, 느끼기도 했다. 젊은이는 어떤 귀족에게 이끌려, 아니 자신의 재능이 이끄는 대로 파리로 왔다. 이곳에서 그는 어느 날 갑자기 한 여인을 만나 사랑에 빠졌다. 위대한 남자 곁에서 비참함과 결혼하여 그 변덕을 이해하려고 애쓰면서 고통 받기 위해 태어난 고귀하고 너그러운 여성 가운데 하나였다. 사치로 몸을 휘감고 그 무신경함을 과시하는 여자들이 있듯이, 찢어지게 가난한 생활과 애정에 강한 여자였다. 질레트의 입술에 감도는 미소는 이 다락방을 황금빛으로 빛내고, 밝은 하늘과 경쟁했다. 태양은 늘 비추는 것이 아니지만,

질레트는 언제나 그 자리에서 자신의 정열을 사색하고 행복과 고뇌에 전념하며, 예술을 빼앗으려 하기에 앞서 사랑에 넘치는 천재를 위로했다.

"질레트, 이리와."

활달한 질레트는 화가 무릎 위로 천진난만하게 뛰어올랐다. 참으로 우아하고 참으로 아름다우며 봄처럼 사랑스러웠다. 여성이 지닐 수 있는 보물을 모두 지니고, 아름다운 영혼의 불꽃으로 그것들을 환히 비추었다.

"오오, 하느님!" 화가가 소리 높여 말했다.

"차마 내 입으로는 말할 수 없어……."

"비밀 말이야?" 여자가 되풀이해 물었다. "아아! 알고 싶어."

푸생은 넋을 놓은 채였다.

"어서 말해 줘."

"질레트! 불쌍한 내 사랑!"

"아아! 뭔가 부탁이 있구나?"

"응."

"언젠가 그랬던 것처럼 네 앞에서 자세를 취해 달라는 부탁이라면," 사랑스럽게 입을 삐죽거리며 여자가 말했다. "그런 건 이제 싫어. 그럴 때 네 눈은 내게 아무 말도 걸어주지 않는걸. 네 머릿속에서 내 생각 따위는 지워져버려. 그러면서도 눈은 날 쳐다보지."

"다른 여자를 그리는 날 보는 편이 낫다는 거야?"

"아마도. 아주 못생긴 여자라면."

"혹시 말이야," 푸생이 진지한 투로 말했다. "내 미래의 영광을 위해, 날 위대한 화가로 만들기 위해 다른 사람을 찾아가 자세를 취해야만 한다면?"

"날 시험하고 싶은 거로구나. 내가 가지 않을 거라는 걸 잘 알면서."

푸생은 영혼이 지탱하지 못할 만큼 커다란 환희와 고통에 굴복한 사람처럼 여자 가슴에 얼굴을 묻었다.

"내 말을 들어 봐." 여자가 말하며, 다 해진 푸생의 더블릿 소매를 잡아당겼다. "전에도 말했었지, 닉. 널 위해서라면 목숨도 걸겠다고. 하지만 살아 있는 동안에 이 사랑을 포기하겠다는 약속은 한 번도 한 적 없어."

"사랑을 포기하다니?" 푸생이 소리쳤다.

"내가 네 말처럼 다른 사람에게 알몸을 보여 준다면 넌 나를 더는 사랑해 주지 않을 거 아냐. 나 스스로도 너와 사귈 자격이 없다고 생각할걸, 뭐. 네 변덕에 따르는 것쯤 자연스럽고 단순한 일이야. 네 소중한 기분에 맞춰 행동하는 것이 내겐 행복이고 자랑이야. 하지만 다른 사람을 위해서라니! 그런 건 싫어."

"용서해 줘, 질레트." 화가가 여자 무릎에 몸을 던지며 말했다. "난 명성을 높이기보다 사랑받는 게 좋아. 내게 너는 부나 명예보다 아름다운 존재야. 붓 따위는 던져 버리겠어.

이런 소묘 따위 불태워 버리겠어. 난 잘못 생각하고 있었어. 내 천직은 너를 사랑하는 일이야. 난 화가가 아니야. 사랑에 빠진 남자야. 예술이고 예술의 비밀이고 다 멸망해 버려라!"

여자는 행복하고 황홀한 눈빛으로 젊은이를 쳐다보았다! 여자는 젊은이를 지배하고 있었다. 자신을 위해 젊은이가 예술이고 뭐고 다 잊어버리고 그것을 한 방울 향수처럼 발치에 내던졌음을 본능으로 느꼈다.

"하지만 그 사람은 그저 노인에 불과해." 푸생이 계속해서 말했다. "그 노인이 할 수 있는 거라곤 네 안의 여성을 보는 것 정도야. 넌 정말로 완벽하니까!"

"철저히 사랑해야겠지." 여자가 말했다.

사랑의 불안을 희생할 준비가 된 것이다. 연인이 자신 때문에 치르는 모든 희생에 대한 보답을 이제는 자신이 할 생각이었다. "하지만," 여자가 다시 말했다. "그렇게 하면 나 자신을 잃어버릴 거야. 아아! 너를 위해 나를 잃는다니. 그래, 그건 아주 멋진 일이지! 하지만 너는 나를 잊을지도 몰라. 아아! 왜 그런 이상한 생각을 하게 된 거야!"

"그런 생각을 품었어도 널 사랑해." 젊은이는 말하고, 몹시 후회스럽다는 듯한 몸짓을 했다. "난 정말 혐오스런 남자야."

"아르두앵 신부님과 상담해 볼까?" 여자가 말했다.

"오오, 그건 안 돼! 우리 둘만의 비밀로 해두자."

"그럼 좋아, 갈게. 하지만 안으론 들어오지 마. 현관에서 단검을 가지고 기다리다가 내가 소리를 지르면 들어와서 화가를 죽여."

머릿속에 온통 자신의 예술에 대한 생각밖에 없는 푸생은 양팔로 질레트를 꼭 끌어안았다.

"그이가 이제 날 사랑하지 않으면 어쩌지?" 혼자가 된 질레트는 생각했다.

이미 자신의 결심을 뉘우치고 있었다. 그러나 곧 뉘우침보다 더 잔혹한 공포심에 휩싸였다. 여자는 마음속에 차오르는 끔찍한 생각을 떨쳐내려고 애썼다. 젊은이가 그리 뛰어난 화가가 아니라고 생각하자, 화가를 이전만큼 사랑하지 않는다는 생각이 드는 것이었다.

# 2 카트린 레스코

푸생과 포르뷔스가 만난 지 석 달 뒤, 포르뷔스는 프렌호페르 선생을 만나러 갔다. 노인은 저절로 생겨난 어떤 낙심에 빠져 있었다. 그 원인은 의학 수리론가를 믿는다면 소화불량 또는 장내 가스 또는 발열 또는 갈비뼈 아래쪽 비만에 있었고, 심령론자를 믿는다면 인간 정신성의 불완전함에 있었다. 그 신비로운 그림을 완성하기 위한 순수함과 순박함에 지쳤던 것이다. 부쩍 까칠해진 노인은 검은 가죽을 입히고 조각이 새겨진 커다란 졸참나무 의자에 앉아 있었다. 그리고 우울한 태도와 세상살이에 지친 사람의 눈빛으로 포르뷔스를 쳐다봤다.

"선생님," 포르뷔스가 말했다. "브뤼주까지 찾으러 가셨던 유리색은 영 쓸 만한 게 못되었습니까? 우리가 새로 발견한 흰색과 잘 어울리지 않던가요? 기름이 나빴던 겁니까, 붓이 말을 듣지 않았던 겁니까?"

"아아!" 노인이 외쳤다. "한때는 작품을 완성했다고 생각했는데, 분명히 어딘가 작은 부분에서 실수를 한 게지. 이 의심을 명확히 풀기 전까지는 마음이 편치 않을 걸세. 나는 여행을 떠나기로 했네. 터키든 그리스든 아시아든 가서 모델도 찾고 내 그림을 여러 자연과 비교해 봐야겠어. 아마도 난 거기서," 노인은 만족스런 웃음을 띠며 말을 이었다. "자연 자체를 포착할 걸세. 어떨 땐 숨만 내뱉어도 그녀를 깨우지나 않을까, 그녀가 사라지지나 않을까 걱정이 되어 견딜 수가 없다네."

그러더니 노인은 당장이라도 떠나겠다는 듯이 벌떡 일어섰다.

"오오! 오오!" 포르뷔스가 대답했다. "제가 마침맞게 찾아왔군요. 선생님은 여행을 하느라 돈을 들이거나 기운을 빼지 않으셔도 되게 되었으니까요."

"그게 무슨 말인가?" 프렌호페르가 놀라서 물었다.

"그 푸생이라는 젊은이에게 연인이 있는데, 어찌나 완벽하게 아름다운지 어느 각도에서 보나 흠잡을 곳이 없는 여인입니다. 하지만, 친애하는 선생님. 푸생이 그녀를 빌려주는 데 동의한다면, 적어도 그 그림을 우리에게 보여 주셔야 할 겁니다."

노인은 망연자실한 표정으로 그대로 굳어 버렸다.

"뭐라고!" 이윽고 노인이 괴로운 듯이 고함을 질렀다. "내가 창조한 작품을, 내 아내를 보여달라는 건가? 나의 행복을 조심스럽게 덮고 감싸온 그 베일을 찢어발기란 거야? 그건 무시무시한 모독일세! 난 그녀와 함께 산 지 10년이 되었어. 그녀는 내 것일세. 오로지 나 한 사람의 것이야. 그녀는 날 사랑하네. 내가 붓질을 더할 때마다 미소를 짓는다고. 그녀에겐 영혼이 있어. 내가 불어넣은 영혼이지. 내가 아닌 다른 사람이 쳐다보면 얼굴을 붉힐걸. 그런데 그런 그녀를 보여달라니! 아내를 불명예로 이끄는 비열한 남편이, 야비한 연인이 대체 어디 있단 말인가? 궁정에 바칠 그림을 그릴 때라면 영혼을 모두 쏟아붓지 않겠지. 궁정 사람들에게는 색을 입힌 인체모형 따위밖에 팔지 않으니까. 하지만 나의 그 그림은 단순한 그림이 아닐세. 감정이자 정열이야! 내 화실에서 태어난 이상 그곳에서 쭉 처녀인 채로 있어야 하네! 옷을 입지 않으면 바깥에 나갈 수가 없지. 시와 여자는 애인에게 말고는 알몸을 내맡겨선 안 돼! 우리는 라파엘로의 모델이나 아리오스토의 안젤리카나 단테의 베아트리체를 소유하고 있다고 하지. 하지만 아니야! 우리가 보는 건 그저 형태라고! 맙소사! 내가 저기에 자물쇠를 걸어 보관해 놓은 작품은 우리 예술에서 하나의 예외일세. 단순한 캔버스가 아니라 한 명의 여자라고! 나는 그녀와 더불어 울고 웃고 말하고 생각하네. 10년이나 행복하게 함께 지내왔는데 망토를 벗어던지듯 휙 내버리라는 건가? 갑자기 아버지나 연인이나 신의 역할을 그만두라는 건가? 그녀는 피조물이 아니라 창조 그 자체일세. 그 젊은이더러 이리 오라고 하게. 젊은이에게 내 보물을 주겠네. 코레조나 미켈란젤로나 티치아노의 그림을 주지. 젊은이의 흙투성이 발자국에도 입을 맞추겠어. 하지만 그 젊은이를 연적으로 삼는다? 내 수치심을! 아아! 아아! 나는 화가이기에 앞서 연인이네. 그래, 마지막 숨을 거둘 때조차 나의 카트린을 불태울 만큼의 힘은 남아 있어. 그런데 남자의, 젊은이의, 화가의 시선을 그녀더러 견디게 하라는 건가? 안 되지, 안 될 말이야! 시선으로 그녀를 욕보인 자가 있다면, 그 다음 날 그놈을 죽이겠어! 자네는 내 친구지만, 아무리 자네라도 무릎을 꿇고 인사하지 않는다면 그 자리에서 죽여 버리겠네! 자, 이래도 얼간이들의 멍청한 비평이나 차가운 시선에 내 연인을 노출시키라고 할 텐가? 아아! 사랑이란 신비로운 것일세. 사랑은 마음 깊은 곳에서만 생명을 지니지. 친구 사이일지라도 '이 사람이 내가 사랑하는 사람입니다!' 말하면 모든 게 끝이네."

노인은 젊음을 되찾은 듯이 생기 있어 보였다. 두 눈에는 총기와 생명이 깃들어 있었다. 창백했던 뺨에도 핏기가 돌고, 두 손은 떨리고 있었다. 이 말들을 쏟아내는 노인의 정열적이고 힘찬 기운에 놀란 포르뷔스는 새삼스러운 동시에 깊은 감정에 대답하는 것밖에 할 수 없었다. 프렌호페르는 이성의 활동을 멈춘 것일까, 미쳐 버린 것일까? 예술가다운 변덕스런 생각에 잠긴 것일까? 아니면, 노인이 표명한 생각은 위대한 작품을 창조하는 오랜 시간 동안에 우리 안에 저절로 생겨나는 표현하기 어려운 지나친 열광에서 유래하는 것일까? 이러한 기묘한 정열과 타협하는 일이 과연 가능할까?

두서없는 생각들을 하며 포르뷔스가 노인에게 말했다.

"그렇지만 여자들을 서로 일대일로 보여 주는 것뿐이지 않습니까? 푸생도 자기 연인을 선생님께 보여드리는 겁니다."

"어떤 연인이지? 시기가 빠르든 늦든 그 여자는 그 젊은이를 배신할 게 뻔해. 하지만 내 여자는 언제까지고 내게 충실할 걸세!"

"그렇군요! 이제 이 이야기는 그만두죠. 하지만 아시아에서든 어디서든 그만큼 아름답고 그만큼 완벽한 여자를 찾기 전에 선생님은 그림을 완성하지 못한 채 돌아가실 겁니다."

"오오! 그림은 완성되었네. 내 그림을 본 사람이면 누구나 휘장 밑 벨벳 침대에 여자가 누워 있다고 생각할 걸세. 여자 옆에는 향기를 내뿜는 황금 삼각대가 놓여 있지. 휘장을 묶은 끈에 달린 수술을 잡아당기고 싶은 기분이 들걸. 그리고 〈누드 모델〉이라 일컫는 아름다운 화류계 여인 카트린 레스코의 가슴이 숨결에 따라 움직이는 듯한 착각이 들 걸세. 가능하다면 제대로 확인하고 싶네만……."

"아시아로 가십시오." 프렌호페르의 시선에서 어떠한 망설임을 읽은 포르뷔스가 대꾸했다. 그러고는 방문 쪽으로 두세 걸음 걸어갔다.

그때 질레트와 니콜라 푸생은 프렌호페르의 집 바로 앞까지 와 있었다. 여자는 집으로 들어가려다 말고 화가의 팔을 놓더니 무슨 예감이라도 느낀 것처럼 흠칫 뒤로 물러섰다.

"맙소사, 대체 난 뭘 하자고 여길 온 걸까?" 여자가 그윽하게 물으며 연인을 가만히 쳐다보았다.

"질레트, 지금까지 그래왔듯이 뭐든 네 뜻을 존중할게. 넌 내 양심이자 영광이야. 집으로 돌아가자. 그러는 편이 내게도 훨씬 행복할는지 몰라. 혹시 네가……"

"그런 식으로 말하면 어떻게 내 맘대로 할 수 있겠니? 아아! 그럴 순 없어. 난 어린아이처럼 되어 버렸어. "자," 여자는 덧붙였다. 노력을 쥐어짜내고 있는 듯이 보였다. "만약 우리 둘의 사랑이 끝나고 내 마음에 후회의 여운이 길게 남아도 네가 유명한 사람이 된다면 네 소원에 따른 보람은 있겠지? 들어가자. 네 갤판의 추억으로서 남는다면 계속 살아 있는 셈이 될 테니까."

저택 문을 열고 들어간 두 연인은 포르뷔스와 부딪쳤다. 포르뷔스는 눈물이 가득 고인 질레트의 아름다움에 경탄하며, 부들부들 떠는 그녀를 붙잡아 노인 앞으로 데려갔다. "보십시오. 이 여인에게는 이 세상 모든 걸작에 견줄 만한 가치가 있지요?"

프렌호페르는 전율을 느꼈다. 질레트는 조용히 서 있었다. 산적이나 노예 상인 앞에 선 겁에 질린 그루지야 소녀같이 순진하고 소박한 태도로. 부끄러움에 얼굴을 붉게 물들인 채 눈은 내리깔고 두 팔은 몸통 옆에 축 늘어뜨리고 있었다. 기력도 그녀를 버린 듯이 보였다. 눈에는 스스로 수치심을 불러온 데 대한 억울한 눈물을 담고 있었다. 순간 푸생은 자신의 다락방에서 아름다운 보물을 가지고 나온 일에 절망하며 스스로를 저주했다. 예술가에서 연인으로 돌아온 푸생은 노인의 생기 넘치는 눈을 본 순간 헤아릴 수 없는 불안감이 마음을 옥죄는 것을 느꼈다. 노인은 화가들이 으레 그러하듯 머릿속으로 여자를 한 꺼풀씩 벗기면서, 남들 눈에 공개된 적 없는 그 몸매를 눈으로 더듬고 있었다. 푸생은 진정한 사랑에서 비롯되는 격렬한 질투심을 느꼈다.

"질레트, 돌아가자!" 푸생이 외쳤다.

그 말투에, 그 외침에, 발랄하고 사랑스런 그녀는 눈을 들어 푸생을 쳐다보더니 그의 품 안으로 뛰어들었다.

"아아! 날 사랑하는구나." 여자는 눈물을 글썽거렸다.

고통을 잠재울 기력은 있었어도, 그 뒤에 찾아온 행복감을 감출 만한 힘은 없었다.

"이보게! 잠시만 그 아가씨를 빌려 주게나." 늙은 화가가 말했다. "그런 다면 내 카트린과 그 아가씨를 비교해 봐도 좋네. 그래, 그러도록 하게."

프렌호페르의 외침에는 아직 연정이 남아 있었다. 눈앞에 있는 여자에게 는 아첨을 할 뿐이고, 속으로는 살아 있는 여인보다 자신이 그린 성녀가 훨 씬 아름답다는 승리감을 미리 맛보고 있는 듯이 보였다.

"결심이 바뀌기지 전에 얼른 결정하게." 포르뷔스가 푸생의 어깨를 두드리 며 말했다. "사랑의 열매는 금세 사라지지만 예술의 열매는 영원하니까."

질레트가 조심스레 푸생과 포르뷔스를 바라보며 말했다. "저 노인에게 난 단순한 여자에요!" 그녀는 의기양양하게 얼굴을 들었다. 빛나는 눈동자로 프렌호페르를 슬쩍 쳐다보고는 자신의 연인 쪽으로 눈길을 돌렸다. 연인은 그 전에 조르조네의 작품으로 오해했던 초상화를 새삼 감상하느라 정신이 없었다. 여자가 말했다. "아아! 위층으로 올라가죠. 저이는 날 저런 눈빛으 로 쳐다봐 준 적이 없어요."

"선생님." 질레트의 목소리를 들은 푸생이 깊은 침묵에서 깨어나며 말을 이었다. "이 단검을 보십시오. 이 여인이 한 마디라도 신음소리를 낸다면 당 신 심장에 이 칼을 꽂아 넣을 겁니다. 이 집에 불을 붙이고 아무도 밖으로 나가지 못하도록 할 겁니다. 제 말 알아들으시겠습니까?"

니콜라 푸생은 어두웠다. 질레트는 그 태도와 몸짓, 특히 그의 말에 위로 받았다. 젊은 화가의 영광에 넘친 미래와 그림을 위해 자기를 희생하기로 거 의 허락한 것이다. 포르뷔스와 푸생은 화실 입구에 남아 잠자코 서로를 쳐다 보았다. 한편, 처음에 〈이집트의 마리아〉를 그렸던 화가는 몇 마디 감탄사 를 내뱉었다. "아아! 아가씨가 옷을 벗는군. 화가가 아가씨에게 더 밝은 곳 으로 나오라고 말하고 있어! 화가가 아가씨를 살피고 있어!" 화가는 푸생을 쳐다보고는 이내 입을 다물었다. 그 얼굴은 깊은 슬픔에 싸여 있었다. 옛 화 가들은 이러한 신중함을 보이지 않았는데, 예술 앞에서는 그런 신중함도 하 찮은 것이기 때문이다. 늙은 화가들은 소박하고 아름다운 옛 화가들을 매우 존경했다. 젊은이는 칼날과 칼자루 사이에 끼워진 테를 만지작거리며 문에 귀를 딱 붙이고 있었다. 그늘 속에 서 있는 두 사람은 폭군을 쓰러뜨릴 기회를 노리는 음모가처럼 보였다.

"들어오게, 들어와." 행복감에 빛나는 노인이 말했다. "내 작품은 완벽해. 이제 비로소 긍지를 가지고 보여 줄 수 있게 되었네. 어떤 화가도, 붓도, 색도, 화폭도, 빛도 〈카트린 레스코〉에 필적할 작품을 결코 창조할 수 없을 걸세!"

강한 호기심에 사로잡힌 포르뷔스와 푸생은 먼지 쌓인 널따란 화실 한가운데로 달리다시피 걸어갔다. 온갖 잡동사니가 여기저기 널브러져 있고 벽이곳저곳에는 그림이 걸려 있었다. 먼저 두 사람은 진짜 사람 크기의 반라여인 인물화 앞에 멈춰 섰다. 감탄이 절로 나왔다.

"오오! 그런 것에 정신을 팔리면 안 되지." 프렌호페르가 말했다. "그건 내가 자세를 연구하기 위해 대충 그린 그림이야. 그런 그림에는 아무런 가치가 없지. 실패작이라고." 늙은 화가는 계속 말하며, 두 사람 주위 벽에 걸려 있는 매혹적인 작품을 보여 주었다.

그 말을 듣고 두 사람은 노인이 이런 훌륭한 작품에 쌀쌀맞은 태도를 취하는 것에 몹시 놀랐다. 그들은 문제의 그림을 찾았으나 눈에 띄지 않았다.

"자! 여기 있지 않은가!" 그렇게 말하는 노인의 머리카락은 부스스했고, 얼굴은 초자연적인 흥분에 상기되어 있었다. 눈은 반짝반짝 빛났고, 사랑에 취한 젊은이처럼 숨을 헐떡이고 있었다. "아아! 아아!" 그가 외쳤다. "이 정도의 완성도를 기대하지 않았겠지! 자네들은 여자를 앞에 두고도 그림을 찾고 있구먼. 이 그림에는 참으로 깊이가 있네. 이 그림 속의 공기는 진짜야. 우리를 둘러싸고 있는 공기와 차이를 구분할 수 없을 정도지. 예술은 어디에 있느냐? 잃어버렸네, 사라져 버린 거네! 보게, 이것이 젊은 여인의 모습 그대로일세. 육체의 경계를 이루는 것처럼 보이는 선의 색과 핵심을 정말이지 잘 포착해 내지 않았나? 물속에 물고기가 살듯이, 대기 안에 있는 사물이 우리에게 제시하는 것은 이것과 같은 현상 아닐까? 배경에서 윤곽이 들떠 보이는 현상을 음미해 주지 않겠나? 등 뒤로 팔을 두를 수 있을 것같이 보이지 않나? 7년 간 밝기와 사물의 결합 효과를 연구한 이유가 바로 이걸세. 이 머리카락을 보게. 빛이 젖어들어 있는 것 같지 않나? 진짜로 숨을 쉬었어, 난 그렇게 생각하네! 이 가슴을, 보았나? 아아! 무릎 꿇고 경배를 드리지 않고 배길 수 있겠나? 근육이 꿈틀대고 있어. 곧 벌떡 일어날 테니 기다리게."

"뭐가 보입니까?" 푸생이 포르뷔스에게 물었다.

"아니. 자네는?"

"아무것도요."

두 화가는 황홀경에 빠져 있는 노인을 그대로 둔 채, 노인이 보여 준 화폭 위에 수직으로 떨어지는 빛이 모든 효과를 망쳐 버리고 있는 건 아닌지 살펴보았다. 그림을 오른쪽으로 두었다 왼쪽으로 두었다 정면으로 두었다 몸을 굽혔다 쭉 폈다 하며 여러 각도에서 쳐다보았다.

"그래, 그렇고말고. 그건 틀림없는 캔버스라네." 프렌호페르가 그들이 그렇게 꼼꼼하게 조사하는 목적을 착각하고서 말했다. "보게, 틀과 삼각대도 그곳에 있고, 아무튼 물감과 붓도 이곳에 있네." 그러고서 붓을 집어들고는 천진난만한 태도로 두 사람에게 내밀었다.

"늙은 독일 보병이 우리를 놀리고 있군." 푸생이 말하며 그 그림 앞으로 돌아왔다. "제 눈에 보이는 건 수많은 기묘한 선이 복잡하게 얽혀 가려진 색채뿐입니다. 물감 벽뿐이라고요."

"우리는 잘못 생각하고 있네. 자, 보게." 포르뷔스가 말했다.

가까이 다가가자 화폭 구석에 맨발이 보였다. 그것은 색채와 분위기와 어렴풋한 인상이 뒤섞였다고 표현해야 옳을 어떠한 형태 없는 안개 속에서 삐죽 튀어나와 있었다. 아주 멋지고 매력적인 살아 있는 발이었다! 믿기 힘든, 천천히 진행하는 파괴를 면한 이 한쪽 발을 보고 두 사람은 감탄한 나머지 화석처럼 굳어 버렸다. 그 발은 소실된 도시의 잔해 속에서 드러난 파로스 섬의 대리석 비너스나 어떤 토르소처럼 그곳에 드러나 있었다.

"이 밑에 여자가 있는 거야." 포르뷔스가 외치며, 겹겹이 덧칠된 물감으로 푸생의 주의를 돌렸다. 늙은 화가는 그림의 완성을 확신하며 그 물감을 계속해서 덧칠해 간 것이다.

두 화가는 저도 모르게 프렌호페르 쪽을 돌아보았다. 어렴풋하긴 하지만, 노인이 살아 있는 황홀함임을 이해하기 시작했다.

"선생님은 진심이야." 포르뷔스가 말했다.

"그렇다네, 친구." 노인이 황홀경에서 깨며 대꾸했다. "신념이 필요하네. 예술에 대한 신념이. 그리고 그런 창조물을 낳으려면 작품과 오랜 기간에 걸쳐 함께 생활해야 하지. 여기 있는 그림자 몇 개는 날 무척 애먹였네. 보게, 거기, 뺨 위와 눈 밑에 조금 어두운 부분이 있지? 그걸 자연계에서 살펴보게. 거의 그려낼 수 없을걸? 그래, 바로 이 느낌을 내기 위해 지금껏 그 고생을 한 거라고. 그렇게 생각하지 않나? 그리고 친애하는 포르뷔스, 내 그림을 주의 깊게 살펴보게나. 그러면 내가 살붙이기와 윤곽 다루는 법에 대해 말한 바를 잘 알게 될걸세. 가슴 언저리의 빛을 보게. 일련의 필치와 밝은 빛을 덧붙임으로써 도드라지게 만든 뒤, 진짜 빛을 포착해서 그것을 빛나는 색조 안에서도 가장 밝은 흰색과 조화시킨 것을 보라고. 그리고 그 반대 작업을 통해, 도드라지나 도톨도톨한 부분을 지움으로써, 반농담 안에 빠질 뻔한 인물상의 윤곽을 어루만져 소묘나 기교적 수단이라는 개념마저 없앤 것을 보게. 그럼으로써 인물상에 자연스런 분위기와 부피감을 부여한 것을 좀 봐. 가까이서 보게. 어떻게 작업했는지가 더 잘 보일 테니까. 멀리서 보면 사라져 버리지. 바로 거기! 어때, 아주 잘 보이지?"

그러고는 두 화가에게 붓끝으로 밝은 부분을 가리켜 보였다.

포르뷔스가 노인의 어깨를 두드리며 푸생 쪽을 돌아보았다. "알겠나? 우리는 이분 안에 있는 위대한 화가를 보고 있는 거라네." 포르뷔스가 말했다.

"노인은 화가라기보다는 시인에 훨씬 가깝군요." 푸생이 진지하게 대꾸했다.

"여기서," 포르뷔스가 그림을 어루만지며 말을 이었다. "지상의 우리 예술은 끝났네."

"그리고 그곳에서 우리의 예술은 하늘로 사라져 버리는 거죠." 푸생이 말했다.

"이 한 폭의 그림에 얼마나 많은 환희가 담겨 있는지!" 포르뷔스가 내지르듯 말했다.

생각에 잠긴 노인은 두 사람의 대화를 듣지 않고 이 상상 속 여인에게 미소짓고 있었다.

"하지만 곧 이 그림에 아무것도 담겨 있지 않음을 깨닫게 될 겁니다." 푸생이 말했다.

"내 그림에 아무것도 없다고?" 프렌호페르가 말하며, 두 화가와 그림을 번갈아 쳐다보았다.

"자네, 지금 그게 무슨 말인가?" 포르뷔스가 푸생에게 물었다.

노인이 젊은이의 멱살을 그러쥐고서 말했다. "너 따위가 뭘 볼 줄 아느냐, 이 건방진 놈! 군인 놈! 거지새끼! 동성애자! 그럼 왜 여길 들어왔나! 내 선량한 포르뷔스." 노인은 말을 이으며 화가 쪽을 돌아보았다. "자네도 날 놀릴 셈인가? 대답하게. 난 자네 친굴세. 자, 말해 보게. 내가 이 그림을 망쳐 버린 건가?"

포르뷔스는 무슨 말을 해야 할지 몰랐다. 그러나 노인의 창백한 얼굴에 드러난 불안감이 너무도 커서 포르뷔스는 화폭을 가리키며 말했다. "보십시오!"

프렌호페르는 한동안 그림을 바라보았다. 그리고 비틀거렸다.

"아무것도 없어, 아무것도 없어! 10년이나 걸렸는데."

노인은 주저앉아 울었다. "난 천치야, 미치광이야! 재능도 없고 능력도 없어. 돈밖에 없는 늙은이에 불과해. 걸으면서, 계속 걷는 것밖에 할 수 없어! 그렇다면 아무것도 낳지 않았다는 말인가!"

노인은 눈물 너머로 그림을 바라보았다. 그러더니 갑자기 일어서서 의기양양하게 눈을 빛내며 두 화가를 쳐다보았다.

"그리스도의 피와 살과 머리를 걸고 말하건대, 자네들은 질투하고 있네. 나에게 이 그림은 망한 거라는 생각을 심어놓고, 내게서 그림을 훔치려 하고 있어! 내겐, 내겐 그녀가 보이네!" 노인이 소리쳤다. "그녀는 엄청난 미인이야."

그때 푸생은 한쪽 구석에 방치되어 있던 질레트의 울음소리를 들었다.

"왜 그러지, 나의 천사?" 이내 연인으로 돌아온 화가가 물었다.

"날 죽여줘!" 그녀가 말했다. "이전처럼 널 사랑한다면 난 역겨운 여자가 되고 말 거야. 왜냐하면 난, 널 경멸하고 있거든. 넌 내 목숨이야. 하지만 넌 나를 소름끼치게 만들었어. 난 이제 네가 싫어졌어."

푸생이 질레트의 말을 듣고 있는 동안 프렌호페르는 〈카트린〉에 녹색 천을 씌우고 있었다. 옆에 솜씨 좋은 도둑이 있다고 생각하고 서랍을 닫는 보석상과 같은 진지하고 침착한 태도였다. 노인은 두 화가에게 경멸과 불신에 찬 깊고 음험한 시선을 던진 뒤, 말없는 두 사람을 뻣뻣하지만 재빠른 동작으로 화실 입구까지 밀쳐냈다. 그런 다음 문지방에 서서 말했다. "친구들, 잘들 가게."

이 작별인사에 두 사람은 얼어붙었다. 다음 날, 걱정이 된 포르뷔스는 프렌호페르를 만나러 갔다. 그리고 노인이 모든 그림을 불태워 버린 뒤 어젯밤에 죽었다는 사실을 알았다.

파리, 1832년 2월

발자크의 생애와 문학에 대하여

# 발자크의 생애와 작품에 대하여

## 학생시절

발자크는 1799년 5월 20일 프랑스 파리의 서남쪽 투렌 주 루아르 강 유역 투르에서 태어났다. 나폴레옹 황제가 쿠데타를 일으켜 무너져 가던 총재정부를 쓰러뜨리고, 그 강대한 권력을 향해 첫발을 내딛기 몇 달 전이다. "그가 칼로 이루지 못한 일을 나는 펜으로 이룩하리라"라고 말하며 정통 왕당파의 정치의견을 신봉하면서도, 발자크가 나폴레옹의 힘과 그 시대에 넘쳐흐르는 젊음을 평생 찬양한 일을 생각하면 그 우연의 일치는 어딘가 숙명적인 느낌을 준다.

그가 태어났을 때 제22사단의 군량부장을 맡고 있던 아버지 베르나르 프랑수아는 남프랑스 타른 주의 농민 출신이며, 발자크의 소설에서 가끔 볼 수 있듯이 사회 변동의 파도를 잘 이용하여 그럭저럭한 지위를 얻은 인물이다.

발자크가 태어났을 때 이미 쉰두 살이었던 아버지와, 30년 이상이나 나이 차이가 있는 어머니 샤를로트 로르는 대대로 군대와 관청에 의료품을 납품해 온 파리의 상인 집안 출신이었다.

18세기의 합리주의를 신봉하며 일에 구애받지 않는 낙천적인 성격이었던 아버지와 달리, 어머니는 신경이 예민한 잔소리꾼이었고, 알려지지 않은 철학자로 불리던 사상가 생 마르탱이나 스웨덴보리 등의 저작을 탐독하는 몽상적인 영혼의 소유자였다. 발자크는 이 정반대인 두 성격을 알맞게 이어받았다. 이 두 성격이 그를 작가로 만들었으며, 그의 작품에 다양성을 불어넣은 첫째 조건이었다고 말하는 평론가도 있다.

더불어 주목할 점은, 그 시절 저명한 작가 대부분이 귀족이나 사회적으로 높은 지위를 가진 집안 출신이었던 데 반해, 발자크의 부모는 둘 다 평민 출신이었다는 사실이다. 그가 부르주아 계급에 드러내는 숨은 공감과 노골적인 경멸, 귀족 계급을 향한 야유와 반감이 뒤섞인 동경은 본디 이러한 그의

아버지 베르나르 프랑수아(왼쪽)와 어머니 샤를로트 로르(오른쪽)

출신 배경과 관련이 깊다. 때로는 비뚤어진 위험이 따르기도 했지만, 그러한 감정적인 요인이 있었기 때문에 그의 부르주아 계급과 귀족에 대한 비판이 똑같이 정곡을 찌르는 날카로움을 지닐 수 있었던 것이다.

그는 태어나자마자 남의 손에서 자랐다. 바로 전해에 자기 손으로 키우다 한 달 만에 첫 아이를 잃은 어머니가 육아에 자신을 잃었기 때문이다. 《골짜기의 백합》을 읽어 보면, 이 어머니가 택한 육아 방법이 어린 발자크의 마음에 깊은 상처를 남긴 것 같다. 다른 사정까지 겹쳐서 발자크는 평생 어머니에게 반감을 품게 되는데, 어렸을 때의 이런 경험이 발단이었다고 할 수 있다.

다섯 살이 되자, 그는 투르의 르게 학원에 입학했고, 여덟 살 때부터 오라토리오 교단이 경영하는 방돔 기숙학교에 다녔다. 이 학교에서의 생활 모습은 아마 《루이 랑베르》에 씌어 있는 것과 같았을 것이고, 소년 발자크는 이 소설에 나오는 '나'와 주인공 루이 랑베르를 하나로 합친 듯한 학생, 수업에 그다지 흥미를 갖지 않고 다른 학생들로부터 외따로 떨어져 독서에만 열중하며 지나친 상상력에 괴로워하는 조숙한 학생이었던 것 같다. 이러한 사정이 아니더라도, 6년 동안 한 번도 집에 돌아가지 못하고, 그 동안 어머니가 두 번 찾아왔을 뿐인 생활이, 나이어린 소년에겐 얼마나 쓸쓸했을지 충분히 짐작할 수 있을 것이다.

기숙사에 들어간 바로 그 해에 뒷날 어머니와의 관계에서 매우 중요한 영향을 끼치는 사건이 생겨났다. 남동생 앙리 프랑수아가 태어난 것이다. 앙리는 남편 베르나르 프랑수아가 아니라 집안끼리 친하게 지내던 사셰 성관

(城館)의 주인 장 드 마르곤느의 아이로 짐작되며, 어머니는 발자크를 제쳐놓고 그 동생만 편애한다.

방돔 기숙학교에 들어간 지 6년이 되던 해에 발자크는 지나친 독서로 몸이 쇠약해져 집으로 돌아와, 오랜만에 1년쯤 가족과 함께 지내게 되었다. 다음 해인 1814년 가을에는 아버지의 직업 때문에 온 식구가 파리로 이사하게 되었으며, 발자크는 르피트르 기숙학교에 편입했다.

다음 해 1815년, 그가 르피트르 기숙학교에 다닐 때 나폴레옹의 백일천하가

여동생 로르(왼쪽)와 발자크(오른쪽)

주위 사람들은 어린 발자크를 사랑해 주지 않았다. 차갑고 엄격한 유모 밑에서 그는 암울한 나날을 보냈다. 오른쪽은 방돔 학교에 다니면서 고생하던 무렵의 초상, 집에 돌아가도 아버지는 그를 무시했고, 어머니는 잔소리가 심했다. 이런 상황에서 그의 진솔한 이야기를 들어주고 위로해 준 사람이 여동생 로르였다.

시작된다. 학교장인 르피트르는 혁명 당시 탕플 감옥에 붙잡혀 있던 왕비 마리 앙투아네트를 구출하려는 음모에도 가담했던 철저한 왕당파였으므로, 백일천하를 누리는 동안 나폴레옹의 귀환을 기뻐하는 대부분의 학생들과 의견이 맞지 않아 그들을 억제하느라 매우 고심했던 것 같다.

그러한 학생들의 움직임과 관계가 있었는지 모르지만, 발자크는 형식적인 재학증명서를 한 통 받아들고 르피트르 기숙학교에서 쫓겨나 강세 기숙학교로 옮겼다.

## 법학에서 문학으로

1816년 중등교육을 마친 발자크는 파리 대학 법학부에 입학한다. 문학부 강의를 청강하면서 소송대리인 기요네 메르빌 밑에서 법률공부를 하고, 1818년에는 공증인 파세의 사무실로 옮겨 공부를 계속했다.

이 법률 공부가 발자크의 사회사상 형성에 결정적인 역할을 한 듯하다.

그는 물질과 이기주의가 팽배한 사회의 모습을 직접 보았다. 그리고 더 중요한 일은, 루소가 《불평등 기원론》에서 주장한 바와 같이 법률이란 결코 정의를 지키기 위한 것이 아니라 부당하게 획득된 재산과 사회적 권리를 마치 정당한 것인 양 감싸기 위해 존재하며, 《고리오 영감》에서 루소의 제자라고 자칭하는 보트랭이 말했듯이, 가난한 사람을 감옥에 집어넣고 부자들은 두 다리 뻗고 잘 수 있도록 지배자들이 자기들 좋을 대로 만들어 낸 것이라는 사실을 꿰뚫어 본 것이다. 발자크는 뒷날 이 테마를 되풀이 얘기한다.

발자크가 법학부에 들어가 법률을 공부한 것은, 시민 계급 자제의 직업으로서 가장 적합한 것을 아들에게 안겨 주려는 부모의 소망이었던 것 같다. 1819년에 20세가 된 발자크는 법학부 제1차 졸업 시험에 합격했지만, 갑자기 부모에게 작가가 되겠다고 선언했다. 물론 부모는 찬성하지 않았다. 그러나 강력히 반대하면서도 아들의 완강한 소망에 져, 기한 내에 재능을 증명할 작품을 쓴다는 조건 아래 2년 동안 작가 수업을 받게 해 주었다.

이리하여 발자크는 하층민이 사는 레디기에르 거리의 다락방에 틀어박혀 밤낮으로 문학공부와 습작에 매진한다.

발자크는 '영광과 사랑을 제외하면 나의 마음을 채울 수 있는 것은 아무것도 없다'고 여동생 로르에게 편지를 썼고, 큰 희망과 불안을 번갈아 느끼면서 장 바티스트 라신을 목표로 삼았다. 이름을 떨칠 대작가를 꿈꾸던 이 시절은 '내 생애의 기쁨과 추억의 원천이 될 것이다'라고 로르에게 보낸 편지에서 예언했듯이, 발자크에게는 정말로 청춘이라는 이름에 걸맞은 시기였다.

스스로의 재능을 증명할 만한 작품으로 무엇이 좋을지 잠시 망설인 그는, 청교도 혁명의 영웅 크롬웰을 주인공으로 한 운문 5막의 비극을 선택했다. 그러나 거의 열 달이나 공을 들여 써낸 《크롬웰 Cromwell》(1819)에 대한 가족의 반응은 냉담했다. 결정을 내리기 난처했던 어머니와 로르는 콜레주 드 프랑스의 교수 앙드리외에게 작품 비평을 의뢰했는데, 그는 '뭐든 좋으니 문학이 아닌 다른 일을 시키라'고 권유했다. 이어서 원고를 읽은 코메디 프랑세즈의 일원이었던 라퐁도 혹평을 했다. 발자크는 "라퐁은 내 작품의 가치를 모르는 바보다"라고 말하면서도 결국 희곡을 접고 소설로 돌아섰다.

**파리의 변화가** 소설가는 순식간에 인기인이 되었다. 독자들은 소설가가 작품 속에 담아낸 그랑 불바르(Grands Boulevards)의 찻집 '카페 토르토니'나 레스토랑 '메종 도레'에 환상을 품고 찾아갔다. 소설가도 이를 의식하여 그런 가게들에 가끔 드나들었는데, 언론에서 그들의 일거수일투족을 흥미롭게 보도하자, 그 가게들은 더욱 유명해졌다. 게라르의 석판화, 파리, 카르나발레 미술관.

그 무렵 씌어진 《팔튀른》이나 루소의 영향이 두드러진 서간체 소설 《스테니》를 읽어 보면, 문장과 구성이 유치하긴 하나 초인간적인 능력에 대한 동경과 법체계라는 인간의 정의에 대한 의문, 여성과 사회 제도의 비극적인 관계 등 뒷날 발자크가 즐겨 다룬 주제에 진지하게 도전하려는 의지를 엿볼 수 있다.

1821년, 통속 소설가 오귀스트 르 프와트뱅과 사귀면서 그의 창작 태도가 달라진다. 지금까지의 발자크는 힘이 모자라도 자기가 품고 있는 큰 문제를 어떻게든지 표현하려고 시도했다. 그러나 이 해에 써서 다음 해, 르 프와트뱅과의 공동저작으로 간행된 《비라그 집안의 상속녀》에선 자기의 사상과는 상관없이 4권으로 묶어 팔리는 책으로 만드는 것을 중요한 과제로 삼았다. 인간 발자크와 소설 제조업자 발자크가 분리된 것이다.

1821년부터 1824년에 걸쳐 발자크는 공동 집필에 가담하든가, 아니면 자기 혼자 써낸 이런 종류의 작품을 그 밖에도 6편이나 발표했다. 팔기 위한 작품을 쓰기 시작하면서부터 발자크는 자신의 심각한 사상을 소설에 투영하려는 일은 단념했으나, 이러한 여러 작품에서도 가끔 그의 마음을 단단히 차지하고 있는 문제를 엿볼 수 있다. 그리고 분리된 두 발자크가 표현 기술을 익히면서 서서히 접근해 가는 과정이야말로, 그가 작가로서 완성되어 가는 단계라고 할 수 있다.

예를 들어, 《장 루이》에선 대혁명이라는 현대사에 대한 흥미가 나타나 있다. 이어서 발표된 《크로틸드 드 뤼지냥》에선 사회에서 제거된 자의 문제를 다루었으며, 월터 스콧을 숭배하는 경향이 뚜렷해진다. 《아르덴의 부사제(副司祭)》에선 근친상간 문제를 다루면서 정열과 사회 규범의 상극(相克)을 문제 삼는 동시에, 보트랭의 전신(前身)이라 할 수 있는 해적 출신 아르고를 등장시켜 발자크가 사회의 반항아에게 품고 있는 관심의 정도를 드러냈다.

《멜모스》의 재판인 《백 살 먹은 노인》에선 초인간적인 능력에 대한 동경심이 나타나 있고, 《마지막 요정》의 사교계 묘사에선 이미 뒷날의 발자크를 떠오르게 하는 귀족 사회의 비판의식을 엿볼 수 있다. 1824년에 《아르덴의 부사제》의 속편으로 발표된 《아네트와 죄인》에서 해적 아르고는 명백히 반항자로서의 실재성을 부각시키고 있다.

### 베르니 부인과의 연애

그러는 사이에 발자크의 사생활에 커다란 사건이 발생했다. 그의 생애는 물론 작품에도 가장 깊은 영향을 준 여성으로 짐작되는 베르니 부인을 만나게 된 일이다.

1822년, 두 사람의 사랑이 시작되었을 때 이미 45세였던 베르니 부인은 발자크 가족이 아버지의 퇴직을 계기로 새로이 집을 마련한 파리 근교 빌뱅리지에 사는 사법관의 아내였다.

1793년에 그녀는 베르니 백작과 결혼했으나, 마음에 차지 않는 불행한 결혼생활을 한다. 백작과의 사이에 아이를 아홉이나 낳았으나, 한 때는 그와 별거하고 캄피라는 코르시카 섬 출신 남자와 함께 살며 딸을 하나 낳았다. 그러나 그녀는 그 남자에게서도 버림받고 인생의 쓴맛을 충분히 맛본 터였다.

발자크는 젊은이다운 뜨거운 정열을 그녀에게 쏟았다. 부인은 발자크의 사랑을 받아들였을 뿐 아니라 이 부르주아 청년의 감각을 연마시키고 충고

를 아끼지 않았으며, 때로는 그를 위로
하고, 나중에는 발자크의 사업에 금전적
인 원조까지 해주었다. 또한 그녀의 인
생 편력은 《결혼 생리학》에 수록된 갖가
지의 이야깃거리를 제공하고, 《30대 여
인》이나 《골짜기의 백합》에 묘사되는,
결혼 생활에서 불행만을 맛보는 여성의
뚜렷한 이미지를 발자크에게 제시해 주
었다.

스물아홉 살 때의 발자크(1829)

　이러한 실생활의 경험을 통해 눈을 떴
는지, 베르니 부인의 충고가 결실을 맺
었는지, 자기가 하고 있는 일의 무의미
함을 깨달았는지, 아니면 소설 출판업이
금전적으로나 세속적인 명예로나 바라는 대로 되지 않는 데 싫증이 났는지
어쨌든 여러 가지 원인이 겹치면서, 1825년부터 발자크의 문학 태도는 지금
과는 다른 새로운 양상을 띠게 된다.

　이해에 그는 《정직한 사람에게 꼭 필요한 것》이라는 기묘한 책을 펴내고,
또 1829년에 간행하게 되는 《결혼 생리학 La Physiologie du mariage》을
집필하기 시작했다.

　이 두 책은 모두 작은 삽화와 단편적인 고찰 및 격언 등을 삽입해서 그 무
렵 유행하는 것처럼 가볍게 읽을 수 있도록 구성된 것이다. 이 작품엔 나중
에 발자크가 사회의 속임수를 추구하는 소설에서 테마로 하는 문제가 미숙
하지만 제시되어 있다.

　《결혼 생리학》도 똑같이 말할 수 있다. 이 책 속에서 작은 삽화나 몇 줄의
고찰로 살펴본 여성과 교육, 여성과 결혼, 여성과 사랑, 여성과 가정 등의
문제는 《사생활 풍경 Scènes de la vie privée》(1832)의 수록 작품 안에서
더욱 알찬 작품이 된다.

　또 이해에 발자크는 지금까지 해오던 방식을 바꿔, 익명으로 소설 《반느
클로르》를 펴낸다. 이 작품은 그의 초기 소설 가운데 가장 훌륭하며 심리묘
사가 뛰어남에도, 진지한 태도로 세상 사람들에게 자기 재능을 과시하려

**사셰에 있는 성관**
낭비벽 때문에 빚쟁
이에게 쫓겨 파리에
있을 수 없게 된 발
자크는 고향인 투렌
지방으로 몰래 돌아
왔다. 그는 어머니의
친구인 귀족 마르곤
느가 소유한 사셰의
성에 묵으면서 글을
썼다. 《골짜기의 백
합》《고리오 영감》
등 많은 걸작이 이곳
에서 탄생했다. 현재
발자크 박물관.

는 발자크의 기대와 달리 이렇다 할 반향을 얻지 못했다. 그는 이 작품을 끝
으로 제1기 문필 활동에 종지부를 찍고 한동안 출판업·인쇄업·활자 주조업
에 전념한다.

### 6만 프랑의 빚

대작가의 축쇄판(縮刷版) 전집을 내려는 그의 계획은 결코 나쁜 생각이 아
니었다. 그는 베르니 부인과 식구들에게서 자금을 융통하고 직접 서문을 써서
몰리에르 전집과 라퐁텐 전집을 펴냈다. 그러나 경영이 산만했던 탓에 순식간
에 자금줄이 막히자, 그 여파를 만회하기 위해 인쇄업을 시작했다. 그런데 이
인쇄업도 잘 되지 않자 다음해에는 활자 주조업에 손을 대기 시작했다. 아마
발자크는 출판업이 잘 안 되는 것은 좋은 인쇄소가 없기 때문이고, 인쇄업이
잘 안 되는 것은 좋은 활자가 없기 때문이라고 생각한 것 같다. 그러나 그의
일관된 경영계획과는 달리 1828년에 사업의 길이 완전히 막히게 되었다. 결
국 발자크는 그때의 돈으로 약 6만 프랑의 부채를 지게 되었다. 이것이 그의
일생을 따라다닌 부채의 시초였다. 그러나 소설가 발자크에겐 이 사업 실패가
꽤 귀중한 체험이 되었다. 돈의 힘을 알게 된 이 괴로운 시기를 통해 그는 보
다 현실적으로 사회를 보는 눈을 키우게 된 것이다.

발자크는 이리하여 다시 문학으로 되돌아간다. 이제 자기에게는 펜 하나만

남았다는 사실을 뼈저리게 느꼈는지도
모른다.

그는 파리를 벗어나 공화제 말기에 반
혁명적인 농민 폭동의 무대가 되었던 브
르타뉴의 푸제르에 짐을 풀고 폭동 자료
수집에 나섰다. 이와 같은 세심한 준비
는 발자크로선 처음 해 본 경험이었다.
숙소를 제공해 준 퐁루르 장군에게 그때
의 상황을 묻고, 폭동이 있었던 현장을
찾아가 부근의 지형을 살피고 이 지방
특유의 풍습을 충분히 머리에 넣은 뒤
그는 마침내 《올빼미당》의 집필에 착수
했다.

반혁명 지도자와 그를 유인하기 위해
중앙정부에서 파견된 아름다운 여자와
의 기약 없는 사랑을 중심으로 엮은 이
소설은, 멜로드라마적인 요소에도 불구
하고 그때까지의 발자크 소설과는 질적
으로 달랐다.

**발자크의 첫사랑, 베르니 부인**
힘든 시기에 발자크를 여러모로 도와주었던
스물두 살 연상의 베르니 부인. 모성애와도
같은 부인의 헌신적인 사랑은 《골짜기의 백
합》에 등장한 모르소프 부인에게서도 발견할
수 있다.

영주 지배 아래 누려오던 봉건적인 여러 권리를 빼앗기고 자유 경제 속에
맨손으로 쫓겨나 불만을 품게 되는 농민들, 농민의 불만을 선동하여 그들의
손에 총을 쥐어주는 가톨릭 사제, 청렴결백하지만 지방의 특수성을 고려하
지 않고 일률적으로 징병제를 실시해 농민의 불만에 기름을 부은 공화국 군
사령관, 왕실에 사심 없는 충성을 바치는 고결한 청년 귀족과 이해타산에 따
라 그의 밑으로 몰려드는 야심가들, 정치 논리를 체현하듯 인간을 단순한 수
단으로만 보는 중앙정부에서 파견된 밀정(密偵), 이러한 등장인물들이 거석
(巨石)문화의 유적을 지닌 이 안개 짙은 지방에서 펼치는 한 폭의 그림은 역
사의 발자취를 깊은 통찰로 따라가며 혁명 시대의 한 페이지를 생생하게 소
생시켰다.

일반적으로 그의 처녀작으로 보는 이 작품을, 발자크는 비로소 오노레 드

**지팡이를 든 발자크**(발자크 기념관)
발자크는 낭비벽이 심하여 자주 빚을 지는 데다 허영에 들뜬 속물이었다. 그래서 캐리커처의 단골 모델이 되었다. 특히 그가 들고 다니던 거대한 보석 지팡이는 매우 유명했다.

발자크라는 본명으로 발표한다.

그러나 그의 작가로서의 평가를 결정한 것은, 뒤이어 간행된 《결혼 생리학》이었다. 이 작품의 성공을 계기로 발자크는 봇물이 터지듯 다산(多産)의 문학 활동에 들어간다.

## 풍속소설과 철학소설

1830년에는 잡지에 발표했던 작품을 조금 수정한 첫 번째 작품집 《사생활 풍경》이 간행된다. 여기 수록된 중단편은 제목에서 나타나듯 대부분 가정에 깊이 숨어 있는 비극이나, 반대로 가슴을 울리는 감동적인 이야기에 빛을 부여한 풍속소설의 경향을 보인다. 그러나 다음 해인 1831년에는 이와 반대로 정신 활동과 생명, 나아가 문명과 생명 사이의 비극적인 대립 관계를 밝히는 발자크 철학의 근본 명제를 제시한 장편 《신비로운 도톨가죽 La Peau de chagrin》과, 사변적 또는 신비적인 경향을 갖는 단편들을 모은 《철학적 장·단편집》이 간행된다.

여기서 발자크의 철학을 한마디로 정리하면 이렇다. 그의 존재론은 결코 일관성을 지니지는 않지만, 굳이 말하자면 인간의 의지력까지도 물질 작용으로 보고, 그로써 정신계에 속하는 현상은 물론 초자연적인 일까지도 같은 원리로 설명하는 일원론을 목표로 한 것이었다.

사람은 저마다 지니고 있는 생명의 샘에 따라 욕망·의지·능력 등이 결정되어, 그 샘이 어느 한 사람에게서 흘러넘치는 경우에는 방사물 또는 자기(磁氣)가 되어 타인에게 작용한다. 이러한 전제에서 살펴보면 정신 감응이나 예감 같은 신기한 인간 현상도 설명할 수 있다. 1833년에 발표한 《루이 랑베르 Louis Lambert》에서 그는 자기 철학이 설 곳을 뚜렷이 하려고 노력했다. 그러나 시점을 달리하면, 그의 신비적 유물주의 철학은 때로는 인간이 발휘하는 초자연적인 힘에 늘 매혹되었다. 자기 속에도 같은 힘이 숨어 있음을 느낀 발자크는, 이와 같은 이상한 현상을 그 무렵의 과학적인 풍조에 맞춰 설명하려 한 것이다. 어쨌든 자전적 요소가 짙은 《루이 랑베르》는 발자크가 자기 속에 품고 있던 여러 가지 경향을 통일적으로 설명(자신 및 타인에게)하려고 시도한 작품이다. 이 작품을 통해 스스로의 검토를 마친 발자크는 이 작품집에 수록되어 있는 작품을 중심으로 초기의 걸작을 차례차례 발표한다.

**한스카 부인**

발자크와 한스카 부인은 1832년부터 서로 사귀기 시작하여 발자크가 세상을 떠나기 반년 전에 결혼했다. 부인은 발자크의 아이를 뱄지만 사산하고 만다. 이 사건으로 발자크의 창작의욕은 급속히 떨어지게 된다.

1833년부터 몇 해 동안 발자크가 보인 창작능력은 거의 기적에 가까운 것이었다. 전해에 이어 간행된 《지방 생활 풍경》 제2집을 비롯한 주요 작품만 살펴보아도, 《시골 의사 La Médecin de campagne》(1833), 《외제니 그랑데 Eugénie Grandet》(1833), 《13인의 역사 Histoire des treize》(1833~35), 《절대의 탐구 La Recherche de l'absolu》(1834), 《고리오 영감 La Pére Goriot》(1835), 《골짜기의 백합 Le Lys dans la Vallée》(1835), 《노처녀》(1837), 《잃어버린 환상 Illusion perdues》(1837~43), 《세자르 비로토 César Birotteau》(1837), 《골동품실 La Cabinet des antiques》(1839), 《베아트릭스》 및 《인간희극 La Comédie humaine》 같은 걸작이 차례차례로 그의 머릿속에서 흘러나왔다.

더구나 그 동안에 애인 한스카 부인과 만나기 위해 스위스와 오스트리아로 여행을 도모하거나, 일기와 같은 상세한 편지를 그녀에게 써 보내고, 또 다른 유부녀 기드보니 비스콘티 부인과 열애에 빠졌다. 한편 〈크로니크 드

**몽파르나스의 발자크 기념상**
발자크는 생전에 칭찬과 비난을 한 몸에 받았
지만 죽고 나서는 불멸의 명성을 얻었다. 많
은 예술가들이 발자크를 숭배했는데 그중에는
조각가 로댕도 있었다. 그는 발자크 기념상을
만들어 달라는 파리 시(市)의 의뢰를 받자 온
힘을 다해 작업에 매달렸다.

파리)의 편집 겸 경영에 손을 댔으며,
1838년에는 고대 로마인이 버린 광산
에서 은을 채굴할 가능성이 있는지를
조사하기 위해 사르디니아 섬으로 건
너가기도 하고, 새로이 결성된 문학가
협회 회장으로 선임되기도 했다.

### 《인간희극》 총서

1833년 말에는 《사생활 풍경》과 같
은 작품집 제목에 나타나 있듯이 작품
을 체계화하려는 의도가 뚜렷해져, 이
후 '19세기 풍속 연구'와 '철학 연구'
의 두 기둥을 세워 놓고 작품활동을
추진해 《인간희극》의 첫 초석을 세움
과 아울러 《고리오 영감》에서 처음으
로 《인간희극》의 기법적인 특징인 인
물 재등장 기법을 의식적으로 썼다.
인물 재등장 기법은 여러 작품에 걸쳐
같은 인물을 등장시키는 방법으로, 이
렇게 하여 서로 관련된 여러 작품은
단일 소설로서의 독립성을 유지하면서도 다른 작품과 어우러져 하나의 유기
적인 전체를 만들어 낸다. 이와 같은 작품의 상호 관련은 단순히 역사적·사
회적인 범위를 넓히는 데에 그치지 않는다. 철학적인 작품이 현실적인 작품
과 결부될 때 두 작품은 하나가 되어 돈과 여자를 바라는 욕망에서부터 하
느님을 향해 날아가는 영혼까지, 인간 정신의 온 영역을 남김없이 나타낼
수 있다.
인물 재등장에 의한 역사적·사회적 범위를 가로 세로의 축(軸)으로 본다
면, 인간 정신의 여러 단계를 나타내는 연결은 안쪽으로 통함을 나타내는 축
이라고 할 수 있으며, 이 세 개의 축이 떠받치고 있으므로 《인간희극》에는,
발자크에게서 같은 수법을 배운 에밀 졸라의 《루공마카르 총서》에서 볼

수 없는 매력이 있는 것이다.

그런데 단테의 《신곡 La Divina Comédia》에서 유래했다는 《인간희극》이라는 제목을 처음으로 발자크가 쓴 것은 1840년에 어느 편집자에게 보낸 편지에서였으며, 이듬해 1841년에 이 제목으로 전집을 간행할 계약이 맺어졌고, 그 다음해 4월 마침내 배본이 이루어졌다. 발자크가 1844년에 만든 목록에 따르면, 이 《인간희극》은 현실 속에서 법칙을 찾으려는 '분석 연구', 현실 뒤에 있는 원리를 나타내려는 '철학 연구', 현실 사회에서 원리가 나타나는 모습을 묘사하려는 '풍속 연구'의 세 부문으로 크게 나뉜다. '풍속 연구'는 '사생활

《인간희극》 표지
파리, 1855년 간행.

정경', '지방생활 정경', '파리생활 정경', '정치생활 정경', '군대생활 정경', '시골생활 정경'으로 나뉘어 총 125편을 수록한 방대한 작품집이었다(현재 남아 있는 《인간희극》은 약 90편으로 구성되어 있다). 그는 머리말에서 동물계와 마찬가지로 인간계에도 사회적인 종속(種屬)이 있으며, 그 종속을 망라함으로써 고대 문명이 남겨 주지 않은 풍속의 역사를 19세기 프랑스에서 완결짓는 것이 목적이라고 그의 야심을 나타냈다. 이리하여 혁명기에서 7월왕정에 걸쳐 2천 명을 웃도는 사회 각층의 등장인물이 갖가지 활약을 벌이는 대작품군이 구상된 것이다.

1842년부터 1846년까지 《인간희극》 전16권이 차례차례 출판되었고, 발자크는 새로이 《암흑 사건》《마을의 사제》와 같은 중요한 작품을 간행하고 《잃어버린 환상》을 완성시키지만, 1845년에는 무리하게 일을 해 온 탓에 결국 탈이나, 그렇게 건강하던 그의 몸에 마침내 불길한 징후가 나타나기 시작한다.

**《잃어버린 환상》 자필 원고**

이 작품은 1837~43년에 걸쳐 발표되어 《인간희극》 제8권에 수록됐다. 《고리오 영감》에서 위험한 악당의 매력을 발산한 보트랭이 다시 등장해서 암약을 한다. 원숙기에 쓰인 대표작 가운데 하나.

1847년에는 한스카 부인을 상속인으로 한 유언장을 작성했다. 《사촌누이 베트》와 《사촌형 퐁스》 같은 2대 걸작을 쇠약해진 육체와 고투를 벌이며 쓴 것을 생각하면, 이 두 작품이야말로 마지막 외침이라고 할 만하다. 그 뒤로의 문학활동은 《화류계 여인의 영화와 몰락》과 《현대사의 이면》을 완성시킨 데 그쳤다.

1848년, 전년에 이어 다시 우크라이나로 한스카 부인을 찾아간 발자크는 다음 한해를 기관지염과 고열에 시달리면서 그녀 곁에서 지냈다.

그 이듬해인 1850년, 오랜 꿈이던 한스카 부인과 결혼에 성공한다. 그러나 발자크는 이미 죽음을 예상하고 있었던 것 같다. 그는 병을 무릅쓰고 신부와 함께 자기를 키워 준 도시, 그 아름다움과 추함을 각별히 사랑했던 도시 파리로 향했다. 5월 포르튀네 거리의 새집으로 돌아온 발자크는 나카르 박사의 치료에도 보람 없이 결혼한 지 겨우 다섯 달 뒤인 8월 18일에 숨을 거뒀다.

유해는 8월 21일, 위고의 감동적인 애도사와 함께 그가 소설에서 고리오 영감을 묻은 파리가 내려다보이는 페르라세즈 묘지에 묻혔다. 향년 쉰한 살로, 자신의 모든 힘을 불사른 일생이었다.

## 《외제니 그랑데》

1833년 9월 스위스의 뇌샤텔에서 한스카 부인을 만난 발자크는 10월 12일에 동생 앞으로 그녀의 훌륭함을 칭송하는 편지를 보냈다. '……비밀이 하나 더 있는데, 나는 아버지가 되었다. 그 여자는 마치 하늘에서 내려온 천사처럼 착하고 소박한 사람이야. 몰래 우리 집에 찾아 와 편지를 달라거나, 관심을 보여 달라는 등의 요구도 하지 않았고, "1년간만 사랑해 주세요. 그러면 저는 평생 당신만을 사랑하겠어요"라고 말했단다.' 상세한 일은 알려지지 않았지만 이 여성은 마리아 뒤 프레네라는 유부녀로 다음해 6월에 그녀는 마리라는 발자크의 아이를 낳았다. 아버지가

《잃어버린 환상》삽화

1837~43년에 발표된 《잃어버린 환상》은 시인을 꿈꾸는 젊은이 뤼시앵의 이야기이다. 《고리오 영감》에도 등장한 희대의 악당 보트랭이 여기서도 다시 등장해 위험한 매력을 발산한다. 파리 국립도서관.

되었다는 것은 이 여성에게 임신 증세가 나타났다는 뜻이다.

그런데 1833년 가을은 마침 발자크가 《외제니 그랑데》를 집필하고 있던 시기였다. 《외제니 그랑데》를 읽으면, 샤를을 만나 비로소 두근거림을 느끼게 되는 외제니의 마음이 가끔 새로운 삶을 받은 갓난아기에게 비유되는 부분을 보게 된다. 이 글을 쓰면서 발자크는 태어날 아이를 생각했는지도 모른다. 왜냐하면 《외제니 그랑데》는 사랑의 탄생과 사랑을 통해 한 여성이 새로이 태어나는 모습을 그린 이야기이기 때문이다. 샤를을 한번 본 외제니는 이제껏 맹목적으로 복종해 온 아버지의 가치 기준으로는 헤아릴 수 없는 다른 세계, 즉 감정 세계가 이 세상에 존재한다는 것을 알게 된다. 지금까지 외제니에게는 아버지의 소망이 자기 소망이었고, 아버지의 의지가 자기 의지였다. 그러나 새로운 세상에 눈을 뜬 뒤로는 결코 자기 마음의 욕구를 굽히지

《외제니 그랑데》 삽화

외제니는 파리의 세련된 멋쟁이인 사촌오빠 샤를에게 난생 처음 사랑을 느낀다. 그러나 샤를은 외제니와 8년 간 떨어져 있는 동안에 자신이 한 결혼약속 따위는 잊 어버리고 만다.

않았다. 샤를에 대한 정열이 그녀 내부에 잠들어 있던 마음의 힘을 일깨워 준 것이다. 그러나 그녀의 정열에는 아버지의 마음을 차지하는 다른 정열이 기다리고 있었다.

그랑데가 대혁명과 그 뒤를 잇는 시기를 통하여 한낱 통장수에서 소위아르 제일의 부자가 되어 가는 과정은 역사가 발자크의 면모를 남김없이 전해 준다. 아울러 인간 관찰자 발자크는 그랑데의 사람됨과 차림새와 그의 마음 속에 파고든 정열을 훌륭하게 묘사한다. 그랑데는 뛰어난 지능과 강한 의지, 그리고 발자크가 그리는 대인물이 다 그러하듯이 남달리 강한 욕망을 갖춘 인물이다. 그는 자기가 가진 온 힘을 쏟아 재산 불리기에 열중한다. 단순히 수전노처럼 금화를 바라보며 좋아하기 위해서가 아니다. 그는 시대의 변화를 알고 있었다. 시대와 더불어 돈을 버는 방법도 당연히 달라질 것이고, 닥쳐올 사회에선 돈이 곧 힘이 되리라는 사실도 미리 내다보고 있었다. 그랑데는 돈에 숨은 그 힘을 얻고자 했다. 그는 그 하나의 목적에 모든 것을 쏟아 부으며 다른 일은 등한시하고, 옆에 있는 사람에게도 으레 희생을 강요한다. 지금까지는 모든 것이 그의 뜻대로 이루어졌다.

그러나 시간이 흐를수록 편집적인 빛을 띠기 시작한다. 아내를 여의고 그녀의 재산을 상속한 그랑데는 처음 동경했던 돈의 힘이 아니라 황금색 금속에 이상한 집착을 나타내게 된다. 그는 눈앞에 금화를 늘어놓게 한 다음 "모든 일에 정신 똑바로 차려야 한다. 저 세상에서 수지 보고를 받을 테니까"라

는 말을 딸에게 남기고 숨을 거
둔다.

외제니의 사랑도 마찬가지이
다. 특히 샤를의 배신을 안 뒤,
그녀의 사랑은 신앙과 다름없는
것으로 변해 간다. 처녀의 몸으
로 있겠다는 조건을 전제로 한
그녀의 결혼은, 아버지가 돈에
품었던 것과 같은 집착을 그녀가
첫사랑의 추억에 쏟고 있음을 알
려준다. 그녀의 마음을 차지하고
있는 것은 이미 인간의 사랑이
아니라, 그 짧은 기간에 엿본 영
원이다.

1911년판에 실린 쥘 르루의 《외제니 그랑데》 삽화
술통을 나르는 나농과 하인.

이러한 그녀의 모습은 "1년간
만 사랑해 주세요. 그러면 저는
평생 당신만을 사랑하겠어요"라
고 말한 마리아 뒤 프레네를 떠올리게 한다.

## 《절대의 탐구》

1834년에 초판이 간행된 《절대의 탐구》는 화학자의 생애를 그린 《인간희
극》 속에서도 특이한 작품이다. 그것은, 대대로 물려받은 자산과 좋은 아내
를 얻어 행복한 생애를 보내야 할 아마추어 화학자가, 근원적인 물질 '현자
의 돌' 또는 '황금'을 구하는 몽상에 사로잡혀, 광기의 후반생을 보내는 생애
를 한 편의 이야기로 유감없이 그리고 있을 뿐만 아니라, 모든 물질이 단일
한 원소로 환원된다고 하는 발자크의 지론 '단일론'을 전개하고 있기 때문이
다.

하나의 관념 또는 몽상이 주인공 속에서 팽창하여, 그것에 사로잡힌 나머
지, 현실과 일상 세계로부터 괴리되는 과정을 그리고 있다는 점에서도, 이
작품은 매우 발자크적인 작품이기도 하다. 발자크 자신도 그러한 위기를 늘

느끼고 있었으므로, 클라스는 말하자면 발자크의 분신이기도 하다. 애초에 발자크는 주인공에게 발타자르 클라스(Balthazar Claës)라는 이름을 지어주었는데, 여기에는 발자크(Balzac)의 철자가 모두 들어 있고, 특히 어두가 완전히 같은 것은 물론 우연이 아닐 것이다.

'관념은 사람을 죽인다'는 것이 발자크의 근원적인 테제였던 만큼 그 모티프에 의한 《인간희극》의 작품이 여러 편 있는데, 《절대의 탐구》가 바로 그 전형이다. 이 이야기는 주인공이 더듬는 마음의 역사의 총체를 알파에서 오메가까지 그려내어 완결시킨, 다른 작품에는 없는 특징을 가지고 있다. 그래서 발자크는 시간적 구조에서도 대담한 수법을 구사하고 있다. 발자크는 소설 주인공을 '인물 재등장법'을 구사하면서 교양소설풍으로 시간축에서 포착하는 수법을 확립했는데, 여기서 시간은 사건에 맞춰서 신축성 있게 전개되어 있다.

클라스 집안의 역사와 '클라스 저택'의 상세한 묘사가 끝나면, 1812년 8월 말 어느 일요일, 그 무대에 몸이 불편하면서도 기품이 넘치는 클라스 부인이, 비스듬한 햇살 속에서 안락의자에 초조하게 앉아 있는 모습이 등장한다. 이 묘사에는 부인의 모든 운명과 고뇌의 모습이 그려져 있지만, 이 시점에서 독자들은 그 원인을 알지 못한다. 그때 주인공 클라스가 머리를 산발한 채 방심상태로 갑자기 등장한다. 이 만남의 장면에서 시간은 바로 1783년으로 거슬러 올라가, 라부아지에의 수제자인 청년 클라스가 사교계에 발을 들여놓은 뒤, 화학을 버리고 마음을 잡기 위해 신부감을 찾기 시작하는 과정이 묘사된다. 그는 결혼하자마자 아내와 서로 사랑하는 행복한 결혼생활을 보내다가, 언젠가부터 또다시 화학에 몰두하게 되어, 그의 머리 속에서 아내도 가정도 사라져 간다. 그를 실현 불가능한 '절대의 탐구'를 추구하게 만드는 '악마' 같은 존재 폴란드인 베르초프냐와의 대화 장면이, 일단 한 가정의 아버지로 돌아간 그가 또다시 '절대의 탐구'라는 심연에 뛰어들기 위해 아내와 심각한 언쟁을 벌일 때 그의 입으로 얘기된다. 이러한 과거의 내력을 더듬는 수법은 발자크 특유의 것이지만, 여기서는 과거의 시간이 두 사람의 대화의 시퀀스 속에 삽입되어 있다. 이 시간 처리는 마치 영화의 플래시백 수법과 비슷한데, 그 대목을 포함하여 일요일인 이날 하루가 무려 88쪽에 걸쳐 서술되어 있다. 이것은 전체의 3분의 1에 가까운 분량이다.

그리하여 클라스를 심연으로 끌고 들어간 과거는 모자이크 형태로, 끝없이 독자에게 비쳐지는 한편, 몇 군데에서는 여러 달이 몇몇 단어의 서술로 지나가고, 때로는 일 년이 단 몇 줄로 지나가기도 한다. 그래서 딸인 마르그리트가 붕괴하기 시작한 집안의 재정을 재건해 가는 과정도 너무나 간단하게 서술되어 있는데, 심술궂은 비평안을 번뜩이지 않는 이상, 이야기에 빠져 있는 독자에게는 그것이 약점으로 느껴지지 않는다. 왜냐하면, 작자의 구상은 클라스의 몽상이 현실생활을 단절시키는 비극을 철저하게 그리는 데 있고, 거기에 초점을 맞춤으로써 필연적으로 태어난 수법이므로 그것이 독자를 사로잡고 놓지 않기 때문이다.

클라스가 베르초프냐를 만나 '절대의 탐구'라는 사명에 눈뜨는 삽화는, 클라스가 모든 물질을 이루는 근원적인 단일 원소가 있다는 것을 자각하고, 그것을 추구하고자 발심하는 장면이므로, 이 작품의 핵이라고 할 수 있다. 이 대목을 읽으면 클라스가 추구하고자 하는 것은 결코 고대와 중세의 '연금술'이 아니라는 것을 알 수 있다. 라부아지에를 비롯한 다양한 화학자의 이름이 나열되어 있는 것에서도 알 수 있듯이, 발자크는 고대부터 당대까지의 화학자의 이론을 토대로 하고 있다. 그래서 발자크는 친구인 천문대장 프랑수아 아라고와 그의 젊은 제자 에르네스트 로제한테서 정보를 얻고, 스웨덴 베르셀리우스의 《화학개론》을 읽으라는 권유를 받고, 마치 클라스의 아내가 화학을 벼락공부한 것처럼 화학의 역사를 진지하게 공부했다. 베르초프냐가 말하는 크레송 씨앗의 조성을 조사하는 실험과 거기서 도출되는 이론은, 부분적으로는 베르셀리우스와 영국의 데이비 등등의 화학서에서 그대로 베낀 부분도 있다고 한다.

그리고 '절대'라는 물질의 탐구에는 기인으로 알려져 있었던 폴란드의 수학자 우론스키의 그림자가 엿보인다. 왜냐하면 클라스가 마지막을 맞이하는 날, '폴란드의 저명한 수학자가 〈절대〉를 팔려고 내놓은 것에 대한 소송사건'에 대한 기사를 읽자, 클라스가 갑자기 일어나서 "나는 발견했다!"는 말과 함께 절명하는 장렬한 결말을 유발하는 신문기사는, 우론스키가 얽힌 실제 소송사건을 모델로 한 것이기 때문이다. 《발자크와 '절대의 탐구'》(1968)라는 마들렌 파르조의 연구서에 이러한 배경이 상세히 얘기되어 있는데, 파르조의 같은 책과 작품 주(프레이어드 판)에 의하면, 우론스키가 '절대'를 판 아르송이라는 인물에게 1818년에 소송을 제기하여 신문에 오르내리게 된 사건에서, 발자크가 1832년으로 그 사건을 옮겨 이야기의 결말에 활용한 것으로 추측할 수 있다. 그렇다고, 발자크가 '절대의 철학'을 제창한 우론스키의 사상과 학설에 공감한 것은 아님을 알고 있으므로, '절대'라는 말만이 발자크에게 힌트를 준 것으로 추정되고 있다.

클라스의 모델로서 또 하나 부상하는 것이, 16세기의 유명한 도공 베르나르 팔리시이다. 그것은 《절대의 탐구》에 이르기까지 '멋쟁이', '추녀의 사랑' 같은 다양한 구상과 제목 속에 '발명가의 고뇌'라는 구상이 있었고, 그 제목으로 팔리시를 모델로 한 이야기를 쓰려고 한 흔적이 남아 있기 때문이다. 팔리시는 또렷한 색채의 도기를 만들어낸 명공으로, 도기를 굽기 위해 가구와 집 마룻장까지 불쏘시개로 쓰면서 화학과 고생물학까지 연구했다는 인물이다. 나중의 일이지만, 발자크는 음악가인 샤를 소바조에게 보낸 편지에 "나는 팔리시를 숭배하여 그의 스물다섯 살 때부터의 작품을 수집한 그의 전집을 가지고 있습니다. 그는 프랑스에서 가장 위대한 한 사람입니다"(1849년 3월 23일)라고 썼지만, 결국 자기 작품의 테마로 삼지는 않았다.

발자크가 화학자를 등장시킨 것은 이 작품이 처음은 아니다. 《장 루이》(1822)와 《최후의 요정》(1823)이라는 청년기의 두 작품에 이미 화학자를 등장시킨 적이 있다. 전자에서는 마이코라는, 약물을 조합하여 독약을 만드는 잔인한 화학자를, 후자에서는 오스테르발드라는, 연금술에 몰두한 화학자를 그리고 있다. 그러나 모두 중세적이고 고풍스러운 인물로, 발자크는 클라스에 이르러서야 비로소 근대적인 화학자상을 그릴 수 있었다. 집필 무렵의 동향에서 보면, 클라스의 창조에는 아마 화학에 대한 지견을 얻고 있었던 프랑수아 아라고와 관계가 있었음을 짐작할 수 있다. 아라고는 그 무렵 증기기관의 구조를 연구하면서, 그 증기기관의 연료에 쓸 수 있는 액체 가스의 제조에 성공한 티롤리에라는 인물을 주목하고 있었는데, 그 티롤리에가 다이아몬드를 만드는 데 미쳐 있었던 것이다. 같은 시기에 가나르와 카니알 라투르라는 화학자도 인조 다이아몬드의 제조에 성공하여, 어느 쪽이 먼저인가 하는 다툼에 대해 아라고가 재정을 내렸다고 하는데, 발자크는 당연히 이러한 이야기를 아라고한테서 듣고 클라스의 실험에 도입한 것이다. 이러한 사건과 당대의 화학의 동향에서, 발자크의 머릿속에 주인공의 이미지가 뚜렷하게 형성되었음이 틀림없다. 그리고 그 주인공을 통해, 이미 말한 모든 물질에 공통되는 원소가 있다고 하는 '단일론'(이 책 102~109페이지)을 웅변으로 주장한 것이다. '단일론'은 발자크가 청년시절에 18세기 철학의 독서와 함께 스베덴보리, 야코프 뵈메, 생마르탱 등의 신비사상 등에서 품어온 지론으로, 이미 청년기의 '철학노트'(1818~23), 《파르튀른》(1820), 또는 《세라피타》(1834), 《어떤 껍질》(1831)에서 그 편린을 엿볼 수 있고, 이윽고 《인간희극》 '서문'(1842)의 "조물주는 모든 유기체에 대해 단 하나의 같은 모형만을 썼다"는 표현과도 이어진다.

발자크는 《절대의 탐구》가 완성되기까지 플랑드르에 여행을 한 적이 한 번도 없었다. 그 발자크를 플랑드르와 이어준 것은, 플랑드르와 인연이 있는 몇몇 친구들이었다. 그중에 두에 출신인 데보르드 발모르와 그 사촌인 조각가 테오필 브라가 있다. 브라는 '플랑드르 사람들'이라는 고향 사람들끼리 모이는 모임을 가지고 있었을 뿐만 아니라, 사상적으로는 스베덴보리와 생시몽의 영향을 받아, 특히 박물학 분야에서 발자크도 공감하고 있던 '단일론'을 주장한 조프루아 생 틸레르와 친교가 있었으므로, 발자크와는 흉금을 터놓는 사이였다. 나아가서 발자크가 플랑드르를 무대로 한 이유는, 네덜란드파와 플랑드르파 화가들을 사랑했기 때문일 것이다. 이야기의 몇몇 군데에서 플랑드르파 회화가 겹쳐지며, 클라스 저택의 분위기와 집기도 플랑드르파 그림처럼 칙칙하고 차분한 색조로 그려지고, 각각의 인물들까지 그림에서 방금 빠져나온 것처럼 그려져 있다. 특히 발자크의 작품에 특징적인 첫머리의 저택 세부에 대한 묘사는, 그것만으로 한 편의 그림이라고 할 수 있다. 현지에 가지도 않고 어떻게 그토록 리얼하게 묘사할 수 있었는지 놀라운 일이지만, 예컨대 두에에 갔다 하더라도 클라스의 저택 같은 것은 볼 수 없다는 보고도 있다. 그 수수께끼는 루이 11세 시대에 플랑드르의 건축가 몇 사람이 발자크의 고향 투르에 찾아와서, 플랑드르 양식의 집을 지은 역사가 있고, 그 가운데 '트리스탄의 집'이라 불리는 집은, 발자크가 《코르넬리우스 신부》(1831)의 무대로 하려고 한 의도가 있었고(자크 크레페 편·해설 《사상, 주제, 단편》, 1910), 《베아트리쿠스》(1839)에서도 언급하고 있으므로

'클라스 저택'의 묘사에 이용되었을 가능성이 높다. 21페이지에 실린 그림 '트리스탄의 집'(W.H. 루이에트/R. 드 크루아 《루이 11세와 플레시 레 투르성》, 투르, 슈베리에 서점, 1841)을 참고하기 바란다. 두 짝의 문, 끝이 뾰족한 아치, 십자창 등, 클라스 저택의 정면과 비슷한 것을 볼 수 있다. 발자크는 집과 그곳에 사는 사람의 운명은 떼어놓을 수 없도록 굳게 이어져 있다는 것을 모든 작품에서 그려냈다. 그런 의미에서 클라스 저택의 응접실과 회랑과 튤립 화단은, 클라스 부인과 마르그리트의 운명과 이어져 있는 중요한 장면으로 활용되어 있다. 특히 회랑의 그림과 집기가 팔려나가고 다시 회복되는 역사는, 클라스 집안의 성쇠를 상징하는 모습으로서 마르그리트의 주변인들의 생각과 얽혀서 묘사되어 있다.

클라스 부인은 기품 있는 귀부인이지만 신체에 결함을 가지고 있다는 설정도 특이한데, 그것도 '추녀의 사랑' 같은 타이틀로 발자크가 일찍부터 품고 있었던 구상이었다. 신체의 결함이 오히려 남자의 마음을 사로잡는다는 테마로, 파르조에 의하면 1820년대부터 유행하고 있었다고 하니(《발자크와 '절대의 탐구'》, 제3부 제2장), 그것을 이용하려고 한 의도를 엿볼 수 있다. 그러나 남녀가 뒤바뀌어 있기는 하나, 추하지만 현명한 남자와 아름답지만 지혜가 모자란 여자의 조합에 대한 이야기가 페로의 '곱슬머리 리케'와 루프란스 드 드누아 부인의 '스피리추얼 왕자'에 있는 것처럼, 미추와 사랑의 문제는 전세기부터 선호된 보편적인 모티프이기도 한 것을 무시할 수 없을 것이다. 가까이 있는 모델도 생각할 수 있다. 발자크가 1831년 이래 마음을 허락하는 친구가 된 주르마 칼로 부인은, 자신을 발자크에게 "못생기고, 키가 작고, 한쪽 다리가 불구인 저 같은 여자를 원하는 남자는 없겠죠."(1832년 9월 10일)라고 써보냈으니, 조세핀에게 그녀의 이미지를 반영했다고도 생각할 수 있다. 특히 발자크는 그러한 여성의 테마에 집착하여, 결국 그것이 몇 년 뒤의 《노처녀》(1836)의 코르몽 양으로 태어나게 된다.

조세핀의 경우는, 몸은 불편하지만 천사 같은 마음씨를 지닌 그녀가, 남편 클라스를 사로잡는 화학이라는 미친 열정과 싸우다 끝내 굴복하고 죽어가는 운명의 드라마이다. 클라스를 '절대의 탐구'라는 심연으로 끌고 들어간 폴란드인은 그녀에게는 악마에 지나지 않지만, 그러한 파우스트에 대한 은유와 함께, 발자크는 관념에 사로잡힌 클라스가 일상감각의 상실과 그것에 대한 회귀 사이를 시계추처럼 반복하여 오가면서, 조세핀과 마르그리트한테서 점점 멀어져 가는 모습을 그려냈다. 그 서술에는 에티엔 조르제의 《광기에 대하여》(1820) 등, 그 무렵 정신의학서를 바탕으로 정신이상 증상의 진행을 재현하는 느낌도 있다. 즉, 《절대의 탐구》에서는 연금술, 악마의 유혹, 악마빙의 같은 마술적인 테마가, 모두 합리적이고 과학적인 언어로 치환되어 있다. 그런 의미에서는 과학소설, SF소설의 선구라고 해도 지나친 말이 아닐 것이다.

《인간 희극》의 메인 테마인 '황금'의 문제도, 이야기의 줄거리를 펼치는 라이트모티프이다. 여기서는 '황금'을 둘러싸고 대립하는 입장인 부녀가 치열한 갈등을 되풀이한다. 클라스가 화학적인 방법으로 무에서 '황금'을 만들어내려고 하다가, 반대로 '돈'을 삼켜버리고 마는 것에 대해, 딸인 마르그리트는 어머니의 유언을 충실하게 따르며 동생들을 보호하기 위해 오로지 '돈'의 낭비를 억제하여 '황금'을 늘리려고 한다. 마르그리트가 집안을 위해 어머니가 남긴 거금을 숨기는 것을 클로스가 발견하는 장면에서는, 클라스가 한 순간 '황금'을 먹어치우는 악마가 된 것처럼 보여, 마르그리트와 엠마뉘엘과 함께 독자도 전율과 함께 얼어붙고 만다. 발자크는 《절대의 탐구》를 창작하면서 제2의 《외제니 그랑데》(1833)를 쓸 생각이라고 말한 적이 있지만, 희대의 인색한인 그랑데의 딸 외제니는 아버지를 능가하는 절약가가 되어 자신을 버린 남자의 빚까지 대신 갚아 주듯이, 마르그리트도 어머니가 결국 아버지의 미친 열정에 진 것에 비해, 아버지의 미친 열정과 당당하게 맞선다. 그래서 클라스는 딸의 눈이 빛나고 있는 곳에서는 딸에게 복종하지 않을 수 없지만, 일단 딸의 눈에서 벗어나면 열정의 포로가 되어버린다. 그리하여 후반은 아버지와 딸의 투쟁의 드라마가 된다.

또 하나의 '황금'을 둘러싼 드라마는 공증인 피에르캉과 마르그리트의 투쟁이다. 여기에는 실무에 뛰어난 공증인과 천사 같은 마음씨를 지닌 엠마뉘엘, 이 두 사람이 마르그리트를 축으로 그려지는, 여자와 '황금'을 둘러싼 갈등이 있다. 그 사이에, 앞에서 말한 장면을 포함하여 이 이야기의 곳곳에 전율적인 고빗사위가 설정되어, 클라스의 정열의 세계와 마르그리트의 현실

원리의 세계 사이의 추는 점점 더 크게 흔들리다가, 마지막에 그의 몽상에 번롱당한 마르그리트를 비롯한 가족들이 모인 클라스의 임종 자리에서 "나는 발견했다!"는 외침과 함께 이야기는 끝난다. 그 말에는 '원통한 마음이 담겨', '수수께끼의 베일은 죽음의 신의 해골 같은 손가락에 찢어졌지만, 이미 때는 늦어 있었다'고 맺어지는 결말은, 진한 여운을 남기고 있다.

발자크는 클라스를 광기에 사로잡힌 사람처럼 그리면서도 광인으로 단정한 것은 아니다. 처음에 말했듯이 클라스의 이름에는 발자크의 이름이 들어 있는데, 클라스의 사상과 삶의 태도에도 발자크의 사람과 사상이 담겨 있다. 클라스에게도 발자크에게도, 탐구해야 할 '절대'는 손이 닿지 않는 곳에 있었고, 거기에 이르려면 광인이 되는 수밖에 없다. 생각건대 발자크는 광인 클라스를 그림으로써, 자신의 정신의 위기를 떨쳐버리고 그것을 이겨 낼 수 있었던 것이 아닐까. 이 걸작만큼 소름끼치는 광기와 천재의 경계를 잘 그려 낸 소설은 아마 좀처럼 없을 것이다.

### 걸작 《고리오 영감》

발자크의 《인간희극》 91편 가운데 대표작을 몇 편 고르면 그 안에 반드시 《고리오 영감》이 들어간다. 약동하는 인물상과 인간성에 대한 깊은 이해, 이야기의 극적인 전개와 심각한 사회비판 등이 이 소설을 세계문학의 걸작으로 꼽는 이유이다.

《고리오 영감》은 1834년 12월부터 이듬해 2월까지 〈파리 평론〉지에 4회에 걸쳐 연재되었다. 단행본은 '파리 이야기'라는 부제를 달고 1835년 3월에 나왔다.

그때 발자크는 서른다섯 살로, 소설가로서도 충실한 시기에 접어들고 있었다. 1829년, 《올빼미당》과 《결혼 생리학》이라는 두 작품으로 문단에 등장하여 5년이 지난 뒤였으므로 발자크의 명성은 흔들림이 없었다. 부채에 시달리는 상황은 여전했지만 그래도 화려한 옷을 입고 값비싼 마차를 타고 상류 사교계에 드나들었다. 그뿐만 아니라 1833년 9월에는 한스카 백작부인과 처음으로 스위스에서 만났고, 이듬해 34년 1월에는 백작부인을 자신의 애인으로 만들었다.

발자크는 한스카 부인에게 그 무렵 막 인쇄를 마친 장편소설 《절대의 탐구》초고를 보냈다. 이 초고의 표지 뒷면에는 한스카 부인에게 '겸허한 당신의 종 오노레 드 발자크가 한스카 부인께 드립니다. 1834년 9월 6일, 파리에서'라는 헌사가 쓰여 있다. 같은 페이지에 '9월 예정표'라는 쪽지가 들어 있었는데, 그 쪽지에 《고리오 영감》이라는 제목이 적혀 있었다. 발자크의 자료 가운데에 《고리오 영감》이라는 제목이 처음으로 나타난 것이 이 쪽지이다.

사셰 성관에서 어머니에게 보낸 9월 28일자 편지에서 발자크는 '《고리오 영감》이 완성되려면 앞으로 20일은 더 걸릴 듯합니다'라고 썼다. 이 글을 통해 추측해 보면, 그 무렵 작가는 《고리오 영감》을 중편소설로 구상했던 것 같다. 그러나 작품을 쓰기 시작하자 주제가 점점 커졌다. 그 결과 사셰에 머무는 동안 작품을 끝내지 못하고 10월에 파리로 돌

**파리 사회 풍자화**

나폴레옹의 제정이 무너지고 왕정이 부활하자, 군인보다는 학자가 득세하게 되었다. 젊은이들은 출세 전략을 수정하여 상류사회에 진입할 방법을 모색했다. 그들은 착실하게 공부해서 변호사나 판사가 될지, 아니면 귀부인의 마음에 들어 후원을 받을지 고민했다. 발자크의 《고리오 영감》은 그런 청년들의 교과서였다.

아와서도 집필을 계속했다. 11월 26일에 한스카 부인에게 이런 편지를 보냈다. '《고리오 영감》은 아름다운 작품이지만 매우 어둡습니다. 작품의 완성도를 위해 파리의 정신적인 어둠을 표현해야 했습니다. 그것은 끔찍한 상처처럼 보입니다.'

그해 가을 발자크는 《고리오 영감》 말고도 《세자르 비로토》《저주 받은 아이》 등을 집필했다. 12월 15일에 한스카 부인에게 보낸 편지에는 이런 내용이 있다. '지난 주에는 10시간도 채 자지 못했습니다. 그래서 어제와 오늘은

하숙집 주인 보케르 부인

병든 닭처럼 침대에 누워 아무것도 못하고 아무 소리도 듣지 못하는 상태였습니다.' 한스카 부인에게 보낸 편지에 따르면, 작품이 완성된 날짜는 1835년 1월 26일이었다.

이처럼 《고리오 영감》은 1835년 9월 말부터 이듬해 1월까지 거의 넉 달 동안 쓰인 작품이다. 장편소설로는 결코 긴 시간이 아니지만 하루에 20시간 동안 글을 쓸 때도 있었으므로 그 노동량은 매우 가혹했다. 소설 끝부분에는 '1834년 9월, 사셰에서'라고 쓰여 있는데, 이것은 작품이 완성된 날짜가 아니라 착수한 시기라고 보아야 한다.

'선량한 사나이, 하숙집, 6백 프랑의 연금, 5만 프랑의 연금을 가진 딸들을 위해 스스로 빈털터리가 된 남자, 개 같은 죽음"이라고 발자크의 창작 노트에 나타나 있듯, 《고리오 영감》은 처음에는 부성(父性)을 주제로 이야기가 구성되었다. 그것에 지금과 같은 여러 가지 테마가 복잡하게 얽히기 시작한 것은, 구상에 살을 붙이고 실제로 집필하기 시작하면서부터이다. 그러나 부성이라는 주제가 이 소설에서 자취를 감춘 것은 아니다.

부성은 이미 셰익스피어가 《리어 왕》 등에서 다룬 주제로, 발자크의 독창적인 발견이 아니다. 이 작품에 묘사되는 부성은, 아이의 장래를 생각하여 훌륭한 교육을 받게 한다는 식의 일반적인 부성애가 아니다. 발자크의 독창성은 이 일상적인 부성애를 지독한 정념으로까지 끌어올린 점에서 빛을 발한다. 고리오의 부성애는 뜨거운 정열이 되어 그의 생활을 좀먹고 끝내는 그를 죽음으로 몰아넣는다. 발자크의 많은 작품이 그렇듯, 이 소설도 격렬한 정열과 그 정열 때문에 몸을 망치는 인간을 묘사하고 있다.

고리오가 두 딸에게 보이는 감정은 편집에 가까운 정열이며, 자기가 생명을 부여한 대상 속으로 들어가 그 자체의 삶을 자기 삶으로 삼는 상상력이다. 자신의 감정이 반향 없는 일방통행임을 알고 딸들의 불효가 얼마나 지독한지를 느끼면서도 그녀들이 아버지를 잊고, 아니 오히려 아버지를 적극적으로 배제하면서 맛보는 기쁨 속에서 그 역시 기쁨을 발견하는 것은 그 때문이다. 마조히즘을 연상케 하는 이 테마 자체로도 하나의 소설을 구성할 만한 흥미로운 문제이긴 하나, 결과적으로 《고리오 영감》에서 그와 딸들의 관계는 소설 밑바닥에 흐르는 바탕음으로 바뀌고, 시골에서 올라온 젊은 라스티냐크가 앞으로 불쑥 튀어나온다.

주인공 고리오 영감

따라서 이 소설은 젊은이의 청춘 이야기이다. 그러나 고리오와 라스티냐크의 이야기는 긴밀하게 이어져 있어서 주제의 분열을 느끼지 못한다. 라스티냐크의 관찰을 통해 고리오의 부성애가 드러나며, 고리오의 생활을 알게 되면서 라스티냐크가 사회를 보는 눈이 완성되기 때문이다.

이 소설의 주인공은 고리오와 라스티냐크 두 사람이며, 그들 가운데 어느 쪽에 중점을 두고 읽을지는 독자가 선택하기 나름이다. 나는 이 소설을 라스티냐크를 중심으로 한 교양소설, 또는 청춘소설로 본다. 이 소설은 부성애 이야기에서 파리 사회의 어두운 부분을 묘사하는 작품으로 돌아선 순간 장편소설이 될 수밖에 없다. 중편에서 장편으로의 양적인 변화는, 라스티냐크를 중심으로 하는 교양소설로 질적인 변모를 거치는 과정인 것이다. 즉 《고리오 영감》은 라스티냐크의 인생 출발과 그가 파리에서 받는 교육을 묘사한 작품이다.

시골의 가난한 귀족 가문의 맏아들로 태어난 라스티냐크는 여느 젊은이처럼 원대한 꿈을 안고 파리로 올라온다. 라스티냐크는 그 꿈을 위해 사교계에 드나들고 입신출세하기를 바란다. 그러나 그는 화려해 보이는 사회의 참담한 실상을 접하고 그 가혹한 법칙을 알게 된다. 라스티냐크가 본 현실은 돈과 쾌락을 추구하며 광분하는 세계, 허위와 허영으로 가득한 곳이었다. 강자는 약자를 짓밟고, 우아하게 차려입은 악덕이 성공이라 불리는 세계이다. 그 점을 가장 노골적으로 지적하는 사람이 보트랭이다.

보트랭은 사회의 불합리를 설명하며 악덕과 반항의 길을 걸으라고 라스티냐크를 유혹한다. 보트랭은 라스티냐크의 내면으로 태연히 들어가, 그의 마음속에도 이미 야심을 좇기 위해서라면 조금 꺼림칙한 일이라도 해치울 수 있다는 생각이 무의식중에 싹트고 있음을 본인에게 가르쳐 준다. 라스티냐크는 보트랭의 유혹을 경멸하며 물리치지만, 그가 빅토린 양을 단념하고 고리오의 딸인 뉘싱겐 남작부인한테 달려가는 것은 자기 자신을 향한 변명일 뿐이다.

보트랭의 말이 작가의 사회관을 그대로 나타낸다고는 볼 수 없다. 그러나 그 사회비판의 일부는 발자크 자신의 말이다. 라스티냐크에게 처세의 길을 가르쳐 주는 보즈앙 부인도 보트랭과 거의 같은 얘기를 하고 있기 때문이다. 보즈앙 부인은 라스티냐크에게 "가차 없이 공격하세요. 그러면 사람들이 당신을 두려워할 것입니다. 갈아타고 버리는 역마처럼 남자도 여자도 버려야 합니다"라고 말하고, "서로 속고 속이는 이 세상"을 잘 이해한 뒤 "속이는 사람도 속는 사람도 되어서는 안 됩니다"라고 말한다. 요컨대 사회는, 세상의 추악한 법칙을 이용하여 성공하는 강자와 법칙을 몰라서 실패하는 약자로 이루어져 있음을, 보트랭과 보즈앙 부인을 통해 말하고 있다. 이러한 비관적인 사회관은 《인간희극》 전체에 나타나며, 개인은 가끔 사회의 피해자로 그려진다. 더욱이 그 개인이 순수한 마음씨를 가진 사람일수록 더욱 그러하다.

고리오의 죽음은 이러한 현실을 라스티냐크에게 더욱 분명하게 가르치는 역할을 한다. 고리오처럼 오로지 딸만 사랑하고 자신의 감정에 충실하게 살아온 사람에게 이 세상은 살아갈 곳을 내주지 않는다. 고리오뿐만 아니라 라스티냐크가 보고 듣는 모든 것에는 교육적인 가치가 있다. 보트랭의 말은 사회의 어두운 부분을 나타내고, 보즈앙 부인의 인생은 상류 사교계의 뒷면을 보여 준다.

라스티냐크는 사람들이 저마다의 꿈을 좇다가 실패하는 모습을 본다. 보트랭은 체포되고, 보즈앙 부인은 연인에게 배신당해 시골로 내려가며, 고리오는 죽는다. 보케르 집에서 불쌍하게 사는 미쇼노 양과 푸아레 씨도 그에게는 교육이다. 자기보다 더 밑에 있는 사회의 실체를 보고 자기는 이러한 가축과 같은 인생은 도저히 견딜 수 없다고 다짐하기 때문이다. 라스티냐크에게 교훈을 주는 모든 사람이 실패를 맛보고 이야기의 무대에서 퇴장할 때 라스티냐크의 '교육'이 완성된다. 따라서 소설 끝부분에서 라스티냐크는 페르라세즈 묘지에서 파리를 내려다보며 "자, 이번엔 너와 내가 대결할 차례다!"라고 말하고, "사회를 향한 첫 번째 도전으로서" 뉘싱겐 부인 집으로 저녁을 먹으러 가는 것이다.

도대체 그는 무엇을 얻기 위해 야심과 악덕이 소용돌이치는 대

《고리오 영감》 삽화 (1896)
딸과 포옹하는 고리오 영감. 랑슈 작.

도시와 싸움을 벌이려고 하는 것일까. 이때 라스티냐크가 뉘싱겐 부인을 비판하고 파리 상류사회에 등을 돌렸다면, 그의 인생은 전혀 다른 방향으로 나아갔을 것이다. 그러나 고리오의 죽음 뒤 라스티냐크는 사회를 있는 그대로 받아들이기로 결심하고 뉘싱겐 부인의 연인으로 사는 길을 택했다. 그 결과 그는 뉘싱겐 부인의 원조로 출세 가도를 달리며 엄청난 재산을 손에 넣고 내무대신의 지위에까지 오른다. 그러나 뉘싱겐 부인에게서 마음이 떠나 그녀의 딸과 결혼하고, 인생의 많은 감동을 잃은 채 파리의 살롱을 헤매는 그의 늙고 황량한 모습은, 그 역시 진정한 인생의 승자가 아님을 증명한다. 보케르 집에 살 때 가지고 있던 순진한 마음 대신에 영달의 길로 가는 열쇠를 손에 쥔 라스티냐크에겐 화려한 겉보기와는 달리 이미 얻을 것이 아무것도 없는 것이다.

그러나 라스티냐크가 다른 사람의 노예가 되지 않기 위해 갈 수 있는 길이 그 밖에 또 있었을까. 여기서 루소의 후계자인 근대 사회 비평가로서의 발자크의 모습이 드러난다.

청춘소설로서의 《고리오 영감》은 젊은 날의 발자크가 인생에서 꿈꾸었던 푸릇푸릇한 열정을 전해 준다. 따라서 현실 묘사가 아무리 비참해도 이 작품이 반드시 어둡기만 한 것은 아니다. 그러나 이 작품은 발자크의 다른 많은 작품과 마찬가지로 근대사회를 비판하고 있다. 모든 비대한 욕망, 특히 금전욕 증대와 경쟁원리 관철 같은 프랑스 혁명 이후 생긴 사회적 현실에 대해 발자크는 비판적인 입장을 뚜렷이 드러낸다. 발자크는 근대사회를 처음으로 묘사한 동시에 처음으로 비판한 사람이다.

1819년 11월에 시작하여 이듬해 2월에 끝나는 이 이야기를, 작가는 사회적 구조 안에서 묘사한다. 시대는 왕정복고 시대로, 나폴레옹이 패배하여 다시 권력을 잡은 국왕과 구(舊)귀족이 사회의 지배자다. 그러나 역사의 톱니바퀴를 멈출 수 있는 사람은 아무도 없다. 프랑스 혁명 이후의 새로운 사회적 현실 속에서 출세주의와 배금사상이 만연하며, 귀족계급과 신흥시민 계급의 대립도 격화된다. 고리오의 두 딸, 레스토 부인과 뉘싱겐 부인의 감정적 대립 뒤에는 레스토 백작이 속한 구(舊)귀족계급과 뉘싱겐 남작이 속한 신흥귀족 계급의 대립이 숨어 있다.

《고리오 영감》은 어떤 의미에서는 출세주의 소설로 스탕달의 《적과 흑》과 닮았다. 그러나 마지막에 비참한 죽음을 맞이한 고리오도 실은 성공하고 출세한 상인이었다는 점을 잊지 말아야 한다. 제면업자인 고리오는 프랑스 혁명의 혼란과 식량부족을 이용하여 밀가루 매매로 재산을 모았다. 고리오는 《외제니 그랑데》에 그려진 펠릭스 그랑데처럼 성공한 신흥시민으로, 돈은 있지만 교양과 처세술이 없는 남자가 상류층에 두 딸을 시집보낸 아버지라는 점이 비극의 발단이다.

발자크는 고리오의 부성애를 묘사하면서, 혁명 이후의 프랑스 사회에 생긴 격렬한 움직임을 사람들의 마음 깊은 곳까지 나타냈다. 따라서 이 소설이 발자크가 한스카 부인에게 보낸 편지에 썼듯이, '정신적으로 어두운 파리의 한 부분'을 나타내는 작품인 것이다.

앞서 말했듯이, 이 소설이 처음 간행될 때 '파리 이야기'라는 부제가 붙었는데, 그 부제에 작품 내용이 더없이 잘 드러나 있다. 또한 1834년, 베른 서점에서 나온 《인간희극》 제9권에 수록되었을 때 이 작품이 '풍속 연구'의 '파리 생활 정경'에 포함된 것도 당연하다. 무대는 오로지 파리이며, 소설의 첫머리에는 '이 이야기가 파리가 아닌 다른 곳에서도 이해될 수 있을지' 모르겠다고 작가가 걱정했을 정도였다. 그런데 발자크는 《인간희극》 재판을 계획할 때 흔히 '1845년 목록'이라고 부르는 작품목록에서 《고리오 영감》

**보케르의 집 식당 정경**
왼쪽에 서 있는 이가 라스티냐크, 가운데 등을 보이고 앉은 이가 고리오 영감. 란지니우스 작.

을 '파리생활 정경'에서 '사생활 정경'으로 옮겼다. 그 결과 '파리생활 정경'에 꼭 맞는 이 소설이 '사생활 정경'의 하나로 오늘날까지 전해지게 되었다. 언뜻 이해되지 않는 이러한 변경은 작가가 심사숙고한 결과이다. 왜냐하면 《19세기 풍속 연구》 서문(1835)에서 '사생활 정경'은 '끝나가는 사춘기의 마지막 발달과, 막 시작된 장년기의 첫 타산'을 묘사한 것이기 때문이다.

이 서문은 펠릭스 다뱅의 이름으로 발표되었지만, 발자크의 뜻에 따라 쓰였으며, 발자크가 대대적으로 가필하고 수정했으므로 발자크 자신의 사상을 나타낸다고 볼 수 있다. 즉 작가는 '사생활 정경'을, 인생의 출발점에 선 젊은 남녀를 묘사하고 개인의 운명의 시작점을 나타내는 작품군이라고 생각했던 것이다. 그렇다면 이 소설은 인생의 출발점에 서서 자신의 운명을 선택한 라스티냐크의 이야기로서 '사생활 정경'에 적합한 작품이 된다. 작가는 이 작품을 고리오의 부성애 이야기라기보다 라스티냐크의 현실발견 이야기로 읽어주기를 바라는 것이다.

우리는 페르라세즈 묘지에서 라스티냐크에게 작별하고, 《뉘싱겐 상점》,《골동품실》등의 작품에서 다시 그를 만날 수 있다. 라스티냐크뿐만 아니라 친구 비앙송과 보트랭도 《인간희극》의 다른 소설에 재등장하며, 그들의 인생과 그 뒤의 변화를 독자에게 보여 준다. 이러한 재등장인물은 《인간희극》 전체를 통틀어 약 6백 명에 이른다.

발자크가 이 '인물 재등장' 수법을 생각해낸 것은 1833년 《외제니 그랑데》를 집필하면서이지만, 실제로 적용하기 시작한 것은 《고리오 영감》부터이다. 그런 뜻에서 발자크의 전체 작품 가운데 《고리오 영감》은 기념비적인 작품이다. 이 소설은 발자크가 자신의 작품을 개개의 것이 아니라 전체로서, 하나의 소우주를 형성하는 것으로서 구상하고 있음을 뚜렷하게 나타낸 첫 번째 작품이다. 이후 발자크의 소설에서 우리는 같은 인물을 다시 만나고, 그들이 어느새 늙거나 출세한 모습을 보게 된다. 또한 작가는 라스티냐크나 비앙송을 마치 누구나 알고 있는 역사 속 인물인양 언급하고, 《인간희극》이 마치 진짜 현실인 것처럼 착각하도록 독자를 이끈다.

지금 말한 것은 《고리오 영감》에 등장한 인물이 그 뒤의 작품에 다시 등장하는 예이다. 그러나 《고리오 영감》 이전 작품에 묘사된 인물이 이 소설에 재등장한 예도 있다. 보즈앙 부인은 《버려진 여자》(1832)의 주인공이다.《버려진 여자》는 사랑에 실패한 보즈앙 부인이 노르망디의 시골에서 숨어 살다가 가스통 드 뉘에유라는 젊은이와 사랑에 빠져 9년 동안 행복한 세월을 보내지만, 뉘에유가 다른 여성과 결혼함으로써 그 행복이 끝나는 이야기이다. 《버려진 여자》의 독자는 《고리오 영감》을 보고 처음으로 파리 사교계에서 군림하던 보즈앙 부인의 모습을 생각나게 한다. 이미 잘 알고 있는 인물의 젊은 시절 이야기를 보는 것이다.

현실의 일상생활이 그렇듯이, 《인간희극》의 독자에게 소설의 세상은 처음 만나는 사람과 전에 만났던 사람으로 이루어져 있다. 이러한 수법이 발자크의 작품에 시간적으로나 공간적으로 드넓은 세계를 만들었다. 또한 《인간희극》을, 그 자체로 완결된 자율적인 세계로 만들었다. 《고리오 영감》은 작가가 역사상의 현실에 맞서는 자기 완결적인 세계로서, 자신의 이야기를 구성하게 된 첫 결과물이다.

▲마레스크판 ⑧(版) 《골짜기의 백합》 삽화
어머니에게 사랑받지 못하고 불행한 소년
시절을 보냈던 주인공 펠릭스는 무도회에서
만난 모르소프 부인의 아름다움에 반하여
저도 모르게 그 어깨에 입맞춤하고 만다.

◀떠나는 펠릭스에게 작별인사를 하는 모
르소프 부인과 아이들 스탈 작.

## 《골짜기의 백합》

《골짜기의 백합》에 나오는 모르소프 부인과 펠릭스의 사랑을 보며, 평론가
들은 흔히 영성(靈性)과 육체의 상극을 표현했다고 말한다. 그런데 상극이
란 도대체 무엇인가. 그리고 그럴 경우 두 사람을 둘러싼 배경까지 포함하여
작품 전체에 흐르는 뜨거운 관능의 숨결은 어떻게 설명하면 좋을까.

《골짜기의 백합》은 자전적인 요소가 짙은 작품이다. 어릴 때 방돔 학교에
서 지내는 장면은 틀림없이 그 자신의 경험이 반영된 것이고, 모르소프 부인
은 베르니 부인을, 더들리 부인은 영국 여성이었던 기드보니 비스콘티 부인
을 바탕으로 만들어 낸 인물이란 점도 확실하다. 하지만 베르니 부인이 발자
크에게 품은 감정에 모르소프 부인이 펠릭스에게 보이는 모성애적인 요소가
포함되어 있었다고는 하나, 두 사람이 결코 육체의 기쁨을 배제한 관계는 아
니었다.

《골짜기의 백합》 초판본(1835년)과 재판본(1839년)을 비교해 보면, 죽음

파리에서 출세해 루이 18세의 측근이 된 펠릭스는 휴가를 얻어 클로슈구르드 성에 불쑥 찾아왔다. 모르소프 백작과 아이들은 기뻐했지만 부인은 홀로 두려움에 떨었다. 뭔가 불길한 예감이 그녀를 사로잡은 것이다.

을 앞둔 모르소프 부인이 헛소리를 하는 부분에서 매우 중요한 변화를 보이고 있다. 초판에서 부인은 펠릭스와 육체적으로 결합하지 못한 일을 적나라하게 원망하지만, 발자크는 너무 당돌하다는 세간의 비평과, 이미 자기에 빠져 있던 베르니 부인의 소원을 받아들여 이 부분을 지금과 같이 바꾼 것이다. 베르니 부인의 소원은, 그 전해에 아이를 잃고 충격을 받아 이제까지의 생활 태도를 엄격하게 반성하고 발자크가 찾아오는 것까지 거절한 그녀의 입장에서 본다면 당연한 일이라 할 수 있다. 그러나 이러한 부분적인 정정이 작품의 주조음(主調音)을 완전히 바꿀 수 있는 것은 아니었다. 모르소프 부인이 펠릭스에게 보낸 유서로, 그녀가 펠릭스와의 사랑이 이루어지길 바라는 마음을 늘 억누르며 때로는 그 유혹에 넘어갈 듯한 상태로 살아왔다는 사실이 밝혀진다. 이 점에서 독자들은 두 사람의 사랑이, "늘 억압 속에 있기 때문에 점점 감미로워지는 관능의 기쁨"을 늘 기대하고 있으며, '금욕에 대한 반작용으로 쾌락의 유혹을 더 심하게 받는'다는 것을 알게 된다.

본디 발자크의 종교관에는 정통적인 가톨릭교의와는 위배되는 면이 있었다.

이것이 스베덴보리나 다른 신비 사상가의 영향이라곤 하나(생 마르탱이 등장하거나, 모르소프 부인이 미래를 꿰뚫어 보는 힘을 가진 일은 암시적이다), 발자크가 관능의 고조(때로는 육체적 쾌락의 막다른 고비) 속에서야말로 신의 속성인 영원이 계시되고, 인간은 그것을 계기로 신에게 다가갈 수 있다고 생각한 부분은 작품의 여기저기서 찾을 수 있다. 영성과 육체의 상극이 아니라 양자가 합쳐진 것이다. 앞서 말했던 모르소프 부인의 헛소리가 삭제된 부분에 이런 말이 있다. "왜 당신은 밤에 저를 덮치지 않으세요? 아아, 사랑을 모르고 죽다니, 기쁨에 넘치는 사랑, 극도의 기쁨 속에서 영혼을 하늘까지 데려다 줄 사랑을 모르고 죽다니. 천국이 우리들 쪽으로 떨어져 내려오진 않잖아요? 관능이야말로 우리를 하늘까지 이끌어 주는 것입니다……"

《골짜기의 백합》 무대
발자크의 대표작 《골짜기의 백합》은 19세기 프랑스의 어느 지방 귀족 부인의 사랑의 환희 슬픔과 괴로움을 그린 명작이다. 투렌 지방에 흐르는 앙드르 강. 이 강가에 있는 아름다운 저택에서 청년은 사랑하는 백작부인을 다시 만난다. 이리하여 연상의 유부녀와 젊은 청년의 이룰 수 없는 사랑 이야기가 펼쳐진다.

적어도 《골짜기의 백합》을 쓰고 있을 때 발자크의 마음속에는 이러한 관능과 종교적인 영원의 결부를 꿈꾸는 마음이 있었던 것이 사실이다. 그리고 관능의 고조는 욕망을 만족시키는 속에서가 아니라, 오히려 절대로 금지된 것으로서 훨씬 성스러운 것에서처럼 육체의 결합을 희구하는 속에 존재한다. 육체적인 쾌락이 종교적 감정과 결부될 수 있는 것은 이런 조건 속에서이다. 그렇다면 《골짜기의 백합》의 두 주인공은 결코 육체적으로 채워질 수 없으며, 사랑 이외의 것을 사랑 속에서 구한 모르소프 부인의 사랑은 지상에서는 절대로 성취될 수 없는, 애당초 불가능한 것이었다.

모르소프 부인을 중심으로 본 《골짜기의 백합》이 이러하다면, 펠릭스를 중심으로 본 《골짜기의 백합》은 청춘과의 결별을 쓴 책이다. 두 사람의 사랑이 불가능한 전제에 입각하여 절대 이루어지지 있는 한, 그가 더들리 부인과의 정사에 빠지고 거기서 환멸을 느끼는 것을 막을 수 없다. 더들리 부인과의 정사를 겪음으로써 그가 모르소프 부인에게 품는 억누를 수 없는 욕망은 더 격렬하고 더 감미로운 기대에 찬 것으로 변해 간다. 그러나 그는 더들리 부인과의 정사가 모르소프 부인의 사랑에 깃들어 있는 모순과 만족을 채움으로써 뜻을 잃는다는 것을 알면서도 채워지기를 원하는 모순을 격화시키고, 그 결과 그녀의 목숨까지 앗아버리게 된다. 자기가 원했건 원하지 않았건 간에 한 여성을 죽음으로 내몰았다는 것을 알고 예정된 아름다운 청춘의 꿈을 내던진 그에게 남은 것은 오직 우울한 나날과 쓰라린 후회뿐이었다.

뒷날 발자크는 베르니 부인의 변모에 따라 모르소프 부인이 지닌 관능적인 측면에서 다소 벗어나, 그녀를 정통 가톨릭적인 표상으로 만들려 했다. 그러나 앞서도 말했듯이 한 번 작품에 부여한 저류(底流)를 완전히 씻어내기란 불가능한 일이다.

《골짜기의 백합》은 '활기 있는 삶을 사랑의 영위로 이끄는' 풍요로운 투렌의 자연 속에서 엄격하게 억압당함으로써 신비스런 종교 감정으로 승화되어 가는 관능의 시(詩)를 읊은 작품이라 할 수 있다.

# 발자크 연보

| 1799년 | 5월 20일 프랑스 중부 투렌 주(州)의 투르(파리 서남쪽으로 약 240킬로미터)에서 태어남. 아버지 베르나르 프랑수아는 군대의 고급관리였음. 남프랑스의 랑그도크에 있는 타른 주(州) 알비 근교 태생이며, 대대로 2백 년 동안 그 지방에서 살아온 토박이였음. 어머니 샤를로트 로르의 친정인 살랑비에 집안은 부유한 상인집안이었음. 1797년에 결혼했으며, 아버지와 어머니의 나이 차는 무려 30세가 넘음. 맏아들은 태어난 지 한 달 만에 죽었으며 발자크는 둘째아들임. |
| --- | --- |
| 1800년(1세) | 뒷날 발자크의 전기를 쓴 여동생 로르가 태어났음. |
| 1801년(2세) | 1월(?), 발자크의 애인이며 나중에 아내가 된 한스카 부인이 폴란드의 명망 있는 제브스키 백작 집안에서 태어남. |
| 1802년(3세) | 여동생 로랑스 태어남. 아버지 베르나르 프랑수아는 딸의 세례증서에 귀족의 성(姓) 앞에 붙이는 '드'를 멋대로 붙여 '드 발자크'라고 서명함. |
| 1804년(5세) | 이때까지 여동생 로르와 함께 생 시르의 유모 밑에서 자랐음. 4월부터 투르의 르게 학원에 다니기 시작함. |
| 1807년(8세) | 6월, 방돔 기숙학원에 들어감. 입학한 뒤 6년 동안 한 번도 집에 돌아가지 않고 학교 도서실에 틀어박혀 신학·역사·자연·과학 등 다양한 분야의 어려운 책을 많이 읽음. 그 동안에 어머니는 딱 두 번 찾아왔음. 2월, 동생 앙리 프랑수아가 태어났음. 아버지는 투르 근교의 사셰 성관에 사는 마르곤느 씨라고 함. |
| 1813년(14세) | 4월, 지나친 독서로 심신이 쇠약하여 부모 슬하로 돌아옴. |
| 1814년(15세) | 1년 남짓 휴양하며 건강을 회복하고, 7월부터 투르 고등학교 |

에 통학. 가을, 아버지 베르나르 프랑수아가 제1사단 군량부장이 되어 집안이 파리의 마레 거리로 이사함. 11월, 르피트르 기숙학교에 들어감.

1815년(16세)  9월, 강세 기숙학교로 옮김.

1816년(17세)  11월, 파리 대학 법학부 입학함.

1817년(18세)  학업에 전념하면서 아버지의 명령으로 소송 대리인 기요네 메르빌의 사무소에서 수습 서기로 일함. 한편 소르본 대학 문학부에서 빌만·기조·쿠쟁의 강의를 들음. 이 해(?)에《철학과 종교에 관한 노트》등을 썼음.

1818년(19세)  4월, 공증인 파세의 사무소에서 일하며 철학서를 많이 읽었음.《영혼 불멸에 관한 노트》.

1819년(20세)  1월, 법학부 제1차 졸업시험 통과함. 4월, 아버지의 퇴직으로 가족이 파리 북동쪽 교외 빌밸리지로 이사함. 작가가 되기로 결심하고 졸업 시험을 포기하여 법률가가 되기를 바라는 부모와 충돌함. 작가적 재능을 인정받기 위해 2년의 유예 기간을 얻음. 8월, 파리의 레디기에르 거리에 있는 다락방에서 홀로 하숙 생활을 하며, 연간 1천 5백 프랑의 최저 생활비를 받음. 9월, 운문(韻文) 5막의 비극《크롬웰》을 쓰기 시작함.

1820년(21세)  5월, 가족과 친지들 앞에서《크롬웰》을 낭독했으나 재능을 인정받지 못했음. 5월, 여동생 로르가 토목 기사 쉬르빌과 결혼하여 영국 해협 근처의 바이유로 떠남. 8월, 매부 쉬르빌의 주선으로 구파(舊派) 문학자 앙드리외에게《크롬웰》에 대한 비평을 청했으나 결과는 좋지 않았음. 무명의 젊은 소설가 오귀스트 르 프와트뱅과 사귀면서 그를 통해 문단과 가까워짐. 이때 이미 소설 두 편을 시작(試作)했음.

1821년(22세)  경제적으로 자립하기 위해 르 프와트뱅과 합작하여 익명으로 통속 장편소설 집필에 착수. 6월 무렵, 빌밸리지에서 베르니 부인을 만남. 이때 부인의 나이는 44세임. 9월, 여동생 로랑스 결혼함.

1822년(23세)  봄, 베르니 부인 발자크의 애인이 됨. 5월, 바이유로 가서 여동생 부부를 방문하고 6월 파리로 돌아옴. 10월, 가족이 파리의 마레 거리로 이사함. 《비라그 집안의 상속녀》《장 루이》《크로틸드 드 뤼지냥》《아르덴의 부사제(副司祭)》《백 살 먹은 노인》.

1823년(24세)  젊은 저널리스트인 오라스 레에슨을 알고, 강 트마시와 교제함.

1824년(25세)  식구들이 다시 빌뱅리지로 이사하고 발자크는 혼자 파리의 아파트에 삶. 《장자권에 관하여》《예수회 정사(正史)》《아네트와 죄인》.

1825년(26세)  다브란테스 공작부인과 교제를 시작함. 친지와 베르니 부인에게서 자금을 빌려 몰리에르와 라퐁텐의 축쇄판 전집을 기획 출판했으나 크게 실패하고, 1만 5천 프랑의 부채가 생김. 9월부터 이듬해 1월까지 투렌 주에 머물렀음.

1826년(27세)  출판업을 단념하고 6월에 인쇄소를 시작했으나 실패, 부채 7만 2천 프랑. 《라퐁텐》《파리 간판 고찰》.

1827년(28세)  9월, 활자 제작소를 시작, 베르니 부인에게서 다시 재정적 후원을 받음.

1828년(29세)  2월, 인쇄소 문을 닫고 활자 제작소에서도 손을 뗌. 부채가 6만 프랑으로 늘어남. 서부 프랑스 올빼미당의 반혁명 운동의 역사 사실을 현지 조사, 역사소설을 쓸 계획을 세움.

1829년(30세)  3월, 역사소설 《올빼미당》을 처음으로 본명으로 발표. 6월, 아버지 죽음(83세). 12월, 《결혼 생리학》 출판.

1830년(31세)  베르니 부인과 함께 투르 근교로 갔다가 7월 혁명을 겪고 9월 중순까지 머묾.

1831년(32세)  7월, 캉브레와 푸제르의 대의원 선거에 입후보했다가 낙선함. 8월, 《신비한 도톨가죽》이 성공하여 문단에서의 지위가 확립됨. 이때부터 낭비벽이 시작되어, 카시니 거리에 아파트를 구하고 마부가 딸린 마차까지 구입함.

1832년(33세)  우크라이나의 한스카 부인으로부터 '이국의 여인'이라는 서명의 편지를 처음으로 받음. 6월, 쉬농에서 다시 대의원 선거에 입후보하나 낙선함. 10월, 카스트리 후작부인과 함께 이탈리아 여행을 계획하고 출발함. 처음 도착한 제네바에서 구애했다가 거절당하자 누므르 근교에 있는 베르니 부인 집으로 향함. 12월에 파리로 돌아옴. 《사생활 풍경》《왕당파의 입장》《루이 랑베르》(10월에 간행된 《철학적 장·단편집》 속에 넣음).

1833년(34세)  '이국의 여인'과 편지 왕래가 시작됨. 마리아 뒤프레네와 애인 관계가 됨. 9월 25일, 처음으로 한스카 부인과 만남. 《시골 의사》《외제니 그랑데》.

1834년(35세)  이때부터 단행본으로 출판하기에 앞서 작품을 신문·잡지에 분재하는 일이 많아짐. 한스카 부인과 사귀기 시작함. 《13인의 역사》《절대의 탐구》.

1835년(36세)  3월, 국민군의 소집에 응하지 않아 체포될 위기에 빠지자, 채권자의 눈도 피할 겸 뒤랑 미망인이라는 가명으로 비밀 아파트에 입주함. 《철학 연구》를 간행하기 시작함. 《고리오 영감》《골짜기의 백합》.

1836년(37세)  1835년 말에 매수한 신문 〈크로니크 드 파리〉의 편집 경영을 맡는다. 4월 27일부터 5월 4일까지 국민군 응소 의무 불이행이라는 죄목으로 금고형. 5월 말 비스콘티 부인과의 사이에 사생아 태어남. 7월 〈크로니크 드 파리〉 폐간. 비스콘티 집안의 유산을 정리하기 위해 백작의 대리인 자격으로 이탈리아로 떠남. 여류 작가 말부티 부인을 남장시켜 데리고 감.

1837년(38세)  비스콘티 백작의 대리인 자격으로 다시 이탈리아에 가다. 2월, 《지방생활 풍경》 제3~4권인 《노처녀》《잃어버린 환상》(제1부). 7월 《철학 연구》 제3집.

1838년(39세)  사르데냐에 가서 고대 로마인이 남긴 은광을 독점 채굴하여 큰돈을 벌고자 했으나 이미 다른 사람의 소유가 되어 있었으므로 제노바·밀라노를 거쳐 귀국, 7월에는 신축한 레 자르디

집으로 이사함. 《뉘싱겐 상점》.

1839년(40세)    8월 16일 문학가 협회회장이 됨. 《골동품실》《간바라》《마시밀라 도니》《베아트릭스》(전반), 《잃어버린 환상》 제2부.

1840년(41세)    3월 14일 5막극 〈보트랭〉을 상연했으나, 16일 내무부 장관 명에 따라 상연 금지됨. 7월 25일 월간지 〈르뷔 파리지앵〉 창간, 3호로 폐간됨. 브뤼니욜 부인이라는 가명으로 몰래 파세 거리 19번지(지금의 발자크 기념관)로 이사.

1841년(42세)    페른 서점과 전집 《인간희극》 간행의 계약을 맺음. 《마을의 사제(司祭)》.

1842년(43세)    한스카 부인의 편지로 그녀 남편의 사망소식을 들음. 그 뒤 그녀와의 결혼 문제가 주요한 관심사가 됨. 《인간희극》 간행이 시작됨. 7월에 《인간희극》 서문을 발표. 《인간희극》 제1~3권, 《암흑 사건》 등.

1843년(44세)    상트페테르부르크(레닌그라드)에 가서 8년 만에 한스카 미망인을 만남. 《인간희극》 제5·6·8·9권, 《시골처녀》《잃어버린 환상》(제3부), 《카트린 드 메디치》(제1부).

1844년(45세)    시신경이 망가져 집필에 큰 고생을 함. 《인간희극》 제7·10·11권, 《농민》 제1편.

1845년(46세)    1년의 반 이상을 여행으로 보냄. 4월에 레지옹 도뇌르 5등 훈장을 받음. 《인간희극》 제4·13권, 《베아트릭스》(후반).

1846년(47세)    포르튀네 거리(현재의 발자크 거리)에 집을 삼. 한스카 부인이 그의 딸을 낳았으나 곧 죽음. 《인간희극》 제12권, 제14~16권, 《현대사의 이면》(1부).

1847년(48세)    2월부터 3월까지 한스카 부인이 파리의 한 아파트에 이름을 숨기고 머묾. 여러 해 동안 그를 돌봐온 가정부가 한스카 부인을 시기해서 부인의 편지를 훔쳐 발자크를 괴롭힘. 발자크는 피로한 나머지 6월 말에 유언서를 만들었다. 《사촌누이 베트》《사촌형 퐁스》.

1848년(49세)    5막극 희곡 〈계모〉 상연하여 호평을 받음. 심장비대증이 생김. 《인간희극》 제17권(보권 제1), 《현대사의 이면》 제2부

(신문 게재).

1849년(50세)   기관지와 심장과 시신경에 문제가 생김.

1850년(51세)   겨울, 건강 상태가 나빠짐. 3월 14일 우크라이나의 베르디치
          에프에서 한스카 부인과 결혼. 4월, 신혼 부부는 파리를 향
          해 출발, 5월 12일, 파리 도착함. 6월 말, 집필이 불가능해
          짐. 시신경이 나빠지고 심장 발작이 계속됨. 8월 18일 죽음.
          8월 21일, 페르라세즈 묘지에 묻힘.

옮긴이 조홍식(趙洪埴)

성균관대 불문학과 졸업. 서울대대학원 불문학석사. 성균관대대학원 불문학박사. 프랑스 릴대학 수학. 성균관대 교무처장·명예교수. 한국불어 불문학회장 역임. 지은책 「한불사전」 「불문학자가 본 불교」 옮긴책 말로 「인간조건」 「정복자」 루소 「참회록」 보부아르 「제2의 성」 모파상 「여자의 일생」 「벨아미」 발자크 「골짜기의 백합」 「으제니 그랑데」 등이 있다.

*World Book* 182
Honoré de Balzac
LE PÈRE GORIOT/LA RECHERCHE DE L'ABSOLU
고리오 영감/절대의 탐구
발자크/조홍식 옮김
1판 1쇄 발행/1987. 7. 1
2판 1쇄 발행/2012. 5. 1
2판 2쇄 발행/2021. 2. 1
발행인 고정일
발행처 동서문화사
창업 1956. 12. 12. 등록 16-3799
서울 중구 마른내로 144(쌍림동)
☎ 546-0331~6 Fax. 545-0331
www.dongsuhbook.com
*
사업자등록번호 211-87-75330
ISBN 978-89-497-0772-3 04080
ISBN 978-89-497-0382-4 (세트)